Vielfältige Liebe - Polyamorie gestalten

Sonja Bröning • Agostino Mazziotta

Vielfältige Liebe - Polyamorie gestalten

Springer

Sonja Bröning
Fakultät Humanwissenschaften
MSH Medical School Hamburg
Hamburg, Deutschland

Agostino Mazziotta
Fachbereich Sozialwesen
FH Münster
Münster, Deutschland

ISBN 978-3-658-48371-5 ISBN 978-3-658-48372-2 (eBook)
https://doi.org/10.1007/978-3-658-48372-2

Die Deutsche Nationalbibliothek verzeichnet diese Publikation in der Deutschen Nationalbibliografie; detaillierte bibliografische Daten sind im Internet über https://portal.dnb.de abrufbar.

Planung/Lektorat: Alexander Horn
Springer ist ein Imprint der eingetragenen Gesellschaft Springer Fachmedien Wiesbaden GmbH und ist ein Teil von Springer Nature.
Die Anschrift der Gesellschaft ist: Abraham-Lincoln-Str. 46, 65189 Wiesbaden, Germany

Wenn Sie dieses Produkt entsorgen, geben Sie das Papier bitte zum Recycling.

Von der Ehe

Khalil Gibran (1923, eigene Übersetzung)

Ihr seid gemeinsam geboren,
und Ihr werdet für immer zusammen sein.
Ihr werdet zusammen sein,
wenn die weißen Flügel des Todes Eure Tage verstreuen.
Ja, Ihr werdet zusammen sein, selbst im schweigenden Gedächtnis Gottes.
Doch lasst Raum in Eurem Miteinander,
und lasst die Winde des Himmels zwischen Euch tanzen.
Liebt einander, aber macht die Liebe nicht zu einem bindenden Band:
Lasst sie lieber sein wie ein bewegtes Meer zwischen den Ufern Eurer Seelen.
Füllt einander den Becher, aber trinkt nicht aus einem Becher.
Gebt einander von Eurem Brot, aber esst nicht vom selben Laib.

Singt und tanzt zusammen, und seid fröhlich, aber lasst jeden von Euch dabei allein sein.
Denn auch die Saiten der Laute sind jede für sich allein, und doch schwingen sie im Einklang.
Gebt einander Eure Herzen, doch nicht in des Anderen Obhut.
Denn nur die Hand des Lebens kann Eure Herzen umfassen.
Und steht zusammen, aber nicht zu nah beieinander:
Denn die Säulen des Tempels stehen jede für sich,
und die Eiche und die Zypresse wachsen nicht im Schatten des anderen.

Vorwort: Über das Buch und die Autor*innen

Wir überlegen, unsere Beziehung zu öffnen, sind uns aber sehr unsicher. Kann das überhaupt funktionieren? Solche Fragen begegnen uns in unserer therapeutischen Praxis immer häufiger. Oft fühlen wir uns dann wie Bergführer*innen vor einer anspruchsvollen Wanderung. Manche Paare stehen voller Vorfreude in Flipflops bereit, andere mit perfekter Ausrüstung, aber ohne Erfahrung im Gelände. Was alle brauchen, bevor es losgeht, ist Orientierung. In solchen Momenten wünschen wir uns einen Reiseführer, eine kompakte Einführung für alle, die herausfinden möchten, ob und wie sich dieser Weg für sie gestalten lässt. Genau deshalb haben wir dieses Buch geschrieben.

Die Gründe, warum Paare eine Öffnung ihrer Beziehung in Betracht ziehen, sind vielfältig. Manche versprechen sich persönliches oder gemeinsames Wachstum – emotional, sexuell oder in der Art, wie sie ihre Beziehung gestalten. Andere stehen vor konkreten Herausforderungen, etwa wenn sich eine Person in jemand Drittes verliebt oder neue Facetten der eigenen Identität oder Sexualität entdeckt werden.

Unterschiedliche Ausgangslagen bringen oft Spannungen mit sich. Nicht selten ist eine Person bereits überzeugt, hat sich intensiv mit dem Thema auseinandergesetzt und möchte voller Vorfreude den nächsten Schritt gehen, während die andere noch zögert. Das zeigt sich oft schon bei der ersten Beratungsanfrage: *Mein Mann ist eher dagegen, aber er würde mitkommen,* heißt es dann.

Zweifel an der Öffnung einer Beziehung sind verständlich, besonders in einer Gesellschaft, in der alternative Beziehungsformen wie Polyamorie oft unsichtbar bleiben, belächelt oder moralisch hinterfragt werden. Denn Polyamorie, wörtlich *Vielliebe,* beschreibt ein Beziehungskonzept, bei dem mehrere intime Verbindungen mit dem Wissen und Einverständnis aller Beteiligten gelebt werden, mit oder ohne Sex. Und genau das widerspricht tief verankerten Vorstellungen, in denen sexuelle Exklusivität als Beweis von Liebe gilt. Wer diese Norm verletzt, gilt schnell als illoyal, ein Vorwurf, der oft mehr mit kulturell tradierten Erwartungen zu tun hat als mit der Qualität einer Beziehung.

Manche Menschen trennen zwischen Liebe und Sex – so wie im Song *Was soll das* (1988) von Herbert Grönemeyer: „Zu einer betrog'nen Nacht hätt' ich vielleicht nichts gesagt, aber Du hast ja gleich auf Liebe gemacht."[1] Für einige mag eine rein sexuelle Öffnung der Beziehung vorstellbar sein, aber mehrere Liebesbeziehungen? Das übersteigt oft den Rahmen des Denkbaren. Auch das soziale Umfeld reagiert häufig irritiert: *Das kann doch nicht gutgehen!* oder *Ihr macht Euch etwas vor.* Solche Reaktionen enthalten nicht nur Skepsis, sondern auch tief verwurzelte Normen über Bindung, Besitz und Exklusivität.

Doch nicht nur gesellschaftliche Reaktionen verunsichern, auch ganz persönliche Ängste werden laut: *Was, wenn wir*

---

[1] Album Ö; Text, Musik & Interpretation: Herbert Grönemeyer; Produktion: Herbert Grönemeyer; Norbert Hamm; Label: EMI Electrola; mit freundlicher Genehmigung des Grönland Musikverlags

uns gegenseitig verletzen? Was, wenn sie jemand anderen mehr liebt als mich? oder *Was, wenn wir uns dadurch verlieren?* Hinter diesen Fragen steht ein zutiefst menschliches Grundbedürfnis: der Wunsch nach emotionaler Sicherheit, Verlässlichkeit und Zugehörigkeit. Denn wir sind soziale Wesen. Unser Wohlbefinden hängt wesentlich von der Qualität unserer Beziehungen ab. Einen Großteil unserer wachen Zeit verbringen wir mit anderen, und diese gemeinsamen Momente finden wir oft erfüllender als das Alleinsein.

In einer Welt voller Unsicherheiten und Krisen wird dieses Bedürfnis nach einem emotionalen Hafen sogar noch bedeutsamer. Während traditionelle Gemeinschaftsformen wie Großfamilien, Kirchen oder Vereine an Bedeutung verlieren, werden Liebesbeziehungen für viele zum zentralen Anker. Gerade deshalb kann die Vorstellung, gewohnte Beziehungsgrenzen zu öffnen, tief verunsichern. Wer sich auf alternative Modelle wie offene Beziehungen oder Polyamorie einlässt, betritt unbekanntes Terrain. Was, wenn verborgene Wünsche auftauchen, Vorlieben, die uns überraschen oder herausfordern? Solche Entwicklungen können bereichernd sein, aber auch überfordern. Denn einmal gemachte Erfahrungen lassen sich nicht rückgängig machen. Oft entsteht eine ambivalente Gefühlslage: Lust auf Neues trifft auf Verlustangst, Hoffnung auf Wachstum auf die Sorge, sich auseinanderzuleben. Und so stellt sich für viele die zentrale Frage: *Kann Polyamorie funktionieren, ohne dass wir uns dabei verlieren?*

In unserer therapeutischen Arbeit erleben wir immer wieder: Die Suche nach einer stimmigen Beziehungsform ist mehr als eine Frage individueller Wünsche. Sie ist eingebettet in gesellschaftliche Bedingungen, die unsere Vorstellungen von Liebe, Intimität und Normalität prägen. Was als *richtige* Beziehung gilt, ist nicht nur Privatsache, sondern auch das Ergebnis kultureller Zuschreibungen.

Sprache, Symbole und Rituale wirken auf unser Beziehungsverhalten – vom ersten Kinderbilderbuch bis zum Grabstein für das Ehepaar. Allein die Bezeichnung *Nicht-Monogamie* (die offene Beziehungsformen durch das beschreibt, was sie *nicht* sind) zeigt, wie stark Monogamie als sprachlicher und normativer Standard wirkt. Sie erscheint als natürlich, universell, alternativlos. Doch ein Blick in die Geschichte und Ethnologie zeigt, wie wenig das stimmt: Beziehungsnormen sind keine zeitlosen Wahrheiten, sondern soziale Konstruktionen. Sie entstehen, wandeln sich und werden immer wieder neu verhandelt. Heute befinden wir uns mitten in einem kulturellen Wandel. Klassische Beziehungsideale geraten ins Wanken, neue Lebensmodelle werden sichtbarer. Während das Streben nach Bindung bleibt, gewinnen zugleich Werte wie Authentizität, Augenhöhe und Autonomie an Bedeutung. Viele möchten sich selbst treu bleiben, ihre Persönlichkeit entfalten und ihre Bedürfnisse frei leben. „Ich möchte lieben dürfen, wen ich nun einmal liebe", so brachte es ein Klient (33) auf den Punkt. Für Menschen, die sowohl Sicherheit als auch Freiheit als Grundbedürfnisse erleben, bietet Polyamorie die Hoffnung, dass sich emotionale Verbindlichkeit und persönliche Entfaltung nicht ausschließen müssen.

Für viele, die mit monogamen Werten aufgewachsen sind, gleicht der Weg in die Polyamorie einer anspruchsvollen Bergtour. Der Gedanke, mehrere Beziehungen offen und ehrlich zu führen, lockt wie ein atemberaubender Gipfelblick. Dahinter öffnet sich der Horizont einer tieferen Verbundenheit – mit sich selbst, den Beziehungspersonen und den eigenen Werten. Doch wir spüren auch: Jeder Aufbruch hat seinen Preis. Diese Tour verlangt Vorbereitung, Achtsamkeit und die Bereitschaft, schwierige Passagen auszuhalten und gemeinsam zu meistern. Sie fordert Geduld, Ausdauer und die Fähigkeit, sich auch auf

Umwege einzulassen. Einer der wichtigsten Ausrüstungsgegenstände ist die emotionale Selbstwahrnehmung, also die Fähigkeit, unangenehme Gefühle wie Eifersucht, Angst oder Unsicherheit nicht zu verdrängen, sondern ihnen Raum zu geben, ihnen zuzuhören und zu ergründen, was sie brauchen, um sich wandeln zu können. Dadurch können herausfordernde Momente nicht nur überstanden werden, sondern in persönliches Wachstum und eine tiefere Verbindung münden. Nicht alle starten mit demselben Elan. Manchmal braucht es ein Innehalten vor dem Aufbruch: *Warum wollen wir diesen Weg gehen? Geht es darum, neue Erfahrungen zu sammeln, bisher unterdrückte Bedürfnisse zu leben oder darum, unsere Beziehung zu vertiefen? Sind wir bereit, uns gegenseitig zu unterstützen, wenn der Weg steinig wird?* Denn Hindernisse wie Eifersucht, Unsicherheiten oder gesellschaftliche Vorurteile lassen sich besser gemeinsam bewältigen. Sie verlangen Vertrauen, Offenheit und Respekt und sie werfen eine zentrale Frage auf: *Haben wir die emotionale, zeitliche, soziale und finanzielle Ausrüstung, um diesen Weg zu gehen?*

Beziehungen jenseits der Monogamie sind mehr als Protest oder Utopie. Sie können bewusst gestaltete Formen von Liebe, Nähe und Verbundenheit sein. Wir wünschen uns eine Gesellschaft, in der auch einvernehmlich offene Beziehungen als legitime Option sichtbar und akzeptiert sind. Dabei ist dieses Buch weder eine Lobeshymne auf offene Beziehungen noch ein nostalgisches Plädoyer für *freie Liebe* im Sinne der 1970er-Jahre, als Parolen wie *Wer zweimal mit derselben pennt, gehört schon zum Establishment* populär waren. Solche Slogans stellten zwar bürgerliche Sexualmoral infrage, doch sie waren oft Teil einer Szene, die aus heutiger Perspektive nicht selten strukturell sexistische Dynamiken reproduzierte. Starre Normen bergen das Risiko, auszugrenzen und abzuwerten. Auch die Monogamie-

Norm, die *bis dass der Tod uns scheidet* als einzig richtigen Weg propagiert, hat viele Menschen in Lebensentwürfe gedrängt, die nicht zu ihnen passten und dabei Verletzungen, Unsichtbarkeit und Ausschluss erzeugt. Wir plädieren daher für eine echte Wahlfreiheit zwischen Beziehungsformen und balancieren bewusst auf dem schmalen Grat zwischen idealisierender Euphorie und berechtigter Kritik. Für uns gibt es kein *besser* oder *schlechter* zwischen Monogamie und Polyamorie. Entscheidend ist nicht das *Was,* sondern das *Wie.* Denn Menschen können in ganz unterschiedlichen Lebensmodellen liebevoll oder verletzend, achtsam oder destruktiv miteinander umgehen. Die passende Beziehungsform sollte sich daran orientieren, was den individuellen und gemeinsamen Bedürfnissen, Sehnsüchten und Lebensumständen der Beteiligten am besten entspricht. In unserer therapeutischen Arbeit unterstützen wir Menschen dabei, ihre eigenen Antworten zu finden: *Welche Wege passen zu uns? Welche nicht?* Wir verstehen uns nicht als Instanz für richtige Antworten, sondern als *Navigationshilfe* mit relevanten Fragen. Zum Beispiel: *Was brauche ich, um mich in einer Beziehung sicher und lebendig zu fühlen? Was bin ich bereit zu geben? Wie viel Nähe und Autonomie wünsche ich mir? Was entspricht meinen Werten, meinen Grenzen und meiner Lebensrealität?*

Dieses Buch richtet sich an alle, die mehr über mögliche Reiserouten der Polyamorie erfahren möchten, an Neugierige ebenso wie an jene, die bereits losgelaufen und auf Herausforderungen gestoßen sind. Es wendet sich auch an ihre Wegbegleiter*innen: Beziehungs- und Paartherapeut*innen, Psychotherapeut*innen, Seelsorger*innen, Freund*innen und Familienmitglieder. Wir möchten eine Art Landkarte anbieten, um die Beschaffenheit des Weges besser einzuschätzen. Denn je klarer wir wissen, worauf wir uns einlassen, desto bewusster können wir unsere nächsten Schritte wählen. Dabei begleiten uns zentrale Fragen:

- Was meinen wir eigentlich, wenn wir von Polyamorie sprechen? Teilen wir eine gemeinsame *Vorstellung* oder meinen wir in Wahrheit ganz unterschiedliche Lebensmodelle?
- Welche *Absprachen* brauchen unsere Beziehungen? Was hilft uns, damit sie alltagstauglich werden und Raum für Sicherheit, Spontanität und Entwicklung bieten?
- Wie sprechen wir offen und respektvoll über *Gefühle, Grenzen und Bedürfnisse?* Wie vermeiden wir Missverständnisse und wie gehen wir konstruktiv mit Konflikten um?
- Wie begegnen wir herausfordernden Gefühlen wie *Eifersucht, Unsicherheiten oder Verlustangst?* Was hilft uns, sie zu verstehen und angemessen darauf zu reagieren?
- Wie teilen wir *Zeit, Energie und Aufmerksamkeit* zwischen mehreren Beziehungen auf, ohne uns selbst oder andere zu überfordern? Wie gestalten wir eine Balance zwischen Nähe und Eigenständigkeit?
- Wie gehen wir mit unserem *Umfeld* um? Möchten wir mit Familie, Freund*innen oder Kolleg*innen offen über unser Lebensmodell sprechen? Wie bereiten wir uns auf mögliche Irritationen, Ablehnung, aber auch Unterstützung vor?
- Falls *Kinder* beteiligt sind: Wie erklären wir ihnen unser Beziehungsmodell so, dass es altersgerecht, liebevoll und sicherheitsstiftend ist? Wie gestalten wir ein Umfeld, das ihre Bedürfnisse respektiert?
- Und nicht zuletzt: Was tun wir, wenn sich Beziehungen oder Lebensumstände *verändern?* Können wir offen verhandeln, ob und wie sich unser Beziehungsmodell weiterentwickelt, vielleicht wieder schließt, neue Formen annimmt oder neu definiert wird?

Mit *wissenschaftlichen Erkenntnissen* und *Einblicken aus der beraterischen Praxis,* mit *Praxistools* und *Fallbeispielen* möchten wir eine lebensnahe Vorstellung davon vermitteln, wie Polyamorie gedacht, besprochen und gestaltet werden kann. Dabei behalten wir stets auch den gesellschaftlichen Kontext im Blick. Allzu oft werden Fragen nach Macht, Verantwortung und Ungleichgewicht auf die private Ebene zwischen zwei oder mehreren Menschen reduziert. Doch keine Beziehung existiert im luftleeren Raum. Familie, Freundeskreis, Medien und kulturelle Narrative rahmen jede Liebesbeziehung ein – wie ein Bild, das durch den Rahmen erst sichtbar wird. Ob eine Beziehung als legitim, als mutig oder als egoistisch wahrgenommen wird, ist selten nur eine Frage des persönlichen Empfindens. Es hängt wesentlich davon ab, wie das soziale Umfeld reagiert, ob es Unterstützung bietet oder Zweifel sät, ob es stärkt oder beschämt. Dieses *Framing* – also die rahmenden kulturellen und sozialen Bedingungen der Liebe – wollen wir in diesem Buch bewusst mitdenken. Denn ob eine Beziehung gelingen kann, hängt nicht nur davon ab, *wie* Menschen lieben, sondern auch davon, *wo* und *unter welchen Bedingungen* sie es tun.

Über die Autor*innen

Auch wir Autor*innen stehen nicht außerhalb gesellschaftlicher Kontexte, weder fachlich noch persönlich. Transparenz im zwischenmenschlichen Umgang ist uns wichtig. Deshalb möchten wir unseren Lesenden gleich zu Beginn offenlegen, aus welcher theoretischen und biografischen Perspektive wir schreiben.

Sonja Bröning (SB): Ich bin Entwicklungspsychologin und interessiere mich für Einflüsse auf intime Beziehungen, etwa Paar- und Familienbeziehungen. Mein Weg begann mit einer Promotion über hochstrittige Eltern in Trennung und der Frage, wie Liebe in Hass umschlagen kann und was das für Kinder bedeutet. Später forschte ich zu Suchtprävention bei Kindern aus belasteten Familien. Heute forsche und lehre ich zu Liebe, Sexualität und Partnerschaft, mit Blick auf soziale Medien, queere Identitäten[2] und nicht-exklusive Beziehungsmodelle. Über all diese Themen hinweg wurde mir deutlich, wie sehr unsere frühen Erfahrungen mit Bezugspersonen das spätere Erleben von Nähe und Sicherheit in Beziehungen und letztlich auch den Selbstwert und das Wohlbefinden beeinflussen. Dabei helfen mir Bindungstheorie, Stressbewältigungstheorien, Traumaforschung und systemische Perspektiven. Entwicklungswege sind vielfältig, nicht vorhersagbar und von gesellschaftlichen Chancen, Benachteiligungen und Bedeutungszuschreibungen mitgeprägt. Persönlich sehe ich die Welt aus der Perspektive einer weißen, verheirateten Frau, die aus einer amerikanisch-deutschen, christlich geprägten Mittelschichtfamilie stammt. Ich liebe Neues, Vielfalt, Integration und Ganzheit und konnte Forschung nie als nur rein wissenschaftlich-theoretisches Unterfangen ansehen. Neben meiner wissenschaftlichen Tätigkeit arbeite ich auch als Mediatorin, Systemische Therapeutin und Sexualtherapeutin. Ich wollte immer wissen, wie Erkenntnisse aus der Wissenschaft für eine Verbesserung in der realen Welt sorgen können. Von meinen Beziehungspersonen,

---

[2] Der Begriff *queer* wird in diesem Buch zur sprachlichen Vereinfachung als Sammelbegriff für Menschen verwendet, die sich in ihrer sexuellen Orientierung, in ihrer Geschlechtsidentität und/oder in ihrem Geschlechtsausdruck außerhalb traditionell gesellschaftlicher Normen bewegen. Ursprünglich abwertend gebraucht – queer bedeutet wörtlich *schräg* oder *merkwürdig* – steht der Begriff heute für Selbstbestimmung, Stolz und Solidarität innerhalb der LSBTIAQ*-Community. Queere Personen teilen häufig ähnliche Erfahrungen, etwa im Ringen um Identität oder im Umgang mit Diskriminierung. Dennoch ist die Gruppe ausgesprochen vielfältig. Nicht alle, die sich jenseits heteronormativer oder binärer Kategorien verorten, identifizieren sich mit dem Begriff queer. Entscheidend ist für uns, die individuellen Selbstbezeichnungen zu respektieren und zu verwenden, die Menschen für sich selbst wählen.

Kindern, Studierenden und Klient*innen, aus Romanen, spirituellen Texten und durch meinen eigenen Körper lerne ich mindestens genauso viel über Entwicklung wie aus Fachartikeln. Die Begegnung mit queeren und polyamor lebenden Menschen hat mir an vielen Stellen die Augen geöffnet für die unsichtbaren gesellschaftlichen Kräfte, die uns formen. Humanistische Ideale wie Toleranz und Menschenwürde sowie eine kritische Perspektive auf Machtstrukturen werden mir dadurch immer wichtiger.

Agostino Mazziotta (AM): Ich bin Sozialpsychologe und interessiere mich dafür, wie andere Menschen unser Denken, Fühlen und Verhalten beeinflussen. Mein Fokus liegt auf Beziehungen: zu uns selbst, zu anderen und zwischen sozialen Gruppen. In den letzten Jahren habe ich mich auf Liebesbeziehungen konzentriert: wie sie gelingen, welche Rolle Vertrauen spielt und wie Vergebung und Versöhnung nach Vertrauensbrüchen und Verletzungen möglich sind. Meine Haltung zur Sexualität ist *sexpositiv:* Ich betrachte sie als vielfältig, individuell, wandelbar und finde, dass unterschiedliche Ausdrucksformen legitim sind, solange sie auf Konsens, Selbstbestimmung und gegenseitigem Respekt beruhen. Ich forsche auch zu Vorurteilen, Zugehörigkeit und Stigmatisierung. Dabei verfolge ich eine intersektionale Perspektive, die individuelle Erfahrungen machtkritisch mit gesellschaftlichen Einflüssen zusammendenkt. Ich fühle mich der queeren Community verbunden – persönlich, politisch und professionell. In meiner therapeutischen Praxis arbeite ich integrativ: Ich verbinde psychodynamische, verhaltenstherapeutische, systemische und psychodramatische Ansätze. Nach mehreren Jahren in der psychosozialen Beratung bin ich heute vor allem in Lehre, Forschung, Supervision und Weiterbildung tätig. Mein Ziel ist es, reflexive Räume zu schaffen für differenzierte Perspektiven auf Beziehungen, Sexualität und gesellschaftliche Zugehörigkeit. Persönlich stamme ich aus einer katholischen, italienischen Gastarbeiterfamilie. Als verheiratete, pansexuelle Person bringe ich eigene Erfahrungen mit alternativen Beziehungsmodellen mit.

Wir sind Fachpersonen und zugleich Menschen. Unsere Biografien prägen unsere Sicht auf Liebe und Beziehungen ebenso wie unser Schreiben. Uns verbindet die Freude daran, Wissenschaft und Praxis zu verknüpfen und neue Denkansätze nicht nur zu erforschen, sondern auch zu erproben. Deshalb möchten wir uns nicht auf unsere Fachlichkeit zurückziehen, sondern auch praktische Beispiele aus unserer therapeutischen, lehrenden und forschenden Praxis einbringen und gelegentlich persönliche Erfahrungen teilen, wenn sie zur Reflexion anregen.

Dieses Buch ist im Spannungsfeld unterschiedlicher Erwartungen entstanden. Eine frühere Fassung des Manuskripts brachte wertvolle Rückmeldungen, aber auch Kritik: Für konservative Leser*innen war es zu polyamoriefreundlich, für manche aus der Poly-Community nicht affirmativ genug. Praktiker*innen wünschten sich mehr Anwendungsnähe, Laien fanden es stellenweise zu theoretisch. Soziolog*innen vermissten die politische Einbettung, Beratende die klare Fokussierung auf Polyamorie. Wir navigieren bewusst zwischen folgenden Spannungsfeldern:

- Fachbuch ↔ Ratgeberbuch
- Polyamorie-Fokus ↔ Liebe allgemein
- visionäre Haltung ↔ konkrete Praxis
- Affirmation ↔ Offenheit für individuelle Wege

Unser Ziel ist es, dass sich Leser*innen mit unterschiedlichen Hintergründen orientieren und ein eigenes Bild machen können: *Was passt für mich? Was kann ich gebrauchen?* Nur in einem Punkt machen wir keine Kompromisse: in unserer humanistischen Grundhaltung. Mehr Menschlichkeit im Umgang mit anderen und mit uns selbst ist unser zentrales Anliegen. Wir plädieren für eine bewusste Gestaltung von Beziehungen und für neue Werte in der Liebe. Diese Werte fassen wir in einem zentralen Tool zusammen: dem *Leitstern für die bewusste Gestaltung vielfältiger Beziehungen.* Er basiert auf Erfahrungen vieler Menschen, die alternative Beziehungsformen mit Respekt, Reflexion und Rücksicht leben, lässt sich aber auch auf andere Liebesformen, Freundschaften, berufliche Beziehungen oder Situationships übertragen.

Wir hoffen, dass die zusammengetragenen Informationen, Fallbeispiele, Reflexionsanregungen und praktischen Tools in diesem Buch dazu anregen, die eigene Sicht auf Liebe und Beziehungen zu hinterfragen – sei es, um bestehende Überzeugungen bewusst zu bekräftigen oder neue Wege zu entdecken.

Zum Inhalt und der Struktur des Buches

In *Teil 1 – Was ist Liebe?* stellen wir grundlegende Fragen zu modernen Beziehungskonzepten in Zeiten der Digitalmoderne. Wir blicken zurück in die Geschichte, um das Heute besser zu verstehen, und zu zeigen, was die Psychologie über die Liebe weiß. Außerdem beleuchten wir den gesellschaftlichen Rahmen, in dem sich Liebesbeziehungen heute bewegen. Mitunter wechseln wir dabei die Perspektive und schauen durch die Augen eines außerirdischen Wesens, das menschliches Beziehungsverhalten unvoreingenommen studiert, ganz ohne eingefahrene Denkweisen.

In *Teil 2 – Liebe vielfältiger denken* führen wir den *Leitstern für die bewusste Gestaltung vielfältiger Beziehungen* ein.

Anschließend widmen wir uns der gelebten Vielfalt offener Beziehungsformen. Nun wird es ganz lebensnah: Wir stellen anhand von Fallbeispielen aus Praxis und Forschung dar, wie unterschiedlich diese Beziehungsmodelle aussehen können. Im Kapitel *Sollen wir unsere Beziehung öffnen?* bieten wir Klärungshilfe: Bei welchen Ausgangslagen kann eine Öffnung sinnvoll sein? Welche Alternativen gibt es? Und welche Beziehungsform passt zu wem?

Teil 3 –Polyamorie gestalten zeigt auf, wie Mehrpersonenbeziehungen begonnen und gestaltet werden können. Wir stellen das *Acht-Schritte-Modell der achtsamen Beziehungsöffnung* vor. Diese reichen vom Prüfen und Verstehen, über Machtfragen und Einvernehmlichkeit, Träumen und Experimentieren, Einchecken und Anpassen, Festigen und Leben bis hin zur Alltagsgestaltung in länger bestehenden Mehrpersonenbeziehungen. Auch hier bringen wir Fallbeispiele und Reflexionsimpulse aus unserer Arbeit ein, um Chancen und Herausforderungen möglichst realitätsnah darzustellen.

Wir wissen: Nicht alle Leser*innen werden dieses Buch linear von vorn bis hinten lesen. Manche springen direkt zu *Sollen wir unsere Beziehung öffnen* oder steigen gleich in *Teil 3* ein. Beratende suchen vielleicht gezielt nach bestimmten Themen, etwa zu Eifersucht, Grenzen oder Verhandlungstools. Dazu sagen wir: *Nur zu, liebe Lesende, bewegt Euch frei!* Für alle, die gerne querlesen, herumspringen oder punktuell vertiefen, gibt es hinten ein *Glossar* mit zentralen Begriffen. Doch im Kaleidoskop des Lebens stößt jede Buchstruktur an ihre Grenzen. Daher möchten wir Euch ein Kapitel besonders ans Herz legen: den *Leitstern.* Er bietet einen gemeinsamen Bezugsrahmen und hilft, an anderen Stellen Fäden miteinander zu verknüpfen und Orientierung zu geben. Uns persönlich ist jedes Kapitel wertvoll, sowohl für die private als auch für die professionelle Auseinandersetzung mit vielfältiger Liebe.

Sonja Bröning
Agostino Mazziotta

Danksagung

Kein Buch ist eine Insel. Unser herzlicher Dank gilt unseren wunderbar kritischen und zugleich wertschätzenden Erstlesenden:

- Tobias Bröning
- Mirjam Faust
- Dr. Pamela McCann
- Dr. Christoph Hutter
- Dr. Sina-Alexa Trautmann-Lengsfeld
- Felicitas Landau
- sowie zwei weiteren Erstlesenden, die anonym bleiben möchten.

Ebenso danken wir allen Menschen, die das Manuskript in Auszügen gelesen und kommentiert haben. Unser besonderer Dank gilt Prof. Dr. Nina-Annette Reit-Born für den Austausch zu rechtlichen Fragen, Friedhelm Bruns für die Unterstützung mit den Grafiken sowie den Studierenden Dana-Lynn Schumann, Sophie Johannßen und Till Menkel für ihre engagierte Unterstützung bei der Erstellung des Manuskripts.

Von Herzen danken wir auch unseren Ausbilder*innen und Inspirator*innen, unseren Klient*innen, unseren Freund*innen, die wir lieben, und Liebhaber*innen, mit denen wir befreundet sind – uns selbst und einander.

KI-Statement Bei der Entstehung dieses Buches wurde Künstliche Intelligenz punktuell als Arbeitswerkzeug eingesetzt, um Recherchen zu erleichtern, Material zu strukturieren und sprachliche Überarbeitungen zu unterstützen. Die inhaltliche Gestaltung, Argumente und Beispiele stammen vollständig von den Autor*innen. KI diente ausschließlich der redaktionellen Unterstützung und wirkte nicht inhaltlich am Text mit.

Interessenskonflikt Die Autor*innen haben keine relevanten Interessenskonflikte im Zusammenhang mit dieser Publikation.

Inhaltsverzeichnis

Abbildungsverzeichnis

Tabellenverzeichnis

Teil I

Was ist Liebe?

1

Liebesfragen der Gegenwart

Manchmal fühlt sich unsere Arbeit als Beziehungstherapeut*innen paradox an. Morgens sitzt uns ein klassisch-monogames Paar gegenüber. Ihre Beziehung droht zu zerbrechen, weil eine*r von beiden Gefühle für eine dritte Person entwickelt hat. Es kommt zu tiefen Verletzungen, die nicht selten in einer Trennung münden. Für traditionell denkende Paare ist es nahezu unvorstellbar, der eigenen Beziehungsperson guten Gewissens ein romantisches Date mit jemand anderem zu *erlauben* – geschweige denn, sich zu freuen, wenn sie ein schönes Wochenende mit einer anderen Person verbringt, einschließlich Sex. Noch undenkbarer ist es, eine Freundschaft mit dieser dritten Person aufzubauen und deren andere Beziehungspersonen kennenzulernen. Ein paar Stunden später treffen wir auf eine polyamor lebende Triadedrei Menschen, die in einer einvernehmlichen Mehrpersonenbeziehung leben. Sie suchen Beratung, weil sie ihre aktuelle Wohnsituation klären möchten. Genau jene unvorstellbaren Szenarien des zuvor genannten Paares sind Teil ihres Alltags. Es sind Erlebnisse wie diese, die uns zeigen, wie vielfältig Liebe sein kann.

S. Bröning, A. Mazziotta, *Vielfältige Liebe - Polyamorie gestalten*, https://doi.org/10.1007/978-3-658-48372-2_1

Während lange Zeit Monogamie als unhinterfragter Standard galt, wird heute immer deutlicher, dass Menschen ihre Liebes- und Lebensmodelle sehr unterschiedlich gestalten. Die zunehmende gesellschaftliche Sichtbarkeit unterschiedlicher offener Beziehungsformen erweitert die Bandbreite der Liebe jenseits der klassischen heterosexuellen Paarnorm. Vielleicht wird es eines Tages selbstverständlich sein, dass verschiedene Beziehungsmodelle gleichberechtigt nebeneinander existieren: Manche entscheiden sich für die klassische Zweierbeziehung mit exklusiver Bindung, andere öffnen ihre Partnerschaft für sexuelle Außenkontakte oder leben mit mehreren Menschen in verbindlichen Beziehungen. Die *eine* monogame oder polyamore Beziehung gibt es nicht. Vielmehr entwickelt jedes Paar oder Netzwerk seine eigene Dynamik, geprägt von individuellen Bedürfnissen, Werten, Lebenslagen und gesellschaftlichen Einflüssen.

1.1 Warum Polyamorie? Vision und Zugänge

Der Begriff *Polyamorie* setzt sich aus dem griechischen *polýs* (viel) und dem lateinischen *amor* (Liebe) zusammen. Er wurde erst in den 1990er-Jahren geprägt. Polyamorie basiert auf der Vorstellung, dass Liebe kein begrenztes Gut ist, das man für eine einzige Person reservieren muss, sondern etwas, das wachsen und sich vervielfachen kann, so wie Freundschaften oder die Liebe von Eltern zu mehreren Kindern. Ein polyamores Beziehungsmodell ermöglicht intime Beziehungen mit mehreren Menschen gleichzeitig – im Wissen und Einvernehmen aller Beteiligten. Viele frühe Vertreter*innen der Polyamorie, oft aus feministisch geprägten Kontexten, lehnten Besitzdenken in der Liebe entschieden ab. Sie betrachteten die Forderung nach sexueller Treue als ein patriarchales Herrschaftsinstrument. Polyamor lebende Menschen experimentieren mit neuen Arten, Liebe zu leben, jenseits gesellschaftlicher Normen. Dabei bemühen sie sich, Offenheit, gegenseitiges Wissen und einvernehmliche Gestaltung ins Zentrum zu stellen. Sie hinterfragen klassische Erzählungen über die Liebe – sogenannte *Beziehungsskripte* – und suchen nach Wegen, diese zu verändern, wenn sie nicht mehr guttun. So wird Eifersucht nicht als automatischer Grund für Verbote verstanden, sondern als ein Gefühl, das – mal besser, mal schlechter – reguliert werden muss.

Menschen, die polyamor leben – oft als *Polys* bezeichnet –, gehen davon aus, dass es möglich ist, mit mehreren Menschen gleichzeitig emotionale und auch körperliche Intimität zu teilen (Anapol, 2010; Easton & Hardy, 2018). Weil es so wenig kulturelle Vorbilder für solche Lebensweisen gibt, mussten sie kreativ werden, um ihr Erleben und dessen Organisation zu beschreiben. So entwickelten sich Begriffe, die helfen, sich von einem monogamen Verständnis intimer Liebesbeziehungen zu lösen und neue Erfahrungen sichtbar zu machen (Ritchie & Barker, 2006). Ein *Polykül* ist die Gemeinschaft von miteinander verbundenen Personen innerhalb eines polyamoren Netzwerks. Ein *Metamour* ist die Beziehungsperson der eigenen Beziehungsperson – ohne selbst mit dieser Person in einer intimen Beziehung zu sein. Für solche Konstellationen gibt es in der deutschen Sprache bisher kaum etablierte Begriffe. Auch für die eigene Beziehungsrolle wird zunehmend gendersensible Sprache genutzt, etwa der Begriff *Partny* – eine spielerische, genderneutrale Alternative zu Partner oder Partnerin, die sich vor allem in queeren und polyamoren Kontexten etabliert hat. Gefühle, die polyamore Beziehungen begleiten, haben ebenfalls eigene Namen erhalten: *wibbly* beschreibt ein flaues Gefühl, Unsicherheit oder Unbehagen angesichts der anderen Beziehungen der eigenen Beziehungsperson. *Com-*

persion meint das Sich-Mitfreuen, wenn der geliebte Mensch Erfüllung mit jemand anderem erlebt – oft ein Gegenspieler zur Eifersucht. Solche Begriffe können neugierig machen oder abschrecken. Sie schaffen nicht nur neue sprachliche Ausdrucksmöglichkeiten, sondern eröffnen auch neue Erfahrungsräume und Perspektiven auf Intimität und Beziehung (Schippers, 2016).

Polyamorie lädt dazu ein, Liebe nicht als Besitzanspruch zu verstehen, sondern als lebendige Erfahrung in der Begegnung. Sie folgt einer *Fülle-Mentalität*: Die Liebe zu einer Person schmälert nicht die Zuneigung zu anderen, sondern kann sie im Idealfall sogar bereichern. *Liebe wird dabei nicht als Kuchen verstanden, der aufgeteilt werden muss, sondern als Licht, das heller wird, je mehr Lichtquellen es gibt.* Anstelle von Exklusivität, dem traditionellen Kardinalsmerkmal für die Liebe, treten Offenheit und Freiheit, aber auch Rücksichtnahme und verbindliche Absprachen. Die Vision der Polyamorie: Liebesbeziehungen, in denen Individualität, Autonomie und Bindung gleichermaßen Raum haben. Ein Gefühl von *Verbundenheit in Freiheit,* wie es im eingangs angeführten Gedicht *Der Prophet* von Khalil Gibran (1923) poetisch zum Ausdruck gebracht wird.

Diese Vision klingt vielversprechend und fast so, als könne sie eine Reihe altbekannter Beziehungsprobleme lösen: die Langeweile in Langzeitbeziehungen, das Bedürfnis nach sexueller Entfaltung oder die unerwartete Verliebtheit in jemanden außerhalb einer bestehenden Beziehung. Polyamorie ist dabei nicht nur ein Modell für Menschen, die sich aus monogamen Beziehungsmustern lösen wollen. Doch für viele beginnt der Weg in offenere Beziehungsformen mit der Erfahrung, dass eine vormals monogam gedachte Beziehung nicht mehr trägt, weil sie schleichend oder plötzlich nicht mehr stimmig ist. Die Gründe dafür sind vielfältig: Stagnation und Routine, chronische Konflikte und Sprachlosigkeit. Eine Außenbeziehung macht manchmal eine tieferliegende Sehnsucht spürbar. In der Beziehungsberatung ist eine häufige Begründung für eine Affäre: *Ich fühlte mich plötzlich wieder lebendig.* Oder *Ich fühlte mich endlich wieder gesehen.* Wenn aus einer Affäre mehr wird als nur körperliche Anziehung, und gleichzeitig eine Trennung nicht gewollt ist, taucht manchmal die Frage auf: *Können und wollen wir unsere Beziehung öffnen?* Gerade diese Konstellation kommt in der beraterischen Praxis häufig vor und für sie haben wir über die Jahre ein umfangreiches Handwerkszeug entwickelt. Deshalb prägt diese Perspektive unser Buch besonders stark.

Ein anderer Wendepunkt kann eine Trennung sein. Wenn eine Beziehung endet, spüren manche Menschen zum ersten Mal deutlich, dass sich Monogamie für sie nicht (mehr) stimmig anfühlt. Vielleicht verändert gerade das *Patchwork* unserer Beziehungsbiografien den Blick auf das eigene Modell. So berichtet Susi (38), eine polyamor lebende Teilnehmende aus unseren qualitativen Befragungen: „Nach der Trennung habe ich gemerkt, wie sehr ich in der Beziehung festgesteckt habe – auf eine Weise, die mir nicht guttat. Ich hatte das Gefühl, mich darin verloren zu haben. Ich wollte erst einmal herausfinden, wer ich wirklich bin, was ich in Beziehungen brauche und was mir als Person wichtig ist." Oder Juliette (27): „Ich hatte immer monogame Beziehungen und war auch nie untreu – das fiel mir nicht schwer. Aber trotzdem habe ich mich darin eingesperrt gefühlt." Solche Einblicke zeigen, dass starre Beziehungskonzepte Spannungen erzeugen können, innerlich wie äußerlich. Verluste, Krisen, Konflikte oder schlicht Langeweile können Veränderungswünsche in Gang setzen. Oft öffnet sich dabei eine Tür nach innen. Menschen machen neue Erfahrungen, lernen sich selbst besser kennen, kommunizieren klarer und lieben bewusster.

Andere spüren schon früh, dass sie sich in einem exklusiven Zweiermodell nicht wohlfühlen. Früher bedeutete das oft Heimlichkeit – heute ist es leichter, sich von Beginn an für andere Formen des Liebens und Lebens zu entscheiden. Während manche ihre Beziehungsmodelle schrittweise weiterentwickeln, starten andere mit der Überzeugung, dass Polyamorie ihrer Lebensweise entspricht. Sie erwarten nicht, dass eine einzelne Beziehung über Jahrzehnte hinweg alle Bedürfnisse nach emotionaler Verbundenheit, Sicherheit, Sexualität und persönlicher Entwicklung erfüllen kann oder muss. Wenn sie passende Beziehungspersonen finden, gestalten sie ihre Modelle selbst – zukünftig hoffentlich mit Hilfe der Erfahrungen und Tools, die dieses Buch bietet. Wie ein polyamor lebendes Paar, beide Anfang dreißig, in der Beratung einmal sagte: „Wir sind Freestyler." Auch diese Menschen landen in unserer Praxis, meist dann, wenn schwierige Themen auftauchen, wie Verlustangst, unterschiedliche Wünsche nach Nähe oder Konflikte um Kinderwunsch und Elternschaft.

Ein weiterer Zugang entsteht, wenn jemand darüber nachdenkt, sich auf eine bereits offene Beziehung einzulassen. Manche entdecken auf diesem Weg erst die Polyamorie. In der Rolle *einer hinzugekommenen Person* erleben manche zunächst weniger Gestaltungsspielraum – und geraten nicht selten in eine Randposition, die sich wie eine *Nebenrolle* anfühlen kann. Diese Erfahrung muss nicht dauerhaft so bleiben. Sie wirft Fragen nach Gleichwertigkeit, Sichtbarkeit und Mitgestaltung auf und die Notwendigkeit, für die eigenen Bedürfnisse einzustehen. Für manche wird diese Situation zum Prüfstein innerer Stabilität, zur Einladung, zu spüren, was sich stimmig anfühlt, und zur bewussten Entscheidung für oder gegen eine solche Konstellation.

1.2 Stand der Debatte rund um Polyamorie

Die meisten Menschen in westlichen Kulturen[1] streben nach wie vor eine langfristige Zweierbindung an. Ob diese Verbindung monogam sein sollte, wird dabei selten infrage gestellt – Monogamie gilt meist als Selbstverständlichkeit. Laut der repräsentativen Umfrage Gesundheit und Sexualität in Deutschland (*GeSiD*; Briken et al., 2021; Matthiesen et al., 2021) hatten rund 57 % der 3779 befragten Menschen in festen Partnerschaften explizit sexuelle Treue vereinbart (persönliche Kommunikation, 2024). Interessanterweise hatten jedoch 37 % keinerlei Absprache dazu getroffen. Nur etwa 2 % hatten explizit vereinbart, dass Sexualität außerhalb der Beziehung *erlaubt* sei. Weitere 2 % trafen andere individuelle Absprachen. Diese Zahlen verdeutlichen: Polyamorie ist bisher weder weit verbreitet noch stark sichtbar.

Auch global betrachtet ist Monogamie nach wie vor die vorherrschende Beziehungsform (Schacht & Kramer, 2019). Anthropologische Erklärungen verweisen auf evolutionäre Vorteile von Paarbindung, etwa durch die gemeinsame Nutzung von Ressourcen und den Schutz der Nachkommen. Aufwendige elterliche Fürsorge wurde vielleicht dann wahrscheinlicher, wenn auch eine emotionale Bindung an den Vater bzw. die Mutter des Kindes bestand. War dies vorhanden, hatten die Nachkommen dadurch vermutlich eine höhere Überlebenschance (Schacht & Kramer, 2019). Diese Argumentationen sind jedoch oft rück-

[1] In der Forschung steht das Akronym *WEIRD* für western, educated, industrialized, rich, democratic – also westlich, gebildet, industrialisiert, wohlhabend und demokratisch. Zugleich bedeutet *weird* im Englischen auch *seltsam*. Der Begriff kritisiert, dass viele Studien auf westlichen, meist weißen Mittelstandsstichproben basieren, deren Ergebnisse dann verallgemeinernd auf die gesamte Menschheit übertragen werden.

blickend normativ überhöht. Moderne Errungenschaften wie Empfängnisverhütung, soziale Sicherungssysteme für Eltern und Kinder oder berufliche Gleichstellung von Müttern und Vätern spielten in dieser Entwicklung kaum eine Rolle. Dennoch wird diese vermeintliche Wurzel oft angeführt, um zu argumentieren, dass die Monogamie überlegen sei.

Wie wir im weiteren Verlauf sehen werden, hat es aber eigentlich andere Gründe, warum Monogamie auf viele so *richtig* und *natürlich* wirkt. Schließlich lernen wir von klein auf, dass wahre Liebe sich in sexueller und emotionaler Exklusivität ausdrücken müsse und dass echte Nähe nur zwischen zwei Menschen entstehen könne. Wer allein lebt, gilt schnell als unvollständig, als bedauernswert oder einfach übriggeblieben. Besonders Menschen mit weiblicher Sozialisierung verinnerlichen früh die Vorstellung, ihr Lebensglück liege in der Erfüllung durch eine feste Paarbeziehung. Nicht selten wird dafür ein erheblicher Teil der eigenen Eigenständigkeit geopfert – emotionale wie wirtschaftliche Abhängigkeiten werden dabei in Kauf genommen oder sogar romantisiert.

Doch es tut sich etwas. Stimmen, die für Gleichberechtigung, Diversität und die Aufweichung traditioneller Beziehungsnormen plädieren, werden hörbarer. Nicht zuletzt geschieht dies durch die Reichweite sozialer Medien. Diese verändern nicht nur, *was* über Liebe, Sexualität und Beziehungen sichtbar wird, sondern auch grundlegend, wie Wissen darüber entsteht (Hammack & Manago, 2025). Was früher stark durch Institutionen wie die katholische Kirche, schulische Lehrpläne oder die Bundeszentrale für gesundheitliche Aufklärung (BZgA, heute BIÖG) geprägt war, wird heute dezentral verhandelt: in Podcasts, Blogs, Insta-Stories, Kommentar-Threads und Videoformaten.

Digitale Plattformen unterlaufen klassische Autoritäten. Beziehungswissen entsteht zunehmend durch kollektives Erzählen, geteilte Erfahrungen und sozialen Austausch. Menschen berichten selbst, wie sie lieben – auch jenseits etablierter Normen. Auch außerhalb sozialer Medien spüren wir diese Bewegung. In Beratungsgesprächen, durch Diskussionen mit unseren Studierenden, in Interview- oder Fortbildungsanfragen und an vielen weiteren Stellen merken wir: Das Interesse an alternativen Beziehungsformen nimmt spürbar zu. Mehrere gesellschaftliche Trends tragen dazu bei:

- *Wandel der Geschlechterrollen:* Frauen sind heute finanziell unabhängiger, besser ausgebildet und weniger bereit, sich auf traditionelle Rollenmuster einzulassen. Auch Männer suchen häufiger nach emotionaler Nähe und Gleichberechtigung in Beziehungen, wenn auch nicht immer in dem Maße, wie viele Frauen es sich wünschen würden (Hofmann et al., 2023). Diese Entwicklungen bringen neue Dynamiken in Partnerschaften, vor allem, wenn Kinder betreut werden sollen.
- *Individualisierung und Selbstverwirklichung:* Das Streben nach Authentizität, Freiheit und persönlicher Entfaltung ist tief in die Gegenwartsgesellschaft eingeschrieben. Während diese Werte Raum für Entwicklung bieten, erzeugen sie auch Spannungen in Partnerschaften. Viele empfinden Monogamie als Einschränkung und sehen in offenen Modellen eine Chance, individuelle Freiheit mit stabilen Beziehungen zu vereinen. Urbanisierung, höhere Bildung und berufliche Mobilität verstärken diesen Trend.
- *Erfahrungen mit Trennungen:* Viele junge Erwachsene sind mit dem Scheitern monogamer Ideale aufgewachsen, sei es durch die Trennung ihrer Eltern oder eigene Be-

ziehungserfahrungen. Auch in unserer Praxis als Trennungs- und Scheidungsmediator*in erleben wir oft, wie belastend Trennungen für alle Beteiligten sind. Obwohl viele Menschen nach einer Trennung neue Stabilität finden, hinterlässt sie emotionale Spuren und führt auch zu ökonomischen Unsicherheiten, besonders für Frauen und Kinder. Viele Menschen haben erlebt: Das Ideal der monogamen Beziehung mit einem *Happy End* kann an seinem Ende Verlierer*innen erzeugen.

- *Zunehmende Sichtbarkeit queerer Lebensweisen:* Beziehungen jenseits der klassischen Mann-Frau-Kernfamilie treten zunehmend ins öffentliche Bewusstsein. Trotz weiterhin bestehender Diskriminierung gewinnen queere Beziehungsmodelle an Sichtbarkeit und Anerkennung. Gerade weil sie von traditionellen Normen abweichen, dienen sie oft als Experimentierfeld für neue Formen des Miteinanders. Regenbogenfamilien und gleichgeschlechtliche Fürsorgegemeinschaften eröffnen neue Perspektiven auf Liebe, Fürsorge und Freundschaft. Für manche ist das irritierend, für andere befreiend.
- *Social Media und Dating-Apps als Beziehungsmärkte:* Polyamore Influencer*innen sind auf Social Media präsent und tragen dazu bei, dass ihre Lebensweise sichtbarer wird. Dating-Apps wie Tinder, Bumble, Her und Grindr haben die Art und Weise verändert, wie Menschen sich begegnen und wie Beziehungen beginnen. Davon profitieren zahlreiche Menschen, nicht nur diejenigen, die es zuvor nicht leicht hatten, geeignete Beziehungspersonen zu finden, wie beispielsweise queere Menschen. Vor allem junge Menschen nutzen diese Plattformen intensiv.

Die Debatte ist emotional aufgeladen, denn es geht um nicht weniger als unser individuelles Liebes- und Lebensglück. Die Sehnsucht nach Liebe ist eine zentrale Schubkraft im Leben vieler Menschen. Für die einen klingt Polyamorie wie eine schöne Utopie. Manche vertreten die Auffassung, nur sexuelle Exklusivität entspreche der menschlichen Biologie. Wieder andere sehen in der Polyamorie einen von vielen kurzlebigen Trends in den sozialen Medien. Harte Kritiker*innen sehen Menschen in polyamoren Modellen sogar wahlweise als Bindungsvermeidende, psychisch Labile oder verantwortungslose Sex-Suchende. Doch viele sind einfach davon überzeugt, dass dieses Konzept in der Praxis nicht funktionieren kann, besonders, wenn es um Gefühle geht.

Laut der bevölkerungsrepräsentativ quotierten und gewichteten ElitePartner-Studie (2023) glaubt nur knapp ein Drittel der 6776 befragten Internetnutzer*innen, dass es tatsächlich möglich ist, mehrere Menschen gleichzeitig zu lieben. Viele reagieren auf das Konzept der Polyamorie spontan mit: *Ich könnte das nicht, ich bin viel zu eifersüchtig.* Ohne Zweifel ist Eifersucht eine zentrale Größe, die viele Beziehungsdramen befeuert, bis hin zu Gewaltausbrüchen und Totschlag. Für viele verhält es sich mit der sexuellen Exklusivität daher einfach wie mit der Demokratie: *Nicht perfekt, aber das beste bisher bekannte Modell.* Alles andere erscheint ihnen zu komplex und belastend. Nur für eine Minderheit ist Polyamorie schon längst Teil ihrer Lebenswelt, oft begleitet von einer Mischung aus Faszination, Skepsis und Orientierungslosigkeit, denn es fehlen etablierte Rollenmodelle.

Doch: Wie gut funktioniert eigentlich die *Monogamie*? Langzeitstudien zeigen, dass viele Ehen mit hohen Erwartungen beginnen und schnell in Ernüchterung enden. Während einige Paare ihre Zufriedenheit halten können, erleben viele einen allmählichen oder sogar drastischen Rückgang (Perlman & Miller, 2024). Schon wenige Monate nach der Hochzeit berichten zwischen 8 und 14 % der Paare von Unzufriedenheit (Schramm et al., 2005). Früh auftretende Schwierigkeiten können spätere Unzufriedenheit oder sogar eine Trennung vorhersagen. Diese Befunde lassen sich auch auf nicht verheiratete Menschen übertragen, denn sie sind auf finanzielle Belastungen, die Herausforderung, Beruf und Beziehung in Einklang zu bringen und unerfüllte emotionale Bedürfnisse zurückzuführen. Und: Affären, Außenbeziehungen und heimlicher Sex sind keine Ausnahme, sondern gelebte Realität. Laut einer aktuellen repräsentativen Umfrage im Auftrag von Playboy (2024) gab fast jede vierte befragte Person ($N = 1043$, 24 % der Frauen und 26 % der Männer) an, schon einmal fremdgegangen zu sein, obwohl 99 % angaben, Treue sei ihnen wichtig. Wenn solche Geheimnisse auffliegen, resultiert daraus häufig eine tiefe Beziehungskrise oder gar das Ende der Partnerschaft. Laut der ElitePartner-Studie (2023) war eine längere Affäre oder wiederholtes Fremdgehen der häufigste Trennungsgrund. Dabei ist es nicht allein die Untreue, die belastet, sondern vor allem die damit verbundenen Täuschungen, Lügen und Heimlichkeiten, die das Fundament jeder Beziehung – das Vertrauen – nachhaltig erschüttern. Erwarten wir zu viel von der monogamen Beziehung?

Das Ideal vom *lebenslangen gemeinsamen Glück* bleibt für viele eine schöne, aber unerreichbare Vorstellung. Die konstant hohen Scheidungszahlen belegen dies: Von 100 geschlossenen Ehen wurden in den letzten Jahren ca. 35-37 Ehen wieder geschieden (Statistisches Bundesamt, 2026). Die Zahl stabiler, längerfristiger Partnerschaften sinkt, während kürzere und unverbindlichere Beziehungsformen zunehmen (Peuckert, 2019). Bei Zweitehen und unverheirateten Paaren sind die Trennungsquoten sogar noch höher. Ähnliche Muster zeigen sich weltweit. Manche Trennungen verlaufen einvernehmlich. Bei anderen enden Traumhochzeiten in Rosenkriegen, Konflikten über Unterhaltszahlungen oder gegenseitiger, stiller Enttäuschung. Die Folgen häufiger Trennungen können zermürbend sein: Emotionale Belastungen, finanzielle Verluste und die ständige Notwendigkeit, sich an neue Beziehungspersonen und Lebensumstände zu gewöhnen, sind weit verbreitet. Besonders Kinder und Freundeskreise leiden unter der Auflösung bestehender Bindungen. Auch wer im Laufe seines Lebens langjährige Beziehungen geführt hat, steht im Alter womöglich ohne eine stabile Beziehungsperson da.

Kritische Stimmen wie die der Politologin Emilia Roig (2023) bezeichnen die Ehe als ein überholtes, patriarchales Konstrukt, das Frauen strukturell benachteilige. Die Autorin Andrea Newerla (2023) plädiert in ihrem Buch *Das Ende des Romantikdiktats* dafür, Freundschaft als stabilere und erfüllende Beziehungsform zu etablieren – sowohl im Alltag als auch im Alter. In seinem Buch *Freunde lieben* setzt sich auch Ole Liebl (2024) mit der Idee von Freundschaft als Basis für enge Bindungen auseinander. Der Grundgedanke dieser Überlegungen ist nachvollziehbar: Mit der Liebe haben viele keine guten Erfahrungen gemacht. Wenn die klassische Monogamie für viele nicht (mehr) funktioniert, was dann? Ist die Liebe zu mehreren *mehr Liebe*?

1.3 Suche nach alternativen Beziehungsmodellen

Hoffnungsvoll – und doch oft begleitet von Unsicherheiten – machen sich vor allem jüngere Menschen auf die Suche nach Alternativen zu traditionellen Liebesmodellen. Die digitalen Liebessuchmaschinen eröffnen eine Vielzahl von Optionen. Der Marktführer Tinder etwa bietet heute folgende Auswahl beim gewünschten Beziehungstyp:

- *Monogamie:* Partnerschaft mit nur einer Person zur gleichen Zeit.
- *Konsensuelle Nicht-Monogamie:* Jede Form einvernehmlich romantischer oder sexueller Verbindungen mit mehreren Personen.
- *Polyamorie:* Mehrere romantische und/oder intime Verbindungen gleichzeitig in jeweils festeren Beziehungen.
- *Offene Beziehung:* Eine feste Partnerschaft, in der sexuelle Kontakte mit anderen erlaubt sind.
- *Offen für Neues:* Offenheit für Monogamie oder konsensuelle Nicht-Monogamie, je nach Beziehungsperson.

Laut einer Umfrage (Tinder, 2023) sind 41 % der 18- bis 25-jährigen Tinder-Nutzer*innen offen für nicht-monogame Beziehungen. Das Dropdown-Menü macht keinen Unterschied in der Wertigkeit, Polyamorie erscheint hier gleichberechtigt neben anderen Beziehungsformen. Angesichts der vielen nicht-monogamen Optionen sieht es vielleicht sogar etwas verklemmt aus, nur die Option *Monogamie* anzugeben? In jedem Falle zwingen die Auswahlmöglichkeiten zur eigenen Positionierung. Wer sich selbst kennt und die eigenen Wünsche benennen kann, hat bessere Chancen, passende Menschen zu treffen. Dating-Erfahrene wissen: Das eigene Beziehungsmodell zu formulieren heißt noch lange nicht, dass es erfüllt wird.

Soziale Medien und Dating-Apps haben eine immense Reichweite. Sie erweitern die Zahl potenzieller Beziehungspersonen (Brady & Baker, 2022), verstärken durch parallellaufende Dating-Prozesse Vergleiche zwischen möglichen *Kandidat*innen* (Degen, 2024) und setzen dadurch neue Maßstäbe für romantisches Glück. Doch diese ständige

Verfügbarkeit kann die Stabilität bestehender Beziehungen untergraben. Wenn Menschen das Gefühl haben, es gäbe *bessere* Optionen, sinkt das Engagement in der aktuellen Partnerschaft, was wiederum die Wahrscheinlichkeit von Affären oder Trennungen erhöht (Brady & Baker, 2022; Selterman et al., 2019).

Menschen mit Dating-Ermüdung berichten in Sozialen Medien von Täuschungen, Lügen und Manipulation durch heimliche Simultanbeziehungen und von egoistischer Unverbindlichkeit in offenen Beziehungen. Viele Menschen, die *offen für Neues* ankreuzen, halten sich schlicht alle Türen offen oder suchen gezielt eine Affäre, eine unverbindliche und nicht selten heimliche Außenbeziehung. Noch nie war es so einfach, Affären zu finden und zu führen. Ein großer Teil der Tinder-Nutzer*innen sind in festen Beziehungen und halten sich dennoch alle Optionen offen. Warum? Aus Langeweile, Explorationslust oder präventiv, falls die eigene Beziehungsperson auch gerade ihren eigenen *Marktwert* testet? Offenheit kann auch in einer Beziehung eine Strategie zur Risikominimierung sein. Je ernster eine Beziehung wird, desto riskanter erscheint eine Festlegung und die daraus entstehende Abhängigkeit. Doch wer sich nicht einlässt, erlebt auch keine tiefe Verbundenheit.

In der Presse ist manchmal von der *Generation Beziehungsunfähig* die Rede, wenn junge, digital aktive Erwachsene im Dating-Kontext und in *Situationships* (also unklare, eher unverbindliche Beziehungen) gemeint sind. Doch vielleicht sind diese Formen weniger Ausdruck von Bindungsunfähigkeit als vielmehr ein Spiegel kollektiver Verunsicherung angesichts der Optionenvielfalt. Orientierungslosigkeit ist die Kehrseite der Freiheit. Wie schön wäre es, wenn offene Beziehungen ganz selbstverständlich zu einem ausgewogenen Gleichgewicht führten – zu maximaler Freiheit bei maximaler Sicherheit, zu Nähe ohne Enge und Weitblick ohne Verlustangst. Wenn sie uns ermöglichen würden, Bindung zu erleben, ohne uns festzulegen. Wenn sie schmerzfreie Alternativen zur Trennung böten oder das Beste aus Vertrautheit und Neugier vereinten. Doch wir sind und bleiben menschlich, mit all unseren Bedürfnissen, Verletzlichkeiten und Widersprüchen. Und das Hinzufügen weiterer Beziehungspersonen allein macht ein Liebesleben nicht automatisch erfüllter. Dazu kommt: *Jede vergangene Beziehung hinterlässt ein Echo*. Alte Verletzungen können nachhallen, unbewusste Erwartungen aus früheren Partnerschaften in neue getragen werden. Die eigene Beziehungsbiografie reist immer mit.

Menschen, die ihr Beziehungsmodell verändern, merken schnell, dass offene Beziehungen besonders viel Beziehungsarbeit erfordern. Sie finden sich in intensiven Aushandlungsprozessen wieder. Denn mit mehr Freiheit taucht auch mehr Verantwortung auf. Es entsteht Verantwortung für mehrere Personen in verflochtenen Beziehungsgefügen. Was, wenn jemand krank wird? Wie werden Zeit, Geld und Aufmerksamkeit verteilt? Oft muss man unter Unsicherheit handeln und für die Konsequenzen der eigenen Entscheidungen einstehen. Darauf sind viele nicht vorbereitet. Man müsste sich selbst kennen, für sich einstehen, kommunizieren, verhandeln, Kompromisse ertragen. Es stellen sich grundlegende Fragen:

- Was ist für uns Liebe – und was folgt daraus?
- Welches Beziehungsmodell können wir uns wirklich vorstellen?
- Gibt es für uns Treue, ohne monogam zu leben? Und wenn ja: Wie sieht diese aus?
- Wie gestalten wir Nähe, Autonomie, emotionale und sexuelle Sicherheit – und den Alltag?

Was früher durch Religion und gesellschaftliche Konvention geregelt war, liegt heute in der Verantwortung der Beziehungspersonen selbst. Theoretisch ist vieles erlaubt, wenn alle einverstanden sind. Doch das empfinden nicht alle als befreiend. Viele Menschen scheuen sich vor solchen Verhandlungen. Schon 1985 textete und sang Heinz Rudolf Kunze in seinem Song *Dein ist mein ganzes Herz*[2]:

Was sind das bloß für Menschen, die Beziehungen haben?
Betrachten die sich denn als Staaten?
Die verführen sich nicht, die entführen sich höchstens
Die enden wie Diplomaten.

In diesen Zeilen stecken gleich zwei Wahrheiten. Erstens: Liebesgefühle lassen sich nur bedingt steuern und kontrollieren, ebenso wenig wie die Wechselfälle des Lebens. So sehr wir unser Leben gestalten möchten, schreibt es doch oft eigene Geschichten. Und dennoch sind wir nicht nur Getriebene, sondern auch Akteur*innen mit Einfluss darauf, wie wir unser Leben *leben, fühlen* und auf das Unvorhergesehene *reagieren*. Und zweitens: Verhandeln fühlt sich selten romantisch an. Menschen in der Beratung sind oft überrascht, wenn ich (SB) ihnen vorschlage, sich bewusst *an den Verhandlungstisch zu setzen. The Art of the Deal* wird kaum mit Liebe assoziiert. Die Vorstellung, dass der Beziehungsalltag aus vielen kleinen Aushandlungen besteht, klingt wenig verführerisch. Und doch zwingen uns gerade die Herausforderungen des Zusammenlebens immer wieder genau dorthin. In transparenten, fairen Absprachen auf Augenhöhe liegt eine große Chance für Partnerschaft, Zusammenhalt und Entwicklung.

---

[2] Album Dein ist mein ganzes Herz; Text & Interpretation: Heinz Rudolf Kunze; Komposition: Heiner Lürig; Produktion: Conny Plank; mit freundlicher Genehmigung durch MAWI Concert.

Die Art, wie wir lieben, hat heute keine feste Form mehr. Sie ist ein individueller Weg voller Möglichkeiten. Was kann uns dann leiten? Statt zwischen *normal/richtig* und *unnormal/falsch* zu unterscheiden, kann eine andere Frage hilfreich sein: *Welche Form von Beziehung fühlt sich für mich zum gegenwärtigen Zeitpunkt authentisch und erfüllend an?* Für manche sind monogame Wege hilfreich, andere fühlen sich in offenen oder polyamoren Modellen wohler.

Auch wenn wir im Buch oft vereinfachend von *der* Monogamie oder *der* Polyamorie sprechen, ist diese Unterscheidung eigentlich irreführend. Beziehungsformen sind keine starren Kategorien, sondern bewegen sich auf einem Kontinuum. Je nachdem, welche Facetten von Liebe wir betrachten – emotionale Nähe, Körperlichkeit, Verbindlichkeit oder Alltagsgestaltung – können Beziehungen ganz unterschiedliche Dynamiken aufweisen. Der Anteil romantischer Gefühle (wie es der Wortstamm *amor* nahelegt) variiert sowohl in monogamen als auch in polyamoren Beziehungen. Individuelle Formen, Absprachen und persönliche Ausgestaltungen sind weit verbreitet. Manche Paare, die sich als *monogam* bezeichnen, legen großen Wert auf vollständige sexuelle und emotionale Exklusivität. Andere schaffen bewusst Freiräume oder treffen flexible Vereinbarungen. Auch innerhalb der Polyamorie zeigt sich, wie wir im Verlauf des Buches sehen werden, eine große Vielfalt: von hierarchischen Modellen mit primären Beziehungspersonen über gleichberechtigte Netzwerke bis hin zu Menschen, die polyamor leben, aber keine festen Partnerschaften eingehen. Gemeinsam ist all diesen Beziehungsformen das Merkmal der Einvernehmlichkeit: Sie beruhen auf Offenheit, Kommunikation und Zustimmung – nicht auf Heimlichkeit oder Betrug. In der Forschung hat sich dafür der Begriff *einvernehmliche Nicht-Monogamie* etabliert. Wir verwenden in diesem Buch jedoch eher den neutraleren Ausdruck *Mehrpersonenbeziehung*, weil wir Monogamie nicht als unhinterfragte Norm setzen möchten, von der aus andere Beziehungsformen nur als Abweichung beschrieben werden. Unser Anliegen ist es, die Vielfalt menschlicher Beziehungsgestaltung sichtbar zu machen. Es gibt nicht *die eine* richtige oder bessere Beziehungsform. Vielmehr stehen Menschen vor der Aufgabe, *jene Beziehungsform zu finden und zu gestalten, die am besten mit ihren eigenen Bedürfnissen, den Dynamiken ihrer Partnerschaften und ihren jeweiligen Lebensumständen im Einklang steht.*

Beziehungsformen können sich im Lauf der Zeit verändern und dabei auch die Wechselfälle des Lebens berücksichtigen. Es geht nicht um eine Entscheidung *für immer*, sondern um ein ehrliches Innehalten im *Hier und Jetzt.* Unsere Gefühle, Bedürfnisse und Prioritäten sind nicht statisch; sie entwickeln sich mit unseren Erfahrungen und Umständen. Was sich heute stimmig anfühlt, mag in einem Jahr anders sein. Weil wir oft nur schwer abschätzen können, wie wir uns in Zukunft fühlen werden, lohnt sich der Blick auf das Jetzt: *Welche Art von Beziehung passt im Moment am besten zu mir? Welche Gedanken oder Wünsche beschäftigen mich bereits und prägen mein aktuelles Erleben? Für wen trage ich Verantwortung (z. B. minderjährige Kinder) und wie kann ich der Verantwortung für mich und andere in meinen Beziehungen auch gerecht werden?*

Beziehungsformen sind nicht nur gesellschaftliche Modelle, sondern berühren immer auch individuelle Werte, Sehnsüchte und Grenzen. Die folgende Übung lädt dazu ein, die Debatte um Polyamorie und andere Formen einvernehmlicher Mehrpersonenbeziehungen mit der eigenen Lebensrealität in Beziehung zu setzen.

Praxistool

Persönliche Überzeugungen und Werte in Bezug auf einvernehmliche Mehrpersonenbeziehungen

Nimm Dir einen ruhigen Moment, um über die folgenden Fragen nachzudenken. Sie laden Dich ein, Deine eigenen Haltungen, Prägungen und vielleicht auch Widersprüche in Bezug auf Liebe und Beziehung bewusster wahrzunehmen. Versuche, ehrlich mit Dir zu sein und beobachte, welche Gedanken und Gefühle aufkommen, ohne sie direkt zu bewerten. Es geht nicht darum, etwas richtig zu beantworten, sondern um ein neugieriges Innehalten.

- Welche Beziehungs- und Liebesformen kenne ich? Welche davon erscheinen mir vertraut, welche eher fremd, irritierend oder ungewohnt?
- Welche Vorstellungen und Erwartungen habe ich in Bezug auf Liebe und Beziehung? Woher kommen diese Bilder (z. B. aus meiner Familie, der Gesellschaft, Medien oder eigenen Erfahrungen)?
- Glaube ich, dass es eine *beste* Beziehungsform gibt? Oder halte ich es für möglich, dass unterschiedliche Modelle für unterschiedliche Menschen, in unterschiedlichen Lebensphasen, passend sein können?
- Wie stehe ich zu Polyamorie und anderen Formen einvernehmlich offener Beziehungen? Welche Gedanken, Fantasien oder Gefühle tauchen auf, wenn ich davon höre oder lese?
- Woher stammen meine Überzeugungen über monogame und nicht-monogame Beziehungen? Habe ich sie bewusst gewählt oder vielleicht unreflektiert übernommen?
- Wie reagiere ich spontan auf Menschen, die polyamor leben (möchten)? Begegne ich ihnen mit Interesse, Skepsis, Bewunderung, Irritation oder vielleicht auch mit Neid oder Abwehr?
- Halte ich Polyamorie für ein tragfähiges Beziehungsmodell? Oder eher für eine Übergangsphase von einer Zweierbeziehung in die nächste, eine Spielart, ein Ideal, eine Ausweichbewegung oder vielleicht sogar für eine Gefahr?
- Welche positiven oder schwierigen Erfahrungen mit monogamen und offenen Beziehungen kenne ich? Ob aus eigener Erfahrung oder durch Beobachtung im

Freundes- oder Familienkreis. Was hat mich besonders berührt, irritiert oder geprägt?

- Wie möchte ich selbst Beziehungen gestalten? Gibt es Wünsche, Sehnsüchte oder Ideen, die ich bisher nicht gelebt habe?
- Hat sich meine Haltung zu Polyamorie oder offenen Beziehungen im Laufe der Zeit verändert? Wenn ja, was hat diese Veränderung ausgelöst oder begleitet?

2

Liebe, eine Gestaltwandlerin

Oft wird Polyamorie als ein modernes Konzept betrachtet, als eine Erfindung der sexuellen Revolution oder des digitalen Zeitalters. Zweifellos haben diese Entwicklungen dazu beigetragen, enge gesellschaftliche Normen aufzubrechen und polyamore Lebensweisen in westlichen Gesellschaften sichtbarer zu machen. Doch schon lange existieren Beziehungsformen, die sich von der monogamen Zweierbeziehung unterscheiden, sei es in Form traditioneller Polygamien, offener Ehen, intimer Freundschaften oder gemeinschaftlich gelebter Liebesnetzwerke (Watson & Stein Lubrano, 2021). In Gesellschaften mit starkem Monogamie-Gebot wurden Verbindungen außerhalb der Norm oft nicht geduldet oder zumindest nicht als solche dokumentiert. Nur prominente Beispiele werden in diesem Zusammenhang häufig genannt, wie *Simone de Beauvoir* und *Jean-Paul Sartre*, *Friedrich Nietzsche*, *Lou Andreas-Salomé* und

S. Bröning, A. Mazziotta, *Vielfältige Liebe - Polyamorie gestalten*, https://doi.org/10.1007/978-3-658-48372-2_2

Paul Rée, *Oscar Wilde*, *Anais Nin* sowie *Henry* und *June Miller*. Hier noch ein paar Beispiele:

- *Victor Hugo* (1802–1885), einer der bekanntesten französischen Schriftsteller der Romantik und Autor von *Les Misérables*, führte über fünfzig Jahre lang eine leidenschaftliche Beziehung mit der Schauspielerin Juliette Drouet, während er mit Adèle Foucher Hugo verheiratet blieb. Seine Ehefrau wusste von dieser Verbindung und tolerierte sie nicht nur, sondern unterstützte später sogar eine weitere Beziehung Hugos finanziell. Nicht seine Ehefrau, sondern Drouet begleitete ihn durch sein gesamtes literarisches Schaffen und inspirierte ihn bei seiner Arbeit.
- *Virginia Woolf* (1882–1941), eine der bedeutendsten britischen Schriftstellerinnen der literarischen Moderne, führte eine leidenschaftliche Beziehung mit der Schriftstellerin Vita Sackville-West, während sie mit ihrem Ehemann Leonard Woolf verheiratet war. Ihre Liebe zu Vita wurde nicht verborgen, sondern war weithin bekannt – Vita selbst lebte in einer offenen Ehe mit Harold Nicolson. Diese Beziehung prägte Woolfs Schaffen maßgeblich, insbesondere den Roman *Orlando*, der als literarisches Zeugnis ihrer Verbindung gilt (Nicolson, 2003).
- *Max Weber* (1864–1920), einer der Begründer der modernen Soziologie, verband eine enge intellektuelle und innige Beziehung mit der Ökonomin Else Jaffé, die mit seinem Freund Edgar Jaffé verheiratet war. Nach Webers Tod blieben seine Ehefrau Marianne Weber, eine bekannte Frauenrechtlerin, und Else Jaffé eng verbunden und lebten bis zu Mariannes Tod gemeinsam.
- Wie aus der erst vor wenigen Jahren veröffentlichten Privatkorrespondenz des evangelischen Theologen *Karl Barth* (1886–1968) hervorgeht (Plant, 2019; Tietz, 2017), führte einer der bedeutendsten Theologen des 20.

Jahrhunderts neben seiner Ehe mit Nelly Barth eine tiefe intellektuelle und emotionale Verbindung zu Charlotte von Kirschbaum, die später seine engste Mitarbeiterin wurde. 1929 zog von Kirschbaum in den gemeinsamen Haushalt ein, wodurch eine *Notgemeinschaft* zu dritt entstand. Obwohl alle drei unter der Situation litten, blieben sie ein Leben lang verbunden – ein Umstand, den Nelly Barth 1975 betonte, indem sie Charlotte von Kirschbaum im Barth-Familiengrab in Basel beisetzen ließ.

In Briefen und Biografien werden solche Verbindungen oft verschleiert oder umgedeutet: Aus leidenschaftlicher Liebe wird eine enge Freundschaft, aus einer offenen Partnerschaft eine unorthodoxe Lebensweise. Polyamorie ist bis heute eine *versteckbare Identität* (engl.: *concealable identity*), eine Beziehungspraxis, die sich verbergen lässt oder unsichtbar gemacht wird. Wie häufig offene Liebe in der Geschichte tatsächlich gelebt wurde, bleibt daher weitgehend im Dunkeln.

2.1 Historische Spurensuche zur Nicht-Monogamie

Die Wurzeln offener Liebeskonzepte sind in verschiedensten historischen und gesellschaftlichen Kontexten zu finden (Anapol, 2010; O'Neill & O'Neill, 1972; Schippers 2018). Nicht-monogame Lebensformen und parallele Beziehungen haben in unterschiedlichen Kulturen und Epochen der Menschheitsgeschichte existiert. Wenn sie mit Ehe verknüpft sind, spricht man von *Polygamie*, die sich unterteilt in *Polygynie* (ein Mann, mehrere Frauen) und *Polyandrie* (eine Frau, mehrere Männer). Besonders die Polygynie ist historisch stark heterozentrisch und patriarchal geprägt. Sie definiert Beziehungen ausschließlich binär – zwischen

Männern und Frauen – und schließt gleichgeschlechtliche Partnerschaften meist aus. Zugleich basiert sie oft auf religiös oder kulturell begründeten Wertesystemen, die Macht und Kontrolle ungleich verteilen. Frauen in polygynen Strukturen befinden sich häufig in nachgeordneten Positionen, was ihre soziale und ökonomische Abhängigkeit verstärkt und ihre Handlungsfreiheit einschränkt (Gukenbiehl et al., 2003; Zeitzen, 2020).

Bis heute ist *Polygynie* in über fünfzig Staaten, vor allem in Afrika und Asien, legal und wird dort auch praktiziert. In traditionellen Gesellschaften gilt sie oft als Symbol für Reichtum, sozialen Status oder als Mittel zur Bildung weit verzweigter Familiennetzwerke (Fenske, 2015). In islamisch geprägten Regionen wie Indonesien oder Malaysia erlauben religiöse Normen Männern, unter bestimmten Bedingungen, bis zu vier Ehefrauen zu haben (Ansari & Md. Hassan Ahmed, 2012). Historische Wurzeln der Polygynie finden sich zudem im Hinduismus, in bestimmten christlichen Sekten sowie in Teilen Südamerikas und Südostasiens (Zeitzen, 2020).

In höheren sozialen Schichten des historischen Chinas war das *Konkubinat verbreitet*, also die offiziell anerkannte Praxis, neben der Ehe zusätzliche Lebensgefährtinnen zu haben. Im antiken Griechenland wiederum bestanden neben der Ehe gesellschaftlich akzeptierte, institutionalisierte Beziehungen zwischen älteren Männern und jüngeren männlichen Personen – sogenannte *Päderastie,* die gesellschaftlich mit pädagogischen und sozialen Funktionen begründet wurde, mit klaren Regeln (Harper, 2013). Polygame Beziehungen sind auch in religiösen Schriften dokumentiert. Die Bibel etwa nennt Jakob, der mit Lea, Rachel und zwei weiteren Frauen Kinder hatte. König David unterhielt mehrere Ehen und zahlreiche Nebenfrauen, während König Salomon 700 Ehefrauen und 300 Nebenfrauen zugeschrieben werden (De Vaux, 1997).

Im Gegensatz zur Polygynie ist *Polyandrie* weitaus seltener, existiert aber bis heute in bestimmten Regionen Asiens. Ein bekanntes Beispiel ist die brüderliche Polyandrie im Himalaya, etwa in Nepal, Tibet und Teilen Indiens, bei der eine Frau mehrere Brüder heiratet. Diese Praxis dient unter anderem dem Erhalt von Landbesitz innerhalb der Familie und einer effizienten Arbeitsteilung (Gyanwali & Dhakal, 2024). In der matrilinearen Gesellschaft der Mosuo in China hingegen haben Frauen die Möglichkeit, mehrere Beziehungspersonen zu wählen. Kinder wachsen dort in den Haushalten der mütterlichen Herkunftsfamilie auf, nicht in klassischen Kernfamilien (Yong & Li, 2022). Einige Kulturen, wie indigene Gesellschaften in Teilen Ozeaniens, praktizierten auch Formen der *Gruppenehe*, bei denen mehrere Männer und Frauen gleichzeitig miteinander verheiratet sind. Je nach kulturellem Kontext können diese Vereinbarungen in ihrer Struktur und Dynamik sehr unterschiedlich sein (Keen, 2002). Dasselbe gilt für zeitlich begrenzte oder vertraglich geregelte Ehen, bei denen Menschen eine *Ehe für einen bestimmten Zeitraum* eingehen, um beispielsweise Personen abzusichern, die auf unbestimmte Zeit von Beziehungspersonen getrennt sind. In indigenen Gesellschaften in Südamerika hatten temporäre Ehen die Funktion, soziale Bande zwischen Familien zu schmieden, oder die Kompatibilität von Beziehungspersonen zu testen (Valentine et al., 2017). Solche Beispiele verdeutlichen die beeindruckende Vielfalt menschlicher Beziehungsmodelle, die sich flexibel an soziale, wirtschaftliche und kulturelle Gegebenheiten anpassen.

Die Kulturwissenschaftler*innen Henrich, Boyd und Richerson (2012) interpretieren die institutionalisierte Monogamie als gesellschaftliche Innovation, entstanden aus dem Bedürfnis nach Stabilität und Ordnung. Sie setzte sich – insbesondere im Westen – nicht durch, weil sie natürlicher oder menschlicher sei, sondern weil sie konkrete gesellschaftliche Vorteile mit sich brachte: Sie reduzierte die Zahl unverheirateter, oft junger Männer (die in polygynen Systemen benachteiligt sind), was wiederum mit geringerer sozialer Instabilität und weniger Gewalt in Zusammenhang gebracht wurde. Gleichzeitig förderte sie väterliche Beteiligung an der Erziehung und eine gleichmäßigere Verteilung von Ressourcen. Diese Vorteile machten Gesellschaften mit normativer Monogamie wettbewerbsfähiger und stabiler, was zu ihrer globalen Verbreitung beitrug. Diese Entwicklung wurde jedoch maßgeblich durch religiöse Missionierung sowie den europäischen Kolonialismus beschleunigt. Mit der gewaltsamen Durchsetzung christlich-monogamer Werte wurden in vielen Weltregionen jahrhundertealte, offene Beziehungspraxen unterdrückt, verdrängt oder stigmatisiert (Rademaker, 2017). Die Gewalt der Kolonialmächte bestand nicht nur in Landnahme und Ressourcenraub, sondern auch in der Zerstörung sozialer Strukturen und Beziehungskulturen. Bis heute sind viele indigene Beziehungsmodelle nur bruchstückhaft dokumentiert. Diese Beispiele werfen ein Schlaglicht auf die menschliche Flexibilität in der Entwicklung sozialer Strukturen. Sie zeigen auch, dass sich Praktiken zur Verpartnerung und Familiengründung an spezifische Umwelterfordernisse anpassen können (Yong & Li, 2022).

Es wird deutlich: Monogamie ist weder das unausweichliche Maß aller Dinge, noch ist der Mensch per se monogam. Beziehungskonzepte sind stets Ausdruck der kulturellen und historischen Kontexte, in denen sie entstehen. Die Geschichte zeigt: Die Art und Weise, wie wir lieben und leben, ist ebenso vielfältig wie wandelbar, geformt durch unsere Werte, Lebensbedingungen und gesellschaftlichen Strukturen. Forschungsergebnisse legen nahe, dass strikte normative Vorstellungen und die Härte ihrer Durchsetzung besonders dort entstehen, wo Gesellschaften sich bedroht fühlen, sei es durch Umweltkrisen, Konflikte oder sozialen Wandel (Jackson et al., 2021; McNamara & Purzycki, 2023). Wie viel Einfluss hatten also die oft mit moralischem Nachdruck vertretenen monotheistischen Werte christlicher Institutionen bei der Verankerung von Monogamie als angeblich natürlichem Standard? Diese Frage bleibt relevant, auch für die Gestaltung einer zukunftsoffenen Beziehungsethik.

2.2 Ehe als Instrument gesellschaftlicher Ordnung

Die monogame Ehe etablierte sich in zahlreichen Gesellschaften als zentrale, institutionalisierte Form von Partnerschaft, wenn auch mit unterschiedlichen Ausprägungen und keineswegs immer als einzige gelebte Realität. Bereits in der Antike war sie in der griechisch-römischen Welt verbreitet, insbesondere in der Oberschicht. Denn monogame Ehen dienten nicht nur der romantischen Verbindung, sondern hatten klare soziale und wirtschaftliche Funktionen: Sie sicherten Erbfolgen, stabilisierten Besitzverhältnisse und dienten dem Machterhalt innerhalb elitärer Netzwerke. Gleichzeitig existierten in diesen Gesellschaften weiterhin polygame Strukturen, Konkubinate und außereheliche Beziehungen. Diese waren oft sozial akzeptiert, insbesondere unter Herrschenden und Adligen (Glazebrook & Olson, 2013). Mit der zunehmenden Formalisierung und gesetzlichen Regelung der Ehe im klassischen Griechenland und Rom gewann die monogame Ehe zwar an institutioneller Bedeutung, doch blieben Ehebruch und außereheliche Affären verbreitet. In anderen Kulturen, etwa im antiken Mesopotamien oder Ägypten, war Polygamie gesellschaftlich anerkannt. Mehrfachehen ermöglichten es

Herrschenden, politischen Einfluss aufzubauen, dynastische Allianzen zu schmieden und ihre Nachkommenschaft zu sichern. Auch außereheliche Beziehungen wurden strategisch genutzt, um Bündnisse zu festigen oder sozialen Status zu demonstrieren (Hinkelmann, 2022).

Solche historischen Schlaglichter zeigen: Die vorherrschende Beziehungsform war stets eng an soziale und ökonomische Rahmenbedingungen gekoppelt. Die Ehe diente nicht nur der romantischen Partnerschaft, sondern auch der Absicherung von Versorgung, Zugehörigkeit und Ordnung. Auch religiöse Texte spiegeln diese Funktion wider. Das sechste Gebot *Du sollst nicht ehebrechen* betont weniger romantische Treue als vielmehr den Schutz familiärer und sozialer Strukturen. Für viele Frauen bedeutete eine Scheidung eine existenzielle Unsicherheit, denn häufig war die Ehe ihre einzige Absicherung (Fischer, 1997).

In jüdisch-christlich geprägten Gesellschaften, wie dem alten Israel, galt Monogamie zunehmend als Ideal, auch wenn das Alte Testament zahlreiche Beispiele polygamer Beziehungen enthält. Im mittelalterlichen Europa prägte das Christentum das Konzept der Monogamie entscheidend (Fertig & Szołtysek, 2016; Nave-Herz, 2004, 2022). Vor der Christianisierung variierte die Gestaltung von Partnerschaften stark und reichte von polygamen Strukturen bis hin zu lockeren Verbindungen, abhängig von den kulturellen, religiösen und sozialen Gegebenheiten der jeweiligen Gemeinschaften. Mit der Christianisierung erklärte die Kirche die Ehe zur heiligen und unauflöslichen Verbindung zwischen einem Mann und einer Frau. Dieses Modell diente nicht nur der religiösen Ordnung, sondern auch der sozialen Stabilität und Kontrolle.

Während der Renaissance und Aufklärung gewann die monogame Ehe weiter an Bedeutung. Nun regulierten zunehmend weltliche Gesetze Eheverhältnisse, mit dem Ziel

Eigentum zu sichern und familiären Reichtum planbar weiterzugeben. Als Nationalstaaten erstarkten und der Feudalismus zurückging, wurden einheitliche Heiratsgesetze eingeführt, die Monogamie wurde zum gesetzlich verankerten Leitbild erhoben. In dieser Zeit erhielten Bürger*innen, insbesondere Männer, mehr Rechte, was es ihnen ermöglichte, Vermögen aufzubauen und dieses durch eine geregelte Erbfolge innerhalb der Familie weiterzugeben. Die Industrialisierung führte zu Verstädterung und dem Erstarken einer bürgerlichen Mittelschicht, wodurch das Modell der Kleinfamilie an Bedeutung gewann. Gleichzeitig blieben außereheliche Beziehungen und Scheidungen ein fester Bestandteil der sozialen Realität, was zeigt, dass die gelebten Beziehungsformen oft nicht vollständig mit dem monogamen Ideal übereinstimmten. Die monogame Ehe wurde dennoch zum praktischen und gesellschaftlich akzeptierten Mittel, um soziale und wirtschaftliche Stabilität zu gewährleisten und Eigentum innerhalb der Familie zu übertragen.

Love and marriage – die Verbindung zwischen Ehe und Liebesgefühlen

Angesichts der eher funktionalen Rolle der Ehe könnte leicht der Eindruck entstehen, romantische Liebe sei ein modernes Phänomen. Doch Verliebtheit, Begehren und Hingabe sind keine Erfindungen der Neuzeit. Literarische Werke, Gedichte, und Erzählungen aus aller Welt belegen, dass Liebesgefühle Menschen seit jeher bewegen. Allerdings bildeten sie in vielen Kulturen nicht die Grundlage für Ehe oder langfristige Partnerschaft. Stattdessen existierte sie oft unabhängig davon, mit eigenen Idealen und Ausdrucksformen. Ein prägnantes Beispiel ist die *höfische Minne* des 12. Jahrhunderts. Im Minnesang wurde die *hohe Minne* idealisiert – eine unerfüllte, tugendhafte Liebe zu einer oft verheirateten Frau, die ohne körperliche Erfüllung auskommen sollte. Diese literarische Konstruktion diente weniger der Darstellung gelebter Beziehungen, sondern vielmehr der Betonung von Tugend, Ehre und sozialem Status. Daneben gab es auch Darstellungen der *niederen Minne*, in denen sinnliche Lust und körperliche Erfüllung thematisiert wurden. Solche Werke waren jedoch seltener und entsprachen nicht dem höfischen Ideal (Haug, 2004).

Während die Ehe über Jahrhunderte primär der sozialen Absicherung, Erbregelung und gesellschaftlichen Ordnung diente, ist die Vorstellung, dass Liebe, Sexualität und Ehe untrennbar zusammengehören, historisch gesehen eine junge Entwicklung, kaum 200 Jahre alt (Luhmann, 1994; Reinhardt-Becker, 2019). Erst mit der Säkularisierung und Industrialisierung verlor die Ehe allmählich ihren religiösen Rahmen. Der Verlust religiöser Gewissheiten, die Trennung von Arbeit und Privatleben sowie die Auflösung ständischer Ordnungen führten zu tiefgreifenden Verunsicherungen und zugleich einem wachsenden Bedürfnis nach emotionaler Nähe, persönlicher Stabilität und zwischenmenschlicher Verankerung. Die Idee der romantischen Liebe, wie wir sie heute kennen, war eine kulturelle Antwort auf diese gesellschaftlichen Veränderungen. Sie nahm im 18. Jahrhundert Gestalt an, in jener Epoche, die seither ihren Namen trägt: die *Romantik*. Hier wurde Liebe als exklusive, allumfassende Verbindung idealisiert, die emotionale, geistige und körperliche Ebenen vereinte.

Frühere literarische Traditionen, wie etwa die höfische Minne des 12. Jahrhunderts oder die Liebeslyrik der Renaissance, thematisierten zwar bereits die emotionale Seite der Liebe, doch erst im Zeitalter der Romantik wurde diese zum zentralen Bestandteil von Ehe und Partnerschaft. Beziehungspersonen wurden zu den wichtigsten Bezugspersonen und zur Grundlage für persönliche Identität und

Glück. Gleichzeitig verlieh die Ehe dieser neuen Liebesvorstellung Stabilität und gesellschaftliche Legitimität. Liebe wurde zur Voraussetzung für die Ehe, und die Ehe bot einen dauerhaften Rahmen für die innigen, emotionalen Liebesgefühle. Sexualität wurde – nach Jahrhunderten funktionaler oder moralischer Betrachtung – zu einem Ausdruck tiefer seelischer Verbundenheit zwischen liebenden Eheleuten. Mit der Möglichkeit, den*die Ehepartner*in zunehmend selbst zu wählen und das persönliche Glück in den Mittelpunkt zu stellen, wurde es wichtiger, dass die Liebenden mit ihren Wünschen, Bedürfnissen und Eigenheiten zueinander passten. Diese Verknüpfung von Liebe und Ehe führte auch zu einer neuen Bewertung von Treue. Während außereheliche Beziehungen, insbesondere bei Männern, früher oft stillschweigend geduldet wurden, entwickelte sich nun ein Ideal wechselseitiger Exklusivität. Treue wurde zur Voraussetzung für echte Liebe und damit zum emotionalen Maßstab für Partnerschaft.

Auch in dieser Zeit entstanden alternative Modelle. Ein besonders bemerkenswertes Beispiel für eine nicht-monogame Gemeinschaft ist die sozialutopische Oneida Community, die 1848 in den USA von John Humphrey Noyes gegründet wurde (Wayland-Smith, 2016). Ihr Konzept der *komplexen Ehen* (engl.: *complex marriage*) stellte traditionelle Vorstellungen von Exklusivität infrage, indem alle Mitglieder als miteinander verheiratet galten. Exklusivität wurde explizit abgelehnt, um Besitzdenken in Beziehungen zu überwinden. Sexualität galt als spiritueller Pfad. Anders als moderne Polyamorie war die Gemeinschaft stark religiös motiviert und kontrollierte auch die Fortpflanzung ihrer Mitglieder durch ein eugenisches Zuchtprogramm, bei dem nur als *würdig* erachtete Männer Kinder zeugen durften. Zudem waren persönliche Wahlfreiheit und individuelle Beziehungsentscheidungen stark eingeschränkt. Die Oneida-Gemeinschaft verfolgte auch ein Ideal wirtschaftlicher Gleichheit und theoretisch eine Gleichstellung der Geschlechter, praktisch blieb die Macht jedoch weitgehend in den Händen männlicher Führungsfiguren. In den 1870er-Jahren geriet die Gemeinschaft zunehmend unter gesellschaftlichen Druck, insbesondere wegen der umstrittenen Sexual- und Fortpflanzungspolitik. Schließlich wurden die komplexen Ehen aufgegeben, und aus der Gemeinschaft entstand ein Unternehmen, das später durch seine Silberwarenproduktion bekannt wurde. Anders als frühere Modelle, die oft durch religiöse Dogmen oder soziale Kontrolle geprägt waren, gründen moderne Mehrpersonenbeziehungen auf *individueller Wahlfreiheit*, *Konsens*, *emotionaler Autonomie* und der *Achtung persönlicher Grenzen*.

In der jüngeren Geschichte prägte besonders die Phase des *Golden Age of Marriage* (dt.: *das goldene Zeitalter der Ehe*) in den 1950er- und 1960er-Jahre das westliche Verständnis der monogamen Ehe (Peuckert, 2019). In dieser Ära dominierte das *männliche Haupternährer-Modell:* Männer verdienten das Geld, Frauen führten den Haushalt, zogen Kinder groß und sorgten für emotionale Stabilität. Diese geschlechtsspezifische Arbeitsteilung ging mit einer – bis dahin einzigartigen – Privatsphäre einher. Die Trennung von Produktion und Haushalt eröffnete der Familie neue Gestaltungsräume. In dieser geschützten Sphäre entwickelten Eheleute, Eltern und Kinder enge emotionale Bindungen und unterstützten sich gegenseitig. Die Familie wurde nicht nur als wirtschaftliche Einheit, sondern auch als Raum für persönliche und psychische Bedürfniserfüllung wahrgenommen. Diese Zeit war geprägt von hohen Geburtenraten, geringer Kinderlosigkeit, nahezu universeller Verheiratung (rund 90 % der Generation) und niedrigen Scheidungsraten (Peuckert, 2019). Doch auch diese private

Sphäre war von gesellschaftlichen Zwängen geprägt – insbesondere für Frauen. Denn ein Ausstieg aus der Ehe, auch bei großem persönlichem Unglück, war kaum vorstellbar, da dies zu dieser Zeit mit erheblicher sozialer Stigmatisierung und existenziellen Versorgungslücken durch wirtschaftliche Abhängigkeit einherging. Der Wandel der monogamen Ehe von einem funktionalen Zweckbündnis zu einer gefühlsbasierten Lebensgemeinschaft brachte neue Freiheiten, aber auch neue Erwartungen: Nähe, sexuelle Erfüllung, emotionale Exklusivität, lebenslange Stabilität. Diese Ansprüche sind bis heute wirksam und bilden einen Teil des Spannungsfeldes, in dem sich moderne Beziehungskonzepte entwickeln und neu verhandelt werden.

2.3 Offene Liebe: Ein gescheiterter Versuch?

Auf die Phase des *Golden Age of Marriage* folgte in den 1960er- und 1970er-Jahren in der westlichen Welt eine Phase intensiver Auseinandersetzung mit alternativen Beziehungsmodellen, einschließlich der *freien Liebe* (Sigusch, 2008, 2011). Die sexuelle Revolution und die aufkommende Gegenkultur setzten wesentliche Impulse für neue Formen der Nicht-Monogamie. Unter dem Schlagwort der *freien Liebe* wandten sich Menschen gegen romantische Exklusivität, lebenslange Bindung und patriarchale Familienstrukturen (O'Neill & O'Neill, 1972). Besonders die Hippiebewegung stand für Werte wie Frieden, Naturverbundenheit und persönliche Freiheit. Ihr Motto *make love, not war* (dt.: *Mach Liebe, keinen Krieg*) wurde auch zum Ausdruck eines neuen Verständnisses von Sexualität, Beziehungen und gesellschaftlicher Rebellion. Offene Beziehungen, nicht-exklusive Sexualität und das bewusste Brechen gesellschaftlicher Konventionen wurden zu zentralen Ausdrucksformen dieser Gegenkultur.

Verwoben war die Idee der freien Liebe mit feministischer Kritik an Ehe und Monogamie (Schippers, 2016). Theoretiker*innen wie Shulamith Firestone (1970) und Adrienne Rich (1980) betonten, dass romantische Liebe und die damit oft verknüpfte monogame Zweierbeziehung keine natürlichen oder neutralen Beziehungsformen seien, sondern kulturell geformte Praktiken, die patriarchale Machtverhältnisse stabilisieren. Firestone (1970) kritisierte insbesondere die traditionelle Familie als ein System, das Frauen strukturell benachteilige. Sie beschrieb, wie viele Frauen im gebärfähigen Alter zyklisch Schwangerschaft, Geburt und Stillzeit durchliefen, dabei ökonomisch von Männern abhängig blieben und gleichzeitig von anderen gesellschaftlichen Rollen ausgeschlossen wurden. Als Alternative schlug sie vor, Elternschaft gemeinschaftlich durch eine Gruppe von Erwachsenen zu gestalten, sodass Frauen nicht länger auf die Mutterrolle beschränkt wären. Kindern, so Firestone, würden stabile Beziehungen zu mehreren Bezugspersonen guttun; gleichzeitig würde dies auch Menschen ermöglichen, Eltern zu sein, die selbst keine Kinder bekommen können. Auch Adrienne Rich (1980) übte Kritik an den strukturellen Zwängen der Geschlechterordnung. Sie beschrieb, wie Frauen kulturell darauf konditioniert werden, ihr Leben an eine heterosexuelle Paarbeziehung zu binden – ein Konzept, das sie als *Zwangsheterosexualität* (engl.: *compulsory heterosexuality*) bezeichnete. Wer davon abweicht, etwa durch lesbische oder mehrere parallele Beziehungen, wird häufig marginalisiert oder unsichtbar gemacht. Diese und weitere Feminist*innen wiesen darauf hin, dass Intimität und Fürsorge nicht zwangsläufig an romantische Partnerschaften gebunden sein müssen, sondern auch in anderen Beziehungsformen gleichwertig gelebt werden können. Offene Beziehungen, Wahlfamilien und Beziehungsnetzwerke sahen sie als Möglichkeiten an, traditionelle Geschlechterrollen zu hinterfragen. Damit setzten sie der Vorstellung, dass Liebe und Fürsorge nur in einer monogamen, heterosexuellen Zweierbeziehung existieren können, etwas entgegen.

In diesem Klima entstanden auch mehrere experimentelle Gemeinschaften, darunter die *Kerista-Kommune* in San Francisco (Anapol, 1990; Vought, 2020). Gegründet 1956 von John Peltz (genannt *Bro Jud*) Presmont, wurde die Kerista-Kommune ab 1971 als bewusstes Gegenmodell zur bürgerlichen Kleinfamilie organisiert. Die Mitglieder lebten in *polytreuen* Strukturen, bei denen alle Personen innerhalb eines festen Netzwerks emotional und sexuell miteinander verbunden waren. Ziel war es, Besitzdenken, Eifersucht und traditionelle Paarbindung zu überwinden. Stattdessen propagierte Kerista Konzepte wie *compersion*, die mitfreudige Anteilnahme am Glück der Beziehungspersonen, sowie rationale Kommunikation und kollektive Verantwortung. Organisiert in mehreren *Best-Friend-Identity-Cluster-Familien* lebten, wirtschafteten und schliefen die Mitglieder in rotierendem Rhythmus miteinander. letzteres sollte eine feste Bindung zwischen zwei Personen verhindern. Die Kommune propagierte Gleichheit und kollektive Verantwortung, kontrollierte jedoch zugleich stark das Aufnahmeverfahren (inklusive Aids-Tests und Vasektomiepflichten für Männer) und begrenzte persönliche Wahlfreiheit. Auch wirtschaftlich versuchte sich Kerista neu zu erfinden (Vought, 2020): Mit dem frauengeführten Tech-Unternehmen Abacus Inc. verband die Kommune utopische Ideale mit marktwirtschaftlicher Teilhabe. Doch mit dem wirtschaftlichen Erfolg wuchsen auch die internen Spannungen, bis die Gemeinschaft 1991 an Hierarchiekonflikten, Machtasymmetrien und Kontrollverlust zerbrach. Trotz ihres Scheiterns bleibt Kerista kulturgeschichtlich bedeutsam: Die Begriffe *polyfidelity* und *compersion*, die dort geprägt wurden, leben in heutigen polyamoren Debatten weiter, ebenso wie die Fragen, wie gemeinschaftliches Leben mit marktwirtschaftlicher Teilhabe vereinbar sein kann oder ob wirtschaftlicher Erfolg zwangsläufig das soziale Gefüge unterminiert (Vought, 2020).

Solche experimentellen Gemeinschaften waren Ausdruck eines Protests gegen traditionelle Geschlechterrollen, materielle Bindungen und die als repressiv empfundene Institution Ehe. Als Gegenkulturen blieben sie eine Nische. Denn konservative religiöse und politische Kräfte sahen in ihnen eine Bedrohung der gesellschaftlichen Ordnung und stigmatisierten die freie Liebe als unethisch, vergnügungssüchtig und mit dem Aufkommen der AIDS-Epidemie in den 1980er-Jahren auch als gesundheitlich riskant. Auch innerhalb der Kommunen wurden die hochgesteckten Ideale häufig durch Konflikte und praktische Herausforderungen verfehlt. Strukturelle Machtgefälle, Eifersucht und mangelnde Organisation führten dazu, dass viele Kommunen scheiterten.

Dies veranlasste Beobachtende, die Wirksamkeit eines radikalen sozialen Wandels allein durch individuelle Lebensstilentscheidungen infrage zu stellen. Mit der Zeit wurden die utopischen Visionen dieser Bewegung von Ernüchterung abgelöst. Experimente wie die Kibbuze in Israel, die ursprünglich auf kollektiver Gemeinschaft und sozialistischen Idealen basierten, entwickelten sich schrittweise hin zu konventionelleren Familien- und Besitzstrukturen. Gründe dafür waren vor allem der zunehmende Einfluss individueller und ökonomischer Zwänge. Während die Kibbuze ursprünglich auf gemeinsame Arbeit, Gleichheit und geteilte Ressourcen setzten, rückten mit der Zeit persönliche Interessen und marktwirtschaftliche Einflüsse in den

Vordergrund. Der Übergang zu einer stärker konsumorientierten und individualistischen Lebensweise verdrängte viele der ursprünglichen Werte und Ziele dieser Bewegungen (Krausz, 2020). Trotz der Rückschläge hinterließ die Bewegung der freien Liebe Spuren. Sie stellte traditionelle Normen zu Sexualität, Beziehungen und Geschlechterrollen infrage und inspirierte aktivistische Bewegungen wie den Feminismus, die LSBTIAQ*-Bewegung und die Friedensbewegung. Sie trug dazu bei, die Diskussion über persönliche Freiheit und alternative Lebensmodelle voranzutreiben und gesellschaftliche Werte langfristig zu hinterfragen.

2.4 Liebe in der Gegenwart

Durch tiefgreifende gesellschaftliche Veränderungen hat die monogame Ehe viele ihrer traditionellen Funktionen eingebüßt. Fortschritte in der Verhütungsmethodik, wie die Einführung *der Pille*, haben eine Entkoppelung von Sexualität und Fortpflanzung möglich gemacht. Menschen gewannen dadurch ein bisher unerreichtes Maß an Kontrolle über ihre Reproduktion. Gleichzeitig haben Fortschritte hin zu mehr beruflicher Selbstständigkeit und Gleichberechtigung von Frauen zu einem grundlegenden Wandel traditioneller Geschlechterrollen geführt, der noch nicht abgeschlossen ist. Bis in die späten 1970er-Jahre waren Frauen in vielen Gesellschaften rechtlich und gesellschaftlich auf Haushalt und Kindererziehung beschränkt. In Deutschland durfte eine verheiratete Frau bis 1977 nur dann berufstätig sein, wenn dies ihre familiären Pflichten nicht beeinträchtigte – der Ehemann konnte dem widersprechen. Diese Regelung beruhte auf der traditionellen Vorstellung der *Hausfrauenehe*, in der der Mann als Ernährer und die

Frau als Versorgerin der Familie galt. Erst mit der Eherechtsreform von 1977 wurde Frauen das Recht zugestanden, selbst über ihre Berufstätigkeit zu entscheiden. Mit dem Ende der geschlechtsspezifischen Arbeitsteilung veränderten sich die Rollen innerhalb von Partnerschaften nachhaltig. Hinzu kommen weitere gesellschaftliche Entwicklungen: Der Ausbau des Wohlfahrtsstaats hat persönliche existenzielle Risiken abgefedert, während die Globalisierung neue Mobilitätsansprüche und Unsicherheiten in der Arbeitswelt mit sich brachte. All dies hat dazu beigetragen, dass die einst dominante Stellung der Ehe und der bürgerlichen Kleinfamilie allmählich abnahm (Nave-Herz, 2022). An vielen Stellen hat sich die frühere Kopplung von Versorgung und Heirat fast schon ins Gegenteil umgekehrt. *Nur wegen des Geldes* zu heiraten gilt als allgemein verpönt. Während die Ehe früher primär der materiellen Absicherung und der Regelung von Erbschaften diente, wird sie heute zunehmend als Modell für emotionale Erfüllung und persönliches Glück betrachtet. Die monogame Ehe hat sich damit von einer rein funktionalen Institution hin zu einer stark auf individuellen Bedürfnissen basierenden Partnerschaft gewandelt.

Auch die Vorstellungen von Liebe und Intimität haben sich im Laufe der Zeit verändert. Ein wesentlicher Motor dieser Entwicklung – insbesondere im Übergang zur postmodernen Liebeskultur – ist der gesellschaftliche Wertewandel hin zu einer individualisierten Lebensgestaltung (Santos et al., 2017; Roesler & Bröning, 2024a). Während früher normierte Lebensmodelle durch Gebote, Verbote und spezifische Rollenerwartungen geprägt waren, dominiert heute eine *Multioptionsgesellschaft*, die Autonomie, persönliche Freiheit und Toleranz betont. Emotionales Wohlbefinden und der Ausdruck individueller Wünsche und Gefühle rücken zunehmend in den Vordergrund. Doch verläuft diese Entwicklung nicht geradlinig. Weiterhin sind auch traditionelle Werte vorhanden, genauso wie interessante Mischformen zwischen rein emotionaler Verbindung und Beziehungen zur finanziellen Versorgung. So zeigen Serien wie *Indian Matchmaking* oder *Jewish Matchmaking* auf spielerische Weise eine Rückkehr zu traditionellen Heiratsvermittlungen, bei denen nach einer Phase individueller Freiheit Beziehungspersonen gesucht werden, die sowohl gesellschaftliche Akzeptanz als auch eltern- und ehetaugliche Qualitäten mitbringen. Und wenngleich es heute als *unromantisch gilt*, sich rein aus materiellen Gründen zu binden oder einen Ehevertrag abzuschließen, um finanzielle Konflikte bei einer Trennung zu vermeiden – in US-amerikanischen Serien gilt ein möglichst wertvoller Brillant am Verlobungsring als *wichtiges Symbol der Liebe*. Doch eine Verpartnerung nur aus finanziellen Aspekten wird abgelehnt.

Menschen heute lieben, begehren und gestalten Beziehungen anders als noch vor drei Jahrzehnten. Dies sind nicht bloß persönliche Experimente. Vielmehr spiegeln diese Veränderungen einen umfassenden kulturellen Wandel wider. Niklas Luhmann (1994) beschreibt in seinem Klassiker *Liebe als Passion: Zur Codierung von Intimität* Liebe nicht als rein individuelles Gefühl, sondern als ein wandelbares, gesellschaftlich *codiertes* Erleben. In uneindeutigen Situationen soll sie Orientierung stiften. Dieses Erleben wird durch die menschliche Vorstellungskraft und individuelle Bedeutungszuschreibungen gespeist, zugleich aber auch durch kulturelle Codes geprägt, die bestimmte Aspekte hervorheben – etwa Exklusivität, Romantik oder Dauer – und andere ausblenden. Wenn sich diese Codes verändern, wandelt sich auch unser subjektives Erleben von Liebe.

Der Sexualwissenschaftler Volkmar Sigusch bezeichnet neuere Wandlungsprozesse in der Liebe als *neosexuelle Revo-*

lution, eine stille, aber tiefgreifende Umgestaltung von Sexualität, Geschlecht und Intimität (Sigusch, 2013). Anders als die rebellische sexuelle Revolution der 1960er-Jahre ist sie weniger lautstark, dafür nachhaltiger: kein radikaler Bruch, sondern ein Strukturwandel, der unseren Alltag prägt. Drei zentrale Dynamiken kennzeichnen diesen Wandel besonders (Sigusch, 2013): *Dissoziation*, die Entkopplung von Liebe, Sexualität und Geschlecht, *Dispersion*, die Auflösung traditioneller Beziehungseinheiten in vielfältige Fragmente, und *Diversifikation,* die Vervielfältigung sexueller Lebensstile, Identitäten und Beziehungsformen. Es entstehen neue Geschlechterkonzepte wie *non-binär* oder *agender*, neue Intimitätsformen wie *Selfsex* oder *Beziehungsanarchie*, neue Bündnisse jenseits der klassischen Ehe. Auch Begriffe wie *Neogeschlechtlichkeit* oder *Neoallianzen* stehen exemplarisch für eine Zeit, in der Identität und Zugehörigkeit nicht länger als starr gelten, sondern als wandelbar, kontextabhängig und subjektiv erfahrbar. Polyamorie ist eine der neuen Allianzformen, die Sigusch (2013, 2017) hervorhebt. Als konsensuelle Praxis des Liebens mit mehreren Menschen widersetzt sie sich der romantischen Zweierbeziehung als gesellschaftlichem Leitmodell. Das Verständnis von Polyamorie hat sich ab den 90er-Jahren weiterentwickelt und unterscheidet sich von den Vorstellungen, die während der sexuellen Revolution aufkamen. Während die *freie Liebe* oft als hedonistisch wahrgenommen wurde, hat sich Polyamorie als reflektierte, konsensuelle Praxis entwickelt, die *Offenheit*, *Ehrlichkeit* und *gegenseitigen Respekt* in den Mittelpunkt stellt.

Auch der Begriff *polysexuell*, wie Sigusch ihn in einem Interview mit der ZEIT verwendet, lässt sich in diesen Zusammenhang einordnen. Er beschreibt damit nicht eine feste Identität, sondern ein grundlegendes menschliches Potenzial: „Wir sind alle polysexuell" (Sigusch, 2017,

S. 48). Für ihn ist diese Offenheit kein Sonderfall, sondern ein universales Merkmal des Menschseins. Sie verweist auf die Möglichkeit, Sexualität nicht als statisches Merkmal, sondern als wandelbare, vielschichtige Erfahrung zu verstehen. „Die Polyamorie wird kommen. [...] Sie wird sich ausbreiten" sagt Sigusch (2017, S. 48). Mit zunehmender Lebensdauer und wachsender Sehnsucht nach Vielfalt, werde sich, so seine Prognose, das Bedürfnis nach alternativen Beziehungsmodellen weiter verstärken. Beziehungskonzepte wie Polyamorie, queere Bündnisse und Wahlfamilien seien Ausdruck einer kulturellen Suchbewegung jenseits festgefahrener Normen. Damit sind neue Beziehungsformen nicht nur bedeutungsvoll, sondern zutiefst politisch. Wer beginnt, neue Geschichten über Nähe, Begehren und Verbundenheit zu erzählen, verändert nicht nur sich selbst, sondern, durch die Erschaffung neuer Möglichkeiten zu lieben, auch die Zukunft. Für manche Menschen, die heute Polyamorie leben oder befürworten, steht die persönliche Freiheit im Vordergrund, Beziehungen und Sexualität jenseits gesellschaftlicher Konventionen zu gestalten. Für andere bleibt die politische Kritik an Ehe und Heteronormativität zentral.

Die neosexuelle Revolution ist kein linearer Fortschritt. Sie ist ein ambivalenter, oft widersprüchlicher Prozess, der zugleich neue Möglichkeitsräume und neue Herausforderungen mit sich bringt. Während digitale Medien, Individualisierung und ökonomische Unsicherheiten Intimität formbar und fluide erscheinen lassen, steigen die Anforderungen an das Ich: Selbstbestimmt, resilient, emotional kompetent soll es sein. Erotik erscheint dabei weniger als Trieb, sondern als gestaltbare Ressource: emotional reguliert, ökonomisch eingebettet und digital vermittelt (Sigusch, 2013). Und doch, so Sigusch, fehlt inmitten dieser funktionalen Arrangements oft etwas Entscheidendes: eine *ars erotica,* eine Kunst des sinnlichen Erlebens, die sich jenseits von Leistung, Kontrolle, Optimierung und Zielorientierung entfaltet, hin zu einem lustvollen, offenen, menschlichen Erleben.

Mit dem gesellschaftlichen Wandel verändern sich auch unsere Worte. Neue Formen von Nähe, Begehren und Geschlecht brauchen neue Begriffe oder alte Begriffe, die neu gefüllt werden. Sprache macht Vielfalt sichtbar, sie kann verbinden, aber auch ausschließen. In diesen sich wandelnden sprachlichen Landschaften begegnen uns Abkürzungen, Selbstbezeichnungen und Konzepte, die nicht allen vertraut sind. Zugleich ist es möglich – und lohnend – sich darin weiterzubilden. Eine gute Einstiegsquelle stellt das Queer Lexikon dar (www.queer-lexikon.net). Auch im Glossar dieses Buches finden sich Erklärungen für Begriffe wie pansexuell, genderfluid oder Intersektionalität.

In diesem Kapitel haben wir uns mit dem Wandel der Vorstellungen von Liebe und Beziehung beschäftigt. Es lohnt sich, noch einen Moment innezuhalten, alle Vorstellungen abzulegen und nur darüber nachzudenken, was *Liebe* bedeutet: In welchen Kontexten das Wort verwendet wird, wann Liebe spürbar ist und auf welche Weise sie Ausdruck findet. Wenn ein außerirdisches Wesen das Leben eines Menschen betrachten würde – woran ließe sich erkennen, dass hier Liebe im Spiel ist? Die folgende Übung lädt dazu ein, persönliche Vorstellungen von Liebe greifbar zu machen und das eigene Beziehungs-Universum zu erkunden.

Praxistool

Beziehungs-Galaxie: Wer kreist in Deiner Umlaufbahn?
Liebe kann viele Formen haben: romantische, freundschaftliche, familiäre, flüchtige. Mit dieser Übung machst Du sichtbar, welche Menschen Dein Leben prägen – und wie nah oder fern sie Dir stehen. Stell Dir Dein Beziehungsnetzwerk wie eine Galaxie vor: Du bist der leuchtende Stern im Zentrum, und die Menschen um Dich herum sind Planeten, Monde oder Kometen, die in verschiedenen Entfernungen kreisen. Nimm Dir ein Blatt Papier und einen Stift um Dein Universum aufzuzeichnen.

1. *Zeichne Dich als leuchtenden Stern in die Mitte eines Blattes.*
2. *Ergänze mehrere Umlaufbahnen – je näher sie am Stern sind, desto enger ist die Beziehung.*
3. *Platziere die Menschen in Deinem Leben als Himmelskörper:*
   - *Kernorbit*: Deine engsten (Beziehungs-)Personen.
   - *Mittlere Umlaufbahn*: Wichtige, aber weniger intensive Beziehungen.
   - *Äußere Umlaufbahn:* Gelegentliche Kontakte.
   - *Kometen:* Menschen, die sporadisch auftauchen.
4. *Reflektiere:*
   - Bewegt sich jemand auf Dich zu oder entfernt sich? Zeichne Pfeile, um Bewegungen zu verdeutlichen.
   - Gibt es Raum für neue Verbindungen?
   - Welche Rollen könnten sich verändern, wenn Du den Übergang zwischen Freundschaft und Liebe fließender denkst?
   - Welche dieser Beziehungen nähren Dich besonders und welche kosten eher Kraft?

Tipp: Es kann spannend sein, die Galaxie nach einigen Monaten oder Jahren erneut zu zeichnen, um zu sehen, wie sich Dein Beziehungs-Universum verändert hat.

3 Psychologie der Liebe

Menschen versuchen seit Jahrtausenden, die Liebe zu verstehen. Doch bis heute entzieht sie sich jeder eindeutigen Definition. In den Schriften von Volkmar Sigusch erscheint sie als letzter widerständiger Ort: unplanbar, unkäuflich, irrational und gerade darin subversiv. Liebe ist keine Ware – vielmehr, so Sigusch (2017, S. 48): „das Negativ der Ware." Im Alltag begegnet uns der Begriff Liebe nahezu inflationär, sei es in Gesprächen, Popsongs, auf Tassen und in Form von Herzsymbolen in den sozialen Medien. Doch was genau damit gemeint ist, bleibt oft vage oder mehrdeutig: Liebe kann eine Beziehung zwischen zwei Menschen beschreiben, eine tiefe Zuneigung, ein intensives Gefühl in einem Moment oder, wie im Ausdruck *Liebe machen,* auch als Synonym für Sex stehen. Gerade diese Vielfalt an Bedeutungen macht die Liebe so faszinierend und gleichzeitig schwer greifbar.

Philosoph*innen, Künstler*innen und spirituelle Lehrende haben seit jeher versucht, die vielen Facetten der Liebe in Worte und Bilder zu fassen. Die Wissenschaft tat sich lange schwer mit diesem Gegenstand: zu subjektiv, zu irrational schien die Liebe, um systematisch untersucht zu werden. Lange galt sie nicht als ein Bereich, der sich mit wissenschaftlichen Methoden sinnvoll erforschen ließe (Ka-

S. Bröning, A. Mazziotta, *Vielfältige Liebe - Polyamorie gestalten*,
https://doi.org/10.1007/978-3-658-48372-2_3

randashev, 2023). Erst in den 1950er-Jahren wagten sich Forschende wie William Masters und Virginia Johnson an das Thema und legten mit ihren Arbeiten den Grundstein für ein empirisch fundiertes Verständnis von Erotik und Sexualität. Seitdem hat sich das Wissen stetig erweitert – und doch bleibt die Liebe in vielen ihrer Facetten rätselhaft. Einen wichtigen Impuls für ein differenzierteres Verständnis von Liebe setzte auch Erich Fromm mit seinem Buch *Die Kunst des Liebens* (1956/1999). Er verstand Liebe nicht nur als spontanes Gefühl oder romantische Verliebtheit, sondern als Fähigkeit, anderen fürsorglich, verantwortungsvoll und respektvoll zu begegnen. Damit verlagerte sich der Blick von der Suche nach dem richtigen Menschen hin zur Frage, wie Menschen lieben und Beziehungen gestalten. Liebe erschien nicht mehr nur als etwas, das einem widerfährt, sondern auch als etwas, das entwickelt und eingeübt werden kann (Funk, im Druck).

3.1 Komponenten der Liebe

Der Sozialpsychologe Robert Sternberg formulierte 1988 ein Modell, das bis heute zu den einflussreichsten Theorien über Liebe zählt: die *Dreieckstheorie der Liebe.* Sie beschreibt Liebe als Zusammenspiel dreier grundlegender Komponenten:

- *Intimität:* Gefühle von Nähe, Verbundenheit und Vertrauen – die emotionale Komponente der Liebe.
- *Leidenschaft:* Physische Anziehung und das Verlangen nach sexueller Nähe – die motivationale Komponente der Liebe.

- *Commitment*[1] (Selbstverpflichtung): Die bewusste Entscheidung, eine Beziehung aufrechtzuerhalten, sowohl kurzfristig als auch langfristig – die kognitive Komponente der Liebe.

Je nach Intensität und Zusammenspiel dieser drei Komponenten ergeben sich unterschiedliche Liebesformen. Sternberg (1988) veranschaulicht dies mit einem Dreieck (vgl. Abb. 3.1), dessen Form sich verändert, je nachdem, wie stark Intimität, Leidenschaft und Commitment ausgeprägt sind:

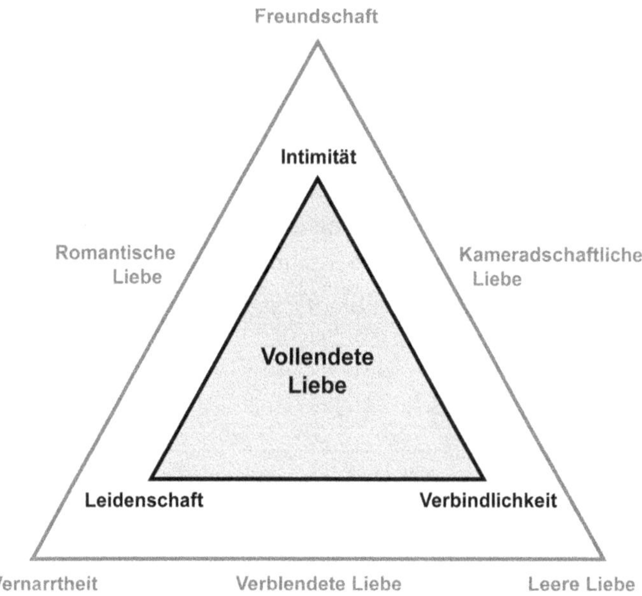

Abb. 3.1 Sternberg (1988): Dreieckstheorie der Liebe

[1] *Commitment* ist schwer ins Deutsche zu übersetzen. Es beschreibt etwa eine Entscheidung sowie die daraus entstehende Verbindlichkeit und Hingabe – eine innere oder äußere Verpflichtung gegenüber einer Person oder Sache, vergleichbar mit einem Versprechen, das man einhalten möchte. Aufgrund dieser schwierigen Übersetzbarkeit hat sich der Begriff in der Psychologie eingebürgert und wird auch hier in seiner englischen Form verwendet.

- *Nicht-Liebe* (engl.: *nonlove*): Es fehlt an allen drei Komponenten – typisch für flüchtige Kontakte.
- *Mögen* (engl.: *liking*): Starke Intimität ohne Leidenschaft oder Commitment – etwa in engen Freundschaften.
- *Verliebtheit* (engl.: *infatuation*): Dominanz der Leidenschaft, ohne tiefere Nähe oder langfristige Bindung – z. B. bei *Liebe auf den ersten Blick.*
- *Leere Liebe* (engl.: *empty love*): Commitment ohne Intimität oder Leidenschaft – etwa in funktionalen, arrangierten oder ausgedünnten Langzeitbeziehungen.
- *Romantische Liebe* (engl.: *romantic love*): Intimität und Leidenschaft ohne Verpflichtung – oft in Affären oder Urlaubsromanzen.
- *Kameradschaftliche Liebe* (engl.: *companionate love*): Intimität und Commitment ohne Leidenschaft – typisch für viele langjährige Partnerschaften.
- *Einfältige Liebe* (engl.: *fatuous love*): Leidenschaft und Commitment ohne Intimität – etwa bei impulsiven Verbindungen wie einer Spontanhochzeit in Las Vegas.
- *Vollkommene Liebe* (engl.: *consummate love*): Diese Form wird häufig als Ideal beschrieben und kombiniert Intimität, Leidenschaft und Commitment in einem ausgewogenen Maß.

Die Komponenten der Liebe entwickeln sich im Verlauf einer Beziehung meist sehr unterschiedlich (Sternberg, 1988). Leidenschaft ist häufig zu Beginn besonders stark, nimmt jedoch mit der Zeit ab. Intimität und Commitment hingegen wachsen meist langsamer und werden mit der Zeit stabiler. Doch Sternbergs Vorstellung der *vollkommenen Liebe* als höchste Form, in der alle drei Komponenten gleich stark ausgeprägt sind, ist nicht unumstritten. Bedeutet eine Veränderung der Komponenten automatisch, dass die Qualität der Liebe *abnimmt*?

Eine differenziertere Perspektive eröffnet der Blick über kulturelle Grenzen. Denn die Vorstellung davon, was Liebe ausmacht, unterscheidet sich stark zwischen verschiedenen Gesellschaften (Karandashev, 2023). In vielen westlichen Kulturen gilt *romantische Liebe* als Ideal, wobei Leidenschaft und Intimität als zentrale Elemente betrachtet werden. In zahlreichen nicht-westlichen Gesellschaften hingegen werden *kameradschaftliche Liebe* und soziale Bindungen höher gewichtet, da sie als stabiler und gemeinschaftsorientierter gelten. Diese kulturellen Unterschiede beeinflussen, wie Intimität, Leidenschaft und Commitment in Beziehungen bewertet und erlebt werden (Sorokowski et al., 2025).

In arrangierten Ehen, etwa vermittelt durch Eltern oder Heiratsvermittler*innen, entwickeln sich Liebesgefühle häufig schrittweise und vertiefen sich mit der Zeit. Solche Ehen sind oft ebenso stabil und zufriedenstellend wie Liebesheiraten, teilweise sogar stabiler, weil sie stärker von sozialen Netzwerken und familiären Erwartungen gerahmt werden (Epstein et al., 2013). Ein wesentlicher Unterschied liegt in der *Haltung* zur Beziehungsarbeit: In westlichen Kulturen wird Liebe häufig als etwas Spontanes, Unsteuerbares verstanden. In Kontexten arrangierter Ehen hingegen herrscht oft die Überzeugung, dass Liebe durch bewusste Pflege, gemeinsame Erfahrungen und Beziehungsgestaltung wachsen kann. Zu den Einstellungen und Verhaltensweisen, die das Entstehen von Liebe begünstigen, zählen (Epstein et al., 2013): Commitment, Selbstöffnung, gegenseitige Unterstützung, geteilte Elternschaft, physische Nähe, die Verletzlichkeit des Gegenübers, Rücksichtnahme, Unterstützung von außen, gemeinsame Aktivitäten und auch das Vermissen durch vorübergehende räumliche Distanz. Diese Erkenntnisse machen deutlich: Liebe ist nicht nur ein Gefühl, sondern auch eine Handlung. Nicht nur ein Moment, sondern ein Prozess. Und sie ist mehr als ein kulturelles Ideal, sie ist eine Praxis, die gestaltet werden kann.

Die folgende Übung lädt dazu ein, Sternbergs Modell auf die eigenen Beziehungserfahrungen anzuwenden. Dadurch lässt sich erkunden, wie sich Intimität, Leidenschaft und Commitment in einer Beziehung zeigen und welche Möglichkeiten bestehen, diese gezielt zu gestalten.

Praxistool

Analyse der Liebeskomponenten in Deiner Beziehung

Diese Übung hilft Dir, die Qualität einer Beziehung entlang der drei Komponenten nach Sternberg – Intimität, Leidenschaft und Commitment – differenziert zu betrachten. So kannst Du Muster erkennen, Entwicklungen nachvollziehen und gezielt überlegen, wie Du Eure Verbindung stärken möchtest. Nimm Dir einen Moment Zeit, um über die folgenden Fragen nachzudenken. Du kannst sie auf eine aktuelle Beziehung anwenden oder auf eine vergangene, die für Dich bedeutsam war.

- Wie stark sind die drei Komponenten der Liebe in Deiner Beziehung ausgeprägt? Nutze eine Skala von 1 *(sehr gering)* bis 10 *(sehr hoch):*
  - *Intimität:* Gefühle von Nähe, Vertrauen und emotionaler Verbundenheit
  - *Leidenschaft:* körperliche Anziehung, romantische Erregung und sexuelle Energie.
  - *Commitment:* bewusste Entscheidung für die Beziehung und langfristige Verantwortung.
- Haben sich diese drei Komponenten im Verlauf der Zeit verändert? Wenn ja: Wie genau? Was könnte diese Veränderung begünstigt oder behindert haben (z. B.: persönliche Entwicklungen, gemeinsame Erfahrungen oder äußere Umstände)?
- Wie würden Deine Beziehungspersonen oder andere Dir nahestehende Personen die drei Komponenten einschätzen? Denkst Du, ihre Wahrnehmung deckt sich mit Deiner oder gibt es Unterschiede? Falls ja: Woran könnten diese Unterschiede liegen?
- Welche Aspekte Deiner Beziehung empfindest Du als besonders stimmig in Bezug auf Intimität, Leidenschaft und Commitment? Wo spürst Du Potenzial für Veränderung oder Wachstum?
- Welche konkreten Schritte könntest Du unternehmen, um die Qualität Eurer Verbindung zu stärken?

Der kanadische Soziologe John Alan Lee (1973, 1988) erweiterte die Perspektive auf Liebe, indem er nicht nur ihre Komponenten, sondern auch ihre Stile in den Blick nahm. In seinem Modell des *Color Wheel of Love* (dt.: *Farbkreis der Liebe*) beschreibt er sechs unterschiedliche Stile, wie Menschen lieben können. Seine Typologie ist bis heute einflussreich und eröffnet einen facettenreichen Blick darauf, wie vielfältig Liebe erlebt werden kann (vgl. Abb. 3.2):

- *Eros:* Leidenschaftliche, sinnliche Liebe, die von intensiver körperlicher Anziehung und emotionaler Tiefe geprägt ist.
- *Ludus:* Spielerische, oft unverbindliche Liebe, die sich manchmal gleichzeitig auf mehreren Beziehungspersonen richtet.

Abb. 3.2 Lee (1973, 1988): Facetten der Liebe

- *Storge:* Freundschaftliche Liebe, die sich langsam aus Vertrautheit, gemeinsamen Interessen und Vertrauen entwickelt.
- *Pragma:* Zweckrationale Liebe, die auf Kompatibilität, gemeinsamen Zielen und praktischen Überlegungen basiert.
- *Agape:* Selbstlose, hingebungsvolle Liebe, gekennzeichnet durch Fürsorge, Großzügigkeit und das Wohlergehen der anderen Person.
- *Mania:* Besitzergreifende, oft obsessive Liebe, verbunden mit starker Eifersucht und emotionaler Abhängigkeit.

Viele polyamor lebende Menschen berichten, dass sie in ihren unterschiedlichen Beziehungen jeweils verschiedene Qualitäten der Liebe erleben (Bröning et al., 2024). Diese Vielfalt zeigt sich nicht nur in einvernehmlichen Mehrpersonenbeziehungen, sondern in allen Formen von Nähe und Bindung: Freundschaften, Geschwisterbeziehungen oder engen beruflichen Partnerschaften. Jede dieser Beziehungen hat ihre eigene Qualität.

Grundsätzlich ist eine *Beziehung* zunächst ein sozialer Zusammenhang zwischen Menschen, der von gegenseitigen Erwartungen, Bindungen und Verhaltensmustern geprägt ist. Das gilt für Freundschaft ebenso wie für Partnerschaften, Eltern-Kind-Dynamiken, therapeutische Beziehungen oder berufliche Kooperationen. Beziehungen können kurz oder langfristig, formal oder informell, freiwillig oder unfreiwillig sein. Wenn wir im Alltagsverständnis von *Partnerschaft* oder *Paarbeziehung* sprechen, meinen wir meist eine Verbindung zwischen zwei Personen, die sich auf emotionaler, sozialer und oft auch sexueller Ebene verbunden fühlen. Doch die Grenzen zwischen Partnerschaft und Beziehung sind fließend: Nicht alle, die sich offiziell als *Paar* definieren, oder von außen so definiert werden, erleben sich als emotional verbunden, während Menschen in weniger formalen Konstellationen tiefe Liebe und Intimität erfahren können. Deshalb verwenden wir in diesem Buch bewusst den übergeordneten Begriff *Beziehung*.

Keine Beziehung entsteht aus einer einzelnen Person heraus. Stattdessen handelt es sich um ein dynamisches Zusammenspiel zwischen Menschen, das durch deren individuelle Persönlichkeiten, Bedürfnisse und Erfahrungen geprägt wird. Dadurch ist jede Beziehung einzigartig und zugleich komplex: Sie reflektiert nicht nur die Eigenschaften der Beteiligten, sondern auch, wie sie in ihrer Interaktion aufeinander reagieren. So erleben wir uns selbst mit verschiedenen Freund*innen oft ganz unterschiedlich: Mit der einen Person teilen wir tiefe Gespräche, mit einer anderen Leichtigkeit und Humor. Auch Geschwisterbeziehungen können zwischen Reibung und Rivalität bis hin zu tiefer Verbundenheit changieren.

Was die Liebe anbelangt, zeigt die Typologie von John Alan Lee, dass es nicht nur unterschiedliche Formen von Liebe gibt, sondern dass Liebesstile auch fließend sein können. So kann eine anfänglich leidenschaftliche Eros-Liebe im Laufe der Zeit in eine stärker kameradschaftliche Storge-Liebe übergehen. Beziehungen sind keine starren Gebilde, sondern lebendige Prozesse, die sich durch die Interaktion und Weiterentwicklung der beteiligten Beziehungspersonen immer wieder neu formen. Diese Vielfalt an Beziehungsqualitäten zeigt sich in allen Liebesbeziehungen. Man könnte fast sagen: Liebe ist ihrem Wesen nach *poly*, das heißt, sie ist vielgestaltig, facettenreich und immer anders.

Die folgende Übung lädt dazu ein, die verschiedenen Liebesstile nach John Alan Lee (1973, 1988) auf eigene Erfahrungen zu beziehen und die unterschiedlichen Facetten der individuellen Liebesweise bewusster wahrzunehmen.

Praxistool

Die Vielfalt der Liebesstile

Diese Übung lädt Dich ein, Dein persönliches Farbmuster der Liebe zu erkunden. Anhand der Liebesstile nach John Alan Lee kannst Du entdecken, welche Qualitäten für Dich typisch sind, wie sie sich im Lauf der Zeit verändern und wie sie in unterschiedlichen Beziehungen sichtbar werden. Nimm Dir Zeit, um in Ruhe über die folgenden Fragen nachzudenken:

- Welche der von John Alan Lee (1973, 1988) beschriebenen Liebesstile (Eros, Ludus, Storge, Pragma, Agape, Mania) spiegeln Deine bevorzugte Art wider, Liebe zu empfinden und auszudrücken? Gibt es vielleicht auch eine Kombination mehrerer Stile, die Dich besonders gut beschreibt?
- Hast Du in verschiedenen Beziehungen oder Lebensphasen unterschiedliche Liebesstile erlebt? Notiere ein oder zwei Beispiele, die zeigen, wie sich Deine Art zu lieben im Laufe der Zeit verändert hat oder wie sie je nach Beziehung unterschiedlich war.
- Wähle eine Deiner aktuellen oder vergangenen Beziehungen aus und beschreibe, wie die Interaktion zwischen Dir und Deiner Beziehungsperson die Qualität Eurer Beziehung geprägt hat. Welche Deiner Persönlichkeitsmerkmale oder inneren Anteile wurden durch diese Beziehung besonders sichtbar oder wichtig? Und wie haben die Eigenschaften der anderen Person Deine Erfahrungen in der Beziehung beeinflusst?

3.2 Programme der Liebe

Wenn wir Liebe mit einem Tauchgang im Meer vergleichen, dann ähneln die oben beschriebenen Farben und Komponenten der Liebe den sichtbaren Eigenschaften des Wassers: mal klar, mal trüb, manchmal bewegt oder still, lichtdurchflutet oder dunkel. Doch wie das Meer aus chemischen Bestandteilen wie Sauerstoff, Salz und Mineralien besteht, so wird auch die Liebe von noch fundamentaleren

Prozessen geformt, in diesem Fall von biologischen, hormonellen und psychologischen Prozessen. Die biologische Anthropologin Helen Fisher und ihre Kolleg*innen (Fisher et al., 2006) beschreiben drei *evolutionär entstandene, motivationale Programme,* die dem menschlichen Liebeserleben zugrunde liegen. Diese drei Programme – sexuelles Begehren, Attraktion und Bindung – gelten als universell und werden jeweils durch spezifische hormonelle Reaktionen begleitet.

Liebesprogramm 1: Sexuelles oder erotisches Begehren ist ein grundlegendes biologisches Programm, das auf Fortpflanzung ausgelegt ist. Es wird durch ein komplexes Zusammenspiel von Hormonen gesteuert, unter anderem Testosteron und Östrogen. Sexuelle Aktivität ist zudem mit der Ausschüttung von *Endorphinen* verbunden, die ein Stimmungshoch hervorrufen. Obwohl sexuelles Begehren auch durch Masturbation befriedigt werden kann, motiviert dieser Mechanismus Menschen primär dazu, sexuelle Kontakte einzugehen. Während nicht alle Spezies auf sexuelle Fortpflanzung angewiesen sind – manche pflanzen sich beispielsweise ungeschlechtlich fort –, bildet sexuelle Reproduktion beim Menschen eine zentrale Voraussetzung für den Erhalt der Art. Sexuelles Begehren allein zielt dabei evolutionär auf kurzfristige Befriedigung ab und mündet nicht notwendigerweise in stabilen Bindungen oder dauerhaften Beziehungen. Erst im Zusammenspiel mit anderen Programmen wie Attraktion und Bindung entstehen tiefere, längerfristige Verbindungen.

Die Intensität des sexuellen Begehrens variiert stark (Baumeister et al., 2001; Bittoni & Kiesner, 2022). Sie ist nicht nur eine Frage des Alters – Jugendliche und jüngere Erwachsene haben im Durchschnitt ein stärker ausgeprägtes Verlangen als ältere –, sondern auch von individuellen Unterschieden sowie situativen Gegebenheiten. Sie ist eng verknüpft mit körperlichem Wohlbefinden und hormonellen Schwankungen, etwa in den Wechseljahren. Studien zeigen, dass Männer im Durchschnitt häufiger und intensiver über sexuelles Begehren berichten als Frauen (Lehmiller, 2015). Dieser Unterschied könnte jedoch sowohl biologischen als auch kulturellen Einflüssen geschuldet sein. Traditionelle Geschlechterrollen wiesen Männern historisch eine aktive, sexuell dominante Rolle zu, während Frauen Zurückhaltung als Tugend zugeschrieben wurde. Solche Normen beeinflussen, wie Menschen ihr sexuelles Begehren wahrnehmen und ausdrücken. Es gibt Hinweise darauf, dass Männer sexuelle Erregung häufiger in Reaktion auf visuelle Reize berichten und eher dazu neigen, sexuelle Aktivität zu initiieren, während Frauen Erregung oft differenzierter und stärker kontextabhängig erleben, etwa in Verbindung mit emotionaler Nähe oder Vertrauen (Rupp & Wallen, 2008; Chivers et al., 2012). Diese Unterschiede sind jedoch individuell sehr unterschiedlich ausgeprägt: Viele Frauen berichten von hoher Libido, während viele Männer geringeres sexuelles Verlangen zeigen. Aus evolutionärer Perspektive wird angenommen, dass eine erhöhte Risikowahrnehmung bei Frauen adaptiv gewesen sein könnte, da Schwangerschaft, Geburt und Kinderaufzucht mit erheblichen Anforderungen verbunden waren. Das könnte eine vorsichtige und strategische Wahl von Beziehungs- und Sexualpartner*innen begünstigt haben. Diese Perspektive ist jedoch nicht unumstritten und sollte nicht als deterministisch, also unveränderlich verstanden werden: Gesellschaftliche, psychologische und individuelle Faktoren tragen in hohem Maße zur Ausgestaltung sexueller Dynamiken bei.

Liebesprogramm 2: Attraktion beschreibt das Gefühl, sich zu einer bestimmten Person hingezogen zu fühlen. Im weiteren Sinne bedeutet Attraktion, dass uns jemand gefällt und wir den Wunsch verspüren, diese Person kennenzulernen oder Zeit mit ihr zu verbringen. Dies kann auf unterschiedliche Gründe zurückgehen und zu Freundschaften, intellektuellem oder spirituellem Austausch, Geschäfts- oder anderen Beziehungen führen. Im engeren Sinne ist mit Attraktion körperliche Anziehung mit sexueller Komponente gemeint. Evolutionär betrachtet diente dieses Programm dazu, eine geeignete Person auszuwählen, die für die Fortpflanzung und das Überleben der Nachkommen vorteilhaft sein könnte. Verliebtheit spielte dabei eine zentrale Rolle: Sie bündelt Aufmerksamkeit und Energie auf eine bestimmte Person und fördert so die Entstehung intensiver Bindungen. Die biochemische Grundlage dieses Prozesses ist der Neurotransmitter *Dopamin,* der im Gehirn das Belohnungssystem aktiviert. Dopamin wird auch ausgeschüttet, wenn wir Schokolade essen, Alkohol trinken oder Aktivitäten ausüben, die sozial anerkannt sind oder uns ein gutes Gefühl verschaffen. Bildgebende Studien zeigen (Breiter et al., 1997; Fisher et al., 2005; Ortigue et al., 2010), dass die Hirnaktivität frisch verliebter Menschen derjenigen nach dem Konsum von Kokain ähnelt. Wenn Verliebte Sehnsucht verspüren, sind die aktivierten Hirnregionen ähnlich wie bei Suchtkranken, die Craving oder Suchtdruck erleben. Dieser Effekt zeigt sich bei Männern und Frauen gleichermaßen. Verliebtheit ist daher ein intensiver Zustand, der Menschen oft impulsiv und emotional handeln lässt. In späteren Lebensphasen oder nach langjährigen Beziehungen beschreiben viele, dass eine erneute Verliebtheit sie wieder *lebendig fühlen* lässt – ein Ausdruck dieser starken neurochemischen Wirkung, die evolutionär der Förderung langfristiger Bindung dient.

Biologische Prozesse spielen eine zentrale Rolle für Attraktion; zugleich beeinflussen sie auch individuelle und kulturelle Unterschiede in der Frage, wen wir als attraktiv empfinden und warum (Wade & Fisher, 2024). Präferenzen, Werte und persönliche Erfahrungen sind hierbei zentrale Einflussfaktoren. Die sexuelle Orientierung beschreibt, zu welchem Geschlecht oder zu welchen Geschlechtern sich eine Person hingezogen fühlt. Je nach Orientierung kann dies das eigene Geschlecht (schwul, lesbisch), das andere Geschlecht im binären System (heterosexuell), beide Geschlechter (bisexuell), unabhängig vom Geschlecht (pansexuell) oder keine sexuelle Anziehung zu einem Geschlecht (asexuell) sein. Asexuelle Menschen können dennoch emotionale oder ästhetische Attraktion verspüren, ohne sexuelles Verlangen. Bei demisexuellen Menschen entsteht sexuelle Anziehung häufig erst im Kontext einer bestehenden emotionalen Bindung. Innerhalb der sexuellen Orientierung prägen weitere Präferenzen, Werte und persönliche Erfahrungen, wen genau wir attraktiv finden. Die Wahl von Sexual- und Beziehungspersonen ist somit immer das Ergebnis eines komplexen Zusammenspiels von Biologie, sozialem Kontext und individueller Lebensgeschichte.

Liebesprogramm 3: Bindung beschreibt das Gefühl emotionaler Verbundenheit zu einer nahen Bezugsperson. Sie ermöglicht es, psychische Sicherheit bei anderen zu suchen und zu finden, insbesondere dann, wenn diese durch Unwohlsein, Krankheit, und andere belastende Situationen bedroht ist, in denen der Körper unter Stress gerät (Simpson & Rholes, 2012). Wissenschaftler*innen gehen davon aus, dass die Bindung zwischen Erwachsenen evolutionär aus dem Eltern-Kind-Bindungssystem hervorgegangen ist (Fraley & Shaver, 2000). Kinder sind für ihre Sicherheit in hohem Maße auf Bezugspersonen angewiesen. Ein universell angeborenes Bindungsprogramm in jedem Menschen sorgt dafür, dass Säuglinge von Geburt an Nähe suchendes Verhalten zeigen, etwa Weinen, Anklammern oder Protest bei Trennung. John Bowlby (1979) beobachtete dieses Verhalten zunächst bei Menschenaffen, später, gemeinsam mit Mary Ainsworth (1989), in der Beziehung zwischen Eltern und Kindern. Kinder entwickeln im Laufe ihrer Entwicklung zunehmend spezifische Bindungen zu einzelnen Bezugspersonen. Dabei prägen sowohl ihr eigenes Temperament als auch die Feinfühligkeit der Bezugspersonen ihre inneren Vorstellungen von Nähe, Sicherheit und Verlässlichkeit.

Liebesbeziehungen zwischen Erwachsenen können als Fortsetzung dieser frühen Bindungs- und Beziehungserfahrungen verstanden werden (Hazan & Shaver, 1987). Zwischen Eltern-Kind-Bindung und Paarbindung bestehen viele Parallelen. Beziehungspersonen können ähnliche Funktionen übernehmen wie einst Eltern oder primäre Bezugspersonen. Sie bieten Trost, Sicherheit und emotionale Beruhigung, besonders in belastenden Situationen. Wahrscheinlich wurde das Bindungsprogramm im Laufe der Evolution auch auf Beziehungen zwischen Erwachsenen *umgewidmet (ko-optiert),* um die emotionale Nähe und Verpflichtung zwischen Beziehungspersonen zu fördern. Der evolutionäre Vorteil liegt dabei vermutlich in der Förderung von Commitment. Paare, die sich emotional verbunden fühlen, bleiben eher zusammen und erhöhen durch die gemeinsame Betreuung ihrer Kinder die Überlebenschancen des Nachwuchses.

Die Fähigkeit, sich in nahen Beziehungen gegenseitig zu beruhigen, wird auch als emotionale Co-Regulation bezeichnet (Guo et al., 2021). Dieser wertvolle Mechanismus hilft Menschen, sich durch soziale Kontakte zu stabilisieren und darin Kraft zu schöpfen. Die hormonelle Basis dieses positiven Effekts wird maßgeblich durch *Oxytocin* und *Vasopressin* geprägt. Beide Hormone fördern Vertrauen, Nähe und langfristige Bindung. Oxytocin, oft auch als Kuschelhormon bezeichnet, wird besonders durch körperlichen Kontakt wie Umarmungen, Kuscheln oder Sex ausgeschüttet. Es stärkt das Gefühl von Geborgenheit und zwischenmenschlichem Vertrauen. Vasopressin hingegen wird insbesondere nach sexueller Aktivität sowie in emotional belastenden Situationen vermehrt freigesetzt. Es fördert die dauerhafte Bindung an eine Beziehungsperson. Beim Orgasmus steigt zudem der Spiegel des Neurotransmitters *Serotonin,* der positive Gefühle verstärkt. Langjährige Beziehungen profitieren von diesen biologischen Mechanismen: Mit der Zeit übernimmt eine Beziehungsperson oft eine ähnliche Funktion wie frühe Bezugspersonen.

Die verkörperte Fähigkeit der gemeinsamen Stressbewältigung durch Bindung funktioniert nicht für jede*n gleich gut. Denn im Erwachsenenalter wirken sich durch frühe Beziehungserfahrungen geprägte Bindungsmuster, auch als *Bindungstypen* bezeichnet, auf die späteren Partnerschaften aus. Wenn zwei Personen miteinander in einer intimen Beziehung stehen, dann interagieren im Hintergrund also auch zwei biographische Bindungserfahrungen miteinander. Menschen, die einen sicheren Bindungstyp aufweisen, fühlen sich ihren Beziehungspersonen generell nah, haben wenig Schwierigkeiten, Autonomie und Intimität zu balancieren, und vertrauen darauf, in schwierigen Situationen bei ihren Beziehungspersonen Hilfe zu erhalten. Menschen mit Bindungsangst bzw. einem eher ängstlichen Bindungstyp machen sich häufiger Sorgen darüber, abgewiesen oder im Stich gelassen zu werden, und benötigen viel Zuwendung von ihrer Beziehungsperson. Menschen mit vermeidendem Bindungsstil fühlen sich mit zu viel Nähe häufig unwohl, versuchen in schwierigen Situationen eher unabhängig und selbst-regulierend zu sein, und neigen dazu, ihre Gefühle in Bezug auf die Beziehung zu unterdrücken (Sanford, 1997).

Liebe lässt sich somit als eine dynamische Mischung aus drei relativ unabhängigen Programmen verstehen: Begehren, Attraktion und Bindung. Diese Programme können in unterschiedlichen Kombinationen und Intensitäten auftreten. Beispielsweise kann eine Person in eine Kollegin verliebt sein (Attraktion), eine tiefe Verbundenheit mit ihrer Beziehungsperson spüren (Bindung) und gleichzeitig sexuelles Begehren für einen Fremden empfinden.

3.3 Einfluss von Zeit auf Liebe und Beziehung

Viele streben nach der perfekten Kombination der drei Zutaten: Begehren, Attraktion und Bindung. Das Ideal der *vollkommenen Liebe,* wie es Sternberg (1988) beschreibt, vereint Intimität, Leidenschaft und Commitment in einer Beziehung. Doch diese Vorstellungen sind eng gefasst und blenden die Vielfalt von Liebeserfahrungen und Mischungsverhältnissen aus, die Liebe in der Realität annehmen kann. Denn die Modelle von Sternberg (1988) und Lee (1973, 1988) zeigen auch, dass Liebesprofile vielfältig sind. Die Komponenten der Liebe variieren zwischen Beziehungen. Jede Beziehung entfaltet ihr eigenes *Liebesrezept.*

Mit der Zeit verändert sich die Gestalt der Beziehung. Während in der Anfangsphase, gerade in frei gewählten Partnerschaften, oft Verliebtheit und Leidenschaft dominieren, gewinnen in langjährigen Verbindungen Kameradschaft und Bindung an Bedeutung. Dennoch bleibt jede Liebe einzigartig, da sie durch die subjektive Wahrnehmung der Beteiligten geprägt ist. Es ist daher nicht ungewöhnlich, dass Menschen ein- und dieselbe Beziehung unterschiedlich einschätzen – etwa im Hinblick auf Intimität, Leidenschaft oder Commitment. Wie wir die Qualität unserer Beziehungen erleben, wird maßgeblich durch unsere individuellen Erfahrungen und Perspektiven gefärbt.

Die biochemischen Grundlagen der Liebesprogramme sind noch nicht vollständig erforscht (Langeslag, 2024). Bildgebende Studien zeigen, dass sich die Hirnaktivität je nach Art der Liebe zu unterschiedlichen Adressat*innen, etwa Partner*innen, Kindern, Freund*innen oder Haustieren, unterscheidet (Rinne et al., 2024). Weitere Befunde deuten darauf hin, dass sich die neurobiologische Dynamik zwischen frisch Verliebten und langjährigen Paaren verändert (Aron et al., 2005; Acevedo et al., 2012). Gerade der Beginn einer romantischen Beziehung, die mit intensiven Verliebtheitsgefühlen einhergeht, ist häufig von einer erhöhten Dopaminausschüttung geprägt – oft begleitet von Euphorie, Aufregung und *Schmetterlingen im Bauch* (Aron et al., 2005). Generell nehmen sowohl sexuelle Anziehung als auch intensive Verliebtheitsgefühle im Laufe der Zeit durch Gewöhnungseffekte ab (Diamond & Dickenson, 2012). Dennoch zeigen Studien mit langjährig glücklichen Paaren, dass belohnende Emotionen noch eine große Rolle spielen. Hinzu kommt auch die Aktivierung von Hirnregionen, die Angst und Schmerz beruhigen können (Acevedo et al., 2012).

Bindung entwickelt sich über die Zeit, durch gemeinsame Erfahrungen, gegenseitige Fürsorge und intime Begegnungen. Die Frage, ob eine ähnlich intensive Bindung auch in nicht-erotischen Freundschaften entstehen kann, ist nicht leicht zu beantworten. Zwar fördern Nähe, Vertrauen und emotionale Intimität auch in anderen Beziehungen Bindungsgefühle, doch scheinen bestimmte hormonelle Reaktionen, wie sie durch körperliche Intimität ausgelöst werden, bei Paarbindungen eine verstärkende Wirkung zu haben. Langzeitpaare, die viele Jahre zusammenbleiben, weisen häufig Ähnlichkeiten in der Bindung und tendenziell eine sicherere Bindung auf als Paare mit kürzerer Beziehungsdauer (Brassard et al., 2007; Davila et al., 1999).

Oft wird das Bindungsprogramm erst in belastenden Situationen spürbar: Krankheit, Krisen oder Verlust bringen das emotionale Gleichgewicht ins Wanken und wecken das

Bedürfnis nach Nähe zur Bezugsperson. Auch räumliche Trennungen oder Trennungen als solche können starke Reaktionen auslösen. Viele Menschen verspüren dann den Impuls, sich erneut bei der ehemaligen Beziehungsperson zu melden, selbst wenn sie die Trennung initiiert haben. Ebenso kann Eifersucht auftreten, wenn die frühere Beziehungsperson eine neue Beziehung eingeht. Solche Reaktionen spiegeln ein frustriertes Bindungsbedürfnis wider und sind häufig die Ursache für fortgesetzte Trennungskonflikte. Denn Bindungsprozesse lassen sich nicht einfach abschalten. Sie sind tief in unserem emotionalen System verankert. Wie ein Alarmsystem kann sich das Bindungsprogramm auch aktivieren, wenn neue Personen im Leben der (ehemaligen) Beziehungspersonen auftauchen oder dies befürchtet wird. Dann entsteht häufig ein Bedürfnis nach Rückversicherung.

Viele deuten den *ruhigeren Charakter* langjähriger Beziehungen als *verlorene Liebe.* Tatsächlich hat sich die Liebe gewandelt: Die Qualität und Energie der Beziehung fühlen sich anders an. Der Schwerpunkt verschiebt sich von leidenschaftlicher Verliebtheit hin zu stabiler Bindung. Häufig wird dieser Übergang zwischen sechs Monaten und zwei Jahren nach Beziehungsbeginn verortet (Aron et al., 2005). Die hormonelle Grundlage der Bindung beruht weniger auf Dopamin, sondern stärker auf Oxytocin und Vasopressin, die die tieferen Gefühle von Verbundenheit fördern. Diese Bindungsgefühle zeigen sich oft leise, etwa in Momenten der Geborgenheit, wie beim gemeinsamen Kuscheln auf dem Sofa. Beziehungen sind lebendige, wandelbare Prozesse, die immer wieder neue Qualitäten der Liebe hervorbringen und gerade darin liegt ihr Zauber.

3.4 Einfluss von Sexualität auf Liebe und Beziehung

Sexualität ist für viele Menschen weit mehr als ein angenehmer Teil ihres Beziehungslebens. Sie ist ein sinnlich-emotionaler Erfahrungsraum, in dem sich Nähe, Geborgenheit, Abenteuerlust, Spieltrieb und Selbstentfaltung verbinden können. Oft geschieht dies alles gleichzeitig, manchmal sogar im selben Moment. Wie wir Sexualität leben, beeinflusst nicht nur unsere Beziehungszufriedenheit, sondern auch unser allgemeines Wohlbefinden. Eine vielzitierte Studie von Muise und Kolleg*innen (2015) zeigt, dass Menschen, die etwa einmal pro Woche sexuelle Nähe erleben, ein höheres Wohlbefinden aufweisen als jene, bei denen dies seltener der Fall ist. Um die Bedeutung dieses Effekts greifbar zu machen, verglichen die Forschenden ihn mit dem Einfluss von Einkommen: Der Unterschied entsprach in etwa dem Zugewinn an Wohlbefinden, den ein jährliches Einkommens*plus* von rund 40.000 US-Dollar bewirken würde. Auch andere Studien bestätigen: Menschen, die regelmäßig erfüllende sexuelle Erfahrungen machen, berichten häufiger von Lebensfreude, emotionaler Stabilität und größerer Zufriedenheit in ihren Beziehungen (Brody, 2010; Debrot et al., 2017; Park et al., 2023; Muise et al., 2015). Diese Zusammenhänge gelten nicht für alle. Menschen auf dem asexuellen Spektrum oder solche, für die Sexualität nur eine untergeordnete Rolle spielt, erleben ähnliche Verbundenheit in anderen Bereichen, etwa in emotionaler Nähe, Fürsorge oder Freundschaft (Bogaert, 2015; Yule et al., 2017).

Entscheidend ist nicht allein, wie häufig Menschen Sex haben, sondern vor allem, wie sie ihn erleben. Für manche zeigt sich Intimität in zarten Berührungen, für andere im Reiz des Neuen, in Machtspielen oder Grenzerfahrungen.

Die Bandbreite erotischer Spielarten, Vorlieben und Szenarien ist groß, ebenso wie die Vielfalt an erogenen Zonen oder sinnlich relevanten Sinneseindrücken. Manche Menschen sind visuell geprägt, andere reagieren stärker auf Stimme, Hautkontakt oder Atmosphäre. Was viele als besonders erfüllend empfinden: Wenn sie – bei aller Unterschiedlichkeit – mit ihren individuellen Vorlieben, Fantasien und ihrem Körpererleben Annahme und Resonanz durch ein Gegenüber finden. Denn das, was Sexualität lebendig hält, ist oft die *Mischung aus liebevoller Nähe und der Freiheit, Unterschiede zu entdecken und auszudrücken* (Debrot et al., 2017; Kelberga & Martinsone, 2022; Mitchell et al., 2020).

Sexuelle Fantasien gehören zum Grundinventar menschlicher Vorstellungskraft. Sie sind nicht die Ausnahme, sondern die Regel. Sie zeigen, was Menschen sich wünschen, vermissen oder neugierig erkunden möchten. Besonders häufig fantasieren Menschen von Szenarien mit Macht- und Rollenspielen, von Grenzübertritten oder vom Spiel mit mehreren Personen – unabhängig von Geschlecht oder sexueller Orientierung (Lehmiller & Gormezano, 2023). Doch zwischen Fantasie und Verwirklichung klafft oft eine Lücke. Zwar wünschen sich viele Menschen, ihre Fantasien auszuleben, doch nur ein kleiner Teil tut es tatsächlich. Unsicherheiten, Scham, fehlende Gelegenheiten oder normative Zurückhaltung stehen dem häufig im Weg. Fantasien bleiben daher oft im Verborgenen, obwohl sie wichtige Hinweise auf individuelle Wünsche, Ängste und Beziehungsbedürfnisse geben.

Sexualität ist eng mit psychischen Grundbedürfnissen verwoben: nach Akzeptanz, Nähe, Autonomie, Zugehörigkeit, Wirksamkeit und Sicherheit. Wie Menschen diese Bedürfnisse in sexuellen Kontexten ausdrücken, ist individuell und geprägt durch Biografie, Bindungserfahrungen,

Körperwahrnehmung und Beziehungsgeschichte. Was für die eine Person Nähe bedeutet – etwa sanftes Umarmen und leises Reden –, kann für eine andere in gemeinsamem Ausprobieren, Dominanz oder Loslassen liegen. Für Betroffene von Übergriffen wiederum bedeutet Nähe vielleicht vor allem: ein geschützter Raum, klare Grenzen, behutsames Tempo. Gerade zu Beginn einer Beziehung lässt sich kaum abschätzen, wie gut die Passung sein wird. Größere Unterschiede in sexuellen Wünschen zwischen Partner*innen können Unsicherheiten auslösen, da erfüllende partnerschaftliche Sexualität oft als erstrebenswerte Norm gilt. Manche erleben *Angst, nicht zu genügen,* oder *fürchten, sich nicht zumuten zu dürfen.* Andere zweifeln an sich: *Bin ich begehrenswert genug?* oder *Ist mit mir etwas nicht in Ordnung?* Unterschiedliche Wünsche können auch zu Frustration führen, zu einem Auseinanderdriften oder zur stillen Resignation. Nicht selten wird Sexualität zum Thema, über das man lieber schweigt. Viele Paare einigen sich unbewusst und stillschweigend auf einen kleinsten gemeinsamen Nenner. Sie vermeiden alles, was dem Gegenüber fremd oder zu viel erscheint. Aus Rücksicht wird Vorsicht, aus Vorsicht Routine. Und aus Routine wächst mit der Zeit oft eine stille Unzufriedenheit.

Ob Unterschiedlichkeit Nähe schafft oder zur Kluft wird, hängt wesentlich davon ab, ob es gelingt, offen über Wünsche, Unsicherheiten und Grenzen zu sprechen. Denn Unterschiedlichkeit kann auch neugierig machen. Sie kann Lust wecken, sich auf neue Seiten des Gegenübers einzulassen. Doch genau diese Kommunikation fällt vielen schwer. Dabei wissen wir aus Forschung und Beratung, wie zentral es für das Gelingen sexueller Begegnungen ist, ob und wie Menschen über Sexualität sprechen. Zwei Meta-Analysen (das sind systematische Übersichtsarbeiten über Dutzende von Einzelstudien), zeigen eindrücklich: Paare, die offen, einfühlsam und sicher über Sexualität kommunizieren, profitieren nicht nur im Hinblick auf ihre Beziehungszufriedenheit, sondern auch im Erleben von Lust, Begehren, Erregung und Orgasmus (Mallory et al., 2019; Mallory, 2022). Vor allem die Qualität dieser Gespräche, also wie offen, wertschätzend und vertrauensvoll über Wünsche, Unsicherheiten oder Fantasien gesprochen wird, macht den entscheidenden Unterschied. Gerade in langjährigen Beziehungen wirkt Offenheit wie ein Schutzfaktor gegen Entfremdung und trägt dazu bei, dass Sexualität nicht zur Routine, sondern zur Quelle von Verbundenheit und Freude wird. Solche Gespräche wirken auf zwei Ebenen (Mallory et al., 2019): Sie sind *instrumentell,* weil sie helfen, Unwissen und Unterschiede bewusst zu machen und sexualitätsbezogene Wünsche, Grenzen oder Unsicherheiten besser aufeinander abzustimmen. Paare können so neue Wege finden, mit Differenzen umzugehen oder eingefahrene Routinen zu beleben. Und sie sind *expressiv,* weil sie allein durch das Teilen emotionaler Inhalte mehr Verbundenheit schaffen und nicht selten auch sexuelle Erregung. Schon allein das Sprechen darüber kann also Gefühle von Vertrauen, Nähe und Akzeptanz stärken, selbst dann, wenn Differenzen bestehen bleiben.

Sexuelle (Nicht-)Kommunikation spiegelt oft die allgemeine Beziehungskommunikation wider. Sie zeigt, wie gut Menschen im Kontakt sind, wie sicher sie Unterschiedlichkeit aushandeln können oder wie ungelöste Konflikte – bewusst oder unbewusst – in die Sexualität hineinwirken. Andererseits ist es auch eine Frage von Erziehung und gesellschaftlichem Umfeld, von Bindungssicherheit und Vertrauen, wie offen über Sexualität gesprochen werden kann. Denn wir spüren: Es geht hier um existenzielle Themen, um Lebens- und Beziehungsthemen, die auf sinnlich-körperlicher Ebene manchmal wortlos auf sexueller Ebene ausgehandelt werden: Nähe und Distanz, Unsicherheiten, Macht oder Zurückhaltung. Sexualität ist weit mehr als Lust – sie ist gleichzeitig ein Resonanzraum für unsere biografischen Besonderheiten und für die Dynamik der Beziehung. Auch deshalb ist für eine erfüllende Sexualität weniger die Suche nach einer perfekten Passung von Bedürfnissen entscheidend als vielmehr der offene Dialog und der konstruktive Umgang mit Unterschieden. Denn es ist kaum realistisch zu erwarten, dass zwei Menschen – mit unterschiedlichen Körpern, Biografien und Prägungen – sich wie zwei perfekt ineinandergreifende Puzzleteile ergänzen. Vielmehr geht es darum, gemeinsam ein Bild zu entwerfen, das vielleicht nicht makellos passt, aber für alle Beteiligten in ihrer jeweiligen Alters- und Lebensphase lebendig und stimmig ist.

3.5 Liebe und Sexualität im Kontext von Polyamorie

Die Erfahrung, mehrere Menschen gleichzeitig zu lieben, ist verbreiteter, als häufig angenommen wird. In der Beratung berichten Menschen nach dem Auffliegen einer Affäre häufig von aufrichtigen Gefühlen für beide Beziehungspersonen. Bindung wird manchmal als Argument für eine monogame Veranlagung des Menschen angeführt. Doch die Bindungsforschung zeigt: Unser Bindungssystem ist in der Lage, mehrere intensive Bindungen einzugehen – ähnlich wie Kinder Bindungen zu Mutter und Vater, zur Patchwork-Familie oder zu anderen wichtigen Bezugspersonen entwickeln. Kaum jemand würde ernsthaft infrage stellen, dass ein Kind mehrere gute Bindungen aufbauen kann. Aus Patchwork-Konstellationen wissen wir, dass bei Kindern und Jugendlichen zu einer langjährigen Bindung zu einer

Bezugsperson auch eine neue Bindung hinzukommen kann. Diese wächst langsam. Warum sollte das im Erwachsenenalter anders sein?

Während viele in Freundschaften oder seriellen Liebesbeziehungen erleben, dass jede Verbindung ihre eigene Qualität hat, macht Polyamorie diese Vielfalt gleichzeitig erfahrbar. In parallelen Beziehungen wird spürbar, wie unterschiedlich Liebe sich anfühlen kann. Viele berichten genau das, nämlich dass jede Beziehung eine eigene *Farbe* oder *Qualität* besitzt. Mit der einen Beziehungsperson dominiert vielleicht eine spielerische und leidenschaftliche Dynamik, während mit einer anderen Person kameradschaftliche Nähe oder intellektuelle Verbundenheit im Vordergrund stehen kann. Diese Vielfalt an Dynamiken in parallelen Beziehungen führt oft zu einer intensiven Begegnung mit verschiedenen Facetten der Liebe. Häufig wird dies auch begleitet von einer tieferen Selbstentdeckung: *Mit dieser Person erlebe ich mich ganz anders.* Wer sich auf diese Dynamik einlässt, lernt nicht nur andere, sondern auch sich selbst besser kennen.

Gerade im Zusammenspiel von Sexualität und Emotionalität zeigen sich in sexuell exklusiven Beziehungen häufig Spannungen. Während manche Menschen emotionale Sicherheit als Voraussetzung für Sexualität erleben, entsteht emotionale Nähe bei anderen Menschen gerade durch sexuelle Begegnung. Diese gegenläufigen Muster führen nicht selten zu einem Teufelskreis: Eine Person wünscht sich Intimität, um sich sexuell zu öffnen, die andere sucht über Sexualität den Weg zur Nähe. Beide verwehren sich so gegenseitig – oft ungewollt – das, wonach sie sich eigentlich sehnen. Offene oder polyamore Beziehungen können in solchen Situationen entlasten, weil nicht alle Bedürfnisse in einer einzigen Beziehung erfüllt werden müssen. Zugleich bergen sie das Risiko, ungelöste Konflikte *auszulagern: Ich hole mir woanders, was mir hier fehlt.* Das kann Freiraum schaffen – oder aber die Distanz zur bestehenden Beziehung vergrößern, wenn die Auseinandersetzung vermieden wird. Auch in polyamoren Beziehungen treten Kollusionsmuster auf – unbewusste Rollenzuweisungen oder Konfliktdynamiken, die sich nicht einfach durch eine Öffnung der Beziehung auflösen. Entscheidend ist, ob diese Dynamiken bewusst reflektiert und in den Beziehungen verhandelt werden.

Wie sich polyamore Beziehungsformen auf das sexuelle Erleben auswirken, zeigt eine aktuelle Befragung von rund 300 polyamor lebenden Menschen (Mazziotta, 2025). Die Ergebnisse deuten auf ein breites Spektrum an Erfahrungen zwischen Entlastung, neuen Möglichkeiten und Herausforderungen. Viele erleben Polyamorie vor allem als *Entlastung.* Die Erwartung, alle sexuellen Bedürfnisse innerhalb einer einzigen Beziehung erfüllen zu müssen, verliert an Bedeutung. Dadurch entsteht mehr Freiheit, Grenzen und Wünsche selbstbestimmt zum Ausdruck zu bringen. Nina (29) beschreibt: „Ich fühle mich freier, meine Grenzen auszudrücken und genieße es, romantische Beziehungen führen zu können, ohne automatisch sexuell auf einer Wellenlänge mit meinen Partnern sein zu müssen. Der Druck, ihre Wünsche erfüllen zu müssen, ist spürbar geringer." Hanna (44) berichtet: „Ich hab' grad kaum Lust. Aber das ist okay, weil ich weiß: Ich muss niemandem was liefern." Für andere wird Polyamorie zu einem Lernprozess – über sich selbst, über die Partner*innen und über Sexualität als Ressource für Nähe. Jana (33) erzählt: „Meine Sexualität ist vielfältiger geworden. In einer Beziehung spielt Penetration keine Rolle, weil mein Partny asexuell ist. In einer anderen erlebe ich Sexualität im Kontext von BDSM. Jede dieser Beziehungen erfordert individuelle Aushandlungen – und genau das macht es spannend und bereichernd." Brigitte (37) ergänzt: „Mein Beziehungs- und Sexleben wäre so traurig und eingefroren, wenn ich nicht polyamor leben würde! Mit jeder Begegnung lerne ich mehr über mich: was ich mag, was ich nicht mag, was andere brauchen und wie Kommunikation zu schöneren Momenten führt." Für einige, wie Micha (40), wird dieser Prozess auch zur Ressource für Identitätsarbeit: „Früher habe ich mich für meine Pansexualität geschämt. Heute kann ich offen damit umgehen. "Typisch für polyamore Konstellationen ist auch, dass *Sexualität bewusster verhandelt wird.* Viele erleben dies als Chance für persönliche Entwicklung: „Man spricht offener über Sexualität und individuelle Bedürfnisse. Durch die Vielfalt und die bewusste Kommunikation lerne ich nicht nur meine Partner*innen, sondern auch mich selbst und meine eigene Sexualität besser kennen", schildert Marek (38). Lu (37) beschreibt: „Ich habe mehr Sex als früher und vor allem viel unterschiedlicher: mal kurz, mal lang, mal zärtlich, mal rau. Ich genieße es, mit mir zu experimentieren und neue Seiten an mir zu entdecken."

Mehrpersonenbeziehungen eröffnen also Spielräume, fordern aber auch heraus. Immer wieder berichten Menschen von Ängsten, Eifersucht oder Unsicherheiten. Felix (32) beschreibt: „Herausfordernd finde ich, dass ich mir oft viele Gedanken und Sorgen über Safer-Sex mache. Das ist ziemlich anstrengend. "Andere erleben Unsicherheiten beim Kennenlernen neuer Beziehungspersonen, wie Maik (44): „Gerade fällt es mir schwer, mich sexuell zu öffnen, weil ich Angst habe, wegen meines Gewichts abgelehnt zu werden. " Für viele sind solche Herausforderungen auch ein Anlass zur Selbstreflexion: „Vergleiche mit Metamours im kinky Bereich sind manchmal herausfordernd, aber auch eine tolle Möglichkeit zur Selbstreflexion", ergänzt Kira (30). Insgesamt zeigt sich: Polyamorie führt nicht automatisch zu mehr Sexualität, oft aber zu bewussterer, vielfältigerer und *freierer* Sexualität. Sexualität verliert ihren Charakter als stille Verpflichtung oder Beziehungswährung und wird mehr zum Ausdruck individueller Identität – manchmal verspielt, manchmal mutig, oft offen. Leo (26) fasst es so zusammen: „Es geht nicht darum, einfach mehr Sex zu haben, sondern um die Intention und Qualität. So wie Feinschmecker*innen nicht mehr essen, sondern bewusster genießen."

Beziehungen entwickeln sich nicht nur von selbst. Oft lohnt es sich, sie bewusst zu gestalten. Eine Möglichkeit dafür ist, sich die unterschiedlichen Räume innerhalb der eigenen Beziehungen bewusst vor Augen zu führen. Die folgende Übung lädt dazu ein, genau das zu tun.

Praxistool

Die Gärten Deines Beziehungslebens

Diese Übung hilft Dir, die verschiedenen Räume in Deinen Beziehungen bewusst wahrzunehmen und zu sehen, wie Nähe, Freiraum und gemeinsame Erlebnisse aktuell verteilt sind. Die Garten-Metapher macht sichtbar, wo es gerade blüht, wo Pflege nötig ist und wo vielleicht neue Pflanzen wachsen dürfen. Stell Dir Dein Beziehungsleben als verschiedene Gärten vor, als lebendige Räume, die gepflegt, geachtet und immer wieder neu gestaltet werden wollen. In diesen Gärten spiegeln sich Deine Bedürfnisse nach Nähe und Distanz, nach Verbundenheit und Autonomie wider. Du brauchst dafür ein Blatt Papier, einen Stift und etwas Zeit für Dich.

Die unterschiedlichen Gärten:

- *Dein persönlicher Garten:* Ein Raum nur für Dich, für Deine Gedanken, Träume, Bedürfnisse und persönliche Entwicklung.
- *Der persönliche Garten Deiner Beziehungsperson:* Ein individueller Raum, in dem sie wachsen, sich entfalten und ganz sie selbst sein darf.
- *Die gemeinsamen Gärten:* Geteilte Räume mit Deiner Beziehungsperson.

Zeichne auf dem Papier mehrere Kreise: Einen für Dich, einen für Deine Beziehungsperson und einen überlappenden Bereich für den gemeinsamen Garten.

- Wie groß sind die einzelnen Gärten? Spiegelt die Größe Deinen aktuellen Bedürfnissen nach Nähe, Freiraum oder Verbindung wider?
- Wie möchtest Du Deinen eigenen Garten gestalten? Was soll hier Platz haben (z. B. Rückzug, Kreativität, Freundschaften, Sexualität, neue Erfahrungen)?
- Was blüht in Euren gemeinsamen Gärten? Welche gemeinsamen Rituale, Räume oder Aktivitäten nähren Eure Beziehung?
- Wo brauchst Du vielleicht mehr Freiraum? Und wo sehnst Du Dich nach mehr Verbindung oder geteiltem Erleben?

Tipp: Wenn Du magst, lade Deine Beziehungsperson dazu ein, diese Übung ebenfalls zu machen. Tauscht Euch über Eure Gärten aus: Wo überschneiden sich Eure Wünsche? Wo liegen Unterschiede? Wie könnt Ihr gemeinsam eine Landschaft gestalten, in der sich alle gesehen, sicher und frei fühlen?

4 Narrative, Werte und Normen: Unsichtbare Drehbücher der Liebe

Eine Offenheit für die Vielfalt von Liebesprofilen und Beziehungsmodellen könnte es ermöglichen, Liebe jenseits starrer Normen und Ideale zu erleben. Doch für die Mehrheit scheint das undenkbar, oder sie schließen es zumindest für sich selbst aus. Warum halten wir an festen Kategorien und Vorstellungen fest, obwohl Liebe in unendlich vielen Formen und Farben existiert? Obwohl sich ihre Zutaten mit der Zeit verändern und zudem individuell sehr verschieden sein können? Und warum scheint es ein solch breites Einverständnis darüber zu geben, wie genau Liebe funktionieren soll? Um das zu verstehen, müssen wir uns den gesellschaftlichen und kulturellen Erzählungen über die Liebe zuwenden, den sogenannten Narrativen, die unser Denken und Fühlen oft unmerklich, aber tiefgreifend prägen. So schreibt der Sprachwissenschaftler Noam Chomsky (1988, S. 159; eigene Übersetzung): „Es ist durchaus möglich, vermutlich sogar überwältigend wahrscheinlich, dass wir über das Leben und die Persönlichkeit von Menschen stets mehr aus Romanen lernen werden als von der wissenschaftlichen Psychologie.“ Die Dichterin Muriel Rukeyser formuliert es in ihrem Gedicht *The Speed of Darkness* (1968, Strophe 9, eigene Übersetzung) noch pointierter: „Das Universum ist aus Geschichten, nicht aus Atomen

S. Bröning, A. Mazziotta, *Vielfältige Liebe - Polyamorie gestalten*, https://doi.org/10.1007/978-3-658-48372-2_4

gemacht."[1] Wir Menschen sind eben nicht nur hochentwickelte Säugetiere, sondern auch kulturelle Wesen. Das ist unsere Superkraft, aber manchmal auch unsere große Schwäche. Denn die Forschung zu sozialen Normen zeigt: Wir übernehmen gesellschaftliche Erwartungen von klein auf und hinterfragen sie selten (Gelfand et al., 2024) – selbst dann nicht, wenn sie uns selbst oder anderen eher schaden als nützen.

Vorstellungen von Liebe entwickeln sich durch *Sozialisationsprozesse,* also durch soziale Einflüsse: zuerst durch frühe Erfahrungen mit Eltern oder anderen engen Bezugspersonen, später durch Freund*innen, Gleichaltrige, Lehrpersonen und andere soziale Kontakte. Sie alle prägen durch ihr Verhalten, ihre Erzählungen und die Werte, die sie uns vermitteln, auch unser Denken über die Liebe. Gesellschaftliche Normen greifen tief in unser Selbstbild ein (Gelfand et al., 2024). Bereits ab dem dritten oder vierten Lebensjahr lernen Kinder, soziale Normen zu erkennen und Abweichungen zu sanktionieren – sei es in Spielen, in denen sie darauf bestehen, dass Regeln eingehalten werden, oder im sozialen Umgang, indem sie Gleichaltrige für *falsches* Verhalten korrigieren. Erste eigene Erfahrungen bestätigen, irritieren oder verändern diese Bilder. Medien, Religion, Literatur, soziale Netzwerke oder historische Narrative verfestigen und erweitern diese Vorstellungen weiter. Kulturvergleiche zeigen: Die ungeschriebenen Gesetze von Liebe und Beziehung sind je nach Zeit und Ort erstaunlich unterschiedlich, und sie haben sich über die Geschichte hinweg immer wieder gewandelt. Die dahinter liegenden Wertvorstellungen sind oft so selbstverständlich, dass wir sie kaum bemerken. Sie umgeben uns wie die Luft, die wir atmen. David Foster Wallace (2009) illustriert dies mit einer bekannten Anekdote: Zwei junge Fische schwimmen durchs

[1] © 2006 Muriel Rukeyser Estate – Abdruck mit Genehmigung des Verlags.

Wasser, als ein älterer Fisch ihnen zuruft: „Morgen, Jungs! Wie ist das Wasser?" Einer der beiden schaut verwundert und fragt: „Was zum Teufel ist Wasser?" Gesellschaftliche Normen wirken auf ähnliche Weise: Sie umgeben uns unsichtbar, setzen die Standards, an denen sich unsere Geschichten und Erzählungen, Gespräche und Bewertungen über die Liebe ausrichten. Und wie die Fische das Wasser zum Überleben brauchen, so brauchen auch wir gesellschaftliche Normen als Rahmen, der unser Miteinander strukturiert. Doch wie Wasser klar oder verschmutzt sein kann, sind auch Normen nicht immer heilsam: Manche tragen uns, andere belasten oder vergiften sogar das Zusammenleben. Sobald wir dieses *Wasser* erkennen, können wir prüfen, ob es uns guttut oder ob es Veränderung braucht.

Für unser Thema lassen sich einige wichtige Narrative ausmachen, die zusammenwirken: die *Liebesordnung* und die *Geschlechterordnung.* Die *Liebesordnung* definiert, was *Liebe* ist und wie sie sich zeigen soll. Sie umfasst Vorstellungen von romantischer Verliebtheit, sexuelle Exklusivität, Begehren, Ehe oder Monogamie als Norm. Die *Geschlechterordnung* regelt, wie *Männer* und *Frauen* sich generell und in Beziehungen zueinander verhalten sollen. Die beiden Ordnungen strukturieren unsere Selbsterzählungen über Liebe und Beziehung. Sie können als Rahmen Halt geben oder als Korsett einengen, je nachdem, wie gut die eigenen Lebensvorstellungen, Persönlichkeitszüge und Bedürfnisse dazu passen.

Viele dieser Vorstellungen stehen heute im Zentrum kontroverser Debatten, etwa über Geschlechterdiversität, queere Lebensweisen, Sexismus, Rassismus oder patriarchalen Machtverhältnissen. Die Emotionalität dieser Debatten hängt mit der Funktion der Liebes- und Geschlechterordnung zusammen: Sie geben Orientierung. Wer sich einer klaren Kategorie zuordnen kann, erlebt oft mehr Sicherheit im Denken, Fühlen und Handeln. Eine Kategorie, mit der wir uns verbunden fühlen, kann Teil unserer Identität werden. Daher lösen Angriffe auf traditionelle Normen und Werte häufig Widerstand, Verunsicherung oder Abwehr aus. Doch Polarisierung hilft kaum bei der persönlichen Standortbestimmung, weil sie wenig Raum für Ambivalenzen, Zwischentöne oder ungelöste Fragen lässt.

Daher greifen wir hier auf *queer-feministische Ansätze* als Werkzeug zur kritischen Reflexion gesellschaftlicher Normen zurück. Sie ermöglichen es, etablierte Vorstellungen von Geschlecht, Sexualität und Beziehung kritisch zu hinterfragen – zum Wohle aller, nicht nur marginalisierter Minderheiten. Aus queer-feministischer Sicht sind Geschlecht, Sexualität und Liebe keine festen Größen, sondern historisch wandelbare Kategorien, die eng mit gesellschaftlichen Machtverhältnissen verknüpft sind (Engel & Schuster, 2007; Kasten, 2021; Pohlkamp, 2015). Was als *normal* gilt – zum Beispiel im Hinblick auf Geschlechtsidentität, sexuelle Orientierung oder Beziehungsform – ist kulturell geprägt, verhandelbar und nie neutral (Laufenberg, 2020). Queer-feministische Kritik macht sichtbar, dass scheinbar *natürliche* Normen wie Zweigeschlechtlichkeit, heterosexuelles Begehren oder Monogamie sozial erzeugt und durch Machtverhältnisse stabilisiert werden.

Ein konkretes Beispiel dafür ist die Institution der Ehe: Lange Zeit war sie heterosexuellen Paaren vorbehalten und diente vor allem der wirtschaftlichen Absicherung sowie der Kontrolle von Sexualität und Nachkommenschaft. Feministische und queere Bewegungen haben diese traditionelle Auffassung infrage gestellt, indem sie forderten, dass Liebe und Partnerschaft nicht an Geschlecht gebunden sein sollten. Durch diesen gesellschaftlichen Wandel ist es heute in vielen Ländern möglich, dass auch gleichgeschlechtliche Paare heiraten. Das ist ein Zeichen dafür, wie Normen durch politische Kämpfe verändert werden können. Ein weiteres Beispiel ist das Verständnis von Geschlecht: Während früher nur zwei Geschlechter – männlich und weiblich – als natürlich galten, machen heute viele Menschen und Bewegungen sichtbar, dass Geschlecht vielfältiger ist. Begriffe wie trans*, nicht-binär, genderfluid oder genderqueer bezeichnen Identitäten, die sich außerhalb des binären Modells bewegen.

Wenn wir beginnen, diese oft unsichtbaren Normen und Erzählungen zu hinterfragen, können wir bewusstere Entscheidungen über unsere eigenen Beziehungen treffen. Das folgende Tool unterstützt dabei, persönliche Glaubenssätze über Liebe und Partnerschaft sichtbar zu machen und zu prüfen, ob sie noch zum eigenen Leben passen.

Praxistool

Glaubenssätze über Beziehungen hinterfragen

Oft tragen wir Glaubenssätze in uns, die wir nie bewusst gewählt haben. Sie sind wie leise Hintergrundmusik, die unser Denken und Fühlen begleitet. Mit dieser Übung kannst Du sie sichtbar machen und entscheiden, welche davon Dich heute noch unterstützen und welche Du verändern oder loslassen möchtest.

Sammeln von Glaubenssätzen

- Welche Sätze über Beziehungen hast Du schon oft gehört (z. B. *Eifersucht gehört zu jeder Liebe dazu; Wenn man sich wirklich liebt, braucht man niemand anderen; Eine Beziehung ist erst glücklich, wenn sie fürs Leben hält; Jedem Topf sein Deckelchen*)?
- Was glauben viele Menschen, wie eine *ideale* Beziehung aussieht?
- Gibt es Aussagen oder Überzeugungen, die Dich besonders geprägt haben?

Reflektieren
- Woher könnten Deine Glaubenssätze stammen (z. B. kulturelle Normen, Religion, Medien, Familie, eigene Erfahrungen)?
- Wem könnten sie nutzen (z. B. Dir selbst, einer bestimmten Personengruppe, gesellschaftlichen Strukturen)?

Vor- und Nachteile erkunden
- Welche dieser Glaubenssätze geben Dir Sicherheit, Orientierung oder ein gutes Gefühl?
- Gibt es Seiten daran, die Dich einschränken, unter Druck setzen oder Dir das Gefühl geben, nicht genug zu sein?

Bewusst mit Glaubenssätzen umgehen
- Welche Glaubenssätze möchtest Du bewusst beibehalten, weil sie zu Deiner aktuellen Lebenssituation passen?
- Welche möchtest Du umformulieren, abschwächen oder ganz ablegen, weil sie Dir nicht mehr guttun?
- Formuliere, wenn Du magst, einen neuen, selbst gewählten Glaubenssatz, der Dich im Moment stärkt.

Tipp: Notiere Deine Gedanken schriftlich. Wähle dafür eine für Dich passende Form (z. B. Liste, Mindmap oder Zeichnung). Das Sichtbarmachen hilft, Deine Überzeugungen aus einer neuen Perspektive zu betrachten und sie bewusst zu gestalten.

4.1 Monogamie: Das Maß aller Dinge?

Mononormativität ist eine zentrale Erzählung über Liebe und Partnerschaft. Neben der *Heteronormativität,* die heterosexuelle Beziehungen als gesellschaftlichen Standard setzt, ist sie tief in unserer Kultur verankert. Mononormativität beschreibt die verbreitete Annahme, dass eine sexuell und emotional exklusive Zweierbeziehung die einzig legitime und erstrebenswerte Form der Partnerschaft sei (Pieper & Bauer, 2014). Diese Norm wird durch Gesetze, religiöse Vorstellungen, kulturelle Leitbilder und alltägliche soziale Praktiken gestützt, die Monogamie nicht nur bevorzugen, sondern sie oft als *selbstverständlich* oder gar als *naturgegeben* erscheinen lassen. Zwar gibt es Unterschiede darin, was als *Untreue* gilt, doch die zugrunde liegende Norm bleibt weitgehend unangetastet. Interessanterweise spielte *Liebe* in der ursprünglichen Bedeutung von Monogamie kaum eine zentrale Rolle. Die Etymologie des Begriffs – abgeleitet vom Griechischen *mónos* (allein, einzig) und *gamos* (Ehe) – verweist auf eine institutionalisierte Form der Paarbeziehung, nicht auf romantische Gefühle. Stünde die Liebe im Fokus, müsste der Begriff eigentlich *Monoamorie* lauten. Auch die historische Durchsetzung der Monogamie hatte wenig mit Liebe zu tun. Monogamie war vielmehr ein politisches Steuerungsinstrument zur Disziplinierung von Sexualität, Begehren und sozialem Verhalten. Dennoch wurde sie emotional aufgeladen und wird heute oft mit Loyalität, Verlässlichkeit und Sicherheit in Verbindung gebracht. Dies geschieht entgegen empirischer Realitäten wie hohen Trennungs- und Scheidungsraten oder der Häufigkeit von Seitensprüngen.

Für viele Menschen ist Monogamie nicht nur eine Beziehungsform, sondern Teil ihres Selbstverständnisses (Clardy, 2023). Wer sagt, *Ich bin monogam* oder *Wir sind einander treu,* meint damit oft mehr als sexuelle Exklusivität, nämlich eine grundlegende Haltung zur Liebe. Ähnlich wie bei sexueller Orientierung wird *Treue* dann als etwas empfunden, das zur eigenen Identität gehört – unabhängig davon, ob man gerade in einer Beziehung ist oder nicht. Diese tiefe Verankerung führt dazu, dass Exklusivität nicht als eine mögliche Option unter vielen, sondern als *die einzig richtige, natürliche oder erfüllende Form der Liebe* gilt.

Mir (AM) wurde die Selbstverständlichkeit dieser Norm erst bewusst, als ich während meiner Paartherapieausbildung mit einem gemischtorientierten Paar arbeitete. Er war bisexuell, sie heterosexuell – beide wollten eine offene Beziehung führen, wussten aber nicht wie. Obwohl ich mich für offen hielt, war ich zunächst überfordert. Meine Ausbildung war vollständig auf Monogamie ausgerichtet und bot mir keinerlei Werkzeuge für diese Situation. Dieser Moment markierte für mich den Beginn einer intensiven Auseinandersetzung mit Polyamorie und alternativen Beziehungskonzepten. Warum hatte ich nie hinterfragt, ob auch andere Formen von Bindung und Treue funktionieren könnten? Je tiefer ich eintauchte, desto deutlicher erkannte ich, wie stark kulturelle Normen unser Denken und Handeln prägen. Dieser Fall hat mich nachhaltig geprägt. Er führte mir vor Augen, wie viele Dinge, die wir als natürlich oder gegeben betrachten, letztlich kulturelle Konstrukte sind. Und er ließ mich fragen: *Warum werden monogame Beziehungen gesellschaftlich so privilegiert? Warum gelten andere Formen des Liebens als problematisch?*

Die Vorstellung, mit mehreren Menschen gleichzeitig enge Bindungen einzugehen, fühlt sich für viele schlicht nicht stimmig an. Im Gespräch wird ein nicht-monogames Beziehungsmodell selten neutral zur Kenntnis genommen. Vielmehr löst ein solches *Coming-out* beim Gegenüber oft ein inneres Störgefühl, manchmal auch Neugier oder Faszination aus. In einer Kultur, die Monogamie als Norm setzt, erscheint jede Alternative als Abweichung – selbst dann, wenn sie gut zu einem passt. Wer monogam lebt, bewegt sich innerhalb eines rechtlich, kulturell und sozial geschützten Rahmens. Wer diesen verlässt, fällt auf und muss sich rechtfertigen. Diese Mechanismen stabilisieren Monogamie als Standard, selbst wenn längst vielfältige Beziehungsformen gelebt werden. Spannend wird es, wenn Widersprüche auftreten. Ein hypothetisches außerirdisches Wesen könnte erstaunt beobachten, wie viele Menschen sich *als monogam* bezeichnen, während sie gleichzeitig auf Dating-Apps mit mehreren Personen parallel schreiben, sich treffen oder sogar Sex haben. Für sie beginnt Monogamie erst, wenn sie *offiziell zusammen* sind. Doch wann genau ist dieser Moment erreicht? Früher galt Monogamie oft unausgesprochen, sobald zwei Menschen *miteinander gingen* und die andere Person als *mein Freund, meine Freundin* einführten. Heute hingegen verschwimmen die Übergänge zwischen Dating und Beziehung. Manche fühlen sich emotional längst gebunden, sind formal aber noch *Single,* andere haben seit Monaten eine sexuelle Beziehung, ohne verliebt zu sein; wieder andere leben in einer Art Schwebezustand zwischen exklusivem Versprechen und offener Möglichkeit. In diesem Graubereich entsteht eine Vielfalt an gelebten Beziehungspraxen – oft weit entfernt vom klassischen Bild der klar definierten Monogamie.

Gleichzeitig eröffnet der digitale *Markt der Möglichkeiten* eine neue Dynamik: Soll ich mein Profil löschen, sobald wir zusammen sind – oder warte ich lieber ab? Ist es in Ordnung, noch einmal online zu gehen, um zu checken, ob meine neue Beziehungsperson dort noch aktiv ist? Selbst wenn eine Beziehung beginnt, bleibt die Erinnerung an die vielen Optionen bestehen. Die Möglichkeit, jederzeit zurückzukehren, verändert das *Commitment,* also das Gefühl von Verpflichtung gegenüber der Beziehung. Monogamie wird so zu einer Entscheidung auf Zeit. Es entsteht *Ambiguität,* eine Uneindeutigkeit der Gefühle und Verbindlichkeiten. Für viele lautet die eigentliche Frage nicht mehr, *ob* man monogam lebt, sondern *ab wann und in welchem Umfang.* Bedeutet Monogamie heute tatsächlich noch Exklusivität? Oder eher die Bereitschaft, andere Optionen auf unbestimmte Zeit auszusetzen? Zumindest *halbwegs?* In dieser neuen Realität hat sich nicht nur das Dating-Verhalten verändert, sondern auch das Verständnis von Monogamie selbst. Während Monogamie früher als ein Zustand betrachtet wurde – entweder man war es oder nicht – wird sie heute zunehmend als etwas Verhandelbares gesehen.

Im Alltag wird Monogamie meist seriell gelebt. Das kulturelle Ideal allerdings propagiert lebenslange Treue: Zwei Menschen begegnen sich jung, heiraten und bleiben bis zum Lebensende ein Paar. Doch die Realität sieht oft anders aus. Viele Menschen führen im Laufe ihres Lebens mehrere exklusive Beziehungen nacheinander. Innerhalb dieser Beziehungsphasen wird sexuelle, emotionale und praktische Exklusivität erwartet – Intimität, gegenseitiger Halt und die gemeinsame Nutzung von Ressourcen wie Zeit oder Geld sind ausschließlich der aktuellen Partnerschaft vorbehalten. Die *serielle Monogamie* zeigt, dass Menschen sehr wohl fähig sind, mehrere intensive Bindungen einzugehen – nur eben nicht gleichzeitig, sondern nacheinander.

Dieser Widerspruch beschäftigt mich (AM) immer wieder: Wir akzeptieren in unserer Kultur, dass Menschen mehrere Liebesbeziehungen nacheinander führen – oft sogar erwarten wir es. Scheitert eine Partnerschaft, gilt es als normal, sich neu zu verlieben. Doch wenn dieselbe Zuneigung gleichzeitig zu mehr als einer Person existiert, überschreiten wir plötzlich eine unsichtbare, aber scharf gezogene Grenze. Dann wird dieselbe Fähigkeit, mehrere Menschen zu lieben, nicht als Zeichen von Liebesfähigkeit und stabiler Bindung, sondern als moralischer Fehltritt gedeutet. Warum eigentlich? Warum ist die zeitliche Trennung gesellschaftlich legitim, die parallele jedoch tabu? Diese Frage legt die Schattenseiten unserer kulturellen Normen offen: Sie geben Orientierung und Sicherheit, aber sie bestrafen auch jene, die sie hinterfragen oder überschreiten.

Die Vorstellung, dass intime Liebesbeziehungen nur seriell und nicht parallel möglich seien, steht in starkem Kontrast zu anderen Bereichen unseres Lebens. Kinder beispielsweise kann man gleichzeitig lieben. Niemand würde sagen, diese Liebe müsse zeitlich versetzt erfolgen. Auch dieser Widerspruch zeigt: Es handelt sich um kulturelle Konstruktionen, nicht um naturgegebene Wahrheiten. Die serielle Monogamie bietet zweifellos Flexibilität, Partnerschaften an unterschiedliche Lebensphasen anzupassen – ganz so, wie wir auf unserem Lebensweg oft mit wechselnden Wegbegleiter*innen unterwegs sind. Doch sie bleibt gebunden an ein Exklusivitätsprinzip, das viele Möglichkeiten des Miteinander ausschließt.

Diese Überlegungen werfen die Frage auf, wie tief die gesellschaftliche Vorstellung von Monogamie in unser Denken, Fühlen und Handeln eingeschrieben ist. Die folgende Übung lädt dazu ein, diese Norm aus einer neuen Perspektive zu betrachten und mögliche Privilegien oder Selbstverständlichkeiten monogamer Lebensweisen bewusst wahrzunehmen.

Praxistool

Gesellschaftliche Normalität der Monogamie

Monogamie wird in unserer Gesellschaft häufig als natürlich oder normal angesehen. Diese Selbstverständlichkeit verschafft Dir, wenn Du in einem monogamen Modell lebst, möglicherweise Vorteile oder Privilegien, die Dir vielleicht gar nicht bewusst sind. Nimm Dir ein paar Minuten Zeit und lies die folgenden Fragen, gestellt von einem unvoreingenommenen außerirdischen Wesen. Achte beim Nachdenken darauf, welche Gedanken und Gefühle in Dir auftauchen. Neben der Monogamie sind viele dieser Selbstverständlichkeiten auch durch Heteronormativität geprägt, also die gesellschaftliche Bevorzugung heterosexueller Beziehungen.

- Musstest Du Deine Beziehung jemals verteidigen, weil jemand sie als *nicht stabil* oder *nicht realistisch* bezeichnet hat?
- Hattest Du je Sorge, aufgrund Deiner monogamen Beziehung von wichtigen Menschen oder Institutionen aus-

geschlossen zu werden (z. B. von Familie, Freund*innen, Deinem Arbeitsplatz oder einem Verein)?

- Kannst Du Deine Beziehungsperson(en) bei gesellschaftlichen Anlässen oder im beruflichen Kontext vorstellen, ohne kritische Rückfragen oder irritierte Blicke befürchten zu müssen?
- Fühlst Du Dich frei, in der Öffentlichkeit Zuneigung zu zeigen, ohne dafür kommentiert oder verurteilt zu werden?
- Siehst Du in Filmen, Serien oder Werbung regelmäßig Beziehungen, die Deiner eigenen ähneln?
- Hat Dir schon einmal jemand gesagt, dass das Scheitern Deiner Beziehung an der monogamen Struktur liegen könnte?
- Hast Du befürchtet, dass ein*e Therapeut*in Deine Beziehungsform nicht ernst nimmt oder sie verändern möchte?
- Wurde Dir je vermittelt, dass Dein Leben *zu kompliziert* sei, weil Du monogam lebst?

4.2 Feste Partnerschaft: Das Maß aller Dinge?

Menschen, die ohne feste Partnerschaft leben – freiwillig oder unfreiwillig –, sehen sich häufig subtiler Abwertung ausgesetzt. Fragen wie *Warum hat es (noch) nicht geklappt?* oder *Haben sie Bindungsangst?* vermitteln die Vorstellung, dass romantische Paarbeziehungen eine Voraussetzung für Reife, Glück oder soziale Anerkennung seien. Weit verbreitet ist auch die Redewendung von der *besseren Hälfte*. Sie suggeriert, man sei ohne Partnerschaft nur *halb* und brauche einen anderen Menschen, um sich *ganz* zu fühlen – ein Bild, das sich bis auf Platons Mythos der Kugelmenschen zurückverfolgen lässt: Ursprünglich, so berichtet es das *Symposion,* waren Menschen kugelförmige und wurden von den Göttern geteilt. Seitdem suchen sie ihre fehlende Hälfte. Bemerkenswert ist, dass diese Vorstellung fast ausschließlich für Liebesbeziehungen gilt – in Freundschaften, Geschwisterbeziehungen oder Arbeitsverhältnissen käme kaum jemand auf die Idee, von einer *besseren Hälfte* zu sprechen. Die implizite Botschaft lautet: Nur eine feste Partnerschaft könne alle Bedürfnisse erfüllen. Diese Norm wirkt so stark, dass viele Singles sich insgeheim fragen: *Bin ich überhaupt fähig zu lieben? Bin ich liebenswert? Fehlt mir etwas?* Dabei wird oft übersehen, dass viele Menschen ihr Leben bewusst und zufrieden allein gestalten – oder gerade in Phasen des Alleinlebens neue Formen von Selbstwirksamkeit und Verbundenheit entdecken.

Ein häufig vorgebrachtes Argument für monogame, heterosexuelle Partnerschaften ist ihre vermeintlich natürliche Verbindung zur biologischen Fortpflanzung. Die Verschmelzung von Eizelle und Spermium, in vielen Kulturen traditionell im Rahmen einer Ehe verortet, wird dabei als Grundlage für gesellschaftlichen Fortbestand betrachtet. Doch diese Argumentation setzt eine spezifische Beziehungsform mit biologischer Reproduktion gleich und blendet alternative Modelle von Fürsorge, Familie und Partnerschaft weitgehend aus.

Die Philosophin Elizabeth Brake (2010, 2012) kritisiert diese einseitige Bevorzugung monogamer Partnerschaften. Mit dem Begriff der *Amatonormativität* beschreibt sie die weit verbreitete Annahme, dass romantisch-exklusive Paarbeziehungen die wichtigste Form menschlicher Bindung im Erwachsenenalter seien. Denn diese Norm drängt andere Formen von Nähe und Fürsorge, wie Wahlverwandtschaften, enge Freundschaften, Geschwister- oder Nachbarschaftsbeziehungen an den Rand, obwohl gerade sie in vielen Lebensphasen tragende Rollen übernehmen. Auch Menschen, die sich bewusst für polyamore oder nichttraditionelle Lebensweisen entscheiden, queere Menschen ohne Möglichkeit gemeinsamer biologischer Kinder, sowie

Adoptiv- und Pflegefamilien werden so oft nicht als *vollwertig* anerkannt. Ein Beispiel: In Familienkonstellationen mit traditioneller Rollenaufteilung sind es häufig befreundete Frauen, die einander durch die Herausforderungen der *Care-Arbeit* begleiten – oft mit einer emotionalen Nähe und Verlässlichkeit, die über Jahre trägt. Dennoch finden solche Netzwerke kaum Eingang in kulturelle Erzählungen über Liebe und Bindung. Gesellschaftliche Rituale wie Hochzeiten, Eheringe oder Jubiläen würdigen vor allem die Zweierbeziehung – für lebenslange Freundschaften oder queere Wahlfamilien gibt es kaum vergleichbare Symbole oder rechtliche Absicherungen.

Amatonormativität und Mononormativität sind eng miteinander verwoben. Während Amatonormativität romantische Paarbeziehungen über andere soziale Bindungen stellt, schreibt Mononormativität zusätzlich vor, dass diese Beziehungen exklusiv sein müssen. Beides zusammen idealisiert die romantische Zweierbeziehung und erklärt Monogamie zur einzig legitimen Form von Liebe.

Auch das Rechtssystem in Deutschland spiegelt diese Norm wider (Groß-Usai, 2024). Sowohl das Eherecht als auch andere Bereiche des Familienrechts setzen formalisierte Beziehungen zwischen zwei Personen als juristischen Standard voraus (Groß-Usai, 2024). Der Grundsatz der Zwei-Elternschaft bleibt bislang weitgehend unhinterfragt. Artikel 6 des Grundgesetzes schützt Ehe und Familie, doch dieser Schutz gilt vor allem für verheiratete Paare mit Kindern, etwa durch Steuervergünstigungen wie das Ehegattensplitting oder Sorgerechtsregelungen. In der Reproduktionsmedizin sind queere Paare weiterhin benachteiligt, insbesondere bei Mehrelternschaft oder der Anerkennung nicht-biologischer Elternteile.

Eine *polygame Ehe,* also eine Eheschließung mit mehr als einer Person, ist in Deutschland gesellschaftlich marginalisiert und gesetzlich verboten (§ 1306 BGB, § 172 StGB). In 58 anderen Ländern ist sie hingegen legal, dort allerdings meist ausschließlich für Männer, die mehrere Frauen heiraten dürfen. Wer in Deutschland gleichzeitig mit mehreren Personen verheiratet ist, kann nicht eingebürgert werden (§ 10 StAG). Diese Regelung wird mit der Förderung der Gleichberechtigung der Geschlechter, gesellschaftlicher Integration und einer stabilen sozialen Ordnung begründet. Sie entstand vor dem Hintergrund traditioneller patriarchaler Kulturen, in denen institutionalisierte *Vielehe* mitunter dazu beiträgt, Frauen und Kinder durch ungleiche Rollenbilder und Machtverhältnisse zu benachteiligen.

Für Menschen außerhalb monogamer Strukturen gibt es in Deutschland derzeit keine Möglichkeit, ihre Beziehungen rechtlich abzusichern. Eine offizielle Anerkennung polyamorer Beziehungen oder mehr als zweier Elternteile existiert nicht und es gibt bislang keine konkreten Gesetzesinitiativen, die dies ändern würden (Groß-Usai, 2024). Solche rechtlichen Ungleichbehandlungen können auch Spannungen innerhalb von Mehrpersonenbeziehungen verstärken: In einer polyamoren Triade, in der drei Menschen sich lieben und füreinander Verantwortung übernehmen, können nur zwei Menschen heiraten; die dritte Person bleibt ohne rechtliche Absicherung. Eine vergleichbare diskriminierende Situation stellt die Elternschaft lesbischer Paare dar (Mazziotta et al., 2024): In heterosexuellen Ehen gilt der Ehemann automatisch als Vater des Kindes (§ 1592 BGB), selbst ohne biologische Vaterschaft. Die nichtgebärende Mutter in einer lesbischen Ehe muss das Kind hingegen erst adoptieren, um rechtlich als Elternteil anerkannt zu werden. Dies stellt eine zusätzliche bürokratische und finanzielle Hürde dar und bedeutet eine psychische Belastung, da sie nachweisen muss, dass sie sich als Elternteil eignet – eine Anforderung, die heterosexuellen Ehepartner*innen nicht gestellt wird. Zwar gibt es politische Bestrebungen, diese Regelung zu reformieren und die *Co-Mutter* ohne Adoptionsverfahren anzuerkennen, umgesetzt ist es bislang nicht.

Dass Monogamie heute gesellschaftlich bevorzugt und rechtlich festgeschrieben ist, war nicht immer so. Diese Vorrangstellung ist das Ergebnis langer und teils hitziger Debatten. Bereits im 19. Jahrhundert wurde intensiv darüber gestritten, ob die exklusive Zweierbeziehung die einzig *richtige* Form des Zusammenlebens sei. Ein bemerkenswertes Beispiel ist der offene Brief *Marriage, Monogamy, and Polygamy on the Basis of Divine Law* des US-amerikanischen Autors Alfred Ellingwood Giles (1882). Das an mehrere Senator*innen und Kongressabgeordnete gerichtete Schreiben plädiert aus religiösen, naturrechtlichen und verfassungsrechtlichen Gründen für die Zulässigkeit von Polygamie. Giles hinterfragt nicht nur die moralische Vorrangstellung der Monogamie, sondern kritisiert auch die staatliche Einschränkung religiöser Freiheit. Seine Position verdeutlicht, dass die rechtliche und normative Bevorzugung monogamer Beziehungen keineswegs naturgegeben ist, sondern historisch umkämpft und stets auch Ausdruck machtvoller Aushandlungen darüber, welche Beziehungsformen als gesellschaftlich wünschenswert gelten.

Besonders deutlich zeigt sich diese Auseinandersetzung im Gerichtsfall *Reynolds v. United States* (1878), einem Meilenstein in der rechtlichen Regulierung von Beziehungsformen. George Reynolds, Mitglied der *Church of Jesus Christ of Latter-day Saints* (auch bekannt als *Mormonen*), wurde wegen Polygamie, also einer Ehe mit mehreren Menschen zugleich, angeklagt. Grundlage war der *Morrill Anti-Bigamy Act,* ein Bundesgesetz, das Vielehen in den USA untersagte. Reynolds verteidigte sich mit dem Argument, Polygamie sei ein zentraler Bestandteil seines Glaubens und das Verbot verletze seine Religionsfreiheit. Der Oberste Gerichtshof der USA (engl.: *Supreme Court*) wies diese Argumentation zurück: Der persönliche Glaube an Polygamie sei zwar nicht strafbar, der Staat dürfe jedoch deren tatsächliche Praxis verbieten. In der Urteilsbegründung hieß es, dass Ehe zwar eine *heilige Verpflichtung* sei, aber dennoch in fast allen Gesellschaften gesetzlichen Regelungen unterliege. Zudem entschied es, dass sich niemand allein mit religiösen Argumenten über bestehende Gesetze hinwegsetzen dürfe. Dieses Urteil richtete sich gezielt gegen die mormonische Praxis der Vielehe, hatte jedoch weitreichendere Folgen: Das Urteil bestätigte das Prinzip, dass der Staat nicht nur definiert, was als Ehe gilt, sondern auch festlegt, welche Beziehungsformen rechtlich legitimiert werden. Ein Prinzip, das in veränderter Form bis heute gilt und immer wieder hinterfragt wird.

Elizabeth Brake (2010, 2012) kritisiert, dass fürsorgliche Beziehungen durch die bestehende Ehegesetzgebung nur dann rechtlich abgesichert sind, wenn sie einem bestimmten, traditionellen Typus entsprechen. Mit ihrem Konzept der *Minimalen Ehe* (engl.: *minimal marriage*) plädiert sie für eine Reform des Ehemodells, sodass enge Beziehungen – unabhängig davon, wie viel Sexualität, romantische Liebe oder Exklusivität sie enthalten – rechtlich geschützt werden können. In einem solchen Modell könnten nicht nur Ehepaare, sondern auch Freund*innen, Mitbewohner*innen oder Pflegegemeinschaften Rechte wie Besuchsrecht im Krankenhaus oder finanzielle Absicherung teilen. Dabei geht es nicht darum, die sexuell exklusive Ehe abzuwerten. Für viele Menschen ist sie eine Quelle tiefer Verbindung und Freude. Doch so wie Eltern kleiner Kinder sich überlastet fühlen oder Paare unter Einsamkeit leiden können, bringen auch andere Lebensformen eigene Herausforderungen mit sich. Institutionelle Rahmenbedingungen könnten diesem Umstand Rechnung tragen, indem sie es ermöglichen, jenseits der Zweierbeziehung emotional, sozial und rechtlich abgesichert zu leben – in all den Formen von Liebe, Fürsorge und Nähe, die Menschen miteinander verbinden.

Es ist kein Zufall, dass gerade queere Menschen traditionelle Beziehungsnormen häufiger hinterfragen. Aufgrund ihrer sexuellen Orientierung, Geschlechtsidentität oder körperlichen Merkmale passen sie oft nicht in das gesellschaftlich konstruierte, heteronormative Schema von Mann-Frau-Beziehung und Elternschaft. Wer ohnehin außerhalb dieser Norm lebt, muss sich mit deren Grenzen auseinandersetzen und kann dabei auch Freiräume gewinnen. Wenn eine Dimension des eigenen Lebens bereits von der Norm abweicht, fällt es oft leichter, auch in anderen Bereichen unkonventionelle Wege zu gehen und das Leben so zu gestalten, wie es zu einem passt. Queere Menschen leben häufiger in nicht-monogamen Beziehungen als cisgeschlechtliche und heterosexuelle Menschen (Mazziotta & Bröning, 2024). Das bedeutet jedoch nicht, dass alle Menschen in Mehrpersonenbeziehungen queer sind. Queeren Menschen fehlen oft viele Privilegien, die aus der Passung zur gesellschaftlichen Norm erwachsen. Für viele Heterosexuelle hingegen wirkt die Öffnung einer Beziehung wie ein Sprung ins Ungewisse – als würde man eine feste, vielleicht sogar *naturgegebene* Norm verlassen. Doch historisch betrachtet erschienen viele heute überwundene Normen – etwa die Unterdrückung von Frauen, rassistische Hierarchien oder Kinderarbeit – einst ebenso selbstverständlich. Genau deshalb lohnt es sich, die unausgesprochenen Regeln unserer Gesellschaft zu hinterfragen: Dienen sie tatsächlich den heutigen Bedürfnissen und Lebensrealitäten oder vor allem der Aufrechterhaltung überholter Strukturen?

4.3 Liebesgeschichten

Unsere Geschichten über die Liebe folgen bestimmten Drehbüchern oder *Plots,* also tieferliegenden Erzählungen, die sich in unser Denken und Fühlen eingegraben haben. Unbewusst greifen wir auf solche Schablonen zurück, um unserem Leben Sinn zu geben. Wir inszenieren uns als *Held*in, Verlierer*in, gestresste Führungskraft* oder *Mauerblümchen,* während die Beziehungsperson zur *Sidekick-, Feind-, Schurken-* oder *Prinzessinnenfigur* wird. Details variieren – etwa die Hochzeit in Weiß, die heute seltener in der Kirche stattfindet –, doch die Grundmuster bleiben. Diese Narrative bestimmen, was in einer Kultur als *richtige* oder *erfolgreiche* Liebe gilt. Menschen, die in mehreren Kulturen aufwachsen, erkennen oft leichter, dass es auch andere Sichtweisen gibt.

Durch den Filter der Schablone, die wir anwenden, betrachten wir die Welt. Manchen Aspekten schenken wir mehr Aufmerksamkeit, andere blenden wir aus. Das kann entlastend wirken, weil täglich unzählige Informationen auf uns einströmen. Doch derselbe Mechanismus kann auch Schwarz-Weiß-Denken fördern und den Blick verengen. In eskalierten Konflikten spricht man manchmal von *Ungerechtigkeits-Sammler*innen* (engl.: *injustice collectors*). Gemeint sind Menschen, die im Kontakt mit ihren Kontrahent*innen keine Zwischentöne mehr wahrnehmen. Wie ein Turm aus Bauklötzen stapelt sich in ihrem Gedächtnis Kränkung auf Kränkung. So wird verständlich, wie Menschen, die einmal verheiratet waren, sich in erbitterten Rosenkriegen gegenüberstehen und sich als Erzfeinde hassen – trotz gemeinsamer Kinder. Sie haben den Plot gewechselt: von der *Liebesgeschichte* über die *Opfergeschichte* in die Geschichte vom *Kampf um Gerechtigkeit.*

Romantische Komödien (engl.: *RomComs*) erzählen Liebesgeschichten fast immer nach demselben Rezept: Zwei Menschen begegnen sich, Hindernisse tauchen auf wie Missverständnisse, äußere Umstände oder andere Beziehungspersonen, doch am Ende siegt die Liebe. Die Botschaft ist immer dieselbe: Wahre Liebe ist schicksalhaft, überwindet jede Hürde und führt unvermeidlich zum Happy End. Empirische Studien zeigen, dass solche Erzählungen nicht nur unterhalten, sondern auch mit unseren Beziehungsüberzeugungen zusammenhängen. Eine Analyse der 52 erfolgreichsten romantischen Komödien zwischen 1998 und 2008 ergab, dass fast alle (98 %) ein idealisiertes Bild von Liebe vermitteln (Hefner & Wilson, 2013).

Neben Filmen und Büchern prägen heute auch die allgegenwärtigen sozialen Medien wie Instagram, TikTok oder YouTube unsere Vorstellungen von Liebe. Sie wirken direkt auf unser Beziehungsverhalten, weil wir sie ständig nutzen (Degen, 2024). Gerade in sehr jungen Altersgruppen sind sie flächendeckend im Einsatz (Bitkom, 2023), also in einer Lebensphase, in der viele Hirnreifungsprozesse noch laufen. In den sozialen Medien sehen wir perfekte Urlaubsbilder und romantische Gesten, während Streit, Unsicherheit oder Langeweile ausgeblendet werden. Extreme ziehen mehr Aufmerksamkeit auf sich: große Liebesbekundungen, märchenhafte Hochzeiten, toxische Beziehungsdramen, publikumswirksame Trennungen. Differenzierung fällt schwer, wenn Gefühle in 280 Zeichen (der Länge eines Twitter/X-Posts) passen müssen und gefilterte Bilder mehr Klicks bringen als ehrliche Einblicke. Influencer*innen inszenieren vermeintlich intime Einblicke in ihr perfektes Liebesleben – in schöngefilterten Bilderwelten, denen der reale Beziehungsalltag kaum standhalten kann. Diese permanente Beschallung mit *Fake Love News* prägt besonders die Vorstellungen junger Menschen, oft lange bevor sie eigene Beziehungserfahrungen gesammelt haben. Wahrscheinlich wird sich dieser Einfluss sozialer Medien auf unsere Vorstellung von Liebe noch verstärken, nicht zuletzt, weil wir durch Belohnungserleben darauf konditioniert werden, immer wieder zum Handy zu greifen (Wartberg et al., 2023; Degen et al., 2025).

Diese medialen Bilder bereiten den Boden für eine Vorstellung, die bis heute die meisten Liebeserzählungen prägt: das *romantische Ideal.* Es beschreibt eine Form der Liebe, in deren Mittelpunkt die Idealisierung des geliebten Menschen steht und die Wahrnehmung der Beziehung als außergewöhnlich perfekt. Der Begriff *romantisch* hat seinen Ursprung im Zeitalter der *Romantik*, einer Epoche voller Idealisierung, Sehnsucht und dem Streben nach Transzendenz. Diese Ideen wirken bis heute nach und prägen unsere Vorstellungen von Liebe. Typische Merkmale der Liebesordnung nach dem romantischen Ideal sind (Karandashev, 2023):

- die Überzeugung, dass es nur diese eine Person gibt, die uns *vollständig* macht,
- das Ausblenden von Schwächen und das romantische Überbetonen positiver Eigenschaften der Beziehungsperson,
- der Glaube an Liebe auf den ersten Blick,
- die Überzeugung, dass wahre Liebe jedes Hindernis überwindet,
- die Vorstellung, dass nach dem Sieg der Liebe nur noch Leichtigkeit und Glück folgen.

Heute erleben wir diese Vorstellungen vor dem Hintergrund einer neuen Freiheit. Viele Menschen können ihre Sehnsüchte nach Glück, Verbundenheit und erotischem Genuss ausleben, ohne gesellschaftliche Ächtung oder wirtschaftlichen Ruin befürchten zu müssen. Der Soziologe Müller-Schneider (2024) spricht in diesem Zusammenhang von der *Freiheit zur Affektoptimierung:* dem Streben nach emotionaler Erfüllung und einem Zustand, der möglichst viel Glück verspricht. Für die persönliche Affektoptimierung verspricht das romantische Ideal so einiges:

- *Einzigartigkeit und Selbstwert:* Die Idee, dass der geliebte Mensch perfekt zu einem passt, stärkt das eigene Selbstbild. Eine romantische Beziehung vermittelt das Gefühl von Einzigartigkeit und persönlichem Wert.
- *Optimismus und Lebensfreude:* Das romantische Ideal verleiht dem Leben Hoffnung und Bedeutung. Es verspricht, romantische Verabredungen und Ehen in etwas Großes und Glückliches zu verwandeln, das den Alltag verschönert.
- *Sinnstiftung und Stabilität:* Liebe wird als Anker gesehen, der durch gute und schlechte Zeiten trägt. Das romantische Ideal bietet Sicherheit und vermittelt die Gewissheit, dass es jemanden gibt, der einen begleitet.
- *Positive Illusionen:* Das romantische Ideal ermöglicht es, die Beziehungsperson durch eine rosa Brille wahrzunehmen. Schwächen werden verharmlost oder als Stärken interpretiert, was Beziehungszufriedenheit und Optimismus fördert.
- *Körperliches Wohlbefinden:* Hormone und das körpereigene Belohnungssystem mit Dopamin verstärken die Wahrnehmung positiver Eigenschaften der Beziehungsperson, insbesondere in der Anfangsphase einer Beziehung, und fördern so emotionale Nähe und Bindung.

Das romantische Ideal kann inspirieren und verzaubern. Wir postmodernen Menschen sehen intime Beziehungen als die primäre Quelle des Glücks in einem ansonsten eher stressreichen Leben an (vgl. hierzu und im Folgenden Roesler & Bröning, 2024b). In einer Gesellschaft, die uns auf *Leistung* und ein *Funktionieren* trimmt, soll unser Liebesglück den Ausgleich bieten. Die Beziehung soll sexuelle Erfüllung bringen, Ruhe vor dem Druck der Leistungsgesellschaft, Heimat in einer krisengeschüttelten Welt, Ersatz für die oft weit entfernte Herkunftsfamilie und Unterstützung bei der Verwirklichung persönlicher und beruflicher Ziele. Gleichzeitig dient die Partnerschaft als Statussymbol nach außen: *Ich habe es geschafft, ich bin nicht mehr nur halb.*

Manche Soziolog*innen ziehen sogar Parallelen zur Religion (Baumann, 2008; Beck & Beck-Gernsheim, 1990): Wo früher die Sehnsucht nach dem Paradies stand, steht heute die Sehnsucht nach der perfekten Liebe. Wo Jesus Erlösung versprach, soll uns heute ein anderer Mensch vom Stigma des Single-Daseins befreien. Wo Gottes Liebe den Menschen erfüllen sollte, erwarten wir dies nun als eine Art *Nachreligion* von einer Beziehungsperson. Und so machen wir uns auf die Suche nach der *großen, wahren Liebe,* der *Liebe auf den ersten Blick,* der *intuitiven Seelenverwandtschaft* und unserem persönlichen *Happy End.*

In den meisten medialen Erzählungen endet die Geschichte jedoch mit dem *Zusammenfinden,* dem Eintritt in eine monogame Beziehung. *Und wenn sie nicht gestorben sind, dann leben sie noch heute...* Doch wie dieses *Heute* aussieht, bleibt oft unerzählt. Dies legt nahe: Das wahre Ziel im Leben ist es, die perfekte Beziehungsperson zu finden. Und beim Happy End, so dichtete bereits Kurt Tucholsky in seinem Gedicht *Danach* (1930 unter dem Pseudonym Theobald Tiger, S. 517), wird im Film für „jewöhnlich abjeblendt."

Ist es zu unspektakulär, wie Menschen ihre Liebe über die Zeit hinweg gestalten? Für den Philosophen Alain de Botton (2020) gibt es, neben den intensiven Emotionen anfänglicher Verliebtheit, noch eine weitere Erklärung dieser Betonung des Anfangs: Seiner Meinung nach seien unsere Liebesgeschichten vor allem geprägt durch Erzählungen von der richtigen *Produktwahl,* entsprechend dem marktwirtschaftlichen Prinzip des Kapitalismus, das in jeden Lebensbereich Einzug gehalten hat. Das *Casting* ist als Liebesgeschichte deutlich überbetont. So gerät die Suche nach der *perfekten Beziehungsperson* zu einer Aufgabe, die manche strategisch und mit akribischen Checklisten angehen. Auch das eigene Selbst medial zu vermarkten, wird wichtig. Doch das perfekte Profil steht dann in starkem Kontrast zur unvollkommenen Realität, etwa dann, wenn aus dem schönen Profilbild ein echter Mensch wird, der einem beim ersten Date im Café gegenübersitzt. Doch nicht nur im Dating-Kontext sorgt dieser Kontrast für Enttäuschung (Degen, 2024): Auch in langjährigen Partnerschaften kann der ständige Vergleich mit idealisierten Bildern langfristig zu Unzufriedenheit führen.

Liebesgeschichten des romantischen Ideals mögen harmlos erscheinen, doch sie beeinflussen unsere Erwartungen an Beziehungen (Ben-Ze'ev & Goussinsky, 2008). Sie lassen uns glauben, dass wahre Liebe uns auf magische Weise vollständig macht und dass sie ohne Anstrengung bleiben sollte. Damit steht das *romantische Ideal* im Widerspruch zu zentralen Erkenntnissen über gelingende Beziehungsführung. Diese basiert im Alltag auch auf Realismus, Rationalität, kontinuierlicher Beziehungsarbeit und dem Willen zum Kompromiss. Ausgeblendet wird, dass Liebe und Beziehung in der Realität nicht leicht zu gestalten sind. Vielmehr ist Beziehungsführung ein komplexer, facettenreicher, veränderlicher und oft auch herausfordernder Prozess. Beziehungsführung ist eine Kunst, und gerade deshalb auch erlernbar.

Die weitverbreitete Vorstellung, Liebe brauche keine Kommunikation, weil man sich von selbst verstehe, ist für das Gelingen einer Beziehung ausgesprochen hinderlich. In romantischen Erzählungen lösen sich Konflikte durch große Gesten: ein leidenschaftlicher Kuss im Regen, eine Liebeserklärung in letzter Sekunde. Die Idee der *Liebe auf den ersten Blick* blendet viele andere Beziehungserfahrungen aus und führt dazu, dass Menschen ein erstes Date abbrechen, weil *sie es nicht gefühlt haben.* Dabei könnte es durchaus lohnend sein, diesem Gefühl noch eine Chance zu geben, wenn man sich ansonsten gut versteht. Denn Freundschaft ist einer der besten Grundstoffe für eine glückliche Langzeitbeziehung. Der Blick in die Forschung zeigt: Mit den Jahren werden Aspekte von Kameradschaft, gemeinsamer Entspannung und Lachen immer wichtiger. In einer Studie nannten über die Hälfte der 55–65-jährigen Befragten genau diese Eigenschaften als das Schönste ihrer Beziehung (Chonody & Gabb, 2019). Wertschätzung zeigte sich für viele in kleinen Gesten im Alltag, wie etwa im Füreinander-Kochen oder in praktischen Hilfestellungen.

In unserer Praxis reagieren Paare, die über mangelnden partnerschaftlichen Sex klagen, oft überrascht auf die Nachfrage, ob sie sich denn zum Sex verabreden. Viele sind überzeugt, Sexualität müsse spontan passieren. Dieses Ideal – *man muss spontan übereinander herfallen* – ist ein typisches *Anfangs-Narrativ* aus der Kennenlernphase, in der Aufregung, Ungewissheit und sexuelle Spannung hoch, Bindung und Geborgenheit jedoch gering sind. Dass Lust im stressigen Alltag oft erst geweckt werden will, ist für viele ein neuer Gedanke. Paradoxerweise ist es in Affären und bei unverbindlicheren Beziehungsformen wie Situationships oder Freundschaft plus gängige Praxis, sich Tage im Voraus zum Sex zu verabreden. Hier käme niemand auf den Gedanken, dies für unnatürlich zu halten. Warum also messen Menschen hier mit zweierlei Maß? Weil sie die Gedankenschablone *Wie die Liebe aussehen sollte* an ihre Partnerschaft anlegen. Und diese Gedankenschablone ist durch das Anfangs-

Narrativ geprägt. Wer darauf eingestellt ist, dass nur der Beginn einer Beziehung spannend und erstrebenswert ist, entwickelt kaum die nötige Ausdauer für die Langstrecke der Liebe. *Doch Liebe ist kein Sprint, sondern ein Marathon:* Der Anfang einer Beziehung mag aufregend sein, doch danach gibt es noch unendlich viel zu entdecken.

Wie eine *graue Eminenz* wirkt hinter all diesen Problemen das größte Dilemma unserer gegenwärtigen Liebe. So wie an der Nordspitze Dänemarks Nord- und Ostsee aufeinandertreffen, stoßen in modernen Beziehungen zwei gegensätzliche Strömungen aufeinander: die *idealisierte Vorstellung der großen Liebe,* für die man alles opfern sollte, und das *durchindividualisierte Ich* in einer Gesellschaft, die persönliche Selbstverwirklichung über alles stellt. Kein Wunder, dass es immer schwieriger wird, (Beziehungs-)Risiken einzugehen, Kompromisse zu machen oder sich dauerhaft zu binden. Die Medien nähren die Illusion, dies sei kein Problem. Finde einfach die richtige Beziehungsperson und alles wird gut, Kompromisse seien dann kaum noch notwendig. Diese Vorstellung wirkt verführerisch, wenn Zweifel an der aktuellen Beziehungsperson auftauchen: Sie entlastet uns von harter Beziehungsarbeit. Statt uns zu verändern, suchen wir lieber weiter. *So trägt der Traum von der großen Liebe paradoxerweise dazu bei, dass wir uns in unseren Liebesvorstellungen kaum entwickeln.*

4.4 Geschlechterordnung

Die Liebesordnung ist eng mit der Geschlechterordnung verknüpft, die vorgibt, wie Frauen und Männer zu sein haben (vgl. Ben-Ze'ev & Goussinsky, 2008). Nach den gängigen Drehbüchern von Männlichkeit und Weiblichkeit sollen Frauen fürsorglich, schön und begehrenswert sein, während Männer stark, erfolgreich und unabhängig auftreten sollen. (Für weitere Geschlechter fehlt diesen Drehbüchern jegliche Idee.) Diese Normen wirken tief in uns, formen Träume, Verhalten und Entscheidungen, oft ohne dass wir es merken. Sie beeinflussen nicht nur unsere Beziehungen, sondern auch Berufswahl, Karrierechancen und ganze Lebenswege.

Als Mädchen träumte ich (SB) nicht davon, Managerin zu sein, sondern die elegante Chefsekretärin eines Managers. Warum? Filme wie *Pretty Woman* haben sicher ihren Teil dazu beigetragen. Vielleicht lag es auch daran, dass ich mich lange in der traditionellen Geschlechterrolle wohlfühlte. Ich liebe Schmuck, hohe Schuhe, das Gefühl, begehrt und umsorgt zu werden. Lange glaubte ich, wir hätten die Gleichberechtigung erreicht, und ich sah keine Notwendigkeit, diese Vorstellungen zu hinterfragen. Feminismus erschien mir damals zu wütend, zu analytisch und zu *unromantisch.* Ich wollte alles: Glanz, Glitzer und Gleichberechtigung, aber bitte ohne Kampf. Erst persönliche Erfahrungen änderten meine Sicht: eine Scheidung, eine weitere Trennung, zwei Kinder und berufliche Schwierigkeiten. Beruflich hatte ich Glück. Mein Mann unterstützte mich, nahm sogar ein Jahr Elternzeit, damit ich meine Doktorarbeit fertig schreiben konnte. Sein Chef nannte ihn dafür ein *Weichei* und entließ ihn faktisch. Den Kinderwagen schiebend wurde er häufig gefragt, wo denn die Mutter sei. So begegnet uns die alte Geschlechterordnung täglich, egal, ob wir uns an sie halten oder sie bewusst unterlaufen. Oft fühlt es sich an, als stießen wir auf unsichtbare Wände – eine Art *glass ceiling,* eine gläserne Decke, die wir wahrnehmen, aber kaum durchbrechen können.

Passend hierzu noch ein weiteres Beispiel: Wir (SB + AM) haben uns länger darüber ausgetauscht, ob wir derlei persönliche Beispiele überhaupt in dieses Buch mit aufnehmen wollen. Wirkt das Zeigen von Persönlichem, manchmal auch Verletzlichem, nicht automatisch unprofessionell? Zu *soft*, zu weiblich? Ist es nicht schon schwer genug, im Themenfeld von Liebe und Sexualität zu forschen und zu arbeiten – einem Bereich, der besonders von traditionell geprägten Männern oft belustigt oder gar abwertend kommentiert wird? Wir haben uns schließlich für Offenheit entschieden und damit für Werte wie Verletzlichkeit, Vielschichtigkeit und Authentizität.

Das derzeit dominierende Prinzip, nach dem unsere Gesellschaft und die Geschlechterrollen organisiert sind, wird als *Patriarchat* bezeichnet. Doch was genau bedeutet das? Das Patriarchat ist ein historisch gewachsenes System aus Regeln, Normen und Machtverhältnissen, das eine hierarchische Ordnung festschreibt. Eigenschaften, die als männlich gelten – etwa Stärke, Kontrolle, Unabhängigkeit oder Dominanz –, werden darin häufig stärker aufgewertet als Eigenschaften, die als weiblich gelten. Frauen und Männer erhalten in diesem System klar zugewiesene Rollen und Erwartungen. Gesellschaftliche Anerkennung gibt es oft nur, wenn sie diese erfüllen. Patriarchale Strukturen zeigen sich nicht nur in Beziehungen und Familien, sondern auch in Institutionen, Netzwerken und Organisationen – insbesondere dort, wo Macht, Kontrolle und Autorität überwiegend männlich geprägt sind oder traditionelle Rollenbilder weitergegeben werden.

Wie Marionetten werden wir durch unsichtbare gesellschaftliche Fäden gelenkt. Das Patriarchat flüstert: *Ein Mann weint nicht. Eine Frau muss sich kümmern. Ein Mann muss immer stark sein.* Wie oft habe ich (SB) schon den Kommentar gehört *Und das am Muttertag!,* wenn ich etwa an diesem Tag arbeiten oder für einen Montagstermin abreisen musste. Während am *Vatertag* Schwärme von Männern mit reichlich Alkohol, aber ohne ihre Familien, unterwegs sind. Auf tausend Weisen lernen wir die Erwartungen an uns kennen. Schon in der Kindheit beginnt die Anpassung an diese Geschlechterordnung. Manche fügen sich leicht ein, andere weniger. Kinder, die nicht den Rollenerwartungen entsprechen – etwa ein lautes Mädchen oder ein sensibler Junge –, erfahren früh Kritik. Eine gute Passung bringt Zuspruch, aber auch Probleme: Typisch weibliche Attribute wie Empathie oder Harmonieliebe sind für berufliches Fortkommen oft hinderlich. Kontrolle und Dominanz helfen wenig, Trauer zu bewältigen oder Beziehungen tragfähig zu gestalten. In der Geschlechterordnung muss der Mann stark und dominant sein – bitte nicht weich oder weinerlich. Die Frau darf gefühlvoll und fürsorglich sein – bitte nicht zu dominant oder zu fordernd. Tut sie es doch, kann sie es zwar beruflich an die Spitze schaffen, zahlt jedoch oft einen hohen Preis und wird für ihre Härte beschämt. Selbst heute, in einer Zeit wachsenden Bewusstseins für Geschlechtergerechtigkeit, sitzt die Prägung tief. Frauen dürfen heute Karriere machen, aber sie müssen dabei *weiblich* bleiben.

Im Laufe ihrer Entwicklung internalisieren die meisten Menschen die ungeschriebenen Regeln der Gesellschaft und machen sie zu einem Teil ihrer eigenen Identität (Cook et al., 2019). Wer nicht in die traditionelle Geschlechterordnung passt, kämpft oft mit dem Gefühl, *falsch* zu sein, und erlebt entsprechende Abwertungen. Jungen werden beispielsweise häufig beschämt, wenn sie weinen, Mädchen, wenn sie sich *wenig damenhaft* verhalten. Alle Geschlechter verinnerlichen die *strukturelle Abwertung*, die daraus entsteht, dass Weiblichkeit weniger gilt als Männlichkeit (Gomolla, 2017).

Daher finde ich (SB) den Begriff *Patriarchat* irgendwie irreführend. Zwar genießen Männer häufig Privilegien, doch auch Frauen können vom System profitieren – etwa, wenn sie durch *männlich gelesene* Eigenschaften wie Selbstbewusstsein und Dominanz beruflich erfolgreicher sind. Gleichzeitig können Männer unter dem Patriarchat leiden, wenn sie nicht den traditionellen Vorstellungen von Männlichkeit entsprechen wollen oder können.

Ebenso irreführend ist es, wenn *Feminismus* fälschlich als Kampf der Frauen gegen Männer verstanden wird. Tatsächlich begrüßen viele Männer ein gleichberechtigteres Miteinander – auch wenn sich deutlich weniger von ihnen als *feministisch* bezeichnen. Ein Grund: Bereits die bloße Nähe zu als weiblich markierten Eigenschaften gilt im Patriarchat als Bedrohung für Männlichkeit.

Menschen mit eigenen Ablehnungserfahrungen entwickeln manchmal einen sensibleren Blick für soziale Ungerechtigkeiten. Manchmal wird das Gefühl jedoch abgewehrt, was mit sehr unterschiedlichen Folgen einhergehen kann: Es kann zu sexistischen, rassistischen oder gewaltvollen Einstellungen führen, als Versuch, sich selbst aufzuwerten. Oder es schlägt nach innen um, in Form von Depression, Burnout oder Angststörungen. Wo auch immer man selbst im Ranking der Geschlechterordnung steht: Dieses System beeinflusst unser Denken, Fühlen und Handeln subtil, aber äußerst wirkungsvoll. Es schafft Gewinner*innen und Verlierer*innen: Frauen werden häufig auf Schönheit, Mutterschaft oder Fürsorge reduziert, Männer auf Stärke, beruflichen Erfolg und Vermögen. Genderqueere Menschen passen nicht in die traditionellen Kategorien und sind deshalb oft besonders von Hass, Gewalt und Beschämung betroffen. Das Patriarchat schadet allen Geschlechtern, wenn auch auf unterschiedliche Weise. Frauen tragen oft die Last der Care-Arbeit, erleiden finanzielle Nachteile und kämpfen häufiger mit Depressionen oder Angststörungen. Männer hingegen leiden unter dem Zwang, stets dominant, leistungsfähig und emotional kontrolliert zu sein. Dieser Druck kann nicht nur zu Burnout und Isolation führen, sondern auch zu höherer Gewaltbereitschaft und vermehrtem Substanzmissbrauch.

Zusammenspiel von Liebes- und Geschlechterordnung

Liebes- und Geschlechterordnung sind wie zwei Zahnräder, die ineinandergreifen und sich gegenseitig antreiben. Märchen und klassische Prinzessinnenfilme, etwa die frühen *Disney-Produktionen*, sind ein gutes Beispiel dafür, wie eng beide miteinander verflochten sind. Sie vermitteln nicht nur eine extrem idealisierte Form der romantischen Liebe, sondern auch ein starres Bild davon, welche Rollen Männer und Frauen in dieser Liebe spielen sollen (Hefner & Kretz, 2021). Die Heldinnen sind fast immer jung, schön und freundlich. Ihr größtes Ziel besteht darin, den perfekten Mann zu finden. Liebe erscheint als Belohnung für Tugend: Wer geduldig wartet (*Dornröschen*), freundlich bleibt (*Schneewittchen*) oder sich selbst für andere aufopfert (*Aschenputtel*), wird am Ende mit dem einen wahren Prinzen belohnt. Die männlichen Figuren hingegen sind die aktiven Helden der Handlung. Sie kämpfen gegen Drachen, böse Stiefmütter oder gesellschaftliche Konventionen, um ihre Auserwählte zu erobern. Mut, Entschlossenheit und Stärke sind ihre zentralen Eigenschaften, während die weiblichen Figuren darauf warten, ausgewählt zu werden. Dieses Muster setzt voraus, dass die Frau mit Schönheit verführt und der Mann sie mit Stärke gewinnt. Die Frau wird so zur Trophäe, nicht zum handelnden Subjekt. Dass sich diese Vorstellung bis heute hält, zeigt sich in Begriffen wie *trophy wife* (im Deutschen am ehesten mit *Vorzeigefrau* übersetzt). Zwar gibt es inzwischen Gegenbeispiele, etwa in Disney-Filmen, wie *Zoomania* oder *Vaiana*, doch das Fundament dieser alten Rollenbilder verändert sich nur sehr langsam.

Solche Erzählmuster sind nicht harmlos. Sie prägen unsere Erwartungen darüber, was Liebe ist und wie Geschlechterrollen verteilt sein sollen, und können im Extremfall tragische Konsequenzen haben. Ein Beispiel sind Femizide. In Deutschland wird im Durchschnitt jeden dritten Tag eine Frau von ihrer (Ex-)Beziehungsperson getötet – eine Zahl, die politische oder terroristische Gewalt deutlich übersteigt. Ben-Ze'ev und Goussinsky (2008) haben in ihren Forschungsarbeiten gezeigt, dass Femizide selten aus spontaner Eifersucht entstehen. Sie sind vielmehr der Endpunkt eines langen, schleichenden Prozesses. Interviews mit (heterosexuellen, männlichen) Tätern offenbaren drei wiederkehrende Muster:

- *Traditionelle Liebesnorm:* Die Partnerin wird als *Ein und Alles* gesehen, als wichtigster Besitz, den man unter keinen Umständen verlieren darf: *Lieber tot als mit einem anderen Mann.*
- *Traditionelle Geschlechternorm:* Stärke wird über Macht und Kontrolle definiert. Emotionen werden ausschließlich gegenüber der Partnerin gezeigt, wodurch eine tiefe emotionale Abhängigkeit des Mannes von ihr entsteht.
- *Verlust der Identität:* Eine *drohende Trennung wird als existenzielle Bedrohung* empfunden: *Wir waren eins.* Starres Schwarz-Weiß-Denken verstärkt die Überzeugung: *Ohne Dich bin ich nichts.*

Hier zeigt sich, wie sich patriarchale Vorstellungen, romantische Ideale, geringer Selbstwert und rigides Denken zu einer gefährlichen Mischung verbinden. Doch man muss nicht zu solchen Extremen blicken, um die subtilen Wirkungen der Geschlechter- und Liebesordnung zu erkennen – sie durchdringen unseren Alltag. An einem Sommertag am Badesee habe ich (SB) bewusst darauf geachtet und folgende Szenen beobachtet:

- Meiner Tochter wurde beim Joggen unterstellt, sie tue dies nicht aus gesundheitlichen Gründen, sondern um *schick* zu werden – sprich, ihr *erotisches Kapital* zu steigern.
- Mein Teenager-Sohn wollte nicht zur Badeinsel schwimmen, weil dort Jugendliche durch aggressives Verhalten ihre vermeintliche Stärke demonstrierten.

- Eine Mutter schwamm erschöpft mit ihren kleinen Kindern im See, während ihre männliche Beziehungsperson entspannt am Ufer saß und auf dem Handy scrollte.
- In einer Frauenrunde berichteten mehrere, dass ihre Männer kein Interesse an Gesprächen über Gefühle hätten und so zu langweiligen Gesprächspartnern würden.
- Ein Mädchen wurde dreimal beim Aufbau eines Kanus weggeschickt, während einem Jungen jeder Handgriff erklärt wurde. Er durfte anschließend den Kurs bestimmen, da schließlich ein *Gentleman* auch das Rudern übernimmt.

Auch in sozialen Medien sind solche Rollenklischees weit verbreitet. In Interviews zu Erfahrungen mit dem Online-Dating schilderten junge Erwachsene zwischen 20 und 30 Jahren typische Geschlechtsstereotype (Degen, 2024, S. 138): Männer kritisieren Frauen für ihr Aussehen oder eine vermeintliche sexuelle Offenheit: *Bei schwarz-weiß Profilbildern, weißt du, die ist hässlich, kannst Du gleich links wischen, also aussortieren* oder *Nicht so halbnackt extra Selfie machen, das ist billig, ich will ja nicht der 100ste sein, klingt jetzt hart, aber das geht allen Männern so.* Frauen wiederum werteten Männer wegen unterstellter Statusprobleme ab: *Prollig, das sind gerade die, die keine Kohle haben* oder *So einen der nur Selfies im Profil hat, da wink ich gleich ab, der hat keine Freunde und generell, die sind entweder Ficker oder Loser und wohnen noch bei Mutti, ist halt so.*

4.5 Ent-Täuschung der Liebe und ihre Folgen

Subtil lenken die Geschlechter- und Liebesordnung in allen Bereichen unser Denken und Handeln. Wir schwimmen in diesen Normen wie Fische im Wasser – von klein auf haben wir sie aufgesogen, ohne ihre Anwesenheit bewusst wahrzunehmen. Doch kulturvergleichende psychologische Forschung zeigt, dass diese Werte nicht universell sind. In weniger individualistisch geprägten Kulturen – also in Gesellschaften, in denen Gemeinschaft und soziale Verpflichtungen höher bewertet werden als persönliche Freiheit – zeigen Männer häufiger Gewalt gegen sich selbst, etwa in Form von Selbstverletzung oder Suizid. In stark individualistisch geprägten Gesellschaften hingegen, in denen persönliche Unabhängigkeit und Selbstverwirklichung einen höheren Stellenwert haben, wird Gewalt von Männern häufiger nach außen gerichtet, zum Beispiel in Form von Aggression gegenüber anderen Personen (Triandis, 2000).

Wir sind den Geschichten unserer Gesellschaft nicht hilflos ausgeliefert. Wir können dem unsichtbaren *Formungsprozess* auf die Spur kommen, indem wir uns bewusst machen, welche Narrative uns prägen. Ein erster Schritt kann der Blick auf die Medien sein, die wir konsumieren. Eine Studie von Stern und Kolleg*innen (2019) zeigte, dass bereits die Lektüre verschiedener Roman-Genres mit unterschiedlichen Beziehungsüberzeugungen einhergeht. Science-Fiction- und Fantasy-Leser*innen hatten tendenziell realistischere Vorstellungen von Beziehungen als Liebesroman-Leser*innen. Sie hielten Streit in Partnerschaften nicht grundsätzlich für schädlich, glaubten eher daran, dass sich Beziehungspersonen verändern können und weniger daran, dass Männer und Frauen fundamental verschieden seien. Liebesroman-Leser*innen dagegen neigten stärker zu traditionellen Geschlechterrollen und hielten die Unterschiede zwischen Männern und Frauen häufiger für unveränderlich. Auch der Konsum pornografischer Inhalte steht in Zusammenhang mit solchen Einstellungen: Eine weitere Studie fand, dass insbesondere starker und/oder sehr früher Pornografiekonsum mit traditionelleren und stärker stereotypen Geschlechtervorstellungen einhergeht, unter anderem in Bezug auf Macht und Dominanz (Massey et al., 2021).

Es lohnt sich, sich zu fragen: *Welche Medien konsumiere ich? Was wird im täglichen Instagram-Feed gezeigt? Welche Perspektiven und Vorbilder fehlen? Wie oft sehe ich starke Frauen? Oder Darstellungen, in denen mehrere Menschen gleichzeitig geliebt werden?* Solche Fragen sind nicht nur individuell, sondern auch gesellschaftlich wichtig. Dominierende *Plots* sind nie neutral. Sie bevorzugen die, die zu ihnen passen, und benachteiligen die anderen. Und das ist schlicht ungerecht.

Indem wir diese Muster fortführen, prägen wir auch die nächste Generation. Gerechtigkeitsfragen sind oft von widersprüchlichen Gefühlen begleitet. Ob es um unterdrückte Lebensformen, soziale Ungleichheit oder Tierwohl geht – die *Gewinner*innen* arrangieren sich mit dem System, während die *Verlierer*innen* auf der Strecke bleiben. Wer dazwischen steht, bleibt ambivalent: Ich könnte mehr tun, aber zu welchem Preis? Würde es das große Ganze verändern? Oder hätte ich nur persönliche Nachteile, während alle anderen weiter profitieren?

Im Rückblick fragte ich (SB) mich lange, warum ich mich so sehr gegen Erkenntnisse über das romantische Ideal und das Patriarchat gewehrt hatte. Vielleicht, weil ich selbst davon profitierte. Heute sehe ich ähnliche Abwehrreaktionen bei anderen, gerade bei denen, die traditionelle Ordnungen besonders vehement verteidigen. Als ich mich schließlich auf diese Prozesse einließ, entstand ein Zwiespalt, der bis heute anhält. Er fühlt sich manchmal ähnlich an wie der innere Konflikt, der aufkommt, wenn ich mir bewusst mache, wie sehr unser Wohlstand auf Kosten anderer basiert. Man ist nicht direkt verantwortlich und doch trägt man durch die eigenen Vorteile Mitverantwortung.

Ähnlich ist es mit der alten Liebes- und Geschlechterordnung. Nach der Erkenntnis über ihre verborgenen Mechanismen steht jede*r vor einer Entscheidung: mitmachen und profitieren – oder ausbrechen und den Preis zahlen. Wer die Normen erfüllt, stabilisiert das System und erhält Bestätigung. Wer dagegen aufbricht, verliert oft Privilegien, erntet Missachtung und muss auf scheinbare Sicherheiten verzichten. Ich (SB) beobachte diesen inneren Konflikt oft auch bei meinen Studentinnen. Sie lehnen zwar die Symbolik einer Hochzeit in Weiß ab, inklusive Übergabe der Frau vom Vater an den neuen *Hausherrn,* tun sich aber schwer, den Traum davon loszulassen. Wer will schon das Leben entzaubern? Eine Studentin erzählte mir: „Meine Mutter sagt immer, ich soll meinen Partner heiraten, dann bin ich abgesichert, wenn ich heirate und ein Baby habe. Wie unromantisch! Ich möchte lieber einen Mann, der sich jeden Tag wieder neu für mich entscheidet." Diese Haltung spiegelt den modernen Wunsch wider, dass Liebe und Beziehungen nicht nur praktisch, sondern auch emotional und individuell erfüllend sein sollen.

Das außerirdische Wesen, das terrestrisches Leben studiert, könnte diesen Wunsch jedoch als riskant einstufen. Es würde feststellen, dass Frauen nach Trennungen oft finanziell schlechter dastehen, dass alleinerziehende Mütter ein erhöhtes Armutsrisiko tragen und Altersarmut alle Geschlechter betrifft. Es würde auch erkennen, dass finanzielle Abhängigkeiten in Partnerschaften weiterhin bestehen – etwa bei der Betreuung von Kindern, der Pflege älterer Angehöriger oder in Zeiten von Krankheit.

Wenn wir über Mehrpersonenbeziehungen sprechen, begegnen wir oft Ambivalenz. Sexuelle Freiheit? Das klingt gut. Lieben, wen ich will? Auch das klingt gut. Doch viele fragen sich, ob sie die Konsequenzen ertragen könnten. Denn *gleiches Recht für alle* bedeutet auch: Meine Beziehungsperson dürfte andere lieben? Könnte ich damit leben? Würde dies meine Einzigartigkeit infrage stellen? Kann Liebe ohne Besitzdenken und die Sicherheit traditioneller Geschlechterrollen überhaupt Freude bereiten?

Zwischen Ideal und Wirklichkeit klafft oft eine Lücke. Viele Paare suchen erst dann Beratung, wenn diese unübersehbar wird: Die hohen Erwartungen haben sich nicht erfüllt, die anfängliche Zuversicht ist erschüttert. Diese Erfahrung ist in längeren Partnerschaften fast unvermeidlich: Es gibt eine herbe Enttäuschung, einen zerplatzten Traum oder besser scheinende Alternativen. Unabhängig vom konkreten Anlass zeigt sich oft ein tieferliegendes Muster: *Du bist nicht der Mensch, den ich mir ausgemalt hatte.* Der Begriff *Enttäuschung* weist auf diesen Prozess hin: das Ende einer Täuschung, das Zerbrechen einer Projektion. Die Beziehungsperson wird nicht mehr durch die Brille romantischer Idealisierung gesehen, sondern in ihrer realen, manchmal widersprüchlichen Persönlichkeit. Eigenschaften, die zu Beginn faszinierten, etwa Kreativität, Lebendigkeit oder Strukturiertheit, können im Laufe der Zeit als einengend, anstrengend oder sogar belastend empfunden werden. Was einst begeisterte, wirkt nun wie eine Überforderung oder eine Einschränkung. Häufig kommen eingefahrene Verhaltensmuster, sexuelle Unzufriedenheit, ungelöste Konflikte, familiäre oder berufliche Belastungen oder eine lähmende Sprachlosigkeit hinzu. Ein Wendepunkt ist erreicht: Die Illusion von einer Liebe, die garantiert *für immer* hält, zerbröckelt.

Die Daten der ElitePartner-Studie 2022 illustrieren eindrucksvoll den hohen Anspruch an Liebesbeziehungen: Über 70 % der Befragten wünschten sich jeweils Folgendes von ihrer Liebesbeziehung (die Reihenfolge entspricht der Rangfolge): (1) *sich gegenseitig treu sein,* (2) *Harmonie und Ruhe finden,* (3) *sich öffnen, über Gefühle sprechen,* (4) *ausrei-*

chend Freiraum, Zeit für sich selbst haben, (5) *sich durch die Beziehung persönlich weiterentwickeln,* (6) *sich gegenseitig zu Neuem ermutigen,* (7) *dauerhaft zusammenbleiben, möglichst ein Leben lang,* (8) *den besten Freund oder die beste Freundin im anderen finden,* (9) *tiefsinnige und gesellschaftliche Gespräche führen,* (10) *Erotik/guten Sex haben.* Die pragmatischeren Ziele *materiellen Besitz schaffen* und *gemeinsam Kinder bekommen* sind ebenfalls vorhanden, bilden aber das Schlusslicht der Bedürfnisliste. Dieser immense Anspruch an die Liebe macht sie zu einem zentralen Lebensprojekt und birgt gleichzeitig die Gefahr, dass Beziehungen unter der Last dieser Erwartungen zusammenbrechen.

Die Sozialpsycholog*innen Finkel und Kolleg*innen (2015) beschreiben dieses Dilemma im *Erstickungsmodell* der Liebe: Die Ansprüche an Partnerschaften sind heute enorm hoch. Die Ressourcen, um ihnen gerecht zu werden, etwa Zeit, Energie oder emotionale Kompetenzen, bleiben jedoch begrenzt. Nicht selten zerbrechen Beziehungen an dieser Diskrepanz. Besonders eindrücklich klingt diese Spannung im bereits erwähnten Song *Dein ist mein ganzes Herz* von Heinz Rudolf Kunze:

> *Wo du nicht bist, kann ich nicht sein*
> *Ich möchte gar nichts andres ausprobieren*
> *Wir sind wie alle andern, denn wir möchten heim*
> *Es ist fast nie zu spät, das zu kapieren*
> *Dein ist mein ganzes Herz*
> *Du bist mein Reim auf Schmerz*
> *Wir werden Riesen sein*
> *Uns wird die Welt zu klein.*[2]

Eine tiefe Sehnsucht steckt in diesem Song. Doch wir sind keine Riesen und werden es auch niemals sein. Wir

---

[2] Album: Dein ist mein ganzes Herz; Text & Interpretation: Heinz Rudolf Kunze; Komposition: Heiner Lürig; Produktion: Conny Plank; mit freundlicher Genehmigung durch MAWI Concert.

sind Menschen, mit Begrenztheiten und Macken, die mit fortschreitendem Alter eher zunehmen als kleiner werden. Wie unter immer neuen Schichten und Gewichten gerät so manche Liebe unter Druck und droht unter den Erwartungen zu ersticken. Denn was wir oft übersehen: Das romantische Ideal beruht auf Gegenseitigkeit. Wenn jemand für mich das zentrale Mittel zur *Affektoptimierung* sein soll, müsste ich das umgekehrt auch für den oder die anderen sein. Diese Erkenntnis führt zu einer unbequemen Frage: Bin ich selbst denn perfekt darin (gewesen), meiner Beziehungsperson all das zu geben, was er oder sie brauchte, etwa Zuwendung, sexuelle Erfüllung, Harmonie, die Ermutigung zu Neuem?

Und wenn sie nicht gestorben sind, dann leben sie noch heute – Narrative wie dieses bieten Halt und Hoffnung, zerplatzen aber oft wie Seifenblasen, wenn es schwierig wird. Passt der Plot nicht mehr zur Realität, beginnen Menschen automatisch und ganz unwillkürlich, eine neue Erzählung zu entwickeln. Bei einer Trennung, einer aufgeflogenen Affäre oder einer langweilig und kalt gewordenen Partnerschaft, wird oft zur *Schurkenstory* gewechselt. Es tut weh, wenn wir das romantische Ideal nicht erreichen. Wir wollen die Hoffnung darauf nicht verlieren. Eine Klientin (44) brachte es einmal treffend auf den Punkt: „Ich möchte meinen Kleinmädchentraum behalten." Wenn es sich nicht mehr *richtig* anfühlt, dann war es ja vielleicht gar nicht *die richtige Person?* Schnell wird das Gegenüber zum Bösewicht, aus dessen Fängen ich mich befreien muss. Ich werde zum Opfer, das sich heroisch wehrt – für sich und vielleicht auch für die Kinder. Diese neue Geschichte gibt Orientierung und hilft, das Leben neu zu ordnen. Sie blendet meist vollkommen aus, dass auch die eigenen Erwartungen oder Verhaltensweisen zum Scheitern beigetragen haben könnten. Die eigene Fehlbarkeit stört das klare Schwarz-Weiß der

Schurkenstory. Es fühlt sich sogar notwendig an, die Schuld bei der anderen Person zu verorten, um die Hoffnung auf das perfekte Liebesglück in der Zukunft zu bewahren.

So kann es nicht weitergehen – dieser Satz bringt oft eine beängstigende Freiheit mit sich. Plötzlich wird die Zukunft der Partnerschaft und damit die eigene Lebensgeschichte ungewiss. Alles scheint möglich und genau das macht es so unsicher. In dieser Lage drängen sich zwei Fragen auf: *Wie soll es weitergehen?* Und: *Kann es mit uns weitergehen?* Der Moment, in dem die bestehende Schablone nicht mehr funktioniert, kann niederschmetternd sein. Aber er bietet langfristig auch eine große Chance – ein neues *window of opportunity* (dt.: *Möglichkeitsfenster*) tut sich auf. Wo einst das Festhalten an einer Illusion stand, entsteht eine Leerstelle, die gefüllt werden will. Vieles ist denkbar: Die Beziehung oder das eigene Selbst kann neu definiert werden. Der Fokus kann sich auf etwas anderes richten, wie Beruf, Elternschaft, Ehrenamt oder persönliche Entwicklung. Eine Partnerschaft, die auf idealisierten Projektionen basierte, kann sich zu einer reiferen, ehrlicheren Verbindung transformieren. Eine neunzigjährige Frau sagte einmal zu einem Klienten, ihrem Sohn: „Das Geheimnis einer guten Ehe liegt darin, den Moment zu erkennen, in dem eine wunderbare Freundschaft daraus wird." Freundschaft ist ein starkes Narrativ mit viel Potenzial, wie wir noch sehen werden. Die Liebe könnte milder und toleranter werden oder sich öffnen, umgestaltet werden oder enden. Manchmal entsteht gerade hier der Raum, respektvoll Abschied zu nehmen und unabhängig voneinander neue Wege zu gehen.

Wer den eigenen Beziehungskonflikt nur noch durch die Brille einer Opfer- oder Held*innengeschichte betrachtet, verstärkt oft Distanz statt Verständnis. Doch diese Rollen sind nicht festgeschrieben. Wir können lernen, sie zu erkennen, zu hinterfragen und neue gemeinsame Erzählungen zu entwickeln. Die folgende Übung lädt dazu ein, die eigenen Muster genauer zu betrachten und so den ersten Schritt zu einem konstruktiveren Miteinander zu gehen.

Praxistool

Opfer- und Held*innenrollen in Beziehungen

*Diese Übung hilft Dir, eingefahrene Opfer- und Held*innenmuster in Deiner Beziehung zu erkennen und zu verstehen, wie sie Eure Dynamik prägen. Ziel ist es, vom Gegeneinander zu einem offenen Miteinander zu kommen – für mehr Verständnis, Nähe und Handlungsspielraum auf beiden Seiten.*

Erinnere Dich an eine konkrete Situation, in der Du Dich in Deiner Beziehung besonders verletzt, missverstanden oder umgekehrt stark, kämpferisch und im Recht gefühlt hast. Nimm Dir Zeit, Dich an die Szene zu erinnern: Wo warst Du? Was ist geschehen? Welche Gefühle und Gedanken kamen auf?

Reflektiere dann die folgenden Fragen:

- In welchen Momenten sehe ich mich in meiner Beziehung eher als *Opfer* und in welchen als *Held*in?* Welche Gefühle und Gedanken habe ich gerade in diesen Momenten?
- Welche Auswirkungen hat diese Sichtweise auf die Dynamik zwischen mir und meiner Beziehungsperson? Bringt sie uns näher – oder schafft sie Distanz?
- Wenn ich die gleiche Szene aus den Augen meiner Beziehungsperson betrachten würde: Was könnte sie gefühlt, gedacht oder befürchtet haben?
- Welche kleinen Schritte können helfen, diese festen Rollen zu hinterfragen und stattdessen einen gemeinsamen Blick auf die Situation zu entwickeln? Was würde helfen, vom Gegeneinander zum Miteinander zu kommen?

Tipp: Schreibe Deine Antworten auf. Dadurch werden Muster sichtbar, die im Kopf oft untergehen. Nutze sie als Gesprächsgrundlage mit Deiner Beziehungsperson, um unterschiedliche Sichtweisen besser zu verstehen und gemeinsam neue Lösungswege zu entwickeln.

Teil II

Liebe vielfältiger denken

5 Leitstern für die bewusste Gestaltung vielfältiger Beziehungen

Wenn die alten Liebesgeschichten nicht mehr tragen, plädieren viele für eine realistischere, pragmatischere Sicht auf die Liebe. Max Frisch, der selbst über viele Jahre parallele Beziehungen führte, bemerkte einmal in seinem Roman *Die Schwierigen oder J'adore ce qui me brûle*: „Ein Wunderbares ist es um die Ehe. Sie ist möglich, sobald man nichts Unmögliches von ihr fordert, sobald man über den Wahn hinauswächst, man könne sich verstehen, müsse sich verstehen; sobald man aufhört, die Ehe anzusehen als ein Mittel wider die Einsamkeit" (1976, S. 551).[1]

Auch Fachbücher von Paartherapeut*innen gehen in diese Richtung. In *Lob der Vernunftehe: Eine Streitschrift für mehr Realismus in der Liebe* stellt Arnold Retzer (2009) das Frisch-Zitat voran und plädiert für einen nüchternen Blick auf Beziehungen. Ulrich Clement (2006) betont in *Guter Sex trotz Liebe* die Unmöglichkeit, lebenslangen Idealismus in einer Partnerschaft aufrechtzuerhalten. Daniel Schreiber (2023) schreibt in *Allein,* dass das Ende des romantischen Ideals auch das Ende der großen Erzählungen bedeutet. Es blieben nur viele *Ichs* und viele kleine Geschichten übrig.

---

[1] © 1976, Suhrkamp Verlag GmbH, Berlin; Abdruck mit freundlicher Genehmigung.

S. Bröning, A. Mazziotta, *Vielfältige Liebe - Polyamorie gestalten*, https://doi.org/10.1007/978-3-658-48372-2_5

Doch muss es wirklich so sein? Ein solcher eher pragmatischer Ansatz verkennt den tiefen Wunsch vieler Menschen, sich in einer nüchternen, schwierigen Welt den Zauber der Liebe und auch der Romantik zu erhalten. Dieser Wunsch trägt dazu bei, dass die serielle Monogamie in unserer Gesellschaft weiterhin so verbreitet ist. Für viele reicht es nicht aus, nur zu beschreiben, was abgeschafft gehört – eine *gefährliche Romantik. Man muss ja noch Träume haben* sagen wir, um der Sehnsucht nach positiven Wendungen Ausdruck zu verleihen. *Die Hoffnung stirbt zuletzt.* Die Aufgabe besteht nicht darin, die Liebe zu entzaubern. Vielmehr gilt es, die Magie der Liebe zu bewahren, ohne sich in Illusionen zu verlieren. Eine Balance zwischen Idealismus und Pragmatismus erlaubt es, die Schönheit der Liebe zu genießen und gleichzeitig die Realität von Beziehungen anzunehmen. Wie nüchtern oder idealistisch neue Lebens- und Liebesentwürfe ausfallen, hängt oft von der jeweiligen Lebensphase ab. Die Anforderungen an Beziehungen und Beziehungspersonen verändern sich über den Verlauf eines Lebens. Oft wandeln sich persönliche Bedürfnisse, die Erwartungen an die Liebe und der Umgang mit der Liebes- und Geschlechterordnung so gründlich, dass auch ohne Trennung gelegentlich ein Update erforderlich ist. Angesichts der hohen Lebenserwartung in westlichen Ländern gleicht unser Leben mittlerweile eher einer Serie mit vielen Staffeln als einem Spielfilm. Die Hauptfiguren können gleichbleiben oder sich ändern, aber jede neue Staffel erfordert eine neue Handlung.

Wir haben in unserer Arbeit mit queeren Menschen gelernt, wie Perspektiven erweitert und Lebenskonzepte kreativ gestaltet werden können. Ähnliches geschieht, wenn Menschen nach Schicksalsschlägen gezwungen sind, ihr Leben neu zu ordnen. In einem Karl Valentin zugeschriebenen Zitat ist dies treffend formuliert: „Wer am

Ende ist, kann von vorn anfangen, denn das Ende ist der Anfang, nur von der anderen Seite." Eine Haltung, die Liebe als Prozess begreift, kann helfen, Belastungen und *Erstickungssymptome* in Beziehungen zu entschärfen. Liebe, die auf Wachstum und gegenseitigem Lernen basiert, mag weniger perfekt erscheinen, doch sie hat das Potenzial, echter und tragfähiger zu sein.

Menschen brauchen Ideale, die sie inspirieren, Träume, die sie tragen, und Visionen, die sie leiten. Es geht nicht darum, die große Lovestory aufzugeben, sondern sie neu zu gestalten. Dazu brauchen wir mehr als ein einziges Narrativ der Liebe. Wir brauchen viele Geschichten, die zu unterschiedlichen Lebensphasen und vielfältigen Beziehungsmodellen passen. Ein Journalist sagte einmal zu mir (SB): „In Zukunft werden wir alle völlig verschiedene Stories für unsere Liebesbeziehungen haben." Das mag stimmen, aber nicht alles muss jedes Mal neu erfunden werden. Wie in der Filmkunst können wir auf bewährte Dramaturgien zurückgreifen und sie kreativ anpassen. Psychotherapeut*innen empfehlen zur Inspiration oft Romane und Geschichten. Sie können neue Wege aufzeigen und der Sehnsucht nach Liebe und Verbundenheit Ausdruck verleihen. Bislang gibt es nur wenige alternative Erzählmuster jenseits des klassischen romantischen Ideals. Vielleicht sind deshalb viele Menschen neugierig auf offene Liebesmodelle. Polyamor lebende Menschen sind nicht unbedingt *Romantiker*innen* im klassischen Sinn. Doch sie sind, wie man ihnen oft vorwirft, idealistisch. Sie glauben an die Liebe und erzählen neue Geschichten über sie.

Um alte Erzählmuster zu überwinden, reicht es nicht, sie nur zu kritisieren. Es braucht neue Geschichten, die mit den eigenen Werten, Bedürfnissen und Lebensrealitäten in Einklang stehen. Die folgende Übung lädt dazu ein, die persönliche Liebesgeschichte bewusst zu entwerfen – als Regisseur*in des eigenen Lebens.

Praxistool

Schreibe Dein eigenes Drehbuch

*Ziel dieser Übung ist es, Dir bewusst zu machen, welches Beziehungsdrehbuch Du bisher gelebt hast und wie Du die nächste Staffel aktiv gestalten kannst. Stelle Dir vor, dass Du der*die Regisseur*in Deines eigenen Beziehungsfilms bist und die nächste Staffel bewusst gestaltest.*

Rückblick auf vergangene Staffeln

- Welche *Genres* prägten Deine bisherigen Beziehungen (z. B. Drama, Romantik, Komödie, Abenteuer)?
- Wer waren die Haupt- und Nebenfiguren und welche Rolle haben sie gespielt?
- Welche wiederkehrenden Themen, Werte oder Wendepunkte gab es?

Blick in die Zukunft – die nächste Staffel gestalten

- Welche Themen oder Werte möchtest Du in den Vordergrund stellen (z. B. Nähe, Abenteuer, Wachstum)?
- Welche Rolle willst Du einnehmen (z. B. Held*in, Entdecker*in, Partner*in auf Augenhöhe)?
- Was wäre für Dich ein erfüllendes *Staffelfinale?*

Kreative Wendungen entwickeln

- Wenn Deine nächste Staffel ein Science-Fiction-Abenteuer wäre: Was könntest Du von einer fremden Kultur über Beziehungen lernen?
- Wenn sie eine Komödie wäre: Wie könnten Leichtigkeit und Humor mehr Raum bekommen?
- Wenn Du die Rollen neu besetzen könntest: Welche Eigenschaften sollten die Hauptfiguren an Deiner Seite haben und wie könntest Du dazu beitragen, diese zu fördern?

Vom Drehbuch zur Realität

- Welche kleinen Schritte kannst Du sofort umsetzen?
- Mit wem kannst Du Deine Ideen teilen, um gemeinsam an Deiner Geschichte zu arbeiten?
- Welche Unterstützung brauchst Du, um Deine Vision zu verwirklichen?

Antoine de Saint-Exupéry wird folgendes (gekürzte) Zitat zugeschrieben: „Wenn Du ein Schiff bauen willst, [...] lehre die Menschen die Sehnsucht nach dem weiten Meer." Die Sehnsucht nach mehr Weite in der Liebe ist oft vorhanden. Doch wer auf große Fahrt gehen will, braucht mehr als nur Sehnsucht. Folgende Fragen müssen beantwortet werden:

- Wohin wollen wir segeln? *(Vision)*
- Welche Richtung wollen wir einschlagen? *(Orientierung)*
- Wie bauen und bedienen wir ein Schiff, um in der richtigen Richtung unterwegs zu sein und zum Ziel zu gelangen? *(Anleitung)*

Bau und Führung des Schiffs – also das praktische Tun – rufen Emotionen wach: Aufregung, Vorfreude, Hoffnung. Mit jedem Hammerschlag und jedem gesetzten Segel rückt das ferne Ufer näher. Bevor wir in den kommenden Kapiteln, metaphorisch gesprochen, die *Schiffbaukunst,* also die konkreten Schritte in Richtung Polyamorie im Detail betrachten, wollen wir zunächst die ersten beiden grundlegenden Fragen klären: *Warum wollen wir aufbrechen? Welche Vision einer neuen Lovestory könnte uns leiten? Was erwartet uns jenseits des alten Fahrwassers – an Freiheit, Zauber und Möglichkeiten, aber auch an Gefahren und Herausforderungen? Und welche Navigationshilfen brauchen wir, um sicher zu steuern?*

5.1 Vision

Die Welt, wie wir sie kennen, ist in Bewegung. Die alten Ordnungen, in der Liebe ebenso wie in der Gesellschaft, verlieren an Tragfähigkeit. Ihre starren Strukturen passen immer weniger zu den komplexen Herausforderungen unserer Zeit. Die Auswirkungen sind tiefgreifend: Sie betreffen nicht nur unser privates Liebesglück oder -unglück, sondern sind eng mit gesellschaftlichen und globalen Entwicklungen verwoben. Globale Krisen machen deutlich, dass wir neue Wege brauchen. Welche das sind, darüber gibt es unterschiedliche Meinungen, die respektiert werden sollten.

Unsere Perspektive verstehen wir nicht als allgemeingültige Norm, sondern als Einladung zur Reflexion. Im Folgenden benennen wir Aspekte, die wir für besonders relevant halten, sowohl angesichts aktueller Herausforderungen als auch möglicher Antworten darauf. Dabei stützen wir uns auf eigene Beobachtungen und auf die Arbeiten anderer, etwa der französischen Philosophin Corine Pelluchon (2023). Wir sind überzeugt: Nachhaltige gesellschaftliche Veränderungen beginnen im Kleinen – in der Art und Weise, wie Menschen miteinander leben und lieben. Jede Beziehung kann eine Keimzelle neuer Haltungen und Verhaltensweisen sein, die sich nach außen fortpflanzen – sowohl in den Menschen, die heute leben, als auch in der nächsten Generation, die in diesen Beziehungen aufwächst.

1. *Herausforderung: die Ausbeutung von Menschen und Natur*

   Die Bewegung der *freien Liebe* mit ihren sozialistischen und utopischen Idealen konnte sich nicht durchsetzen. Stattdessen wuchs der Kapitalismus ungebremst weiter – mit Folgen, die heute existenziell spürbar sind: Maschinen, digitale Medien und künstliche Intelligenz prägen zunehmend unseren Alltag, während Natur und Menschen ausgebeutet werden. Der Reichtum konzentriert sich in den Händen weniger, während unser Planet mit seinen Ökosystemen aus dem Gleichgewicht gerät. Wir müssen uns von der Illusion lösen, dass Glück auf Ausbeutung, Unterdrückung und endlosem Konsum beruhen kann. Der notwendige Wandel erfordert sowohl strukturelle Veränderungen als auch ein neues Bewusstsein: die Akzeptanz von Verletzlichkeit, ohne die

Hoffnung zu verlieren. Beides ist entscheidend, um den Mut für Veränderung zu finden.

Auch die alte Liebes- und Geschlechterordnung ist eng mit Besitzdenken und Herrschaftsstrukturen verflochten. Wer diese Muster erkennt, Machtverhältnisse kritisch hinterfragt und das eigene Handeln im Kleinen verändert, kann im persönlichen Umfeld beginnen, neue Formen von Beziehung und Miteinander zu erproben.

2. *Die Gefährdung des Gemeinsinns*

Die Schnelllebigkeit unserer Zeit, politische Krisen, Klimawandel und gesellschaftliche Instabilität führen dazu, dass sich viele Menschen in den privaten Raum zurückziehen. Das ist eine Strategie, um Unsicherheiten, Ängste und Überforderungen auszublenden oder zumindest besser zu bewältigen. Doch dieser Rückzug wird zunehmend durch äußere *Störgeräusche* durchbrochen – sei es durch die Klimakrise, die Pandemie oder geopolitische Konflikte wie den Ukrainekrieg. Unsere Freiheit ist fragiler, als wir oft glauben.

Die Probleme der Gegenwart lösen sich nicht von allein: Wir brauchen starke solidarische Netzwerke und ein Bewusstsein dafür, wie sehr wir voneinander abhängig sind. Wir sind keine Inseln: Unser Wohlergehen ist untrennbar mit dem anderer verbunden. Die Vorstellung eines völlig unabhängigen Individuums ist eine Illusion. Stattdessen erfordert unsere Zeit *Gemeinsinn* (Assmann & Assmann, 2024) und neue Formen des Miteinanders: Netzwerke, die auf gegenseitiger Unterstützung und Solidarität beruhen, auf Vertrauen und dem Bewusstsein gemeinsamer Verantwortung.

Bertolt Brecht (1993)[2] bringt diese Idee in seiner *Ballade vom Wasserrad* treffend auf den Punkt:

„Ach, der Stiefel glich dem Stiefel immer, und uns trat er.
Ihr versteht, ich meine, dass wir keine anderen Herren brauchen, sondern keine.“

Um eine Gesellschaft mit Menschen auf Augenhöhe zu bilden, müssen wir Macht von den Profiteuren des Kapitalismus zurückgewinnen, Verantwortung übernehmen, unsere Stimme erheben und Macht neu verteilen. Solidarität bedeutet in diesem Zusammenhang, aktiv zu handeln, damit demokratische Werte und gemeinschaftliches Leben auch in Zukunft Bestand haben.

Übertragen auf die Liebe heißt dies: Es war nie wichtiger, Beziehungen auf Augenhöhe zu führen, eigene Wünsche klar zu äußern, vielfältige Formen des Miteinanders zuzulassen, sich auch dann solidarisch zu zeigen, wenn nicht alle Erwartungen durch das Gegenüber erfüllt werden.

3. *Die Gefährdung von Mitgefühl und Menschlichkeit*

   National und international verengen sich in einigen Milieus die Vorstellungen von Zugehörigkeit. Immer häufiger wird darüber diskutiert, wer Teil unseres Glücks sein darf und wer ausgeschlossen oder gar *wegmigriert* werden sollte. Wenn Zugehörigkeit über Exklusion definiert wird, sind die Folgen tiefgreifend. Exklusivität kostet bereits Leben, etwa dann, wenn Geflüchtete in europäischen Gewässern ertrinken, weil Hilfe verweigert wird. Sie untergräbt zugleich zentrale Werte wie Mitgefühl und Solidarität.

   Einige Studien weisen auf einen Rückgang der Fähigkeit zur Empathie und zur Perspektivübernahme seit den 1980er-Jahren hin (Rohr, 2021). Dieser Verlust geht einher mit zunehmender Individualisierung und Vereinsamung, verstärkt durch digitale Technologien. Obwohl diese scheinbar unbegrenzte Vernetzungsmöglichkeiten bieten, führen sie paradoxerweise oft zu sozialer Isolation. In digitalen Echokammern begegnen

Menschen vor allem Gleichgesinnten, ohne körperlich und persönlich die Vielschichtigkeit anderer Lebenswirklichkeiten zu erfahren. Das verengt die Sicht auf die Welt, erschwert den Dialog mit Andersdenkenden und schwächt die Bereitschaft, sich auf andere Perspektiven einzulassen (Menasse, 2023).

Der Soziologe Hartmut Rosa (2016) beschreibt dieses Phänomen als Resonanzverlust – das Fehlen echter, wechselseitiger Beziehungen, in denen Menschen mitschwingen und aufeinander reagieren. Mit dem Schwund an Resonanz geht auch die Fähigkeit verloren, Fremdes nicht nur zu tolerieren, sondern aktiv zu würdigen. Die Folge ist eine zunehmende Polarisierung: Menschen ziehen sich in homogene ideologische oder digitale Gemeinschaften zurück, was Spaltung und gesellschaftliche Radikalisierung verstärkt. Gerade Paare leben oft sehr zurückgezogen, blicken wenig über den Tellerrand, vernachlässigen weitere soziale Netze. Empathie für andere ist aber nicht nur eine individuelle Fähigkeit, sondern das Lebenselixier demokratischer Gesellschaften. Ohne sie reichen Gesetze und Institutionen nicht aus, um sozialen Frieden zu sichern.

Die zentrale Aufgabe der Zukunft könnte darin bestehen, Resonanzräume zu schaffen – Orte und Begegnungen, in denen Menschen wieder echte Bindungen erleben, unterschiedliche Perspektiven kennenlernen und Einfühlungsvermögen entwickeln. Das bedeutet auch, sich gegenüber Außenstehenden nicht zu verschließen, sondern bewusst offen zu bleiben. Dahinter steht die Erkenntnis, dass jede*r gebraucht wird, um an einer besseren Zukunft mitzuwirken. Mit einem Bewusstsein für unsere wechselseitige Abhängigkeit können wir Zugehörigkeit inklusiver gestalten – nicht durch Abgrenzung, sondern durch Integration.

Exklusion prägt nicht nur Gesellschaften, sondern auch unsere engsten Beziehungen. Die weit verbreitete Norm monogamer Partnerschaften beruht auf einer Form von Exklusivität. Zugehörigkeit wird durch Abgrenzung definiert. Polyamore und andere offene Beziehungsmodelle bieten hingegen eine Alternative, die auf Inklusion und geteilte Zuneigung setzt. Sie schaffen Resonanzräume, in denen Zugehörigkeit nicht von Besitzansprüchen abhängt, sondern auf Offenheit, Vertrauen und gelebter Empathie basiert – Fähigkeiten, die in einer empathiearmen Welt dringend gebraucht werden.

5.2 Neue Zielbilder für die Liebe

Immer wieder in der Geschichte haben Menschen die Ordnung der Liebe ins Zentrum gesellschaftlicher Kritik gerückt. Schon in der griechischen Antike, in Aristophanes' Komödie *Lysistrate,* rebellieren Frauen gegen andauernde Kriegshandlungen, indem sie sich zusammenschließen und den Geschlechtsverkehr mit Männern bis zum Friedensschluss verweigern (Landfester, 2019). Auch heute entwerfen angesichts globaler Krisen viele Denker*innen neue gesellschaftliche Zukunftsbilder – und oft spielt darin die Neugestaltung von Liebes- und Beziehungsformen eine zentrale Rolle (Garcia, 2023; Roig, 2023; Schutzbach, 2024).

Corine Pelluchon (2023) ruft in ihrem Buch *Die Durchquerung des Unmöglichen* das *Zeitalter des Lebendigen* aus – eine Epoche, in der wir uns von der Haltung der Kontrolle und Ausbeutung der natürlichen Ressourcen, anderen Menschen und unserem eigenen Körper verabschieden sollen. Beispiele dieser Haltung sind Umweltverschmutzung, Ausnutzen von Frauen für unbezahlte Haus- und Fürsorgearbeit oder die verbreitete Praxis, den eigenen Körper durch Schönheitsoperationen gewaltsam umzugestalten oder ihn für die eigene Karriere maximal zu strapazieren. Unterdrückung prägt nicht nur gesellschaftliche Strukturen, sondern auch intime Beziehungen. Şeyda Kurt (2021) setzt der toxischen Vorstellung von Romantik ihren Buchtitel *Radikale Zärtlichkeit* entgegen. Die Liebe sei politisch, so schreibt sie, und fordert deshalb einen Neuentwurf von Liebe.

Ein humanistischer Kulturwandel könnte dazu beitragen, Werte wie Emotionalität, Verletzlichkeit, Sensibilität und Beziehungsorientierung wieder als Stärken zu begreifen. Eigenschaften, die lange als *weiblich* markiert und in patriarchalen Systemen abgewertet wurden, könnten so eine neue Wertschätzung erfahren – in der Gesellschaft wie in der Liebe. So wie Gesellschaften lernen, Wandel anzunehmen, kann auch die Liebe neue Wege gehen: weg von Besitz und Kontrolle, hin zu Offenheit, Resonanz und Verbundenheit. In dieser veränderten Liebeserzählung liegt der innere Gewinn nicht mehr in der Überlegenheit, sondern in Empfänglichkeit, Verbindung und Lebendigkeit.

Corine Pelluchon (2023) ruft die Menschheit dazu auf, sich als Teil der Natur zu begreifen, anstatt sich von ihr abzugrenzen. Diese Haltung lädt ein, die natürlichen Rhythmen des Lebens und des Körpers zu achten, anstatt sich maschinenhaft zu disziplinieren. Erkenntnis entsteht in diesem Denkansatz nicht allein aus rationaler Analyse, sondern ebenso aus Intuition, Erfahrung, Weisheit und Hoffnung (Han, 2024). Pelluchon (2023) vergleicht die gegenwärtige Lage des Menschen mit einer Frau in den Wechseljahren: konfrontiert mit tiefgreifenden, unumkehrbaren Veränderungen, aber auch mit der Möglichkeit zur Erneuerung. Hoffnung, so ihre Sicht, entstehe nicht aus der Illusion, dass *alles wieder gut* wird, sondern aus der Annahme des Lebens in seiner Vielschichtigkeit, zu der auch Verluste zählen. Wer sich auf Begegnungen und Erlebnisse einlässt, ohne Erwartungen und Kontrolle, kann Lebensenergie im Hier und Jetzt spüren. Genau daraus bezieht auch eine neue Liebeserzählung ihre Kraft: aus Präsenz, Verletzlichkeit und Offenheit für das Leben und Lieben in all seinen Facetten. An die Stelle des Patriarchats, in dem der strenge Vater als Alleinherrscher die Regeln bestimmt, könnte eine biophile Gesellschaftsordnung treten, in der die geteilte Lebendigkeit die Grundlage gemeinsamer Entscheidungen ist.

Hartmut Rosa (2016) sieht im Drang, alles kontrollieren zu wollen, eine der zentralen Ursachen dafür, dass Menschen den Kontakt zu sich selbst, zueinander und zur Welt verlieren. In seiner Resonanztheorie beschreibt er, dass Lebensfreude nicht aus Kontrolle erwächst, sondern aus Dialog, Sinn, Geborgenheit und dem Erleben von Wirksamkeit. Entscheidend ist das *Unverfügbare* (Rosa, 2018) – jenes Unerwartete, das sich nicht planen oder erzwingen lässt. Resonanz bedeutet, offen zu sein: für die Natur, ein Kunstwerk oder die Begegnung mit einem anderen Menschen. Wer alles kontrollieren möchte, beraubt sich der Möglichkeit, beschenkt zu werden, und verhindert damit jene Schwingungen, die Verbundenheit und Lebendigkeit entstehen lassen. Diese Einsicht lässt sich leicht auf das persönliche Leben übertragen: *Wann hast Du Dich das letzte Mal geborgen, sinnerfüllt und voller Leben gefühlt? Und was war dafür entscheidend?*

In der Liebe bedeutet Resonanz, Kontrolle loszulassen und sich auf den Moment einzulassen, auf den unvorhersehbaren Prozess einer Beziehung, in der die Beziehungspersonen wachsen und sich verändern dürfen. Viele Menschen in monogamen Beziehungen berichten von einer

Sehnsucht nach Überraschung, nach unvorhersehbaren Begegnungen – und von der Angst, Lebendigkeit zu verlieren, wenn Wünsche nach Exploration oder nach dem Reiz des Fremden dauerhaft unterdrückt werden. Resonanz entsteht dort, wo das Unerwartete zugelassen und Kontrolle bewusst aufgegeben wird. Liebe lässt sich schwer anhand starrer Normen bewerten. Sie entfaltet sich durch Offenheit, Präsenz und die Bereitschaft, sich auf das Unplanbare einzulassen.

Der humanistische Philosoph Martin Buber (1999) erkennt in der herrschaftsfreien Begegnung zwischen Menschen ein enormes Potenzial für Lebendigkeit und Selbstentfaltung. *Echte Begegnung* bedeutet, das Gegenüber nicht für eigene Zwecke zu instrumentalisieren, sondern der anderen Person offen und auf Augenhöhe zu begegnen – und sich für ihr Ich genauso zu interessieren wie für das eigene. Solche Begegnungen erlauben, sich tiefer zu erkennen und innerlich freier zu werden.

Carl Rogers (1972) erweitert Bubers Ansatz um drei zentrale Prinzipien, die eine *helfende* Beziehung prägen: *positive Wertschätzung, Echtheit* und *Empathie.* Positive Wertschätzung beschreibt eine Haltung der Akzeptanz und Freundlichkeit gegenüber anderen. Echtheit bedeutet, authentisch zu sein, sich zu zeigen und Verletzlichkeit zuzulassen. Empathie umfasst das einfühlende Verstehen der Einzigartigkeit jedes Menschen. Diese Haltungen sind nicht nur die Grundlage vieler psychotherapeutischer Ansätze, sie können auch intime Beziehungen transformieren. Gerade in der Liebe eröffnen sie den Raum für Begegnungen auf Augenhöhe, in denen das Wahrnehmen der Einzigartigkeit des Gegenübers wichtiger ist als das Festhalten an Rollen, Besitzansprüchen oder Erwartungen.

Freundschaft, eine unterschätzte Kraft

Interessanterweise hat die Romantik, die als Epoche der großen Emotionen und des intensiven Erlebens gilt, eine bedeutende Quelle für Resonanz an den Rand gedrängt: *Freundschaft.* Ole Liebl (2024) beschreibt, wie das romantische Ideal zu einer strikten Trennung von Freundschaft und Liebe führte und Ausdrucksformen wie freundschaftliche oder spielerische Liebe marginalisierte. Bis heute hält sich der Glaube, Männer und Frauen könnten keine echten Freundschaften führen, weil früher oder später unvermeidlich romantische Gefühle entstünden. Diese Vorstellung hat weitreichende Folgen: Viele vernachlässigen beim Eingehen einer Liebesbeziehung ihre Freundschaften und schließen sich emotional nach außen ab. Ähnlich konzentrieren sich manche Familien so stark auf die Kernbeziehung, dass soziale Netzwerke verkümmern. Problematisch wird dies besonders, wenn Leidenschaft nachlässt oder Konflikte entstehen. In gewaltvollen Beziehungen ist ein häufiges Muster, dass der Frau jeglicher enger Kontakt nach außen verwehrt wird und damit auch der Zugang zu unterstützenden Netzwerken.

Doch während Freundschaft lange unterschätzt wurde, zeigt sich in individualistischen Gesellschaften mittlerweile auch ein gegenläufiger Trend: Freundschaften gewinnen an Bedeutung, weil sie flexiblere und selbstgewählte Formen sozialer Unterstützung bieten. Eine groß angelegte Studie von Santos und Kolleg*innen (2017), die Daten aus 78 Ländern über einen Zeitraum von 51 Jahren auswertete, zeigt: Der Individualismus ist weltweit signifikant angestiegen. Damit verschiebt sich auch die soziale Balance: In kollektivistischen Kulturen sind familiäre Bindungen die wichtigste soziale Stütze. In individualistischeren Gesellschaften dagegen rücken Freundschaften ins Zentrum. Menschen wählen ihr soziales Umfeld zunehmend nach persönlichen Vorlieben, statt sich ausschließlich auf traditionelle familiäre Bindungen und Verpflichtungen zu stützen. Diese Freiheit bringt jedoch Verantwortung mit sich: Freundschaften müssen aktiv aufgebaut und gepflegt werden, um langfristig tragfähig zu sein – besonders im Alter.

Freundschaft und Gemeinschaft bieten enormes Potenzial für starke Gefühle und tiefe Verbundenheit. Friedrich Schillers (1785) Ode *An die Freude,* später von Beethoven vertont und zur Europahymne erhoben, feiert diese Kraft (Verse 5–10; 14–16): „Deine Zauber binden wieder, was die Mode streng getheilt, Alle Menschen werden Brüder, wo dein sanfter Flügel weilt […] Wem der große Wurf gelungen eines Freundes Freund zu sein, Wer ein holdes Weib errungen, Mische seinen Jubel ein!“ Freude und das Erleben friedlicher Gemeinschaft gehen hier Hand in Hand. Freude wird mit Freundschaft in Verbindung gebracht, im gleichen Atemzug auch mit Liebe und Ehe. Soziale und zwischenmenschliche Beziehungen unterschiedlicher Art stehen nebeneinander und lösen Freude aus, bis hin zum *Erdenrund,* dem Bund aller Menschen.

Während unzählige Werke die romantische Liebe idealisieren, wird Freundschaft selten in den Mittelpunkt gerückt. Ein wesentlicher Grund liegt im romantischen Ideal der exklusiven Zweierbindung. Albert Salomon und Richard Grathoff (1979) beschreiben in ihrem Aufsatz zum Freundschaftskult des 18. Jahrhunderts, wie tiefgehende Gemeinschaften damals im Bildungsbürger*innentum und intellektuellen Zirkeln gepflegt wurden – in Briefwechseln, Freundschaftslogen und Studierendenverbindungen. Doch im 19. Jahrhundert verdrängten private, romantisch geprägte Beziehungen diese Formen weitgehend: „Der Freundschaftskult ist für das 18. Jahrhundert wahrhaft repräsentativ und ein erfüllter Ausdruck der Zeit. […] Wollte man allerdings die Darstellung des Freundschaftskultes im 19. Jahrhundert verlangen, so würde eine unlösbare Aufgabe gestellt. Denn es existierten in dieser Zeit nur noch private Beziehungen zwischen einzelnen Menschen, es gibt keine Gemeinschaft, keine Gemeinde – nur die arme irrende Seele auf dem Wege zu sich und Gott" (Salomon & Grathoff, 1979, S. 306).

Übrig blieb die Suche nach der exklusiven und exkludierenden Zweierbeziehung, die endet, sobald die *richtige* Beziehungsperson gefunden ist. Doch die historischen Beispiele zeigen, dass Liebe sich nicht notwendigerweise in Begrenzung und Besitzdenken ausdrückt. Sie kann sich auch in Zuwendung, Gegenwärtigkeit, Empathie und dem Zulassen von Verletzlichkeit zeigen. Hier verschwimmen die Grenzen zwischen Liebe und Freundschaft, und das ist wünschenswert. Freundschaft ist eine oft unterschätzte Zutat, die wesentlich zur Stabilität und Zufriedenheit in Beziehungen beiträgt. Studien belegen, dass Paare, die ihre Beziehungsperson auch als beste*n Freund*in betrachten, zufriedener sind (Grover & Helliwell, 2019; Hecht et al., 1994). Gerade ältere Menschen schätzen Kameradschaft in ihren Partnerschaften als ein hohes Gut.

Der Dichter David Whyte (2014) beschreibt in seiner Textsammlung *Consolations* (2014, S. 55–58; eigene freie Übersetzung in Auszügen; Titel engl. für *Tröstungen*) die Essenz solcher Verbindungen:

> „Alle langjährigen Freundschaften beruhen auf gegenseitiger Toleranz und Barmherzigkeit. […]
>
> Wenn es einen Unterstrom echter Freundschaft zwischen Menschen gibt, erlangt diese durch Verständnis und Verzeihen immer wieder neu ihre elementare Gestalt. Im Laufe der Jahre wird eine enge Freundschaft immer meinen Schatten und auch den meines Gegenübers offenbaren. Um Freunde zu bleiben, müssen wir einander mit unseren Schwächen kennen und das Beste ineinander ermutigen.

> Nicht durch Kritik, sondern dadurch, dass wir gegenseitig unser bestes Selbst ansprechen, unsere Führungskante, die uns leitende schöpferische Seite unserer Inkarnation. So wirken wir auf subtile Weise dem entgegen, was uns kleiner und weniger großzügig macht. [...]
>
> Freundschaft ist der große, heimliche Verwandler aller Beziehungen: Sie kann eine belastete Ehe transformieren, eine berufliche Rivalität ehrenhaft machen, einer unerwiderten Liebe ein neues Gewand geben und das neu entdeckte Gelände der Beziehung zwischen Eltern und ihren heranwachsenden Kindern werden.“[3]

In den Narrativen polyamor lebender Menschen wird Freundschaft nicht als Nebensache, sondern als zentraler Baustein der Liebe gewürdigt. Liebe zeigt sich nicht nur in erotisch-sexuellen Aspekten, sondern auch in der Fähigkeit, fürsorgliche Gemeinschaften zu schaffen, die auf Solidarität und gegenseitiger Verantwortung basieren. So verstanden, ist Liebe kein begrenztes Gut. Sie kann eine Ressource sein, die uns befähigt, authentische und freudige Begegnungen zu suchen, uns verletzlich zu zeigen und in Gemeinschaft zu wachsen. Dieses Erleben von Zugehörigkeit fördert das Gefühl von Sinn und Wirksamkeit. Es erinnert uns daran, dass wir Teil eines größeren Ganzen sind. Früher fanden Menschen solche Erfahrungen vor allem in religiösen Gemeinschaften. Heute entstehen sie auch in Chören, Vereinen, bei Demonstrationen, in Fangruppen. Selbst initiierte kleine Kreise können eine solche Wirkung entfalten: Sie bieten Raum, sich gegenseitig zu stärken, Verantwortung für das eigene Handeln zu übernehmen und solidarisch

---

[3] David Whyte, *Friendship*, aus *Consolations: The Solace, Nourishment and Underlying Meaning of Everyday Words*. © *2014* David Whyte. Nachdruck mit freundlicher Genehmigung durch David Whyte und Many Rivers Company, Langley, WA www.davidwhyte.com.

miteinander zu sein. Wir Autor*innen suchen bewusst solche Räume, in denen wir authentische Begegnungen, gegenseitige Unterstützung und gemeinsames Wachstum erleben können:

In meiner persönlichen Entwicklung (AM) waren Erfahrungen in Gruppen entscheidend. In Männergruppen wie dem *ManKind Project* lernte ich, Verantwortung für mein Handeln zu übernehmen, mich meiner Scham zu stellen und Gemeinschaft zu erleben. Diese Erfahrungen waren auf individueller Ebene wertvoll, doch sie griffen auch zu kurz: Die Auseinandersetzung mit gesellschaftlichen Strukturen wie dem Patriarchat blieb weitgehend ausgeblendet. Männer lernten, persönliche Einschränkungen zu bewältigen, ohne jedoch die zugrunde liegenden Machtverhältnisse grundlegend infrage zu stellen. Bereichernd war für mich deshalb die Teilnahme an feministischen Gruppen wie *Community of Replenishment & Empowerment* (CoRE), die Feminist*innen aus Wissenschaft und Wirtschaft in Retreats zusammenbringen. In einer geschützten und zugleich inspirierenden Atmosphäre teilen die Teilnehmenden persönliche Dilemmata, stärken sich gegenseitig und entwickeln neue Perspektiven auf berufliche und gesellschaftliche Herausforderungen.

Auch ich (SB) habe aus dem Bedürfnis nach Unterstützung eine Gruppe ins Leben gerufen. Anfangs kannte ich nur eine der vier teilnehmenden Personen gut, dann trafen wir vier uns regelmäßig, um uns gegenseitig in einem definierten Lebensthema zu stärken. Wir nannten uns *das Kleeblatt.* In diesen Treffen wurde es möglich, mehr Empathie zu entwickeln, tiefe Verbundenheit zu spüren und gleichzeitig unsere Eigenständigkeit zu wahren. Mittlerweile hat sich die Idee weiterverbreitet und neue Kleeblätter haben sich gegründet, die nach demselben Prinzip arbeiten.

Gemeinschaft ermöglicht ein Gefühl, das vielen heute ungewohnt ist: Transzendenz, das Erleben, über sich selbst hinauszuwachsen und Teil eines größeren Ganzen zu sein. Die neue Lovestory lässt mehr Raum für Freundschaft jenseits der Zweierbindung, für Eigenständigkeit, Mut und Sinn. Gelingt es, Prinzipien einer offeneren Liebe zu leben, kann daraus eine weniger ausgrenzende und solidarischere Gesellschaft entstehen.

Mit diesem Anliegen stehen wir nicht allein. Ben-Ze'ev und Goudinsky (2008) sprechen von einer *Renaissance* der Liebe, Jullien (2020) von einer *seconde vie,* Emilia Roig (2023) von einer *Revolution der Liebe* und Franziska Schutzbach (2024) von einer *Revolution der Verbundenheit.* Für manche ist das ein radikaler Umbruch, für andere ein sanfter Reformprozess, je nachdem, wo man steht und wohin man möchte. Doch die Richtung stimmt hoffnungsvoll. Denn immer dann, wenn viele Stimmen gemeinsam laut werden, entsteht schöpferische Kraft. Es ist Zeit, uns wichtige Qualitäten zurückzuerobern. Wollen wir wirklich Follower eines Internet-Idols bleiben, das uns lenkt? Wollen wir uns weiterhin von der sedierenden Wirkung unserer Social-Media-Feeds einlullen lassen, die uns nur bestätigen, was wir ohnehin schon glauben? Oder wollen wir als Gesellschaft in unserem Leben und Lieben wieder mündiger und aktiver werden? Bertolt Brecht (1993)[4] schreibt in der letzten Strophe seiner *Ballade vom Wasserrad:*

„Und sie schlagen sich die Köpfe
Blutig raufend um die Beute,
nennen andre gierige Tröpfe
und sich selber gute Leute.
Unaufhörlich sehn wir sie einander grollen
Und bekämpfen. Einzig und alleinig,
Wenn wir sie nicht mehr ernähren wollen,
sind sie sich auf einmal völlig einig.

[4] © 1993, Suhrkamp Verlag GmbH, Berlin; Abdruck mit freundlicher Genehmigung.

Denn dann dreht das Rad sich nicht mehr weiter,
und das heitre Spiel, es unterbleibt,
wenn das Wasser endlich mit befreiter
Stärke seine eigne Sach' betreibt."

Ist das realistisch? Es lohnt sich jedenfalls, hoffnungsvoll zu bleiben. Nicht nur, weil Hoffnung laut Immanuel Kant keine Emotion, sondern eine moralische Pflicht ist, sondern auch, weil es zu den ältesten Menschheitserfahrungen gehört, unter Unsicherheit aufzubrechen. Schon in der jahrtausendealten Geschichte von Abraham, der von Gott gerufen wurde, in ein unbekanntes Land zu ziehen, wird diese erzählt. Später macht sich das Volk Israel auf den Weg aus der Sklaverei. Andere spirituelle Traditionen erzählen ähnliche Erfahrungen. *Die Odyssee,* die *Suche nach dem Heiligen Gral* oder *Der Herr der Ringe* handeln alle von dieser uralten Erfahrung: aufzubrechen, Hindernisse zu überwinden und sich gegenseitig zu unterstützen. Das Narrativ der *Heldenreise* erinnert uns daran, dass Menschen, trotz aller Zweifel, die Kraft haben, sich aus festen Strukturen zu lösen, den Weg ins Ungewisse zu wagen, Hürden zu meistern und am Ende nicht nur das Ziel zu erreichen, sondern auch sich selbst zu verändern.

5.3 Werte als Orientierung

Wenn wir die alte Liebesordnung hinter uns lassen wollen, muss sich nicht nur die Art verändern, wie wir Beziehungen leben, sondern auch, wie wir über Liebe denken. Zum Glück ist Liebe, wie wir gesehen haben, eine wahre Gestaltwandlerin. Zwischenmenschliche Beziehungen haben sich zu allen Zeiten an die Anforderungen einer sich wandelnden Gesellschaft angepasst. Wandel geschieht selten als plötzliche Revolution, meist entwickelt er sich Schritt für

Schritt, durch viele kleine Impulse. Je mehr Menschen etwas Neues erproben, desto stärker beeinflussen sie ihr Umfeld, ihre Freund*innen, Familie und Kinder. So entstehen Kettenreaktionen, die zeigen: Du bist nicht allein. Was im Kleinen beginnt, kann Großes in Bewegung setzen. Die gesellschaftliche Haltung gegenüber schwulen Männern in Deutschland ist ein Beispiel dafür. Erst galten sie als kriminell. Dann als psychisch krank. Heute sind sie rechtlich gleichgestellt. Auch wenn der Weg noch nicht abgeschlossen ist, der Fortschritt ist erkennbar.

Ähnlich verhält es sich mit der Liebe: Wenn viele Menschen beginnen, ihre Geschichten neu zu erzählen, verändert sich auch das *Gewebe der Liebe.* Nicht jede*r wird die hier beschriebenen Ziele für sich relevant oder erstrebenswert finden. Manche betrachten Liebe vor allem als privates Konzept. Unsere Erfahrung zeigt jedoch: Wer Polyamorie lebt, stellt damit oft unmissverständlich die bestehende Liebes- und Geschlechterordnung infrage und muss mit Gegenwind rechnen. Gerade dann ist es wichtig, einen inneren Kompass zu haben. Klare Werte und Ideale sind wie ein Leuchtturm, sie geben Orientierung, ohne als starre Vorschrift zu wirken.

Eine innere Klarheit über die eigenen Wertvorstellungen und Lebensziele kann in vielen Entscheidungssituationen den entscheidenden Ausschlag geben. Doch wie können solche fern leuchtenden Sterne, also Ideale und Visionen des Lebens, das alltägliche (Liebes-)Leben konkret beeinflussen?

Ideale sind von Natur aus unerreichbar; sie weisen über uns selbst hinaus. Der Philosoph François Jullien (2020) betont, dass die Vorstellung des Ideals tief in der europäischen Kultur verwurzelt ist. Bereits Platon entwarf im *Gastmahl* ein erstes Liebesideal: von der Liebe zu einem schönen Körper über die Liebe zu schönen Seelen hin zur Liebe des

Schönen an sich. Auch das romantische Ideal ist unerreichbar und dennoch, wie schon gezeigt, wirksam im Alltag. Die meisten von uns werden nicht wie Romeo und Julia füreinander in den Tod gehen und doch hat dieses Ideal Generationen inspiriert.

Ideale sind wie Sterne: Wir richten unseren Kurs nach ihnen – auch wenn wir sie nie ganz erreichen. Die folgende Übung lädt Dich ein, genau diesen inneren Kompass zu schärfen.

Praxistool

Meine Vorstellungen von einem gut gelebten Leben

Jeder Mensch hat eigene Vorstellungen davon, wie ein erfülltes Leben aussieht. Diese Übung lädt Dich ein, innezuhalten und zu erforschen, was Dir persönlich wichtig ist (nach Wengenroth, 2025). Nimm Dir Zeit und betrachte die folgenden Lebensbereiche und falls ein Bereich für Dich nicht relevant ist, lass ihn einfach aus.

- *Liebe und Beziehung:* Was ist Dir in Deinen Liebesbeziehungen wichtig? Wie möchtest Du als Beziehungsperson sein?
- *Elternschaft:* Falls Du Kinder hast oder haben möchtest – Wie verstehst Du Deine Rolle als Elternteil? Auf welche Weise möchtest Du sie gestalten?
- *Familie:* Worauf kommt es Dir in Deinen Beziehungen zu Deinen leiblichen oder gewählten Angehörigen an?
- *Freundschaft:* Wie stellst Du Dir Freundschaften idealerweise vor? Wie möchtest Du mit den Menschen umgehen, die Dir als Freund*innen wichtig sind?
- *Arbeit und Beruf:* Was ist Dir hier wichtig? Welche Art von Arbeit wünschst Du Dir und wie möchtest Du sie ausüben? In welchem Verhältnis möchtest Du zu Kolleg*innen und Vorgesetzten stehen?
- *Lernen und Ausbildung:* Dazu zählt formale Aus-/Weiterbildung ebenso wie jede Möglichkeit, Deine Kenntnisse und Fähigkeiten zu erweitern. Was möchtest Du hier erreichen oder vertiefen?
- *Freizeit und Vergnügen:* Wie willst Du Deine freie Zeit gestalten? Was bedeutet für Dich Erholung und Genuss?

- *Spiritualität und Glaube*: Welche Rolle spielen Religion, Spiritualität oder das Transzendente in Deinem Leben? Wie möchtest Du dies leben?
- *Gesellschaftliches Engagement:* Welchen Beitrag möchtest Du für die Gemeinschaft leisten, in der Du lebst? Welche Form von sozialem, politischem oder gesellschaftlichem Engagement ist Dir wichtig?
- *Gesundheit und körperliches Wohlbefinden:* Wie möchtest Du für Dich sorgen, in Bezug auf Ernährung, Bewegung und Gesundheit?

Familie kann, je nach Erziehungsstil und -ziel, ein Übungsfeld für Unterordnung oder Selbstständigkeit sein. Ähnlich können auch enge Beziehungen heute ein Übungsfeld für neue Werte in der Welt sein. Das gilt besonders für nicht-traditionelle Beziehungsmodelle wie die Polyamorie. Als eine Art Intensivcamp fordert sie die traditionelle Liebesordnung heraus und stellt viele Aspekte der Geschlechterordnung infrage. Es ist kein Zufall, dass die erste wegweisende internationale Konferenz über Polyamorie im November 2005 am Zentrum für Frauen-, Geschlechter- und Queer-Forschung an der Universität Hamburg stattfand. Deri (2015) beschreibt, warum Polyamorie so widerständig gegenüber der Mainstream-Kultur ist:

- Sie bricht das Tabu und das Stigma der Nicht-Monogamie.
- Sie revidiert Geschlechterstereotype, nach denen Männer angeblich natürlich zu mehreren Beziehungspersonen neigen, während Frauen monogam sein sollen.
- Sie entlarvt die Vorstellung, Eifersucht sei eine unvermeidliche und unerträgliche Folge mehrerer Liebesbeziehungen.
- Sie denaturalisiert die Monogamie und die Gefühlsregeln rund um die Eifersucht und bietet alternative Modelle der Mehrfachliebe.
- Sie räumt mit der verbreiteten Annahme auf, Eifersucht sei ein Beweis für Liebe und Engagement.

Polyamorie erweitert damit die Wahlmöglichkeiten in Beziehungen und stärkt Fähigkeiten und Werte, die helfen, mit allgemeinen Beziehungsproblemen konstruktiv umzugehen. Tab.5.1 zeigt, wie dies geschieht. Sie stellt dem romantischen Liebesideal ein vielfältiges Liebesideal gegenüber und leitet daraus Werte ab, die als Orientierung auf dem Weg zu einer vielfältigen Liebe dienen können (inspiriert von Ben-Ze'ev & Goussinsky, 2008).

Dieses neue Liebesideal zielt nicht zwingend auf polyamore Strukturen ab. Vielmehr betont es, im Vergleich zur alten Liebesordnung, stärker die Liebe zu sich selbst, die Wertschätzung von Freundschaften und Gemeinschaften sowie die Akzeptanz von Vorläufigkeit, Komplexität und Vielschichtigkeit. Menschen in polyamoren Beziehungen kultivieren diese Werte oft ganz selbstverständlich, weil ihre Lebensweise das alte Ideal infrage stellt. Polyamorie wirkt hier wie ein *Brennglas*. Sie bündelt und intensiviert die Praxis dieser neuen Werte. Doch diese Werte können allen Menschen, unabhängig von ihrer Beziehungsform, als bewusst gewählte Orientierung auf dem Weg zu einem anderen Liebesverständnis dienen.

Manche bringen dafür günstige Voraussetzungen mit, etwa eine hohe Wertschätzung von Autonomie, die Fähigkeit zur Selbstregulation, Freude an Inklusion oder Vertrauen in den Prozess. Andere entwickeln diese Kompetenzen erst durch die gelebte Erfahrung: Sie lernen, Verletzlichkeit und Veränderung auszuhalten, durch transparente Kommunikation Augenhöhe herzustellen, Fürsorge zu zeigen – auch gegenüber Metamours, den anderen Beziehungspersonen der eigenen Beziehungsperson – und Sinn in einem größeren Zusammenhang zu finden. So verstanden, können Mehrpersonenbeziehungen wie ein Gewächshaus wirken, in dem Fähigkeiten wachsen, die unsere Gesellschaft heute dringend braucht: Empathie, Kooperationsbereitschaft, Konfliktkompetenz, Respekt vor Vielfalt und die Fähigkeit, Sicherheit nicht in Kontrolle, sondern in Verbindung zu finden. Gleichzeitig können die Werte einer vielfältigen Liebe weit über polyamore Kontexte hinauswirken: Sie bereichern sexuell exklusive Beziehungen, ebenso wie Freundschaften, Arbeitskontexte, Herkunftsfamilien und die Erziehung von Kindern. Um diese Werte greifbar zu machen und eine konkrete Orientierungshilfe zu bieten, haben wir auf Basis der obenstehenden Tab.5.1 den *Leitstern für die bewusste Gestaltung vielfältiger Beziehungen* entwickelt (vgl. Abb. 5.1).

Der *Leitstern* bietet in unterschiedlichen Beziehungssituationen Orientierung und weist mögliche Richtungen auf. Das Leben ist zu komplex, um alle Eventualitäten vorherzusehen. Doch der *Leitstern* hilft, auf neuen Pfaden nicht verloren zu gehen. Er schafft Denkfiguren und gibt der inneren Stimme Gewicht, die den ständigen Einflüsterungen der alten Ordnungen etwas entgegensetzt.

Die alternativen Ideale zu den gängigen Liebesgeschichten, wie wir sie im vorigen Abschnitt skizziert haben, sind nicht wirklich neu. Sie waren schon immer Teil menschlicher Erfahrung, wie das oben angeführte historische Beispiel zu Freundschaften zeigt. Doch in unserer Zeit können sie wieder neu und kraftvoll wirken. Hierfür müssen wir unsere mentalen Landkarten neu zeichnen, mit vielfältigen Farben, Formen und Spielarten. Im folgenden Kasten wird diese neue Liebesordnung für vielfältige Liebe prägnant charakterisiert, basierend auf den im *Leitstern* enthaltenen Werten.

Tab. 5.1 Romantisches versus vielfältiges Liebesideal, Werte in vielfältigen Beziehungen

Romantisches Liebesideal	Vielfältiges Liebesideal	Werte in vielfältigen Beziehungen
Du bist mein und ich bin Dein – Besitzdenken: Sexuelle Exklusivität gilt als Zeichen wahrer Liebe.	*Du bist frei* – Freiheit: Liebe beruht auf Freiwilligkeit und Autonomie.	*Augenhöhe* Freiheit Autonomie Besitzlosigkeit
Wir sind eins – Verschmelzung: Liebende teilen eine Identität und verlieren ihre Individualität.	*Ich bleibe ich* – Eigenständigkeit: Wir sind verbunden, bleiben aber eigenständige Individuen, die für sich selbst verantwortlich sind.	*Eigenständigkeit* Selbstliebe Selbstregulation Grenzen
*Es gibt nur eine*n Richtige*n* – Exklusivität: Liebe heißt: Es gilt, die richtige Person zu finden, mit ihr zusammenzukommen und für immer bei ihr zu bleiben. Der Fokus liegt auf der Suche.	*Wir gehen einen Weg* – Prozess: Liebe ist ein gemeinsamer, (manchmal) lebenslanger Weg mit vielen Phasen. Der Fokus liegt auf der Gestaltung.	*Beweglichkeit* Flexibilität Anpassungsfähigkeit Prozessdenken
Love is all you need – Allumfassende Liebe: Man braucht nichts außer der wahren Liebe.	*Love is everywhere* – Vielfalt: Liebe zeigt sich auf vielfältige Weise: in Partnerschaften, Freundschaft, Fürsorge und Gemeinschaft.	*Fürsorge* Freundschaft Gemeinschaft Solidarität Gemeinsinn

(Continued)

Tab. 5.1 (Continued)

Romantisches Liebesideal	Vielfältiges Liebesideal	Werte in vielfältigen Beziehungen
Liebe besiegt alles – Heldentum: Jede Hürde lässt sich durch Liebe überwinden.	*Liebe trägt meine Verletzlichkeit* – Verletzlichkeit: Ich darf, wie in Freundschaften, Fehler zeigen, menschlich bleiben, und Liebe ist sensibel für Schwächen – meine und die der anderen Person.	*Verletzlichkeit* Fehlertoleranz Vergebung (Selbst-)Mitgefühl Empathie
Wahre Liebe ist unersetzbar – Unersetzbarkeit: Eine Trennung bedeutet, es war nicht die wahre Liebe, und die Suche muss weitergehen.	*Jede Liebe ist einzigartig* – Einzigartigkeit: Jede Liebe hat ihre eigene, unverwechselbare Qualität. Diese kann gewürdigt werden und muss nicht gegeneinander stehen.	*Einzigartigkeit* Würdigung von Vielfalt Vielfältigkeit Fülle
Liebe ist immer rein – Reinheit: Liebe ist immer schön und gut, in ihr steckt nichts Böses.	*Liebe ist vielschichtig* – Vielschichtigkeit: Liebe hält Komplexität, Ambivalenz und Widersprüche aus.	*Vielschichtigkeit* Widersprüchlichkeit Komplexität Grauzonen Ambiguität
Du bist alles für mich – Vollständigkeit: Die Beziehungsperson ist die gesamte Welt.	*Ich bin auch bei mir und in der Welt zuhause* – Transzendenz: Liebe öffnet sich für das, was über sie hinausgeht – für mich selbst, andere, die Welt und meine Ziele.	*Transzendenz* Sinn Kollektiver Horizont Inklusion Ganzheit

Abb. 5.1 Leitstern für die bewusste Gestaltung vielfältigerBeziehungen

Praxistool

Vielfältige Liebe anhand der Werte im Leitstern

- *Augenhöhe:* Liebe der gleichwertigen Begegnung statt von Besitz oder Hierarchie.
- *Einzigartigkeit:* Liebe, die die Qualität jeder Beziehung würdigt.
- *Fürsorge:* Liebe, die Freundschaft, Solidarität und Verantwortung füreinander einschließt.
- *Verletzlichkeit:* Liebe, die Schwächen aushält und mit Mitgefühl begegnet.
- *Transzendenz:* Liebe, die über die eigene Person oder die Paarbeziehung hinauswächst.
- *Vielschichtigkeit:* Liebe, die Widersprüche, Ambivalenzen und Komplexität (aus)halten kann.
- *Beweglichkeit:* Liebe, die in Prozessen denkt, Veränderungen zulässt und mit ihnen wächst.
- *Eigenständigkeit:* Liebe, die persönlicher Freiheit und Grenzen wahrt statt Verschmelzung zu suchen.

Damit der *Leitstern* nicht nur eine abstrakte Theorie bleibt, sondern zu einem persönlichen und gemeinsamen

Orientierungspunkt werden kann, lohnt es sich, ihn aktiv mit Leben zu füllen. Das folgende Praxistool lädt dazu ein, den *Leitstern* an individuelle Wege und Erfahrungen anzupassen – und so zu gestalten, dass er im Alltag als Begleiter wirksam wird.

Praxistool

Sich den Leitstern zu eigen machen

Werte sind wie Wegweiser, aber nur dann hilfreich, wenn sie zu Dir passen. Dieses Tool hilft Dir, den Leitstern individuell anzupassen und in Deinen Alltag zu integrieren.

- *Meine Begriffe finden:* Wörter sind mächtig; sie bedeuten für jede Person etwas anderes. Falls Dir ein Begriff aus Tab.5.1 nicht stimmig erscheint, ersetze ihn durch ein anderes Wort, das für Dich dieselbe Qualität ausdrückt.
- *Meinen Leitstern gestalten:* Der Leitstern ist kein starres Modell, sondern ein persönliches Werkzeug. Gestalte Deine eigene Version: Male oder skizziere ihn, markiere für Dich besonders wichtige Werte, hänge ihn an den Kühlschrank, die Pinnwand oder an einen Ort, an dem Du ihn täglich siehst.
- *Mein Standort heute:* Überlege: Bei welchen Werten fällt es Dir leicht, nach ihnen zu handeln? Wo merkst Du, dass es Dir schwerer fällt? Erstelle Dein persönliches *Leitsternprofil,* indem Du jedem Wert einen Punktwert von 0–10 für Deinen aktuellen Ist-Zustand gibst.
- *Rückspiegel:* Wie bist Du mit diesen Werten aufgewachsen? Welche Botschaften zu Verletzlichkeit, Fürsorge, Gemeinsinn, Transzendenz usw. hast Du in Deiner Herkunftsfamilie erhalten und wie prägen sie Dich heute?
- *Die Zukunft entwerfen:* Welche Werte möchtest Du künftig in welchen Beziehungen besonders kultivieren? Was wäre der kleinste mögliche nächste Schritt, um diesen Wert stärker zu leben?
- *Unseren Leitstern gestalten:* Wenn Du in einer oder mehreren Beziehungen lebst: Sprich mit Deiner Beziehungsperson über den Leitstern. Was fehlt Euch? Was funktioniert gut und sollte bleiben? Und: Wohin soll die gemeinsame Reise gehen?

5.4 Navigation mit dem Leitstern

Unsere Schlaglichter auf die Liebe haben gezeigt: Der Mensch ist ein komplexes Wesen und seine Beziehungen spiegeln diese Vielfalt wider. Wenn wir ein Ziel vor Augen haben, ob als Einzelne oder als Gesellschaft, suchen wir automatisch Wege dorthin. Darin liegt eine unserer größten Stärken: Wir passen unser Verhalten Zielen an, entwickeln Strategien und suchen Lösungen. Adaptives Verhalten, also die Fähigkeit, sich verändernden Anforderungen anzupassen, ist eine der menschlichen Superkräfte. Dabei beeinflussen sich privater und öffentlicher Raum gegenseitig. Im Kleinen zeigt sich das Große, wie der jüdische Philosoph Martin Buber (1999) betonte. In nahen Beziehungen erlernen wir Toleranz, Mitgefühl und Selbstöffnung oder eben Unterdrückung, Abwertung und Ausgrenzung. Gelingt ein Wandel im Privaten, kann er gesellschaftliche Entwicklungen anstoßen. So wurde das im Dritten Reich propagierte Erziehungsziel von *Unterordnung und Gehorsam* innerhalb weniger Jahrzehnte weitgehend durch *Selbstständigkeit und autonome Lebensführung* ersetzt. Diese Werteveränderung trug zu einer zunehmenden Individualisierung der Gesellschaft bei.

Der *Leitstern* kann uns in diesem Wandel begleiten. Er ist hilfreich für Selbstklärung, für Entscheidungen zwischen Handlungsalternativen und für ein bewusstes Überprüfen unseres bisherigen Handelns. Oft handeln wir unbewusst auf Basis von Werten und Normen, in die wir hineingewachsen sind, ohne sie zu hinterfragen. Der *Leitstern* schafft Bewusstsein: Er macht sichtbar, welche Alternative es gibt und eröffnet damit Wahlmöglichkeiten.

Der Mönch und Autor Richard Rohr (2013) unterscheidet zwischen *Aufwachen,* d. h. dem Erkennen wichtiger Werte, und dem *Aufwachsen,* d. h. dem Prozess, diese Werte zu verinnerlichen und schrittweise im Alltag umzusetzen. Letzteres erfordert manchmal, neue Kompetenzen zu lernen und alte Gewohnheiten abzulegen. So wie sich das Erziehungsziel von Gehorsam zu Selbstständigkeit verschoben hat, verändert sich auch das Bild der Liebe. Eltern lernten, Gewalt und Druck zu meiden und partnerschaftlich zu agieren, was wiederum neue Fähigkeiten wie Verhandeln, Zuhören und Kompromissbereitschaft erforderte – Fähigkeiten, die auch in Liebesbeziehungen zentral sind.

Emilia Roig (2023, S. 104) argumentiert, dass patriarchale Strukturen sich im Privaten materialisieren, etwa durch die ungleiche Verteilung von Care-Arbeit, „in kleinen individuellen Situationen, was den Eindruck vermittelt, es handele sich nicht um ein System, sondern um persönliche Interaktionen." Die Befreiung daraus muss das System im Blick behalten, aber im Alltag beginnen. Wenn die alte Liebesordnung unseren täglichen Umgang prägt, muss eine neue Liebesordnung genau hier, im konkreten Tun ansetzen. Nur weil es hier um Ideale geht, ist Realismus also nicht abgeschrieben, ganz im Gegenteil.

Menschliches Dasein unterliegt inneren und äußeren Notwendigkeiten und Grenzen – von biochemischen Prozessen und Alterung bis hin zu konkreten Herausforderungen wie Freundeskreis, finanzieller Lage, Wohnort, Mobilität, Liebe, Besitz, Versorgung und Familienstrukturen. Diese Kontextbedingungen sind eng miteinander verwoben. Sie lassen sich nicht isoliert betrachten, auch wenn das romantische Ideal diese Zusammenhänge oft ausblendet. Fragen wie Altersabsicherung, Kinderbetreuung, Pflege von Angehörigen oder die Verteilung von Einkommen und Besitz sind und bleiben zentral und beeinflussen Beziehungsentscheidungen maßgeblich. Gerade das Öffnen bestehender Besitzverhältnisse, die in monogamen Beziehungen oft fest verankert sind, birgt ein Risiko. Doch wenn wir eine Frage aus den ersten Abschnitten wiederholen dürfen: *Angesichts hoher Trennungsraten und sinkender Partnerschaftszufriedenheit – wer sagt eigentlich, dass Monogamie ungefährlich ist?* Auch in monogamen Beziehungen lohnt es sich, Besitzverhältnisse zu kennen und für den Trennungsfall zu regeln. Aus eigener Erfahrung als Scheidungsmediator*innen wissen wir: In einer Trennungssituation über Finanzen, Immobilien und Kinder zu streiten ist eines der schwierigsten Unterfangen überhaupt. Wer das unromantisch findet, könnte darin einen Anstoß sehen, den Wert *Eigenständigkeit* stärker zu kultivieren. Denn gerade finanzielle Themen berühren das *Heimatgebiet* alter Geschlechterordnungen. In vielen langjährigen Ehen würde allein der Vorschlag, einen Ehevertrag abzuschließen oder getrennte Altersvorsorge zu planen, eine Krise auslösen – und doch kann genau das existenziell wichtig sein.

In simultanen Beziehungen wird es noch komplexer: Besitz, Kinderbetreuung, Wohn- und Lebensgestaltung, emotionale Bedürfnisse und Zeitverteilung müssen oft zwischen mehreren Personen abgestimmt werden. Diese *Vielschichtigkeit* ist herausfordernd und zugleich eine Chance, kreative Lösungen zu finden, die den Bedürfnissen aller gerecht werden. Polyamorie verlangt besonders eigenständiges Navigieren durch individuelle, zwischenmenschliche, zeitliche und finanzielle Fragen. Deshalb bieten Mehrpersonenbeziehungen besonders viele Gelegenheiten, den *Leitstern* einzusetzen. Die alten Ordnungen helfen hier nicht weiter. Der *Patriarch,* unser unsichtbarer Kritiker, wäre vermutlich entsetzt, wenn etwa eine Mutter zwei Männer hat und ohne Familie mit ihrem zweiten Partner in den Urlaub fährt. Während der daheimgebliebene Mann sich *verletzlich* zeigt und schwierige Gefühle einem Freund anvertraut, *Selbstregulation* übt und beschließt, die *Vielschichtigkeit* der Situation zu akzeptieren.

Neue Beziehungsformen erfordern neue Spielregeln, nicht nur für materielle Ressourcen, sondern auch für den Umgang mit Gefühlen wie Eifersucht, Zuneigung und Intimität. Diese Regeln müssen teils erfunden, teils umgeschrieben werden (Farrell, 2022). Dabei entstehen manchmal auch neue Gefühle, wie *Compersion* (vgl. Kap. 10), das Mitfreuen, wenn eine Beziehungsperson mit jemand anderem eine schöne Erfahrung macht. Jede*r beginnt diesen Weg an einem anderen Punkt und es ist völlig in Ordnung, nur einen oder einige dieser neuen Liebeswerte für sich auszuwählen. Es kann sogar besser sein, sich auf einen Wert zu fokussieren und sich ihm zu widmen. Große Veränderungen entstehen aus vielen kleinen Schritten. Oder, um Navid Kermani (2022) zu zitieren: *Jeder soll von da, wo er (oder sie) steht, einen Schritt näherkommen.*

Den Körper einbeziehen

Manche Entscheidungssituationen in der Liebe erinnern an die Kinder aus den *Chroniken von Narnia* (C.S. Lewis, 2015). Sie landen in einem geheimnisvollen *Wald zwischen den Welten,* umgeben von vielen kleinen Teichen – jeder Teich führt in eine andere Welt. Die Kinder müssen wählen, in welchen Teich sie springen, damit ihr Abenteuer weitergeht. Ähnlich stehen wir in unseren Beziehungen immer wieder vor verschiedenen Wegen. Doch wie erkennen wir, welcher der richtige ist? Hier kommt unser inneres Wissen ins Spiel – das tiefe Gespür dafür, was uns nährt, begeistert oder abstößt. Dieses Wissen liegt im sogenannten *Extensionsgedächtnis* (Kuhl & Strehlau, 2014), einem hochvernetzten System, das komplexe Erfahrungen, Emotionen und Werte ganzheitlich miteinander verknüpft.

Wenn wir den *Leitstern* betrachten, spüren wir oft intuitiv, welche Werte in unserem Leben stark ausgeprägt sind und welche fehlen oder schmerzlich vermisst werden. Dieses Spüren geschieht nicht über reines Denken, sondern über den Körper. Er lässt uns wissen, was stimmig ist. In unserer beraterischen Arbeit nutzen wir dieses Wissen gezielt. Doch es ist nicht immer gleich zugänglich. Unter Stress oder Angst kann der Zugang leicht blockiert werden, und wir neigen zu impulsiven Handlungen oder sabotieren unbewusst unsere Vorhaben. In einem entspannten Zustand hingegen gelingt der Zugang zur Intuition am besten. Dann können wir prüfen, ob eine geplante Handlung oder Entscheidung im Einklang mit unserem Selbst und unseren Bedürfnissen steht. Manchmal ist es ein einzelner Wert aus dem *Leitstern*, der uns leitet, manchmal eine Kombination. Es können sogar Werte sein, die im *Leitstern* gar nicht stehen. Wichtig ist der leitende Charakter: Was sich innerlich *stimmig* und *richtig* anfühlt, kann den nächsten Schritt weisen.

Beziehungswirklichkeiten

Merle (40) hatte sich auf die Öffnung ihrer Beziehung eingelassen, weil sie große Angst hatte, ihren Mann zu verlieren. Erst in der Reflexion realisierte sie, dass ihre Zustimmung nicht ihrem Wunsch entsprach. Sie entschied sich dafür, *Verletzlichkeit* zu kultivieren und ihrer Beziehungsperson ihre Ängste mitzuteilen. Sie bewies *Augenhöhe,* indem sie ihm mitteilte, dass er seinem Wunsch nachgehen könnte, dass sie sich dann aber eine räumliche Trennung wünschte. Sie zeigte *Beweglichkeit,* indem sie ihm mitteilte, dass dies nicht als Trennung ihrerseits aufzufassen sei, sondern sie zunächst prüfen wolle, wie es ihr mit der Situation ginge. Und sie lebte *Fürsorge* und *Freundschaft,* indem sie ihm versicherte, dass sie ihn sehr gern hatte und ihm nicht im Wege stehen wolle, so schmerzlich dies auch für sie sei.

Neue Verhaltensweisen einzuüben ist schwer, wie Merles Fallbeispiel erahnen lässt. Es kann leicht geschehen, dass wir uns Dinge vornehmen und dann daran scheitern. Vielleicht will jemand unbedingt treu bleiben, merkt aber, dass das Flirten eine wichtige Quelle von Lebensfreude ist. Oder eine Person wünscht sich eine offene Beziehung, spürt dann jedoch, dass die Verlustangst heftiger ausfällt als erwartet. Auch das Rauchen aufzugeben, fällt vielen schwer, weil der Gewinn des Rauchens, etwa das Gefühl von Geselligkeit, nicht einfach ersetzt werden kann. Erst wenn wir Wege finden, dahinter liegende Bedürfnisse anders zu erfüllen, können Veränderungsvorsätze langfristig Bestand haben. Deshalb sind Selbstmitgefühl und Geduld entscheidend in jedem Lernprozess.

Ein wichtiger Schlüssel liegt in der Wahrnehmung unserer Intuition, jenem verkörperten Wissen, das uns signalisiert, was sich stimmig oder unstimmig anfühlt. Viele Menschen haben verlernt, auf diese Signale zu achten. Hier können (Beziehungs-)Therapeut*innen mit Methoden helfen, die den Zugang zu dieser inneren Ressource öffnen. Eine unserer Lieblingsmethoden ist die Skulpturarbeit. Sie macht unbewusste Emotionen und innere Spannungen sichtbar und erfahrbar. In der Skulpturarbeit bitten wir Klient*innen, sich intuitiv wie eine Statue aufzustellen, etwa so, wie sie sich im Streit mit ihrer Beziehungsperson fühlen oder wie sie sich gern fühlen würden. Die Körperhaltung wird so gewählt, dass sie das innere Empfinden symbolisiert. Danach erkunden wir gemeinsam, wie sich diese Haltung anfühlt und was sie über die innere Welt aussagt. Kinder setzen solche Aufgaben meist spielerisch um; Erwachsene brauchen oft etwas Ermutigung. Doch fast immer ist der Erkenntnisgewinn groß: Der Körper vermittelt oft mehr, als der Verstand bewusst wahrnimmt. Skulpturarbeit übersetzt innere Zustände in körperliche Erfahrung und ermöglicht Veränderung, die nicht nur rational verstanden, sondern auch gespürt wird. Darüber hinaus stärkt

Skulpturarbeit die Selbstwirksamkeit: Wer am eigenen Leib erlebt hat, dass sich eine Haltung verändern lässt, gewinnt Vertrauen in die Fähigkeit, auch im Leben neue Wege zu gehen – sei es in Beziehungen, in der Liebe oder in anderen Herausforderungen des Alltags.

Beziehungswirklichkeiten

Johanna (42) fühlt sich in ihrer Partnerschaft häufig klein und unsichtbar. Auf die Aufforderung hin, diese Empfindung körperlich darzustellen, duckte sie sich, ließ die Schultern sinken und schaute zu Boden. Auf die Frage „Wie fühlt sich das an?" antwortete sie nach kurzem Nachdenken: „Enge. Machtlos." Als sie dann eine Haltung einnahm, die widerspiegelte, wie sie sich stattdessen fühlen wollte, richtete sie sich auf, nahm Raum ein und schaute geradeaus. „Das fühlt sich ganz anders an", stellte sie überrascht fest. Sie fühlte: Freiheit. Offenheit. Und eine große Sehnsucht danach, mehr davon zu erleben. Dann sprachen wir darüber, welche kleinen ersten Schritte sie gehen könnte, um freier und offener zu werden.

The body keeps the score, formuliert der Traumaforscher Bessel van der Kolk (2023), auf Deutsch in etwa: der Körper zählt mit. Er speichert alle Erfahrungen, ob positiv oder negativ. In der beraterischen Arbeit beobachten wir oft, dass die energetische Reaktion auf bestimmte Fragen oder Aussagen eine *heiße Spur zum Wesentlichen* liefert. Äußerlich zeigen sich solche Reaktionen in Mimik, Gestik und Stimme: Ein Augenverdrehen, ein tiefer Seufzer, ein plötzlicher, wacher Blick oder das Zusammensacken der Schultern können mehr verraten als Worte. Auch innerlich ist der Energiefluss spürbar – wenn wir uns darauf einlassen. Das *Psychodrama* nach Jacob L. Moreno greift diesen Ansatz auf: Emotionen und innere Konflikte werden nicht nur besprochen, sondern durch körperlichen Ausdruck und szenisches Spiel sichtbar gemacht (Hutter & Schwehm, 2012).

Wenn Menschen ihre Gefühle in Bewegung und Handlung bringen, treten unbewusste Muster an die Oberfläche und können bearbeitet werden. In einer Gesellschaft, die das Rational-analytische bevorzugt, fällt vielen der Zugang zu dieser körperlichen Intuition schwer. Es braucht Übung, um nicht nur auf gesprochene und geschriebene Worte zu achten, sondern auch auf die innere Resonanz dazu – quasi auf die begleitende *Filmmusik* der eigenen Gedanken und Handlungen. Die Quäker*innen nennen diesen Prozess: *Das innere Licht befragen.*

Die folgende Übung lädt dazu ein, den Körper bewusst als Spiegel der eigenen Gefühle zu nutzen. Sie unterstützt dabei, innere Spannungen wahrzunehmen, gewünschte Zustände zu verankern und einen ersten Schritt in Richtung Veränderung zu gehen.

Praxistool

Dein Körper als Spiegel Deiner Gefühle

Hier laden wir Dich zu einer kurzen Reflexion ein, die Dir helfen kann, über den Körper Zugang zu Deinen inneren Empfindungen zu finden. Du brauchst dafür nichts weiter als etwas Ruhe und Deine eigene Vorstellungskraft. Schließe die Augen und denke an eine aktuelle Situation in einer Deiner Beziehungen, die Dich beschäftigt. Das kann etwas sein, das Dich herausfordert, etwas Schönes, das Du festhalten möchtest, oder etwas, das Dich blockiert.

Die aktuelle Haltung finden: Stell Dir vor, Du würdest Dich in dieser Situation in eine Statue verwandeln. Wie würde Dein Körper diese Gefühle ausdrücken? Welche Haltung würdest Du einnehmen? Nimm diese Haltung tatsächlich ein und spüre hinein:

- Wie fühlt sich Dein Körper an?
- Welche Emotionen tauchen auf?
- Fühlst Du Dich wohl, angespannt, bedrückt oder gestärkt?

Die gewünschte Haltung einnehmen: Wechsle nun bewusst in eine Haltung, die ausdrückt, wie Du Dich stattdessen fühlen möchtest. Richte Dich auf, nimm Raum ein oder entspanne Dich, je nachdem, was Dir entspricht. Lass die neue Haltung einen Moment lang auf Dich wirken.

- Was verändert sich in Deinem Körper?
- Wie fühlst Du Dich jetzt – stärker, freier, lebendiger?
- Welche Gedanken oder Bilder entstehen?

Reflektiere:
- Welche Unterschiede zwischen den beiden Haltungen hast Du wahrgenommen?
- Was könntest Du im Alltag tun, um Dich häufiger so zu fühlen wie in der zweiten Haltung?

Leitstern-Werte einüben

Wer Klarheit über die eigene Richtung gewinnt und erkennt, welcher Wert des *Leitsterns* dabei hilfreich sein könnte, kann beginnen, diesen bewusst im (Beziehungs-) Alltag zu leben. Wie das geschieht, ist sehr individuell. Manche Menschen probieren einfach aus und lernen unterwegs, in kleinen, aber konkreten Entscheidungssituationen. Hierzu ein konstruiertes Beispiel:

Beziehungswirklichkeiten

Daniela (24) möchte ihre Beziehungsperson Jonah auf das Thema Polyamorie ansprechen und sie bitten, ein Buch dazu zu lesen. Spontan überlegt sie, zu sagen: „Hey, möchtest Du nicht vielleicht auch mal dieses Buch lesen? Ich weiß ja, Du interessierst Dich nicht so für Psycho-Literatur, aber das wäre supernett von Dir."

Doch dann erinnert sie sich an den Leitstern und daran, dass sie in ihrer Beziehung mehr Augenhöhe und Beweglichkeit kultivieren möchte. Deshalb formuliert sie ihre Bitte um: „Hey, ich würde mir sehr wünschen, dass Du dieses Buch mal liest. Ich würde gern ein offenes Gespräch mit Dir darüber führen, wo sich unsere Beziehung hin entwickeln könnte." Diese Formulierung schafft mehr *Augenhöhe*, weil sie Daniela erlaubt, ihre Wünsche klar und ohne ironischen Unterton zu äußern, und lädt gleichzeitig zu einem dialogischen Austauschprozess ein.

Sollte sie sich auf die Werte *Verletzlichkeit* und *Vielschichtigkeit* konzentrieren wollen, könnte sie die Bitte so ausdrücken: „Hey, ich habe mich bisher noch nicht getraut, Dich zu diesem Thema anzusprechen. Aber ich finde, unsere Beziehung ist immer sehr gemischt, was die Offenheit darin angeht. Das wird in diesem Buch thematisiert. Würdest Du es mal lesen, damit wir darüber reden können?" Diese Variante bringt ihre Unsicherheit und ihr Bedürfnis nach Austausch klar zum Ausdruck, wodurch sie verletzlich wirkt und gleichzeitig Raum für die Komplexität ihrer Beziehung schafft.

Der *Leitstern* unterstützt dabei, nicht nur impulsiv oder aus Gewohnheit zu reagieren, sondern das eigene Handeln an den gewünschten Werten auszurichten. Indem Daniela den *Leitstern* bewusst nutzt, kann sie die Kommunikation mit ihrer Beziehungsperson auf eine Art gestalten, die ihren Idealen entspricht. Dadurch wird die Beziehung nicht nur respektvoller und offener, sondern Daniela fühlt sich auch authentischer. Wo auch immer sich die Situation hin entwickelt, sie ist ihrem tiefen Wunsch und damit auch sich selbst treu. Selbsttreue ist in der Welt der Polyamorie ein hohes Gut. Nicht aus egoistischen Gründen – auch Treue gegenüber Absprachen wird sehr ernst genommen – sondern weil intime Beziehungen mit mehreren Personen einen guten eigenen Stand erfordern, um nicht hin- und hergerissen zu werden.

Manche finden es hilfreich, strukturierter vorzugehen und sich einen persönlichen Entwicklungsplan zu machen. Dabei können folgende Schritte nützlich sein. Als Beispiel zur Veranschaulichung nehmen wir den Wert *Eigenständigkeit:*

1. Welchen *Wert* will ich am meisten kultivieren?
- Eigenständigkeit: Ich möchte emotional unabhängiger sein und meine Emotionen selbst regulieren.
- Diesem Wert gebe ich Geltung, wenn… ich mich nach einer Konfliktsituation um mich selbst kümmere.
- Diesen Wert verletze ich, wenn… ich meine ganze Wut ungefiltert gegenüber meiner Beziehungsperson ausdrücke.

2. Welches *Ziel* ergibt sich daraus für meine Beziehungen?
- Ziel: Ich möchte meinen Ärger besser selbst in den Griff bekommen und weniger an meiner Beziehungsperson auslassen.

3. Welche Verhaltensweisen kann ich ausprobieren oder welche *Gewohnheiten* kann ich entwickeln, um diesem Ziel näherzukommen?
- Im Streit erst einmal tief durchatmen und mir einen Moment zum Nachdenken geben.
- Eine*n Freund*in anrufen, bevor ich impulsiv reagiere.
- Spazieren gehen, um meine Gedanken zu sortieren.
- Mit meiner Beziehungsperson einen Pausenknopf vereinbaren, damit wir uns nicht gegenseitig hochschaukeln.
- Eine Unterstützungsgruppe aufsuchen oder gründen (z. B. Männergruppe, Kleeblatt), die mir regelmäßig Unterstützung und Solidarität bietet.

4. Was nehme ich mir *konkret* vor?
- Ich vereinbare mit meiner Beziehungsperson einen Pausenknopf für schwierige Situationen (z. B. ein Codewort oder das Legen eines Gegenstandes auf den Tisch, wie die Autoschlüssel).
- Ich gehe beim nächsten Streit bewusst spazieren, um mich zu beruhigen.

5. *Erfolgskontrolle:* Wie ziehe ich mich selbst zur Verantwortung?
- Ich erzähle meiner Beziehungsperson von meinem Plan und bitte sie, mich zu erinnern, falls ich ihn vergessen sollte.

- Ich richte mir einen Handy-Alarm ein, der mich regelmäßig an mein Ziel erinnert.
- Ich führe ein Tagebuch, um meine Fortschritte festzuhalten.
- Ich bitte eine*n Freund*in, mich in zwei Wochen nach meinem Fortschritt zu fragen.
- Ich belohne mich selbst für Erfolge – gönne mir einen schönen Cappuccino oder einen Blumenstrauß nach einem Streit, den ich gut gemeistert habe.

Ein solcher Plan hilft, den Wert Schritt für Schritt im Leben zu verankern. Er macht Fortschritte sichtbar, ermöglicht bei Bedarf Anpassungen und stärkt die Selbstwirksamkeit, das Gefühl, aktiv etwas verändern zu können. Dieser Ansatz lässt sich auf jeden anderen Wert des *Leitsterns* übertragen. Der Dreiklang bleibt immer gleich: *Ziele definieren, passende Gewohnheiten entwickeln* und *sich selbst regelmäßig überprüfen.* So kann man sich langsam, aber kontinuierlich weiterentwickeln und die Werte, die einem wichtig sind, in den Beziehungsalltag integrieren. Ein Vorteil dabei: Wer im Kleinen übt, kommt sich selbst und einer stimmigen Beziehung auch dann näher, wenn das große Ziel noch unklar ist.

Eine spirituelle Weisheit lautet: *How you get there is where you arrive – Wie Du dort ankommst, ist, wo Du ankommst* (Rohr, 2019, S. 181). Wir möchten nicht verschweigen, dass dieser Weg auch unbequem sein kann. Eine Beziehungsperson, die mehr *Augenhöhe, Eigenständigkeit* oder *Verletzlichkeit* zeigt, stellt Erwartungen infrage und fordert Reaktionen heraus. Nicht jede*r wird bereit sein, diese Entwicklung mitzugehen. Entscheidend ist, dass es um den eigenen inneren Weg geht, die *eigene goldene Spur,* und nicht um Anpassungen an fremde Erwartungen. Wer versucht, sich gegen den eigenen inneren Willen *umzu-*

programmieren, wird schnell feststellen, dass diese Motivation nicht trägt.

Der *Leitstern* kann nur wirken, wenn wir ihn mit Leben füllen. Das beginnt damit, achtsam wahrzunehmen, welche seiner Werte uns besonders ansprechen und welche vielleicht noch fremd wirken oder Widerstand auslösen. Die folgende Übung unterstützt dabei, die eigene *goldene Spur* zu entdecken und den Weg zu den persönlichen Leitsternwerten zu ebnen.

Praxistool

Navigation mit dem Leitstern

Diese Übung unterstützt Dich dabei, herauszufinden, welche Werte des Leitsterns für Dich persönlich gerade am wichtigsten sind und wie Du sie Schritt für Schritt bewusst in Dein (Beziehungs-)Leben integrieren kannst.

Begegnung mit den Werten des Leitsterns: Lies den Kasten mit den Leitsternwerten aufmerksam durch und richte Deine Aufmerksamkeit auf Deine emotionale Reaktion:

- Welche Werte machen Dich neugierig, berühren oder inspirieren Dich?
- Bei welchen spürst Du Widerstand, Angst oder Resignation?
- Welche lösen Freude, Wärme oder ein Gefühl von *Ja, das bin ich*?

Deine persönliche goldene Spur: Der Psychotherapeut Peter Schellenbaum (1992) beschreibt die goldene Spur als eine innere Richtung, die sich lebendig und stimmig anfühlt. Gibt es Werte, die Dich besonders ansprechen? Entsteht dadurch eine Ahnung, wohin Deine Reise in der Liebe gehen könnte?

Lass Dich berühren – das Wertetagebuch:
In der *Akzeptanz- und Commitmenttherapie* wird eine Übung vorgestellt, um den eigenen Werten auf die Spur zu kommen. Dabei setzt sie an einem einfachen, aber tiefen Phänomen an: Oft sind es emotionale Reaktionen, die uns

auf etwas besonders Wichtiges hinweisen. Achte eine Zeitlang bewusst darauf, welche Situationen Dich im Alltag besonders berühren – angenehm oder unangenehm. Notiere Dir, was geschehen ist, welche Gefühle aufgetaucht sind (häufig gibt es mehr als nur eines) und welche Gedanken oder Assoziationen damit verbunden waren. Frage Dich anschließend: Warum hat mich das berührt? Welche Bedürfnisse oder Werte könnten hier angesprochen sein? In welchem Lebensbereich spielt sich das ab (z. B. Familie, Freundschaften, Arbeit, Lernen, Gesellschaft)? Manchmal weist ein positives Gefühl darauf hin, dass ein Wert oder ein Bedürfnis erfüllt wird – oder dass Aussicht darauf besteht. Ein negatives Gefühl kann bedeuten, dass etwas bedroht oder verletzt ist.

Es geht nicht darum, eine *richtige* Antwort zu finden oder Gefühle in Schubladen zu stecken. Vielmehr lädt diese Übung dazu ein, sich selbst besser zu verstehen und die feinen Bewegungen des eigenen Herzens bewusst wahrzunehmen.

Beispiele:

Datum: 22.3.

Situation: Ich beobachte, wie ein Vater seine Tochter liebevoll tröstet.

Lebensbereich: Kinder

Meine Reaktion: Rührung

Assoziationen: Ich sehne mich nach Fürsorge. Bin ich fürsorglich?

Wert: liebevolle Elternschaft, Fürsorge

Frage oder Empfehlung an mich selbst: Wo wünsche ich mir mehr Fürsorge? Wie könnte ich heute oder morgen fürsorglich sein?

Datum: 23.3.

Situation: Ich sehe einen Film über eine engagierte Ärztin.

Lebensbereich: Arbeit

Meine Reaktion: Bewunderung, ein bisschen Neid und Traurigkeit

Assoziationen: Sie scheint genau das zu tun, was sie will und was gut für sie ist.

Wert: Eigenständigkeit – seinen Weg unbeirrt gehen; Einzigartigkeit – der eigenen Berufung folgen

Frage oder Empfehlung an mich selbst: Gelingt es mir auch, das zu tun, was ich will? Wenn ja, wann? Wenn nicht, was hindert mich daran?

Tipp: Rede mit Menschen, denen Du vertraust, Beziehungsperson(en), Freund*innen oder Familienmitglieder. Erzähle, welche Werte für Dich besonders wichtig sind und wie Du sie im Alltag leben möchtest.

Unserer Erfahrung nach bietet der *Leitstern* (Beziehungs-)Therapeut*innen ein hilfreiches Werkzeug, um Menschen bei der Gestaltung ihrer Beziehung und der Klärung ihrer Beziehungsdynamiken zu unterstützen. Häufig entstehen Konflikte, weil Beziehungspersonen unterschiedliche Werte leben oder diese unreflektiert aufeinanderprallen lassen. Vielen ist dabei gar nicht bewusst, welche Werte ihnen selbst besonders wichtig sind oder dass sie in diesem Punkt voneinander abweichen. Die Arbeit mit den Werten des *Leitsterns* kann hier Orientierung schaffen. Berater*innen können gezielt nachfragen:

- Welcher Wert ist für Dich gerade besonders wichtig?
- Hast Du das Gefühl, dass dieser Wert in Eurer Beziehung gelebt wird?
- Wie könnte Eure Beziehung aussehen, wenn Ihr mehr [z. B. Eigenständigkeit oder Beweglichkeit] zulassen würdet?

So wird der *Leitstern* zu einem gemeinsamen Referenzpunkt, der Gespräche strukturiert, gegenseitiges Verständnis fördert und neue Handlungsoptionen sichtbar macht.

Beziehungswirklichkeiten

Flo (25) und Arne (23) streiten häufig über Flos Wunsch, mehr Zeit für sich selbst zu haben. Mithilfe des *Leitsterns* könnte die beratende Person das Thema auf der Werteebene betrachten und auf den Wert der *Eigenständigkeit* hinweisen. So wird klar: Der Wunsch nach mehr Freiraum muss kein Ausdruck von Distanz oder Ablehnung sein, sondern kann ein wichtiger Schritt sein, um persönlich autonomer zu werden und gleichzeitig langfristig eine gesunde und lebendige Nähe zu erhalten. Durch diese wertgeleitete Reflexion wird es dem Paar leichter gemacht, Verständnis füreinander zu entwickeln und eine gemeinsame Lösung zu finden, etwa, indem sie feste Zeiten für persönliche Freiräume, aber auch für gemeinsame *Quality Time* vereinbaren.

Darüber hinaus kann der *Leitstern* auch gezielt eingesetzt werden, um Beziehungspersonen bei der Entwicklung neuer Kommunikationsmuster zu unterstützen. Eine mögliche Übung: Beide Beziehungspersonen schildern eine konkrete Herausforderung und wählen jeweils zwei Werte aus, die ihnen in dieser Situation besonders wichtig sind. Anschließend entwickeln sie gemeinsam Ideen, wie sie diese Werte im Umgang miteinander stärker leben können.

Auch in *Selbsthilfe- oder Peergruppen* von Menschen mit offenen Beziehungsmodellen kann der *Leitstern* als wiederkehrendes Reflexionswerkzeug dienen. So könnten die Teilnehmenden bei jedem Treffen reihum berichten, welche Werte ihnen aktuell am Herzen liegen und wie sie diese im Alltag umsetzen. Daraus ergeben sich sowohl Gesprächsimpulse als auch spezifische Übungsansätze:

- *Individuelle Reflexion:* Jede Person wählt einen Wert, der in ihrer aktuellen Beziehungssituation eine besondere Herausforderung darstellt (z. B. *Beweglichkeit* bei der Integration neuer Menschen ins Beziehungsgeflecht).

- *Austausch in der Gruppe:* Die Teilnehmenden teilen ihre bisherigen Erfahrungen mit diesem Wert und geben sich gegenseitig Anregungen, wie er künftig besser gelebt werden kann.
- *Umsetzungsimpuls:* Jede Person formuliert einen kleinen, konkreten Schritt, den sie in den nächsten Tagen ausprobieren möchte, um dem gewählten Wert mehr Raum zu geben. Beim nächsten Treffen berichten alle, welche Erfahrungen sie dabei gemacht haben.

Durch den strukturierten Austausch entsteht ein Raum, in dem gegenseitige Unterstützung, kreative Ideen und neue Perspektiven wachsen können. Der *Leitstern* wird so zu einem alltagstauglichen Begleiter. Er regt zur Selbstreflexion an, fördert persönliches Wachstum und bietet Orientierung, sei es in der Beratung, in Unterstützungsgruppen oder im privaten Umfeld. In den nachfolgenden Kapiteln werden wir an verschiedenen Stellen auf den *Leitstern* und seine Werte zurückkommen.

6 Vielfältige Beziehungsmodelle

Liebe und Beziehungen sind heute vielfältiger denn je. Doch ist diese Vielfalt tatsächlich eine moderne Entwicklung? Die historischen Beispiele legen nahe: Schon immer haben Menschen ihre romantischen und erotischen Verbindungen offener gelebt, als es die traditionellen Liebes- und Geschlechterordnungen vorsahen. Mit ziemlicher Sicherheit existierte Vielfalt zu allen Zeiten – nur blieb sie oft unsichtbar. Wer nicht berühmt oder finanziell unabhängig war, wurde selten mit seiner unkonventionellen Lebensweise dokumentiert. In streng regulierten Kontexten verschleierten Menschen ihre Beziehungsformen, um Diskriminierung oder Bestrafung zu vermeiden.

Wenn wir also heute über Polyamorie und andere offene Beziehungskonzepte sprechen, sind diese nicht bloß eine Modeerscheinung. Es sind Liebesformen, die es schon immer gab – nur meist im Verborgenen oder unter anderen Namen. Der gegenwärtige kulturelle Wandel macht es möglich, offener über sie zu reden und ihre Sichtbarkeit zu erhöhen. Dennoch ist es für viele Menschen, die im *heteronormativen Kontext* sozialisiert wurden, nach wie vor schwierig, sich zu einer offenen Liebesform zu bekennen. Während queere Communities mehr Übung darin haben,

S. Bröning, A. Mazziotta, *Vielfältige Liebe - Polyamorie gestalten*, https://doi.org/10.1007/978-3-658-48372-2_6

mit Stigmatisierung umzugehen, machen manche *straighte* Menschen beim Öffnen ihrer Beziehung häufig erste, schmerzhafte Erfahrungen mit Ablehnung durch ihr Umfeld.

6.1 Verbreitung offener Beziehungsmodelle

Erst seit wenigen Jahrzehnten ermöglichen es anonyme Befragungen, mehr über die Verbreitung offener Beziehungsmodelle zu erfahren. Und dennoch wissen wir bis heute erstaunlich wenig. Vor allem gibt es keine genauen Zahlen dazu, wie viele Menschen in Deutschland tatsächlich in solchen Modellen leben. In der bereits zitierten repräsentativen GeSiD-Studie (persönliche Kommunikation, 2024) gaben von den 4955 Befragten 24 % an, nicht in einer festen Beziehung zu sein. Nur 1 % berichteten, dass Sexualität außerhalb der Beziehung explizit erlaubt sei, während weitere 1 % andere individuelle Absprachen nannten, die nicht näher spezifiziert wurden. Rund 30 % hatten keine expliziten Regelungen zur Sexualität getroffen. Auf Grundlage dieser Angaben lässt sich vorsichtig schätzen, dass etwa zwei Prozent der Erwachsenen in Deutschland in einer einvernehmlich offenen Beziehungskonstellation leben. Wie genau diese Modelle jedoch ausgestaltet sind, bleibt bislang unklar.

Häufiger untersucht werden Einstellungen zur Monogamie, die insbesondere in älteren Generationen deutlich *pro Monogamie* ausfallen. In einer Umfrage hielten 85 % der Befragten in Deutschland parallele Beziehungen für unvorstellbar (Parship, 2017). Eine ältere repräsentative Studie zeigte sogar, dass 94–99 % der Befragten sexuelle Exklusivität von ihren Beziehungspersonen erwarteten (Treas & Giesen, 2000). Neuere Daten zeichnen jedoch ein differenzierteres Bild. Laut einer repräsentativen ElitePartner-Studie

(2023) haben 14 % der Männer und 7 % der Frauen bereits (zeitweise) eine offene Beziehung geführt. Die Offenheit für einvernehmliche Mehrpersonenbeziehungen variiert dabei deutlich nach Alter und Geschlecht: Fast jede fünfte Frau (18 %) und jeder dritte Mann (30 %) unter 30 Jahren kann sich eine offene Beziehung vorstellen, während diese Zahl bei über 60-Jährigen deutlich kleiner ausfällt (6 % der Frauen, 17 % der Männer). Die Studie macht auch regionale Unterschiede deutlich: In Großstädten hat etwa jede*r Siebte bereits eine offene Beziehung erlebt, auf dem Land hingegen nicht einmal jede*r Zehnte. Auch die Vorstellung, mehrere Menschen gleichzeitig lieben zu können, ist in urbanen Regionen verbreiteter: Während nur jede*r Vierte auf dem Land daran glaubt, teilt in der Großstadt gut ein Drittel diese Sicht.

Internationale Studien, die repräsentativ für die Bevölkerung in den USA und Kanada sind, zeigen eine ähnliche Größenordnung: 4–5 % der Befragten leben aktuell in einer einvernehmlich Mehrpersonenbeziehung (Fairbrother et al., 2019; Levine et al., 2018). Diese Studien legen zudem nahe, dass die Verbreitung solcher Beziehungen über verschiedene soziale Schichten hinweg vergleichbar ist und keine statistisch signifikanten Zusammenhänge mit Faktoren wie Alter, Religion, politischer Orientierung, Ethnizität, Bildung, Einkommen oder Regionen bestehen. Rund 22 % aller US-Amerikaner*innen haben im Laufe ihres Lebens bereits Erfahrungen mit einer offenen Beziehung gemacht (Haupert et al., 2017). Für etwa 17 % der Singles sind nicht-monogame Modelle sogar die ideale Beziehungsform (Moors et al., 2021).

Insgesamt zeigt sich: Offene Beziehungskonzepte kommen national wie international zwar nur in kleineren Anteilen der Gesamtbevölkerung vor, gewinnen in Umfragen jedoch an Attraktivität. Selbst wenn man konservativ rechnet und nur von 2 % der deutschen Erwachsenenbevölkerung ausgeht, entspräche das bei rund *70 Mio. Erwachsenen* immerhin etwa 1,4 Mio. Menschen – fast so viele wie die gesamte Bevölkerung Münchens. Eine ganze Großstadt voller Menschen, die in offenen Beziehungen leben – doch wo sind sie? Und wie gestalten sie ihr Miteinander?

Neuere Studien aus Spanien und Polen zeigen: Menschen in Mehrpersonenbeziehungen ähneln Menschen in monogamen Beziehungsformen stärker, als man vielleicht vermutet. Zwar lassen sich Unterschiede finden, doch keine, die auf grundlegende Persönlichkeitsunterschiede hindeuten. Wer entscheidet sich also für Polyamorie? Erste Forschungsergebnisse deuten darauf hin, dass polyamor lebende Menschen im Durchschnitt *offener für neue Erfahrungen* sind und über eine höhere *Ambiguitätstoleranz* verfügen – sie können besser mit Unsicherheiten umgehen und bewegen sich leichter in komplexen Beziehungsstrukturen (Banaszkiewicz, 2024, 2025; Lecuona et al., 2021). Zudem sind sie risikobereiter, vor allem in sozialen und ethischen Fragen, etwa wenn es darum geht, gesellschaftliche Normen infrage zu stellen (Banaszkiewicz, 2024). Gleichzeitig scheinen sie etwas weniger gewissenhaft zu sein, was darauf hindeuten könnte, dass sie Regeln flexibler auslegen und sich weniger an strikte Strukturen gebunden fühlen (Banaszkiewicz, 2024; Lecuona et al., 2021). In anderen Persönlichkeitsmerkmalen wie Extraversion, Neurotizismus oder Verträglichkeit zeigen sich hingegen keine wesentlichen Unterschiede. Da es sich bei den hier angesprochenen Studien um Gelegenheitsstichproben handelt, sind die Ergebnisse allerdings nicht bevölkerungsrepräsentativ und in ihrer Aussagekraft eingeschränkt.

Auffällig ist der größere Anteil nicht-monogamer Beziehungsmodelle in queeren Communities. Studien zeigen hier eine bemerkenswerte Vielfalt: Je nach Definition und Stichprobe leben 20–50 % der queeren Menschen in konsensuell offenen Beziehungsmodellen. Eine von Kolleginnen und mir (SB) durchgeführte Studie an 532 bi- und pansexuellen Menschen – die meisten zwischen 20 und 39 Jahre alt – ergab, dass etwa die Hälfte nicht-monogam lebt (Korinth et al., 2024). Eine weitere gemeinsame Untersuchung (Bröning & Mazziotta, 2024) mit 492 queeren Teilnehmenden zeigte, dass 71 % der Befragten aktuell in einer oder mehreren Beziehungen leben: davon 31 % polyamor, 13 % in einer offenen Beziehung, 46 % monogam und 10 % in anderen Formen wie Beziehungsanarchie, BDSM-Beziehungen, Freundschaft plus oder Solo-Poly. Auch Menschen, die sich außerhalb des binären Geschlechterspektrums verorten und sich beispielsweise als nicht-binär oder genderfluid identifizieren, sind in polyamoren Lebensweisen überrepräsentiert (Braida et al., 2023). Die Daten verdeutlichen, dass die wachsende Sichtbarkeit und Anerkennung vielfältiger sexueller Orientierungen und Geschlechtsidentitäten eng mit der wachsenden Sichtbarkeit und Anerkennung vielfältiger Liebes- und Beziehungsformen verbunden sind.

Wer sind all die Menschen, die jenseits der Monogamie leben? In Statistiken erscheinen sie nur als Prozentzahlen, im Alltag bleiben sie häufig verborgen. Sichtbar werden sie eher dort, wo sich Menschen vernetzen – etwa in *Poly-Stammtischen* und Communities, die mittlerweile in vielen Städten existieren.

Beziehungswirklichkeiten

Das erste Mal, dass ich (AM) vor einigen Jahren einen *Poly-Stammtisch* (auch *Poly-Treff*) besuchte, war ich nervös. Wie würde es ablaufen? Wer würde dort sein? Ich hatte mich bereits intensiv mit Polyamorie beschäftigt – wissenschaftlich und in meiner therapeutischen Arbeit –, doch selbst in die Community einzutauchen, fühlte sich noch einmal ganz anders an. Besonders beeindruckt hat mich die Vielfalt der Menschen – in ihrem Alter, ihren Geschlechtsidentitäten, sexuellen Orientierungen und im Umgang mit Polyamorie.

Manche lebten in stabilen Polykülen, andere suchten Orientierung und Austausch. Als Beziehungsberater faszinierte mich die bewusste Auseinandersetzung mit Beziehungen. Während monogame Paare oft erst in Krisen nach Unterstützung suchen – manchmal zu spät, wenn Verletzungen schon tief sitzen –, gehen viele polyamor lebende oder interessierte Menschen frühzeitig und reflektiert mit Beziehungsfragen um. Sie kommunizieren offen über Herausforderungen und entwickeln Strategien für stabile und respektvolle Verbindungen. Ein derart hohes Maß an proaktiver Beziehungsarbeit begegnet mir in klassisch monogamen Kontexten seltener. Der Treff begann mit einer herzlichen Begrüßung: *Liebe Menschen* wurden willkommen geheißen, und es wurde betont, dass dies ein geschützter Raum sei. Persönliche Geschichten sollten nur so erzählt werden, dass keine Rückschlüsse auf Einzelpersonen möglich waren. In der Vorstellungsrunde konnte jede*r so viel oder so wenig von sich teilen, wie gewünscht. Wer bereits Themen mitgebracht hatte, konnte diese einbringen. Häufig genannte Anliegen sind etwa Eifersucht, Zeitmanagement, Selbstfürsorge, Coming-out im sozialen Umfeld oder konkrete persönliche Situationen. Immer wieder gibt es auch Fragerunden für Einsteiger*innen. Mir fiel die sprachliche Sensibilität und die respektvolle Gesprächskultur auf. Die Atmosphäre war geprägt von Achtsamkeit und gegenseitigem Respekt. Klare Kommunikationsregeln mit Handzeichen sorgten dafür, dass sich alle gleichberechtigt einbringen konnten.

Viele Poly-Stammtische, die regelmäßig in verschiedenen Städten stattfinden, zeichnen sich durch eine ähnliche respektvolle Atmosphäre aus. Derzeit existieren in Deutschland schätzungsweise rund 50 solcher Treffen – verteilt über alle Bundesländer. Manche finden locker in Cafés oder Kneipen statt, andere folgen einem strukturierten Ablauf mit thematischer Moderation, teils mit Anleihen an Selbsthilfegruppen. Trotz ihrer zentralen Rolle sind Poly-Stammtische wissenschaftlich bislang kaum erforscht. Deshalb haben wir eine Befragung polyamor lebender Menschen durchgeführt, um ihre Erfahrungen genauer zu verstehen (Mazziotta, 2025). Im Folgenden einige Schlaglichter aus dieser Untersuchung:

Besonders in der Anfangsphase erleben viele Menschen Poly-Stammtische als wertvolle Ressource. „In den ersten Jahren waren diese Treffen für mich sehr hilfreich – um mich normal zu fühlen, um mich auszutauschen, um Gleichgesinnte zu finden", erzählt Claudia (42). „Das Gefühl, in einem Raum zu sein, in dem Polyamorie nicht infrage gestellt wird, kann heilsam sein. Es ist sehr bestätigend, unter Menschen zu sein, die Monogamie nicht als Norm verstehen", beschreibt Mona (35), die seit Jahren regelmäßig teilnimmt. Viele erleben den Besuch eines Poly-Stammtisches als wichtigen Schritt in der eigenen Identitätsfindung – so auch Toni (23): „Ich konnte für mich akzeptieren, dass ich poly bin – und dass das nichts Schlechtes ist. Auch wenn es mir manchmal immer noch schwerfällt, das nicht zu vergessen." Robin (29) fasst es so zusammen: „Ich bin zu mir selbst geworden."

Poly-Stammtische sind auch Räume des aktiven Teilens: „Ich lerne von Erfahrenen und gebe mein Wissen an Neugierige weiter. Mein eigenes Erleben wird validiert, das Thema Polyamorie enttabuisiert", beschreibt Flo (34). Neben dem Wissensaustausch entsteht oft ein Gefühl tiefer Verbundenheit: „Hier habe ich Freund*innen, Partner*innen und einen Raum gefunden, in dem ich nicht ‚das Alien' bin", sagt Lowen (26). Gerade für Menschen, die im Alltag wenig Verständnis für offene Liebesformen erfahren, bedeutet ein solcher Raum Sicherheit und Bestärkung. Charlie (24) formuliert es so: „Die Zugehörigkeit stärkt mein Selbstwertgefühl und macht mich glücklich." Und Tim (30) ergänzt: „Es gibt mir das Gefühl, zuhause zu sein – unter ‚normalen' Menschen in einer sehr harmonischen und liebevollen Gemeinschaft."

Trotz dieser positiven Erfahrungen sind Poly-Stammtische nicht für jede*n der richtige Ort. Ihre Bedeutung hängt stark von individuellen Erwartungen, dem jeweiligen Format und nicht zuletzt von den Menschen ab, die an einem bestimmten Abend da sind. Manche finden schnell Anschluss und kommen regelmäßig wieder, für andere bleibt es bei einem einmaligen Besuch. Für manche werden diese Treffen zu einer sozialen Konstante, für andere bleiben sie ein kurzer Einblick. Vielleicht liegt genau darin ihre Stärke: Sie bieten keine Verpflichtung, aber viele Möglichkeiten.

Es wäre ein Missverständnis anzunehmen, dass nur queere Menschen ihre Beziehungen öffnen. Seit wir mit dem Thema *Polyamorie* durch unsere Forschung und in den Medien sichtbar geworden sind, erreichen uns viele Anfragen von Menschen in gemischtgeschlechtlichen und heterosexuellen Beziehungen, die Unterstützung in Beziehungsfragen suchen. Viele berichten, dass sie erst durch einen Artikel oder Podcast erfuhren, dass es hierfür auch therapeutische Angebote gibt.

Wir kennen einige *Boomer* (geboren 1946–1964) und Mitglieder der *Generationen X* (1965–1980) und *Y* (auch *Millennials* bezeichnet; 1981 bis 1996), die sich in ihren Partnerschaften schon lange Freiheiten geben und offene Liebe leben. Doch diese Menschen kennen meist kaum andere Menschen, die ähnlich leben – sie reden schlicht nicht darüber. Es gibt viele gute Gründe, das *Monogamie-Gebot* nicht offen infrage zu stellen. Als *versteckbare Identität* lässt sich offene Liebe auch im Verborgenen leben.

Erst in der *Generation Z* – den ab etwa 1997 Geborenen – zeigt sich eine deutlich größere Selbstverständlichkeit im Umgang mit queeren Lebensweisen und alternativen Beziehungsmodellen. Kein Wunder, denn diese Generation ist mit digitalen Medien aufgewachsen. Mit der Einführung des ersten iPhones im Jahr 2007 begann der Siegeszug mobiler Internetnutzung – begleitet vom Aufstieg sozialer Medien wie YouTube (2005), Twitter (2006), Instagram (2010), WhatsApp (2010), TikTok (2018) sowie der Dating-Plattform Tinder (2012). Für die Generation Z bedeutet das: Ihre Weltsicht, ihr Wissen über Liebe und Beziehungen sowie die Anbahnung emotionaler und sexueller Kontakte sind stark durch soziale Medien geprägt. Unter unseren Studierenden, die meist zwischen 18 und ca. 25 Jahren alt sind, ist es nicht ungewöhnlich, mehrere Menschen in offenen Beziehungen und Polykülen im Freundeskreis zu kennen. Für ältere Menschen außerhalb queerer Kreise gilt das deutlich seltener.

Interessanterweise existieren heute sehr unterschiedliche Lebensmodelle nebeneinander – je nachdem, welche Inhalte oder sozialen *Bubbles* den eigenen Informationsfluss prägen. Für einen Teil der Generation Z erscheint Polyamorie dadurch durchaus als *normal* – zumindest, wenn sie offen dafür sind und entsprechende Inhalte angezeigt bekommen. Gleichzeitig gilt: Auch konservativ eingestellte junge Menschen – etwa *TradWives* – erhalten in ihren Feeds die Bestätigung ihrer Überzeugungen. Denn soziale Medien folgen keiner objektiven Agenda, sondern dem Prinzip der individuellen (Selbst-)Bestätigung. Wie tragfähig diese Offenheit gegenüber alternativen Beziehungsformen langfristig ist – etwa über die ersten Jahre von Dating und Beziehungsaufbau hinaus –, lässt sich derzeit kaum abschätzen. Klar ist jedoch: Für die Generation Z ist die Frage nach sexueller Exklusivität und nach Beziehungsform verhandelbar und deutlich weniger selbstverständlich als für frühere Altersgruppen.

6.2 Lebens- und Liebesmodelle: Landkarte moderner Beziehungen

Genau genommen müssten wir von *Monogamien* und *Polyamorien* im Plural sprechen. Denn hinter diesen Begriffen verbergen sich vielfältige Beziehungskulturen, die in der Praxis sehr unterschiedlich gelebt werden. Die verbreitete Vorstellung, Monogamie bedeute automatisch sexuelle und emotionale Exklusivität oder dass Polyamorie gleichbedeutend mit Beziehungsnetzwerken und Hierarchiefreiheit sei, greift zu kurz. In Wirklichkeit handelt es sich bei beiden Konzepten um dynamische Rahmungen, innerhalb derer ganz unterschiedliche Beziehungsrealitäten entstehen. Manche Paare oder Netzwerke leben zusammen, andere bewusst getrennt. Für einige ist Sexualität zentral, andere gestalten ihre Beziehungen asexuell oder sexfrei. Manche teilen materielle Alltagspraktiken wie Kleidung, Freundeskreise oder Rituale, während andere auf Autonomie und individuelle Lebensgestaltung setzen. Diese Vielfalt zeigt sich nicht nur zwischen unterschiedlichen Beziehungsmodellen, sondern auch innerhalb derselben Kategorie – und verweist auf die Notwendigkeit, Liebes- und Lebensweisen als sozial situierte, verhandelbare und wandelbare Praktiken zu verstehen. Die verschiedenen Beziehungsformen lassen sich daher besser als Spektrum begreifen – mit fließenden Übergängen zwischen den Modellen (Clardy, 2023; Rambukkana, 2015). Viele Menschen bewegen sich im Laufe ihres Lebens zwischen diesen Polen, ohne sich strikt einer Kategorie zuordnen zu wollen oder zu können. So gibt es monogame Beziehungen, in denen gelegentliche Außenkontakte Teil der Beziehungsvereinbarung sind *(monogamish)*, oder polyamore Beziehungsnetzwerke, in denen einige Beteiligte exklusive Bindungen pflegen. Auch verändert sich für viele Menschen mit der Zeit, was sie sich von Beziehungen wünschen – sei es durch persönliche Entwicklung, neue Erfahrungen oder veränderte Lebensumstände.

Abb. 6.1 zeigt zentrale Beziehungsformen in vereinfachter Darstellung, um die Vielfalt moderner Liebes- und

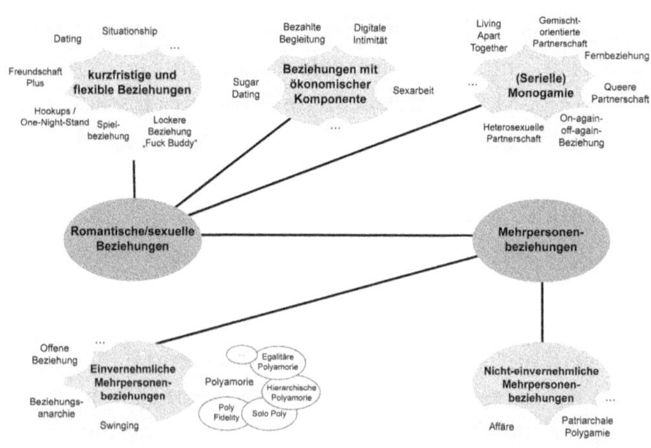

Abb. 6.1 Vielfalt moderner Liebes- und Beziehungsformen

Lebensmodelle zu veranschaulichen. Sie verdeutlicht, wie flexibel und kreativ Menschen ihre Verbindungen gestalten – ob es um emotionale Nähe, sexuelle Intimität, gemeinsame Lebensführung oder individuelle Freiheit geht. Die tatsächliche Vielfalt der Beziehungsrealitäten und die fließenden Übergänge zwischen den einzelnen Formen sprengen jedoch den Rahmen jeder Grafik. Auch die folgende Liste erhebt daher keinen Anspruch auf Vollständigkeit, sondern soll die heute gelebte Bandbreite an Beziehungsformen anhand zentraler *Schablonen* sichtbar machen.

Monogamie und Variationen

- *(Serielle) Monogamie:* Exklusive Paarbeziehungen, die nacheinander geführt werden. Während jeder Beziehung gilt sexuelle und emotionale Exklusivität als Standard. Dies ist die am weitesten verbreitete Form der Monogamie.
- *Living Apart Together (LAT):* Langfristige Paarbeziehungen, bei denen die Beziehungspersonen bewusst getrennte Wohnorte wählen, um persönliche Freiheiten zu bewahren.
- *On-again-off-again (oder einfach on-off)-Beziehungen:* Paarbeziehungen mit wiederholten Trennungen und Versöhnungen – emotional oft eine Achterbahnfahrt.
- *Fernbeziehungen:* Paarbeziehungen über räumliche Distanz, getragen von digitaler Kommunikation und durch geplante Treffen.
- *Queere Beziehungen:* Paarbeziehungen, in denen mindestens eine beteiligte Person sich als LSBTIAQ* identifiziert (z. B. lesbisch, schwul, bisexuell, trans*, inter*, asexuell, aromantisch, queer oder genderqueer).

- *Gemischt-orientierte Paare:* Paarbeziehungen, in denen die Beziehungspersonen unterschiedliche sexuelle Orientierungen haben (z. B. eine bisexuelle und eine heterosexuelle Person).

Nicht-einvernehmliche Mehrpersonenbeziehungen

- *Affäre, Fremdgehen:* Heimliche emotionale oder sexuelle Außenbeziehungen ohne Wissen oder Zustimmung der Beziehungsperson. Meist führt dies bei Bekanntwerden zu Vertrauensbruch oder Krisen.
- *Patriarchale Polygamie:* Ehemodelle, in denen ein Mann mehrere Ehefrauen hat – meist im Kontext patriarchaler Strukturen, rechtlicher Ungleichheit und heteronormativer Rollenvorgaben.

Einvernehmliche Mehrpersonenbeziehungen

- *Offene Beziehungen:* Paarbeziehungen, in denen sexuelle Außenkontakte einvernehmlich möglich sind, während emotionale Bindungen zu Dritten meist begrenzt oder nicht vorgesehen sind. Häufig bestehen klare Regeln zur Absicherung der Kernbeziehung.
- *Swinging:* Gemeinsame oder getrennte Begegnungen mit Dritten, oft in Swingerclubs oder auf speziellen Events. Dabei steht meist sexuelle Begegnung im Vordergrund, während emotionale Bindungen eher nachgeordnet sind.
- *Polyamorie:* Einvernehmliche Beziehungen mit mehreren Menschen, die sowohl emotional als auch sexuell sein können. Offenheit, Kommunikation und Konsens stehen im Mittelpunkt. Typische Ausprägungen sind:
  - *Hierarchische Polyamorie:* Eine primäre Paarbeziehung steht im Vordergrund, andere sind nachrangig. Kann Klarheit und Sicherheit bieten, etwa beim Einstieg in Polyamorie, birgt aber auch das Risiko von Ungleich-

gewichten, wenn Bedürfnisse unterschiedlich ernst genommen werden.
  - *Nicht-hierarchische Polyamorie:* Alle Beziehungen werden als gleichwertig betrachtet, ohne feste Priorisierung. Erfordert ein hohes Maß an Kommunikation, Reflexion und Aushandlung.
  - *Polyfidelity:* Geschlossene Gruppe mehrerer Menschen, die exklusiv miteinander verbunden sind. Ähnlich wie in einer monogamen Beziehung sind Außenbeziehungen ausgeschlossen – jedoch mit mehr Beteiligten und oft komplexerer Dynamik.
  - *Solo-Poly:* Menschen, die keine primäre Paarbeziehung anstreben und ihre Beziehungen unabhängig voneinander gestalten. Sie legen Wert auf persönliche Autonomie, räumliche Selbstständigkeit und individuelle Lebensführung. Erfordert sorgfältige Abgrenzung und Kommunikation.
- *Beziehungsanarchie:* Ein flexibler Beziehungsstil ohne feste Regeln oder Hierarchien. Jede Beziehung wird individuell gestaltet, basierend auf gegenseitigem Einvernehmen und Respekt.

Kurzfristige und flexible Beziehungen

- *Freundschaft Plus* (engl.: *friends with benefits*): Freundschaften, die gelegentliche sexuelle Komponenten beinhalten, ohne weitergehende Beziehungsansprüche.
- *Lockere Beziehung:* Beziehungen, die bewusst ohne Verpflichtungen oder Exklusivität geführt werden.
- *Reine Sex-Beziehung* (engl.: *fuck buddy*): Sexuelle Beziehungen ohne emotionale oder romantische Bindung, die oft auf gegenseitiger Vertrautheit beruhen.

- *Dating:* Unverbindliches Kennenlernen, das je nach Intention in eine emotionale oder sexuelle Beziehung münden kann.
- *Situationship:* Beziehungen ohne klare Definition oder Verpflichtungen – irgendwo zwischen Freundschaft, Dating und Beziehung.
- *Hookups/One-Night-Stands:* Einmalige oder sporadische sexuelle Begegnungen, die primär auf körperliche Anziehung beruhen.
- *Spielbeziehungen:* Beziehungen mit Fokus auf Rollenspiele, BDSM oder andere spezifische sexuelle Vorlieben, bei denen Verliebtheit oder emotionale Bindung meist nicht im Vordergrund stehen.

Beziehungen mit ökonomisierter Komponente

In manchen zwischenmenschlichen Konstellationen ist Intimität – sei sie emotional, erotisch oder sexuell – mit finanziellen oder materiellen Gegenleistungen verknüpft. Solche Arrangements bewegen sich im Spannungsfeld von Bedürfnis, Begehren und ökonomischer Rahmung. Sie sind nicht per se problematisch, sondern können auf informierten Entscheidungen, Konsens und gegenseitigem Nutzen beruhen. Zugleich werfen sie Fragen nach Selbstbestimmung, sozialer Bewertung und Machtasymmetrien auf. Zu diesen Formen ökonomisierter Intimität zählen:

- *Sugar Dating* (auch *Taschengeld-Beziehungen*)*:* Einvernehmliche Beziehungen, in denen eine meist jüngere Person durch eine finanziell besser gestellte Person unterstützt wird – etwa durch Geld, Geschenke oder Wohnraum. Die Verbindung kann emotional, freundschaftlich oder sexuell geprägt sein; häufig besteht jedoch eine implizite Erwartung von Intimität oder exklusiver Zuwendung.

- *Bezahlte Begleitung* (auch *Escorting oder Enjōkōsai*): Vergütete Treffen oder Begleitungen im privaten oder öffentlichen Kontext. Je nach Vereinbarung kann die Beziehung erotisch, emotional oder rein repräsentativ sein. Die Grenzen zwischen professioneller Dienstleistung und persönlicher Nähe sind dabei oft fließend.
- *Digitale Intimität* (auch *Digisexualität*): Auf Plattformen wie OnlyFans, Chaturbate oder Twitch entstehen hybride Beziehungskonstellationen, in denen Nähe, Aufmerksamkeit oder sexuelle Anregung vermittelt – und häufig auch monetarisiert – wird. Neben einseitigen parasozialen Bindungen (also Bindungen, in denen Wechselseitigkeit nur in der Vorstellung existiert; vgl. Degen et al., 2025) entwickeln sich zunehmend auch wechselseitige Formen digitaler Vertrautheit über Likes, Direktnachrichten oder exklusive Inhalte. Ein wachsendes Phänomen sind *digisexuelle Praktiken* (McArthur & Twist, 2017):
  - *Sex durch Technologie:* analoge Sexualität, die durch Technik begleitet oder unterstützt wird, etwa gemeinsames Pornoschauen.
  - *Sex über Technologie:* medial vermittelte Intimität zwischen Menschen, etwa Sexting, Telefonsex oder Live-Videos.
  - *Sex mit Technologie:* sexuelle Interaktionen mit dem technischen System selbst, etwa KI-basierte Chatbots, App-gesteuerte Sexspielzeuge oder humanoide Roboter.
- *Sexarbeit:* Die bewusste und bezahlte Bereitstellung sexueller oder erotischer Dienstleistungen, etwa in Form von Prostitution, Pornografie, Camwork oder Telefonsex. Viele Sexarbeiter*innen üben ihre Tätigkeit selbstbestimmt aus, sind jedoch häufig gesellschaftlicher Stigmatisierung und rechtlicher Unsicherheit ausgesetzt. Wichtig ist eine differenzierte Betrachtung, die freiwillige

Berufsausübung von prekären Bedingungen unterscheidet.

Diese Formen ökonomisierter Intimität sind klar von unfreiwilligen oder manipulativ gestalteten Beziehungen abzugrenzen. Gleichwohl gibt es Situationen, in denen emotionale oder finanzielle Abhängigkeiten gezielt ausgenutzt werden, etwa durch Zwang, Täuschung oder strukturelle Ausbeutung. Extremformen wie die *Loverboy-Methode*, prekäre Abhängigkeitsverhältnisse oder Menschenhandel unterscheiden sich grundlegend von den hier beschriebenen konsensuellen Modellen und verlangen eine gesonderte gesellschaftliche, juristische und ethische Auseinandersetzung.

Insgesamt gilt: Beziehungsformen werden von allen Beteiligten immer wieder neu ausgehandelt – im Spannungsfeld zwischen persönlichen Bedürfnissen und gesellschaftlichen Rahmenbedingungen. Beziehungsgestaltung ist nie rein privat, sondern immer auch sozial und strukturell verankert. Ökonomische Realitäten, Machtverhältnisse und kulturelle Erwartungen prägen mit, wie Intimität entsteht, erlebt und verhandelt wird. Entscheidungen über Beziehungen sind stets in gesellschaftliche Hierarchien eingebettet und die soziale Akzeptanz ist nicht für jede Beziehungsform gleichermaßen gegeben. Während *offene Beziehungen* oder gelegentliches *Swinging* in manchen sozialen Kreisen akzeptiert werden – vor allem dann, wenn sie nicht offen nach außen kommuniziert werden –, stoßen Polyamorie oder Beziehungsanarchie häufig auf deutlich stärkere gesellschaftliche Ablehnung.

Sprache und Labels

Die gewählten Begrifflichkeiten sind bedeutsam. Es macht einen Unterschied, ob eine Beziehung als *Techtelmechtel,*

Liebschaft, *Affäre*, *Zweitpartnerschaft* oder *Freundschaft plus* bezeichnet wird. Ein Label kann verschiedene Funktionen erfüllen: Es kann als *Schablone* dienen, die eigene Identität verorten, Zugehörigkeit ausdrücken oder den Kontakt zu Gleichgesinnten erleichtern. Gleichzeitig bergen Labels das Risiko von Missverständnissen, da sie unterschiedlich interpretiert werden. Wichtig ist daher, ein Label zu wählen, das zur eigenen Situation passt – im Bewusstsein, dass andere es vielleicht anders verstehen, bewerten oder mit bestimmten Eigenschaften verknüpfen. Begriffe wie Polyamorie, Beziehungsanarchie oder Freundschaft Plus sind keine starren Kategorien, sondern offene Bezugspunkte. Sie machen Vielfalt sichtbar, ohne ihr abschließend gerecht werden zu können. Nicht nur in der Beratung empfiehlt es sich daher, nach der individuellen Bedeutung eines Labels zu fragen: *Was heißt Polyamorie für Dich ganz konkret? Was verbindest Du mit offenen Beziehungen?*

Mit der Vielfalt polyamorer Beziehungsmodelle hat sich eine eigene Sprache entwickelt. Begriffe wie Primär- und Sekundärbeziehung, Metamour, Satellitenpartner*innen oder Scharnier (engl.: *hinge*) sollen helfen, Beziehungsstrukturen und -dynamiken präziser zu beschreiben. Manche empfinden diese Terminologie als hilfreich, andere als distanziert oder gar entmenschlichend. Besonders für Menschen, die am monogamen Liebesideal orientiert sind, können solche Konzepte ungewohnt wirken. Wo traditionell meist nur eine zentrale Beziehung existiert, erscheinen Kategorien wie *primär* oder *sekundär* schnell befremdlich. Auch Begriffe, die an Organisationsstrukturen erinnern, passen für viele nicht zum emotionalen Erleben von Liebe. Dennoch erfüllt diese Sprache wichtige Funktionen: Sie schafft Klarheit, reduziert Missverständnisse und eröffnet neue Denk- und Möglichkeitsräume. Wer sagt: *Meine Beziehung ist hierarchiefrei*, kommuniziert unmissverständlich, dass keine Partnerschaft automatisch Vorrang hat. Begriffe wie *Compersion* – die Freude am Glück der Beziehungsperson – geben einem Gefühl einen Namen, das im monogamen Narrativ kaum vorkommt. Zudem erleichtert eine gemeinsame Terminologie den Austausch innerhalb von Communities und stärkt das Zugehörigkeitsgefühl.

Darüber hinaus ermöglicht Sprache auch eine realistische und achtsame Beziehungsführung. Indem Begriffe Erwartungen, Grenzen und Ressourcen greifbar machen, schaffen sie eine Grundlage für bewusstes Gestalten. So ermöglicht es Transparenz, wenn jemand sagt: *Ich bin Solo-Poly und brauche viel Zeit für mich* oder *Meine Nesting-Partnerschaft bedeutet für mich, dass gemeinsame Alltagsgestaltung und Verantwortung im Vordergrund stehen.* Solche Begriffe sind in diesem Sinne nicht bloße Etiketten, sondern Werkzeuge für Fairness, Selbstfürsorge und Kommunikation auf *Augenhöhe.* Viele polyamor lebende Menschen entwickeln zudem eigene Begriffe, die besser zu ihren individuellen Konstellationen passen. Manche verzichten bewusst auf feste Labels (engl.: *unlabeled*), um ihre Verbindungen nicht in starre Kategorien zu pressen, während andere sich noch in einem Prozess des Hinterfragens und Erkundens befinden (engl.: *questioning*). Entscheidend ist nicht, welche Worte genutzt werden, sondern ob sie helfen, Beziehungen reflektiert und wertschätzend zu gestalten – im Einklang mit den Bedürfnissen aller Beteiligten.

Wie unterschiedlich Beziehungsetiketten gefüllt werden, zeigt eine qualitative Analyse von Astle und Kolleg*innen (2023). Sie untersuchten, welche Begriffe Menschen für ihre Beziehungsform wählen und was sie damit meinen. Dabei wurde deutlich: Labels wie Polyamorie, Swinging oder Monogamie tragen sehr unterschiedliche Bedeutungen. Manche bezeichnen sich als polyamor, leben jedoch aktuell in einer geschlossenen Zweierbeziehung – mit der Offenheit, künftig auch weitere emotionale oder sexuelle Beziehungen einzugehen. Andere befinden sich in einem Übergang, etwa von einer sexuell offenen Beziehung zu einer emotional verbindlichen Poly-Konstellation. Wieder andere gestalten Netzwerke, in denen die Verbindungen sexuell exklusiv, aber emotional vielfältig sind. Selbst in Swinging-Kontexten ist emotionale Nähe keineswegs ausgeschlossen – die Übergänge zu polyamoren Modellen sind fließend. Auch Monogamie wird verschieden interpretiert: Einige leben *monogamish,* also überwiegend exklusiv, mit gelegentlichen Außenkontakten. Andere gestalten asymmetrische Konstellationen, in denen nur eine Person zusätzliche intime Kontakte pflegt. Mitunter beeinflussen Geschlecht und kulturelle Normen, wie akzeptiert solche Arrangements sind – etwa wenn Männern größere Freiheiten eingeräumt werden als Frauen.

Die Befunde verdeutlichen: Beziehungsetiketten sind keine festen Schubladen, sondern dynamische Rahmungen. Bedeutung, Praxis und Intention decken sich nicht immer, sondern stehen häufig in einer spannungsvollen Wechselwirkung. Im Alltag entstehen hybride, situierte und teilweise asymmetrische Beziehungskonstellationen, die sich nicht eindeutig einordnen lassen. Wer Beziehungsetiketten wörtlich nimmt, übersieht schnell, wie fließend und wandelbar Beziehungserfahrungen tatsächlich sind. Um dieser Vielfalt gerecht zu werden, braucht es ein Denken in Spektren statt in Gegensätzen – und die Bereitschaft, Beziehungen nicht als starre Strukturen, sondern als sich wandelnde, verhandelbare Räume zu begreifen. Nur so wird sichtbar, wie – in der Sprache des Leitsterns gesprochen – *Vielschichtigkeit* und *Flexibilität* jenseits etablierter Kategorien möglich sind – und was es braucht, um Beziehungen so zu gestalten, dass sie den Menschen entsprechen, die sie leben.

Ein gemeinsames Vokabular erleichtert Verständigung und verhindert Missverständnisse. Sprache beschreibt nicht nur Beziehungsmodelle – sie ist auch ein zentrales Werkzeug, um Erwartungen und Bedürfnisse auszuhandeln. Das folgende Praxistool lädt dazu ein, diesen Prozess bewusst zu gestalten.

Praxistool

Erwartungen und Kommunikation in Beziehungen

Ziel dieser Übung ist es, die eigenen Bedürfnisse und Erwartungen klarer zu erkennen und die Kommunikation in Beziehungen bewusster zu gestalten. Nimm Dir Zeit, um über die folgenden Fragen nachzudenken:

- Was brauche ich, um mich in einer Beziehung sicher und wohlzufühlen und gleichzeitig selbst etwas geben zu können?
- Welche meiner Bedürfnisse sind für mich unverzichtbar, welche sind verhandelbar?
- Weiß ich, welche Erwartungen und Bedürfnisse meine Beziehungspersonen haben?
- Habe ich diese durch ausdrückliche Kommunikation erfahren oder aus eigenen Annahmen abgeleitet?
- Wie gut gelingt es mir, meinen Beziehungspersonen das zu geben, was sie brauchen?
- Bin ich bereit, mich auf die Bedürfnisse der anderen Personen einzulassen, auch wenn es herausfordernd wird?
- Wie kommuniziere ich meine eigenen Erwartungen? Klar und direkt, fordernd, manipulierend oder eher zurückhaltend und indirekt?
- Wie reagiere ich, wenn meine Erwartungen nicht erfüllt werden? Spreche ich es an, ziehe ich mich zurück, weiche ich aus, gebe ich auf, hole ich mir Hilfe oder äußere ich mich vielleicht vorwurfsvoll oder verletzend?
- Wie kommunizieren meine Beziehungspersonen ihre Erwartungen und Bedürfnisse?
- Schaffe ich es, beim Zuhören präsent zu sein und mich auf ihr Anliegen zu konzentrieren?
- Erfolgt der Austausch über Erwartungen und Bedürfnisse eher zufällig oder nehmen wir uns bewusst Zeit dafür?
- Wie könnten wir diesen Dialog verbessern und regelmäßiger gestalten?

6.3 Einvernehmlich offene Beziehungen

Offene Beziehungen ermöglichen es einer oder beiden Beziehungspersonen, sexuelle Kontakte zu Dritten zu pflegen – meist ohne emotionale Bindung. Damit dies gelingt, entwickeln Paare häufig individuelle Regeln, die ihre Exklusivität und das Gefühl, gegenüber den anderen Sexualkontakten *etwas Besonderes* zu sein, schützen sollen. Welche Regeln gelten, hängt stark von den Bedürfnissen und Vorstellungen der Beteiligten ab. Was für ein Paar wichtig ist, mag für ein anderes belanglos erscheinen. Deshalb sind offene Beziehungen sehr unterschiedlich gestaltet. Was sind Beispiele für solche Absprachen aus der Beratungspraxis? Manche Paare legen großen Wert darauf, Außenkontakte nur mit Fremden zu pflegen, um emotionale Verwicklungen oder Konflikte mit dem gemeinsamen Umfeld zu vermeiden. Andere empfinden Außenkontakte mit Menschen aus dem gemeinsamen Freundeskreis als sicherer – so entschied sich ein heterosexuelles Paar bewusst dafür, nur innerhalb des gemeinsamen Freundeskreises Sex zu haben, weil sie sagten: „Unsere Freunde nehmen Dich mir nicht weg." Wieder andere vereinbaren Außenkontakte ausschließlich während Dienstreisen oder anderen räumlich getrennten Gelegenheiten, um Diskretion zu wahren und die emotionale Nähe im Alltag nicht zu beeinträchtigen. Ein schwules Paar erlaubte Anal- und Oralverkehr mit Dritten, betrachtete das Küssen jedoch als die intimste und emotional bedeutungsvollste Handlung, die ihrer Beziehung vorbehalten bleiben sollte.

Andere Paare beschränken Außenkontakte auf bestimmte sexuelle Praktiken, sogenannten *Kinks.* Damit sind einvernehmliche Aktivitäten gemeint, die oft intensivere Sinneseindrücke oder besondere emotionale Erlebnisse ermöglichen. Dazu gehören etwa Spiele mit Machtgefällen, Schmerzempfindungen, Fesselspiele oder Rollenspiele, bei denen Personen in andere Rollen – etwa Altersrollen – schlüpfen. Auch Formen wie Exhibitionismus (das Zeigen des eigenen Körpers oder sexueller Handlungen) oder Voyeurismus (das Beobachten solcher Handlungen) fallen darunter. Manche Kinks konzentrieren sich auf bestimmte ästhetische oder materielle Elemente, etwa erotische Kleidung oder Accessoires. Für einige Menschen spielen Kinks vor allem in der Fantasie oder in der Selbstbefriedigung eine Rolle, andere praktizieren sie mit Partner*innen. Entscheidend ist dabei stets die informierte Zustimmung aller Beteiligten sowie ein respektvoller und sicherer Umgang miteinander. Der Begriff Kink wird in der Regel positiv verstanden, da er die Vielfalt sexueller Ausdrucksformen würdigt und die unterschiedlichen Identitäten und Vorlieben anerkennt. In vielen offenen Beziehungen steht deshalb nicht das Ausleben von Sexualität *nebenbei* im Vordergrund, sondern die Möglichkeit, spezifische Facetten der eigenen Sexualität in einem geschützten, respektvollen und verantwortungsvollen Rahmen auszudrücken, die in der Hauptbeziehung keine zentrale Rolle spielen. Diese Beispiele zeigen, dass es keine universelle Definition für die Regeln offener Beziehungen gibt – sie sind Ausdruck individueller Vereinbarungen, deren Bedeutung oft nur den beteiligten Personen klar ist.

Ein zentraler Unterschied in offenen Beziehungen besteht darin, *wie* über Außenkontakte kommuniziert wird. Manche Paare sprechen offen über ihre Erfahrungen, andere bevorzugen das Modell *Don't ask, don't tell* (DADT): Es wird nichts gefragt und nichts gesagt. Dieses Prinzip bietet Diskretion und kann potenziell konfliktreiche Gespräche vermeiden, die durch ein hohes Maß an Offenheit entstehen würden. DADT erinnert an eine frühere Praxis im US-Militär, bei der gleichgeschlechtlich liebende Soldat*innen ihre Orientierung weder offenbaren durften noch darüber befragt wurden. In Beziehungen dient DADT analog als Kompromiss, um den Monogamie-Standard nach außen (und oft auch nach innen) zu wahren, während diskrete Außenkontakte stillschweigend toleriert werden. Für einige Paare wirkt diese Regelung entlastend, da sie Eifersucht und Konflikte reduziert. „Ich will da gar nicht so genau hingucken“, formulierte es ein Klient (50).

Gleichzeitig birgt DADT erhebliche Risiken: Werden Grenzen, Regeln und Erfahrungen nicht explizit benannt, entstehen leicht Missverständnisse, Unsicherheit und das Gefühl von Täuschung. Besonders problematisch ist es, wenn DADT gar nicht bewusst vereinbart, sondern lediglich angenommen wird. In der Beratung begegnen wir häufig Situationen, in denen eine Person davon ausging, diskrete Außenkontakte seien stillschweigend akzeptiert, während die andere sich betrogen fühlt. Unausgesprochene Annahmen schaffen keine Verlässlichkeit: Weder ist klar, was erlaubt ist, noch was als Vertrauensbruch gilt. Zwar kann DADT kurzfristig stabilisierend wirken, doch langfristig führt *erzwungene Heimlichkeit* oft zu emotionaler Distanz und Unsicherheit. Hinzu kommt das Risiko, dass sich aus zunächst unverbindlichen Kontakten Liebesgefühle entwickeln – ein Szenario, das im DADT-Modell ausgeblendet wird, aber erhebliches Konfliktpotenzial birgt.

Die Auseinandersetzung mit impliziten und expliziten Regeln verdeutlicht, warum Polyamorie, die auf der bewussten Vereinbarung von Außenbeziehungen beruht, eng mit feministischen Traditionen verbunden ist. Begriffe wie *erlaubt* und *verboten* implizieren, dass eine Person über den Körper und die Sexualität einer anderen bestimmen darf – ein Konzept, das tief in patriarchalen Strukturen verwurzelt ist. Historisch wurden Frauen als *Besitz* des Mannes häufig strengeren Treuevorgaben unterworfen als Männer. Das Besitzverhältnis wurde oft durch Symbole wie Schmuck markiert, wenngleich Eheringe heute eher die gegenseitige Bindung symbolisieren. Wenn eine Ehefrau fremdgeht, hat sie ihrem Mann in der Redewendung *die Hörner aufgesetzt*. Ausgedrückt wird damit, dass ein Mann Lächerlichkeit, Scham und Peinlichkeit erleben muss, wenn klar wird, dass seine Frau einen Liebhaber hat. In der Praxis erweist sich genau dieser Aspekt für viele Männer als besonders schmerzhaft. Hier wird deutlich, wie stark Vorstellungen von Geschlecht, Besitz und Treue in kulturellen Deutungen verankert sind – und wie wichtig es ist zu fragen, ob die Logik von *erlaubt* und *verboten* in modernen Beziehungen überhaupt noch zeitgemäß ist.

Gerade die Frage nach Offenheit und Transparenz zeigt, wie unterschiedlich die Bedürfnisse in offenen Beziehungen sein können. Während manche Paare detaillierte Kommunikation schätzen, empfinden andere Diskretion als entlastend. Ein bewusster Umgang mit diesen Spannungsfeldern ist entscheidend, um Vertrauen und Sicherheit zu schaffen. Das folgende Praxistool lädt dazu ein, die eigene Haltung dazu zu reflektieren.

Praxistool

Offenheit und Transparenz in Beziehungen

Ziel dieser Übung ist es, die persönliche Balance zwischen Offenheit und Privatsphäre zu erkunden und die eigene Kommunikationsweise bewusst zu hinterfragen. Nimm Dir Zeit, um über die folgenden Fragen nachzudenken:

- Wie viel Offenheit wünsche ich mir in meiner Beziehung, und wo ziehe ich die Grenze zur Privatsphäre?
- Welche positiven oder negativen Erfahrungen habe ich mit Transparenz oder Geheimhaltung gemacht, und wie prägen sie meine Erwartungen?
- Welche Ängste oder Unsicherheiten lösen Offenheit und das Teilen von sensiblen Informationen bei mir aus?
- Wie kann Offenheit Vertrauen stärken, ohne dabei wie Kontrolle oder Zwang zu wirken?
- Welche Informationen bin ich bereit, offen zu teilen, und welche erwarte ich im Gegenzug von meinen Beziehungspersonen?

6.4 Swinging: Gemeinsame erotische Begegnungen mit Dritten

Swinging bezeichnet einvernehmliche sexuelle Aktivitäten eines Paars mit mindestens einer weiteren Person – etwa in Form von Partner*innentausch, Dreierkonstellationen oder Gruppenerlebnissen. Der Begriff stammt vom englischen *to swing* (dt.: *schwingen*) und verweist auf das lustvolle Spiel mit sexueller Offenheit über die Zweierbeziehung hinaus. Er etablierte sich im 20. Jahrhundert als Begriff für eine Praxis, in der Paare ihre Sexualität bewusst gemeinsam mit anderen gestalten. In den letzten Jahrzehnten hat sich die Szene stark diversifiziert. Während früher der klassische Partner*innentausch im Mittelpunkt stand, umfasst Swinging heute eine breite Palette von Praktiken, Rollen und Konstellationen (Venn, 2015). Manche Paare besuchen Swingerclubs oder Partys, ohne zwingend sexuelle Kontakte einzugehen, sondern um sich in einer erotisch aufgeladenen Atmosphäre zu zeigen oder sich inspirieren zu lassen. Andere pflegen gezielt soziale Netzwerke in Form des sogenannten *Cliquen-Swinging,* bei dem Paare Freundschaften mit anderen Paaren in der Swinging-Szene aufbauen. Hier spielen Vertrauen und Gemeinschaft eine größere Rolle als unmittelbare sexuelle Kontakte. Swinging kann also sowohl eine sexuelle als auch eine soziale Praxis sein.

Swinging wird zunehmend *eventisiert:* von luxuriösen Motto-Partys über erotische Tanzabende bis zu Tagen der offenen Tür in Swingerclubs. Solche Veranstaltungen sprechen unterschiedliche Zielgruppen an – von erfahrenen Swinger*innen, die gezielt den aktiven Partner*innentausch suchen, bis hin zu Neulingen, die sich zunächst orientieren und die Atmosphäre erleben möchten. Der transparente Umgang mit Regeln auf solchen Veranstaltungen macht den Einstieg leicht. Digitale Plattformen wie *Joyclub* haben diesen Wandel unterstützt, indem sie Organisation, Vernetzung und niedrigschwelligen Einstieg ermöglichen. Swinging ist dadurch sichtbarer geworden und hat sein gesellschaftliches Image gewandelt – von einer Tabupraxis hin zu einer Form sexpositiver Freizeitgestaltung.

Trotz der Vielfalt gilt in der Szene ein Grundsatz *Alles darf, nichts muss.* Entscheidend sind klare Absprachen. Manche Paare erlauben sexuelle Kontakte mit Fremden, andere setzen Grenzen wie *kein Küssen* oder *keine emotionale Bindung zu Dritten.* Solche Regeln dienen oft dem Schutz der emotionalen Intimität der Hauptbeziehung und sollen Missverständnisse vermeiden. Untreue – also geheime Außenkontakte – wird dagegen kaum toleriert. Swinging ermöglicht es Paaren so, ihre Vorstellungen von Treue neu zu definieren: Während die emotionale Exklusivität erhalten bleibt, wird die sexuelle Exklusivität aufgebrochen. Diese Trennung zwischen emotionaler und sexueller Treue zeigt, wie Paare in der Swingingszene traditionelle Beziehungsnormen auf individuelle Weise umdeuten und an ihre Bedürfnisse anpassen (de Visser & McDonald, 2007).

Wie in anderen Kontexten spiegeln sich auch in der Swingingszene gesellschaftliche Ungleichheiten wider. Weibliche Bisexualität wird häufig erotisiert und als wünschenswert betrachtet, was bisexuellen Frauen in der Szene einen höheren sozialen Status verleiht. Dagegen stoßen männliche Bisexuelle häufig auf Tabus und Ablehnung, was die heteronormativen Strukturen der Szene verdeutlicht (Schippers, 2016).

Besonders sichtbar wird dies in der sogenannten *Einhornjagd:* Viele heterosexuelle Paare suchen gezielt nach einer bi- oder pansexuellen dritten Frau (engl.: *unicorn*). Das männliche Pendant dazu ist der *Drache* (engl.: *dragon*), ein bisexueller Mann, der jedoch seltener nachgefragt wird.

Manche Einhörner und Drachen fühlen sich von solchen Konstellationen angezogen, weil sie nicht die Einzelpersonen, sondern die *Dynamik* oder *Energie* des Paares spannend finden – ein Phänomen, das als *Symbiosexualität* bezeichnet wird (Johnston, 2024a). Diese Anziehung kann nicht nur sexuelle, sondern auch emotionale oder energetische Aspekte umfassen. Im Unterschied zu sexuellen Orientierungen wie Bi- oder Pansexualität steht bei der Symbiosexualität die Beziehung als Einheit im Mittelpunkt der Anziehung – nicht die beteiligten Individuen. Historische Beispiele, etwa aus mittelöstlichen Märchen oder indigenen Erzählungen, zeigen, dass die Bewunderung für Paardynamiken keine moderne Erscheinung ist (Johnston, 2024b). Symbiosexualität bietet eine neue Perspektive auf die Einhorn- und Drachen-Dynamiken, die häufig aufgrund problematischer Machtverhältnisse kritisiert werden. Durch den Fokus auf die Anziehungskraft der Beziehung selbst rücken Eigenmotivation und Selbstbestimmung der dritten Person stärker in den Vordergrund. Viele erleben solche Konstellationen als bereichernd – insbesondere dann, wenn Begegnungen auf Augenhöhe, mit gegenseitigem Respekt und klaren Absprachen stattfinden. Die gleichzeitige Aufmerksamkeit von zwei Personen kann als stärkend und begehrenswert empfunden werden. Manche berichten sogar von transformativen – ja, geradezu religiösen – Momenten (Johnston, 2025).

Zugleich gibt es berechtigte Kritik, insbesondere aus queeren Communities. Oft wird die dritte Person – meist eine bi- oder pansexuelle Frau – auf eine funktionale Rolle reduziert und nach intimen Begegnungen ausgeschlossen, wenn sich das Paar zurückzieht. Solche Dynamiken können Gefühle der Objektifizierung und Ausgrenzung hervorrufen (Johnston, 2024c, 2025). Intransparente Strukturen und unausgesprochene Machtverhältnisse verstärken dieses

Ungleichgewicht. Entscheidend ist daher die Frage, ob die Öffnung der Beziehung vor allem der Stabilisierung der Dyade dient oder gemeinsam mit der dritten Person verhandelt wird. Eine kritische Haltung bedeutet auch, zu reflektieren, ob Regeln wirklich der Sicherheit aller Beteiligten dienen oder vor allem dem Schutz der Dyade. Hier lohnt eine Selbstbefragung: *Werden Dritte als gleichwertige Beziehungspersonen gesehen oder eher als funktionale Erweiterung?* Paare sollten ihre Erwartungen offen kommunizieren – nicht nur zur Stabilisierung der eigenen Beziehung, sondern im ehrlichen Austausch mit der dritten Person. Umgekehrt ist es wichtig, dass Unicorns oder Dragons ihre eigenen Wünsche, Grenzen und Vorstellungen benennen und kritisch prüfen, wie und ob sie sich in eine bestehende Beziehung einbringen möchten. Positive Erfahrungen entstehen dort, wo emotionale Sicherheit, Klarheit und gegenseitiger Respekt gegeben sind (Thompson et al., 2022). Swinging kann dann nicht nur Lust ermöglichen, sondern auch Intimität und Beziehungsstärkung fördern. Entscheidend ist dabei nicht die Konstellation selbst, sondern ein bewusster, verantwortungsvoller Umgang mit ihr.

Swinging ist also nicht nur eine sexuelle Praxis, sondern auch eine soziale Erfahrung, die von Atmosphäre, Aushandlung und gemeinsamer Gestaltung lebt. Um die eigene Haltung dazu zu erkunden, kann es hilfreich sein, sich imaginär in ein solches Setting hineinzuversetzen und die eigenen Gefühle, Grenzen und Wünsche zu reflektieren.

Praxistool

Ein Besuch auf einer sexpositiven Party – ein Gedankenexperiment

Ziel dieser Übung ist es, die eigenen Gefühle, Grenzen und Wünsche in einem ungewohnten, erotisch geprägten Setting zu reflektieren.

Stell Dir vor, Du betrittst eine sexpositive Party. Der Raum ist stimmungsvoll gestaltet, mit gedämpftem Licht und entspannter Musik. Paare lachen, tanzen und bewegen sich in einer sicheren, respektvollen Atmosphäre. Manche Gäste führen angeregte Gespräche, andere genießen es, nur zu beobachten. In bestimmten Bereichen kommen sich Menschen körperlich näher – zärtlich oder leidenschaftlich – stets auf Grundlage gegenseitigen Einverständnisses. Die Stimmung ist geprägt von Offenheit und Freiwilligkeit: Es gibt keine Erwartung, etwas Bestimmtes zu tun. Du kannst einfach die Atmosphäre auf Dich wirken lassen. Nimm Dir Zeit, um über die folgenden Fragen nachzudenken:

- Wie fühle ich mich in dieser Vorstellung? Welche Gefühle löst die Situation in mir aus – Neugier, Freude, Unsicherheit oder etwas anderes?
- Welche Rolle könnte ich mir dort vorstellen: Beobachter*in, Teil einer Gruppe, aktiv eingebunden?
- Welche Grenzen oder Möglichkeiten würde ich für mich und meinen Beziehungspersonen setzen?
- Welche Fantasien oder Wünsche entstehen in mir? Gibt es etwas, das ich für mich oder in meiner Beziehung erkunden möchte?
- Was würde mir helfen, mich in einem solchen Raum sicher und wohl zu fühlen?

6.5 Situationships: Zwischen Freiheit und Verbindlichkeit

Die bisherigen Modelle gehen von stabilen Zweierbeziehungen aus, die geöffnet oder erweitert werden können. Doch wenn unser außerirdisches Wesen auf die *Generation Z* (geboren nach 1997) blickt, könnte es erstaunt feststellen, dass die Idee einer stabilen Beziehung häufig auf einen deutlich späteren Lebensabschnitt – wenn überhaupt – vertagt wird. Stabilität scheint für viele jüngere Menschen in bestimmten Lebensphasen keine Priorität zu haben – zumindest nicht in ihrer aktuellen Lebenslage.

Diese Entwicklung lässt sich jedoch nicht allein als individuelle Entscheidung verstehen. Auch gesellschaftliche Bedingungen erschweren stabile, langfristige Bindungen: verlängerte Ausbildungswege, hohe Mobilitätsanforderungen, häufige berufliche Wechsel sowie ökonomische Unsicherheiten führen dazu, dass Lebensentwürfe insgesamt fluider und schwerer planbar geworden sind. Unter solchen Bedingungen kann die Vorstellung einer früh etablierten, langfristig stabilen Zweierbeziehung an Realisierbarkeit verlieren. Manche deuten dies als Ausdruck von *Bindungsunfähigkeit* (Seiffge-Krenke, 2022). Es könnte jedoch auch eine *Desillusionierung gegenüber der lebenslangen romantischen Zweierbindung* sein. Liebe – so haben viele es bereits bei ihren Eltern beobachtet oder beim Dating selbst erlebt – ist anspruchsvoll, anstrengend, riskant und unvorhersehbar. Und sie scheitert oft. Verständlich also, dass viele zunächst lieber Abstand nehmen und den Fokus auf Ausbildung und persönliche Weiterentwicklung legen – zumal Sexualität, emotionale Nähe und andere Bedürfnisse auch ohne feste Bindung gelebt werden können.

Menschen, die das klassische monogame Modell von Liebe, Heirat und Ehe hinterfragen oder vertagen, entscheiden sich häufig für lose, unverbindliche Beziehungen. Diese werden als *Situationships* bezeichnet – ein Begriff aus den englischen Wörtern *situation* (dt.: *Situation*) und *relationship* (dt.: *Beziehung*). Diese Beziehungsform bietet Intimität und Erotik, verzichtet jedoch auf Klarheit, Verpflichtung und langfristige Perspektiven (Langlais et al., 2024). Situationships bewegen sich in einer Grauzone zwischen Freundschaft und Partnerschaft und zeichnen sich durch drei zentrale Merkmale aus: Erstens herrscht eine Unklarheit über den Status, da keine offizielle Bezeichnung wie *Partner*in* oder *feste*r Freund*in* verwendet und die Beziehung selten öffentlich anerkannt wird. Diese fehlende Anerkennung zeigt sich beispielsweise darin, dass die Beziehungsperson nicht im sozialen Umfeld vorgestellt wird, keine gemeinsame Präsenz in sozialen Medien besteht oder die Verbindung keinen klar definierten Platz im Leben der Beteiligten einnimmt. Zweitens fehlt es an Zukunftsplanung, da Gespräche über gemeinsame Ziele oder langfristige Perspektiven ausbleiben. Drittens ist die Dynamik von wechselnder Nähe und Distanz geprägt: Phasen intensiver emotionaler oder physischer Nähe wechseln sich mit Momenten der Distanz ab, ohne dass klare Absprachen bestehen.

Eine Situationship kann Freiheit ermöglichen, weil sie erlaubt, Beziehungen unverbindlich zu erkunden. Digitale Plattformen wie Tinder oder Bumble begünstigen diese Dynamik, indem sie schnelle und unkomplizierte Begegnungen (engl. *Casual Dating*) ermöglichen. Wer sich als *Single* bezeichnet, kann trotzdem Sexualität mit anderen Personen leben. Beziehungskonzepte wie *Freundschaft plus* oder *reine Sexbeziehungen* sowie der allgemeinere Begriff der *Hookup-Culture*, also eine Kultur unverbindlicher Intimität, spiegeln denselben Trend wider. Was zu Beginn flexibel und unkompliziert wirkt, kann jedoch belastend werden. Hinter der Freiheit und der abenteuerlustigen Neugier steckt oft eine tiefere Ambivalenz: die Sorge, den Erwartungen des Gegenübers nicht gerecht zu werden, aber auch die Unsicherheit, ob man sich überhaupt festlegen möchte. Die fehlende Verbindlichkeit erscheint als Schutz – vor Enttäuschung, vor Scheitern, aber auch vor den Konsequenzen einer festen Bindung. Mit der Zeit führt die Unklarheit über den Status der Beziehung jedoch häufig zu Unsicherheit und Frustration – besonders dann, wenn eine Seite stärkere Gefühle entwickelt, die von der anderen nicht erwidert werden. So können intensive, aber richtungslose Beziehungen entstehen. Dieses Ungleichgewicht zwischen emotionaler Nähe und fehlender Verbindlichkeit birgt das Risiko, dass sich mindestens eine Person zurückgewiesen oder übersehen fühlt. Oder enttäuscht wird, weil sie insgeheim hoffte, dass die andere Person mit der Zeit emotional nachziehen würde.

Unser außerirdisches Wesen könnte Situationships als ambivalentes Übergangsmodell betrachten – ein Beziehungsformat, das einerseits persönliche Freiheit, Exploration und Selbstfindung ermöglicht, andererseits aber auch neue Unsicherheiten erzeugt. Langfristig stellt sich weniger die Frage, ob solche Beziehungen grundsätzlich problematisch sind, sondern eher, welche Beziehungskompetenzen in ihnen gefördert werden und welche möglicherweise stärker in verbindlicheren Konstellationen entstehen. Fähigkeiten wie langfristige Verbindlichkeit, gemeinsame Zukunftsplanung und der Umgang mit dauerhafter Nähe werden häufig erst dann relevant, wenn Beziehungen an Stabilität gewinnen. Wer *später* ein klassisches Familienmodell anstrebt, könnte daher feststellen, dass der Übergang in verbindlichere Bindungen neue Anforderungen mit sich bringt. Auch ein Kinderwunsch, der vielleicht nur bei einer Person besteht, wird mitunter so lange vertagt, bis biologische oder biografische Zeitfenster enger werden. Diese Dynamik betrifft nicht nur die Erwachsenen. Kinder können sich zwar an unterschiedliche Beziehungsstrukturen anpassen, brauchen aber dennoch Stabilität und Berechenbarkeit. Und mit zunehmendem Alter sehnen sich viele Menschen nach Beständigkeit.

Langzeitbeziehungen mögen manchen langweilig erscheinen. In einigen Kreisen entsteht sogar *Tinderneid,* also Neid auf Personen, die den Kick des Datings erleben, während man selbst in seiner festen und exklusiven Partnerschaft lebt. Doch Langzeitbeziehungen sind wie gelagerter Wein: Sie entfalten ihren besonderen Geschmack erst mit der Zeit. Sie bergen Schätze, die am Anfang verborgen bleiben. Menschen entwickeln sich nicht allein – sie brauchen ein stabiles Gegenüber, mit dem über Jahre ein besonderes

Kraftfeld aus Autonomie und Verbundenheit wachsen kann.

Konservative Stimmen fordern daher eine Rückkehr zu traditionellen Werten wie Treue, Durchhaltevermögen und partnerschaftlicher Sexualität. Doch solche Prinzipien lassen sich nicht erzwingen. Sie erfordern moderne Visionen, die Freiheit und Verantwortung miteinander verbinden. Interessanterweise ähneln diese Werte den Prinzipien der Polyamorie: Verbindlichkeit, Transparenz, Fürsorge und Freiheit innerhalb klarer Grenzen gegenseitiger Rücksichtnahme.

6.6 Polyamorie

Die Lebensrealitäten polyamorer Menschen sind ebenso vielfältig wie die Beziehungsformen selbst. Einige leben in *Communities Gleichgesinnter*, tauschen sich in Netzwerken aus oder nehmen an Treffen wie Poly-Stammtischen teil, um Erfahrungen zu teilen und Unterstützung zu finden. Andere, oft traditionell sozialisiert, führen parallele Beziehungen, ohne den Begriff Polyamorie zu kennen oder sich bewusst einer bestimmten Lebensform zuzuordnen. Diese Vielfalt zeigt sich nicht nur in sozialen Kontexten, sondern auch in der individuellen Ausgestaltung der Beziehungen (Anapol, 2010; Astle et al., 2024; Balzarini et al., 2019a, b). Polyamorie ist daher weniger eine feste Struktur als vielmehr ein flexibles Konzept, das Raum für unterschiedliche Lebensweisen und Bedürfnisse bietet.

Eine verbreitete Form polyamorer Beziehungen ist die *hierarchische Struktur*, bei der eine Person neben einer primären Partnerschaft auch eine oder mehrere sekundäre Beziehungen – sogenannten *Satelliten-Beziehungen* – führt. *Primäre Beziehungen* nehmen häufig eine besondere Stellung ein, entweder weil sie schon länger bestehen oder durch tiefere Abhängigkeiten geprägt sind. Oft leben die Personen der primären Beziehung zusammen; in der Poly-Sprache spricht man dann von einer *Nestpartnerschaft.* In solchen Beziehungen werden häufig finanzielle Ressourcen geteilt, gemeinsame Entscheidungen getroffen oder Kinder gemeinsam betreut. Allerdings ist nicht jede*r primäre Partner*in auch Nestpartner*in. Ein verwandtes Konzept ist der/die *Ankerpartner*in. Ankerpartner*innen* nehmen eine zentrale Rolle für emotionale Stabilität und Verlässlichkeit ein. Anders als Nestpartner*innen leben Ankerpartner*innen nicht zwingend im selben Haushalt (Nest). Ihre Bedeutung liegt vielmehr in ihrer emotional stabilisierenden und verbindenden Funktion, unabhängig von geografischer Nähe oder geteiltem Alltag.

Sekundärbeziehungen hingegen stehen in der Regel weniger im Mittelpunkt des Lebens. Sie erfüllen oft andere Bedürfnisse, wie Abenteuer oder (erotische) Spontanität, während primäre Beziehungen eher Bindungsbedürfnisse wie Sicherheit und Unterstützung abdecken. Studien zeigen, dass primäre Beziehungen oft mit höherer Zufriedenheit einhergehen (Balzarini et al., 2017; Balzarini et al., 2019a). Sie ähneln in vielen Aspekten monogamen Partnerschaften, da sie häufig von Freund*innen und Familie besser akzeptiert und seltener geheim gehalten werden. Dies könnte auch das höhere Maß an Vertrauen erklären, das primären Partnerschaften zugeschrieben wird.

Manche Menschen bevorzugen *nicht-hierarchische Beziehungsmodelle,* bei denen alle Beteiligten gleichberechtigt sind. Diese Konstellation wird oft als *multiple primäre Partnerschaften* bezeichnet. Solche Beziehungen entstehen manchmal aus ursprünglich hierarchischen Strukturen, wenn sich die emotionale Bindung zu einer zweiten Beziehungsperson im Laufe der Zeit verstärkt und ähnlich wichtig wird.

Die radikalste Form nicht-hierarchischer Polyamorie ist die *Beziehungsanarchie.* Hierbei gibt es keine festen Prioritäten; auch Freund*innen oder Familienmitglieder können zu den engsten Bezugspersonen zählen. Beziehungsanarchie orientiert sich weniger an gesellschaftlichen Normen und mehr an individuellen Bedürfnissen und gegenseitigem Respekt, was maximale Freiheit in der Beziehungsstruktur erlaubt.

Beziehungssysteme mit mehr als zwei Personen, die emotionale und/oder sexuelle Intimität teilen, werden häufig als *Polykül* bezeichnet. Diese Netzwerke – auch als *Pods* oder *Polyfamilien* genannt, insbesondere wenn Kinder beteiligt sind – variieren stark in Struktur und Dynamik. Polyküle können als *Triade* organisiert sein, also als Konstellation von drei eng verbunden Personen, bei der möglicherweise nur zwei von ihnen sexuelle Kontakte miteinander haben. Diese Konstellation kann hierarchisch oder nicht-hierarchisch gestaltet sein. Eine weitere Form ist das *Quad,* also eine Konstellation aus vier Personen, das häufig entsteht, wenn zwei polyamore Paare Beziehungen zueinander aufbauen. Dabei muss nicht jede Person mit jeder anderen intim verbunden sein. Ein Polykül kann sich zudem als Netzwerk organisieren, in dem eine größere Gruppe von Menschen wie eine Gemeinschaft oder Kommune agiert. Dort bestehen unterschiedliche freundschaftliche, emotionale oder sexuelle Verbindungen. Entscheidet sich ein Polykül, keine weiteren Beziehungspersonen aufzunehmen, spricht man von *Poly-Treue.*

Praxistool

Wer soll mitkommen in die Beratung?

Beratende, die Menschen in Polykülen begleiten, stehen häufig vor der Herausforderung, die relevanten Personen in Gespräche über Beziehungsthemen oder Konflikte einzubeziehen. Wer ist unmittelbar betroffen? Wer hat Einfluss auf die Dynamik oder verfügt über Handlungsspielraum? Dabei gilt es auch, Machtverhältnisse, emotionale Nähe und Rollenzuweisungen zu berücksichtigen, da diese Faktoren die Lösungsfindung erheblich beeinflussen können.

In der Praxis zeigt sich jedoch, dass trotz der Komplexität polyamorer Netzwerke häufig nur zwei Personen gemeinsam zur Beratung kommen – ähnlich wie in monogamen Paarbeziehungen. Das bedeutet nicht, dass andere Beziehungspersonen unbeteiligt sind – auch in monogamen Beziehungen sind oft weitere Menschen im Hintergrund mit beteiligt, beispielsweise Kinder oder (Schwieger-)Eltern. Sie sind indirekt von den besprochenen Themen betroffen oder Teil der Dynamik.

Für Beratende ist es daher entscheidend, den gesamten Beziehungkontext mitzudenken und eine systemische Perspektive einzunehmen, um den vielschichtigen Bedürfnissen aller Beteiligten gerecht zu werden.

Solo-Poly und Mono-Poly-Beziehungen

Solo-Poly bezeichnet Menschen, die polyamor leben, sich jedoch bewusst keinem festen Beziehungsgefüge zuordnen. Sie bevorzugen einen unabhängigen Lebensstil und verzichten auf Primärpartnerschaften, ohne ihre Offenheit für mehrere emotionale oder sexuelle Bindungen aufzugeben. Im Vordergrund stehen persönliche Freiheit und die Möglichkeit, intime Beziehungen unabhängig zu gestalten. Im Unterschied zu Beziehungsanarchist*innen bewahren Solo-Poly-Menschen häufig bestimmte romantische Vorstellungen oder definierte Beziehungsformen. Anders als in traditionellen Poly-Konstellationen, etwa eine Polyfamilie mit mehreren Beziehungspersonen unter einem Dach, bleibt die persönliche Eigenständigkeit zentral.

Tab. 6.1 zeigt zentrale Unterschiede zwischen Solo-Poly und Beziehungsanarchie. Sie basiert auf einer Synthese verschiedener Quellen (Easton & Hardy, 2018; Labriola, 2013; Nordgren, 2006).

Eine weitere Konstellation ist die sogenannte *Mono-Poly-Beziehung,* bei der eine Person überzeugt monogam lebt, während die andere polyamor lebt. Dies unterscheidet sich von Beziehungen, in denen eine Person zeitweise keine weiteren Partnerschaften pflegt, dies aber prinzipiell möchte. Mono-Poly-Dynamiken gelten als herausfordernd, da sie unterschiedliche Bedürfnisse und Vorstellungen vereinen müssen. Dennoch sind solche Beziehungen in der Praxis überraschend häufig und unsere Beratungserfahrungen zeigen, dass sie langfristig glücklich gelebt werden können. Typische Spannungsfelder ergeben sich, weil die polyamore Person mehrere Beziehungen führen kann, während die monogame Person Exklusivität wählt. Auch wenn dies eine freiwillige Entscheidung ist, kann es langfristig als Ungleichgewicht empfunden werden – besonders, wenn sich Bedürfnisse im Laufe der Zeit verändern. Etwa, wenn eine Person einen Kinderwunsch entwickelt, der mit einer klassischen, exklusiven Elternschaft verbunden ist, während die andere weiterhin mehrere Partnerschaften pflegen möchte.

Mono-Poly-Beziehungen erfordern ein hohes Maß an Selbstreflexion. Die monogame Person könnte sich selbst fragen: *Bin ich genug?* Gleichzeitig kann die polyamore Person Schuldgefühle entwickeln oder sich in ihrer Freiheit eingeschränkt fühlten. Regelmäßige, offene Gespräche sind unerlässlich. Ausgleich kann auch anders erfolgen, als durch eine Beziehung, etwa durch mehr Zeit für andere Interessen oder andere Spielräume. Eifersucht sollte nicht tabuisiert werden, sondern als natürliches Gefühl anerkannt und reflektiert werden.

Tab. 6.1 Vergleich zwischen Solo-Poly und Beziehungsanarchie

Merkmal	Solo-Poly	Beziehungsanarchie
Beziehungsstruktur	Mehrere romantische/sexuelle Beziehungen, ohne Primärpartnerschaft	Keine festen Kategorien wie romantisch, freundschaftlich oder sexuell – jede Beziehung wird individuell gestaltet
Selbstverständnis	Teil eines Beziehungsnetzwerks, aber Betonung der eigenen Unabhängigkeit	Ablehnung konventioneller Beziehungsnormen (z. B. Treue, Besitzansprüche, Rollenerwartungen)
Beziehungskategorien	Unterscheidung zwischen romantischen Beziehungen und Freundschaften bleibt meist bestehen	Kategorien werden bewusst aufgelöst – Freundschaft kann genauso bedeutsam sein wie romantische Beziehungen
Verbindlichkeit	Verbindliche Absprachen möglich, aber ohne Lebensverschmelzung	Verbindlichkeit entsteht durch bewusste Wahl, nicht automatisch
Zusammenleben/ Finanzen	Oft getrennte Haushalte, bewusste Unabhängigkeit	Ebenfalls oft unabhängig, jede Form ist individuell aushandelbar
Beziehungshierarchie	Hierarchien werden abgelehnt (keine Primär-/Sekundärpartner*innen)	Grundsätzliche Infragestellung von Exklusivität und klassischen Beziehungszielen wie Ehe
Theoretischer Hintergrund	Verwurzelt in der Polyamorie-Bewegung	Geprägt von queer-feministischen und anarchistischen Theorien

Ein weiteres Spannungsfeld entsteht durch soziale Wahrnehmung. Monogame Freund*innen oder Familienangehörige empfinden Mono-Poly-Beziehungen oft als instabil, während polyamore Communities infrage stellen, ob die monogame Person langfristig glücklich sein kann. Fehlt ein unterstützendes Netzwerk oder wird die Situation deshalb geheim gehalten, kann dies zu Isolation führen. Der Austausch mit anderen Mono-Poly-Paaren oder eine offene, verständnisvolle Community kann hier entlastend wirken.

Mono-Poly-Beziehungen sind oft keine Notlösung und kein fauler Kompromiss zwischen zwei unvereinbaren Welten, sondern eine eigenständige Beziehungsform. Sie verlangen bewusste Entscheidungen, emotionale Stabilität und gegenseitige Wertschätzung. Gelingt dies, können sie tiefgehende und erfüllende Partnerschaften ermöglichen – vorausgesetzt, beide Seiten sind bereit, kontinuierlich an ihrer Beziehung zu arbeiten.

6.7 Einvernehmlichkeit: Was sie bedeutet und voraussetzt

Einvernehmliche – auch: konsensuelle – Nicht-Monogamie beschreibt Beziehungsmodelle, in denen alle Beteiligten *bewusst* und *freiwillig* zustimmen, dass mindestens eine beteiligte Person intime Beziehungen zu mehreren Menschen führen kann. Diese Mehrpersonenbeziehungen können Sexualität, emotionale Nähe oder beides umfassen. Sie beruhen auf Offenheit, gegenseitigem Respekt und klaren Absprachen. Der entscheidende Unterschied zu nichtkonsensuellen Formen wie Fremdgehen liegt in der *offenen Kommunikation* und der *aktiven Zustimmung* aller Beteiligten. Dabei ist *Konsens* mehr als ein bloßes *Ja.* Er setzt voraus, dass Entscheidungen freiwillig, informiert und ohne Angst vor negativen Konsequenzen getroffen werden können. Ein echtes Ja braucht die Möglichkeit eines freien Nein. In meiner (AM) therapeutischen Praxis frage ich deshalb häufig: *Könnte die zu beratende Person die Öffnung der Beziehung auch ablehnen – ohne Angst vor Druck, Verlust oder Schuldgefühlen?* Entscheidungsfreiheit ist eng mit Selbstbestimmung verknüpft. Machtverhältnisse – etwa emotionale, finanzielle oder kulturelle Ungleichheiten – können die Möglichkeit zu echter Zustimmung erheblich einschränken. Auf diese Dynamiken gehen wir ausführlicher in Kap. 11 ein. Darüber hinaus reicht ein formales Ja nicht aus, wenn es mit innerem Widerstand, Unbehagen oder dem Gefühl emotionaler Unsicherheit verbunden ist. In der Praxis frage ich deshalb nicht nur nach der Zustimmung selbst, sondern auch danach, wie sicher, respektiert und getragen sich die Person mit der Entscheidung fühlt. Denn ein Konsens, der nicht auch emotional stimmig ist, bleibt brüchig.

Konsens und Konsent

In diesem Zusammenhang ist es hilfreich, zwischen *Konsens* und *Konsent* zu unterscheiden. Konsens (abgeleitet aus dem lateinischen Wort *consensus*) orientiert sich am Ideal der Einmütigkeit: Alle Beteiligten stimmen nicht nur formal zu, sondern teilen auch ein gemeinsames inneres Einverständnis. Konsent hingegen, wie er in soziokratischen Entscheidungsmodellen entwickelt wurde (Endenburg, 1998), bedeutet nicht vollständige Einmütigkeit, sondern die Abwesenheit schwerwiegender Einwände. Dieses Modell ist für Mehrpersonenbeziehungen oft praktikabler: Da Emotionen wie Freude, Unsicherheit oder Eifersucht nebeneinander existieren können, ist ein perfekter Konsens selten erreichbar. Konsent erlaubt Bewegung und Lernen, etwa wenn eine Person sagt: *Ich habe noch Unsicherheiten, aber keinen Grund, Dein Date abzulehnen.* Damit wird Ambivalenz anerkannt, ohne die Weiterentwicklung der Beziehung zu blockieren. Beziehungen sind prozesshaft und veränderlich, sodass nicht ideale Einmütigkeit, sondern die Abwesenheit unzumutbarer Einwände ein angemessenes Kriterium für legitime Entscheidungen bildet.

Soziale Voraussetzungen

Polyamorie wird häufig als eine Beziehungsform diskutiert, die *allen* offensteht. Tatsächlich zeigen die oben genannten Studien zur Verbreitung einvernehmlich nicht-monogamer Beziehungsformen, dass sie in allen sozialen Schichten vorkommt. *Doch bedeutet das auch, dass alle sie gleichermaßen leben können?*

Mehrere Beziehungen zu führen, erfordert *Ressourcen* – nicht nur emotionale und soziale, sondern auch zeitliche und finanzielle. Während monogam lebende Paare oft einen gemeinsamen Alltag teilen, sind polyamore Beziehungen meist dezentral organisiert. Das bedeutet: mehr Planung, mehr Kommunikation und oft auch mehr logistische Herausforderungen. Wer arbeitet, Kinder erzieht, mit mentalen Belastungen kämpft oder Angehörige pflegt, hat oft weniger Zeit, Energie und Aufmerksamkeit – im Englischen oft mit dem Akronym TEA bezeichnet für *time, energy* und *attention* – für mehrere Beziehungen. Auch finanzielle Ressourcen spielen eine Rolle: Fernbeziehungen verursachen Reisekosten, fehlender gemeinsamer Wohnraum erfordert alternative Treffpunkte – vom Café, über Hotelzimmer bis zur eigenen Wohnung. Wer mehrere Beziehungspersonen hat, muss koordinieren, mit wem Urlaube verbracht werden. Und wer gerne kleine Aufmerksamkeiten verschenkt, braucht dafür ebenfalls finanzielle Ressourcen.

Während Polyamorie oft mit persönlicher Wahlfreiheit verbunden wird, ist diese Freiheit nicht für alle gleichermaßen zugänglich. Menschen, die in konservativen Umfeldern aufwachsen oder Diskriminierung erfahren – etwa aufgrund von ethnischer Herkunft, Behinderung oder sozialem Status – sind zusätzlichen Risiken ausgesetzt. Wer gängigen Schönheitsidealen entspricht, jung und gesund ist, hat es oft leichter, neue Beziehungen einzugehen. Das gilt zwar auch für monogam lebende Menschen, doch in polyamoren Netzwerken können sich bestehende Ungleichheiten zusätzlich verstärken, etwa durch den sozialen Druck, mehrere Beziehungen zu führen oder sich als polyamor zu identifizieren. Auch innerhalb queerer Communities, in denen Polyamorie besonders verbreitet ist, erleben manche Menschen *Mehrfachdiskriminierung.* Wer sich als nicht-heterosexuell und in offener Beziehung lebend outet, muss mit doppelten Vorurteilen rechnen und sich damit auseinandersetzen – sei es im Freundeskreis, am Arbeitsplatz oder in der Familie. Ein schwuler Freund von mir (AM), der in einer polyamoren Beziehung lebt, erzählte einmal, dass es sich für ihn wie ein zweites Coming-out anfühlte. Als er sich als schwul outete, musste er sich bereits gegen Klischees und Vorurteile behaupten – doch mit Polyamorie begann alles von vorn, sogar in queeren Kreisen. Plötzlich kamen wieder dieselben Fragen: *Bist Du Dir sicher? Kann das überhaupt funktionieren? Bist Du damit wirklich glücklich?*

Polyamorie ist keineswegs nur für eine privilegierte Elite oder Menschen mit viel Zeit und Ressourcen möglich. Doch nicht alle haben dieselben Voraussetzungen, um sie offen und selbstbestimmt zu leben. Eine ehrliche Auseinandersetzung mit Mehrpersonenbeziehungen muss auch diese sozialen Unterschiede berücksichtigen. In Abb. 6.2 haben wir mögliche Einflussfaktoren zusammengefasst, die ver-

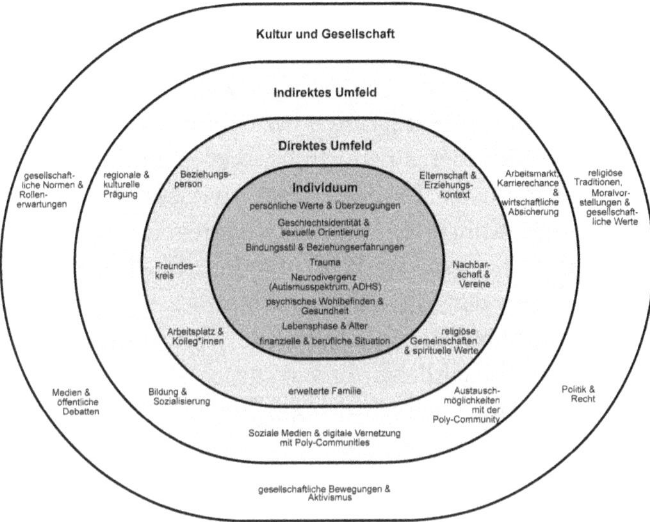

Abb. 6.2 Einflussfaktoren auf die Gestaltung von Beziehungen

deutlichen, wie individuelle, soziale und strukturelle Bedingungen Beziehungsentscheidungen beeinflussen können.

Fehlende Einvernehmlichkeit: Untreue, Affären, Fremdgehen

Untreue beschreibt in einer monogamen Welt das Verletzen von Exklusivitätsnormen – sei es sexuell oder emotional. *Exklusivität* meint in monogamen Beziehungen meist drei Dimensionen: *sexuell* (z. B. Intimität, körperliche Nähe und Sexualität), *emotional* (z. B. gegenseitige Unterstützung, Beruhigung und Erfüllung von Liebes- und Zugehörigkeitsbedürfnissen) und *lebenspraktisch* (z. B. Teilen von Ressourcen wie Zeit, Geld und sozialen Netzwerken). Diese Formen von Exklusivität können explizit vereinbart oder implizit durch kulturelle Normen geprägt sein. Die Einhaltung dauerhafter monogamer Exklusivität stellt viele

Menschen vor Herausforderungen – beeinflusst durch individuelle Faktoren wie innere Konflikte oder unerfüllte sexuelle Wünsche (z. B. alternative Praktiken, Begegnungen mit mehreren Personen), durch beziehungsbezogene Dynamiken wie veränderte Bedürfnisse oder mangelnde Nähe sowie durch situative Einflüsse, etwa attraktive Alternativen, neue soziale Kontakte, längere Dienstreisen oder andere Gelegenheiten. *Treue* ist kein rein individuelles Versprechen, sondern das Ergebnis eines komplexen Zusammenspiels aus persönlichen Bedürfnissen, Beziehungsdynamiken und gesellschaftlichen Erwartungen.

Untreue kann vieles bedeuten. Sie umfasst nicht nur körperliche Handlungen, sondern auch emotionale Bindungen oder technologisch vermittelte Interaktionen, wie Nachrichten auf dem Handy. *Fremdgehen,* eine spezifische Form von Untreue, bezeichnet meist das heimliche Überschreiten der vereinbarten oder angenommenen *sexuellen* Exklusivitätsgrenzen einer Beziehung. Dies kann sowohl einzelne sexuelle Kontakte als auch längere, emotional involvierte Bindungen zu Dritten umfassen. *Affären* bezeichnen wiederholte, häufig emotional und sexuell intensive Beziehungen zu einer dritten Person.

Obwohl Fremdgehen nicht konsensuell erfolgt, ist es in der Praxis die mit Abstand häufigste Form gelebter Nicht-Monogamie. Bereits in alten Schriften, etwa in der Tora oder im Alten Testament, finden sich Hinweise auf sexuelle Abenteuer und außereheliche Beziehungen. Sexuelle Außenkontakte während einer Partnerschaft sind keine Seltenheit. Studien zeigen, dass 15–26 % der Frauen und 17–32 % der Männer mindestens einmal während einer Beziehung sexuelle Kontakte mit einer anderen Person hatten (Haversath et al., 2017; Kröger, 2010). Selbst innerhalb der aktuellen Partnerschaft berichteten 6 % der Frauen und 8 % der Männer von *nicht*-einvernehmlichen Außenkontakten. Ähnliche Ergebnisse finden sich in groß angelegten Studien in Nordamerika: Dort gaben 11–15 % der verheirateten Frauen und 22–25 % der verheirateten Männer an, mindestens einmal fremdgegangen zu sein (Weiser et al., 2023). Meistens bleiben solche Kontakte jedoch verborgen – nur etwa ein Drittel wird offengelegt (Conley et al., 2012; Lehmiller, 2015).

Wie Untreue gesellschaftlich bewertet wird, ist unterschiedlich: Manche Kulturen bestrafen sie streng, andere tolerieren sie, abhängig von Geschlechterrollen und anderen sozialen Normen. Die Ursachen von Untreue sind vielfältig und reichen von individuellen bis hin zu beziehungsbezogenen Faktoren (Selterman et al., 2019; Treas & Giesen, 2000; Weiser et al., 2022). Zu den häufigsten individuellen Auslösern zählen sexuelle Unzufriedenheit, mangelnde Wertschätzung und das Bedürfnis nach Selbstbestätigung. Auch Abenteuerlust, Neugier und der Reiz des Verbotenen können die Attraktivität von Außenbeziehungen erhöhen, insbesondere durch den Nervenkitzel und die Gefahr, entdeckt zu werden. Heimliche Außenkontakte bergen ein Gesundheitsrisiko: Sie erhöhen die Wahrscheinlichkeit sexuell übertragbarer Krankheiten, vor allem dann, wenn – manchmal aus der Angst vor Verdachtsmomenten – auf Schutzmaßnahmen wie Lecktücher oder Kondome verzichtet wird (Conley et al., 2012; Lehmiller, 2015).

Affären stellen eine besonders herausfordernde Form des Fremdgehens dar. Sie verletzen nicht nur mehrere Exklusivrechte der Monogamie, sondern untergraben durch das Fehlen von Transparenz und Zustimmung das Vertrauen in die Beziehungsperson und die Integrität der Partnerschaft. Werden sie entdeckt oder durch Dritte aufgedeckt, erleben Beziehungspersonen dies häufig als schwerwiegenden Vertrauensbruch, der persönliches Leid verursacht und die Partnerschaft nachhaltig belasten oder sogar zerstören kann (Weiser et al., 2022). Aus Angst vor solchen Konsequenzen führen viele Menschen heimliche Außenbeziehungen – ohne Rücksprache mit ihrer Beziehungsperson.

Was bedeutet eigentlich Treue?

Viele Menschen träumen von Begegnungen jenseits der Zweiernorm – sei es von sexuellen Erfahrungen mit anderen Geschlechtern, von nicht gelebten Vorlieben oder von neuen sozialen Kontakten. Viele erleben auch außerhalb ihrer bestehenden Paarbeziehung Liebesgefühle oder sexuelles Begehren – und möchten diesen Impulsen mitunter nachgehen. Doch häufig fehlen die sicheren Räume, in denen solche Wünsche offen, respektvoll und ohne Angst vor Verlust oder Verurteilung benannt und verhandelt werden können. In monogamen Beziehungen wird typischerweise wenig über Erwartungen an Exklusivität und somit über die genaue Bedeutung von *Treue* gesprochen. *Was gilt als Untreue – und ab wann beginnt sie? Welche Erwartungen, unausgesprochenen Regeln und kulturellen Normen prägen unser jeweiliges persönliches Verständnis von Exklusivität?* Stattdessen dominieren Sprachlosigkeit und Annahmen, die zu Missverständnissen und Verletzungen führen können.

Beziehungswirklichkeiten

Mira (35) erzählte in einer Beratung: „Ich hatte auf seinem Handy einen Flirt entdeckt – nur Nachrichten, kein Treffen, aber sehr eindeutig sexy. Für mich war das ganz klar Untreue. Ich war verletzt, wütend, enttäuscht. Aber er war mindestens genauso empört – nicht über den Chat, sondern darüber, dass ich sein Handy durchsucht hatte. ‚Ich habe doch nichts gemacht!', hat er gesagt. Uns wurde in dem Moment erst richtig klar, dass wir völlig unterschiedliche Vorstellungen davon hatten, was Treue eigentlich bedeutet – und was man voneinander erwarten kann oder darf."

Außenbeziehungen ermöglichen es, Spannungen oder ungelöste Probleme zu umgehen, ohne sich unangenehmen Gesprächen über Treue, Distanz oder Entfremdung stellen zu müssen. Paradoxerweise kann Untreue zur Stabilität einer Partnerschaft beitragen, wenn sie emotionale und sexuelle Defizite kompensiert. Diese kurzfristige Stabilität hat jedoch ihren Preis: Meist leidet die Person mit der Außenbeziehung unter Schuldgefühlen, Reue, Angst vor Entdeckung und – bei längeren Affären – einem wachsenden Gefühl innerer Zerrissenheit. Heimlichkeit geht zudem mit Scham und einem Verlust von Authentizität einher. Wenn Außenstehende mehr über die Affäre wissen als die eigene Beziehungsperson, wird die ohnehin belastete Bindung zusätzlich untergraben. Die außenstehende Person wird oft idealisiert, während die bestehende Beziehung unbewusst an Wert verliert. Diese Dynamik hängt – ohne dass sie so wahrgenommen wird – auch mit den verschiedenen Qualitäten älterer und neuerer Liebe zusammen. Verliebtheitsgefühle und die emotionale Distanz zur Beziehungsperson lassen die neue Person in einem rosigen Licht erscheinen und bei Vergleichen besser abschneiden. Solche Vergleiche verschärfen bestehende Konflikte und können eine Partnerschaft selbst ohne Offenlegung der Affäre an ihre Belastungsgrenze bringen. Fremdgehen bleibt daher in vielen Beziehungen ein tabuisiertes, aber tiefgreifendes Problem.

Die Nachteile heimlicher Untreue werden im Verlauf einer Außenbeziehung zunehmend spürbarer. Gefühle von Angst und Schuld lasten auf der untreuen Person, während die Logistik der Geheimhaltung – von Zeitmanagement bis zur Aufrechterhaltung von Lügen – zusätzlichen Stress erzeugt. Besonders schwierig wird es, wenn sich Liebesgefühle entwickeln oder die dritte Person mehr will, als dauerhaft die Rolle einer heimlich geliebten Person zu spielen. Dann entsteht häufig ein massiver Entscheidungsdruck zwischen den Beziehungen.

Beziehungswirklichkeiten

Selma (39), Mutter von zwei Kindern, beschreibt in einem Beratungsgespräch eine Situation, die von emotionaler und ökonomischer Abhängigkeit geprägt ist: „Wir haben nie darüber gesprochen. Aber ich weiß einfach, dass er niemals damit leben könnte, wenn ich mit einem anderen Mann Sex hätte. Wenn er von meiner Affäre erfahren würde – er würde sofort die Schlösser austauschen. Ich hätte Probleme, die Kinder zu sehen. Und finanziell wäre ich völlig aufgeschmissen. Ich liebe meinen Mann. Aber ich liebe auch den anderen Mann. Und genau deshalb kann ich keinen von beiden verlassen."

Ihre Worte werfen grundlegende Fragen auf: Wie konsensuell ist Monogamie, wenn sie unter solchen Machtverhältnissen gelebt wird? Wie viele Menschen schweigen aus Angst – nicht aus Gleichgültigkeit? Für Selma war klar: Es ging ihr nicht um Bequemlichkeit, sondern um existenzielle Sicherheit. Und um das, was ihr in keiner der beiden Beziehungen ganz zugänglich war: Freiheit, ohne alles zu verlieren.

Heimlichkeiten sind selten von Dauer: Wie das Sprichwort *Lügen haben kurze Beine* sagt, kommt die Wahrheit nicht immer, aber oft ans Licht. Wird Fremdgehen aufgedeckt, hat dies meist schwerwiegende Konsequenzen für alle Beteiligten bis hin zur abrupten Beendigung der Beziehung. Denn für die betrogene Beziehungsperson bedeutet eine unabgesprochene Außenbeziehung in einer monogamen Konstellation einen tiefen Vertrauensbruch, der intensive Gefühle von Wut, Trauer und Unsicherheit auslösen kann. Verletzt werden dabei Bedürfnisse nach Verlässlichkeit und Ehrlichkeit sowie die Erwartung, dass wesentliche Beziehungsentscheidungen gemeinsam – idealerweise einvernehmlich – getroffen werden. Waren schon eigene Unzufriedenheitsgefühle in der Beziehung da, werden diese nun verstärkt. Ein längeres Schweigen im Vorfeld intensiviert nicht nur das Gefühl des Verrats, wenn die Affäre schließlich ans Licht kommt, sondern erschwert auch die Möglichkeit, das Geschehen gemeinsam zu bearbeiten und vielleicht etwas daraus zu lernen. Aufgedeckte Untreue führt daher häufig zu massiven Krisen oder Trennungen, da sie grundlegende Diskussionen über Vertrauen und Beziehungsvorstellungen unausweichlich macht (Weiser et al., 2022).

Ob die Folgen einer *Enttarnung* nur als Belastung erlebt oder (auch) als Chance für Ehrlichkeit und Entwicklung genutzt werden können, hängt stark von der individuellen Situation, den Persönlichkeiten und den Werten der Beteiligten ab. In der Praxis gelingt es Paaren selten spontan, über die Anteile beider Seiten an den oft bereits bestehenden Schwierigkeiten zu sprechen. Zu dominant ist meist die Schuldzuschreibung: Die Person, die fremdgeht, gilt schnell als alleinige*r Täter*in. Auch im Umfeld – Familie, Freundeskreis, Kolleg*innen – wird das Urteil häufig eindeutig gefällt. Manche bezeichnen Untreue daher als *das letzte Tabu*. Gelegentlich versucht die untreue Person, den Spieß umzudrehen und sich selbst zum Opfer zu inszenieren, etwa durch für ihr Umfeld plausible Begründungen, warum es *nicht mehr anders ging*. Die erzeugte Täter*innen-Opfer-Dynamik ist manchmal so stark ausgeprägt, dass sie in der Beziehungsberatung kaum noch aufzulösen ist. Untreue bringt damit eine Vielzahl emotionaler, sozialer und gesundheitlicher Herausforderungen mit sich, die Beziehungen tiefgreifend beeinflussen. Selbst wenn die Partnerschaft fortgeführt wird, bleiben Unsicherheiten und Spannungen häufig bestehen, was die langfristige Stabilität beeinträchtigen kann.

Beziehungswirklichkeiten

Lena (38) erzählt von einer Krise in ihrer Ehe mit Jonas, die durch eine Affäre ausgelöst – oder sichtbar gemacht – wurde: „Ich habe mich in Lennart verliebt, den Handballtrainer unserer Kinder. Bei ihm war plötzlich wieder Leichtigkeit, Nähe, das Gefühl, gesehen zu werden. In meiner Ehe fühlte ich mich nur noch als Mutter, nicht mehr als Frau. Jonas war ständig gestresst, ich habe mich oft alleingelassen gefühlt mit den Kindern und dem ganzen Alltag. Die Beziehung mit Lennart war wie ein Aufatmen – nicht, weil ich die Ehe zerstören wollte, sondern weil mir etwas gefehlt hat, das ich lange nicht mehr bekommen habe. Als Jonas von der Affäre erfuhr, trennte er sich. Für ihn war der Vertrauensbruch nicht verzeihbar: Natürlich ist das Leben mit kleinen Kindern anstrengend – aber man haut doch nicht einfach ab, nur weil's mal schwer wird." Beide machten einander Vorwürfe, sprachen von Schuld und Enttäuschung – ohne zu sehen, dass sie womöglich beide Teil einer Dynamik waren, die auch mit Überlastung, Alltagsstress und fehlender Kommunikation zu tun hatte. Am Ende stand nicht nur die Trennung, sondern auch ein Umfeld, das schnell festlegte, wer hier Opfer und wer Täter*in war.

Grauzonen

Zwischen Fremdgehen und einvernehmlicher Mehrpersonenbeziehung gibt es zahlreiche Graubereiche. Oft bleibt unklar, was Monogamie eigentlich bedeutet: Geht es nur um sexuelle Exklusivität? Zählen auch Flirten, Pornokonsum oder emotionale Nähe zu anderen dazu? Ist bereits ein One-Night-Stand ein Vertrauensbruch? Solche Fragen werden in vielen Beziehungen nicht offen besprochen – Erwartungen und Bewertungen können stark auseinandergehen.

Noch komplexer wird es bei *emotionaler Untreue,* die oft subtiler und schwerer zu definieren ist. Für manche Paare beginnt der Vertrauensbruch bereits mit der Anmeldung auf einer Dating-Plattform oder dem Austausch erotischer Fantasien und Bilder – selbst dann, wenn es nie zu einem

Treffen kommt. Auch vertrauliche Gespräche mit Freund*innen oder Kolleg*innen über sensible Themen wie Streit oder Sexualität können als Grenzüberschreitung erlebt werden. Die Grenze zwischen legitimer emotionaler Unterstützung und einer Verletzung gemeinsamer Privatsphäre ist oft unscharf.

Drei Elemente treten besonders häufig auf, wenn emotionale Untreue empfunden wird: *tiefe emotionale Intimität mit einer anderen Person, Heimlichkeit* und *unterschwellige sexuelle Spannung.* Das Kernproblem solcher Grauzonen liegt fast immer in der fehlenden Kommunikation über Erwartungen und Grenzen. Was die eine Person als *harmlose Unterhaltung* oder *virtuellen Spaß* ansieht, kann für die andere tief verletzend sein, da es sich wie ein Verrat an der gemeinsamen Intimität anfühlt. Der Schlüssel liegt daher – mal wieder – in offener Kommunikation: Beziehungspersonen sollten ihre Vorstellungen von Treue, Intimität und Grenzen klar benennen und diese im Verlauf der Beziehung immer wieder reflektieren. Ein ehrliches Gespräch darüber, was Monogamie individuell bedeutet, schafft nicht nur Klarheit, sondern stärkt auch das gegenseitige Vertrauen. So lassen sich Missverständnisse vermeiden, und die Beziehung kann auf einer gefestigten Basis wachsen.

In der wachsenden Sichtbarkeit alternativer Beziehungsmodelle liegt dabei auch eine Chance für monogame Paare. Wenn unterschiedliche Formen von Beziehungen gesellschaftlich anerkannt und sichtbar werden, wird auch das Gespräch über Erwartungen, Grenzen und Bedürfnisse wahrscheinlicher. Genau darin liegt ein Potenzial: dass Paare weniger in impliziten Vorstellungen gefangen bleiben, sondern bewusster aushandeln, was für ihre Beziehung gelten soll.

Um diesen Aushandlungsprozess zu unterstützen, kann es hilfreich sein, sich die eigenen Vorstellungen von Treue und Grenzen bewusst zu machen. Das folgende Praxistool lädt dazu ein, zentrale Fragen zu reflektieren – einzeln oder gemeinsam – und damit die Grundlage für offene Gespräche auf Augenhöhe zu schaffen.

Praxistool

Treue und Grenzen

Ziel der Übung ist es, die eigenen Vorstellungen von Treue, Intimität und Verbindlichkeit zu klären – und eine Grundlage für offene Gespräche mit der Beziehungsperson zu schaffen. Nimm Dir Zeit, um über die folgenden Fragen nachzudenken:

- Was bedeutet Treue für mich, und welche Werte verbinde ich damit?
- Welche Handlungen empfinde ich als untreu? Gehören dazu körperliche Nähe, emotionale Bindungen oder das Teilen von Geheimnissen mit Dritten?
- Gibt es für mich Unterschiede zwischen sexueller und emotionaler Untreue? Wenn ja, welche Form wiegt für mich schwerer?
- Wie stehe ich zu Online-Aktivitäten wie der Nutzung von Dating-Plattformen, dem Austausch erotischer Fantasien mit Fremden oder dem Bezahlen für personalisierte erotische Inhalte?
- Ist die Inanspruchnahme von Sexarbeit, wie etwa erotischen Massagen, für mich in Ordnung, oder sehe ich das als Verletzung unserer Beziehung?
- Sind vertrauliche Gespräche mit Freund*innen über sensible Themen unserer Beziehung für mich in Ordnung, oder erlebe ich das als Vertrauensbruch?
- Von welchen Verhaltensweisen erwarte ich, dass meine Beziehungsperson sie unterlässt, auch wenn sie nicht als *klassische* Untreue gelten?
- Wo ziehe ich klare Grenzen, um unsere Beziehung zu schützen, und wie kommuniziere ich diese?
- Welche Erwartungen habe ich an meine Beziehungsperson (z. B. emotionale Unterstützung, Sicherheit, gemeinsame Werte, sexuelle Erfüllung)?

7 Sollen wir unsere Beziehung öffnen?

Wir überlegen, unsere Beziehung zu öffnen, sind uns aber unsicher. Wir streiten uns darüber. Können Sie uns weiterhelfen? – So meldeten sich Jan und Julia in der Beziehungsberatung. Wie bei vielen anderen Paaren zeigte sich auch bei ihnen eine große Ambivalenz. Es ging nicht nur um Uneinigkeit – Jans Wunsch nach Öffnung war deutlich ausgeprägter als der von Julia –, sondern auch um ihre jeweilige innere Zerrissenheit. Beide hatten Zweifel, Unsicherheiten und Fragen. Kein Wunder: Aus der Monogamie auszusteigen war Neuland, sie kannten kaum Vorbilder, das Risiko schien hoch, der Weg unklar. Es gab nur diesen Wunsch, der nicht weichen wollte.

Die gute Nachricht ist: Das Leben ist ohnehin eine ständige Improvisation! Wir erfinden laufend unsere Realität neu und gestalten sie durch unser Handeln. Was sich wie Kontrollverlust anfühlt, bedeutet in Wahrheit, dass wir die Illusion von Kontrolle aufgeben und dadurch *Beweglichkeit* gewinnen. Auch in monogamen Beziehungen ist vieles unvorhersehbar. Schon morgen könnte sich die Beziehungsperson neu verlieben oder die Partnerschaft beenden. Die *Verletzlichkeit* und *Vielschichtigkeit* menschlicher Bindungen blenden wir oft aus. Gerade deshalb lohnt es sich, sie bewusst in den Blick zu nehmen.

S. Bröning, A. Mazziotta, *Vielfältige Liebe - Polyamorie gestalten*,
https://doi.org/10.1007/978-3-658-48372-2_7

In der Beziehungsberatung geht es darum, einen offenen Raum zu schaffen, in dem Paare wie Jan und Julia selbst zu einer reflektierten Entscheidung finden. Dazu gehört, nicht nur Hoffnungen, sondern auch Befürchtungen zu erkunden – manchmal mit provokanten Fragen: *Warum gerade jetzt? Was könnte verloren gehen?* oder *Was könnte erst durch die Öffnung möglich werden?* Ziel ist es, Klarheit zu schaffen und bewusste Entscheidungen zu fördern – wohl wissend, dass jede Entscheidung stets nur die bestmögliche für den aktuellen Moment sein kann.[1] Anhand typischer Ausgangslagen (aus einer sexuell exklusiven Beziehung heraus, im Kontext einer bereits bestehenden Außenbeziehung, oder aus einer unverbindlicheren offenen Beziehung heraus), wollen wir einige Chancen und Risiken der Beziehungsöffnung herausstellen.

7.1 Ausgangspunkt: Sexuell exklusive Beziehung

Viele Menschen, die eine Beratung aufsuchen, lebten bislang im monogamen Beziehungsmodell. Sie sind lange dem Traum der alten Liebesordnung gefolgt. Unsere Gesellschaft ist stark auf Zukunft und Fortschritt ausgerichtet: Schule, Ausbildung, Beruf, Karriere, Hochzeit, Familiengründung – die normative Rolltreppe des Lebens bewegt sich stetig nach oben. Ihre zentrale Eigenschaft: Sie bleibt nie stehen. Es gibt nur einen vorgezeichneten Weg, dessen Ziel immer weiter oben liegt. Viele haben sich von dieser *Rolltreppe der Liebe* (engl.: *relationship escalator*) nach oben tragen lassen,

[1] Wie unterschiedlich Perspektiven und Machtgefälle dabei wirken können, zeigt ein Fallbeispiel (Live-Paarberatung mit SB) aus dem ZEIT-Online Sex-Podcast *Ist das normal?* Verfügbar unter: https://www.zeit.de/gesundheit/2024-11/offene-beziehung-paartherapie-exklusivitaet-sexpodcast.

Stufe um Stufe: Verliebt, verlobt, verheiratet, Hausbau, Kinder. Doch viele stellen irgendwann fest, dass dieser idealisierte Verlauf nicht automatisch zu Glück führt. Spätestens im mittleren Erwachsenenalter, oft auch schon früher, ist der Alltag geprägt von Verantwortung, Stress und dem Druck einer leistungsorientierten Gesellschaft. Wo bleibt da Raum für Erkundungslust, Lebendigkeit, Abenteuer?

Gerade die jüngere Generation zeigt zunehmend Distanz zu diesem Modell: Sie stellt sowohl beruflich als auch privat den starren Kurs *höher, schneller, weiter* infrage. Zumindest in manchen Milieus wird die Ausbeutung der eigenen Gesundheit zugunsten von Karriere, Status und Erfolg kritischer gesehen als noch vor wenigen Jahrzehnten. Auch monogame Beziehungsmodelle werden kritischer betrachtet, ohne dass die Sehnsucht nach einer festen, verlässlichen Beziehung verschwindet. Für einige Menschen setzt die Infragestellung erst später ein, etwa durch Krisen, Abschiede oder gesundheitliche Brüche. Was einst als Ziel galt, wird zur Last. In solchen Momenten wirkt das erhoffte Lebensglück oft flüchtig – wie eine sprunghafte Besucherin statt einer verlässlichen Begleiterin. Aus Überforderung entstehen Konflikte und Enttäuschungen; Idealisierungen zerbröckeln, die vermeintlich perfekte Beziehungsperson zeigt plötzlich Ecken und Kanten. Für manche ist das bitter, für andere schlicht ernüchternd. Selbst Paare, die beruflich und privat *angekommen* sind, spüren nicht selten den schmalen Grat zwischen Sesshaftigkeit und Stagnation. Während die Liste der Verpflichtungen wächst, melden sich Erschöpfung, körperliche Signale oder Gedanken an die eigene Endlichkeit.

Solche Phasen können Anlass zur Reflexion geben (Robinson & Wright, 2013): Einige Menschen hinterfragen im Rahmen einer *Midlife-Crisis* ihre bisherigen Gewissheiten – andere nicht. Manche träumen von einer Auszeit, einem beruflichen Neustart, ziehen (Beziehungs-)Therapie in Betracht oder auch eine Affäre. Wieder andere schöpfen aus dem Wandel neue Kraft und ändern belastende Strukturen. Ein kirchlich sozialisiertes Paar nannte diese Lebensphase treffend: „Die Vertreibung aus dem Paradies.“ Die biblische Erzählung von Adam und Eva steht sinnbildlich für den Moment, in dem Selbsterkenntnis Illusionen durchbricht. Der Griff zum Apfel markiert den Verlust der Unschuld – und mit dem Engel, der das Paradies bewacht, wird klar: Zur Unbeschwertheit der Anfangszeit führt kein Weg zurück. Viele Paare mögen sich zwar noch, doch Enttäuschung und Resignation belasten ihre Verbindung. Der Umgang mit der *Vielschichtigkeit* der Beziehungsperson wird zunehmend beschwerlich. Die Sehnsucht nach einem Hauch von Romantik – Regenbögen, Schmetterlingen und Glitzer – wächst, um der nüchternen Realität des Alltags zu entfliehen. In diesem Empfinden liegt auch eine Chance: für Neuorientierung, Selbstreflexion und die bewusste Gestaltung neuer Lebensentwürfe.

Wer in dieser Situation auf die Möglichkeiten polyamorer Lebensmodelle stößt, stellt sich manchmal die Frage: *Was wäre gewesen, wenn wir von Anfang an unsere Optionen offen besprochen hätten? Hätten wir uns gegenseitig mehr Zauber zugestehen können – Flirts, Dates, vielleicht sogar Affären – ohne die gemeinsam aufgebaute Existenz, die Familie oder die Finanzen zu gefährden? Hätte ein Hauch von Freiheit womöglich manchem Groll und mancher Bitterkeit vorbeugen können?* Wenn, so wie Khalil Gibran es im eingangs zitierten Gedicht beschreibt, *die Winde des Himmels zwischen uns* hätten *tanzen* können? Stattdessen wird in vielen Beziehungen Monogamie bis heute stillschweigend als Standard gesetzt. Erotisches Interesse an anderen gilt dann automatisch als Vertragsbruch. Geständnisse erscheinen riskant, Lügen werden wahrscheinlicher. Doch es muss nicht so bleiben. Menschen können sich weiterentwickeln – und viele tun es auch. Manche entscheiden sich für Polyamorie aus Gründen der *Eigenständigkeit* und *Fürsorge* bzw. *Freundschaft,* um sich gegenseitig Raum für persönliche Entfaltung zu geben – sowohl als Individuum als auch als Beziehungspersonen. Sie wählen diesen Weg aus *Beweglichkeit* und *Vielschichtigkeit,* weil sie die gewachsene Beziehung schätzen, zugleich aber spüren: Ein kompletter Bruch wäre für sie keine Lösung.

Sich lebendig fühlen wollen

Auch jüngere Menschen, die noch nicht lange in Partnerschaften leben, interessieren sich für Polyamorie. Die parallelen, oft unverbindlichen Chatverläufe, Dates und *Hookups* empfinden sie zunehmend als belastend. Nicht selten entwickeln sie Erschöpfungssymptome – ein Phänomen, das als *Tinder fatigue* bezeichnet wird (Degen, 2024). Zwar scheinen Liebe und Beziehung durch geringere Investitionen und weniger Commitment weniger riskant, zugleich aber auch beliebiger – und damit auch langweiliger. Polyamorie erscheint dann als Möglichkeit, authentischere und tiefere Verbindungen einzugehen, ohne auf die Freiheit des Datens verzichten zu müssen.

Beziehungswirklichkeiten

Simon (29) berichtete im Erstgespräch, dass er nichts fühle – obwohl er beruflich erfolgreich sei und viele seiner Ziele erreicht habe. Dank Online-Dating habe er zwar zahlreiche Verabredungen, diese blieben jedoch unbefriedigend: Ich habe immer nur auf meine Ziele hingearbeitet. Ich weiß nicht, wie man einfach nur lebt, wenn man seine Ziele erreicht hat. Ich kann tolle Dates inszenieren, aber ich kann nicht erzwingen, dass ich mich verliebe. Es passiert gerade einfach nicht." Ohne feste Partnerin war Simon gezwungen, seine Lebendigkeit jenseits des großen Liebestraums zu suchen. Er entwickelte neue innere Bilder vom „einfach nur

Sein" und setzte mehr auf Freundschaft und Gemeinschaft. Er lernte, die Vielschichtigkeit von Einsamkeit und Lebensfreude anzunehmen. Ein zentrales Symbol wurde für ihn das Bild eines Baumes, der zunächst in die Höhe wuchs und sich nun in die Breite entfalten und blühen durfte. So löste er sich von der Vorstellung, immer höher streben zu müssen und nur mit einer Partnerin an seiner Seite glücklich sein zu können. In einer festen Beziehung hätte er seine Unzufriedenheit womöglich auf die Partnerin projiziert. Doch letztlich suchte er wahrscheinlich weniger nach einer festen Bindung als nach einem Gefühl von Lebendigkeit.

Sich lebendig zu fühlen, ist eine Grundfreude des Menschseins. Sie zeigt sich im sozialen Beisammensein ebenso wie in Momenten von Verliebtheit und erotischem Begehren. Solche Momente sind eine wesentliche (wenn auch nicht die einzige) Quelle von Lebendigkeit. Kein Wunder also, dass so viele Menschen danach suchen.

Frisch verliebt sein kann den Alltag verzaubern, ihn aber auch zeitweise lähmen. Die damit verbundenen Gefühle aktivieren das neuronale Belohnungssystem ähnlich wie Drogen und lösen einen vergleichbaren *Suchtdruck* aus, wenn das begehrte Gegenüber fehlt. Besonders erwiderte Liebe kann intensive Gefühle von Stimmigkeit und Zugehörigkeit hervorrufen, die uns für kurze Zeit wie in ein *Paradies* zurückversetzen. Auf einer tieferen Ebene speisen sich die Gefühle der Verliebtheit auch aus der unbewussten Sehnsucht nach Ganzheit. Der Psychotherapeut Schellenbaum (1992, S. 96) beschreibt eine frische, erwiderte Liebe als „aufatmende Erfahrung des zu sich Kommens“ und „jubelnde Begegnung zwischen dem, was der Andere in mir wahrnimmt und für sein Leben braucht, und dem, was ich in ihm wahrnehme und für mein Leben brauche.“ Besonders intensiv kann diese Erfüllung in der Sexualität spürbar werden – als verkörperter Ausdruck gegenseitiger Annahme und Ganzwerdung.

Belastende Bindungsdynamik in der langjährigen Beziehung

In längeren Beziehungen verändern sich die Komponenten der Liebe. Mit der Zeit wächst die Bindung, während Begehren und Attraktion häufig nachlassen – schlicht, weil der Neuheitswert schwindet. Bindung bedeutet, dass die Beziehungsperson Teil unseres inneren Beruhigungssystems wird: Wenn wir uns bedroht oder gestresst fühlen, suchen wir instinktiv die Nähe dieses *sicheren Hafens.*

Wie tragfähig eine solche Bindung ist, hängt eng mit früheren Beziehungserfahrungen zusammen. Wer in seiner Kindheit feinfühlige Bezugspersonen hatte, navigiert intime Beziehungen meist leichter. Wer dagegen auf sich allein gestellt war oder emotional unreife Bezugspersonen erlebte, trägt dieses Echo in die Partnerschaft hinein – sei es als Verlustangst oder als Furcht vor zu viel Nähe. Je intensiver die Bindung wird, desto deutlicher melden sich diese unbewältigten Themen aus der Vergangenheit. Viele erleben ihre Langzeitbeziehung deshalb als zunehmend kompliziert und hinterfragen sie, ohne die eigentlichen Ursachen zu kennen.

Hinzu kommt ein weiteres Muster, das diese Dynamik verstärkt: Menschen suchen sich oft unbewusst Beziehungspersonen, die auf eine vertraute Weise lieben (de Botton, 2020). Häufig stammen sie aus ähnlichen Kontexten oder erinnern in ihren Persönlichkeitszügen an frühe Bezugspersonen (Geher, 2000). Doch das, was uns später am meisten Probleme macht, ist das Fremde, das uns anfangs faszinierte. In der Beratung fragen wir deshalb gern: *Warum musste es genau diese Person sein?* Die Antworten zeigen häufig, wie sehr uns das, was wir selbst nicht haben, anzieht. „Er war so anders, er hatte eine gewisse Ruhe“, sagt eine quirlige Marketingassistentin. „Sie war so liebevoll und hat mir wirklich zugehört“, sagt ein eher nüchterner Jurist. „Er ließ sich nicht auf meine Machtkämpfe ein und hatte diese

Leichtigkeit", sagt eine beruflich erfolgreiche Führungskraft. „Sie war pragmatisch und optimistisch", erzählt ein melancholischer Künstler. Der Psychoanalytiker Jürg Willi (1975, 2002) nennt dieses Phänomen *Kollusion:* Wir suchen im Gegenüber unbewusst das, was uns selbst fehlt – und bewundern es, solange wir es als Bereicherung erleben. Doch mit der Zeit treten die Schattenseiten hervor: die *Ruhe* wirkt plötzlich *langweilig,* das *Liebevolle übergriffig,* die *Leichtigkeit oberflächlich* und der *Pragmatismus kalt.* Was uns einst anzog, erscheint nun als Zumutung. Manchmal stecken auch unerledigte Wünsche aus frühen Beziehungserfahrungen hinter der Wahl unserer Beziehungspersonen. Unbewusst suchen wir uns Menschen, die uns auf ähnliche Weise verletzen wie frühere Bezugspersonen – damit es dieses Mal anders verläuft.

Um solche Dynamiken sichtbar zu machen, nutzen wir in der Beratungspraxis häufig eine adaptierte Form des Wertequadrats. Ursprünglich von Nicolai Hartmann (1926) entwickelt, wurde es von Paul Helwig (1948) handhabbar gemacht und später von Friedemann Schulz von Thun (2015) für Persönlichkeitsentwicklung und Kommunikationsanalyse weiter verfeinert. Das Modell verdeutlicht, dass Eigenschaften, die zunächst attraktiv wirken, in ihrer Übersteigerung später belastend werden können. In Beziehungen ergänzen sich Menschen oft gerade durch unterschiedliche Stärken – etwa durch Fürsorglichkeit auf der einen und Selbstbehauptung auf der anderen Seite. Mit der Zeit treten jedoch auch die Schattenseiten dieser Eigenschaften hervor (Tab. 7.1):

Zu Beginn der Beziehung wirkt die fürsorgliche, gebende Art der einen Beziehungsperson als stabilisierend, während die Tatkraft und Durchsetzungskraft der anderen beeindruckt. Diese Unterschiede erzeugen ein Gefühl von Balance – beide erleben sich als ergänzend. Doch mit der Zeit treten auch die Schattenseiten hervor: Die gebende Person wirkt erdrückend und lässt wenig Raum für Eigenständig-

Tab. 7.1 Wertequadrat

Was mich an ihr gereizt hat:	**Was mich an ihm gereizt hat:**
liebevoll, aufmerksam, gebend	*klar, selbstbewusst, durchsetzungsstark*
Mögliche Schattenseite bei Übersteigerung:	**Mögliche Schattenseite bei Übersteigerung:**
aufopfernd, konturlos, vereinnahmend	*egozentrisch, dominant, rücksichtslos*

keit, die tatkräftige Person neigt zu Impulsivität und Rücksichtslosigkeit. Viele Paare fragen sich dann: *Wie konnte es so weit kommen?* Vergessen wird dabei oft, dass die Eigenschaft, die uns ursprünglich faszinierte, genau jene war, die uns *fehlte* – und die wir uns durch die andere Person ins Leben holen wollten. Das macht diese Eigenschaft aber auch zu etwas, das uns eigentlich fremd ist. Es ist *anders* als wir es sind. Je sichtbarer es wird, desto mehr stoßen wir uns daran. *Früher war er nicht so extrem – so geizig, unüberlegt oder unselbständig,* hören wir in Beratungen häufig. Doch war es wirklich anders? Oder haben wir zu Beginn vor allem unsere Schokoladenseiten gezeigt und durch die rosarote Brille das Schwierige ausgeblendet? So kippt das einst Faszinierende ins Belastende. Aus der anfänglichen Anziehung entsteht ein Karussell aus gegenseitigen Vorwürfen (engl.: *blame game*), in dem die Beziehungsperson zum Sündenbock wird für das, was in uns selbst nicht im Gleichgewicht ist. Doch oft wird übersehen, dass genau diese Eigenschaften, die wir nun ablehnen, die Schattenseiten jener Qualitäten sind, die uns ursprünglich fasziniert haben.

Langfristige Beziehungen prägen sich tief in unser Nervensystem ein. Zufriedene Paare entwickeln die Fähigkeit, sich bei Stress gegenseitig physiologisch zu beruhigen – ein Mechanismus, der ursprünglich im Eltern-Kind-Bindungssystem verankert war und im Laufe der menschlichen Entwicklung auf Paarbeziehungen übertragen wurde (Bröning & Walper, 2024). Bereits die Stimme oder die

Umarmung der Bindungsperson kann regulierend wirken. Doch wiederkehrende Konflikte verkehren diesen Effekt ins Gegenteil: Die vertraute Beziehungsperson wird selbst zum Stressauslöser. Mit der Zeit verfestigen sich destruktive Muster, sowohl im Verhalten als auch auf emotionaler und körperlicher Ebene. Eine typische Folge davon ist der Verlust von Sexualität als gemeinsamer Ressource. Gedanken wie *Nie redest Du mit mir, aber jetzt soll ich für Deine sexuelle Befriedigung herhalten* ersticken jede aufkeimende Erotik. Der Körper geht in eine Art Schutzmodus – einige Menschen erleben, dass sie innerlich *dichtmachen*. So blockieren chronische Konflikte den Zugang zur Lust. Das Konzept des *Embodiment* verdeutlicht, warum: Erfahrungen schreiben sich in den Körper ein.

7.2 Polyamorie als Antwort auf Beziehungskrisen?

Wenn Stagnation und Frustration sich breit machen und Lebendigkeit fehlt, folgt erfahrungsgemäß oft eine Phase, in der das bisherige Beziehungsmodell hinterfragt wird. Manchmal ist eine Außenbeziehung der Auslöser (vgl. Abschnitt 7.3). Manchmal genügt schon eine neue Verliebtheit außerhalb der Beziehung, um massive Sehnsüchte nach Lebendigkeit zu wecken – selbst dann, wenn dieser Verliebtheit keine Taten gefolgt sind. Und manchmal reicht allein die Vorstellung eines solchen Lebensstils, um Wünsche nach Beziehungsöffnung entstehen zu lassen. Jede dieser Ausgangslagen kann große Energie freisetzen, die in einer monogamen Beziehung als Druck erlebt werden kann und auf die Öffnung der Beziehung hindrängt.

Einem solchen Druck sollte jedoch nicht vorschnell und ohne Reflexion nachgegeben werden. Elisabeth Sheff (2019) warnt in ihrem Artikel *Relationship broken, add more people?* (dt.: *Beziehung kaputt – einfach mehr Menschen hinzufügen?*) zu Recht davor, eine krisenhafte Beziehung durch Öffnung retten zu wollen. Wie bereits thematisiert: Auf die langjährige Liebe sind wir nicht vorbereitet. Uns fehlen *Beweglichkeit,* Prozessdenken und die Vorstellungskraft, Liebe als etwas Veränderliches zu begreifen – es fehlen letztlich die Narrative und Vorbilder dazu. Genau wie Adam und Eva, die sich nach der Vertreibung aus dem Paradies die reale Welt erobern mussten, stehen Paare irgendwann an einem Wendepunkt: Die idealisierte Vorstellung einer perfekten Liebe weicht der Erkenntnis, dass Beziehungen aktiv gestaltet werden müssen. Und das geschieht in einer ohnehin herausfordernden Welt. Auch wenn materielle Sicherheit gegeben ist: Der gesellschaftliche Druck, beruflich erfolgreich zu sein, eigenverantwortlich Entscheidungen zu treffen und sich ständig weiterzuentwickeln, fordert uns täglich heraus. Anstelle fürsorgender (Familien-)Netzwerke und stabilisierender Nachbarschaften erfahren wir heute Anonymität und Vereinzelung. Wie Moleküle schwimmen wir durch die Großstadt, digitale Räume und individualisierte Lebenswelten. Quellen der Erfüllung jenseits der Paarbeziehung – wie Spiritualität, Kunst, Musik oder das Naturerleben – sind vielen fremd geworden. Wo früher Gemeinschaften für Halt sorgten, ist heute oft die Partnerschaft der einzige Ort, an dem Menschen Nähe und Verbundenheit erfahren oder erhoffen. Daher will gut überlegt sein, wie dieser Ort (wieder) gut bewohnbar werden kann.

Vielleicht ist eine gemeinsame Entwicklung in der Zweierkonstellation notwendig und möglich, im Sinne einer *Ko-Evolution* (Willi, 2002) der beiden Beziehungspersonen. Hilfreicher als eine überstürzte Öffnung ist es oft, zunächst an der Beziehung zu arbeiten. Das Wertequadrat kann dabei helfen, Gegensätze nicht als unlösbare Konflikte zu sehen, sondern als natürliche Dynamik zu begreifen, die durch persönliche Entwicklung ausgeglichen werden kann. Denn die Lösung liegt nicht darin, die andere Person zu verändern, sondern die *Eigenschaft, die mir fehlt, in mir selbst zu entwickeln* – auf meine eigene Weise. Hierbei kann der *Leitstern* Orientierung geben: Die gebende Person kann lernen, ihre *Eigenständigkeit* zu stärken, um nicht von der *Fürsorge* für andere vereinnahmt zu werden. Die tatkräftige Person wiederum kann ihre *Fürsorge* fördern, um ihre Entscheidungen besser mit den Bedürfnissen anderer abzustimmen. Wenn beide ihre Entwicklung in diese Richtung lenken, kann Balance entstehen. Die Spannung zwischen Geben und Selbstbewusstsein wird dann nicht als Konflikt erlebt, sondern als Wachstumschance, sowohl individuell als auch für die Beziehung. Paare lernen so, die Unterschiede, die sie einst zueinander geführt haben, nicht als Hindernis, sondern als Bereicherung zu sehen. Sie erkennen, dass die Ergänzung, die sie in der anderen Person gesucht haben, auch in ihnen selbst kultivierbar ist. Das schafft Raum für ein neues, tieferes Verständnis und eine lebendigere Partnerschaft.

Für manche Menschen ist dies ein Weg, der die Diskussion über die Beziehungsöffnung beendet. Denn es wird deutlich: Hinter dem Wunsch nach Öffnung steckte weniger ein Mangel an der Beziehung, sondern eine Hilflosigkeit, die veränderbar ist. Sie erkennen, dass weder ihre eigene Unzulänglichkeit noch die der Beziehungsperson das Problem waren, sondern die Dynamik in einem herausfordernden Kontext. Wenn dieser Wandel geschieht und vielleicht auch andere Ressourcen entdeckt werden, die

Lebendigkeit schenken, entscheiden sich manche Paare bewusst gegen eine Öffnung der Beziehung.

Für andere aber ist der Wunsch nach einer Öffnung in dieser Lebensphase anhaltend. Er erscheint dann weniger als Flucht, sondern als bewusster Versuch, sich gemeinsam weiterzuentwickeln. Wer die Gestaltungsmöglichkeit der Polyamorie auch dann noch wählt, wenn die Primärbeziehung (wieder) einen *guten Ort* darstellt, sucht vielleicht mehr als nur einen Ausweg aus Routine und Langeweile. Die Lebendigkeit entsteht dann aus der Chance, jenseits der vermeintlichen Sicherheit der Monogamie eine neue Form des Zusammenseins zu erschaffen – individuell, authentisch und den veränderten Lebensumständen angepasst. Die Beziehung wächst nach außen, um zu blühen. Diese Suche nach neuen Wegen erfordert Mut, aber sie kann auch aufregend und bereichernd sein. Wenn beide Beziehungspersonen bereit sind, ihre Beziehung als dynamischen Prozess zu begreifen und ein gemeinsames Narrativ zu entwickeln, entsteht ein Raum, in dem persönliche Entfaltung und gemeinsames Wachstum Hand in Hand gehen. So wird die Öffnung der Liebesbeziehung nicht als Zeichen des Scheiterns verstanden, sondern zu einem bewussten Schritt auf dem Weg zu neuer Lebendigkeit.

Bevor Menschen eine Öffnung oder Polyamorie in Erwägung ziehen, lohnt es sich, innezuhalten und die eigenen Beziehungswünsche ehrlich zu reflektieren. Denn eine Öffnung aus dem Gefühl von Druck oder Mangel heraus unterscheidet sich grundlegend von einer Öffnung, die aus Klarheit und Gestaltungswillen entsteht. Erst wenn ein klares Bild der Wunschbeziehung vorhanden ist, lässt sich einschätzen, ob Polyamorie tatsächlich der richtige Weg ist – oder ob die ersehnte Lebendigkeit auch innerhalb der bestehenden Form gefunden werden kann. Das folgende Praxistool kann dabei unterstützen:

Praxistool

Deine Wunschbeziehung gestalten

Manchmal entspringt der Wunsch nach einer Öffnung eher einer Krise, manchmal einer Sehnsucht nach mehr Lebendigkeit. Beides kann Impulse setzen – doch wichtig ist, bewusst zu prüfen, was wirklich gebraucht wird. Dieses Tool hilft Dir, Klarheit zu gewinnen.

Stell Dir vor, Du wachst auf, ein Wunder ist geschehen – Deine Beziehung oder Beziehungen sind genau so, wie Du sie Dir wünschst.

- Woran merkst Du es?
- Wie fühlt sich Euer Alltag an?
- Welche Veränderungen haben das möglich gemacht?
- Wie möchtest Du Dich als Beziehungsperson zeigen?
- Welche Deiner Stärken tragen zu einer erfüllten Beziehung bei?
- Wie gehst Du mit Konflikten und Herausforderungen um?
- Was unterscheidet Deine jetzige Beziehung von Deiner Wunschbeziehung?
- Welche Muster möchtest Du hinter Dir lassen?
- Welche ersten Schritte kannst Du heute gehen, um Dich dieser Wunschbeziehung anzunähern?

7.3 Ausgangspunkt: Außenbeziehung

Wenn eine prominente Person mit einer neuen Begleitung gesehen wird, titelt die Boulevardpresse sofort: *Liebes-Aus!* Ähnlich empfinden viele Menschen das Interesse ihrer Beziehungsperson an einer weiteren Verbindung – als Bedrohung und Verletzung der bestehenden Liebe. In unserer Arbeit mit Paaren, die sich bereits im Trennungsprozess befinden, zeigt sich oft, dass die Entdeckung einer Affäre der Auslöser für lange, schmerzhafte Auseinandersetzungen ist. Eine Klientin sagte einmal: „Ich wollte ja die Beziehung öffnen, als meine Affäre herauskam, aber mein Mann wollte das dann nicht. Von meiner Seite aus wäre das kein Problem gewesen." Doch ist es realistisch zu erwarten, dass ein als massiver Vertrauensbruch erlebtes Ereignis unmittelbar den Weg in eine offene Beziehung ebnet?

Eine Affäre wird häufig als fundamentaler Bruch des Beziehungsvertrages erlebt. Vielen fällt es schwer zu akzeptieren, dass ihre Beziehungsperson sexuell und emotional mit jemand anderem intim war und zugleich behauptet, sie weiterhin zu lieben. Es entstehen quälende Zweifel: *Wie soll ich glauben, dass meine Beziehungsperson mich noch liebt, wenn sie mit jemand anderem geschlafen hat?* Solche Unsicherheiten sind nachvollziehbar, auch wenn viele Menschen, nicht nur polyamor Lebende, berichten, dass es durchaus möglich ist, mehrere Personen gleichzeitig zu lieben. Doch eine offene Beziehung braucht ein stabiles Fundament aus Vertrauen – und genau das wird durch eine Affäre schwer erschüttert. Eine Affäre führt oft zu einem Gefühl tiefer Kränkung und des Kontrollverlustes. Der Schock einer entdeckten Außenbeziehung, begleitet von Kränkung, Ärger und Angst, löst sich nicht dadurch auf, dass man die Beziehung plötzlich öffnet. Im Gegenteil: Ohne die notwendige Vertrauensarbeit verschärfen sich die Unsicherheiten meist noch. Deshalb führt der Versuch, eine offene Beziehung als Lösung für einen Vertrauensbruch einzuführen, häufig zu neuen Konflikten und weiteren Verletzungen. Nicht nur, weil die Person, die mit dem Schmerz der Affäre verbunden ist, nun scheinbar *offiziell* einen festen Platz in der Beziehung erhält. Sondern auch, weil das Geschehene dadurch rückwirkend legitimiert wirken könnte – so, als habe es gar keine Verletzung gegeben.

Manchmal wird eine Öffnung dennoch versucht, etwa wenn die neue Person als unverzichtbar erscheint und eine Trennung sonst unausweichlich wäre. Solche Konstellationen scheitern jedoch oft – es sei denn, die Primärbeziehung verfügt noch über eine relativ gesunde Basis oder die betrogene Person hat selbst Interesse an einer Öffnung. Nur in seltenen Fällen gelingt es, parallel die Beziehung zu öffnen und zugleich die Primärbeziehung zu stabilisieren. Genau deshalb gehört eine nüchterne Risikoanalyse zu jedem ehrlichen Gespräch über Beziehungsöffnung nach einer Affäre.

Vertrauen wieder aufbauen, bevor es weitergeht
Nach einem Vertrauensbruch ist es entscheidend, zunächst ein *funktionsfähiges Grundvertrauen* (engl.: *working trust*) wiederherzustellen, bevor man über eine Öffnung nachdenkt. Dieser Prozess braucht Zeit, Geduld und die aktive Bereitschaft beider Beziehungspersonen, *Fürsorge* zu zeigen, Verantwortung zu übernehmen und an der Partnerschaft zu arbeiten (Lewicki & Brinsfield, 2017). Vergebung und Versöhnung sind dabei zentrale Schritte: Während Vergebung ein innerer Akt ist – die verletzte Person lässt den eigenen Schmerz los , zielt Versöhnung auf den gemeinsamen Neubeginn und den Aufbau einer neuen Vertrauensbasis. Es geht nicht darum, das Geschehene zu vergessen oder zu beschönigen, sondern den Schmerz zu integrieren und neue Wege des Miteinanders zu finden (Reinhardt & Mazziotta, 2022). Was können beide Beziehungspersonen zum Vertrauensaufbau beitragen?

1. *Verantwortung übernehmen und Reue zeigen (verletzende Person)*
   Die verletzende Person sollte die Verantwortung für ihr Handeln übernehmen. Dazu gehört eine aufrichtige Entschuldigung ohne Relativierung oder Rechtfertigungen und vor allem das Zeigen echter Reue. Reue macht deutlich, dass der Schmerz der anderen Person verstanden und ernst genommen wird. Eine bloße Entschuldigung bleibt schnell oberflächlich, wenn sie nicht von echtem Bedauern getragen ist. Die Botschaft sollte

lauten: *Ich bereue nicht nur, dass die Affäre herausgekommen ist, sondern verstehe, dass ich Dir emotional geschadet habe.* Hilfreich ist zudem ein konkretes Angebot zur Wiedergutmachung und Kompensation des verursachten Schmerzes – das kann von transparenter Kommunikation bis hin zu symbolischen oder materiellen Gesten reichen, etwa der Finanzierung einer Reise. Wichtig ist weniger die Größe der Handlung als das Signal: *Ich bin bereit, Verantwortung zu übernehmen und aktiv in die Beziehung zu investieren.*

2. *Verletzung anerkennen (verletzte Person)*
   Die verletzte Person braucht Raum, um Wut, Enttäuschung und Schmerz auszudrücken, ohne dass die andere Seite sofort in Abwehr oder Rechtfertigung geht. Dieser Ausdruck der Gefühle ist ein zentraler Teil des Verarbeitungsprozesses. Entscheidend ist, dass die verletzte Person spürt: *Mein Schmerz wird gesehen und ernst genommen.* Nur wenn das gelingt, kann ein Dialog auf *Augenhöhe* entstehen und eine neue Vertrauensbasis wachsen.
3. *Offene Kommunikation und Transparenz*
   Nach einem Vertrauensbruch ist Offenheit der Schlüssel für den schrittweisen Wiederaufbau. Transparenz bedeutet dabei mehr als das bloße Offenlegen von Informationen. Wichtig ist eine klare Absprache: *Welche Details sind hilfreich, um Vertrauen wiederherzustellen, und welche würden eher verletzen?* Beispielsweise kann es sinnvoll sein, nicht jedes Detail sexueller Begegnungen zu teilen, dafür aber verbindlich neue Regeln und Absprachen festzulegen. Vertrauen entsteht nicht durch große Versprechen wie *Ich werde es nie wieder machen!*, sondern durch kontinuierliche, glaubwürdige Handlungen. Absprachen müssen realistisch sein und konsequent eingehalten werden. Dabei gilt: Vertrauen ist

nicht mit Kontrolle gleichzusetzen. Kontrolle belastet die Beziehung und verhindert Nähe. Hilfreich können transparente, aber entlastende Vereinbarungen sein, etwa *Ich gebe Dir meinen Handycode, aber ich vertraue darauf, dass Du ihn nicht ohne Absprache nutzt.* Ebenso wichtig ist es, Unsicherheiten offen auszusprechen: *Ich habe Angst, wieder verletzt zu werden* oder *Ich fühle mich überwacht.* Solche Gespräche schaffen gegenseitiges Verständnis und unterstützen den Aufbau eines stabilen Grundvertrauens. Langfristig wächst Vertrauen nicht aus Worten, sondern aus verlässlichem Verhalten: Absprachen respektieren, Bedürfnisse ernst nehmen, Zuwendung zeigen und gemeinsam positive Erfahrungen machen.

4. *Gemeinsame Reflexion*
   Ein wichtiger Schritt besteht darin, gemeinsam zu reflektieren, welche Dynamiken zur Affäre beigetragen haben. Eine solche Reflexion ist jedoch erst möglich, wenn die Verletzung anerkannt wurde und die Gefühle nicht mehr auf dem Siedepunkt sind. Es geht nicht darum, Schuld zu verteilen, sondern ein tieferes Verständnis für die Hintergründe zu entwickeln. Fragen könnten sein: *Gab es unausgesprochene Erwartungen, unerfüllte Bedürfnisse oder fehlende Nähe? Was habe ich in der Außenbeziehung erlebt, das mir gutgetan hat?* Solche Gespräche können helfen, wiederkehrende Muster und Konflikte rechtzeitig zu erkennen und neue Wege zu finden, die Partnerschaft zu stärken.
5. *Vertrauensvorschuss geben (verletzte Person) und Vertrauen wachsen lassen (beide Personen)*
   Für die verletzte Person bedeutet Versöhnung auch, trotz des Risikos einer erneuten Enttäuschung einen gewissen Vertrauensvorschuss zu wagen. Ohne diesen Schritt bleibt die Beziehung in einem Zustand des Misstrauens

stecken, und selbst gut gemeinte Gesten werden negativ gedeutet. Vertrauen kann nur entstehen, wenn beide bereit sind, sich *verletzlich* zu zeigen und sich erneut aufeinander einzulassen. Entscheidend sind nicht große Worte, sondern das verlässliche Einhalten von Absprachen. Vertrauen wächst, wenn Nähe, Zuwendung und gegenseitige Unterstützung wieder spürbar sind und Paare wieder gemeinsame positive Erfahrungen machen. Solche Erlebnisse lenken den Blick nach vorn und öffnen die Tür zu einer möglichen gemeinsamen Zukunft. Kleine, aber wiederholte Erfahrungen über einen längeren Zeitraum hinweg helfen, den Schmerz der Vergangenheit zu integrieren, die emotionale Stabilität zu festigen und ein neues Fundament des Miteinanders aufzubauen.

Es ist wichtig zu verstehen, dass Vertrauen nach einer Affäre nie wieder exakt so sein wird wie zuvor. Vielmehr entsteht ein neues Vertrauensniveau – anders, aber nicht weniger wertvoll. Wie bei einer zerbrochenen Vase, die wieder zusammengesetzt wird, bleiben die Bruchstellen sichtbar. Diese Narben erinnern an die *Verletzlichkeit* von Beziehungen, können zugleich zeigen: *Wir haben eine Krise überstanden und sind daran gewachsen.* Ein schönes Sinnbild für die darin enthaltene *Transzendenz* und *Vielschichtigkeit* bietet *Kintsugi,* eine traditionelle japanische Reparaturmethode: Zerbrochenes Porzellan wird mit einem speziellen Lack und Goldstaub oder Blattgold wieder zusammengefügt. Die Risse werden nicht kaschiert, sondern hervorgehoben und als Teil der Geschichte gewürdigt. So verwandelt sich die Bruchstelle in eine Quelle von Schönheit und Tiefe – genau wie eine Partnerschaft, die nach einer Krise auf neue Weise zusammenfindet.

Auch nach intensiver Arbeit am Vertrauen braucht es innere *Beweglichkeit* – denn ob die Beziehung fortgeführt werden kann, bleibt offen. Manchmal zeigt sich im Verlauf, dass eine respektvolle Trennung der ehrlichere Weg ist. Doch auch dann bildet der gemeinsame Prozess ein gutes Fundament für die Zeit nach der Beziehung, etwa wenn gemeinsame Kinder im Spiel sind oder weiterhin Kontakt bestehen bleibt. Wenn das Vertrauen wiederhergestellt werden kann, ist dies keine Garantie für eine erfolgreiche Beziehungsöffnung. Aber: Steht die Partnerschaft auf einer stabilen Basis und entscheiden sich beide bewusst dafür, kann gerade dann eine Öffnung als gemeinsamer Entwicklungsschritt möglich werden.

Vertrauen wächst nicht allein durch Worte, sondern vor allem durch konkrete, nachvollziehbare Handlungen. Paare fragen sich deshalb oft: *Wie kann Wiedergutmachung im Alltag aussehen?* Das folgende Praxistool bietet Anregungen, wie verletzende Personen Verantwortung übernehmen und verletzte Personen spüren können, dass ihr Schmerz ernst genommen wird.

Praxistool

Wiedergutmachung – so kann's gehen

Eine Entschuldigung allein reicht oft nicht aus. Eine echte Wiedergutmachung bedeutet, Verantwortung zu übernehmen, aus Fehlern zu lernen und das Vertrauen durch konkrete Handlungen wieder aufzubauen. Ziel der Übung ist, Schritte kennenzulernen, wie nach einem Vertrauensbruch Wiedergutmachung gelingen und durch konkrete Handlungen neues Vertrauen aufgebaut werden kann.

Zuhören & verstehen: Deine Beziehungsperson fühlt sich gehört

- Was genau hat Dich verletzt?
- Wie hast Du die Situation erlebt?
- Kann ich es aus ihrer Sicht nachvollziehen und in eigenen Worten wiedergeben?

Echtes Mitgefühl zeigen: Deine Beziehungsperson spürt, dass ihre Gefühle ernst genommen werden

- Ich verstehe jetzt, dass mein Verhalten Dich verletzt hat.
- Es macht Sinn, dass Du Dich so gefühlt hast.
- Keine Rechtfertigungen – stattdessen echtes Einfühlungsvermögen zeigen.

Aufrichtig entschuldigen: Verantwortung übernehmen

- Kurz und klar: Es tut mir leid. Ich hätte anders handeln sollen.
- Keine Aber-Sätze, die Deine Verantwortung abschwächen.
- Gefühle der Beziehungsperson weder bagatellisieren noch relativieren.

Konkrete Veränderung planen: Worte werden durch Handeln belegt

- Ich werde in Zukunft offener mit Dir sprechen, anstatt Dinge zu verschweigen.
- Realistische Ziele setzen, die tatsächlich umsetzbar sind.

Geduld haben: Vertrauen wächst durch Verlässlichkeit

- Vertrauen entsteht nicht durch Worte, sondern durch konsequentes Verhalten.
- Je häufiger Fehler in der Vergangenheit vorkamen, desto mehr Konsequenz ist nötig.
- Vertrauen ist ein Geschenk, es lässt sich nicht kaufen, erzwingen, einfordern oder erwarten.
- Vergebung braucht Zeit und glaubwürdiges Dranbleiben.

7.4 Polyamorie als Alternative zur Heimlichkeit?

Einige Menschen gehen heimlich fremd und empfinden das als belastend. Heimlichkeiten, Lügen, Scham, die ständige Angst, *erwischt zu werden:* Wer möchte so etwas dauerhaft leben? Auch für Menschen außerhalb der Primärbeziehung birgt dieses Modell hohe Risiken, etwa durch unklare Kommunikation über den Beziehungsstatus, falsche Versprechungen einer baldigen Trennung oder plötzlichem Kontaktabbruch ohne Erklärung (engl.: *ghosting*) oder Hinhaltetaktiken (engl.: *benching*).

Durch digitale Medien ist es zudem einfacher denn je, Heimlichkeiten aufzudecken. Social Media und ständige Erreichbarkeit schaffen einen Überwachungsdruck: *Warum hat sie mir nicht geschrieben, aber die Story einer Bekannten auf Instagram kommentiert?* oder *Checkt er wirklich nur das Wetter oder schreibt er wieder seinem Kollegen?* Misstrauen ist schnell gesät.

In unserer Gesellschaft herrscht oft ein hartes Urteil über Untreue. Schnell entsteht ein Schuldnarrativ: Die Fremdgehenden sind Täter*innen, die Betrogenen Opfer. Doch Fremdgehen ist selten nur eine Frage von fehlender Moral. Meist gibt es komplexe Hintergründe: Unzufriedenheit, nachlassendes Engagement oder sexuelle Frustration können eine Rolle spielen, ebenso wie persönliche Faktoren oder günstige Gelegenheiten. Manche Menschen passen schlicht weniger gut in das Modell lebenslanger Monogamie. Sie sind erotisch explorativer veranlagt, suchen mehr Abwechslung oder langweilen sich schneller. Viele wissen das über sich und haben vielleicht schon frühere Beziehungspersonen dadurch verloren. Nicht selten versuchen sie über Jahre, *treu* zu bleiben und scheitern doch. Oft beginnt es mit einer ersten heimlichen Affäre, irgendwann fliegt alles auf – mit tiefen Verletzungen als Folge. Auch die eher stabil veranlagte Beziehungsperson ahnt diese Unterschiede häufig, fühlt sich jedoch moralisch *im Recht.* Dann beginnt die *Schuldfrage: Konnte* die fremdgehende Person nicht anders? Oder *wollte* sie nicht anders? Solche Fragen führen selten weiter. Die fiktive Figur Bernd Stromberg formulierte es in der Comedy-Fernsehserie Stromberg einmal so: „Kann-Nicht wohnt ja oft in der Will-Nicht-Straße." Nicht jede

Person hat es gleich leicht, ein stabiles monogames Leben zu führen. Gleichzeitig trägt jede Person Verantwortung für den Umgang mit anderen Menschen. Diese *Vielschichtigkeit* bleibt bestehen. Am besten ist es, Verantwortung für die eigenen Handlungen und die ausgelösten Verletzungen zu übernehmen und zugleich ehrlich zu den eigenen Wahrnehmungen, Wünschen und Bedürfnissen zu stehen.

Ausstieg aus dem Täter*innen-Opfer-Narrativ

Wer aufhört, Untreue ausschließlich mit einer moralischen Brille zu betrachten – sie einerseits zu verurteilen und sie andererseits heimlich weiterzuleben –, kann beginnen, ehrlich zu sich selbst zu stehen. Dann öffnet sich der Raum, nach Wegen zu suchen, die eigene *Einzigartigkeit* zu leben, ohne andere zu verletzen. Leicht ist das nicht in einer Gesellschaft, die Monogamie als Norm setzt – möglich ist es dennoch. Es erfordert Mut, sich einzugestehen, dass Monogamie manchen Menschen schwer fällt. Es erfordert *Eigenständigkeit,* sich mit den eigenen Eigenschaften zu versöhnen und zugleich zu erkennen, welchen Schaden Heimlichkeit angerichtet hat oder noch anrichten könnte. Und es erfordert *Sensibilität für Vielschichtigkeit,* sich selbst anzunehmen und gleichzeitig eine Krise auszuhalten, in der die *betrogene* Person berechtigterweise verletzt ist und man als *untreue* Person mit Scham und Schuldgefühlen konfrontiert wird. Viele erleben schon die Vorstellung, dass es ethische Alternativen zur Heimlichkeit geben könnte, als befreiend. Solche Alternativen eröffnen die Möglichkeit, Gespräche auf *Augenhöhe* zu führen, statt in Heimlichkeiten verstrickt zu bleiben. Wichtig ist dabei: Es muss nicht zwangsläufig auf Polyamorie hinauslaufen. Ein offenes Gespräch kann auch zu dem Ergebnis führen, dass der explorativere Part bewusst darauf verzichtet, diese Seite auszuleben – etwa, wenn die Beziehungsperson das Außeninteresse als extrem kränkend empfindet oder Angst vor dem Verlassenwerden hat.

Eine solche bewusste Entscheidung unterscheidet sich grundlegend von heimlichem Fremdgehen oder der stillschweigenden Erwartung, lebenslange Treue sei selbstverständlich. Ebenso kann ein Gespräch dazu beitragen, dass die weniger explorative Person das Außeninteresse weniger als persönlichen Angriff oder Hinweis auf eigene Defizite versteht – *Ich bin nicht mehr interessant genug* –, sondern als Ausdruck eines Persönlichkeitsunterschieds. Diese neue Perspektive kann helfen, das Außeninteresse nicht als Bedrohung, sondern als Impuls zur gemeinsamen Neugestaltung der Beziehung zu sehen. Solch ein Wandel geschieht nicht über Nacht. Doch viele Paare berichten, dass dieser Prozess entlastend und bereichernd war. Schließlich ist das Bedürfnis nach Abenteuer, Fremdheit und Neuheit – auch im Erotischen – den meisten Menschen vertraut. Viele Menschen kennen den Impuls, andere zu begehren, sich zu verlieben, eine neue Erfahrung zu machen oder eine bislang verborgene Seite der eigenen Sexualität zu erkunden? Muss dieser Impuls zwangsläufig verdrängt werden? Führt er immer zur Trennung? Oder lässt er sich – ohne Dramatisierung – als Teil menschlicher Natur sehen, der nicht nur zerstörerisch, sondern auch bereichernd sein kann?

Zwar befürchten viele, dass *erlaubtes Fremdgehen* zu Entfremdung führt. Für andere jedoch ist die Öffnung der Beziehung eine echte Alternative zur Trennung. Sie nimmt den Druck, eigene Bedürfnisse zu unterdrücken und ermöglicht die Erfahrung, dass Vertrauen und Wertschätzung im Paarleben neu aufblühen können. Sie kann auch das erotische Leben beleben, wenn es zu vertraut geworden ist und das Element des Fremden fehlt. Genau diesen Gedanken beschreibt die Paartherapeutin Esther Perel (2006) in *Mating in Captivity*: das Spannungsverhältnis zwischen dem Bedürfnis nach Sicherheit und Vertrautheit einerseits und dem Bedürfnis nach Neuem und Fremden andererseits. Polyamorie ist eine von vielen Möglichkeiten, diese Gegensätze neu zu balancieren. Für manche Paare eröffnet dieser Schritt die Chance, eine neue gemeinsame Basis zu finden – eine, die nicht auf Heimlichkeit, sondern auf Ehrlichkeit und Respekt beruht. Entscheidend ist, dass beide bereit sind, diesen Weg gemeinsam zu gehen, einander zuzuhören und Verständnis für unterschiedliche Bedürfnisse zu entwickeln.

Letztlich geht es nicht darum, ob Monogamie oder Polyamorie der *richtige* Weg ist, sondern darum, als Paar gemeinsam eine Lösung zu finden, die für beide stimmig ist. Das kann nur auf der Basis von gegenseitigem Vertrauen und Respekt gelingen.

7.5 Ausgangspunkt: Offene Beziehung

Auch in bestehenden offenen Beziehungen oder in der Swinging-Szene kann es passieren, dass sich jemand *aus Versehen verliebt.* Oft war das nicht *Teil des Deals* – doch es kommt häufiger vor, als viele denken. Hormone, die beim Sex ausgeschüttet werden, können die Entwicklung emotionaler Bindung begünstigen. Ebenso fördern Gespräche oder zärtliches Kuscheln am Rande erotischer Begegnungen emotionale Bindung.

In offenen Beziehungsmodellen wird häufig zwischen physischer/sexueller und emotionaler Treue unterschieden. Für Menschen, die diese Bereiche eher trennen, sind offene Beziehungen oft eine passende Lösung. In der Psychologie wird diese Eigenschaft als *Soziosexualität* bezeichnet (Simpson et al., 2004): ein Persönlichkeitsmerkmal, das beschreibt, wie offen Menschen für lustvollen Sex ohne emotionale Bindung sind. Studien zeigen, dass Personen mit einer eher unrestriktiven Soziosexualität häufiger sexuelle Kontakte außerhalb fester Partnerschaften berichten (Rodrigues et al., 2017; Simpson et al., 2004). Das Modell *Don't ask, don't tell* birgt dabei eine besondere Dynamik: Es kann lange unbemerkt bleiben, wenn sich in einer Außenbeziehung Gefühle entwickeln. Wächst die emotionale Bindung jedoch, reift meist die Entscheidung, offen darüber zu sprechen.

Spätestens wenn deutlich wird, dass eine Außenbeziehung langfristig bedeutsam wird, stößt das Prinzip *Sex außer Haus, Liebe nur daheim* an seine Grenzen. Auch dann muss eine Entscheidung getroffen werden. Soll die Außenbeziehung beendet werden oder wagt man den Schritt in die Polyamorie? Paare, die von einer offenen Beziehung zur Polyamorie kommen, haben in gewisser Hinsicht einen Vorteil: Sie haben die Schwelle zur sexuellen Offenheit bereits überschritten und sind den Umgang mit erotischen Freiheiten gewohnt. Doch auch dieser Übergang verlangt Umgewöhnung. Wer bisher davon ausging, dass romantische Exklusivität innerhalb des Paares gilt, muss lernen, diese Exklusivität loszulassen und emotionale Nähe zu weiteren Beziehungspersonen zuzulassen. Für manche wirkt die Entwicklung einer umfassenderen Liebe wie ein *Vertragsbruch* – verbunden mit Enttäuschung, Wut oder Trauer. In dieser Situation ist zunächst gemeinsame Verarbeitung gefragt. Erst danach lässt sich überlegen, welche nächsten Schritte möglich und für beide tragfähig sind.

7.6 Motive für Beziehungsöffnung

Warum entscheiden sich Menschen dafür, ihre Beziehung zu öffnen? Zahlreiche Studien haben die Beweggründe von Menschen untersucht, die in einvernehmlich nicht-monogamen Beziehungen leben (Hnatkovičová & Bianchi, 2022; MacDonald et al., 2021; Tatum et al., 2024; Wolkomir, 2020; Wood et al., 2021). Die Ergebnisse zeigen: Motive sind sehr unterschiedlich und können sich im Laufe der Zeit verändern – sowohl individuell als auch in Paaren.

Im Folgenden fassen wir zentrale Gründe für eine Beziehungsöffnung zusammen. Sie können zugleich als Reflexionshilfe dienen, wenn Menschen über eine Öffnung oder erneute Schließung ihrer Beziehung nachdenken. Eine hilfreiche Leitfrage für die Selbstreflexion kann dabei lauten: *Was findet in mir Resonanz – und was nicht?* Zur Veranschaulichung der in Forschungsarbeiten herausgearbeiteten Motive integrieren wir anonymisierte Beispiele aus unserer Beratungspraxis und Zitate aus unseren Befragungen polyamor lebende Menschen (Bröning et al., 2024; Mazziotta, 2024, 2025).

Beziehungsbezogene Gründe

Partnerschaften verändern sich im Laufe der Zeit: neue Lebensphasen, unterschiedliche sexuelle Wünsche oder persönliche Entwicklungen können dazu führen, dass zentrale Bedürfnisse nicht (mehr) erfüllt werden. Eine Öffnung kann in solchen Situationen Spannungen vorbeugen und eine Beziehung erhalten.

Beziehungswirklichkeiten

Nach vielen gemeinsamen Jahren nahm Klaus' (65) sexuelles Interesse ab, während Ulrike (45) weiterhin eine starke Lust verspürte. Trotz Zuneigung und Stabilität wuchs die Unzufriedenheit. Schließlich schlug Klaus vor, die Beziehung zu öffnen, damit Ulrike ihre Sexualität außerhalb ausleben könne. Ulrike fürchtete zunächst, ihre emotionale Verbindung könne darunter leiden – sie wusste, dass sie Sexualität nur in Verbindung mit Beziehung und Verliebtheit leben konnte. Nach intensiven Gesprächen entschieden sie sich dennoch für den Schritt. Ulrike empfand die neuen Erfahrungen als befreiend, Klaus wiederum spürte Erleichterung, da der Druck nachließ, allen Erwartungen gerecht werden zu müssen. Die zusätzlichen Beziehungen bereicherten sie, erreichten jedoch nicht die Tiefe ihrer Verbindung mit Klaus.

Der Wunsch nach Öffnung muss nicht das Ende einer Partnerschaft bedeuten. Er kann auch eine Chance sein, auf veränderte Lebensumstände zu reagieren und die Beziehung neu zu gestalten. Gerade heute wird von festen Partnerschaften erwartet, dass sie alles zugleich bieten – emotionale Sicherheit, intellektuelle Anregung, sexuelle Erfüllung sowie praktische Unterstützung im Alltag und in Krisen (Finkel et al., 2015). Diese hohen Anforderungen überlasten viele Paare, zumal der Alltag oft wenig Raum für bewusste Beziehungsarbeit lässt. Eine Öffnung kann diese Last verteilen und mehr individuelle Entfaltung ermöglichen, während die emotionale Verbindung bestehen bleibt.

Viele erkennen an, dass eine einzige Beziehung nicht alle Erwartungen abdecken muss. Teilnehmende unserer Studien äußerten sich ähnlich, etwa Carolin (32): „Man muss nicht alle seine Bedürfnisse von einer einzigen Person gedeckt bekommen. Es entspannt vieles, wenn man weiß, dass es theoretisch auch andere Beziehungspersonen geben kann, die bestimmte Dinge eher teilen wollen." Oder Andrea (58): „Ich will nicht dieses Monopol sein, das alles für den anderen erfüllen muss – beste Freundin, perfekte Mutter und gleichzeitig für alle sexuellen Bedürfnisse zuständig."

Freiheit, Autonomie und authentisches Leben

Für einige Menschen, die sich für Polyamorie entscheiden, steht das Bedürfnis im Vordergrund, frei und authentisch zu leben. Es geht dabei nicht nur um persönliche Wünsche, sondern um eine Beziehungsform, die die eigene Identität widerspiegelt. Forschung zeigt, dass erlebte Authentizität ein zentraler Faktor für psychisches Wohlbefinden ist – wer das Gefühl hat, sich nicht verstellen zu müssen, berichtet mehr Zufriedenheit und weniger Stress (Rivera et al., 2019).

Beziehungswirklichkeiten

Max (35) und Lea (34) waren seit dem Studium ein Paar. Auf einer Party kuschelte Max mit einer anderen Frau – für ihn ein spontaner Ausdruck von Nähe, für Lea ein Vertrauensbruch. In der Beratung wurde deutlich, dass Max ein starkes Bedürfnis nach Spontaneität und Freiheit hatte. Für ihn war das kein Zeichen mangelnder Liebe, sondern Ausdruck seiner Identität. Lea hingegen konnte sich eine Beziehung mit solchen Freiräumen nicht vorstellen. Am Ende entschieden beide, getrennte Wege zu gehen, da ihre Vorstellungen von Partnerschaft nicht vereinbar waren. Dieses Beispiel zeigt, dass Authentizität für manche wichtiger ist als der Erhalt einer Beziehung, die nicht zu den eigenen Bedürfnissen passt.

Auch Teilnehmende unserer Befragung beschrieben den Wunsch nach Authentizität und Freiheit als zentral: „Polyamorie bedeutet für mich, zu mir selbst zu stehen oder ehrlicher damit umzugehen, was in mir passiert", beschreibt Malte (28). Kleon (31) erzählt: „Ich habe das Gefühl, nichts verbergen zu müssen. In früheren Beziehungen dachte ich immer, ich sei nicht ganz richtig." Für viele ist es entscheidend, dass eine Partnerschaft genügend Raum für persönliche Entfaltung lässt. „Dieses diffuse Gefühl von Eingesperrtsein und dann unzufrieden werden – das ist ein ganz großes Ding", erklärt Susi (42). Andere erleben polyamore Beziehungen als Ausdruck ihrer grundsätzlichen Art, Bindungen zu gestalten. „Ich glaube, es entspricht meiner Art, Freundschaften zu führen. Die sind auch langfristig sehr intensiv – unabhängig davon, ob sie sexuell sind oder nicht", sagt Mara (27). Letztlich suchen viele eine Beziehungsform, die zu ihrer Persönlichkeit passt. Für manche ist Polyamorie weniger eine bewusste Entscheidung als vielmehr ein Lebensstil, der ihre Art zu lieben widerspiegelt. Befreiend empfinden sie vor allem, nicht zwischen verschiedenen Formen der Liebe wählen zu müssen, sondern Beziehungen authentisch und vielfältig zu leben.

Persönliches Wachstum und Selbsterweiterung

Beziehungen eröffnen neue Perspektiven und fördern persönliche Weiterentwicklung. Besonders intensiv geschieht dies, wenn wir im engen Austausch mit einer Beziehungsperson stehen und hautnah miterleben, was sie fühlt, denkt und wie sie handelt. Die *Self-Expansion-Theorie* (Aron & Aron, 1997) beschreibt diesen Prozess: Eigenschaften, Erfahrungen und Interessen unserer Beziehungspersonen fließen in unser Selbstbild ein und bereichern es. Monogame Beziehungen können selbstverständlich ebenfalls persönliches Wachstum ermöglichen, doch bleibt der Einfluss dort meist auf eine einzige Person beschränkt. Polyamore Beziehungen eröffnen dagegen gleichzeitig vielfältige Entwicklungsmöglichkeiten, weil verschiedene Beziehungspersonen unterschiedliche Facetten der eigenen Identität anregen können – sei es intellektuell, kreativ oder emotional. Studien zeigen, dass Menschen in Mehrpersonenbeziehungen häufiger neue Hobbys entwickeln, ihr Selbstbild erweitern und dadurch eine höhere Lebenszufriedenheit erleben (Moors et al., 2021; Wood et al., 2021). Auch serielle Monogamie und gute Freundschaften bringen immer wieder neue Impulse. Doch die Parallelität polyamorer Verbindungen steigert die Intensität und Vielfalt – ein Unterschied, der an das Erleben eines mehrgängigen Menüs im Vergleich zu einem reichhaltigen Buffet erinnert.

Beziehungswirklichkeiten

Tony (35) erlebt durch seine Partnerinnen eine große persönliche Bereicherung. Anna, Kunsthistorikerin, weckt seine Leidenschaft für Malerei. Johanna inspiriert ihn zur Gartenarbeit. Und Tina, Musikerin und Schauspielerin, führt ihn in die Welt des Theaters ein. Jede dieser Beziehungen eröffnete ihm neue Perspektiven und erweiterte seine Fähigkeiten – eine Vielfalt an Erfahrungen.

Diese Offenheit gegenüber neuen Erfahrungen zeigt sich auch in unseren Befragungen. Steve (45) beschreibt: „Ich bin sehr aufgeschlossen und möchte erfahren, wie Menschen ihre Beziehungen und ihre Sexualität ausleben. Ich probiere gerne Neues aus – Polyamorie gehörte einfach dazu." Andere betonen, dass sie es als befreiend erleben, sich nicht zwischen verschiedenen Facetten ihrer Identität entscheiden zu müssen. Martin (52) fasst es so zusammen: „Ich finde es bereichernd, unterschiedliche Beziehungen zu führen – und das Gleiche gönne ich meiner Frau auch." Für viele ist Polyamorie daher weniger ein bloßes Beziehungsmodell, sondern eine Möglichkeit zur *kontinuierlichen Selbstentwicklung*. Durch den Austausch mit mehreren Beziehungspersonen erweitern sie ihr Wissen, entdecken neue Seiten an sich selbst und erleben eine Vielfalt, die ihr persönliches Wachstum und ihre Lebenszufriedenheit bereichert.

Beziehungen als Ausdruck politischer Werte

Für einige polyamore Menschen ist ihre Beziehungsform nicht nur eine persönliche Entscheidung, sondern auch ein bewusstes Statement gegen traditionelle Beziehungsnormen und hegemoniale Geschlechterverhältnisse. Sie hinterfragen die gesellschaftliche Vorstellung, dass Liebe exklusiv sein muss, und lehnen besitzergreifende Dynamiken ab. Pia (25) beschreibt es so: „Gesellschaftlich, kulturell ist da so ein Besitzanspruch eingeschrieben, den ich ganz abstrus fand."

Neben der Ablehnung von Besitzdenken spielt für viele der Wunsch nach Offenheit und Transparenz eine zentrale Rolle. Manche erleben Polyamorie als Gegenentwurf zu Heimlichkeiten, die sie in monogamen Beziehungen kennengelernt haben. Lena (31) berichtet über ihre Eltern: „Das ist ein Lügengespinst von A bis Z, und das finde ich ganz, ganz furchtbar. (…) Bei Polyamorie ist halt das Grundverständnis, es wird alles auf den Tisch gelegt, und das ist für mich ganz, ganz wichtig."

Auch Autonomie ist ein politisches Anliegen: Viele polyamore Menschen wollen frei über ihre Gefühle und ihre Sexualität entscheiden – ohne Kontrolle über die romantischen oder sexuellen Wünsche ihrer Beziehungspersonen auszuüben. Mara (28) fasst zusammen: „Ich kann und will das Konzept nicht übernehmen, dass ich über die Sexualität oder romantischen Gefühle anderer bestimme."

Gleichzeitig zeigt sich: In progressiven Milieus, die traditionelle Geschlechter- und Liebesordnungen hinterfragen, entstehen mitunter neue normative Erwartungen. Manchmal gilt Polyamorie dort als einzig *richtiger* Weg, während Monogamie als altmodisch oder gar patriarchal abgewertet wird. Für einige Menschen ist das stimmig, andere fühlen sich jedoch unter Druck gesetzt, nicht-monogam leben zu müssen, obwohl sie es eigentlich nicht möchten. So kann der gesellschaftliche Zwang zur Monogamie durch einen neuen Druck zur Polyamorie ersetzt werden.

Beziehungswirklichkeiten

Merle (25) ist seit einigen Monaten mit Kleo (27) zusammen. Es läuft richtig gut und Merle spürt den Wunsch, sich wirklich auf Kleo einzulassen. Doch Kleo und ihr Umfeld sehen Monogamie als Ausdruck des Patriarchats. Merle hingegen hätte sie am liebsten ganz für sich allein, traut sich aber nicht, das anzusprechen. Stattdessen spricht sie vom *noch mehr Zeit zu brauchen,* was Kleo als Unverbindlichkeit deutet. Auch Kleo ist insgeheim traurig, will Merle aber nicht unter Druck setzen. Das hält sie für grundlegend falsch. So überlegt sie stattdessen, ihre Dates mit Moni zu intensivieren, falls die Beziehung zu Merle scheitert.

Echte Beziehungsfreiheit bedeutet, jede Form – ob monogam, offen oder polyamor – als gleichberechtigt zu akzeptieren. Keine Beziehungsform ist per se überlegen. Entscheidend ist, ob sie in die aktuelle Lebensphase passt, authentisch gelebt wird, achtsam mit allen Beteiligten umgeht und den eigenen Werten entspricht.

Sexuelle, geschlechtliche Identität und Kink als Motive

Für einige Menschen sind offene oder polyamore Beziehungen ein Weg, unterschiedliche Aspekte ihrer sexuellen Identität zu leben. Oft spielen dabei sexuelle Orientierung, eine Transition oder der Wunsch nach Vielfalt und spezifischen Vorlieben wie Kink eine zentrale Rolle. Forschung zeigt: Was Menschen sexuell erregt, entzieht sich weitgehend willentlicher Kontrolle (Levin & Berlo, 2004). Sexualität ist zugleich ein lebenslanges Entwicklungsfeld: Identitäten, Begehren und Wünsche sind vielschichtig und können sich im Laufe der Zeit verändern (Hammack & Manago, 2025).

Sexualität ist ein zentrales Element persönlicher Identität. Wenn Menschen bestimmte Aspekte davon nicht leben können, kann dies äußerst belastend sein. Ebenso schwierig ist es, eine Form von Sexualität praktizieren zu müssen, die nicht zur eigenen Identität passt – etwa, wenn asexuelle Menschen partnerschaftliche Sexualität ausüben sollen. Das Scheitern von Konversionsbehandlungen hat eindrücklich gezeigt, dass sexuelle Orientierung nicht *veränderbar* ist; diese Praxis ist in Deutschland immerhin bei Minderjährigen inzwischen gesetzlich verboten (Bundesinstitut für Öffentliche Gesundheit, 2024). Sexuelles Begehren ist weitgehend unsteuerbar, auch wenn man sein Verhalten begrenzen kann. Doch solche Begrenzungen sind oft leidvoll, sodass Menschen im Falle unerfüllter Bedürfnisse nach Lösungen suchen.

Offene und polyamore Beziehungen können eine Möglichkeit sein, verschiedene Facetten der Sexualität verantwortungsvoll zu leben. Tatsächlich leben queere, oft bi- oder pansexuelle Menschen häufiger in Mehrpersonenbeziehungen als heterosexuelle Personen. Studien zeigen, dass sekundäre Beziehungspersonen in polyamoren Beziehungen oft gleichgeschlechtlich sind, während die primäre Beziehung gegengeschlechtlich ist (Mogilski et al., 2017). Für manche ist Polyamorie daher eine Möglichkeit, nicht-heterosexuelle Bedürfnisse auszuleben, die in einer heterosexuellen monogamen Beziehung unerfüllt bleiben.

Beziehungswirklichkeiten

Teilnehmende aus einer Bi+sexuellen Stichprobe (Korinth & Bröning, 2026) beschrieben diese Dynamiken so:

- „Für meine Sexualität ist es schon sehr wichtig. Dadurch, dass ich bi bin, erleichtert es das auch ein bisschen. In vorigen Beziehungen war ich zwar glücklich, aber ich habe meinem Partner oft gesagt: ‚Wär' jetzt schön, wenn noch eine Frau dabei wäre. Das war in monogamen Beziehungen nicht möglich." (Klara, 30)
- „Meine monogamen Beziehungen waren alle durchtränkt von Eifersucht und ständiger Angst verlassen oder ersetzt zu werden." (Lisbeth, 46)
- „In der sexuellen Beziehung zu meiner Frau fühle ich mich oft alleine gelassen. Ich fühle mich schuldig meiner Frau gegenüber, aber sie möchte über das Thema [nicht-monogame Beziehung] nicht reden, obwohl sie meine Veranlagung kennt." (Peter, 55)

Auch unterschiedliche sexuelle Bedürfnisse und Vorlieben können zur Entscheidung für eine offene oder polyamore Beziehung beitragen. Für manche sind Kink-Praktiken – von Rollenspielen über Fetische bis hin zu Macht- und Schmerzspielen – ein erotisches Extra. Für andere sind sie ein integraler Bestandteil ihrer Sexualität und Identität. Hier entstehen Spannungsfelder: Eine Beziehungsperson empfindet bestimmte Vorlieben als bereichernd, die andere als fremd oder belastend. Daraus kann Druck auf beiden Seiten entstehen: die *kinky* Person fürchtet Ablehnung, die Beziehungsperson fühlt sich verpflichtet, Wünsche zu erfüllen, die nicht der eigenen Sexualität entsprechen.

Beziehungswirklichkeiten

Frank (38) und Sabine (36) sind seit zehn Jahren ein Paar. Ihre Beziehung ist stabil und liebevoll, beide wünschen sich ein Kind. Gleichzeitig belastet ein Konflikt ihre Sexualität: Frank hat einen stark ausgeprägten Sportschuhfetisch. Besonders erregend findet er es, Sabine in Turnschuhen durchs Wasser laufen zu sehen und sie dabei zu fotografieren. Dieses Szenario ist für ihn zentral. Sabine lässt sich gelegentlich darauf ein, empfindet dabei jedoch keine Erregung und fühlt sich zunehmend unter Druck. Frank wiederum ist enttäuscht – er erlebt sich als bemüht und investiert, wünscht sich mehr Offenheit und Entgegenkommen von Sabine. In der Beratung geht es um Fragen wie: Wie kann mit den unterschiedlichen Bedürfnissen in der Partnerschaft konstruktiv umgegangen werden? Lässt sich Franks Fetisch einvernehmlich mit externen Beteiligten ausleben? Wie können beide Wege finden, die ihre Grenzen respektieren und gleichzeitig Raum für individuelle sexuelle Integrität lassen?

Forschung bestätigt, dass Kink-Praktizierende überdurchschnittlich häufig in offenen oder polyamoren Beziehungen leben. In einer Studie identifizierten sich 40 % der befragten kinky Frauen als polyamor oder in einer offenen Beziehung, im Vergleich zu nur 15 % in monogamen Beziehungen (Rehor, 2015). Vilkin und Sprott (2021) fanden, dass fast die Hälfte der kinky Menschen in Mehrpersonenbeziehungen mindestens eine Beziehungsperson hatte, die ihre spezifischen Kink-Interessen nicht teilte – was oft als belastend erlebt wurde. Offene Beziehungsmodelle können in solchen Situationen ein Ventil schaffen: Sie ermöglichen es, dass erotische Bedürfnisse unterschiedlich gelebt werden können, ohne dass es zu einer Trennung kommt oder jemand auf zentrale Aspekte der eigenen Sexualität verzichten muss.

Unerwartete Liebe und gesellschaftlicher Einfluss

Manchmal entsteht der Wunsch nach Polyamorie nicht aus einer bewussten Entscheidung, sondern als Reaktion auf äußere Einflüsse. Dazu gehören unerwartete emotionale Entwicklungen – etwa das Verlieben in eine dritte Person – ebenso wie die zunehmende Sichtbarkeit alternativer Beziehungsmodelle in soziale Medien, Filme und das persönliche Umfeld.

Beziehungswirklichkeiten

So erging es Aylin (38), die seit vielen Jahren verheiratet war, als sie sich in den Vater einer Mitschülerin ihrer Tochter verliebte. Aus anfänglicher Nähe im Elternbeirat entwickelte sich eine tiefe Verbindung. Ihre Ehe war von Vertrauen und Geborgenheit geprägt, doch die neue Beziehung brachte ein längst vermisstes Gefühl von Lebendigkeit zurück. Seine Nähe ließ sie sich lebendig fühlen, das Kribbeln einer aufblühenden Liebe entfachte ihre Leidenschaft neu. Aylin erkannte: Sie liebte beide Männer und wollte sich nicht zwischen ihnen entscheiden.

Neben solchen persönlichen Erfahrungen beeinflussen auch gesellschaftliche Trends die Entscheidung, polyamore Beziehungen zu erkunden. In den letzten Jahren sind offene und polyamore Beziehungsformen durch soziale Medien und Popkultur sichtbarer geworden. Plattformen wie Instagram oder YouTube gewähren Einblicke in das Leben polyamorer Menschen und tragen zur Normalisierung nichtmonogamer Lebensweisen bei (Hammack & Manago, 2025). Auch Kunst und Popkultur hinterfragen traditionelle Vorstellungen von Liebe und Exklusivität. Diese wachsende Sichtbarkeit schafft Möglichkeitsräume: Menschen, die sich in ähnlichen Situationen wiederfinden, fühlen sich ermutigt, ihre Wünsche zu reflektieren und neue Beziehungswege zu gehen.

Bedürfnis nach Zugehörigkeit zu einer Gemeinschaft
Das Bedürfnis nach Zugehörigkeit ist ein weiteres Motiv für Menschen, die sich für polyamore Beziehungsmodelle entscheiden. In einer von monogamen Normen geprägten Gesellschaft fühlen sich polyamore Menschen oft isoliert oder missverstanden. Der Austausch mit Gleichgesinnten bietet emotionalen Rückhalt, stärkt das Selbstwertgefühl und schafft ein Gefühl von Normalität. Community-Bindungen können entscheidend zur Resilienz von Menschen in alternativen Beziehungs- und Sexualkulturen beitragen.

Beziehungswirklichkeiten

Eine queere Bloggerin aus London, die jahrelang auf minkaguides.com über den polyamoren Lebensstil schrieb, berichtet Folgendes: „Kürzlich nahm ich an einer Veranstaltung in meiner örtlichen Poly-Community teil […]. Als ich mich im Raum umsah, sah ich Hunderte von Menschen, die durch unseren gemeinsamen Beziehungsansatz zusammengebracht worden waren und jemanden auf seinem persönlichen Weg unterstützten. Das machte mich sehr emotional. Die Mitbegründung von ENM Fam London vor zwei Sommern war eine unvorstellbar bereichernde Erfahrung. In erster Linie, weil es die lebendige Verkörperung einer meiner großen Missionen ist: Menschen dabei zu helfen, zu erkennen, dass die Suche nach Gemeinschaft genauso wichtig ist wie die Suche nach Partner*innen, wenn sie beginnen, polyamor zu leben. Aber auch, weil ich dadurch so viele neue wunderbare Freunde in meinem Leben gefunden habe.

Wie jede nicht-normative Identität ist die Community die Grundlage des polyamoren Lebens. Hier findest Du platonische Freunde, die Dich auf eine Weise verstehen, wie es Deine monogamen Freunde und Deine Familie nicht können. Sie ist der Ort, an dem man Ressourcen teilt, Veranstaltungen organisiert und sich Abenteuer ausdenkt. Es ist das Sicherheitsnetz, das Dich auffängt, wenn Deine Beziehungen aus dem Ruder laufen. Es ist ein Raum für Freude und Liebe, der auch über romantische Beziehungen hinausgeht."

Innerhalb solcher Communities können Menschen ihre nicht-normativen Beziehungsmodelle offen leben, ohne sich ständig rechtfertigen oder erklären zu müssen. Gleichzeitig profitieren sie vom gegenseitigen Austausch: Erfahrungen mit Eifersucht, Zeitmanagement oder Kommunikation werden geteilt, und Strategien für eine gelingende Beziehungsgestaltung weitergegeben. Entlastend wirkt oft schon ein Satz wie: *Das kenne ich auch* oder *Mir ging es genauso.* Es signalisiert: *Ich bin mit meinen Herausforderungen nicht allein.*

(Unbewusste) Angst vor Verlust oder Betrug

Für manche Menschen hängt die Entscheidung für eine Mehrpersonenbeziehung eng mit der Angst vor Verlust oder Betrug zusammen – oft unbewusst. Wer in der Vergangenheit verletzt wurde, wählt manchmal eine *ethische, also einvernehmlich vereinbarte* Nicht-Exklusivität, um ein ähnliches Erlebnis künftig zu vermeiden. Die Logik dahinter: In einer offenen Beziehung gibt es keine *Untreue,* solange alle Beteiligten ehrlich kommunizieren und sich an gemeinsame Vereinbarungen halten. Offenheit wird so zu einem Schutzmechanismus, der emotionale Sicherheit vermitteln soll.

Beziehungswirklichkeiten

Mario (52) entschied sich nach einem schmerzhaften Betrug für ein solo-polyamores Leben – also mehrere parallele Beziehungen ohne exklusive Partnerschaft. Dieses Modell gibt ihm das Gefühl von Autonomie und Kontrolle über seine Beziehungen und schützt ihn vor erneutem emotionalem Schmerz.

Klara (28) erlebte hingegen eine gegensätzliche Dynamik: Ihr Freund wollte die Beziehung öffnen, während sie stark mit Verlustängsten kämpfte. Um die Partnerschaft nicht zu gefährden, stimmte sie zu – doch die Realität, ihren Partner mit anderen zu teilen, wurde für sie unerträglich. Schließlich führte die Situation zur Trennung.

Diese Beispiele zeigen: Offenheit kann Sicherheit geben – oder neue Unsicherheiten schaffen. Entscheidend sind nicht nur die getroffenen Vereinbarungen, sondern auch die Fähigkeit aller Beteiligten, mit Ängsten, Eifersucht und Vertrauen konstruktiv umzugehen.

Verfügbarkeit potenzieller Beziehungspersonen und wahrgenommener Marktwert

Auf einer pragmatischen Ebene spielt die Verfügbarkeit möglicher Beziehungspersonen eine wichtige Rolle bei der Entscheidung, eine Beziehung zu öffnen oder polyamor zu leben. Menschen, die glauben, attraktive Alternativen außerhalb ihrer aktuellen Partnerschaft zu haben, sind eher bereit, offene Beziehungsmodelle auszuprobieren (MacDonald et al., 2021). Auch der Wohnort beeinflusst diese Dynamik: In Großstädten mit einer größeren offenen Community ist der Zugang zu polyamoren Netzwerken leichter als in ländlichen Regionen, wo oft monogame Normen dominieren und Gleichgesinnte schwerer zu finden sind.

Allerdings profitieren nicht alle gleichermaßen von diesen Möglichkeiten. Wahrgenommene Unterschiede in der *Attraktivität* und *Marktwert* können Spannungen in Beziehungen erzeugen – besonders, wenn eine Person deutlich mehr Aufmerksamkeit erhält als die andere. Diese Dynamiken stehen im Zusammenhang mit kapitalistischen Marktmechanismen: Dating-Apps und soziale Medien verstärken bestehende Schönheitsideale und Statushierarchien. Studien zeigen, dass Frauen unter 35 auf Dating-Plattformen im Schnitt mehr Anfragen bekommen, während Männer aktiver um Aufmerksamkeit konkurrieren müssen (Bruch & Newman, 2018). Erfolg hängt dabei nicht nur von persönlichen Vorlieben ab, sondern auch von gesellschaftlich geprägten Faktoren wie Körperform, Alter, Statussymbole oder ethnische Zugehörigkeit. Dating-Apps funktionieren wie kuratierte Marktplätze: Profilbilder und Selbstdarstellung werden optimiert, retuschiert oder strategisch angepasst. Das erhöht den Druck zur Selbstoptimierung und erschwert zugleich echte Verbindung. Nicht selten zeigt sich beim ersten Treffen, dass das Online-Profil nicht der Realität entspricht.

Auch in Mehrpersonenbeziehungen kann Dating dazu dienen, das eigene Selbstwertgefühl zu steigern oder den eigenen *Marktwert* zu testen – also herauszufinden, als wie attraktiv man wahrgenommen wird. Für manche wirkt das bestätigend und befreiend; für andere führt es zu Frustration oder Unsicherheit, wenn ein Ungleichgewicht entsteht. Emotionale und sexuelle Aufmerksamkeit wird dann schnell als Maßstab von Wert und Erfolg erlebt. Für andere sind offene Beziehungen auch eine Möglichkeit, um Selbstzweifel zu kompensieren; neue Begegnungen stärken das Selbstbild, während die bestehende Partnerschaft weiterhin emotionale Sicherheit bietet.

Die vorgestellten Beispiele und Forschungsergebnisse machen deutlich, wie vielfältig die Gründe für eine Beziehungsöffnung sein können. Um die eigene Situation einzuordnen, kann es hilfreich sein, die persönlichen Beweggründe bewusst zu reflektieren. Das folgende Praxistool unterstützt Dich dabei.

Praxistool

Gründe für die Öffnung der Beziehung

Lies die folgenden möglichen Beweggründe für eine Beziehungsöffnung aufmerksam durch. Ziel dieser Übung ist es, Dir bewusst zu machen, welche Gründe für Dich persönlich im Vordergrund stehen, um so mehr Klarheit über Deine eigenen Wünsche und Prioritäten zu gewinnen. Überlege: Welche Punkte treffen auf Dich zu, und in welcher Reihen-

folge sind sie Dir wichtig? Notiere Deine persönliche Rangfolge und ergänze eigene Gedanken, falls etwas fehlt.

- *Beziehungsbezogene Beweggründe:* Ihr habt Euch unterschiedlich entwickelt, und zentrale Bedürfnisse werden nicht mehr ausreichend erfüllt.
- *Persönliches Wachstum und Bereicherung:* Neue Beziehungen eröffnen Dir die Möglichkeit, Dich weiterzuentwickeln und andere Seiten Deiner Persönlichkeit auszuleben.
- *Freiheit, Autonomie und Authentizität:* Du möchtest frei leben, ohne Dich verstellen oder wichtige Teile Deiner Persönlichkeit zurückhalten zu müssen.
- *Ausdruck politischer Werte:* Du möchtest traditionelle Beziehungsmodelle und gesellschaftliche Normen bewusst infrage stellen.
- *Verfügbarkeit potenzieller Partner*innen:* Du fühlst Dich attraktiv, neugierig auf neue Begegnungen oder offen für weitere Beziehungsmöglichkeiten.
- *Erhöhung des Selbstwertgefühls:* Bestätigung durch neue Beziehungen gibt Dir Sicherheit und stärkt Dein Selbstbild.
- *Entgegenkommen:* Deine Beziehungsperson wünscht sich die Beziehungsöffnung und Du bist ihr zuliebe bereit, darauf einzugehen.
- *Sexuelle Identität und Kink:* Du möchtest unterschiedliche sexuelle Orientierungen und Vorlieben erkunden.
- *(Unbewusste) Angst vor Verlust oder Betrug:* Du hast Angst, betrogen oder verlassen zu werden, und suchst Sicherheit durch Offenheit.
- *Unerwartete Liebe:* Du hast Dich verliebt und möchtest diese neue Beziehung leben.
- *Gesellschaftlicher Einfluss oder Gruppendruck:* Dein Umfeld – etwa durch soziale Medien, Bücher oder Freund*innen – inspiriert Dich, alternative Beziehungsformen auszuprobieren.
- *Gemeinschaft und soziales Netzwerk:* Du suchst eine Community, die ähnliche Werte lebt und Dir Unterstützung bietet.

7.7 Schnelltest: Welches Modell passt zu mir?

Bevor wir uns in den nächsten Kapiteln ausführlicher mit dem Einstieg in Polyamorie und der Gestaltung offener Beziehungsmodelle befassen, ermöglicht der folgende Abschnitt nach der vorangegangen Darstellung typischer Beziehungskonstellationen, Ausgangspunkte und Motive eine erste Einschätzung im Sinne eines kleinen *Schnelltests*. Er soll helfen, verschiedene Formen offener Beziehungen zu reflektieren und ein Gefühl dafür zu entwickeln, welche Ansätze zu den eigenen Bedürfnissen passen könnten.

Treue, Exklusivität und ein tiefes Wir-Gefühl
Monogame Beziehungen stehen für Stabilität und Sicherheit. Sie rücken romantische und sexuelle Exklusivität in den Mittelpunkt und ermöglichen es, die Aufmerksamkeit ganz auf eine Person zu richten. So kann eine tiefe, vertrauensvolle Verbindung entstehen, die Halt gibt und Zugehörigkeit stärkt. Im langfristigen Miteinander wächst ein gemeinsames Fundament: Beziehungspersonen meistern Herausforderungen, teilen Erfolge und entwickeln ein intensives gegenseitiges Verständnis.

Ein zentraler Aspekt der Monogamie ist die Möglichkeit, Intimität und Sexualität immer weiter zu vertiefen. Die Vertrautheit mit einer Person schafft einen sicheren Raum, in dem beide sich fallen lassen und neue Seiten aneinander entdecken können. Ohne Ablenkung durch andere Verbindungen können beide ihre Energie gezielt in ihre Partnerschaft investieren und das Zusammensein bewusst gestalten.

Monogamie spricht Menschen an, die Beständigkeit und Klarheit in der Liebe schätzen, und für die Exklusivität keine allzu große Herausforderung darstellt. Sie kann auch für diejenigen stimmig sein, die erotisch-explorative Impulse zugunsten einer gemeinsamen Zukunft zurückstellen, weil die Beziehungsperson monogam leben möchte. Dies muss sich keineswegs repressiv anfühlen. Auch in vielen anderen modernen Lebensbereichen spielt freiwilliger Verzicht eine konstruktive Rolle: Menschen entscheiden sich bewusst gegen bestimmte Lebensmittel, gegen Flugreisen oder gegen ein Auto – oder verzichten im Falle von Kindern auf persönliche Freiheiten, um höhere Ziele zu verfolgen.

Auch Menschen, die ihre Beziehung öffnen, erleben Verluste. Jessica Fern (2023) beschreibt Traurigkeiten, die mit einer Öffnung einhergehen können:

- Nicht mehr alles mit der Beziehungsperson teilen zu können.
- Bestimmte Rollen in der Partnerschaft zu verlieren.
- Verlust emotionaler, sexueller und romantischer Exklusivität – und damit das Gefühl, die wichtigste Person für die Beziehungsperson zu sein.
- Das Gefühl zu verlieren, dass die Beziehungsperson jederzeit verfügbar ist (auch wenn das nie ganz der Realität entsprach).
- Weniger Zugang zu allen Lebensbereichen der Beziehungsperson zu haben und sich an manchen Stellen ausgeschlossen zu fühlen.
- Verlust der bisherigen Einfachheit in der Organisation und Logistik gemeinsamer Aktivitäten.
- Weniger Entscheidungsmacht in der Beziehung zu haben.
- Abschied nehmen zu müssen von dem, was bisher war.

Sexuell exklusive Beziehungen bieten Vertrauen, Verlässlichkeit und die Freiheit, sich ohne Ablenkungen auf eine tiefe Verbindung einzulassen. Natürlich bedeutet Monogamie nicht automatisch Harmonie – auch hier sind Kommunikation, Kompromissbereitschaft, gegenseitige Achtung und die Fähigkeit, aufeinander einzugehen und sich Freiräume zu gewähren, entscheidend. Aber in einer exklusiven Beziehung liegt die Chance, gemeinsam zu wachsen, Konflikte zu bewältigen und die Verbindung immer wieder neu zu gestalten – und das innerhalb eines gesellschaftlichen Rahmens, der mit vielen Privilegien verbunden ist – bekannt im Englischen als *couple privilege.*

Keine Lust auf ewige Diskussionen und Einblicke in die Dates der Beziehungsperson? Aber Lust auf Freiheit?
Das *Don't ask, don't tell*-Modell bietet Paaren die Möglichkeit, ihre Beziehung zu öffnen, ohne sich mit allen Details der Außenkontakte auseinandersetzen zu müssen. Es setzt auf bewusstes Aushalten von Ungewissheit. Man spricht nicht über alles, um Privatsphäre zu wahren und Freiräume zu ermöglichen. Für viele ist das keine Schwäche, sondern eine Kompetenz. Sie möchten ihre Freiheit leben, ohne sich im Detail rechtfertigen zu müssen, und erleben dieses Modell als entlastend – nicht zuletzt, weil sie befürchten, dass zu viele Informationen der Beziehung schaden könnten.

Besonders geeignet ist DADT für Menschen, die Sex und Emotionen gut trennen können. In der Psychologie wird diese Fähigkeit häufig mit dem bereits erwähnten Persönlichkeitsmerkmal *Soziosexualität* beschrieben (Simpson et al., 2004). Menschen mit hoher Soziosexualität sind keineswegs bindungsunfähig oder unfähig zu Intimität, sondern schlicht offener für unverbindliche sexuelle Kontakte und brauchen dafür keine tiefe emotionale Bindung. Soziosexualität steht in Verbindung mit einem eher vermeidenden Bindungsstil, einem biografisch erlernten Grundgefühl, bei dem Nähe schnell als potenziell einengend empfunden wird. Studien zeigen zudem, dass

Männer tendenziell häufiger hohe Soziosexualität angeben, und dass dieses Merkmal in westlichen Kulturen öfter mit Fremdgehen assoziiert ist (Rodrigues et al., 2017).

Trotz dieser Vorteile hat DADT auch Schattenseiten: Wenn wichtige Teile der eigenen Erfahrungen ausgeklammert werden, kann das die Authentizität mindern und die Verbundenheit in der Partnerschaft langfristig belasten. Kurzfristig mag es Sicherheit geben, heikle Details nicht teilen zu müssen – auf Dauer kann dies jedoch zu innerer Unsicherheit oder Distanz führen. Denn was im Alltag nicht integriert werden darf, bleibt unsichtbar und kann schwerer Teil der gemeinsamen Wirklichkeit werden. Dies könnte besonders belastend sein, wenn DADT eher der Beziehungsperson zuliebe gewählt wird als aus eigener Motivation. Dann entsteht zusätzlicher Druck: Gefühle und Erlebnisse müssen zurückgehalten oder nach außen hin normalisiert werden, ähnlich wie bei Affären. Diese emotionale Arbeit kann anstrengend werden, etwa wenn Probleme bei erotischen Begegnungen auftreten oder ein bestimmtes Bild von sich selbst gegenüber der Beziehungsperson aufrechterhalten werden soll.

Beziehungswirklichkeiten

Luise (45) und Leon (46) haben vor Jahren vereinbart, dass sie im Falle sexueller Abenteuer lieber nichts voneinander wissen wollten. Beide halten sich daran, und das Thema gilt in ihrer Beziehung als Tabu. Als Luise jedoch nach einem One-Night-Stand ungeplant schwanger wurde, geriet sie in einen inneren Konflikt: Sollte sie die Wahrheit sagen oder verschweigen? Der Embryo ging nach einigen Wochen von selbst ab, doch die Erfahrung beschäftigte sie noch lange. Sie sprach weder mit Leon noch mit dem potenziellen Vater darüber. Nach außen wirkte sie erleichtert, innerlich aber blieb die Belastung bestehen. Leon bemerkte, dass Luise oft abwesend war und deutete ihre Distanz als nachlassende Liebe.

Die Soziologin Arlie Russell Hochschild (2012) beschreibt *Emotionsarbeit* (engl.: *emotion work* oder *emotion management*) als den bewussten Aufwand, eigene Gefühle oder die Gefühle anderer zu beeinflussen. Dabei unterscheidet sie zwischen dem *Agieren an der Oberfläche* (engl.: *surface acting*) – wenn Emotionen nur gespielt werden, ohne sie zu empfinden, etwa um die Illusion aufrechtzuerhalten, man sei nicht mit einer erotischen Außenbeziehung beschäftigt – und dem *Agieren in der Tiefe* (engl.: *deep acting*), dem Versuch, empfundene Gefühle tatsächlich zu verändern. Ursprünglich auf berufliche Kontexte bezogen, wurde das Konzept auch auf Liebesbeziehungen übertragen, etwa beim Vortäuschen von Vergnügen in der Sexualität (Oschatz et al., 2025).

Der Zweck von Emotionsarbeit in Liebesbeziehungen ist es, die emotionale Befindlichkeit aller Beteiligten zu verbessern und eine angenehme Atmosphäre zu schaffen (Lawless, 2018; Oschatz et al., 2025). Im Kontext von DADT kann dies ganz unterschiedlich aussehen: *Surface acting* bedeutet etwa, Normalität vorzuspielen, obwohl gerade eine aufregende oder schwierige Begegnung mit einer Außenbeziehung stattgefunden hat – wie im Fall von Luise. *Deep acting* kann darin bestehen, eigene Gefühle für eine andere Person herunterzuspielen oder Trauer nach dem Ende einer sexuellen Beziehung aktiv zu unterdrücken.

Emotionsarbeit kann positive Effekte für Beziehungen haben: Sie wird mit höherer Beziehungszufriedenheit und stärkerer Bindung in Verbindung gebracht (Curran et al., 2015; Minnotte et al., 2010). Gleichzeitig birgt sie Risiken: Wenn das Vortäuschen von Gefühlen zur Gewohnheit wird, kann dies zu inneren Konflikten, Spannungen in der Beziehung und psychischer Belastung führen – besonders häufig berichten Frauen davon (Strazdins & Broom, 2004; Umberson et al., 2015).

DADT kann für Menschen praktikabel sein, die Privatsphäre schätzen, emotionale Ruhe bewahren wollen und eine klare Trennung zwischen Sexualität und romantischer Intimität bevorzugen. Gleichzeitig erfordert dieses Modell eine ehrliche Reflexion: *Bin ich bereit, mit den unvermeidlichen Unsicherheiten und der zusätzlichen Emotionsarbeit zu leben? Und passt das langfristig zu meinen eigenen Bedürfnissen und Werten?*

Sexuell abenteuerlustig, wenig eifersüchtig, keine Lust auf Heimlichkeiten oder komplizierte Zweitbeziehungen?

Beim Swinging unterscheiden Menschen bewusst zwischen sexueller und emotionaler Treue. Der Fokus liegt auf erotischen Abenteuern, nicht auf romantischen Mehrfachbindungen. Swinging eignet sich daher besonders für Paare, die Sex und Liebe klar trennen können und sich gleichzeitig in ihrer Beziehung sicher und verbunden fühlen. Viele empfinden es zudem als anregend, die eigene Beziehungsperson in einem offenen sexuellen Setting zu erleben.

Die Beweggründe sind vielfältig: Häufig nennen Paare den Wunsch nach *mehr oder abwechslungsreicherem Sex,* andere probieren es aus *Neugier* aus. Für manche wirkt Swinging wie ein gesundes Ventil, um Abenteuerlust auszuleben und gleichzeitig die Partnerschaft zu bereichern. Diese Stärkung entsteht oft durch Ehrlichkeit: Wenn beide ihre Erlebnisse offen miteinander teilen, kann das Vertrauen wachsen und die Bindung vertieft werden.

Swinging setzt jedoch ein hohes Maß an Kommunikation und klarer Absprachen voraus. Paare müssen gemeinsam definieren, was erlaubt ist und wo Grenzen liegen. Herausfordernd kann es sein, damit umzugehen, wenn eine Person häufiger neue Kontakte hat oder deutlich mehr Aufmerksamkeit erfährt als die andere. Solche Ungleichgewichte können Eifersucht verstärken und das emotionale Gleichgewicht belasten. Gleichzeitig berichten Menschen in der Swinging-Szene, dass die bewusste Transparenz und das offene Miterleben leichter auszuhalten sind, als die Ungewissheit, nicht zu wissen, was im Verborgenen geschieht.

Hilfe, ich habe mich verliebt: Sollten wir in die Polyamorie wechseln?

Die Übergänge zwischen Beziehungsmodellen wie Swinging, DADT oder anderen offenen Formen hin zur Polyamorie verlaufen oft fließend – nicht zuletzt, weil Sexualität auch Bindung fördern kann. Aus einer vermeintlich bedeutungslosen Beziehung kann unerwartet mehr entstehen. Manche Menschen nutzen Modelle wie DADT gezielt als Übergangslösung, um Zeit zu gewinnen, bis die Bedeutung einer Verbindung klarer wird, oder um sich auf ein mögliches Gespräch vorzubereiten. Doch dieser Weg ist nicht ohne Herausforderungen. Einer der größten Stolpersteine in offenen Beziehungen ist die Unkontrollierbarkeit plötzlicher Verliebtheit und die emotionale Wucht, die mit ihr einhergeht.

Beziehungswirklichkeiten

Sina (22) und Kim (23) einigten sich zu Beginn ihrer Beziehung darauf, offen zu leben und einander das Daten anderer Personen zu erlauben. Gleichzeitig waren sie sich einig, keine polyamore Lebensweise zu führen – das bedeutete für sie, keine weiteren festen Bindungen einzugehen. Im Laufe der Zeit entwickelte Kim jedoch Gefühle für eine dritte Person. Statt diese Entwicklung offen mit Sina zu teilen, ließ Kim die Beziehung weiterlaufen, ohne sich selbst einzugestehen, wie tief ihre Gefühle geworden waren. Sina erfuhr erst auf Nachfragen, wie oft sich Kim mit der anderen Person traf und dass Kim tatsächlich verliebt war. Für Sina fühlte sich dies wie ein schwerer Vertrauensbruch an, ein klarer Verstoß gegen die zuvor getroffenen Absprachen. Sie verlangte, dass Kim den Kontakt abbricht. Kim stimmte zu, fühlt sich jedoch seitdem eingeschränkt und unverstanden. Sie empfindet Sinas Forderung als Eingriff in ihre Freiheit, während Sina sich ausgeschlossen und betrogen fühlt, weil sie nicht in den Prozess einbezogen wurde. Im Beratungsgespräch wird deutlich, dass Sina sich grundsätzlich eine polyamore Beziehung vorstellen könnte – allerdings nur, wenn sie sich nicht wie eine außenstehende Dritte in ihrer eigenen Beziehung fühlt. Kim wiederum erkennt, dass es viel Selbstreflexion und intensive Gespräche bräuchte, um eine gemeinsame polyamore Dynamik zu entwickeln. Doch sie ist unsicher, ob sie bereit ist, diesen emotional aufwendigen Weg zu gehen.

Wenn romantische Gefühle oder Verliebtheit ins Spiel kommen, stoßen viele offene Beziehungsmodelle an ihre Grenzen. Der Grundsatz *Sex außer Haus, Liebe nur daheim* funktioniert dann oft nicht mehr. Menschen in dieser Lage stehen vor der Entscheidung, die Außenbeziehung zu beenden oder den Weg in die Polyamorie einzuschlagen. Dieser Schritt erfordert eine doppelte Prüfung. Auf der Beziehungsebene stellen sich die Fragen: *Kann unsere Partnerschaft die Herausforderungen und Veränderungen bewältigen, die mit einer polyamoren Lebensweise einhergehen? Wollen wir das Wir neu definieren und die Dynamik unserer Beziehung verändern?* Auf der individuellen Ebene geht es darum: *Bin ich bereit, mich den emotionalen Anforderungen, der intensiven Kommunikation und der ständigen Reflexion zu stellen, die Polyamorie verlangt? Passt dieses Modell zu meinen Werten, Bedürfnissen und langfristigen Zielen?*

Offen für Gespräche, keine Lust auf die Trennung zwischen Sex und Liebe, Sehnsucht nach Echtheit im Beziehungsleben?

Polyamorie öffnet Türen zu einem Beziehungsmodell, das Platz für Sexualität, Verliebtheit und Liebe mit mehreren

Menschen gleichzeitig bietet. Diese Freiheit kommt jedoch nicht ohne Herausforderungen: Sie erfordert ein hohes Maß an Reflexion, Kommunikation und emotionaler Kompetenz. Polyamore Beziehungen sind komplex und dynamisch, mit mehreren parallelen Verbindungen, die gepflegt und immer wieder in Balance gebracht werden müssen. Menschen, die bereit und in der Lage sind, sich intensiv mit sich selbst und ihren Beziehungspersonen auseinanderzusetzen, Beziehungsgespräche zu führen und emotionale Herausforderungen anzunehmen, können in der Polyamorie erfüllende Erfahrungen machen.

Menschen, die in polyamoren Konstellationen leben, berichten in Befragungen von einer ähnlich hohen Beziehungszufriedenheit wie monogam lebende Personen. Eine aktuelle Meta-Analyse, die 35 Einzelstudien mit insgesamt über 24.000 Teilnehmenden zusammenfasst, fand keine statistisch bedeutungsvollen Unterschiede in der Beziehungs- oder sexuellen Zufriedenheit zwischen monogamen und einvernehmlich nicht-monogamen Beziehungen (Anderson et al., 2026). Diese Befunde galten unabhängig von Stichprobenmerkmalen wie sexueller Orientierung (z. B. LSBTIAQ* vs. heterosexuelle Personen). Interessant ist jedoch, dass sich bei differenzierter Betrachtung signifikante, wenn auch eher kleine Unterschiede in der sexuellen Zufriedenheit zeigten: Personen in polyamoren und Swinger-Beziehungen berichteten hier höhere Zufriedenheitswerte als monogam lebende Menschen. Ein möglicher Grund: Wenn in einer Beziehung offen über sexuelle Bedürfnisse gesprochen wird und sexuelle Autonomie möglich ist, steigen die Chancen, dass diese Bedürfnisse erfüllt werden. Einzelne Studien deuten zudem darauf hin, dass Menschen in Mehrpersonenbeziehungen teilweise mehr Vertrauen erleben und weniger Eifersucht berichten (Conley et al., 2017; Lecuona et al., 2021). Wer sich bewusst für einen polyamoren Lebensstil entscheidet, schätzt oft die Vielfalt und emotionale Tiefe der Beziehungen sowie das Gefühl von Freiheit und Authentizität (Bröning et al., 2024).

Die Möglichkeit, mehrere Menschen gleichzeitig emotional und erotisch zu erleben, schafft ein Gefühl von Fülle: Erwartungen und Bedürfnisse – ob nach Intimität, Unterstützung oder Abenteuer – können auf verschiedene Beziehungen verteilt werden, wodurch die Wahrscheinlichkeit steigt, dass sie erfüllt werden. Für einige ist Polyamorie mehr als ein Beziehungsstil: Sie verstehen sie als grundlegenden Teil ihrer Identität. Diese Menschen bezeichnen sich als *vom Wesen her polyamor*. Auch wenn sie keine feste Beziehungsperson haben, bleiben sie dieser Lebensweise verbunden, häufig unter dem Label *Solo-Poly* – um zu betonen, dass sie unabhängig bleiben möchten und klassische Beziehungsrollen, etwa durch Zusammenleben, nicht anstreben.

Andere wiederum sehen Polyamorie als etwas, das sie ausprobieren oder das gerade in ihrer Lebensphase passt. Manche kommen durch eine polyamore Beziehungsperson mit diesem Modell in Berührung, entwickeln ihren eigenen Stil und finden Gefallen daran. Wieder andere stellen fest, dass Polyamorie nicht zu ihnen passt – sei es, weil die emotionale Belastung zu hoch ist oder weil sie die notwendige Beziehungsarbeit nicht leisten wollen. In solchen Fällen suchen manche Menschen alternative Formen des Liebens und Lebens. Andere verzichten ganz bewusst auf Labels und leben ihre Beziehungen offen und situationsbezogen.

Polyamorie kann besonders befreiend sein für Menschen, die Alternativen zur seriellen Monogamie und zu heimlichen Affären suchen. Denn Affären gehen oft mit einem inneren Konflikt einher: das Bedürfnis nach Neuem kollidiert mit der Angst, die bestehende Beziehung zu gefährden. Paradoxerweise werden solche heimlichen Kontakte nicht selten als Ausdruck von Treue erlebt, da sie vermeintlich dem Schutz der Kernbeziehung dienen. Polyamorie bietet hier eine ethische und offene Alternative: Sie ermöglicht es, mit Einvernehmen und Ehrlichkeit neue Wege zu gehen, wenn alle einverstanden sind und den Willen sowie die Fähigkeit zur Gestaltung dieser Wege mitbringen. Für viele, die sich in traditionellen Beziehungsmodellen gefangen fühlen, bedeutet dies eine Transformation ihres Liebeslebens.

Dennoch gilt: Jedes Modell bringt Licht- und Schattenseiten mit sich, die je nach Persönlichkeit und Lebenssituation unterschiedlich passen. Passend zur alten Therapeut*innenweisheit *Man zahlt für alles einen Preis* bleibt es eine Frage individueller Präferenzen und Wesenszüge, mit welchen Herausforderungen und Chancen Menschen am besten leben können.

Teil III

Polyamorie gestalten

8 Erste Überlegungen: Prüfen, träumen und besprechen

Poly gone wrong – ein schmerzhaft misslungener Öffnungsversuch ist ein häufiger Anlass, Beratung aufzusuchen. Deshalb möchten wir hier einen achtsameren Weg aufzeigen, wie eine Öffnung der Beziehung gestaltet werden und gelingen kann. Ein strukturierter Überblick hilft, sich sowohl zu Beginn als auch in späteren Phasen der Gestaltung polyamorer Liebe zu orientieren. Hilfreich ist hier das von Niki D (2023) entwickelte *7-Stadien-Modell der gemeinsamen Gestaltung einer offenen Beziehung.* Ursprünglich für dyadische Partnerschaften konzipiert, beschreibt es die Stadien: *Träumen, Besprechen, Entscheiden, Experimentieren, Einchecken, Anpassen* und *Stabilisieren.* Wir ergänzen dieses Modell um einen vorgeschalteten Schritt, den wir als unverzichtbar erachten: *Prüfen.* Daraus entsteht unser *Acht-Schritte-Modell der achtsamen Beziehungsöffnung.* Der Begriff *Schritte* unterstreicht den Handlungscharakter des Modells: Sie können bewusst gegangen, bei Bedarf wiederholt oder auch übersprungen werden. Der Name des Modells hebt zugleich hervor, dass es in jeder Phase vor allem auf Achtsamkeit und Reflexion ankommt.

S. Bröning, A. Mazziotta, *Vielfältige Liebe - Polyamorie gestalten*,
https://doi.org/10.1007/978-3-658-48372-2_8

Für Menschen ohne feste Partnerschaft mögen die frühen Schritte – etwa *Prüfen* oder *Besprechen* – zunächst weniger relevant erscheinen. Sie könnten direkt beim *Entscheiden* oder *Experimentieren* einsteigen. Dennoch empfehlen wir, auch diese ersten Schritte bewusst wahrzunehmen, da Fragen von Einvernehmlichkeit, Macht und dem Umgang mit Unterschieden in intimen Beziehungen oft sehr schnell auftauchen.

Acht-Schritte-Modell der achtsamen Beziehungsöffnung
Die *Acht Schritte der achtsamen Beziehungsöffnung* sind in Tab. 8.1 aufgeführt und jeweils kurz beschrieben. Sie gliedern sich in die drei Phasen: *Überlegen, Ausprobieren und Festigen* und umfassen jeweils mehrere Teilschritte. Für Beratende, die Menschen in Öffnungsprozessen begleiten, kann dieses Modell ein hilfreiches Geländer sein. Es eignet sich ebenso, um rückblickend zu erkennen, woran eine Beziehungsöffnung möglicherweise gescheitert ist und welche Schritte nachgeholt werden könnten. Mehrere frühe Lesende sagten uns: *Das hätten wir gebraucht!* Zwar lassen sich Erfahrungen nicht ungeschehen machen, doch auch schwierige Erlebnisse können wertvolle Teile der eigenen Beziehungsbiografie werden, aus denen sich lernen lässt.

Der *Leitstern* bietet Menschen in jeder Phase Orientierung, indem er zentrale Werte wie *Augenhöhe, Eigenständigkeit, Beweglichkeit* und *Verletzlichkeit* bewusst ins Spiel bringt. Er lädt dazu ein, sich regelmäßig zu fragen, welcher dieser Werte mehr Aufmerksamkeit benötigt, um sowohl die Beziehungsfähigkeit als auch die persönliche Entwicklung zu fördern. Die im Folgenden genannten Beispiele verstehen sich daher als exemplarisch, nicht als abschließend.

Damit diese Schritte jedoch gelingen können, braucht es von beiden Seiten ein Mindestmaß an Offenheit, sich auf

Tab. 8.1 Acht-Schritte-Modell der achtsamen Beziehungsöffnung (nach Niki D 2023)

Schritte	Beschreibung	Beispiele für die Anwendung des Leitsterns
Überlegen		
Prüfen	Dieser Schritt dient dazu, *Motive, Ausgangslagen, Machtverhältnisse* und *Konsensfähigkeit* sowohl individuell als auch gemeinsam zu klären. Menschen sollten sich fragen, warum sie die Beziehung öffnen möchten, ob sie mit ihrer Beziehungsperson wirklich auf *Augenhöhe* verhandeln können und ob die Öffnung möglicherweise dazu dient, ungelöste Konflikte zu umgehen. Liegt ihr Anlass in einem Vertrauensbruch, etwa einer Affäre, sollten alte Verletzungen zunächst bearbeitet werden. Externe Unterstützung kann helfen, bisher unbeachtete Einflussfaktoren sichtbar zu machen und den Fokus auf eine faire, freiwillige Entscheidung zu richten.	*Verletzlichkeit:* Alte Verletzungen offen ansprechen, um zu vermeiden, dass die Öffnung aus Angst oder ungeklärten Konflikten erfolgt. (Welche Verletzungen beeinflussen meinen Wunsch nach einer Öffnung oder meine Bedenken?) *Eigenständigkeit:* Die eigenen Bedürfnisse und Grenzen klar erkennen und vertreten – unabhängig von der Beziehungsperson. (Wie kann ich meine Bedürfnisse und Grenzen klar erkennen und vertreten – unabhängig von meiner Beziehungsperson?) *Augenhöhe:* Darauf achten, dass beide frei und ohne Druck entscheiden können. (Wie kann ich sicherstellen, dass wir beide frei und ohne Druck entscheiden können?) *Fürsorge:* Die emotionale Sicherheit aller Beteiligten schützen und vorschnelle Schritte vermeiden. (Wie kann ich gut für mich und meine Beziehungsperson sorgen?)

Schritte	Beschreibung	Beispiele für die Anwendung des Leitsterns
Träumen	In diesem Schritt geht es darum, mögliche *Szenarien frei und ohne Selbstzensur auszumalen:* Was wäre, wenn Dates mit anderen möglich wären? Wie könnte ein gemeinsamer Besuch auf einer sexpositiven Party aussehen? Ziel ist es, spielerisch verschiedene Vorstellungen zu erkunden. Entscheidend ist dabei, dass Fantasien nicht zwingend umgesetzt werden müssen – sie dienen zunächst der Orientierung.	*Vielschichtigkeit:* Sowohl die positiven als auch die negativen Aspekte möglicher Szenarien bewusst wahrzunehmen. (Welche Risiken und Chancen sehe ich – und wie gehe ich mit ambivalenten Gefühlen um?) *Beweglichkeit:* Offen und flexibel im Denken bleiben, um neue Ideen und Beziehungsformen zu erkunden. (Wie kann ich offen bleiben und kreative Wege finden, meine Wünsche auszudrücken?) *Verletzlichkeit:* Die eigenen Wünsche ehrlich äußern, ohne Selbstzensur aus Angst vor Bewertung. (Was wünsche ich mir wirklich – und traue ich mich, das offen auszusprechen?)

Schritte	Beschreibung	Beispiele für die Anwendung des Leitsterns
Besprechen	In diesem Schritt geht es um *den offenen Austausch über Wünsche und Grenzen.* Klare Zeitrahmen können dabei helfen, Überforderung und Eskalationen zu vermeiden. Gerade in emotional aufgeladenen Momenten ist es oft sinnvoll, ein Gespräch zu unterbrechen und später fortzusetzen – denn unter hoher Anspannung entstehen selten gute Lösungen. Entscheidend sind ein respektvoller Umgangston, Offenheit für die Anliegen der anderen Person und aktives Zuhören, wodurch gegenseitiges Verständnis gefördert wird.	*Eigenständigkeit:* Die eigenen Wünsche und Grenzen klar formulieren. (Welche Grenzen sind für mich unverzichtbar – und wie kann ich sie respektvoll kommunizieren?) *Verletzlichkeit:* Ängste und Unsicherheiten offen ansprechen, um Verständnis und Vertrauen aufzubauen. (Wovor habe ich Angst oder Sorge – und wie kann ich das so ansprechen, ohne die andere Person zu verletzen?) *Fürsorge:* Auf die emotionale Belastung beider Seiten achten und bei Bedarf eine Pause einlegen. (Wie kann ich erkennen, wenn mir die Emotionalität zu viel wird – und wie kann ich sicherstellen, dass meine Beziehungsperson sich gehört fühlt?) *Beweglichkeit:* Offen für unterschiedliche Perspektiven bleiben und kreative Lösungen ermöglichen. (Wie kann ich offen auf Vorschläge eingehen und zugleich ehrlich bei mir bleiben?)
Ausprobieren		

Schritte	Beschreibung	Beispiele für die Anwendung des Leitsterns
Entscheiden	Bei diesem Schritt wird ein *klarer Entschluss* gefasst: Soll die Beziehung geöffnet werden – und wenn ja, in welchem Umfang und mit welchen Rahmenbedingungen? Dabei können Vetoregeln, Stoppregeln oder individuelle Grenzen vereinbart werden. Wichtig ist, sich bewusst zu machen, dass jede Entscheidung Unsicherheit und unerwartete Entwicklungen mit sich bringen kann.	*Augenhöhe:* Entscheidungen gemeinsam treffen und sicherstellen, dass beide dahinterstehen. (Wie können wir sicherstellen, dass wir beide mit der Entscheidung und ihren Risiken einverstanden sind?) *Transzendenz:* Den Blick auf die Bedeutung der Entscheidung richten – auf Motive, Werte und Wachstumsziele. (Warum wollen wir diese Entscheidung treffen, und welche Entwicklung erhoffen wir uns davon?)

Schritte	Beschreibung	Beispiele für die Anwendung des Leitsterns
Experimentieren	Die ersten Schritte in die Praxis: *Vereinbarte Pläne werden umgesetzt – mit der Bereitschaft zur Flexibilität.* Wichtig ist es, aufmerksam wahrzunehmen, wie sich die neue Situation anfühlt, und Unbehagen frühzeitig anzusprechen. Da Erfahrungen nicht rückgängig zu machen sind, empfiehlt es sich, mit kleinen Schritten zu beginnen – etwa dem Anlegen eines Dating-App-Profils oder einem gemeinsamen Abendessen mit einer dritten Person. Verbindliche Absprachen behalten auch dann Gültigkeit, wenn die Umsetzung herausfordernd wird.	*Vielschichtigkeit:* Neue Erfahrungen bewusst wahrnehmen und einordnen. Unbehagen ist normal, doch tiefergehende Belastungen sollten angesprochen werden. (Wie kann ich neue Erfahrungen bewusst wahrnehmen und unterscheiden, ob Unbehagen eher Wachstum oder Überforderung bedeutet?) *Fürsorge:* Auf die emotionale Gesundheit beider achten. Gefühle wie Eifersucht, Neid oder Angst bewusst wahrnehmen und bearbeiten. (Wie kann ich gut für mich sorgen, ohne die Bedürfnisse meiner Beziehungsperson aus den Augen zu verlieren?) *Beweglichkeit:* Belastende Situationen offen ansprechen und bei Bedarf einen Schritt zurückgehen. (Wann ist es sinnvoll, langsamer zu machen oder vorsichtiger neu anzufangen?)

Schritte	Beschreibung	Beispiele für die Anwendung des Leitsterns
Einchecken	*Kontinuierlicher Austausch ist entscheidend, um neue Erfahrungen zu reflektieren, Eindrücke zu teilen und gegenseitiges Verständnis zu vertiefen.* Gerade heikle Themen sollten nicht vermieden, sondern bewusst angesprochen werden – sie bergen oft das größte Potenzial für persönliches und gemeinsames Wachstum. Ebenso wichtig ist es, positive Erlebnisse bewusst zu würdigen. Feste Gesprächsverabredungen können Struktur geben und die Kommunikation stärken. Unterstützend können auch strukturierte Zwiegespräche wirken: Eine Person spricht für fünf Minuten ungestört, die andere hört nur zu – danach wird gewechselt.	*Transzendenz:* Aktiv zuhören und ganz im Moment bleiben, ohne sofort Lösungen finden zu müssen. Oft geht es mehr um echtes Verstehen als um schnelle Ergebnisse. (Wie kann ich wirklich zuhören, statt nur auf meine Antwort zu warten?) *Eigenständigkeit:* Die eigenen Emotionen reflektieren und deren Ursprung erkennen – ob sie aus gesellschaftlichen Erwartungen oder persönlichen Erfahrungen kommen. So wird ein selbstverantwortlicher Umgang möglich. (Welche Gefühle belasten mich, und welche davon kann ich eigenständig verarbeiten?) *Einzigartigkeit:* Den Blick auf die Besonderheiten und auf individuelle Stärken der Beziehung richten, statt Vergleiche mit anderen zu ziehen. (Was macht unsere Beziehung einzigartig?)

Schritte	Beschreibung	Beispiele für die Anwendung des Leitsterns
Festigen		
Anpassen	Nach den ersten Erfahrungen zeigt sich oft, dass *Absprachen angepasst oder Grenzen neu verhandelt werden müssen*. Manche Vereinbarungen erweisen sich als unpraktisch, sodass ein Neustart sinnvoll sein kann. Mitunter hilft eine Einzel- oder Beziehungstherapie, tieferliegende Muster zu erkennen und zu bearbeiten. Welche nächsten Schritte hilfreich sind, lässt sich selten im Voraus festlegen – Veränderung bleibt ein fortlaufender Teil des Prozesses.	*Beweglichkeit:* Offen bleiben für Anpassungen und erkunden, welcher nächste Schritt sinnvoll sein könnte – ohne alles im Voraus planen zu müssen. (Welcher *nächste* Schritt könnte jetzt hilfreich sein?) *Vielschichtigkeit:* Anerkennen, dass jede Beziehungsform eigene Herausforderungen mit sich bringt. Perfektion ist kein realistisches Ziel, doch Vielfalt und Entwicklung können den gemeinsamen Prozess bereichern. (Welche Vielfalt an Erfahrungen kann unsere Beziehung bereichern und wachsen lassen?) *Transzendenz:* Die Beziehung im Kontext größerer Lebensziele betrachten – und prüfen, ob Veränderungen notwendig sind, um stimmig und authentisch zu bleiben. (Wie trägt diese Phase dazu bei, dass ich meine Werte und Ziele besser leben kann?) *Verletzlichkeit:* Unsicherheiten offen teilen und Unvollkommenheit als Teil des Prozesses annehmen. Realistische Wahrnehmung schafft Nähe – weder das eigene Handeln noch das der Beziehungsperson muss idealisiert oder verurteilt werden. (Welche Ängste oder Zweifel habe ich – und wie kann ich sie ehrlich mitteilen?)

Schritte	Beschreibung	Beispiele für die Anwendung des Leitsterns
Stabilisieren	Sobald sich eine *stabile Situation eingestellt hat, gilt es, diese bewusst zu schätzen und aktiv zu fördern.* Stabilität bedeutet nicht nur, vorerst beim Bestehenden zu bleiben, sondern kann auch Anpassungen oder Übergänge einschließen. Ebenso legitim ist die Entscheidung, eine Beziehung zu schließen oder neu zu gestalten – sei es zur Entlastung, zum Beginn einer neuen Lebensphase oder zur Bewältigung äußerer Herausforderungen wie Familienzuwachs oder Krankheit. Entscheidend ist, Faktoren zu erkennen, die Stabilität fördern, und diese gezielt zu stärken. Phasen, in denen *alles gut läuft,* verdienen es, bewusst gewürdigt und gefeiert zu werden.	*Vielschichtigkeit:* Stabilität bedeutet nicht Perfektion. Jede Phase bringt eigene Chancen und Herausforderungen mit sich. (Welche Aspekte meiner Beziehung möchte ich bewusst wertschätzen?) *Beweglichkeit:* Offenheit für Veränderungen bewahren, auch in stabilen Phasen. Stabilität kann ganz unterschiedlich aussehen. (Wie kann ich flexibel bleiben, ohne das Erreichte zu gefährden?) *Transzendenz:* Langfristige Werte und Lebensziele in den Blick nehmen – und prüfen, inwiefern das aktuelle Beziehungsleben diese unterstützt. (Welche Lebensbereiche möchte ich weiterentwickeln, und wie unterstützt mich meine Beziehung dabei?) *Fürsorge:* Räume schaffen, in denen Stabilität genossen und gefeiert werden kann. (Wie kann ich dazu beitragen, dass unsere Beziehung Raum für Erholung und Wachstum bekommt?)

das Thema einzulassen. Wer den Wunsch nach einer Öffnung äußert, übernimmt damit Verantwortung – nicht nur für die eigenen Bedürfnisse, sondern auch dafür, den Wunsch respektvoll einzubringen. Umgekehrt liegt bei der anderen Person die Verantwortung, diesen Wunsch zunächst zuzulassen, ihn ernsthaft zu prüfen und ins Gespräch zu gehen, anstatt ihn vorschnell abzuwehren. Erst wenn beide diese Haltung einnehmen, kann ein gemeinsamer ergebnisoffener Prozess entstehen, der auf *Augenhöhe* verläuft.

In den folgenden Kapiteln bewegen wir uns entlang dieser Schritte und vertiefen sie im Einzelnen.

Wenden wir uns nun der Phase des *Überlegens* mit den Schritten *Prüfen, Träumen und Besprechen* zu, die wir als besonders wichtig erachten. Es geht um Grundsatzfragen: Warum soll überhaupt in diese Richtung aufgebrochen werden, und wie können Entscheidungen gemeinsam getroffen werden? Oft beginnen erste Überlegungen zu einer Beziehungsöffnung im Stillen. Einige Lesende mögen sich in einer der oben beschriebenen Situationen wiedererkannt haben, ohne bislang den Mut gefunden zu haben, die eigenen Wünsche offen anzusprechen. Doch wenn das Bedürfnis bleibt oder wächst, führt am Dialog kein Weg vorbei. Wir möchten dazu ermutigen und praktische Hilfestellungen bieten, über dieses Thema achtsam und ergebnisoffen ins Gespräch zu kommen.

8.1 Motive verstehen und klären

Bevor eine Beziehung geöffnet wird, ist es entscheidend, die Voraussetzungen sorgfältig zu prüfen, denn eine Öffnung ist nicht für jedes Paar und nicht zu jedem Zeitpunkt geeignet. Der *Prüfprozess* dient dazu, Motive, Machtverhältnisse und die Konsensfähigkeit der Beteiligten zu klären. Zentrale

Fragen lauten: *Warum soll die Beziehung gerade jetzt geöffnet werden? Befinden sich beide Beziehungspersonen auf Augenhöhe, oder gibt es Abhängigkeiten, die eine freie Entscheidung erschweren? Werden faire Verhandlungsbedingungen gewahrt, oder fühlt sich eine Beziehungsperson innerlich verpflichtet, dem Wunsch der anderen nachzugeben? Und wie klar und eigenmotiviert ist der Wunsch nach einer Öffnung wirklich?* Es geht hierbei nicht nur um individuelles Prüfen, sondern auch um gemeinsames Prüfen. Was sollte bei Gesprächen über eine mögliche Öffnung thematisiert werden? Alles beginnt mit der *magischen Frage: Wozu?* (Lukas, 1991). Wofür soll und kann eine Beziehungsöffnung gut sein? In Kap. 7 haben wir eine Reihe möglicher Motive aufgeführt, die dabei eine Rolle spielen können – etwa Sexualität, Authentizität oder das Bedürfnis nach Autonomie. Sicher gibt es darüber hinaus viele weitere Gründe, denn jeder Fall ist einzigartig.

Die Beweggründe für den Wunsch nach einer Öffnung der Beziehung sind oft vielschichtig – und nicht immer sofort bewusst. Manchmal braucht es einen längeren Prozess der Selbstklärung, um das eigene Innenleben besser zu verstehen. Wie schon im Leitstern-Kapitel beschrieben, kann es wichtig sein, nicht nur die eigenen Argumente, sondern auch Intuition und körperliche Resonanzen als Informationsquelle zu nutzen. Wichtig ist, die zugrunde liegenden Motive genau zu reflektieren: Wird die Öffnung als Chance zur persönlichen Weiterentwicklung gesehen oder als Flucht vor ungelösten Konflikten? Verdeckt sie vielleicht unverarbeitete Themen? Hier braucht es Mut zur *Verletzlichkeit* und Ehrlichkeit – auch sich selbst gegenüber. Das Eingestehen von Gefühlen, Wünschen oder Zweifeln gegenüber sich selbst und der Beziehungsperson kann entlastend wirken und zu mehr Klarheit beitragen.

Für viele Menschen steht im Kern das Bedürfnis, zu lieben und geliebt zu werden. Manchmal ist dieser Wunsch so stark – etwa, wenn bereits eine neue Beziehungsperson im Leben ist –, dass Polyamorie auch als *Alternative zur Trennung* erscheint. Unter solchen Umständen kann sich die andere Beziehungsperson zunächst zurückgewiesen und entwertet fühlen. Doch das muss nicht immer der Fall sein: Ein wichtiges Motiv für Beziehungsöffnung kann gerade auch darin bestehen, *bestehende Bindungen zu bewahren und gleichzeitig neue Formen von Nähe zu erleben.*

Viele Menschen erleben sich als in der Lage, mehrere Menschen zu lieben – vielleicht mit einer anderen Mischung aus Facetten und Intensitäten, aber stets mit Herz und Verstand. Für sie ist es quälend und überflüssig zugleich, sich entscheiden zu müssen. Gleichzeitig spüren sie den gesellschaftlichen Erwartungsdruck, dass genau das von ihnen verlangt wird. Dieses Dilemma zwischen Liebe, Loyalität und mononormativen Vorstellungen spiegelt sich auch in dem Song *Beide* von Paula Carolina wider.[1] Er beschreibt das innere Spannungsfeld einer Person, die zwei Menschen liebt, aber in einer Umgebung lebt, in der gleichzeitige Liebe kaum akzeptiert wird:

> „Zu zweit auf der Eins zu stehen tut Euch beiden weh,
> und ich weiß, es wär' fair,
> wenn ich ihn oder Dich oder ihn nicht mehr seh'."

Die Frage nach Fairness gegenüber den Beziehungspersonen, das Gefühl, dass diese Liebe nicht legitim ist – all das prägt dieses innere Ringen. Die wiederkehrende Zeile „Ich will mich mit Euch beiden teilen, ich glaube, ich liebe Euch beide" verdeutlicht das Bedürfnis, die Liebe zu zwei Menschen gleichzeitig zu leben, ohne jemanden aufgeben zu müssen.

---

[1] Album: Aus der Blüte des Lebens. superpolrecords. Abdruck mit freundlicher Genehmigung.

Häufig geht der Impuls zur Öffnung von einer Person aus, während die andere zögert oder ambivalent bleibt. Langfristig ist es jedoch selten tragfähig, eine Öffnung *ausschließlich der Beziehungsperson zuliebe* umzusetzen. Damit eine offene Beziehung gelingen kann, sollten alle Beteiligten für sich selbst einen Nutzen darin erkennen – sei es mehr Freiheit, weniger Heimlichkeiten oder eine entspanntere Partnerschaft. Für uns als Beziehungsberater*innen ist es entscheidend, Paare in diesem Reflexionsprozess zu begleiten. Eine bewusste Auseinandersetzung mit individuellen Bedürfnissen, Grenzen und Erwartungen erfordert – und fördert – Kommunikationsfähigkeit, Verhandlungsbereitschaft und gegenseitigen Respekt. Ziel ist nicht, eine vorgefertigte Lösung anzubieten, sondern einen *brave space* (dt.: *mutiger Raum*) zu schaffen – also einen geschützten, moderierten und offenen Raum, in dem Wünsche, Ängste und Grenzen angesprochen und geklärt werden können. Während häufig von einem *safe space* (dt.: *sicherer Raum*) gesprochen wird, betont der Begriff *brave space*, dass es Mut braucht: Mut, um schwierige Gefühle anzusprechen, Unterschiede auszuhalten und die Verbindung dennoch aufrechtzuerhalten. Ein solcher Raum erleichtert es, die Perspektive des Gegenübers *wirklich* zu verstehen – selbst dann, wenn sie sich von der eigenen Sicht unterscheidet. Wie es eine Klientin treffend formulierte: „Es geht darum, ehrlich miteinander zu sein und trotzdem zu schauen, was für beide machbar ist."

Um die eigenen Beweggründe nicht nur zu erkennen, sondern auch in den Dialog zu bringen, kann es hilfreich sein, sie systematisch zu reflektieren. Jede Motivlage ist individuell. Das folgende Praxistool unterstützt dabei, die eigenen Motive zu ordnen und – wenn gewünscht – mit der Beziehungsperson zu besprechen.

Praxistool

Motive verstehen und ins Gespräch bringen

Im Praxistool Motive prüfen (Kap. 7) *hast Du über Deine Beweggründe für eine offene Beziehung nachgedacht. Hier kannst Du dies vertiefen und – wenn gewünscht – mit der Beziehungsperson teilen, um gegenseitiges Verständnis und Klarheit zu fördern.*

Schritt 1: Erstelle eine Rangliste Deiner Beweggründe für eine offene Beziehung. Reflektiere anschließend:

- Warum sind manche Beweggründe für mich besonders wichtig?
- Welche Erfahrungen in meinem Leben prägen diese Bedürfnisse (z. B. Autonomie, Nähe, Verlust, Fülle, Einschränkung)?
- Welche Werte spiegeln sich in meinen wichtigsten Beweggründen wider?
- Gibt es Beweggründe, die mir erst kürzlich bewusst geworden sind?
- Welche der im oberen Abschnitt genannten Motive spielen für mich kaum eine Rolle – und warum?

Schritt 2: Austausch mit der Beziehungsperson (optional)

Wenn Du möchtest, kannst Du Deine Reflexion mit Deiner Beziehungsperson teilen. Das Gespräch kann helfen, Gemeinsamkeiten und Unterschiede sichtbar zu machen und ein tieferes Verständnis zu fördern. Die folgenden Fragen können Euch dabei unterstützen:

- Welche Beweggründe sind uns beiden wichtig?
- Wo unterscheiden sich unsere Beweggründe?
- Was kann ich an Deinen Beweggründen verstehen oder teilen? Was nicht?
- Was kannst Du an meinen Beweggründen verstehen oder teilen? Was nicht?
- Wo könnten Unterschiede zu Konflikten führen – und wie können wir damit umgehen?
- Welche gemeinsamen Motive können unsere Beziehung stärken?
- Welche Kompromisse sind möglich, damit individuelle und gemeinsame Bedürfnisse berücksichtigt werden?

8.2 Einvernehmlichkeit prüfen

Die Begeisterung für eine Beziehungsöffnung ist zwischen Beziehungspersonen selten gleich verteilt. Ein *Ja* bedeutet nicht automatisch, dass es wirklich ein klares Ja ist – genauso wenig wie ein *Nein* immer ein endgültiges Nein ist. Dahinter können Zweifel, Unsicherheiten oder unausgesprochene Bedürfnisse stehen. Einvernehmlichkeit bedeutet deshalb mehr als eine formale Zustimmung. Sie setzt voraus, dass Entscheidungen *frei, informiert* und *ohne Druck* getroffen werden.

Einvernehmlichkeit ist ein wichtiges Kriterium in vielen Bereichen geworden. Im Vorgänger zum von der Weltgesundheitsorganisation verabschiedeten Diagnosekatalog ICD-11, dem ICD-10, ist zum Beispiel Sadomasochismus – also Praktiken, bei denen Menschen Schmerzen geben oder empfangen – noch als *Störung der Sexualpräferenz* (F65.5) klassifiziert. Damit wurden auch einvernehmliche BDSM-Praktiken formal als pathologisch eingestuft, was in der Praxis oft zu einer pauschalen Stigmatisierung der gesamten Community führte. Forschung hat jedoch klar gezeigt: Menschen, die einvernehmlich solche Praktiken ausüben, sind psychisch genauso gesund wie Menschen, die das nicht tun (Richters et al., 2008; Wismeijer & van Assen, 2013). Im neuen Katalog ICD-11, der in Deutschland voraussichtlich ab 2027 verbindlich angewendet wird, gelten Sadomasochismus und andere paraphile Interessen wie Voyeurismus (sexuelle Erregung durch Beobachten) oder Fetischismus (sexuelle Erregung durch bestimmte Objekte) nur dann als behandlungsbedürftig, wenn sie nicht einvernehmlich sind oder mit Leidensdruck einhergehen. Der entscheidende Punkt ist immer: Alle Beteiligten müssen freiwillig zustimmen.

Das Kriterium der Einvernehmlichkeit unterscheidet *einvernehmliche Nicht-Monogamie* von *Untreue.* Während bei Letzterem Geheimhaltung und Täuschung dazugehören, basiert eine offene Beziehung auf gegenseitigem Vertrauen und klaren Absprachen. In der Beziehungsberatung legen wir deshalb großen Wert darauf, zu klären, ob alle Beteiligten ihre Zustimmung aus Überzeugung geben – frei von Druck und ohne Angst vor negativen Konsequenzen. Nur so hat eine sexuell und/oder romantisch offene Beziehung Aussicht auf Erfolg.

Doch was geschieht, wenn die Wünsche auseinandergehen – wenn eine Person die Öffnung wünscht, die andere aber zögert und gleichzeitig die Beziehung nicht verlieren möchte? In solchen Fällen bleibt nur, zu verhandeln und nach tragfähigen Kompromissen zu suchen. Vielleicht lässt sich eine Lösung finden, bei der es für beide Seiten etwas zu gewinnen gibt *(win-win)*. Beratende können hier als Geburtshelfer*innen solcher Lösungen wirken. Wichtig ist es, Lösungen zu vermeiden, bei denen nur eine Seite gewinnt *(win-lose)* oder vielleicht sogar niemand *(lose-lose)*. Für die Erarbeitung solcher Kompromisse nutzen wir als Mediator*innen das interessenbasierte *Harvard-Konzept der Verhandlungsführung* (Fisher et al., 2018). Dieser weltweit anerkannte Ansatz stellt nicht die Positionen, sondern die dahinterliegenden Interessen in den Mittelpunkt und zielt auf Lösungen, bei denen beide Seiten nachhaltig profitieren. Wer seine eigenen Motive kennt, hat dabei eine gute Ausgangsbasis. Häufig spielen auch zusätzliche Interessen eine Rolle, etwa nach Sicherheit (Verhütung), Privatsphäre (Treffpunkte, Informationsweitergabe) oder familiäre Harmonie (Geheimhaltung).

Die wesentlichen Bestandteile einer interessengeleiteten Verhandlung sind (vgl. Fisher et al., 2018):

1. *Trenne die Sache von den Personen.* Betrachte Dein Gegenüber nicht als Konfliktgegner*in, sondern als Konfliktpartner*in.

Beispiel: Für Alex ist eine Öffnung der Beziehung unverzichtbar, aber das muss sich nicht in Aggression und Wut äußern. Alex sagt zu Sam: „Wir haben da ein echtes Thema, weil ich nicht weiß, wie es ansonsten weitergehen kann. Gleichzeitig weiß ich, dass Du es Dir anders wünscht. Was wollen wir tun? Können wir etwas ausprobieren?"

2. *Verhandle nicht über Positionen, sondern über Interessen.* Hier kommen die Motive ins Spiel. Warum möchte mein Gegenüber etwas Bestimmtes? Es braucht ein echtes Verständnis der zugrunde liegenden Bedürfnisse.

Beispiel: Sam sagt zu Alex: „Wenn Du eine andere Person triffst, habe ich große Angst, Dich zu verlieren. Ich glaube, ich würde eine richtige Panikattacke bekommen. Deshalb will ich das nicht." Sams Interesse ist Sicherheit und Rückversicherung, Alex nicht zu verlieren. Alex kann dieses Interesse anerkennen und auf dieser Basis Optionen prüfen: etwa die neue Person gemeinsam kennenzulernen oder klare Absprachen zum Date zu treffen.

3. *Win-Win-Lösungen suchen.* Gibt es Optionen, von denen alle profitieren? Dazu gehört gemeinsames Brainstormen, bei dem die Interessen aller berücksichtigt werden. Vielleicht kann man den Pool möglicher Lösungen durch Recherche oder Blick in weitere Interessenlagen der Beteiligten erweitern? In der Mediation spricht man davon, *den Kuchen zu vergrößern, bevor man ihn teilt.* Oft haben in engen Beziehungen alle Seiten etwas einzubringen – das muss nicht zwingend mit der Öffnung selbst zusammenhängen.

Beispiel: Sam schlägt Alex vor: „Okay, Du kannst einen Monat erste Erfahrungen machen. Ich nutze die Zeit für eine Fortbildung in England und die Kosten übernimmst Du aus Deinem Ersparten." Klingt zunächst pragmatisch, zeigt aber: Beide gewinnen. Andere, kreativere Lösungen sind genauso möglich – entscheidend ist, dass alle Beteiligten einverstanden sind.

4. *Mögliche Lösung prüfen und Vereinbarung treffen.* Dazu gehört zu klären, ob die ausgehandelten Schritte praktisch umsetzbar sind, wie es danach weitergeht und wann die Vereinbarung überprüft wird.
   Beispiel: Alex geht auf ein erstes Date, bei dem es zunächst nur um ein Gespräch geht. Sam schaut, wie es ihr*ihm dabei geht. Danach reflektieren beide gemeinsam. Parallel prüft Sam die Fortbildungsmöglichkeiten, während Alex die finanzielle Situation klärt.
5. *Kenne Deine Alternativen.* Das bedeutet: Sei Dir der besten und der schlechtesten Alternativen bewusst, falls keine Einigung erzielt wird (BATNA/WATNA: *best/worst alternative to a negotiated agreement*). Was passiert, wenn Ihr Euch nicht einigen könnt? Welche Optionen hat jede beteiligte Person? Wer diese Fragen beantworten kann, weiß, wie stark die eigene Verhandlungsposition ist und ob es sich lohnt, weiter zu verhandeln. Häufig spielen hier auch Machtunterschiede eine Rolle. Ohne Einigung bleibt das Thema oft in der Schwebe – dann müssen einzelne Personen individuelle Entscheidungen treffen.

Über Konsens zu verhandeln bleibt trotz solcher Hilfestellungen anspruchsvoll. Wie leicht er zu finden ist, hängt auch davon ab, wie viel es zu verteilen, und wie viel es zu verlieren gibt. Nicht selten wenden sich Einzelpersonen oder Paare an uns, weil Verhandlungen ins Stocken geraten. Gleichzeitig zeigen unsere Erfahrungen: Die beschriebenen Prinzipien funktionieren oft erstaunlich gut. Wer sich darauf einlässt, kann nicht nur tragfähige Lösungen entwickeln, sondern auch Verhandlungspraxis und Kommunikationskompetenz ausbauen. Allerdings: Damit dieser Ansatz gelingt, braucht es *Augenhöhe.* Bestehen große Machtunterschiede, ist Einvernehmlichkeit deutlich schwieriger herzustellen.

Was bedeutet Konsens?
Konsens bedeutet mehr als ein bloßes Ja. Er setzt eine freiwillige, bewusste und informierte Entscheidung voraus. Wahre Einvernehmlichkeit entsteht nur, wenn Beziehungspersonen ihre Wünsche und Grenzen frei von Angst oder Druck äußern können. Ein echtes Ja braucht einen geschützten Raum – frei von Manipulation, Abhängigkeit oder unterschwelligem Zwang. Wichtig ist es, gemeinsam zu besprechen oder auszuhandeln, wozu denn überhaupt das Ja gegeben werden soll. Handelt es sich um ein erstes Experiment, eine dauerhafte Öffnung in alle Richtungen, die Einbeziehung eines oder mehrerer weiterer Menschen oder um was genau?

Konsens ist dabei kein einmaliger Moment, sondern ein fortlaufender Prozess. Er beginnt nicht erst mit einem Ja oder Nein, sondern mit der Fähigkeit, die eigenen Bedürfnisse wahrzunehmen und ehrlich mitzuteilen. Genau das fällt vielen schwer: Oft wissen wir nicht klar, was uns guttut, was wir wollen oder was uns verunsichert. Deshalb erfordert Konsens immer auch Selbstreflexion. Ideal ist es, wenn wir zu einer Situation ein klares, inneres Ja spüren. Doch das ist nicht immer möglich – gemischte Gefühle, Unsicherheiten oder Ambivalenzen gehören zum Menschsein dazu. In solchen Momenten kann ein sogenannter *Konsent* hilfreich sein: eine bewusste, informierte Zustimmung unter Abwesenheit schwerwiegender Einwände. Eine Entscheidung kann also auch dann stimmig sein, wenn sie nicht von völliger Sicherheit und Begeisterung getragen ist – solange sie reflektiert getroffen wird und die eigenen Interessen darin ausreichend berücksichtigt sind.

Problematisch wird es, wenn Menschen zustimmen, nur um Konflikte zu vermeiden, der Beziehungsperson zu gefallen oder die Partnerschaft nicht zu gefährden. Ein solches Ja ist kein Ausdruck von Konsens, sondern von Unsicherheit oder Abhängigkeit. Konsens bedeutet, einer Entscheidung zuzustimmen und sie innerlich mitzutragen – bei gleichzeitiger Möglichkeit, auch Nein zu sagen. Ein Nein bedeutet keinen Abbruch – es kann vielmehr der Beginn neuer Aushandlungen sein.

Damit Konsens nicht abstrakt bleibt, hilft eine kurze Selbstklärung: Unter welchen Bedingungen ist Dein *Ja* wirklich ein *Ja* – und wann eher ein *eigentlich nicht?* Das nächste Praxistool unterstützt Dich dabei.

Praxistool

Wie sieht für Dich ein klares *Ja* aus?

Ziel der Übung ist es, Dein persönliches klares Ja zu definieren – also die Bedingungen, unter denen Du zustimmst und die Entscheidung innerlich mittragen kannst. Nimm Dir 10–15 min Zeit und beantworte schriftlich:

- Wann hast Du zuletzt ein Ja gegeben, das sich nicht frei angefühlt hat? Was hat Dich dazu bewegt?
- Gab es eine Situation, in der Du innerlich Nein meintest, aber zugestimmt hast? Was hat Dich daran gehindert, das zu zeigen oder zu sagen?
- Welche Informationen brauchst Du, bevor Du Dich sicher entscheiden kannst?
- Woran erkennst Du den Unterschied zwischen einem halbherzigen und einem begeisterten Ja – und wie kommunizierst Du ihn?
- Wurdest Du schon einmal zu etwas eingeladen, ohne dass klar war, worum es genau ging? Wie kannst Du beim nächsten Mal nachfragen oder selbst präziser sein?

Abschluss: Formuliere zwei Sätze für Dich:

- *Ich stimme zu, wenn …*
- *Ich brauche vorher …*

Manchmal ist Konsens nicht so eindeutig, wie es scheint. Es gibt Grauzonen: Jemand kann formal zugestimmt haben, fühlt sich innerlich aber unwohl, unter Druck oder überfordert. Solche inneren Zweifel sollten ernst genommen werden, da sie langfristig zu Frustration führen können. Auch unsere therapeutische Erfahrung zeigt immer wieder, dass einige Menschen sich in Konstellationen bewegen, die als einvernehmlich gelten, obwohl sie sich emotional nicht sicher oder gehört fühlen. Ein solches inneres Unbehagen ist nicht nebensächlich, sondern ein zentrales Signal: Echte Zustimmung umfasst nicht nur ein Ja, sondern auch ein *Gefühl von Stimmigkeit*, von innerer Bejahung der Entscheidung. Deshalb bleibt es entscheidend, regelmäßig nachzufragen: *Wie geht es Dir mit unserer Entscheidung?* oder *Sollten wir etwas anpassen?* Konsens gilt immer für einen bestimmten Zeitpunkt. Bedürfnisse und Grenzen verändern sich, und manchmal wird erst durch neue Erfahrungen klar, was wirklich passt. Ein Nein heute kann morgen zu einem Ja werden – oder umgekehrt. Konsens ist also mehrdimensional (Hangen et al., 2020) und umfasst das informierte, freiwillige Ja, das stimmige Gefühl dabei und den ehrlichen, fortlaufenden Dialog darüber.

Ein Blick in die Welt von BDSM/Kink zeigt, dass es bewährte Strategien gibt, Aushandlungsprozesse rund um Konsens bewusst und respektvoll zu gestalten (vgl. Kukla, 2018). Auch in der *Kink-Community* gilt Konsens nicht als einmalige Zustimmung, sondern als *fortlaufender, bewusster Verhandlungsprozess,* in dem *Wünsche, Grenzen und Erwartungen aktiv geklärt und angepasst* werden. Jede Begegnung wird vorher *detailliert* besprochen: *Was ist gewünscht? Was sind absolute No-Gos? Wie erkennen wir, wenn sich etwas nicht mehr gut anfühlt?* Solche Gespräche sind keine Formalität, sondern schaffen einen Raum von Sicherheit und Freiheit. *Konsens wird auch hier kontinuierlich überprüft – während und nach gemeinsamen* Erfahrungen. Typische Fragen lauten: *Fühlt sich das noch gut an? Möchtest Du etwas verändern? Gibt es etwas, das Dich überrascht hat?* Diese Form der Reflexion schützt nicht nur Grenzen, sondern macht neue

Erfahrungen überhaupt erst möglich – in einem Rahmen, der sich für alle stimmig anfühlt.

Ein zentrales Element von BDSM/Kink-Praktiken sind sog. *Safewords* – klare Signale, die jederzeit einen Ausstieg ermöglichen. Ein *Gelb* kann heißen: *Ich bin mir nicht sicher, lass uns vorsichtiger sein.* Ein *Rot* heißt: *Stopp! Hier ist meine Grenze.* So wird verhindert, dass jemand aus Unsicherheit oder Anpassungsdruck über die eigenen Grenzen hinausgeht. Diese Rückzugsoptionen helfen, Konsens nicht nur zu etablieren, sondern auch aufrechtzuerhalten. Auch von der Art, wie *Wünsche* formuliert werden, lässt sich lernen: *Statt fordernder Bitten* wird im BDSM häufig mit *Einladungen* gearbeitet – etwa: *Ich würde gerne mit Dir etwas ausprobieren, wenn Du Dich damit wohlfühlst.* Diese Sprache gibt Raum für echte Entscheidungen, ohne Druck oder unausgesprochene Erwartungen. Sie schafft Sicherheit und gleichzeitig Freiheit. Gerade in der Anfangsphase einer Beziehungsöffnung kann eine solche Haltung hilfreich sein: Durch fortlaufenden Dialog, klare Vereinbarungen, regelmäßige Check-ins und Anpassungen, Notfall-Signale und respektvolle Einladungen zum Ausprobieren entsteht eine partnerschaftliche Kultur der Offenheit.

Um Konsens nicht nur theoretisch zu verstehen, sondern im Alltag greifbar zu machen, braucht es einfache und zugleich präzise Leitlinien. Ein besonders hilfreiches Reflexionswerkzeug ist das sogenannte FRIES-Modell. Es

Praxistool

Was bedeutet Konsens? – das FRIES-Modell

Konsens ist mehr als ein schlichtes Ja. Das FRIES-Modell aus der US-amerikanischen Sexualpädagogik (Planned Parenthood, 2025) beschreibt fünf Bedingungen für echte Einvernehmlichkeit. Dieses Modell hilft Dir, Deine eigenen Entscheidungen bewusster wahrzunehmen – und gleichzeitig sensibler für die Grenzen Deiner Beziehungsperson zu werden.

- *Freely given – frei gegeben:* Konsens ist nur dann gültig, wenn er ohne Druck, Angst, emotionale Erpressung oder subtile Manipulation erfolgt. Ein *Ja,* das aus Angst vor Konflikten, Verlust oder Schuldgefühlen ausgesprochen wird, ist kein echtes Ja.
- *Reversible – widerrufbar:* Zustimmung kann jederzeit zurückgezogen werden – selbst mitten in der Situation oder nach einem früheren Ja. Menschen dürfen ihre Meinung ändern, ohne sich rechtfertigen zu müssen.
- *Informed – informiert:* Konsens setzt voraus, dass alle Beteiligten wissen, worauf sie sich einlassen – nicht nur bezogen auf konkrete Handlungen, sondern auch auf mögliche emotionale, soziale oder beziehungsbezogene Folgen. Unwissenheit oder falsche Annahmen untergraben echte Zustimmung.
- *Enthusiastic – begeistert:* Ein echtes Ja ist von Freude und innerer Zustimmung getragen, nicht von Gleichgültigkeit, Pflichtgefühl oder dem Wunsch, es jemand anderem recht zu machen. Ein *Okay, wenn Du willst* ist kein wirkliches Ja.
- *Specific – spezifisch:* Zustimmung gilt immer für eine konkrete Handlung, nicht pauschal für alles. Ein Ja zu einem Gespräch, einem Kuss oder einer Verabredung bedeutet nicht automatisch ein Ja zu weiteren Schritten.

zeigt in fünf klaren Schritten, was Einvernehmlichkeit bedeutet und macht sichtbar, worauf es ankommt.

Konsens ist ein Ideal, dem wir uns annähern, doch im Alltag ist er nicht immer eindeutig realisierbar. In Beziehungen kommt es zu Irritationen, Missverständnissen und mitunter auch zu Grenzüberschreitungen – weil Bedürfnisse und Grenzen nicht rechtzeitig erkannt, Signale überhört oder Vereinbarungen (bewusst oder unbewusst) verletzt werden. Und das gilt selbst in der schon zitierten BDSM/Kink-Szene, in der Konsens ausdrücklich im Zentrum steht. So berichteten rund 27 % der Kink-Praktizierenden in einer groß angelegten US-Studie von erlebten Konsensverletzungen – etwa durch nicht verhandelte Praktiken oder unfreiwilliges Outing (Bowling et al., 2022).

Besonders häufig betroffen waren nicht-binäre und trans* Personen sowie Frauen. Solche Verletzungen führen zu emotionalem Stress, Vertrauensverlust oder sogar zum Rückzug aus Szenen oder Communities. Viele Betroffene sprachen das Erlebte nicht an – aus Angst, nicht ernst genommen zu werden, Schuld zugeschoben zu bekommen oder sozial isoliert zu werden. Nur wenige wandten sich an formelle Stellen wie Veranstaltungsleitungen oder Organisationen. Das macht deutlich: Ein ethischer Anspruch allein schützt nicht automatisch vor Übergriffen. Doch gerade weil Konsens anspruchsvoll, störanfällig und verletzlich ist, verdient er unsere volle Aufmerksamkeit. Die Komplexität entbindet nicht von Verantwortung – im Gegenteil: Sie fordert uns heraus, genauer hinzuhören, sensibler wahrzunehmen und reflektierter zu handeln. Entscheidend ist nicht Perfektion, sondern der Umgang mit Brüchen: *Gibt es Raum, Verletzungen anzusprechen? Wird Verantwortung übernommen? Können wir gemeinsam daraus lernen?* In genau dieser Haltung zeigt sich die Stärke von Konsens – nicht in seiner Fehlerlosigkeit, sondern in der Fähigkeit, mit Unsicherheit und Verletzlichkeit verantwortungsvoll umzugehen. Ehrliche Gespräche über Konsens prägen Beziehungen, weil sie zeigen, wie viel Respekt, *Fürsorge* und *Augenhöhe* möglich sind bzw. wachsen können.

8.3 Machtunterschiede erkennen und Entscheidungsdruck reflektieren

Fehlender Konsens ist nicht immer leicht zu erkennen – und nicht jede Person kann ihn gleich frei äußern. Wir sehnen uns nach Gleichwertigkeit in Beziehungen, doch entsteht schon allein durch Unterschiedlichkeit oft ein Machtgefälle (Knudson-Martin, 2012, 2015). Je tiefer die Bindung, desto feiner und wirksamer sind oft diese

Dynamiken: manchmal schützend, manchmal einschränkend, oft unbemerkt. Die Fähigkeit, *Nein* zu sagen oder Grenzen klar zu formulieren, ist eng mit der Frage verbunden: *Wer hat wie viel Macht in der Beziehung?* Bevor wir uns den Machtverhältnissen zuwenden, in denen Entscheidungen über die Beziehungsöffnung getroffen werden,

Praxistool

Machtdynamiken in Deinen Beziehungen

Manchmal merken wir erst im Nachhinein, wie sehr Machtunterschiede unseren Alltag prägen. Dieses Tool hilft Dir, genauer hinzuschauen: Wer bestimmt, wer reagiert, wer trägt Verantwortung? Ziel ist es nicht, Schuldige zu finden, sondern Muster sichtbar zu machen – damit mehr Augenhöhe entstehen kann. Beantworte die folgenden Fragen – allein oder gemeinsam mit Deiner Beziehungsperson. Sei ehrlich mit Dir selbst, es geht nicht darum, richtige Antworten zu finden, sondern darum, Muster zu erkennen.

- Wessen Themen zählen? Wessen Wünsche oder Probleme bestimmen den Alltag? Findet Dein Anliegen genauso viel Raum?
- Wer reagiert auf wen? Passt Du Dich öfter an – oder eher Deine Beziehungsperson?
- Wer hat Definitionsmacht? Darfst Du Deine Sicht stehen lassen – auch wenn Dein Gegenüber es anders sieht?
- Wer trägt Verantwortung? Wer sorgt für Organisation, Beziehungspflege oder Konfliktlösung? Wird das geteilt?
- Wie wird mit Gefühlen umgegangen? Fühlst Du Dich frei, Bedürfnisse und Verletzlichkeit zu zeigen – und wird das ernst genommen?
- Wer entscheidet? Trefft Ihr wichtige Entscheidungen gemeinsam – oder setzt sich meist eine Seite durch?
- Welche dieser Machtquellen geben Dir Sicherheit oder Entlastung – und welche erzeugen Druck oder Belastung?
- In welchem Bereich fühlst Du Dich besonders handlungsfähig – und wie könntest Du diese Stärke auch in anderen Bereichen nutzen?
- Wie fühlt es sich körperlich an, wenn Du an Eure Machtverteilung denkst? Spürst Du Anspannung, Enge, Weite oder Ruhe?

laden wir Dich dazu ein, Deine eigenen Erfahrungen mit Macht in Beziehungen zu reflektieren (in Anlehnung an Knudson-Martin, 2015).

In unserer Beratungspraxis begegnet uns das Thema Macht immer wieder – oft genau dort, wo es nicht offen benannt wird. Wer darf Wünsche äußern, ohne als egoistisch zu gelten? Wer entscheidet, wann gesprochen oder geschwiegen wird? Wer kann Nein sagen – und wem fällt es schwer? Auch in der Sexualität sind Machtfragen weit verbreitet. *Bei allen Dingen auf der Welt geht es immer nur um Sex. Außer beim Sex. Da geht es um Macht.* Dieses Zitat begleitet mich (SB) schon seit Jahren. Was auf den ersten Blick nach partnerschaftlichem Alltag aussieht – Aufgabenverteilung, Kindererziehung, Gespräche über Begehren – entpuppt sich häufig als Bühne verdeckter Aushandlungen. Hinter vielen Dynamiken steckt die schlichte, aber oft tabuisierte Frage: *Wer setzt sich durch – und wer nicht?*

Machtgefälle erschweren freie Entscheidungen. Zustimmung ist dann nicht unbedingt ein klares Ja, sondern vielleicht ein leises *Okay*, gesprochen aus Rücksicht, Angst oder Abhängigkeit. Ebenso wie Konsens ist auch Macht facettenreich. Wir finden es hilfreich, drei Dimensionen von Macht zu unterscheiden (Hollander & Offermann, 1990; Mazziotta & Hutter, 2025), die sich auch in intimen Beziehungen deutlich zeigen:

- *Macht über* (engl.: *power over*): die Möglichkeit, auf das Denken, Fühlen oder Handeln anderer Einfluss zu nehmen – im Sinne der eigenen Interessen. Etwa wenn jemand Gespräche dominiert, Entscheidungen allein trifft oder mit Trennung droht. Auch emotionale Erpressung oder moralischer Druck gehören hierher.
- *Macht zu* (engl.: *power to*): die Fähigkeit, eigene Wünsche, Grenzen und Bedürfnisse auszudrücken und umzusetzen. Diese Form ist entscheidend für Selbstwirksam-

keit und Konsens – etwa wenn jemand Vereinbarungen vorschlägt oder sagt *So geht das für mich nicht.*
- *Macht vor* (engl.: *power from*): die Fähigkeit, sich vor unerwünschten Einflussnahmen zu schützen. Dazu gehören innere Widerstandskraft, ein Gespür für eigene Grenzen – aber auch äußere Ressourcen wie finanzielle Unabhängigkeit, soziale Netzwerke oder körperliche Unversehrtheit. Besonders relevant in verletzlichen Situationen, etwa nach einer Geburt, bei emotionaler Abhängigkeit oder ungleicher Care-Arbeit.

Diese Machtformen wirken nie isoliert (Mazziotta & Hutter, 2025). Sie verschränken sich mit sozialen Kategorien wie Geschlecht, Klasse, Gesundheit oder Herkunft – und prägen Beziehungen oft auf unsichtbare Weise mit.

Beziehungswirklichkeiten

Susanne (37) sagt: „Ich würde meine Affäre ja gern bekennen und über Polyamorie sprechen. Aber wir haben kleine Kinder und ich bin noch in der Ausbildung. Wenn mein Mann mich jetzt verlässt, lebe ich von Sozialhilfe. Das will ich nicht riskieren."

Dieses Beispiel macht deutlich: Es geht nicht nur um Mut oder individuelle Entscheidungskraft. Es geht um strukturelle Abhängigkeiten, soziale Bedingungen und um das Wissen, welche Folgen es haben kann, die eigene Wahrheit auszusprechen. Macht zeigt sich nicht nur in offensichtlichen Konflikten oder lauten Auseinandersetzungen. Oft wirkt sie leise – in Routinen, alten Rollenerwartungen oder unausgesprochenen Regeln. Macht ist dynamisch und ambivalent. Sie kann offen zutage treten – etwa durch Drohungen oder klare Dominanz –, aber auch verborgen bleiben – etwa in der Fähigkeit, gelassener zu argumentieren, gesellschaftlichen Normen entsprechend zu handeln oder auf ein stabiles Netzwerk zurückgreifen zu können. Nicht jede Person, die scheinbar unterlegen ist, ist machtlos. Und nicht jede, die sich durchsetzt, ist wirklich stark.

Macht in Liebesbeziehungen entsteht durch das Zusammenspiel verschiedener Ebenen: *gesellschaftlicher Strukturen, persönlicher Eigenschaften* und *individueller Lebensumstände.* Klassische Geschlechterrollen prägen diese Dynamiken besonders stark. Häufig heiraten ältere Männer mit höherem beruflichem Status jüngere Frauen, die während der Elternzeit beruflich zurückstecken und dadurch in finanzielle Abhängigkeit geraten. Diese Re-Traditionalisierung führt oft zu einem Ungleichgewicht und, wie Studien zeigen, langfristig zu geringerer Beziehungszufriedenheit (Bröning & Walper, 2024). Auch Kinderwunsch kann zur Machtfrage werden, insbesondere wenn eine Beziehungsöffnung im Raum steht und ein bestehender Kinderwunsch aufgeschoben wird. Für gebärende Menschen, die biologisch gesehen ein engeres Zeitfenster für eigene Kinder haben, kann dies andere Konsequenzen haben als für nicht-gebärende Menschen. Oft entstehen Machtgefälle in längeren Beziehungen auch durch *gefühlte Schulden* aus früheren Phasen der Beziehung. Diese können auch als Druckmittel verwendet werden: *Erst begleite ich Dich durch Deinen Burnout und nun meldest Du auch noch Ansprüche an.*

Machtgefälle äußern sich nicht nur durch ökonomischen Druck oder klare Dominanz, sondern auch in subtilen Mustern – durch Gewohnheiten, die nie hinterfragt werden, oder durch Erwartungen, die unausgesprochen bleiben und dennoch erfüllt werden. Um solche Mechanismen zu erkennen, braucht es Aufmerksamkeit und Sprache. Die folgende Übersicht benennt typische Quellen von Macht in Partnerschaften (Mazziotta, 2026). Sie ist nicht vollständig, kann aber helfen, die eigenen Positionen und Spielräume bewusster wahrzunehmen:

- *Finanzielle Macht:* ergibt sich durch ökonomische Abhängigkeit oder das Gefühl, ohne die andere Person nicht abgesichert zu sein.
- *Soziale Macht:* ergibt sich aus Statusunterschieden, etwa durch Beruf, Einkommen oder Bildung, aber auch durch öffentliche Sichtbarkeit, etwa in sozialen Medien oder Online-Netzwerken.
- *Emotionale Macht:* ergibt sich, wenn eine Person große Angst hat, die Beziehung zu verlieren, und deshalb versucht, das Gegenüber zu beschwichtigen oder glücklich zu machen. Sie kann ebenso aus dem Bedürfnis nach Anerkennung und Selbstwert entstehen – wenn das eigene Selbstbild von der Bestätigung durch die Beziehungsperson abhängt. Sie entsteht aus *gefühlten Schulden* in der Partnerschaft. Auch Verletzungen können emotionale Macht nähren – etwa im Sinne von *Opfermacht* nach einem Vertrauensbruch.
- *Kulturelle Macht:* ergibt sich durch gesellschaftliche und religiöse Normen, die beeinflussen, was als normal, wünschenswert oder moralisch gilt. Das Umfeld – *Was würden Deine Eltern sagen, wenn sie wüssten…?* – kann dann herangezogen werden, um diese Macht auszuüben.
- *Kommunikative und psychische Macht:* ergibt sich durch die Fähigkeit, sich rhetorisch besser auszudrücken, in Diskussionen die Oberhand zu behalten oder emotional stabil zu bleiben.
- *Physische Macht:* ergibt sich aus Unterschieden in körperlicher Stärke, Ausdauer, Beweglichkeit und Belastbarkeit. Sie kann auch situativ wirksam werden – etwa in Schwangerschaft, Wochenbett oder Stillzeit – und zeigt sich etwa in Tempo und Intensität körperlicher Aktivitäten oder im Sicherheitsgefühl im öffentlichen Raum.

- *Attraktivitätsmacht:* ergibt sich durch wahrgenommene Unterschiede in körperlicher oder sozialer Anziehung und wie stark jemand auf diese Bestätigung angewiesen ist.
- *Sexuelle Macht:* ergibt sich durch Kontrolle oder Verweigerung von Intimität, sofern sie strategisch oder zur Machtausübung eingesetzt wird, sowie durch das Wissen, wie stark die andere Person sich danach sehnt.
- *Gesundheitsmacht:* ergibt sich, wenn eine Person aufgrund von Krankheit, psychischer Belastung oder Pflegebedarf abhängig wird.
- *Wissens- und intellektuelle Macht:* ergibt sich, wenn eine Person mehr Informationen hat, etwa über Finanzen, Verträge, technologische Möglichkeiten der Überwachung oder persönliche Geheimnisse.
- *Verantwortungs- und zeitliche Macht:* ergibt sich aus der ungleichen Verteilung von Care-Arbeit, Haushaltsaufgaben oder zeitlicher Flexibilität.
- *Räumliche Macht:* ergibt sich, wenn eine Person über Wohnraum bestimmt, etwa entscheidet, wer bleibt, wer geht oder wie Räume genutzt werden.
- *Netzwerkmacht:* ergibt sich aus dem Rückhalt durch Freund*innen, Familie oder Community – oder eben aus dem Fehlen solcher Unterstützung auf der anderen Seite.

Nicht alle Beziehungssituationen erlauben echte Freiwilligkeit. Es gibt Konstellationen, in denen ein gleichberechtigtes Aushandeln kaum möglich ist, selbst wenn nach außen Einvernehmen herrscht. Dazu gehören psychische Krisen, Erkrankungen, emotionale Abhängigkeiten nach Vertrauensbrüchen, Phasen besonderer Verletzlichkeit (etwa nach einer Geburt), finanzielle Unsicherheit oder fehlende soziale Rückendeckung. In solchen Situationen ist das Machtgefälle besonders groß. Zustimmung ist dann nicht automatisch ein Zeichen echter Einvernehmlichkeit, noch nicht einmal von Konsent im Sinne der Abwesenheit gravierender Einwände – sie kann schlicht auch aus Not, Angst oder Loyalität entstehen. Deshalb ist es wichtig, nicht nur zu fragen, *ob* jemand zustimmt, sondern auch: *Unter welchen Bedingungen wird zugestimmt?*

Vielleicht überrascht es, dass auch *das Opfer* in einer Beziehung Macht ausüben kann – ein Konzept, das zunächst widersprüchlich erscheint. Doch genau das beschreibt der Begriff *Victim Power:* Macht entsteht hier nicht aus Stärke, sondern aus erlebter Schwäche. Wer verletzt wurde, kann sich in einer Position moralischer Überlegenheit wiederfinden und daraus Handlungsmacht entwickeln. Nach dem Auffliegen einer Affäre etwa kann die betrogene Beziehungsperson Druck aufbauen: durch Schuldzuweisungen, emotionale Rückzüge oder Drohungen wie: *Wenn Du Dich weiter für Polyamorie aussprichst, erzähle ich Deinen Eltern, was Du getan hast.* So zu handeln ist menschlich, erschwert jedoch offene Gespräche. Denn wenn Schuld über allem steht, wird Gegenrede fast unmöglich – und genau dort geht die Bereitschaft zum Dialog verloren, wo sie am meisten gebraucht wird.

Gute Vereinbarungen entstehen nicht unter Druck. Sie setzen voraus, dass sich beide sicher fühlen und ihre Wünsche und Grenzen ohne Angst vor Konsequenzen äußern können. Konsens bedeutet nicht, dass alle Wünsche gleichermaßen erfüllt werden. Er bedeutet auch nicht, dass Verantwortung, die aus der Vergangenheit entsteht, geleugnet wird. Er bedeutet, dass beide Beziehungspersonen eine Entscheidung mittragen und sich darin wirksam fühlen. Sie spüren: *Meine Perspektive wird berücksichtigt. Ich bin handlungsfähig. Ich entscheide mit.* Die Fähigkeit, gemeinsam auch in schwierigen Situationen Dinge zu tragen und voranzubringen, kann auch als *power with* bezeichnet werden – eine Form der Macht, die nicht aus Alleingängen resultiert.

Macht gehört zu jeder Beziehung. Entscheidend ist nicht, ob sie existiert, sondern, *wie* wir mit ihr umgehen. Wird sie benannt, reflektiert und geteilt? Oder einfach durchgesetzt? Denn wer sich durchsetzt, hat nicht unbedingt gewonnen – wenn die andere Person dabei verletzt, übergangen oder unter Druck gesetzt wird, verliert die Beziehung als Ganzes. Faire Lösungen brauchen mehr als das Einverständnis der einen und das Schweigen der anderen. Sie entstehen durch Aushandlung, Aufmerksamkeit und die Bereitschaft, Macht nicht nur zu nutzen, sondern auch zu teilen. Macht lässt sich nicht auflösen. Aber sie kann sichtbar gemacht und verantwortungsvoll gestaltet werden.

Auch in offenen oder polyamoren Beziehungen bleiben Machtverhältnisse bestehen. Sie verlieren ihre klassische Form – nicht aber ihre Wirksamkeit. Gerade dort, wo gesellschaftlich abgesicherte Rollenbilder wegfallen, braucht es besondere Aufmerksamkeit: Wer nimmt Einfluss? Wer wird gehört? Wessen Bedürfnisse zählen – und welche weniger Raum bekommen?

Beziehungswirklichkeiten

Tina (62) formuliert es so: „In konservativen, geschlossenen Zweierbeziehungen bleiben Machtdynamiken oft unbewusst und unausgesprochen, weil sie strukturell abgesichert sind. In offenen Mehrfachbeziehungen mit anderen Spielregeln funktionieren diese Machtmuster jedoch nicht mehr. Das verunsichert viele Menschen. Sie versuchen, durch Ersatzstrategien weiterhin Einfluss zu nehmen, etwa durch Überwachungsversuche, subtile Schuldzuweisungen oder emotionale Rückzüge. Doch diese Mechanismen greifen nicht mehr, zumindest nicht so, dass irgendjemand damit wirklich glücklich wäre."

Umgang mit Machtunterschieden und Entscheidungsdruck

Machtunterschiede können Entscheidungen in Beziehungen stark beeinflussen – oft subtiler, als es auf den ersten Blick erscheint. Schauen wir dafür noch einmal auf Jan und Julia, die wir zu Beginn von Kap. 7 kennengelernt haben. Sie haben kleine Kinder und ein gemeinsames Haus. Julia wünscht sich, monogam zu bleiben, fürchtet jedoch, dass diese Entscheidung ihre gesamte Lebenssituation ins Wanken bringen könnte – mit Folgen auch für die Kinder. Jan spürt dagegen den Wunsch nach Öffnung und hat zugleich Angst, dass er etwas Wichtiges im Leben verpasst, wenn er seine Bedürfnisse dauerhaft zurückstellt. Beide erleben also Einschränkungen: Julia durch äußere Faktoren wie Familie, Haus und Verantwortung; Jan durch innere Spannung zwischen Loyalität und persönlicher Entfaltung. In der Beratung könnten wir mit Jan und Julia so arbeiten:

- *Macht sichtbar machen:* Gemeinsam klären, wie innere (z. B. Ängste, Sehnsüchte), äußere (z. B. Kinder, Finanzen, Wohnsituation) und beziehungsdynamische Faktoren (z. B. Kommunikationsmuster, Rollenverteilung) die Entscheidungsfreiheit prägen. Julia könnte verdeutlichen, dass sie sich durch Haus und Kinder eingeschränkt fühlt. Jan könnte schildern, wie eingeengt er sich fühlt, wenn seine polyamoren Wünsche keinen Raum bekommen.
- *Empowerment:* Beide werden darin unterstützt, ihre Bedürfnisse selbstbewusst und ohne Schuldgefühle zu formulieren. Es ist legitim, monogam leben zu wollen – genauso wie es legitim ist, neue Beziehungen erleben zu wollen. Julia könnte sagen: „Ich möchte weiter monogam leben." Jan könnte ebenso benennen: „Mir ist es wichtig, neue Erfahrungen zu machen – sonst habe ich das Gefühl, mich selbst zu verleugnen." Beide Wünsche

werden nicht als Gegensätze verstanden, sondern als gleichwertige Ausgangspunkte für Aushandlung. Auch gemeinsame Bedürfnisse können sichtbar gemacht werden: Jan und Julia wünschen sich, ihr gemeinsam aufgebautes Leben nicht aufgeben zu müssen und spüren Verantwortung. Empowerment bedeutet auch, Ressourcen sichtbar zu machen: Julia bringt Sicherheit und Kontinuität in die Beziehung, Jan Lebendigkeit und Offenheit. Indem beide diese Qualitäten anerkennen, entsteht mehr Respekt füreinander – und damit mehr Spielraum für tragfähige gemeinsame Lösungen.

- *Grenzen klären und setzen:* Bedürfnisse und Grenzen differenziert benennen und sich über mögliche Schutzmaßnahmen verständigen. Julias Bedürfnis könnte emotionale Sicherheit und Rückzug betreffen; ihre Grenze wäre, dass sie körperliche Nähe nicht genießen kann, solange Jan eine andere Frau trifft. Jans Bedürfnis könnte darin bestehen, neue Erfahrungen zu machen, seine Grenze wäre, dies nicht dauerhaft aufschieben zu müssen. In der Beratung lässt sich erarbeiten, wie sie dies kommunizieren und schützen können – etwa durch getrennte Schlafplätze oder andere Formen von Abgrenzung. Wichtig ist, dass die konkrete Maßnahme nicht als Bestrafung verstanden wird, sondern als Form der Selbstfürsorge.
- *Alternativen entwickeln:* In der Beratung können verschiedene Szenarien durchgespielt werden – einschließlich der Möglichkeit, dass beide auch getrennt voneinander ein erfülltes Leben führen könnten. Julia könnte ermutigt werden, ihre Angst vor diesem Schritt zu hinterfragen: *Was würde eine Trennung konkret bedeuten? Wie könnten wir trotzdem dafür sorgen, dass es den Kindern und uns gut geht?* Ein wichtiger Punkt ist hier, offen über die möglichen Auswirkungen einer solchen Entscheidung auf die Kinder zu sprechen. Die Stabilität und

das Wohlbefinden der Kinder sollten dabei stets im Blick behalten werden. Jan könnte reflektieren: *Was würde es für mich heißen, meine Wünsche zurückzustellen – und könnte ich damit leben?*

- *Unterstützungsnetzwerk aktivieren:* Beide können externe Unterstützung einbeziehen – Julia etwa durch Freund*innen, Beratung oder rechtliche Absicherung; Jan durch Gespräche im Freundeskreis oder den Austausch mit polyamoren Communities.
- *Ressourcen kennenlernen:* Um eine informierte Entscheidung zu treffen, könnten beide Informationen und Ressourcen zur Polyamorie kennenlernen. Ziel ist, fundierte Entscheidungen zu treffen, ohne dass Julia gedrängt wird, ihre Grenzen aufzugeben, oder Jan seine Wünsche zu verleugnen.

Die Rückgewinnung von *Augenhöhe* ermöglichte es Julia, ihre Zweifel und Vorbehalte offen zu äußern, ohne sie unterdrücken zu müssen – und dennoch Jan einen vorsichtigen Versuch zuzugestehen. Indem Julia ihre Ambivalenz und ihren Widerstand offen äußerte, entstand ein Raum für eine ehrliche Auseinandersetzung. Gleichzeitig konnte auch Jan seine Beweggründe besser verstehen und seine eigene *Verletzlichkeit* zeigen: die Angst, etwas Wesentliches im Leben zu verpassen, wenn er diesen Schritt nicht wagt. Schließlich entschied er sich im Sinne seiner *Eigenständigkeit,* das Risiko einzugehen, auch wenn Julia diesen Schritt nicht vollständig mittragen konnte. Beide blieben trotz unterschiedlicher Positionen im Gespräch und behandelten einander respektvoll. Das half ihnen, im Sinne von *Freundschaft,* eine vorläufige Übereinkunft zu finden, die sowohl Julias Bedürfnis nach Sicherheit als auch Jans Bedürfnis nach Exploration berücksichtigte:

- Jan würde zunächst nur diese eine Frau treffen, und nach drei Treffen wollten beide gemeinsam die Situation neu besprechen.
- Julia nahm sich in dieser Zeit Rückzugsräume, während Jan vorübergehend bei einem Freund wohnte; die Kontakte zwischen ihnen wurden reduziert, während der Kontakt zu den Kindern geregelt blieb.
- Beide führten begleitende Einzelgespräche mit ihrem*r Berater*in, um die eigenen Gefühle und Erfahrungen zu reflektieren.
- Sie vereinbarten, respektvoll miteinander umzugehen und auch Wege einer vorübergehenden oder endgültigen Trennung gemeinsam zu gestalten, falls die Situation für eine*n von beiden nicht mehr tragbar wäre.
- Beide hielten fest: Wir navigieren hier an unseren persönlichen Grenzen – und wir respektieren einander dafür.

Solche spannungsreichen Situationen sind nie einfach. Der *Leitstern* kann hierbei helfen, indem er zum Innehalten und Reflektieren einlädt: *Welcher Wert fehlt uns gerade? Wie können wir diesen Wert stärken und im Alltag leben?* Zudem kann externe Unterstützung in Form von Beratung wertvolle Orientierung bieten.

Handlungsfähigkeit bleibt auch in einem Machtgefälle möglich – wenn Unterschiede sichtbar und offen besprochen werden. Macht wirkt nicht nur als Einschränkung, sondern kann, wenn sie reflektiert wird, auch neue Gestaltungsräume eröffnen. Im Fall von Jan und Julia etwa hatte Julia weniger finanzielle Sicherheit, aber dafür ein stärkeres soziales Netz und eine enge Bindung zu den Kindern. Jan verfügte über mehr Bewegungsfreiheit, brachte aber auch die größere Unsicherheit mit, ob seine Wünsche vereinbar sind. Solche Faktoren bewusst wahrzunehmen und in die Entscheidungsfindung einzubeziehen, stärkt das

Gefühl von Selbstwirksamkeit und eröffnet Wege, handlungsfähig zu bleiben – auch unter unterschiedlichen Ausgangsbedingungen.

Dabei gilt: Keine Machtquelle ist grundsätzlich stärker oder schwächer, positiv oder negativ. Ein hohes Einkommen, ein starker sozialer Status oder ein großes Unterstützungsnetzwerk können Handlungsspielräume erweitern – sie können aber auch zusätzlichen Druck erzeugen oder Abhängigkeiten schaffen. Entscheidend ist immer, wie diese Faktoren in der konkreten Beziehung erlebt werden.

Praxistool

Machtquellen in Deiner Beziehung

Machtquellen sichtbar zu machen und offen darüber zu sprechen, ist ein wichtiger Schritt: So kann Handlungsfähigkeit auch dort entstehen, wo Spielräume ungleich verteilt sind. Lies Dir die folgende Liste der Machtquellen durch und überlege, welche in Eurer Beziehung eine Rolle spielen – vielleicht auch solche, die Dir bisher gar nicht bewusst waren:

- Emotionale Macht
- Finanzielle Macht
- Soziale Macht
- Kulturelle Macht
- Psychologische und kommunikative Macht
- Physische Macht
- Attraktivitätsmacht
- Sexuelle Macht
- Gesundheitsmacht
- Wissens- und intellektuelle Macht
- Verantwortungs- und zeitliche Macht
- Räumliche Macht
- Familiäre und soziale Unterstützungsmacht

Fragen zur Reflexion:

- Welche Machtquellen spielen in Eurer Beziehung eine Rolle – auch solche, die nicht in der Liste stehen? Welche sind Dir bisher vielleicht gar nicht bewusst gewesen?

- Wer hat in welchem Bereich tendenziell mehr Macht?
- Inwiefern beeinflussen diese Machtquellen Deine Entscheidungsfreiheit und Dein Wohlbefinden?

Optional, wenn alle Beziehungspersonen die Aufgabe bearbeiten: Tauscht Euch über Eure Erkenntnisse aus:

- Wie nehmt Ihr die Machtverhältnisse in Eurer Beziehung wahr?
- Gibt es Ungleichgewichte, die Euch belasten?
- Was könnt Ihr tun, um Machtunterschiede auszugleichen und mehr Entscheidungsfreiheit zu schaffen?

Um diese Dynamiken besser nachvollziehen zu können, hilft es, die verschiedenen Quellen von Macht in den Blick zu nehmen und ihre Wirkung im eigenen Beziehungsalltag zu reflektieren.

Rote Flaggen

Eine Beziehung zu öffnen bedeutet nicht automatisch, dass man vor einseitiger Machtdurchsetzung, Missbrauch, Druck oder Gewaltausübung geschützt ist. Angst vor Stigmatisierung oder Beschämung hält viele Menschen davon ab, offen über ihre Wünsche und Grenzen zu sprechen. Ebenso kann die Sorge, die Beziehungsperson zu verlieren oder das Wohl der Kinder zu gefährden, dazu führen, dass jemand gegen den eigenen Willen in eine Beziehungsöffnung oder Mehrpersonenbeziehung gedrängt wird. In solchen Fällen ist freiwilliger und informierter Konsens *nicht* möglich. Wenn Macht missbräuchlich eingesetzt wird oder die Konsensfähigkeit massiv eingeschränkt ist, braucht es ein Innehalten. Statt die Beziehung zu öffnen, sollte eine intensive Einzel- oder Beziehungsberatung erfolgen – im Ernstfall auch eine klare Abgrenzung oder Trennung.

Jessica Fern (2023, S. 119) benennt mehrere Warnsignale, die es nahezu unmöglich machen, freiwillige und faire Vereinbarungen zu treffen:

- Deine Beziehungsperson schüchtert Dich durch drohende Blicke, Gesten oder Handlungen ein.
- Dir oder Deinen Kindern wird mit Schaden gedroht.
- Deine Beziehungsperson hat eine unbehandelte Suchterkrankung, die Euer Zusammenleben stark belastet.
- Du wirst isoliert und daran gehindert, Zeit mit Deinem sozialen Umfeld zu verbringen.
- Du wirst beleidigt, entwertet oder beschämt – auch vor anderen – und es gibt keine Bereitschaft, dieses Verhalten zu ändern.

Wenn Du eines oder mehrere dieser Anzeichen erlebst, gilt: Du hast ein Recht auf Schutz und Unterstützung. Hilfe zu suchen ist legitim und notwendig. Was Du jetzt am dringendsten brauchst, ist *Augenhöhe,* emotionale Sicherheit und klare Grenzen. Fordere klare Veränderungen ein – und wenn Du befürchtest, dass dies gefährlich sein könnte, wende Dich an vertraute Menschen oder professionelle Stellen.[2] *Freundschaft* und Selbst-*Fürsorge* können Dir helfen, Klarheit zu gewinnen und Schritte zur Distanzierung zu gehen. Du bist nicht allein. In solchen Situationen steht nicht die Öffnung der Beziehung im Vordergrund, sondern der Schutz Deiner physischen und psychischen Gesundheit.

[2] Zu möglichen Anlaufstellen gehören etwa das Hilfetelefon *Gewalt gegen Frauen* (08000 116 016, www.hilfetelefon.de), die *Telefonseelsorge* (www.telefonseelsorge.de), das *Informationsportal des Bundesministeriums der Justiz* (www.hilfe-info.de), der *Weiße Ring* (www.weisser-ring.de), Ehe-, Familien- und Lebensberatungsstellen (https://www.onlineberatung-efl.de) sowie *queersensible Beratungsstellen* wie www.queer-leben.de. Alle genannten Stellen beraten kostenfrei und anonym – auch in belastenden Beziehungssituationen, bei psychischer Gewalt oder struktureller Abhängigkeit.

8.4 Träumen

Sich für ein sorgfältiges Abwägen Zeit zu lassen, bildet – wie wir immer wieder betonen – die beste Grundlage für eine Öffnung. Doch dazu gehört nicht nur die Seite der Bedenken, Sorgen und Zweifel. Es gibt auch etwas zu gewinnen – hoffentlich für beide Seiten!

Träumen ist ein wichtiger Schritt im gemeinsamen Prozess der Öffnung. Es bedeutet, darüber nachzudenken, was durch eine Öffnung der Beziehung gewonnen werden könnte und wie man sich die neue Realität idealerweise vorstellt. Oft hat die Person, die den Wunsch nach Öffnung angesprochen hat, bereits einen Vorsprung. Damit die Idee nicht einseitig bleibt, ist es wichtig, dass auch die andere Beziehungsperson eigene Träume und Fantasien entwickeln darf. Am besten träumt zunächst jede Person für sich – ohne Selbstzensur oder Einschränkungen. *Die Einladung lautet: Fantasiere frei, ohne die Gedanken gleich auf Realisierbarkeit zu prüfen.*

Was könnten solche Träume beinhalten? Vielleicht einfach mal wieder tanzen gehen und die Freiheit spüren? Sich für ein Date zurechtmachen, ohne schlechtes Gewissen? Oder jemanden gemeinsam kennenlernen und als Paar ein Abenteuer erleben? Endlich ohne Heimlichkeiten mit einer bestimmten Person etwas trinken zu gehen und offen sagen können: *Ja, ich bin in einer Beziehung und das ist so abgesprochen.* Oder vielleicht geht es um neue sexuelle Erfahrungen, den Reiz unbekannter Haut, das aufregende Gefühl, wieder einmal frisch verliebt zu sein? Oder um mehr Zeit für sich, ein aufwändiges Hobby oder die Realisierung ungelebter Lebensträume? Jeder Mensch hat andere Wünsche, und genau darum geht es: herauszufinden, was für jede beteiligte Person ein lohnendes Ziel sein könnte.

Doch zum Träumen gehört auch die andere Seite: Manchmal tauchen Ängste oder *Albträume* auf – Bilder davon, was schwer auszuhalten wäre. Diese sind nicht weniger wertvoll. Sie markieren Grenzen und zeigen, wo *Verletzlichkeit* liegt. Wichtig ist, auch diesen Fantasien Raum zu geben, ohne sie gleich als Hindernis zu betrachten. So entsteht ein vollständigeres Bild, in dem Wünsche und Sorgen nebeneinanderstehen dürfen.

Träume sind selten synchron. Menschen haben unterschiedliche Wünsche und Vorstellungen. *Poly gone wrong* beginnt häufig genau hier – wenn eine Person euphorisch von ihren Fantasien erzählt, während die andere sich überfordert fühlt. Rücksichtnahme ist in dieser Phase entscheidend. Man darf lebhaft träumen, doch beim Teilen der Vorstellungen hilft es, zunächst eine behutsamere und weniger überfordernde Version zu teilen. Das verringert die Gefahr, dass sich die Beziehungsperson verletzt oder überrollt fühlt.

Zum Träumen gehört schließlich auch, die Beziehungsperson in die eigene Fantasie einzubeziehen:

- Was könnte ich akzeptieren oder meiner Beziehungsperson gönnen?
- Wo liegen meine Grenzen?
- Was wäre schwer auszuhalten – und was wäre möglich?

Unsicherheiten und Ambivalenzen sind hier völlig normal. Träume können sowohl Begeisterung als auch Ängste auslösen. Nach der Klärung der eigenen Wünsche und Grenzen geht es darum, auch ein gemeinsames Bild zu entwickeln: Was wollen wir durch die Öffnung erreichen? Welche Erfahrungen möchten wir machen – als Einzelne und miteinander? Wo liegen mögliche gemeinsame Ziele, und wo unterscheiden sich unsere Wünsche?

Hilfreich ist, die *eigenen langfristigen Beziehungsziele* zu kennen. Träume beziehen sich nicht nur auf Sexualität, sondern auch auf Lebensträume und Lebensgefühl. In einer repräsentativen Studie für Deutschland wurden folgende

Tab. 8.2 Prozentuale Antworten auf die Frage nach wichtigen Beziehungszielen (ElitePartner, 2024)

	Gesamt	*Frauen*	*Männer*
Gemeinsam alt werden	82 %	84 %	80 %
Als Paar frei und unabhängig leben	73 %	72 %	74 %
Zusammenziehen	70 %	66 %	74 %
Zusammen die Welt entdecken	70 %	70 %	69 %
Gemeinsam Kultur erleben	64 %	66 %	63 %
Kinder haben, eine Familie gründen	48 %	45 %	50 %
Heiraten	46 %	44 %	48 %
Gemeinsam eine Immobilie kaufen oder bauen	41 %	37 %	44 %

Wünsche als besonders wichtig genannt (Tab. 8.2; ElitePartner, 2024).[3]

Die Ergebnisse der Befragung zeigen, dass der Wunsch nach einer lebenslangen Partnerschaft und gemeinsamen Erinnerungen weiterhin eine zentrale Rolle für langfristige Beziehungen spielt. Besonders häufig wurden Aspekte wie das gemeinsame Altwerden, das Erleben von Abenteuern als Paar sowie das Teilen kultureller Erfahrungen genannt. Gleichzeitig hat sich die Bedeutung traditioneller Stabilitätsfaktoren, wie Heirat oder der Kauf einer Immobilie, verringert. Stattdessen rücken Autonomie, persönliche Freiheit und das Erleben der Beziehung als bereichernd stärker in den Vordergrund.

Doch nicht jeder Traum passt in vorgefertigte Kategorien. Manche Ziele sind sehr persönlich – ein beruflicher Neuanfang, eine Reise, ein Ortswechsel oder ein Ehrenamt. *Wegdiskutieren* lassen sich diese Träume nicht, auch wenn

[3] Die hier zitierte Studie unterscheidet ausschließlich zwischen *Frauen* und *Männern*. Menschen mit nicht-binärer oder anderer geschlechtlicher Identität werden dadurch – wie in vielen Umfragen – nicht erfasst. Das ist nicht nur methodisch verkürzend, sondern trägt auch dazu bei, dass queere Personen in der (sozialwissenschaftlichen) Forschung weiterhin unterrepräsentiert bleiben oder sich ausgeschlossen fühlen (vgl. Diethold et al., 2023). Wir geben die Daten hier dennoch wieder, um zentrale Beziehungsideale sichtbar zu machen, weisen aber ausdrücklich auf diese Einschränkung hin.

sie selten besonders rational erscheinen. Besser ist es, sie ernst zu nehmen und gemeinsam zu fragen: *Was macht diesen Wunsch für mich so wichtig? Und wie beeinflusst er unsere Entscheidung?*

Um solche Wünsche nicht nur rational zu diskutieren, sondern auch ihre emotionale Bedeutung besser zu verstehen, hilft es, das eigene *Zukunfts-Ich* zu befragen. Diese Methode kann implizites oder unbewusstes Wissen an die Oberfläche bringen: *Welche Momente berühren mich? Welche Erfahrungen erscheinen mir im Rückblick wertvoll? Und welche Entscheidungen fühlen sich stimmig an?*

Praxistool

Dein Zukunfts-Ich lädt Dich ein

Diese Übung hilft Dir, aus der Zukunftsperspektive klarer zu erkennen, welche Erfahrungen und Werte Dir in Deiner Beziehung wirklich wichtig sind.

Stell Dir vor, Du begegnest Deinem zukünftigen Ich in zehn Jahren. Diese Version von Dir lebt in einer Beziehung, die sich für Dich und Euch beide gut und stimmig anfühlt – egal, ob offen oder geschlossen. Ihr setzt Euch zusammen, und Dein Zukunfts-Ich erzählt Dir von den Erfahrungen der letzten Jahre.

- Was erzählt es Dir über die schönsten gemeinsamen Momente?
- Welche Erfahrungen waren besonders wertvoll – als Einzelperson und in Euren Beziehungen?
- Was hat sich als Herausforderung erwiesen, und wie seid Ihr damit umgegangen?
- Gibt es etwas, das Du anders gemacht hättest?

8.5 Gespräche führen: Sich zumuten und zuhören

Dieser Schritt bildet das Herzstück der frühen Phase, denn hier werden die inneren Bilder, Beweggründe, Hoffnungen und Ängste erstmals zur Sprache gebracht. Für viele Menschen ist genau das der schwierigste Teil – nicht nur, weil es um ein sensibles Thema geht, sondern weil wir uns damit einander *zumuten.* Wir zeigen uns verletzlich, offenbaren unsere Wünsche und Sehnsüchte, wohl wissend, dass sie vielleicht nicht erfüllt werden können oder sogar auf Widerstand stoßen.

Gerade hier braucht es *Mut:* Mut, sich zu zeigen – nicht als perfekte, glatte Version, sondern als die Person, die man wirklich ist. Mit Unsicherheiten, widersprüchlichen Gefühlen und auch mit Enttäuschungen. Denn im Hintergrund wirken die Normen der alten Liebes- und Geschlechterordnung und die gesellschaftliche Erwartung, dass eine Beziehungsperson alle Bedürfnisse gleichzeitig erfüllen soll: sexuelle Leidenschaft, emotionale Nähe, Abenteuerlust, Sicherheit, familiäre Stabilität. Eine Erwartung, die kaum jemand auf Dauer tragen kann, und die zwangsläufig Enttäuschungen produziert. Solche Enttäuschungen ehrlich auszusprechen, statt sie zu verschweigen, ist ein wichtiger Schritt in Richtung *Authentizität.*

Zugleich liegt im Besprechen eine Einladung an die andere Beziehungsperson: wirklich *zuzuhören.* Nicht vorschnell zu reagieren, nicht abzuwehren oder in Rechtfertigung zu gehen, sondern die Wünsche des Gegenübers als Geschenk zu begreifen. Wer seine innersten Bedürfnisse ausspricht, macht sich verletzlich – trotz der Angst, abgelehnt zu werden. Diese Offenheit verdient *Demut.* Man könnte sagen: Wir betreten hier einen heiligen Raum, in dem wir die Schuhe ausziehen sollten, um behutsam zu sein.

Besprechen heißt deshalb nicht, sofort Lösungen oder Kompromisse zu finden. Es geht zunächst darum, einen Raum zu öffnen, in dem Wünsche, Ängste und Fantasien nebeneinanderstehen dürfen – auch wenn sie widersprüchlich sind. Indem beide Beziehungspersonen ihre innere Welt zum Ausdruck bringen, entsteht ein Resonanzraum, der Verstehen möglich macht, ohne dass sofort gehandelt werden muss.

Hilfreiche Haltungen im Schritt Besprechen:

- *Mut zur Zumutung:* Die eigenen Bedürfnisse, Hoffnungen und Ängste in Worte fassen – auch wenn sie unvollständig, widersprüchlich oder schwer erklärbar sind.
- *Demut im Zuhören:* Die Offenheit der anderen Person als Geschenk begreifen und ihr mit Respekt begegnen.
- *Druck herausnehmen:* Es geht noch nicht darum, sich festzulegen. Dieser Schritt dient dem gegenseitigen Verstehen, nicht dem Finden einer endgültigen Lösung.

Praxistool

Sich zumuten – einander zuhören

Diese Übung hilft Euch, im Schritt Besprechen authentisch zu sprechen und achtsam zuzuhören – ohne sofort Lösungen finden zu müssen. Ziel ist nicht die Einigung, sondern gegenseitiges Verstehen. So entsteht ein Raum, in dem Authentizität und Verletzlichkeit sicher ausgesprochen werden können – und in dem sich echte Nähe entfalten darf.

- *Sprechen:* Eine Person hat 5 min Zeit, frei zu erzählen: Welche Wünsche, Ängste, Fantasien oder Enttäuschungen bewegen mich? Wichtig ist nicht nur *was ich will*, sondern auch *warum es mir wichtig ist.*
- *Zuhören:* Die andere Person hört nur zu, ohne zu kommentieren, zu bewerten oder eigene Gedanken einzubringen.

- *Wiederholen:* Danach fasst die zuhörende Person in eigenen Worten zusammen, was sie verstanden hat. Nicht als Bewertung, sondern als Spiegel: „Ich habe gehört, dass Dir ... wichtig ist, und dass Du Dir gleichzeitig Sorgen machst um ..."
- *Rollen wechseln:* Die Person, die sich zunächst geäußert hat, hört zu, während die andere sich selbst offenbart.

- *Raum geben:* Zuhören, nachfragen, wiederholen und so zu signalisieren: „Deine Worte kommen bei mir an."

So wird das Besprechen nicht zur Verhandlung unter Zeitdruck, sondern zu einer gemeinsamen Übung in *Verletzlichkeit* und *Fürsorge.* Wenn beide diesen Raum betreten, entsteht eine Grundlage, auf der spätere Entscheidungen tragfähig und fair entstehen können.

Viele Menschen merken im Gespräch, wie schwer es fällt, wirklich offen über eigene Wünsche oder Ängste zu sprechen oder dem Gegenüber unvoreingenommen zuzuhören. Schnell rutschen wir in Rechtfertigungen, Ratschläge oder Verteidigungen. Genau deshalb lohnt es sich, mit einer kleinen Struktur zu üben, wie authentisches Sprechen und achtsames Zuhören gelingen können.

Umgang mit Ambivalenz

Wir Menschen sind komplexe, *vielschichtige* Wesen. Häufig tragen wir in Bezug auf anstehende Entscheidungen ein gleichzeitiges *Ja* und *Nein* in uns – ein Zustand, den man als *Ambivalenz* bezeichnet. Oft wissen wir nicht genau, wo wir stehen, und spüren zunächst nur ein vages Bauchgefühl. Dieses Gefühl lässt sich durch einfache Techniken sichtbarer machen, zum Beispiel mit einer Skala: *Wenn 0 ein klares Nein und 100 ein klares Ja bedeutet – wo stehe ich gerade?*

Ambivalenz kann Entscheidungen erschweren, eröffnet aber auch wertvolle Zugänge zu unseren Bedürfnissen.

Wenn sie stark spürbar wird, lohnt es sich, ihre Quellen bewusst zu erkunden. Genau wie Jan seine Motive hinterfragt hat, schaute auch Julia auf ihre innere Zerrissenheit. Dabei entdeckte sie, dass ihre Angst vor einer Öffnung der Beziehung mit einer früheren Erfahrung verknüpft war: Die Trennung ihrer Eltern hatte eine tiefe Verlusterfahrung hinterlassen, die nun durch die drohende Veränderung aktiviert oder *getriggert* wurde, also wieder aufbrach. Ambivalenz – also das Pro und das Contra in Bezug auf die Öffnung einer Beziehung können aus verschiedenen Quellen gespeist werden:

- *Biografische Einflüsse:* Alte Muster beeinflussen unsere Reaktionen. Eine Öffnung der Beziehung konfrontiert uns oft mit diesen Mustern und lädt dazu ein, diese Muster wahrzunehmen und zu bearbeiten. Darin liegt auch eine Chance, sich weiterzuentwickeln und Werte zu stärken: *Eigenständigkeit,* indem wir lernen, uns selbst zu beruhigen; *Verletzlichkeit,* indem wir alte Wunden benennen und bearbeiten; *Freundschaft,* indem wir erkennen, dass unsere Beziehungsperson nicht identisch ist mit unseren früheren Bezugspersonen.
- *Verinnerlichte Vorstellungen von Liebe und Geschlechterrollen:* Kulturelle Normen und Glaubenssätze prägen unser Denken, etwa *Wahre Liebe bedeutet sexuelle Treue* oder *Frauen, die mehrere Beziehungspersonen haben, sind unmoralisch.* Solche Vorstellungen lassen sich hinterfragen und durch neue Überzeugungen ersetzen. Der *Leitstern* kann helfen, Werte wie *Einzigartigkeit* und *Freundschaft* bewusst zu stärken – durch Selbstreflexion, Gespräche, Tagebuchschreiben, Meditation, Podcasts hören, Bücher lesen und vieles mehr. *Transzendenz* schließlich gibt Orientierung: *Wohin möchte ich gehen, welche Lebensform passt wirklich zu mir?*

- *Angst vor Veränderung:* Unser Bedürfnis nach Stabilität und Sicherheit lässt uns Wandel oft als Bedrohung empfinden. Doch Veränderung gehört zum Leben: Wir wechseln Jobs, ziehen um, erleben Trennungen – und bewältigen das alles. *Beweglichkeit* hilft, die Vergänglichkeit von Lebensphasen anzunehmen. Wie ein buddhistisches Sprichwort sagt: *This too shall pass* – auch dies wird vorübergehen.

Die Therapeutin Jessica Fern (2023) beschreibt in ihrem Buch *Polywise,* wie eine Klientin ihre Ambivalenz besser verstand, indem sie den verschiedenen inneren Stimmen Namen und Bedürfnisse gab – eine Methode, die im deutschsprachigen Raum unter dem Konzept des *Inneren Teams* bekannt ist (Kumbier, 2021):

- Der *Prinzessinnen-Teil* möchte die einzige besondere Person bleiben (Bedürfnis nach Bestätigung).
- Der *Opfer-Teil* fühlt sich machtlos und ohne Wahlmöglichkeiten (Bedürfnis nach Autonomie).
- Der *Kritiker-Teil* sieht in der offenen Beziehung eine Flucht (Bedürfnis nach Orientierung, das Richtige tun wollen).
- Der *Teenager-Teil* kämpft um die Aufmerksamkeit der Beziehungsperson (Bedürfnis nach Gesehenwerden).
- Der *Kind-Teil* fürchtet, dass emotionale Bedürfnisse nicht erfüllt werden (Bedürfnis nach Zuwendung).

Diese inneren Teile machen deutlich, dass hinter Ambivalenz berechtigte Bedürfnisse stehen, auch wenn Menschen sich dieser Bedürfnisse zunächst kaum bewusst sind. Manchmal – oft aus biografischen Gründen – haben sie zunächst nur eine starre Vorstellung davon, wie diese Bedürfnisse erfüllt werden könnten. Auch erscheint eine Bedrohung viel größer als die faktische Gefahr, wenn sie aus der Perspektive eines kindlichen inneren Teils gesehen wird.

Sich einer Entscheidung annähern

Der Umgang mit Ambivalenz erfordert Geduld und Offenheit. Manche Menschen entscheiden sich bewusst, längere Zeit, *nichts* zu tun, um inneren Prozessen angemessenen Raum zu geben. Es ist wichtig, Bedürfnisse wahrzunehmen und anzuerkennen, anstatt sie zu verdrängen. Das kann allein geschehen, im Austausch mit vertrauten Menschen oder in einer beraterisch-therapeutischen Begleitung. Entscheidend ist, den Druck aus der Situation zu nehmen und sich eine Phase der bewussten Selbstreflexion und des Prüfens zu gönnen.

Um etwas für sich selbst zu klären, kann die oben erwähnte *Skala der Ambivalenz* helfen: Wenn 0 ein klares Nein und 100 ein klares Ja bedeutet – wo stehe ich gerade? Und noch wichtiger: *Was müsste geschehen, damit ich mich um ein paar Punkte in Richtung Zustimmung oder Ablehnung bewegen?* So wird sichtbar, wie stark Pro- und Contra-Gefühle jeweils sind. Auch das Formulieren eines persönlichen *Konsens-Statements* kann Klarheit schaffen. Unterschiedliche Stärken der Zustimmung werden deutlich, wenn man Sätze vergleicht wie:

- *Meine erste Wahl wäre es nicht gewesen, aber ich möchte herausfinden, ob das für uns funktioniert, bevor ich die Beziehung verlasse.*
- *Ich wünsche mir sehr, dass wir die Beziehung öffnen und unsere Werte leben, auch wenn ich noch nicht sicher bin, ob es klappt.*
- *Trotz meiner Angst möchte ich es ausprobieren.*
- *Ich bin überzeugt, dass es das Richtige für uns ist und möchte die Beziehung öffnen.*

Ambivalenz lässt sich selten vollständig auflösen. *Vielschichtigkeit* bleibt bestehen, auch nach langem Nachdenken. Doch ein ständiges Verharren im Abwägen kann auf Dauer belastend werden, besonders wenn das Gegenüber auf eine Entscheidung wartet. Zögert man zu lange, kann es passieren, dass Fakten geschaffen werden, ohne dass sie gemeinsam besprochen wurden. Manche fragen sich im Nachhinein, ob sie nicht früher etwas hätten wagen sollen.

Irgendwann braucht es auch den Mut, einen Schritt ins Unbekannte zu wagen. Sicherheit entsteht nicht nur durch Nachdenken, sondern auch durch Erleben: *Wie soll man jemals wissen, ob sich etwas richtig anfühlt, wenn man es nicht ausprobiert hat?* Wenn es schwerfällt, sofort eine endgültige

Praxistool

Umgang mit Ambivalenz

Nimm Dir einen ruhigen Moment und stelle Dir vor, die verschiedenen Teile in Dir – der Ja-Anteil, der Nein-Anteil und der unsichere Anteil – würden miteinander sprechen. Gib jedem dieser Anteile einen Stuhl. Setze Dich nacheinander auf jeden dieser Stühle und sprich die Sichtweise des jeweiligen Anteils laut aus. Das Ziel ist nicht, sofort eine Lösung zu erzwingen, sondern die inneren Stimmen wahrzunehmen und zu verstehen.

Fragen, die Du den inneren Anteilen stellen kannst:

- *Ja-Anteil:* Warum möchtest Du die Beziehung öffnen? Was erhoffst Du Dir davon?
- *Nein-Anteil:* Was macht Dir Angst? Was genau fühlt sich unsicher an?
- *Unsicherer-Anteil:* Was brauchst Du, um mehr Klarheit zu gewinnen?

Versuche nach dem Dialog herauszufinden, welche Bedürfnisse hinter den einzelnen inneren Anteilen stehen. Typische Bedürfnisse in ambivalenten Situationen sind:

- Sicherheit und Stabilität
- Autonomie und Selbstbestimmung
- Zugehörigkeit und Bestätigung
- Selbstwirksamkeit und Eigenständigkeit

Entscheidung zu treffen, können kleine, reversible Schritte helfen. Sie zeigen der *schneller vorangehen wollenden Seite*, dass Bewegung möglich ist, und geben der *langsameren Seite* die Chance, sich in ihrem Tempo anzunähern. Beispiele sind: gemeinsam einen Poly-Stammtisch besuchen, Dokumentationen anschauen, Erfahrungsberichte lesen oder offen über sexuelle Fantasien mit Dritten sprechen – ohne sie gleich auszuleben. Solche vorsichtigen Annäherungen reduzieren den Druck und eröffnen Spielräume, Veränderung Schritt für Schritt zu erkunden.

Solche kleinen Schritte nach außen sind wichtig – genauso hilfreich kann es sein, die Bewegung nach innen zu richten. Denn oft sitzen die eigentlichen Hindernisse und Kräftequellen in uns selbst: verschiedene Stimmen, die unterschiedliche Bedürfnisse vertreten. Um diese klarer wahrzunehmen und besser zu verstehen, kann die folgende Übung zum inneren Dialogs helfen.

9

Ausprobieren und Einchecken: Erste Schritte in die Polyamorie

Wenn die Phase des individuellen und gemeinsamen *Überlegens* zu einer *Entscheidung* für die Öffnung der Beziehung in Richtung Polyamorie geführt hat, beginnt ein besonders sensibler und aufregender Abschnitt. Was zuvor in Gedanken, Fantasien und Gesprächen existierte, soll nun in die Praxis übersetzt werden. Diese Schritte sind entscheidend, weil sie die Weichen für die weitere Entwicklung stellen. In Tab. 8.1 wurden sie bereits kurz charakterisiert – hier wollen wir sie vertiefen und mit Beispielen, Reflexionsfragen und Praxistools konkretisieren.

9.1 Warum experimentieren?

Niemand kann im Voraus wissen, wie sich eine neue Beziehungsform anfühlen wird. Hinterher ist man immer schlauer. Ich (SB) hatte mir immer gewünscht, eine Zeitlang im Ausland zu leben. Als sich eine Gelegenheit ergab,

S. Bröning, A. Mazziotta, *Vielfältige Liebe - Polyamorie gestalten*,
https://doi.org/10.1007/978-3-658-48372-2_9

zogen wir als Familie nach Panama City. Doch was ich nicht vorhergesehen hatte: So spannend das Erlebnis auch war, so unwohl fühlte ich mich wegen des tropischen Klimas. Ich erkannte, wie sehr ich das gemäßigte Klima Hamburgs schätzte – vorher war mir dies gar nicht bewusst. Ich bin dankbar, dass wir uns als Familie auf dieses Experiment eingelassen haben. Und doch war ich froh, als wir zurückkehrten.

So ähnlich verhält es sich auch mit Polyamorie. Man kann vorher viel darüber lesen oder sich in Fantasien hineinversetzen. Aber wie sich Parallelität tatsächlich anfühlt, wie es ist, wenn man transparent mit Zweitbeziehungen umgeht und gemeinsame Vereinbarungen aushandelt – das weiß man erst, wenn man es ausprobiert.

Erste *Experimente* oder ein schrittweises Vorgehen bei der Beziehungsöffnung können helfen, dem Prozesscharakter von Beziehungen gerecht zu werden. Wie beim Ausprobieren eines neuen Instruments zeigt sich oft erst im Tun, wie es klingt und ob man Lust hat, weiterzuspielen. Gerade bei Ängsten und Ambivalenz ist es hilfreich, zwischen einem begrenzten Versuch und einer langfristigen Öffnung zu unterscheiden. Ein Experiment schafft Sicherheit, weil es die Möglichkeit lässt, die Erfahrungen anschließend gemeinsam zu bewerten und anzupassen. Im Gespräch können beide, wenn sie ihre Träume und Befürchtungen kennen, ein solches Experiment vereinbaren, etwa ein einzelnes Date, einen Monat lang *Offenheit für neue Kontakte oder Treffen* oder den gemeinsamen Besuch einer sexpositiven Veranstaltung wie ein *Consent-Workshop,* ein achtsamer *Kuschelabend* oder ein erfahrungsorientierter Raum, in dem Berührung, Intimität und persönliche Grenzen achtsam erforscht werden. Entscheidend ist, dass alle Schritte freiwillig, respektvoll und einvernehmlich gestaltet werden.

Wenn sich erste Erfahrungen stimmig anfühlen, kann es Schritt für Schritt weitergehen. Und wenn nicht, bleibt jederzeit die Möglichkeit, einen anderen Weg einzuschlagen. Die Beziehungsberaterin Martha Kauppi (2021) beschreibt diese Haltung als ein schrittweises Hineinleben (engl.: *live into it*): Jede Langzeitbeziehung ist in ihren Augen eine Abfolge von Experimenten, ein fortlaufendes Ausprobieren und Anpassen neuer Dynamiken. Diese Perspektive schafft *Beweglichkeit* und eröffnet den Raum, sich verändernden Bedürfnissen gerecht zu werden, statt starr an einmal getroffenen Entscheidungen festzuhalten.

Damit ein mögliches Experiment greifbar und handhabbar wird, hilft es, konkrete Schritte zu formulieren und ihre mögliche Wirkung einzuschätzen. In der Psychotherapie wird dafür das Verfahren der systematischen Desensibilisierung genutzt: Ängste werden Schritt für Schritt abgebaut, indem man sich zunächst leichtere Situationen vorstellt oder ausprobiert und erst später schwierigere Erfahrungen wagt. Ähnlich können auch Beziehungspersonen in der Beziehungsöffnung eine *Stufenleiter* entwerfen, die ihnen ermöglicht, sich langsam an neue Dynamiken heranzutasten. Das folgende Praxistool lädt dazu ein, mögliche Experimente gemeinsam zu sammeln, deren Intensität zu gewichten und anschließend im Gespräch eine Auswahl zu treffen.

Praxistool

Was könnte ein erster passender Schritt sein?

Dieses Tool hilft Dir, mögliche Schritte der Beziehungsöffnung greifbar zu machen und realistisch einzuschätzen, wie sich diese anfühlen könnten. Ähnlich wie bei einer Expositions- oder Desensibilisierungsübung beginnst Du klein und steigerst die Intensität behutsam. So können Sicherheit und Beweglichkeit entstehen.

- *Ideen sammeln:* Notiert gemeinsam alle möglichen Schritte, die Euch einfallen – vom kleinsten bis zum größten. Beispiele: sexuelle Fantasien laut aussprechen; gemeinsam erotische Geschichten lesen oder Podcasts hören; ein Profil in einer Dating-App erstellen (ohne sofort zu treffen); Besuch einer sexpositiven Veranstaltung (z. B. Kuschel- oder Consent-Workshop); ein erstes Date ohne körperliche Nähe; ein erstes Date mit Kuss oder Berührung; Übernachtung bei einer anderen Person; parallele romantische Beziehungen eingehen.

- *Optionen einschätzen:* Jede Person vergibt für jeden Schritt eine Zahl von 0–10: 0 = völlig entspannt, kaum Aufregung; 5 = gemischte Gefühle, Spannung, aber machbar; 10 = starke emotionale Überforderung, kaum vorstellbar. *Wichtig:* Bewertet unabhängig voneinander, dann besprecht die Unterschiede.
- *Kleine Schritte wählen und rahmen:* Entscheidet Euch für einen Schritt im unteren Bereich (ca. 2–4). Legt dafür klare Rahmen fest: Zeitpunkt, Dauer, Ort, Grenzen, Safer-Sex-Regeln, Kommunikationswege und einen Check-in danach. Führe den Schritt bewusst durch. Erst wenn sich beide mit einem Schritt sicher fühlen, geht es zum nächsten.
- *Reflektieren und justieren:* Was war schwerer oder leichter als gedacht? Wo gab es Überraschungen oder starke emotionale Situationen? Welche Gefühle wollen wir ernst nehmen, bevor wir weitergehen? Was brauchst Du (und was braucht Deine Beziehungsperson), damit sich der nächste Schritt sicher anfühlt?
- *Empfehlungen:* Du darfst jederzeit pausieren oder stoppen, auch wenn Ihr es anders geplant hattet. Kleine Zwischenschritte sind erlaubt (z. B. erst Chatten, dann Sprachnachrichten, danach erst Treffen). Regelmäßige Check-ins (z. B. am selben oder am nächsten Tag) können Vertrauen stärken und Orientierung geben.

9.2 Diskutieren und entscheiden

Sobald aus Überlegungen konkrete Pläne werden, beginnt der nächste Schritt: das Ausprobieren. Nun geht es darum, gemeinsam Vorstellungen zu konkretisieren, offene Fragen zu klären, klare Vereinbarungen zu treffen und erste Experimente zu wagen. Nachdem beide zunächst für sich überlegt haben, welche *Testballons* infrage kommen, ist es Zeit,

Gedanken dazu auszutauschen. In dieser Phase sollten alle Vorschläge gehört werden, mitsamt ihren Chancen, Grenzen und möglichen Stolpersteinen. Auch hier sollten Bedenken und Bedürfnisse offen angesprochen werden dürfen. Hilfreich ist dabei, nicht nur über das Experiment selbst, sondern auch über die vorhandenen Ressourcen zu sprechen: Neugier, Flexibilität, Kommunikationsfähigkeit, Respekt – und das, was man in der Vergangenheit schon gemeinsam bewältigt hat.

Wird ein Vorschlag abgelehnt, lohnt es sich, nicht beim *Nein* stehen zu bleiben, sondern die Gründe zu erkunden: *Welche Grenze wird berührt? Welche Gefühle spielen eine Rolle? Welche Alternativen wären denkbar?* Je sorgfältiger sich Beziehungspersonen über diese Punkte austauschen, desto tragfähiger wird die Grundlage für das Experiment.

Gleichzeitig bergen Unterschiede im Tempo Konfliktpotenzial. Oft ist eine Person schneller bereit, Dating-Apps auszuprobieren oder neue Kontakte zu knüpfen, während die andere noch zögert. Diese Asynchronität kann Frustration auslösen. Hier eine gute Balance zu finden, ist entscheidend – denn wenn die schmale Linie zwischen *Ich halte die Spannung aus* und *Das überfordert mich* überschritten wird, droht eine Krise.

Beziehungswirklichkeiten

Kathrin (45) macht ihrem Ärger in der Beratung Luft: „Ich dachte eigentlich, er würde erst einmal nur ausgehen mit dieser Frau ... Doch schneller, als ich gucken konnte, war schon alles gelaufen – inklusive Übernachtung. Da habe ich mich so verarscht gefühlt!"

Hier zeigt sich, wie leicht Öffnungsprozesse ohne klaren Austausch scheitern können. Unterschiedliche Geschwindigkeiten müssen berücksichtigt sowie Sorgen und No-Gos deutlich benannt werden, um tragfähige Absprachen zu ermöglichen.

Auch wenn in diesem Prozess Konflikte oder sogar Krisen auftreten, bergen solche Momente – richtig genutzt – eine wertvolle Chance: Sie machen individuelle und gemeinsame Bedürfnisse sichtbar und ermöglichen es, in ihrer Beziehung nachhaltig zu wachsen. Der entscheidende Vorteil eines Experiments liegt darin, dass es einen klaren Rahmen bietet und zeitlich begrenzt ist. Das erleichtert beiden Beziehungspersonen den Einstieg, erlaubt ein schrittweises Herantasten an die neue Situation und hilft, das persönliche emotionale *Toleranzfenster* allmählich zu erweitern. Wie bei jeder neuen Herausforderung gilt: Übung macht den Unterschied – darauf werden wir später noch genauer eingehen. Damit ein solches Experiment möglichst stabil verläuft, sollten folgende Punkte konkret festgelegt werden:

- *Zeitlicher Rahmen:* Wie lange soll das Experiment dauern?
- *Klare Vereinbarungen:* Welche Formen von Kontakt sind gewünscht oder ausgeschlossen?
- *Kommunikation:* Welche Informationen werden (mit wem) geteilt, welche Details bleiben privat?
- *Check-in:* Wann findet das erste gemeinsame Gespräch statt, um Erfahrungen gemeinsam auszuwerten? Wie soll es ablaufen?
- *Überprüfung:* Zu welchem Zeitpunkt wird das Experiment gemeinsam bewertet und über mögliche Änderungen entschieden?

Bevor die Umsetzung beginnt, lohnt es sich, die eigene Beziehung noch einmal bewusst zu betrachten: Welche Stärken tragen die Partnerschaft, wo liegen Schwachstellen, welche Chancen locken – und welche Risiken gilt es im Blick zu behalten? Das folgende Praxistool unterstützt dabei, diese Fragen strukturiert und gemeinsam zu durchdenken.

Praxistool

Beziehungs-SWOT – Klarheit für den nächsten Schritt
Bevor Ihr weitere Schritte vereinbart, kann es hilfreich sein, Eure Gedanken gemeinsam zu sortieren. Diese angepasste SWOT-Analyse hilft Euch, Eure Beziehung aus verschiedenen Blickwinkeln zu betrachten und bewusst zu reflektieren, welche Faktoren Euch unterstützen – und wo Ihr noch Klarheit oder Lösungen braucht. Nehmt Euch gemeinsam Zeit, um die folgenden Punkte für Euch zu notieren und anschließend darüber zu sprechen:

- *Stärken (Strengths):* Welche Eigenschaften und Ressourcen machen Eure Beziehung stabil? Was habt Ihr in der Vergangenheit gut gemeistert?
- *Schwächen (Weaknesses):* Welche Herausforderungen oder Unsicherheiten könnten bei der Öffnung eine Rolle spielen? Wo sind Eure wunden Punkte?
- *Chancen (Opportunities):* Welche positiven Veränderungen oder neuen Erfahrungen könnte die Öffnung bringen – für Euch als Einzelpersonen und für Eure Beziehung?
- *Risiken (Threats):* Welche möglichen Probleme oder Ängste könnten entstehen? Welche äußeren Faktoren könnten die Umsetzung erschweren?

9.3 Mit Ambivalenz umgehen

Ambivalenz gehört zu den häufigsten Erfahrungen auf dem Weg in die Öffnung. Wenn mindestens eine Beziehungsperson stark damit ringt, ist es umso wichtiger, Vereinbarungen zu treffen, die gezielt auf diese Unsicherheiten eingehen. Entscheiden sich Beziehungspersonen nach reiflicher Überlegung für eine Beziehungsöffnung, können die Lösungen an den konkreten Sorgen ansetzen: Wer etwa Angst hat, zu wenig Aufmerksamkeit und Zuwendung zu bekommen, profitiert von klarer *Fürsorge,* etwa durch regelmäßig bewusst gestaltete gemeinsame Zeit, gemeinsame Kurzurlaube oder Rituale der Nähe.

Hilfreich kann außerdem eine Art *Notfallplan* sein. Dieser greift, wenn eine Beziehungsperson merkt, dass die emotionale Belastung zu groß wird. In solchen Momenten braucht es Offenheit für *Verletzlichkeit:* Gefühle benennen, Hilfe einfordern und die Vereinbarungen flexibel anpassen. Die vereinbarte Öffnung kann pausiert oder sogar abgebrochen werden, um mit den entstandenen Ängsten und Unsicherheiten besser umgehen zu können und Vertrauen neu aufzubauen. Manchmal zeigt sich dabei, dass der Zeitpunkt noch nicht passt – dann ist es kein Scheitern, sondern ein Schritt zurück, um erst an der Ambivalenz selbst zu arbeiten.

Hinter sehr hohen oder unrealistischen Erwartungen stecken oft alte Verletzungen – aus der Kindheit oder früheren Beziehungen. In solchen Momenten wird deutlich, dass die Beziehungsperson zwar unterstützend wirken kann, aber nicht die Verantwortung für die Bewältigung dieser Ängste trägt. Diese Verantwortung liegt – im Sinne der *Eigenständigkeit* – bei der betroffenen Person selbst. Deshalb ist es hilfreich, sich Fragen zu stellen wie: *Was darf ich realistisch von meiner Beziehungsperson erwarten? Kann sie sich wirklich alle fünf Minuten vom Date aus melden? Wo beginnt meine eigene Selbstregulation und wo endet die Fürsorge meiner Beziehungsperson? Brauche ich zusätzliche Unterstützung, etwa durch Beratung und Therapie?*

Polyamorie kann herausfordernd sein – besonders dann, wenn es ernst wird und zum ersten Mal die eigenen Grenzen erweitert werden. Wurde eine Erfahrung erst einmal gemacht, kann niemand sie wieder ungeschehen machen. Doch gerade solch eine *Feuertaufe* eröffnet die Möglichkeit, an Ängsten zu arbeiten, innere Stärke zu entwickeln und positive Veränderungen zu erleben. Einige in Mehrpersonenbeziehungen lebende Personen berichten rückblickend, dass sich ihre anfänglichen Verlustängste und das starke Bedürfnis nach Zuwendung im Laufe des Prozesses deutlich verändert haben. Was zu Beginn wie ein Risiko erschien, wurde zu einer Bereicherung: Statt nur von einer Person abhängig zu sein, erfahren sie Liebe, Aufmerksamkeit und emotionale Nähe aus mehreren Quellen – eine unerwartet heilsame und erfüllende Erfahrung. Für Menschen, die mit starken Ängsten kämpfen, kann es hilfreich sein, den Blick auch auf die möglichen *Gewinne* dieses Weges zu richten: mehr Nähe, neue Begegnungen, persönliches Wachstum und die Erfahrung, Bedürfnisse auf vielfältigere Weise erfüllt zu bekommen. Sich selbst in einer erotischen Begegnung mit mehreren Personen zu erleben, kann dabei eine sehr intensive und spannende Erfahrung sein. Auch Lebensfreude, Selbstwahrnehmung und Selbstbewusstsein können gestärkt werden. Diese Perspektive einzunehmen, hilft, Ängste zu relativieren und die Öffnung der Beziehung als Chance zu verstehen.

Vielleicht will ich die Öffnung doch nicht, noch nicht oder nicht mehr

Auch wenn scheinbar alles geklärt ist oder das Experiment gerade erst begonnen hat, kann es passieren, dass eine Person *kalte Füße* bekommt und sich (doch) gegen eine freiwillige Öffnung entscheidet. In solchen Momenten ist es wichtig, offen über die damit verbundenen Konsequenzen zu sprechen: Steht nun eine Trennung im Raum? Verzichtet die andere Seite auf die Öffnung? Oder entscheidet man sich, einer Öffnung zunächst zuzustimmen – ohne zu wissen, wie sich das anfühlen wird und ob man sich vielleicht trennen muss (wie im Fall von Julia aus Kap. 7 und 8.3)? Es ist wichtig zu betonen: Es ist vollkommen legitim, monogam leben zu wollen. Monogamie ist eine valide Beziehungsform, für die sich jede*r frei entscheiden darf. Wer dennoch zu einem späteren Zeitpunkt eine Öffnung in Betracht zieht, sollte dies aus Respekt vor den eigenen Bedürfnissen und Grenzen tun – und nicht aus Angst, die Beziehung zu verlieren oder der anderen Person gefallen zu wollen.

In der therapeutischen Begleitung erleben wir sehr unterschiedliche Verläufe: Paare, bei denen eine Person monogam blieb und die andere nicht – und die dennoch langfristig einen gemeinsamen Weg fanden. Paare, bei denen sich die monogam fühlende Beziehungsperson später trennte und eine Person fand, die ebenfalls monogam leben wollte. Und Paare, bei denen der zunächst monogame Part irgendwann selbst eine Öffnung wagte. Was all diese Fälle eint, ist die Erkenntnis: Die *eigene Wahrheit zu ehren, schafft Klarheit.* Man muss nicht so werden wie die Beziehungsperson, sondern darf zu sich stehen. Diese innere Erlaubnis kann dazu führen, dass man entweder unter diesem Vorzeichen einen Versuch startet oder zu einem *klaren Nein* findet. Manchmal zeigt sich auch, dass die Wünsche zu unterschiedlich sind. Dann ist es Zeit, darüber zu sprechen, wie das Paar mit diesem fundamentalen Unterschied umgehen möchte.

Umgang mit anhaltender Uneinigkeit

In Paarbeziehungen treffen oft grundlegende Unterschiede aufeinander – nicht nur bei der Frage nach Monogamie oder Öffnung, sondern auch in vielen anderen Lebensbereichen: Wollen wir Kinder? Gehen wir ans Meer oder in die Berge? Ziehen wir ins Ausland oder bleiben wir hier? Bleiben wir in der Eigentumswohnung oder kaufen wir ein Haus? Schicken wir die Kinder in die Regelschule oder in die Waldorfschule? Wofür geben wir unser Geld aus? Kann eine Selbständigkeit geplant werden? Große und kleine Differenzen gehören zum Erleben von Menschen in Langzeitbeziehungen. Entscheidend ist weniger, ob sie bestehen, sondern wie man mit ihnen umgeht. Es geht nicht darum, alle Unterschiede aufzulösen, sondern Wege zu finden, mit ihnen zu leben, sodass beide das Gefühl haben, gehört, verstanden und respektiert zu werden. Besonders bei tiefgreifenden Themen wie Familienplanung oder Beziehungsöffnung ist dieser respektvolle Dialog entscheidend, um zu klären: *Wie viel Unterschiedlichkeit können wir in unserer Beziehung aushalten, und wo finden wir gemeinsame Wege?* Manchmal ist es ein schmaler Grat, auf dem hier balanciert werden muss. Wir kennen viele Drahtseilkünstler*innen – und längst nicht alle balancieren zwischen Monogamie und Polyamorie.

Manche Paare entscheiden sich zunächst dafür, ihre bestehende Beziehung zu stärken, bevor sie weiter über eine Öffnung nachdenken. Hilfreiche Anregungen bieten Bücher wie *Liebe lieber einzigartig* von Aino Simon (2021). Dort finden sich praxisnahe Tipps zur Verbesserung der Beziehungsqualität – etwa zur Kommunikation oder zur Verarbeitung von Affären. Solch ein Prozess kann alleine oder mit Unterstützung in der Beratung erfolgen. Andere Paare erkennen, dass eine respektvolle Trennung auf *Augenhöhe* der ehrlichere Weg ist. Dieser Schritt ist nie leicht, doch gut begleitete, friedliche Trennungen, bevor es zu gravierenden Verletzungen kommt, können das Leid für alle Beteiligten, insbesondere für Kinder, deutlich verringern. Solche bewussten Trennungen schaffen Raum für neue Entwicklungen wie Freundschaft und eröffnen neue Perspektiven für beide Seiten. Manchmal kann eine Trennung trotz aller Trauer auch ein Entwicklungsschritt sein. Rainer Maria Rilke (1923) formuliert es in der ersten seiner *Duineser Elegien* so:

Ist es nicht Zeit, daß wir liebend
uns vom Geliebten befrein und es bebend bestehn:
wie der Pfeil die Sehne besteht, um gesammelt im Absprung
mehr zu sein als er selbst. Denn Bleiben ist nirgends.

Manchmal erleben Paare auch eine festgefahrene Situation: *Es geht nicht mit, aber auch nicht ohne.* Sie wollen sich weder trennen, noch können sie zu einem Konsens über Öffnung oder Monogamie finden. In solchen Fällen kann es hilfreich sein, *Beweglichkeit* zu zeigen und kreative Zwischenlösungen zu erproben, statt vorschnell endgültige Entscheidungen zu treffen. Im Schach nennt man das einen *Zwischenzug* – einen Schritt, der die Unentschiedenheit akzeptiert und Zeit für Klarheit schafft. Solche Zwischenlösungen können überraschend entlastend wirken und Paare vor einer Trennung bewahren. Beispiele dafür sind: die Anmietung einer zweiten Wohnung oder eine temporäre WG; die Vereinbarung, für eine Zeit wie Freund*innen zusammenzuleben oder der Versuch, monogam zu bleiben, aber auf andere Weise explorativ zu sein – etwa durch Reisen, den Besuch von sexpositiven Veranstaltungen, berufliche Neuorientierung, Auszeiten zum Wandern auf dem Jakobsweg, Retreats oder gemeinsame neue Projekte. Es sollte bedacht werden: *Das Leben ist ein Prozess.* Oft wird der Weg klarer, wenn man übergangsweise etwas ausprobiert, anstatt sofort endgültige Entscheidungen zu treffen. Jede Entscheidung, sei es für Bewegung oder Stillstand, hat ihre Vorteile, ihre Konsequenzen und ihren Preis. Manche Optionen schließen sich dadurch aus, andere eröffnen sich. Am Verhandlungstisch gilt: die eigene Wahrheit vertreten, die Perspektive des Gegenübers anerkennen – und, wo möglich, ein Geben und Nehmen gestalten, das beiden Beteiligten echten Wert bietet.

9.4 Experimentieren und einchecken

In der Beratung hören wir häufig Sätze wie: *Wir haben das schon einmal probiert, aber …* Oft zeigt sich, dass dabei wichtige Schritte ausgelassen wurden – mit zum Teil gravierenden Folgen.

Beziehungswirklichkeiten

Ein Beispiel aus dem oben erwähnten ZEIT-Online Sex- und Beziehungspodcast *Ist das normal?* mit Annika und Leander: „Wir hatten beschlossen, eine offene Beziehung zu führen, weil wir damals in unterschiedlichen Städten lebten. Aber dann sprachen wir monatelang nicht mehr darüber. Eines Tages rief ich meinen Partner an und er war gerade auf einem Date. Ich bekam Panik und bat ihn, das Date abzubrechen. Doch er lehnte ab, weil es für ihn lange gedauert hatte, überhaupt so weit zu kommen. Daraufhin stritten wir heftig und trennten uns zeitweise. Seitdem schwebt das Thema Öffnung zwischen uns, aber wir haben Angst, es wieder zu versuchen und noch mehr kaputt zu machen."

Dieses Beispiel zeigt: Wenn eine Öffnung scheitert, fehlen oft entscheidende Elemente – etwa kontinuierliche Gespräche, regelmäßiges Einchecken zu Gefühlen und Unsicherheiten oder die Bereitschaft, Absprachen immer wieder anzupassen. Eine erfolgreiche Öffnung setzt voraus, dass beide Beziehungspersonen ihre Wünsche, Ängste und Grenzen offen ansprechen und gemeinsam an Lösungen arbeiten. Ein stabiler Prozess entsteht nur dann, wenn dieser Austausch fortlaufend stattfindet und Raum für Veränderungen bleibt. Wer dazu nicht bereit ist, sollte ehrlich prüfen, ob ein anderes Beziehungsmodell besser passt. Denn in kontinuierlichen Gesprächen liegt eine große Chance für mehr Verständnis und Entwicklung: Durch ein schrittweises Vorgehen lässt sich das Risiko minimieren, Porzellan zu zerbrechen. Stattdessen wächst das Vertrauen, dass beide fähig sind, Unsicherheiten auszuhalten und ihre Beziehung aktiv zu gestalten.

Beziehungswirklichkeiten

Die folgenden anonymisierten Beispiele zeigen, wie unterschiedlich Menschen den Prozess einer Beziehungsöffnung erleben und gestalten.

- „Ich war mit David über zehn Jahre zusammen, als ich spürte, dass ich mehr Freiheit brauche. Wir haben viel geredet, Regeln aufgestellt, uns auf der Dating-App angemeldet – und dann beide gemerkt, dass wir uns auch mit anderen Menschen verlieben können, ohne uns zu verlieren. Was als stille Sehnsucht begann, wurde Realität – mittlerweile führen wir eine komplexe und liebevolle Polyfamilie mit Kind und Kalender-App." (Johanna, 42)
- „Nach einer Affäre, die ich meiner Frau lange verschwieg, setzten wir uns zum ersten Mal ehrlich mit unseren Bedürfnissen auseinander. Heute leben wir in einer polyamoren Konstellation." (Jens, 38)
- „Ich hatte schon früh das Gefühl, dass Monogamie für mich nicht funktioniert, aber erst durch Gespräche mit meiner Freundin wurde daraus Realität. Ich ging erste Schritte und lernte online ein Paar kennen. Aus Neugier wurde Faszination – und dann entstanden Gefühle. Es war der Anfang eines neuen Lebensgefühls, voller Nähe, Unsicherheit, Offenheit und Vertrauen. Es war nicht leicht – Eifersucht, Unsicherheit – aber es hat uns beide wachsen lassen." (Nele, 29)
- „Meine Partnerin sagte damals: ‚Es stört mich nicht, wenn Du auch andere Menschen liebst.' Das hat mich völlig verändert – ich habe mein Beziehungsmodell komplett überdacht. Mittlerweile weiß ich, dass ich pansexuell bin." (John, 37)

Check-in gestalten

Ein gelungenes Check-in-Gespräch lebt von einer offenen inneren Haltung. Ziel ist es, gegenseitiges Verständnis zu fördern, emotionale Nähe zu stärken und gemeinsam Lösungen zu finden – ohne Schuldzuweisungen oder Machtkämpfe. *Offenheit, Neugier und Achtsamkeit* helfen, Neues über sich selbst und die Beziehungsperson zu entdecken und sensibel aufeinander einzugehen. Wir geben für Check-ins folgende Tipps:

Praxistool

Check-in hilfreich gestalten

Diese Übung stärkt achtsames Zuhören, gegenseitiges Verständnis und emotionale Verbundenheit. Sie hilft, unterschiedliche Perspektiven wertzuschätzen, Missverständnisse zu klären und schwierige Themen in einem möglichst sicheren Rahmen anzusprechen, ohne vorschnelle Lösungen, aber mit mehr Empathie und Geduld füreinander.

- Lasst die andere Person ausreden und signalisiert Aufmerksamkeit durch Blickkontakt oder kleine Bestätigungen.
- Gebt Euch abwechselnd Zeit, während die andere Person aktiv zuhört. So entsteht das Gefühl, wirklich gehört zu werden.
- Versucht in eigenen Worten wiederzugeben, was Ihr verstanden habt, bevor Ihr Eure Sicht teilt. Dieser entscheidende Schritt wird am ehesten ausgelassen, doch er ist besonders wichtig. Das mag sich zunächst ungewohnt anfühlen, wirkt oft wie ein *emotionaler Puffer.* Gleichzeitig könnt Ihr prüfen, ob Ihr das Gesagte richtig verstanden habt. Wir neigen dazu, die Dinge mit unserer vorgefertigten Meinung zu hören – und *überhören* dabei oft Entscheidendes.
- Versetzt Euch in die Lage der anderen Person und nehmt deren Erleben ernst – auch wenn es aus Eurer Perspektive schwer nachvollziehbar ist.
- Jede Person erlebt Situationen anders – und das darf sein.
- Lasst Pausen zu und gebt schwierigen Themen Zeit. Nicht alles muss sofort gelöst werden. Vereinbart einen neuen Zeitpunkt für das Gespräch.

Ein klarer Ablauf hilft, das Gespräch strukturiert und lösungsorientiert zu gestalten. Beginnt mit dem, was gut funktioniert hat – das stärkt Zuversicht und schafft eine entspannte Atmosphäre. Positive Aspekte erinnern daran, dass die Beziehung auch in herausfordernden Zeiten trägt. Anschließend können *Unsicherheiten, Ängste oder Belastungen* besprochen werden. Vermeidet *Vorwürfe* und nutzt lieber *Ich-Botschaften* wie *Ich habe mich unsicher* *gefühlt, weil …* Das erleichtert es der anderen Person, die eigene Perspektive zu verstehen, ohne sich angegriffen zu fühlen. Jede*r sollte *ausreichend Zeit haben, die eigenen Gedanken zu äußern, ohne unterbrochen zu werden.* Auch hier verarbeiten Menschen Gedanken und Gefühle in unterschiedlichem Tempo. Manche benötigen länger, um ihre Gedanken zu sortieren. Schneller Sprechende können üben, Pausen auszuhalten, ohne sofort einzuhaken. Für einige ist solch ein tiefgehendes Gespräch vertraut, andere müssen sich erst daran gewöhnen, offen über Emotionen und Bedürfnisse zu sprechen. Mit jeder Wiederholung wird es leichter, sich auszudrücken und wirklich zuzuhören.

Echtes Zuhören bedeutet, nicht nur Worte aufzunehmen, sondern zu zeigen, dass man das Gesagte ernst nimmt und verstehen möchte. Erst wenn beide Seiten ihre Sichtweisen geteilt haben, kann nach gemeinsamen Lösungen gesucht werden. Diese sollten konkret, realistisch und für beide tragfähig sein. Reflexionsfragen können helfen, den Check-in zu strukturieren:

Praxistool

Check-in – Reflexionsfragen

Diese Fragen unterstützen Euch dabei, Eure Beziehung bewusst zu betrachten, Veränderungen frühzeitig zu erkennen und gemeinsam Kurskorrekturen vorzunehmen. Sie fördern Offenheit, gegenseitige Wertschätzung und das Gefühl, aktiv am Gelingen der Beziehung mitzuwirken.

- Fühlen wir uns beide in der Beziehung sicher und gesehen?
- Haben sich unsere Bedürfnisse seit dem letzten Gespräch verändert?
- Gibt es neue Wünsche oder Bedenken, die wir ansprechen sollten?
- Wie erleben wir das aktuelle Maß an Transparenz und Privatsphäre? Passt die Balance für uns?
- Welche Vereinbarungen haben gut funktioniert, und welche sollten wir anpassen?
- Was haben wir durch diese Erfahrung bisher über uns und unsere Beziehung gelernt?

Am Ende des Check-ins sollte vereinbart werden, wie es weitergeht und wann das nächste Gespräch stattfindet. Solche Vereinbarungen schaffen Verbindlichkeit und zeigen, dass beide ihre Beziehung weiterhin bewusst gestalten möchten. Wenn das Gespräch emotional zu belastend wird, ist oft eine Pause hilfreich. Wichtig ist jedoch, danach wieder ins Gespräch einzusteigen, um ungelöste Themen nicht im Raum stehen zu lassen. Sollte der Prozess zu schwierig werden oder das Gefühl entstehen, allein nicht weiterzukommen, kann externe Unterstützung hilfreich sein – etwa durch Paar- oder Beziehungsberatung oder eine vertraute Person im Umfeld. Hierbei ist es wichtig, Menschen zu wählen, die offen und möglichst vorurteilsfrei mit Fragen der Beziehungsöffnung umgehen. Viele Beziehungsberater*innen weisen heute explizit darauf hin, dass sie mit Mehrpersonenkonstellationen vertraut sind – ein Hinweis, der bereits bei der Suche entlastend sein kann.

9.5 Absprachen treffen und anpassen

Polyamorie zu leben bedeutet nicht nur, sich für eine Mehrpersonenbeziehung zu entscheiden – es bedeutet auch, bewusst zu gestalten, *wie* diese Beziehungen konkret aussehen sollen. Manche starten direkt mit einem offenen Konzept, andere tasten sich langsam heran oder experimentieren mit verschiedenen Formen. Früher oder später stellt sich jedoch allen die Frage: *Wie kann ein langfristiges Modell aussehen, das für alle Beteiligten funktioniert?* Diese große Frage bringt viele kleinere mit sich: Wie werden Zeit, Aufmerksamkeit und emotionale Ressourcen aufgeteilt? Welche Rolle spielen finanzielle und strukturelle Fragen – etwa gemeinsames Wohnen, Kinderwunsch, Elternschaft oder Urlaubsplanung? Wie gehen wir mit unserem Umfeld um – mit

Freund*innen, Familie, eventuell vorhandenen Kindern? Während es für sexuell exklusive Beziehungen gesellschaftlich etablierte Leitbilder gibt, fehlen polyamor lebenden Menschen oft Vorbilder und Orientierungspunkte. Jede Konstellation muss ihren eigenen Weg finden.

Es gibt kein Patentrezept für eine funktionierende polyamore Beziehung – jede ist *einzigartig.* Was für manche erfüllend ist, kann für andere unpassend sein. Beziehungen sind *lebendige Systeme,* die sich mit der Zeit verändern. Mit zunehmender Erfahrung werden oft schnell bestimmte *Do's and Don'ts* deutlich: *Was tut uns gut? Was bringt Unsicherheit? Welche Absprachen schaffen Sicherheit – und wo wünschen wir uns mehr Freiraum?*

Dabei gilt ein Grundprinzip: *Nichts ist in Stein gemeißelt, aber es sollte auch nichts einfach übergangen werden.* Vereinbarungen sollten flexibel genug sein, um sich mit den Bedürfnissen weiterzuentwickeln – und zugleich klar genug, um Verlässlichkeit zu schaffen. Eine hilfreiche Leitfrage lautet: *Welche Vereinbarungen geben uns Halt – und welche engen uns unnötig ein?* Hilfreich kann es sein, folgende Bereiche gemeinsam zu bedenken:

Beziehungsleben gestalten: Struktur, Funktion und Ausgestaltung

- *Art der Beziehungen:* Geht es um lockere Dates oder um feste Partnerschaften? Möchten wir mehrere Beziehungen parallel führen oder uns zunächst auf eine zweite konzentrieren? Wie wichtig ist es, die Beziehungspersonen der anderen kennenzulernen? Welche Rolle spielen Metamours für uns? Soll es die Möglichkeit geben, bei bestimmten Personen Bedenken zu äußern oder Grenzen zu benennen? Falls ja, unter welchen Bedingungen ist das fair und sinnvoll? Ein Veto kann Sicherheit geben, birgt aber auch die Gefahr, als Kontrollinstrument missbraucht zu werden.

- *Struktur der Beziehungen:* Soll es eine Hierarchie geben – etwa eine Hauptbeziehung mit weiteren Partnerschaften – oder möchten wir alle Beziehungen gleichwertig gestalten? Gibt es gemeinsame Räume oder Rituale, die exklusiv bleiben sollen, zum Beispiel das Zuhause, das Bett oder ein bestimmter Urlaubsort?
- *Funktion der Beziehungen:* Welche Rolle spielen neue Verbindungen in unserem Leben? Geht es um romantische oder sexuelle Erlebnisse, um das Ausleben bestimmter Interessen oder um tiefere emotionale Bindungen? Welche Bedeutung haben gemeinsame Unternehmungen wie Reisen oder Feiern mit Freund*innen?
- *Vereinbarungen zu Romantik, Erotik und Sexualität:* Welche Vereinbarungen möchten wir für intime Begegnungen aufstellen? Gibt es Grenzen oder Tabus? Wie gestalten wir Safer-Sex und Gesundheitsvorsorge (z. B. regelmäßige Tests)? Wollen wir über alles sprechen – oder gibt es Themen, bei denen weniger Wissen für alle Beteiligten besser ist?

Kommunikation nach innen und außen

- *Transparenz nach außen:* Wer soll von unserer Beziehungsform wissen? Wie gehen wir mit Familie, Freundeskreis oder Arbeitsumfeld um? Besonders wenn Kinder beteiligt sind, kann es schwierig sein, Geheimnisse zu bewahren – neugierige Großeltern oder nachfragende Verwandte stellen manchmal unerwartete Fragen. Doch auch Erwachsene tun sich manchmal schwer, Informationen für sich zu behalten. Es lohnt sich daher, bewusst zu überlegen: Wo wünschen wir uns Offenheit – und wo eher Diskretion? Die Antworten auf diese Fragen beeinflussen auch, ob unterschiedliche Beziehungspersonen in der Öffentlichkeit Zärtlichkeiten austauschen oder eher zurückhaltend sind.

- *Transparenz nach innen:* Wie viel möchten wir über unsere anderen Beziehungen wissen? Welche Details sind wichtig, welche zu viel? Sensible Gespräche lassen sich besser führen, wenn vorher geklärt ist: *Kannst Du dies gerade gut hören? Bin ich zu detailreich? Bist Du gerade offen für dieses Thema? Wann können wir ansonsten darüber sprechen?* Ein Klient (30) formulierte es so: „Wir erzählen uns, wenn wir was mit anderen Personen anfangen oder wenn sich etwas entwickelt. Auch wenn es Probleme gibt, sprechen wir offen darüber." Gleichzeitig braucht jede Beziehung auch ihre Privatsphäre. Zu viele Informationen können schnell überfordernd wirken oder als Kontrolle empfunden werden. Eine gute Balance zwischen Offenheit und Rückzug sorgt dafür, dass alle Beteiligten sich wohlfühlen und sich zugleich autonom fühlen können.

Bevor konkrete Vereinbarungen gefunden werden können, ist es hilfreich, zunächst die eigenen Grundhaltungen zu klären: Was ist mir wirklich wichtig – und deckt sich das mit den Vorstellungen meiner Beziehungsperson(en)? Das folgende Tool lädt dazu ein, diese Fragen offen miteinander zu erkunden.

Praxistool

Reflexionsfragen zu Offenheit in Beziehungen

Wie viel wir von uns zeigen – und wem gegenüber –, hängt eng mit biografischen Erfahrungen und inneren Schutzbedürfnissen zusammen. In polyamoren Beziehungen treffen oft sehr unterschiedliche Bedürfnisse aufeinander. Offenheit bedeutet nicht automatisch Nähe – und Diskretion ist kein Mangel an Liebe.

Diese Fragen unterstützen dabei, die eigene Haltung zu klären und miteinander ins Gespräch zu kommen:

- Was bedeutet Offenheit für mich – Vertrauen, Sichtbarkeit, Selbstbestimmung?
- Wo endet für mich der geschützte Raum und beginnt das Öffentliche?
- Was wünsche ich mir, wenn meine Beziehungsperson mit anderen über uns spricht?
- Welche Aspekte unserer Beziehung möchte ich selbst erzählen und warum?
- In welchen Situationen ist vorherige Rücksprache für mich wichtig?
- Was verstehen wir gemeinsam unter *privat* und wo gibt es Gestaltungsspielraum?

Hilfreiche Vereinbarungen – und solche, die leicht scheitern

Gute Absprachen entstehen, wenn sich alle Beteiligten ernst genommen fühlen und ihre Bedürfnisse klar äußern können. Einseitige oder erzwungene Vereinbarungen führen oft zu Frustration und Konflikten. Erfolgreiche Vereinbarungen sind *realistisch, machbar* und schaffen Sicherheit, ohne den Handlungsspielraum unnötig einzuschränken. Vereinbarungen wie *Du musst jederzeit erreichbar sein* oder *Du darfst Dich niemals verlieben* setzen unrealistische Erwartungen und erzeugen Druck, der meist mehr Widerstand als Kooperation hervorruft. Manche Absprachen sind *set up to fail* – sie fordern ein Scheitern geradezu heraus. Besonders schwierig sind Vereinbarungen, die *absolute Distanz oder emotionale Abstinenz* verlangen, während intensive Gefühle bereits im Spiel sind.

Grenzverletzungen entstehen nicht nur, wenn jemand bewusst Regeln bricht, sondern oft auch dann, wenn Vereinbarungen unklar, widersprüchlich oder unterschiedlich interpretiert werden. Eine qualitative Studie mit jungen Erwachsenen in offenen Beziehungen zeigt (Schneider, 2025): Selbst bei scheinbar klaren Absprachen erleben viele Situationen als *Vertrauensbruch* – auch wenn kein heimliches Verhalten vorlag. Ein typisches Beispiel: Eine Person hält sexuelle Kontakte mit anderen für erlaubt, teilt dies aber nicht vorher mit. Die andere empfindet das als Vertrauensbruch, obwohl die Offenheit grundsätzlich vereinbart war.

Verletzungen entstehen oft nicht aus böser Absicht, sondern aus unterschiedlichen Bedeutungszuschreibungen. *Offen* kann vieles bedeuten – emotional, sexuell, regelmäßig oder einmalig, begleitet oder allein. Für die eine Person bedeutet Offenheit gelegentliche sexuelle Kontakte, für andere meint sie keine wiederkehrenden Begegnungen oder emotionale Bindungen. Solche Differenzen führen zu Missverständnissen. Weil es für viele Erfahrungen noch keine etablierten Begriffe gibt, entstehen oft Graubereiche – man spricht vom *technischen Fremdgehen, emotionaler Nähe* oder *irgendwie doch ein bisschen zu viel.* Diese Unschärfen müssen nicht problematisch sein – sie sind eine Einladung zur gemeinsamen Bedeutungsarbeit: *Was genau war zu viel? Was war anders als erwartet? Welche Bedeutung hatte das für Dich?* Es geht nicht um die *richtige* Definition – sondern um ein *geteiltes Verständnis.*

Graubereiche können wertvoll sein, weil sie Spielraum und Schutz bieten – etwa im Sinne eines *Don't ask, don't tell,* das sensible Gefühle bewahrt (z. B. keine Details über erotische Begegnungen oder Vorfreude auf andere Personen). Doch Unklarheit kann auch Unsicherheiten erzeugen, wenn nicht deutlich ist, ob bestimmtes Verhalten für die Beziehungsperson in Ordnung ist. Eine hilfreiche Frage in solchen Situationen lautet: *Verletze ich gerade eine wichtige Grenze oder Sicherheit meiner Beziehungsperson – auch wenn wir diesen Punkt nicht explizit besprochen haben?* Diese Perspektive lenkt den Blick von der bloßen Einhaltung von Vereinbarungen auf die emotionale Wirkung und Rücksichtnahme. Denn Intimität beruht nicht allein auf Zustimmung, sondern auch auf Empathie und Verantwortung füreinander.

Der kulturell tief verankerte Begriff *Untreue* bleibt ein wirksames Deutungsmuster – auch in offenen Beziehungen. Er beschreibt weniger den Bruch von Exklusivität als den Bruch von Vertrauen. Manche Verletzungen betreffen nicht das Sexuelle, sondern symbolische Bedeutungen: ein vertrauliches Gespräch, das nur *uns* gehörte, eine gemeinsam geteilte Playlist, ein bestimmtes Restaurant mit gemeinsamer Geschichte, eine bestimmte Geste. Diese symbolisch-exklusiven Räume verdienen Beachtung – sie erscheinen banal, sind aber oft hochbedeutsam. Was als intim erlebt wird, ist hoch individuell. Besonders anfällig für Missverständnisse sind Beziehungen, in denen nur eine Person die Öffnung aktiv wollte und die andere aus Angst vor Verlust oder Schuldgefühl zustimmte. In solchen Fällen lohnt es, ehrlich zu fragen: *Gab es ein echtes Ja – oder eher ein stilles Aushalten?* Eine einmalige Zustimmung genügt nicht. Entscheidend ist, ob Absprachen gemeinsam getragen, verstanden und regelmäßig überprüft werden – und ob sie aus dem Bedürfnis nach Verbindung entsteht oder dem Versuch, Angst durch Kontrolle zu regulieren.

Strenge Regeln entspringen oft Ängsten – etwa der Angst, Kontrolle zu verlieren. Wenn diese Ängste ausgesprochen werden, kann man gemeinsam nach Lösungen suchen, die Sicherheit schaffen, ohne unnötig einzuschränken. Wer Forderungen stellt, sollte reflektieren, ob diese realistisch sind und die Beziehung stärken. Martha Kauppi (2021) empfiehlt hier eine einfache, aber wirksame Reflexionsfrage: *Gibt es etwas an meinem Verhalten, das es Dir schwer macht, mir zu geben, was ich brauche?* Diese Perspektive hilft, typische Beziehungsmuster zu erkennen. Manchmal erschweren wir unbewusst das, was wir uns wünschen – etwa Nähe, Zuwendung oder Sicherheit. Statt zu fragen *Warum bist Du nicht liebevoller?*, könnte man überlegen: *Zeige ich selbst oft genug Zärtlichkeit, damit Du Dich eingeladen fühlst, es auch zu tun? Wirke ich abweisend, wenn Du mir Zuneigung gibst?* oder *Sind meine Erwartungen für Dich nicht erfüllbar, weil Du Zuneigung anders ausdrückst?* Solche Überlegungen öffnen Räume für Dialog statt Vorwurf und rücken die gemeinsame Entwicklung in den Fokus.

Die andere Seite sollte ihre Grenzen klar benennen, aber auch bereit sein – im Sinne der *Fürsorge* –, aufeinander zuzugehen. Ein gesundes *Gleichgewicht zwischen Selbstverantwortung und gegenseitiger Unterstützung* stärkt Vertrauen und schafft Entwicklungsspielraum.

Auf der Grundlage vorhergehender Überlegungen (Mazziotta, 2021) haben wir folgende Liste mit Gesprächsanregungen für das Aushandeln von Vereinbarungen und Grenzen in offenen und polyamoren Beziehungen erstellt:

Praxistool

Fragen, die Euch helfen, Eure Beziehung(en) gut zu gestalten

*Lest die Fragen gemeinsam – oder zunächst jede*r für sich. Nehmt Euch Zeit zum Nachdenken und Austauschen. Nicht alles muss sofort geklärt werden. Ihr könnt Dinge offenlassen, nachverhandeln oder neu definieren – gerade wenn sich Gefühle, Lebensumstände oder Beziehungsdynamiken verändern.*

Dieses Tool eignet sich sowohl für Gespräche zu zweit als auch in größeren Beziehungskonstellationen. Überlegt gemeinsam, welche Themen besser zu zweit, welche im Gruppenrahmen besprochen werden sollten. Es gibt keine richtigen oder falschen Antworten – entscheidend ist, was sich für Euch jetzt stimmig anfühlt.

Nähe & Intimität: Was fühlt sich wann, wo und mit wem stimmig an?

- Welche Räume möchtet Ihr als *geschützt* betrachten (z. B. Schlafzimmer, gemeinsame Wohnung, Auto)?
- Gibt es Orte, an denen sich Kontakte mit Dritten für Euch stimmig anfühlen – und welche möchtet Ihr lieber ausschließen (z. B. Hotel, bei Dritten, unterwegs)?

- Welche Vereinbarungen machen den Umgang mit Nähe oder geteilten Räumen achtsam (z. B. Bettwäsche, Körperhygiene, Gesprächsrituale)?
- Welche Formen von Nähe mit anderen Menschen fühlen sich für Euch stimmig an – und wo merkt Ihr, dass Ihr eine Grenze habt (z. B. Küssen, Übernachten, gemeinsames Einschlafen, bestimmte Berührungen, intensive Gespräche oder sexuelle Praktiken wie BDSM oder Rollenspiele)?
- Möchtet Ihr bestimmte Arten von Beziehungen ausschließen (z. B. mit gemeinsamen Freund*innen, Ex-Partner*innen, Menschen aus der Arbeit)?
- Ist es okay, wenn dieselbe Person häufiger getroffen wird oder sind einmalige Begegnungen besser?
- Gibt es Personen oder Konstellationen, bei denen Ihr besondere Bedenken oder Grenzen habt (z. B. aus emotionalen, politischen oder psychischen Gründen)?
- In welchen Phasen oder Situationen wären Kontakte zu Dritten eher schwierig für Euch (z. B. nach Konflikten, an Feiertagen, bei Stress)?
- Welche Aussagen, Rituale oder Erlebnisse möchtet Ihr ausschließlich miteinander teilen (z. B. *Ich liebe Dich,* gemeinsames Frühstück)?
- Welche Absprachen helfen Euch, Euch in einer geöffneten Beziehung sicher, respektiert und verbunden zu fühlen?

Rituale & besondere Anlässe: Wie gestaltet Ihr Eure gemeinsamen Zeiten?

- Welche Tage im Jahr bedeuten Euch etwas (z. B. Geburtstage, Feiertage oder Jahrestage)?
- Gibt es Zeiten, die Ihr bewusst füreinander reservieren möchtet (z. B. bestimmte Abende, Wochenenden, Urlaube)?
- Falls Ihr eine Hauptbeziehung lebt: Gibt es Anlässe, bei denen diese Priorität haben soll?
- Möchtet Ihr dritte Personen bei bestimmten Anlässen einbeziehen?

Kommunikation & Transparenz: Wie bleibt Ihr im Gespräch?

- Welche Informationen über den Kontakt zu anderen Menschen sind Euch wichtig (z. B. Name, Rahmen, Gefühle, Details)?
- Wann möchtet Ihr über neue Kontakte sprechen – vorab, danach oder nur bei Veränderungen?

- Gibt es Themen, über die lieber (noch) nicht gesprochen werden soll (z. B. intime Details, bestimmte Gefühle, Unsicherheiten)?
- Welche privaten Aspekte Eurer Beziehung sollen nicht mit Dritten geteilt werden (z. B. Konflikte, Sexualität oder persönliche Gespräche)?
- Welche Gesprächsformate unterstützen Euch, die gemachten Erfahrungen zu verarbeiten (z. B. Check-ins, Spaziergänge, Schreiben über eigene Gefühle und Gedanken)?

Emotionen & Dynamik: Was stärkt Euch – was fordert Euch heraus?

- Wie geht Ihr mit Eifersucht, Verliebtheit, Unsicherheit oder Rückzugsbedürfnissen um?
- Was gibt Euch das Gefühl, miteinander sicher und verbunden zu sein – auch wenn weitere Beziehungen entstehen?
- Welche Rituale stärken Eure Beziehung im Alltag (z. B. bewusste gemeinsame Zeit, Einschlafritual, gemeinsames Essen)?
- Was hilft Euch, wenn Eure Bedürfnisse oder Grenzen unterschiedlich sind?
- Welche Situationen verunsichern Euch besonders – und wie möchtet Ihr dann miteinander umgehen?
- Wie möchtet Ihr mit Entwicklungen umgehen, wenn sich der Kontakt zu Dritten emotional vertieft oder länger andauert?

Verantwortung & Schutz: Wie sorgt Ihr füreinander?

- Welche Schutzmaßnahmen sind Euch wichtig (z. B. Kondome, PrEP, Lecktücher, hormonelle Verhütung)?
- Wie häufig möchtet Ihr Euch auf sexuell übertragbare Infektionen testen lassen – und wo (z. B. Hausärzt*in, Gesundheitsamt, Beratungsstelle)?
- Wie könnt Ihr offen über Risiken, Ängste und Vorsorge sprechen?
- Was braucht Ihr, damit sich alle Beteiligten emotional und körperlich sicher fühlen?

Außenbeziehungen & Öffentlichkeit: Wie sichtbar möchtet Ihr sein?

- Wen möchtet Ihr im sozialen Umfeld vorstellen (z. B. Kindern, Freund*innen, Eltern)?

- In welchen Kontexten wollt Ihr lieber diskret sein (z. B. im Job, in der Herkunftsfamilie)?
- Wie steht Ihr zu Zärtlichkeiten in der Öffentlichkeit mit Dritten (z. B. Küssen, Händchenhalten, gemeinsames Auftreten)?
- Was passiert, wenn eine Person mehr Sichtbarkeit wünscht als die andere?
- Welche Vereinbarungen oder technische Maßnahmen helfen, Eure Privatsphäre zu schützen (z. B. keine Fotos, getrennte Kalender, Social Media)?

Kinder, Elternschaft & Care: Was bedeutet Verantwortung für Euch?

- Wie sprecht Ihr über Kinderwünsche – auch wenn sie sich ändern?
- Was wäre, wenn durch den Kontakt zu Dritten eine Schwangerschaft entsteht – wie möchtet Ihr damit umgehen?
- Welche Rolle sollen andere Beziehungspersonen im Leben von Kindern spielen (z. B. als Freund*in, Bezugsperson, Elternteil)?
- Wann und wie wollt Ihr mit (eigenen oder mitbetreuten) Kindern über Eure Beziehungsform sprechen?
- Wie organisiert Ihr Care-Arbeit – auch in herausfordernden Phasen wie einer Beziehungsöffnung, neuen Partnerschaften oder Trennungen?

Rückkehr zur Geschlossenheit: Was wäre, wenn Ihr die Beziehung (wieder) schließen möchtet?

- Welche inneren oder äußeren Umstände könnten eine Schließung der Beziehung sinnvoll machen (z. B. emotionale Überforderung, Stress, Familienkrisen, berufliche Herausforderungen, neue Lebensphasen)?
- Wäre für Euch auch eine vorübergehende Pause der Öffnung denkbar – oder eher eine dauerhafte Veränderung?
- Wie möchtet Ihr mit bestehenden Beziehungspersonen achtsam umgehen, wenn Ihr Euch für eine Schließung entscheidet?
- Was braucht es, damit Ihr Euch auch in einer monogamen Konstellation verbunden, frei und zufrieden fühlt?

Nicht jede Vereinbarung entsteht sofort. Wenn Verhandlungen festhängen, hilft es, das Tempo zu drosseln, eine Pause einzulegen oder das Thema erst einmal ruhen zu lassen. Wichtige Entscheidungen sollten nicht in Momenten hoher emotionaler Anspannung getroffen werden. Manchmal hilft es auch, das Gespräch zu vertagen – auf einen Moment, in dem mehr Klarheit und Ruhe möglich ist – oder (professionelle) Unterstützung einzuholen.

Manche Menschen halten Vereinbarungen schriftlich fest – etwa in einem gemeinsamen Notizbuch, einer E-Mail oder einer geteilten Datei. Das kann helfen, sich später daran zu erinnern, was besprochen wurde – gerade, wenn Themen wiederkehren oder emotional aufgeladen sind. Andere bevorzugen es, Dinge offen zu lassen und regelmäßig mündlich zu reflektieren. Die folgende Checkliste kann helfen, getroffene Absprachen zu prüfen:

- *Klarheit:* Verstehen alle, was genau gemeint ist?
- *Einvernehmlichkeit:* Wurde ohne Druck zugestimmt?
- *Flexibilität:* Wann und wie werden Absprachen überprüft?
- *Realismus:* Sind die Vereinbarungen alltagstauglich?
- *Ausgewogenheit:* Haben alle ausreichend Raum für ihre Bedürfnisse?
- *Privatsphäre:* Gibt es klare Grenzen, welche Details geteilt werden und welche privat bleiben?

Beziehungen sind dynamisch – Bedürfnisse verändern sich, Herausforderungen tauchen auf, und nicht alles lässt sich im Voraus durch Vereinbarungen absichern. Vereinbarungen geben Orientierung, ersetzen aber nicht die Bereitschaft aus Erfahrung zu lernen und nachzujustieren. Wichtiger als perfekte Vereinbarungen ist eine offene Haltung: *Was hat funktioniert? Wo brauchen wir Anpassungen?*

Was können wir aus schwierigen Momenten lernen? Regelmäßige Check-ins schaffen Raum für diese Reflexion. Sie ermöglichen es, Bedürfnisse frühzeitig anzusprechen, Vertrauen zu stärken und Erfolge sichtbar zu machen. Wie häufig solche Gespräche stattfinden, hängt von der Dynamik und der Phase der Beziehungsöffnung ab – zu Beginn meist häufiger, später in größeren Abständen. Viele polyamor lebende Menschen machen gute Erfahrungen mit festen Gesprächsterminen, um nicht nur Krisen, sondern auch Positives bewusst wahrzunehmen: *Denn was könnte schöner sein, als gemeinsam festzustellen, warum es gerade stimmig ist?* In meiner (AM) Beratung und Lehre begleitet mich ein Satz, der dieses Prinzip gut beschreibt: *Wir lernen nicht aus der Erfahrung, sondern aus der Reflexion der Erfahrung.* Check-ins und offene Gespräche schaffen genau diesen Raum, um innezuhalten, Bedeutung zu klären und gemeinsam zu wachsen.

Beziehungswirklichkeiten

Nach der Öffnung ihrer Beziehung stand Anna (27) vor der Entscheidung, mit einem attraktiven Arbeitskollegen auszugehen. Felix (27) war grundsätzlich einverstanden, stellte jedoch die Bedingung, dass Anna nicht mit ihm in der gemeinsamen Wohnung übernachtet. Zudem wollte er regelmäßig über ihre Treffen informiert werden. Anna hingegen fühlte sich bei dem Gedanken, detailliert berichten zu müssen, eingeengt. Nach mehreren Gesprächen einigten sie sich darauf, dass Anna Bescheid gibt, sobald sich die Dynamik mit dem Kollegen verändert, und Details nur dann teilt, wenn sie sich damit wohlfühlt. Felix entschied, aktiv an seiner Verlustangst zu arbeiten und sich bei Unsicherheiten zunächst mit einem Freund auszutauschen, bevor er das Gespräch mit Anna sucht.

Dieses Beispiel zeigt, wie wichtig gegenseitiges Verständnis und gegenseitige Rücksichtnahme sind. Während Felix Verantwortung für seine Ängste übernahm, konnte Anna ihre Privatsphäre wahren. Beide blieben flexibel und vereinbarten, bei grundlegenden Veränderungen erneut das Gespräch zu suchen.

10
Poly-Gefühle

Der Einstieg in die Polyamorie gleicht manchmal einer Achterbahnfahrt der Emotionen. Neue Beziehungen bringen Aufregung, Verliebtheit und eine Welle von Energie mit sich – ein Phänomen, das als *New Relationship Energy* (NRE) bezeichnet wird. Diese euphorische Anfangsphase fühlt sich oft berauschend an: Gespräche fließen endlos, das Herz schlägt schneller, und vieles an der neuen Beziehungsperson wirkt faszinierend. NRE verändert die Wahrnehmung – das Vertraute kann daneben blasser erscheinen.

10.1 Neue und bestehende Beziehungsenergie

Sexuelles Begehren lebt oft von Fremdheit, Unsicherheit und dem Reiz des Neuen. Aber was passiert mit einer bestehenden Beziehung, wenn eine intensive neue Verbindung entsteht? Hier kommt ein zweites Konzept ins Spiel:

S. Bröning, A. Mazziotta, *Vielfältige Liebe - Polyamorie gestalten*,
https://doi.org/10.1007/978-3-658-48372-2_10

Existing Relationship Energy (ERE). Während NRE impulsiv und aufregend ist, beschreibt ERE die tiefe Verbundenheit langjähriger Partnerschaften. Sie entsteht durch Vertrauen, Festigung und Vertiefung der Bindung, gemeinsame Geschichte und das Gefühl von Sicherheit – das Wissen, dass jemand bleibt, selbst wenn im Alltag nicht alles gelingt.

Beziehungswirklichkeiten

Claudia (42) beschrieb den Kontrast so: „Die Intensität! Niemand davor oder danach hat mich so zum Vibrieren gebracht. Ich konnte tagelang nicht aufhören zu grinsen. Aber an Alltag war mit ihr nicht zu denken. Die Beziehung zu meinem langjährigen Partner hingegen war wie ein ruhiger Hafen. Er war da, wenn die Aufregung abebbte – und das war Gold wert."

Während NRE oft als Rausch empfunden wird, bietet ERE ein Gefühl von Zugehörigkeit. Sie ist die positive Seite des Spannungsfelds zwischen Nähe und Begehren, das Esther Perel (2006) so eindrücklich beschreibt. Langjährige Beziehungen geben Halt, Vertrauen und Beständigkeit – doch genau diese Stabilität kann die erotische Spannung manchmal dämpfen. Gleichzeitig kann daraus ein tiefes Gefühl von Annahme, Nähe und Geborgenheit entstehen.

Die Mischung verschiedener emotionaler Dynamiken zur gleichen Zeit bezeichnen wir manchmal auch als *Poly-Mix:* die Gleichzeitigkeit der eher gegenläufigen Empfindungen von NRE und ERE. Abb. 10.1 und 10.2 sind keine wissenschaftlichen Grafiken oder Daten. Sie dienen nur der Veranschaulichung dieser Gleichzeitigkeit, und sind Skizzen, wie wir sie manchmal in der beraterischen Arbeit verwenden. Abb. 10.1 zeigt den typischen emotionalen Verlauf

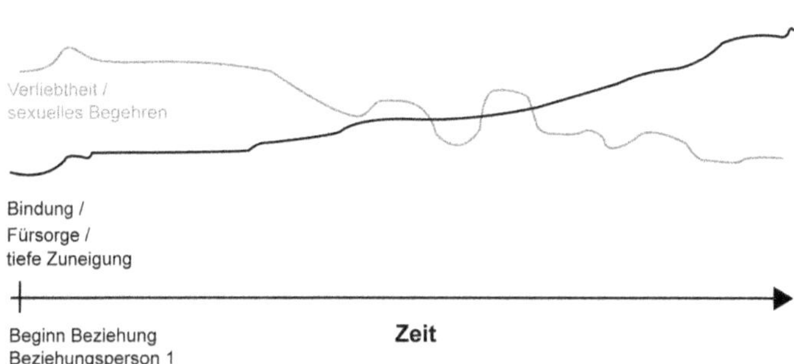

Abb. 10.1 Verlauf monogamer Beziehungen: Zunahme von Bindung und Abnahme von Verliebtheit

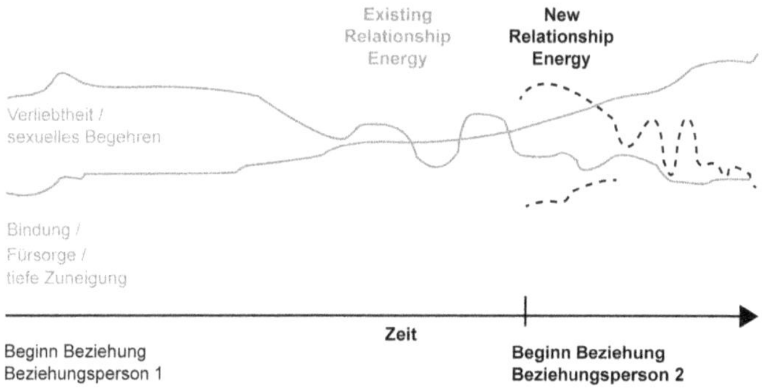

Abb. 10.2 *Poly-Mix:* Überlagerung von Beziehungsphasen und Beziehungsenergie

in monogam angelegten Langzeitbeziehungen. Im Kontrast dazu veranschaulicht Abb. 10.2 die typische emotionale Entwicklung in Langzeitbeziehungen mit dem beschriebenen *Poly-Mix,* also wenn NRE hinzukommt.

Eine neue Liebe kann sich wie ein Meteorit anfühlen, der in die vertraute Beziehungslandschaft einschlägt. Die Person, die sich verliebt hat, steht *in Flammen:* Herzklopfen, Schmetterlinge im Bauch, Euphorie – so intensiv, dass bestehende Beziehungen im Vergleich verblassen. Alltagsroutinen wirken eintönig, und plötzlich scheinen die kleinen Schwächen der langjährigen Beziehungsperson überproportional ins Gewicht zu fallen. Menschen unter dem Einfluss von NRE neigen dazu, die neue Beziehung zu idealisieren und ältere Beziehungen übermäßig kritisch zu sehen. Selbst gut funktionierende Partnerschaften verlieren für eine Weile ihren Reiz, und die vermeintlichen Schwächen der langjährigen Beziehungsperson treten in den Vordergrund.

Diese Dynamik ist nicht poly-spezifisch. Sie tritt auch bei heimlichen Affären auf – nur dass dort die *Energiequelle* verschleiert wird. Kommt die Außenbeziehung ans Licht, wirkt NRE oft wie ein *Todesstoß* für die bestehende Partnerschaft, da sie den Eindruck erweckt, die bestehende Partnerschaft habe an Wert verloren. Dabei ist ERE in den meisten Fällen nicht verloren gegangen, sondern nur kurzfristig überdeckt – und kehrt häufig zurück, sobald erste Probleme mit der neuen Beziehungsperson auftreten.

Unsere Erfahrung in der Beratung zeigt: Vielen Menschen wird erst durch parallele Beziehungen und das Nachdenken über NRE und ERE bewusst, dass das Wechselspiel von Aufregung und Vertrautheit kein Zeichen für das Ende einer Liebe ist – sondern Teil ihrer Entwicklung. Dass dies oft anders erlebt wird, liegt auch an den klassischen Narrativen über die Liebe: Sie wird dort als überwältigende, unkontrollierbare Kraft beschrieben. *Leidenschaft* ist in Sternbergs Liebesdreieck zwar nur eine Zutat von mehreren der Liebe, doch in der kulturellen Vorstellung gilt sie oft als zentrales Merkmal von Liebe. Fehlt sie, wird dies fälschlicherweise als das Verschwinden der Liebe gedeutet. Tatsächlich ist die Wirkung von NRE banaler – und gleichzeitig machtvoll: Verliebtheit und sexuelles Begehren wirken kurzfristig wie eine Droge. Sie erzeugen Euphorie, steigern das Lebensgefühl, schmälern aber auch das Urteilsvermögen und die Konzentration. Gegen diese Intensität haben andere Gefühle kurzfristig kaum eine Chance. Menschen können ohnehin selten mehrere starke Gefühle parallel halten: Stress überlagert Lebensfreude, Wut verdrängt Traurigkeit – und NRE lenkt den Fokus fast vollständig auf die neue Beziehungsperson.

Manchmal kann NRE auch die bestehende Beziehung beflügeln. Häufig jedoch fühlen sich auch erfahrene Beziehungspersonen in Langzeitbeziehungen *wibbly*, wenn die geliebte Person sich neu verliebt. *Wibbly* – aus dem Englischen *wackelig* oder *schwankend* – ist ein Begriff aus der Poly-Community für die innere Unsicherheit, die durch die Beziehung der eigenen Beziehungsperson ausgelöst wird. In solchen Momenten braucht es Dialog, Selbstregulation und Geduld, um die Phase zu überstehen. Während die eine Seite im Rausch intensiver Gefühle schwebt, erlebt die andere Unsicherheit, Eifersucht oder Verlustangst. Genau hier zeigt sich, wie tragfähig eine langjährige Partnerschaft ist: Kann die verliebte Person trotz NRE die bestehende Beziehung in ihrer *Einzigartigkeit* würdigen und ihr voller *Fürsorge* bewusst Raum geben? Gleichzeitig steckt in dieser Situation eine Chance. Sie lädt dazu ein, *Verletzlichkeit* zuzulassen, *Eigenständigkeit* zu üben, eigene Interessen zu vertiefen und auf den natürlichen Prozesscharakter von Beziehungen zu vertrauen.

10.2 Poly-Mix: Gleichzeitigkeit und Ungleichzeitigkeit von Gefühlen

Wenn neue Beziehungen länger bestehen, entwickeln sich auch dort tiefere emotionale Bindungen. Wie schnell sich diese Bindung entwickelt, hängt oft von der Intensität der gemeinsam verbrachten Zeit ab. Mit dieser Entwicklung verändert sich auch die emotionale Dynamik zwischen den Beziehungen: Die anfängliche Aufregung nimmt allmählich ab, stattdessen rücken Nähe, Verlässlichkeit und emotionale Tiefe in den Vordergrund. Gleichzeitig können auch mit der neuen Beziehungsperson Konflikte entstehen. Denn je enger eine Verbindung wird, desto eher berührt sie unbewusste Schmerzpunkte aus früheren Erfahrungen. Das Bedürfnis nach emotionaler Sicherheit wächst – ebenso die Angst vor Zurückweisung oder Verletzung. Alte Bindungsmuster, Unsicherheiten und tiefere Ängste werden aktiviert, wenn auch oft in anderer Form als in früheren Beziehungen.

Auch Sexualität verändert sich: In der Anfangsphase stehen Abenteuer und Begehren im Vordergrund. Mit wachsender Nähe tauchen auch in der neueren Beziehung tiefere Fragen auf: *Kannst Du für mich da sein, wenn ich unsicher bin? Reagierst Du feinfühlig auf mich?* oder *Erkennst Du meine Grenzen an?*

Eine zentrale Erkenntnis lautet: Eigene Themen nimmt man immer mit. Keine noch so aufregende neue Liebe kann biografisch geprägte emotionale Muster dauerhaft ausradieren. Wer in seiner bestehenden Beziehung mit Unsicherheit oder Verlustangst ringt, wird ihnen auch in einer neuen Verbindung begegnen – wenn auch zeitversetzt und in anderer Gestalt. Gerade darin liegt ein mögliches, oft unbewusstes Entwicklungsmotiv für die Polyamorie: dieselben Lebensthemen aus neuen Blickwinkeln zu erfahren.

Beziehungswirklichkeiten

Nico (51) wuchs mit einer dominanten Mutter auf. Bewusst suchte er sich als Partnerin Emily, eine ruhige, einfühlsame und harmonieorientierte Frau – das genaue Gegenteil seiner Mutter. Jahre später lernte er Amelie kennen, eine Kollegin, deren extrovertiertes und selbstbewusstes Auftreten ihn zunächst nervte, dann aber zunehmend faszinierte. Ihre lebhaften Debatten erlebte er als anregend – vielleicht auch, weil er aus seiner Kindheit gewohnt war, spannungsreiche Gespräche zu führen. Bald verliebte er sich in Amelie. Emily stimmte der neuen Beziehung zu, unter der Bedingung, dass sie weiterhin seine Primärpartnerin blieb. Gegenüber den Herkunftsfamilien vereinbarten beide Stillschweigen. Obwohl Nico Emily nach wie vor sehr zugetan war, gab es in den folgenden Monaten Phasen, in denen er sich fragte, ob er nicht besser von Anfang an eine streitbarere Frau gewählt hätte. Die intellektuellen Debatten mit Amelie empfand er als ausgesprochen belebend. Doch nach einigen Monaten stellte er fest, dass ihn zu viele solcher Gespräche eher in schlechte Stimmung versetzte. Da war er froh um den Rückzugsraum in seinem Zuhause – und um Emilys stille, annehmende Präsenz. Sein *sweet spot* in der Beziehung zu Amelie, also die für ihn stimmige Begegnungsdosis, lag bei etwa einem Tag pro Woche intensiver Zeit. Diesen Raum bewahrte er gern, denn Amelie brachte eine vermisste Facette zurück in sein Leben – das Gefühl, seinen Platz erkämpfen zu müssen – und an Amelie üben zu können, was ihm bisher nicht gelungen war. Doch Emily blieb sein sicherer Hafen. Für sie war diese Konstellation ambivalent: Einerseits empfand sie es als wohltuend, dass Nico von Amelie Anregungen erhielt und sie selbst dafür nicht verantwortlich sein musste. Andererseits war es manchmal belastend, weil das Aufregende gefühlt immer außer Haus stattfand und sie für den vermeintlich langweiligen Alltag zuständig blieb.

Polyamorie ist voller *Vielschichtigkeit.* Sie ermöglicht es, NRE und ERE gleichzeitig zu erleben. Gerade wenn die Euphorie in einer neuen Liebe nachlässt – was früher oder später geschieht –, zeigt sich der Wert einer langjährigen

Partnerschaft. In meiner (SB) Polyamorie-Interviewstudie war eine der spannendsten Erkenntnisse, wie begeistert viele polyamor lebende Menschen über ihre langjährigen Beziehungen sprachen. Passend zu Befunden, dass auch nach vielen Jahren intensive Belohnungseffekte spürbar bleiben (Acevedo et al., 2012), beschrieben sie ERE als eine Quelle gemeinsamen Wachstums, tiefer Bindung und emotionaler Sicherheit. Solche Beziehungen geben Halt in unsicheren Momenten – und können zugleich durch neue Impulse frischer wirken, als sie es in einem sexuell exklusiven Rahmen vielleicht täten. In der *Weite* der Polyamorie – um das Gedicht am Anfang unseres Buches erneut zu zitieren – herrscht Freiheit und Zugehörigkeit zugleich. Der Poly-Mix eröffnet Perspektiven jenseits des klassischen *Entweder-oder-Denkens.* Plötzlich gibt es mehr als nur zwei Optionen: Nicht nur *eine große Liebe* oder *das Alleinsein mit gebrochenem Herzen,* sondern ein Miteinander von frischen, mittelalten und langgewachsenen Beziehungen. NRE und ERE, Aufregung und Vertrautheit, Bewegung und Beständigkeit können nebeneinander bestehen. Es gibt *Vielschichtigkeit* und Offenheit – bei gleichzeitiger Würdigung bestehender Bindungen.

Der Kommunikationswissenschaftler Mark Knapp (zitiert nach Avtgis et al., 1998, siehe Abb. 10.3) beschreibt in seinem Modell typische Phasen und Muster, die Beziehungen durchlaufen. Er unterscheidet zwei zentrale Bewegungen:

- *Zusammenkommen* (engl.: *coming together*) – *Wie Beziehungen sich vertiefen:* Eine Beziehung beginnt mit einer vorsichtigen Annäherung. Zunächst gibt es den ersten Kontakt, dann folgt das Experimentieren – man tastet sich aneinander heran, prüft gemeinsame Interessen oder Werte. Wird die Verbindung intensiver, entstehen emotionale Nähe und Vertrautheit. In der

Sequenz	Stufe
Coming Together (Zusammenkommen) *Poly-Mix = New Relationship Energy und Existing Relationship Energy - Gleichzeitigkeiten*	Initiierung Experimentieren Intensivierung Integration Bindung
Coming Apart (Auseinandergehen) *Poly-Mix = simultane, gegenläufige Entwicklungen, z. B. Trennung und Intensivierung - Ungleichzeitigkeiten*	Differenzierung Einschränkung Stagnation Vermeidung Terminierung

Abb. 10.3 Knapp (1978): Modell der Beziehungsentwicklung (adaptiert nach Avtgis et al., 1998)

Integrationsphase wächst ein starkes *Wir*-Gefühl, das schließlich in einer festen Bindung mündet.

- *Auseinandergehen* (engl.: *coming apart*) – *Wie Beziehungen sich auseinanderentwickeln:* Nicht alle Beziehungen bleiben dauerhaft stabil. Manchmal verstärken sich Unterschiede, die in der Anfangsphase noch unwichtig erschienen. In der Phase der Differenzierung treten individuelle Bedürfnisse stärker hervor. Wird die Kommunikation eingeschränkt, entsteht Distanz, bis die Beziehung stagniert. In der Vermeidungsphase geht man sich aktiv aus dem Weg, bis es schließlich zur Trennung kommt.

Knapps Modell weitet den Blick auf den Poly-Mix über die Zeit. Während Beziehungsphasen in monogamen Beziehungen meist nacheinander ablaufen, überschneiden sie sich in polyamoren Beziehungen oft und werden parallel erlebt. So kann sich eine Verbindung gerade vertiefen und von NRE getragen sein, während eine andere in eine ruhigere oder konfliktreiche Phase der ERE eintritt. *Gleichzei-*

tigkeit und *Ungleichzeitigkeit* erzeugen eine besondere Dynamik: Hochgefühle, Unsicherheiten und sogar Liebeskummer können parallel existieren. Dadurch entsteht eine gesteigerte emotionale Komplexität, die sowohl bereichernd als auch herausfordernd ist.

Ein anschauliches Bild dafür ist ein *Mobile:* Wird ein Element angestoßen, gerät das gesamte System in Bewegung. Jede Veränderung – sei sie durch Freude, Unsicherheit oder Liebeskummer – wirkt sich direkt oder indirekt auf andere Beziehungen aus. Liebeskummer nach einer Trennung kann durch Trost einer anderen Beziehungsperson abgefedert werden, während das Hochgefühl einer neuen Liebe stagnierende Phasen in bestehenden Partnerschaften beleben kann. Diese Wechselwirkungen prägen den Poly-Mix: Beziehungen beeinflussen sich gegenseitig und sind in ständiger Bewegung. Oft ist unklar, woher die emotionale Energie gerade stammt.

Im Umgang mit diesen intensiven Gefühlen hilft es, den Prozesscharakter von Beziehungen anzuerkennen. Das Mantra *Es ist nur eine Phase* kann dabei unterstützen, emotionale Schwankungen gelassener zu betrachten. Gefühle verändern sich, Phasen kommen und gehen. Langzeitbeziehungen gleichen einer Reise mit wechselnden Etappen – mal leicht und voller Freude, mal beschwerlich und konfliktreich. Obwohl man den Verlauf beeinflussen kann, bleibt er letztlich unvorhersehbar und nicht vollständig kontrollierbar.

10.3 Poly-Saturation: Wenn das Beziehungspensum erreicht ist

Polyamorie eröffnet die Möglichkeit, mehrere erfüllende Beziehungen zu führen. Doch jede Verbindung erfordert Zeit, Aufmerksamkeit und emotionale Energie. Die meisten polyamor lebenden Menschen haben zwei bis drei parallele Beziehungen (Moors et al., 2014; Balzarini et al., 2017; Conley et al., 2017). *Poly-Saturation* bezeichnet den Punkt, an dem diese Ressourcen ausgeschöpft sind und keine weiteren Beziehungen mehr gut integriert werden können, ohne dass andere Lebensbereiche darunter leiden. Typische Anzeichen für Poly-Saturation sind:

- dauerhafte Überforderung oder Erschöpfung,
- das Gefühl, niemandem mehr gerecht werden zu können,
- kaum Zeit für sich selbst oder für nicht-romantische Beziehungen (wie Freund*innen und Kolleg*innen) und
- zunehmende Konflikte mit Beziehungspersonen durch fehlende Kapazitäten für Kommunikation und Fürsorge.

Ein besonderer Fallstrick ist das *NRE-Chasing* – die ständige Suche nach der Aufregung einer neuen Liebe. Weil Polyamorie theoretisch unbegrenzt viele Verbindungen ermöglicht, kann es verlockend sein, diese Euphorie als Ausgleich für Stress oder Erschöpfung oder zur Bestätigung des eigenen Selbstwertes zu nutzen. Doch NRE-Chasing hat seinen Preis: Langfristig destabilisiert es bestehende Beziehungen, erhöht die Belastung und kann Beziehungspersonen das Gefühl geben, weniger wichtig oder austauschbar zu sein. Deshalb geht es bei Poly-Saturation nicht nur um die Frage der eigenen Belastbarkeit, sondern auch um Verantwortung gegenüber anderen. Wer zu viele Verbindungen eingeht, riskiert, dass Beziehungspersonen unter Vernachlässigung, unerfüllten Absprachen oder unausgesprochenen Erwartungen leiden. Entscheidend ist daher, bewusst zu reflektieren: *Wie viele Beziehungen tun mir wirklich gut? Wie viele kann ich so führen, dass niemand zu kurz kommt oder verletzt wird?* Dabei geht es nicht nur um verfügbare Zeit, sondern auch um emotionale Kapazität und die Fähigkeit, Fürsorge und Präsenz verlässlich einzubringen.

Die Reflexionsübung im folgenden Kasten kann dabei helfen, Poly-Saturation zu erkennen und bewusst gegenzusteuern.

Praxistool

Wie viele Verbindungen tun mir gut?

Ziel der Übung ist es, Klarheit darüber zu gewinnen, wie viele Verbindungen Dir guttun – und wo Deine Grenzen liegen, damit Nähe und Fürsorge für Dich und andere tragfähig bleiben. Nimm Dir einen Moment Zeit, um Deine aktuelle Situation zu reflektieren. Polyamorie bedeutet nicht, möglichst viele Beziehungen zu führen, sondern die vorhandenen gut zu gestalten. Dazu zählen nicht nur Beziehungen mit körperlicher Nähe, sondern alle emotional wichtigen Verbindungen – auch Freundschaften und familiäre Beziehungen.

Beantworte die folgenden Fragen auf einer Skala von 1 (sehr entspannt) bis 10 (komplett überfordert):

- Wie gestresst fühle ich mich durch meine aktuellen Beziehungen?
- Habe ich genug Zeit für alle wichtigen Personen?
- Fühle ich mich oft gehetzt oder schuldig, weil jemand zu kurz kommt?
- Habe ich noch Kapazität für neue Beziehungen oder Verpflichtungen?

Inwieweit treffen die folgenden Warnsignale für Überlastung auf Dich zu?

- anhaltender Stress oder Überforderung
- häufiges Absagen oder Verschieben von Treffen
- Gefühl, mich nicht mehr emotional investieren zu können
- Rückzug oder Erschöpfung nach Interaktionen

Was brauchst Du, um Dich gut um Dich zu kümmern?

- Welche Beziehungen geben mir Energie, welche ziehen sie mir?
- Was könnte mir helfen, wieder in Balance zu kommen?
- Wie kann ich Grenzen setzen oder Erwartungen klarer kommunizieren?
- Was würde passieren, wenn ich eine neue Beziehung eingehe? Welcher Lebensbereich müsste dafür zurückstecken?

10.4 Emotionale Herausforderungen bewältigen

Mehrere Beziehungen parallel zu leben, eröffnet neue Horizonte – aber auch neue Herausforderungen. Die Therapeutin Kathy Labriola (2013) fragt: *Steckst Du in der Poly-Hölle?* und beschreibt drei Dynamiken, die in offenen oder polyamoren Beziehungen besonders häufig auftauchen: *Herabsetzung, Verdrängung* und *Eindringen.* Sie betreffen unterschiedliche Ebenen – das Selbstbild, die Partnerschaft und den Alltag – und können schmerzhaft sein, wenn sie unerkannt bleiben:

Herabsetzung – das Selbstbild gerät ins Wanken: In vielen emotional und sexuell exklusiven Beziehungen ist mitgedacht, dass eine Person die zentrale Rolle im Leben der anderen spielt – oft verbunden mit dem Versprechen: *Du bist mein Ein und Alles.* Wird diese Exklusivität durch eine neue Beziehung relativiert, kann das tief verunsichern. Plötzlich ist Zuwendung nicht mehr ausschließlich mir vorbehalten und das kann sich wie ein Bedeutungsverlust anfühlen. Diese Erfahrung ist kein Zeichen mangelnder Reife, sondern eine verständliche Reaktion auf eine Veränderung im Bindungssystem. Ähnlich wie ein Kind, das bisher die ungeteilte Aufmerksamkeit der Eltern genoss, auf die Geburt eines Geschwisters eifersüchtig reagiert, erleben viele Beziehungspersonen das Wegfallen ihrer Sonderstellung als schmerzhaft. In solchen Momenten braucht es kein Abhärtungsprogramm, sondern Mitgefühl, *Fürsorge* und *Verletzlichkeit.* Die empfundene Herabsetzung darf weder kleingeredet noch belächelt werden. Ein offener Dialog über Ängste, Wünsche und Prioritäten hilft, Unsicherheiten zu mildern. Sicherheit entsteht nicht nur durch Ausschluss anderer, sondern auch durch klare Verabredungen, liebevolle Gesten, bewusste Zeit zu zweit und das Gefühl: *Ich bin weiterhin gesehen und geliebt.*

Verdrängung – Wenn die Beziehung ins Abseits gerät: Neue Beziehungen bringen Aufregung, Neugier und ein Gefühl von Aufbruch. Gerade in der Anfangszeit fühlt sich vieles leicht und intensiv an – neue Eindrücke, leidenschaftliche Gespräche, ein anderer Blick auf sich selbst. Für die bestehende Beziehungsperson kann das bedeuten: Der Platz im Mittelpunkt wird kleiner. Gemeinsame Rituale fallen weg, spontane Gespräche werden seltener – es entsteht das Gefühl, nur noch eine Nebenrolle zu spielen. Was früher selbstverständlich war – ein gemeinsames Frühstück am Wochenende, das Einschlafen zu zweit, ein kurzes *Wie war Dein Tag?* – scheint plötzlich weniger Priorität zu haben. Dabei geht es nicht zwangsläufig um Eifersucht, sondern oft um die Sorge, ersetzt zu werden oder schlicht das Gefühl, nicht mehr mitgedacht zu werden. Typisch klingt es so: *Früher hast Du immer nach mir gefragt – jetzt erfahre ich Dinge über Dich nur noch nebenbei.* Um Verdrängung zu begegnen, hilft keine romantische Großgeste, sondern verlässliche Aufmerksamkeiten im Alltag. Gemeinsame Zeit sollte nicht zufällig *übrigbleiben,* sondern bewusst gestaltet werden: feste Verabredungen, vertraute Rituale, kleine Gesten der Zuwendung. Sie signalisieren: Die neue Beziehung ist eine Ergänzung, kein Ersatz. Was wir haben, ist *einzigartig.* So entsteht ein Gefühl von *Gleichgewicht* – und die Gewissheit: *Ich bin weiterhin ein bedeutsamer Teil Deines Lebens.*

Eindringen – Wenn der Alltag nicht mehr geschützt ist: Manche Beziehungspersonen erleben neue Beziehungen nicht nur emotional, sondern auch ganz praktisch als störend: etwa, wenn beim Abendessen ständig Nachrichten eingehen, der Kopf nach einem Date ganz woanders ist oder für gemeinsame Zeit immer seltener Platz bleibt. Ein klassisches Beispiel: *Ich dachte, wir wären am Samstag zusammen – aber Du hast schon etwas mit Deiner neuen Beziehung ausgemacht.* Solche Missverständnisse entstehen meist nicht aus böser Absicht, sondern aus unausgesprochenen Erwartungen. Doch sie können verletzen – besonders, wenn die bestehende Beziehung darunter leidet. Auch subtilere Signale spielen eine Rolle: Müdigkeit nach einer langen Nacht mit einer anderen Person, gedankliche Abwesenheit oder das Gefühl, zweite Wahl zu sein. Es ist nicht das bloße *Da-Sein* der neuen Beziehung, das schmerzt, sondern die Wahrnehmung, dass gemeinsame Räume und Zeiten nicht mehr geschützt sind. Gerade in der Anfangsphase einer neuen Beziehung fällt es schwer, Grenzen zu setzen – alles ist aufregend, intensiv, neu. Doch auch das Bedürfnis nach Exklusivität im Alltag ist legitim. Sicherheit entsteht, wenn gemeinsame Zeit bewusst gestaltet wird: zum Beispiel mit klaren Vereinbarungen wie *Handy aus beim Essen, gemeinsames Frühstücken ohne Unterbrechungen* oder *feste Zeitfenster für andere Beziehungen.* Solche Absprachen sind keine Einschränkungen, sondern Einladungen – zu Präsenz, Ruhe und gemeinsam erlebter Nähe.

Wer diese Herausforderungen erkennt, kann nicht nur besser für sich selbst sorgen, sondern auch Beziehungen bewusster gestalten. Die folgende Übersicht (Tab. 10.1) zeigt typische Anzeichen, die auf solche Dynamiken hinweisen können, sowie mögliche Wege, konstruktiv damit umzugehen – sowohl für die betroffene Person als auch für die jeweilige Beziehungsperson.

Komplexität und Parallelität dürfen sein

Wenn die NRE abebbt, setzt häufig ein Perspektivwechsel ein: Die neue Beziehungsperson verliert an Reiz, und die zuvor überkritische Haltung gegenüber der langjährigen Partnerschaft relativiert sich. Dadurch wird ein *Comeback* der bestehenden Beziehung möglich – ein neues Gefühl von Wertschätzung entsteht. Anfangs äußert sich dies oft in Dankbarkeit: *Danke, dass Du mir das erlaubst und ermög-*

Tab. 10.1 Herausforderungen im Poly-Mix und mögliche Lösungsansätze

	Herabsetzung: *Ich bin nicht mehr so wichtig*	Verdrängung: *Unsere Beziehung kommt zu kurz*	Eindringen: *Der Alltag gehört nicht mehr nur uns*
Woran merke ich das?	Ich vergleiche mich mit der neuen Beziehungsperson. Meine alte Sicherheit gerät ins Wanken. Ich frage mich, ob ich noch dieselbe Bedeutung habe – und ziehe mich zurück oder suche besonders viel Nähe.	Gewohnte Rituale gehen verloren, gemeinsame Zeit wirkt weniger selbstverständlich. Ich habe das Gefühl, nur noch mitzulaufen, ohne dass wir wirklich zusammen sind.	Unsere gemeinsame Zeit wird unterbrochen – das Handy liegt dazwischen, Termine kollidieren, der Kopf ist woanders. Ich fühle mich manchmal wie zweite Wahl, obwohl ich nicht allein bin.
Was könnte mir helfen?	Gesehen werde: durch klare Worte, liebevolle Gesten oder Zeit nur für uns. Es hilft mir, wenn meine Rolle benannt und nicht infrage gestellt wird.	Verlässliche, bewusst gestaltete Paarzeit. Auch kleine Gesten wie eine liebevolle Nachricht, Berührung oder ein spontaner Spaziergang geben mir das Gefühl: Wir gehören zusammen.	Klare Absprachen, die unsere Zeit schützen, etwa medienfreie Abende oder feste Verabredungen. Räume, in denen ich sicher weiß: Jetzt sind wir nur wir.
Was kann meine Beziehungs-person tun?	Zeige mir Deine Wertschätzung – nicht im Vergleich zu anderen, sondern ganz für sich. Sag mir, was Dir an unserer Verbindung wichtig ist. Nimm meine Verletzlichkeit ernst, auch wenn sie unbequem ist.	Zeige mir, dass Dir unsere Verbindung wichtig ist. Frag nach mir, nimm Dir Zeit für mich, nicht aus Pflichtgefühl, sondern aus echtem Interesse. Halte unsere Nähe lebendig, auch wenn vieles neu ist.	Zeige mir Deine Präsenz, nicht nur körperlich, sondern auch emotional. Halte Vereinbarungen ein, sei verbindlich. Frag Dich: Wie viel Platz bekommt unsere Beziehung in Deinem Alltag?

lichst. Später folgt eine tiefere Würdigung der besonderen Qualitäten der langjährigen Beziehungsperson.

Beziehungswirklichkeiten

Die erlebte Dankbarkeit für die bestehende Beziehung beschrieb Jens (54) seiner langjährigen Beziehungsperson so: „Ich fand Dich immer etwas stoisch und ruhig. Aber jetzt, wo ich sehe, wie Max durch seine neurotische Art meinen Alltag zerschießt, bin ich wirklich froh, dass Du so bist, wie Du bist."

Solche Erfahrungen führen oft zu der Einsicht, dass Beziehungspersonen nicht in Konkurrenz stehen müssen, sondern sich in ihren unterschiedlichen Qualitäten ergänzen. Ähnlich wie beim Reisen kann das Erkunden neuer Orte den Horizont erweitern und zugleich die Geborgenheit des Vertrauten neu erfahrbar machen.

Viele Menschen in Mehrpersonenbeziehungen berichten, dass sie ihre Primärbeziehung gerade durch neue Erfahrungen bewusster schätzen lernen. ERE besitzt dabei eine besondere Schönheit: Sie lebt weniger von spektakulären Momenten als von dem tiefen Gefühl, sich aufeinander verlassen zu können. Eine Klientin (34) beschrieb es so: „Ich brauche beide Qualitäten in meinem Leben. Ohne das Vertraute würde ich mich leer fühlen, und ohne das Neue würde mir die Spannung fehlen." Häufig tauschen sich Beziehungspersonen in langjährigen Beziehungen in *freundschaftlicher* Weise über die Herausforderungen mit neuen Partner*innen aus. Dieser Austausch schafft Raum für eine bewusste Würdigung der Qualitäten von ERE: tiefes Vertrauen, emotionale Sicherheit, Beständigkeit und die Freiheit, Schwächen zeigen zu dürfen. ERE ist auch eine Einladung zur Selbstannahme, die durch weitere Beziehungen vertieft wird: *Ich darf ruhig stoisch sein, weil Dein Drama bekommst Du ja schon bei Max. Ich darf Fußball ruhig langwei-*

lig finden, weil mein Partner mit seinem neuen Partner zusammen leidenschaftlich gern die Spiele schaut.

Der direkte Vergleich wirkt oft wie ein *Realitätscheck:* Das Gras auf der anderen Seite mag zunächst grüner erscheinen, doch die Erfahrung zeigt, wie wertvoll Vertrautheit und Stabilität tatsächlich sind. Gleichzeitig können positive Impulse neuer Beziehungen die bestehende Partnerschaft beleben. Eine Studie von Muise und Kolleg*innen (2019) bestätigt dies: Eine Beziehungsperson zu haben, die die sexuellen Bedürfnisse erfüllt, erhöht die Zufriedenheit in dieser und auch in der parallelen Beziehung. Das bewusste Wahrnehmen der unterschiedlichen Qualitäten von NRE und ERE hilft, Unsicherheiten zu reduzieren und eine Balance im Poly-Mix zu finden. Oder wie ein Klient (27) es humorvoll ausdrückte: „Warum sollte ich mich zwischen Apfel- und Schokoladenkuchen entscheiden, wenn ich beides haben kann?“ Die Stärke polyamorer Beziehungen liegt darin, dass jede Verbindung ihre eigene Intensität und Einzigartigkeit entfalten darf.

10.5 Eifersucht: Der Endgegner?

Eifersucht wird oft als Angst beschrieben, in einer Liebesbeziehung etwas Wertvolles zu verlieren (Buczel & Szyszka, 2024). Dahinter können jedoch mehr als nur Verlustängste stecken: Besitz- und Anspruchsdenken, der Wunsch nach Kontrolle, das Bedürfnis, Macht zu behalten oder das eigene Selbstbild nicht infrage stellen zu müssen. In offenen Beziehungsmodellen zeigt sich Eifersucht oft dann besonders intensiv, wenn die Aufregung einer neuen Verbindung (NRE) auf die tiefe Verbundenheit einer bestehenden Partnerschaft (ERE) trifft. Für die Person, die sich nicht neu verliebt hat, kann das starke emotionale Reaktionen auslösen, die meist unter dem Begriff *Eifersucht* zusammengefasst werden. Tatsächlich handelt es sich dabei oft um eine Mischung aus verschiedenen Gefühlen, etwa Wut, Traurigkeit, Unsicherheit, Neid oder Verlustangst.

Unbearbeitet kann Eifersucht eine Beziehung belasten, Vertrauen untergraben und die Beziehungsqualität mindern – besonders, wenn sie unausgesprochen bleibt oder destruktiv ausgelebt wird, etwa durch Kontrollversuche, Vorwürfe, Kritik oder Rückzug. Entscheidend ist daher nicht, ob Eifersucht auftritt, sondern, wie wir mit ihr umgehen: Sie kann zu Entfremdung führen oder ehrliche Kommunikation und persönliches Wachstum fördern.

Gerade in Debatten um offene Beziehungen wird Eifersucht oft als *Gegenbeweis* angeführt. Für viele polyamor lebende Menschen ist sie jedoch kein Zeichen dafür, dass zeitgleiche Liebesbeziehungen zu mehreren Menschen nicht funktionieren. Vielmehr betrachten sie sie als natürliche Begleiterscheinung von Liebe in ihrer Vielfalt – ein Signal, das Unsicherheiten sichtbar macht und Entwicklung anstoßen kann. Wachstum beginnt, wenn wir das wahre Bedürfnis hinter der Emotion erkennen. Dann lässt sich, im Sinne der Transmutation von Emotionen (vgl. Kap. 13), konstruktiv für die eigenen Bedürfnisse einstehen und bewusst im eigenen Interesse handeln.

Beziehungswirklichkeiten

Ein weit verbreiteter Irrglaube ist, dass polyamore Menschen keine Eifersucht empfinden. Ahmed (26) berichtet: „Ich selbst habe Eifersucht auch erst kennengelernt, als wir damals uns entschieden haben, die Beziehung zu öffnen. Ich war vorher der festen Überzeugung, ich bin kein eifersüchtiger Mensch." Pia (44) stellt fest: „Das alte und wohl meistbesprochene Thema. Eifersucht lauert hinter jeder Ecke und macht auch vor Menschen in polyamoren Beziehungen nicht halt. Allerdings kann man verstehen, dass Eifersucht nicht Bedrohung bedeuten muss, sondern Chance zur Entwicklung sein kann. Und dann ist sie schon gleich bei weitem nicht mehr so schlimm und meistens gut handhabbar."

Einige polyamor lebende Menschen vergleichen Eifersucht mit Geschwisterrivalität. In beiden Fällen entsteht das Gefühl, Liebe oder Aufmerksamkeit teilen zu müssen. Wie bei Geschwisterrivalität lässt sich auch Eifersucht oft mit Geduld, Zuwendung und Klarheit entschärfen. Es gibt jedoch Grenzen. Für manche Menschen ist Eifersucht so belastend, dass eine offene Beziehung kaum praktikabel bleibt. Unsere therapeutische Erfahrung zeigt: Innere Stabilität und die Fähigkeit zur emotionalen Selbstregulation sind wesentliche Voraussetzungen, um Polyamorie langfristig (glücklich) zu leben. Manchmal ist es daher sinnvoll, sich zunächst den eigenen Unsicherheiten zu widmen, bevor eine Beziehung geöffnet wird. Und in einigen Fällen ist eine offene Beziehungsform schlichtweg nicht passend, ohne dass dies als persönliches Scheitern zu verstehen ist.

Eifersucht in der Liebes- und Geschlechterordnung
Über Jahrhunderte hinweg wurde Eifersucht romantisiert. Filme, Musik und Literatur inszenieren sie als Zeichen tiefer Liebe. Besonders in bekannten Songs wird diese Idee deutlich: *Every Breath You Take* von The Police beschreibt obsessive Kontrolle als Ausdruck von Zuneigung und wird bis heute missverstanden und verklärt. Auch *Jealousy* von Queen schildert Eifersucht als schmerzhaft, aber nahezu unausweichlich. Solche Darstellungen haben dazu beigetragen, dass Eifersucht lange als unvermeidbarer Bestandteil von Liebe galt, anstatt als Herausforderung, mit der man bewusst umgehen kann.

Auffällig ist: Eifersucht wird häufig anders bewertet als andere intensive Emotionen. Trauer etwa gilt als vorübergehende Phase, die mit der Zeit abklingt. Eifersucht hingegen wird oft als feste Charaktereigenschaft – etwas, das *man eben hat oder nicht.* Diese Sichtweise erschwert es, alternative Strategien im Umgang mit ihr zu entwickeln.

Ein Satz, den ich (AM) immer wieder von exklusiv lebenden Menschen höre, lautet: *Ich könnte das nicht, ich wäre viel zu eifersüchtig.* Solche Aussagen spiegeln die patriarchal geprägte Liebesordnung wider, mit Vorstellungen wie: Liebe existiert nur in exklusiven Beziehungen; Eifersucht ist ein legitimes Instrument, um die monogame Beziehung zu schützen; Eifersucht kann so unerträglich werden, dass sie Beziehungen zerstört (entweder die neue, die alte oder beide). Viele dieser Annahmen beruhen auf überlieferten Erzählungen und romantischen Idealen, etwa der Idee, dass *die eine Person unsere bessere Hälfte* ist. Doch Eifersucht ist weder besonders hilfreich noch ein Beweis großer Liebesfähigkeit. Psychologische Forschung hat wiederholt gezeigt (Richter et al., 2022), dass ein hoher Grad an Eifersucht mit persönlichen Verletzlichkeiten, wie emotionaler Instabilität, geringer Verträglichkeit und unsicheren Bindungsmustern (vermeidend, ängstlich) verknüpft ist. Warum also Eifersucht nicht als persönliche Begrenztheit verstehen, mit der wir fürsorglich umgehen dürfen? Mit einem veränderten Liebesideal kann sich auch der gesellschaftliche Stellenwert von Eifersucht wandeln, so wie sich auch andere Normen verändert haben. Noch vor wenigen Jahrzehnten galt Sex vor der Ehe oder gleichgeschlechtliche Liebe als Tabu. Gesellschaftlicher Wandel wird möglich, wenn Menschen ihre verinnerlichten Überzeugungen hinterfragen. Aus offenen oder polyamoren Beziehungen können so neue Erzählungen entstehen, die auf Vertrauen, Eigenständigkeit und Verbundenheit basieren. Die Philosoph*innen Ben-Ze'ev und Goussinsky (2008, S. 195) schreiben dazu: „Die menschlichen Fähigkeiten geben uns ein gewisses Maß an Freiheit und ermöglichen es uns, mit der Realität zu unserem Vorteil zu spielen.“

Eifersucht tiefer verstehen

Eifersucht ist kein Zeichen für das Scheitern einer Beziehung, sondern ein *Alarmsignal.* Sie weist auf unerfüllte Bedürfnisse hin, wie Sicherheit, Nähe oder Bestätigung (Ben-Ze'ev & Goussinsky, 2008). Sie muss nicht unkontrolliert ausgelebt werden, sondern kann, auch in ihrer Intensität, als Hinweis verstanden werden. Emotionen sind Signale, keine Handlungsanweisungen. Manchmal mischt sich in die Eifersucht auch Neid, etwa auf eine neue Beziehung der Beziehungsperson. In solchen Fällen signalisiert Eifersucht vor allem ein verstärktes Bedürfnis nach Zuwendung.

Eifersucht entsteht nicht immer aus Unsicherheit oder Verlustangst. Manchmal ist sie Ausdruck von Wut, etwa wenn sich jemand übergangen, ungerecht behandelt oder entmachtet fühlt. Dann reagiert die Person weniger aus innerer Verletzlichkeit, sondern auf einen wahrgenommenen Kontrollverlust oder gebrochene Vereinbarungen. Besonders deutlich wird das, wenn Exklusivität als Besitz gedacht wird: *Ich war zuerst da; Das ist meine Beziehungsperson* oder *Warum bekommt die andere Person das, was mir verwehrt blieb?* Hier werden oft implizite Machtgefälle oder Anspruchsdenken sichtbar oder ein Glaube an eine *Liebesgerechtigkeit,* die verletzt wurde. Die Wut richtet sich entweder gegen die dritte Person, gegen die Beziehungsperson oder gegen die ganze Situation. Auch dieses Gefühl ist nicht per se destruktiv: Es zeigt, dass Grenzen überschritten wurden oder eigene Bedürfnisse übersehen wurden. Entscheidend ist die daraus folgende Handlung. Wird die Wut genutzt, um Klarheit zu schaffen? Oder wird sie Ausdruck von Misstrauen, Kontrolle oder Abwertung?

Unabhängig davon, ob Eifersucht aus Angst oder Wut entsteht: Das Ziel ist nicht, sie abzuschaffen, sondern konstruktiv mit ihr umzugehen. Sie hat ihre Daseinsberechtigung und sollte weder verharmlost noch dramatisiert werden. Hilfreich ist es, sie als natürliche Reaktion zu akzeptieren und bewusst zu regulieren. Dabei spielen Selbstreflexion, Selbstregulation und der offene Austausch mit der Beziehungsperson eine zentrale Rolle. Oft sind starke Eifersuchtsgefühle mit biografischen Erfahrungen oder persönlichen Werten verknüpft.

Studien (Buss et al., 1992) legen aufgrund von Geschlechterunterschieden in der Eifersucht auch evolutionäre Gründe nahe. Frauen reagieren tendenziell stärker auf *emotionale Untreue – Liebt er mich noch?* –, während Männer *sexuelle Untreue* als größere Bedrohung empfinden – *War Sex im Spiel?* Evolutionsbiolog*innen führen dies auf die Versorgung von Nachkommen beziehungsweise die Sicherstellung der Vaterschaft zurück. Ob Unterschiede biologisch verankert sind oder auf Geschlechtersozialisation beruhen – Frauen werden stärker auf Beziehungen und Emotionen, Männer auf Konkurrenz und Eroberung geprägt – ist nicht abschließend geklärt.

Obwohl in modernen Beziehungen nicht das Überleben auf dem Spiel steht, reagiert unser Gehirn oft so, als wäre es anders. Starke Emotionen wie Eifersucht aktivieren Stressreaktionen, verzerren Wahrnehmungen und lassen harmlose Situationen bedrohlich erscheinen. Eine beiläufige Nachricht oder Bemerkung der Beziehungsperson kann plötzlich übermäßig wichtig wirken. Unser Alarmsystem unterscheidet nicht zwischen realen und eingebildeten Gefahren. Dieser einst überlebenswichtige Mechanismus kann heute toxische Beziehungsmuster und sogar Gewalt fördern.

Wir sind unseren Emotionen nicht ausgeliefert. Auch intensive Gefühle wie Ärger, Trauer oder Angst lassen sich regulieren und verlieren mit der Zeit an Intensität, genau wie Stress oder andere emotionale Trigger. So wie beruflicher Stress oder die Geburt eines Kindes bewältigt werden können, lassen sich auch NRE und die damit verbundenen Gefühle wie Eifersucht oder Neid reflektieren und steuern. Die Angst, jemanden zu verlieren, zeigt, wie wichtig uns diese Person ist und darf auch geäußert werden. Sie in Kontrolle zu verwandeln, ist jedoch kontraproduktiv.

Das innere Alarmsystem
Die Intensität unserer emotionalen Reaktionen ist nicht nur gesellschaftlich und biologisch bedingt, sondern oft auch biografisch. Wer in der Kindheit Unsicherheit, Zurückweisung oder Grenzverletzungen erlebt hat, reagiert im Erwachsenenalter häufig besonders sensibel auf ähnliche Situationen. Solche *Trigger* können das innere Alarmsystem verstärken, manchmal so stark, dass die Reaktionen von außen betrachtet unverhältnismäßig wirken. Menschen, die als Kinder Erfahrungen mit Unzuverlässigkeit oder emotionaler Vernachlässigung gemacht haben, reagieren oft besonders sensibel auf bestimmte Verhaltensweisen ihrer Beziehungsperson. Statt Sicherheit zu fördern, führen solche Reaktionen leicht zu Konflikten und Distanz. Auch frühere Erlebnisse von Untreue oder instabilen Beziehungen können Verlustängste verstärken. Unsichere Bindungsstile und ein geringes Selbstwertgefühl erhöhen das Risiko, in vermeintlich bedrohlichen Situationen überzureagieren.

Viele Menschen nutzen die Schablone der Monogamie, um solche Unsicherheiten abzufedern. Der symbolische Ring am Finger kann eine beruhigende Wirkung haben, auch wenn er keine Garantie für Treue bietet. Polyamorie hingegen nimmt diese Kontrollillusion weg und legt Bindungsunsicherheiten offen. Die Therapeutin Jessica Fern (2023) nennt die Vollausprägung dieses Phänomens *primal panic* (dt.: *archaische Panik*) – eine tiefe, instinktive Angst, ausgelöst durch ungeheilte Bindungswunden. Für Menschen mit starken Triggern kann Unsicherheit in Beziehungen – und damit auch ein offenes Liebesmodell – überwältigend sein. Sie sollten dafür nicht abgewertet werden, sondern ihre Grenzen klar benennen dürfen.

Menschen mit biografischen Beziehungswunden neigen zudem oft dazu, ihre Beziehungspersonen zu idealisieren und unerfüllte Sehnsüchte auf sie zu projizieren. Das passiert in gewissem Maß bei allen, doch bei stark verletzten Personen ist die Intensität höher. Die Folge: Die *Fallhöhe* bei Enttäuschung oder Verunsicherung steigt und aus Eifersucht kann im subjektiven Erleben eine Katastrophe werden. In solchen Fällen ist es hilfreich, sich zunächst um die eigene emotionale Sicherheit zu kümmern, bevor eine offene Beziehungsform gelebt wird. Manchmal bedeutet das, *Polyamorie* zu pausieren oder gar nicht zu beginnen und sich auf persönliche Heilung zu konzentrieren, idealerweise mit professioneller Unterstützung. Mögliche Anzeichen ungeheilter Bindungswunden können sein:

- tiefe Überzeugung, kaputt oder nicht in Ordnung zu sein,
- anhaltende Angst, verlassen zu werden,
- Gefühl, nicht wertvoll genug für Liebe zu sein,
- ständige Suche nach Anerkennung, auch auf Kosten eigener Bedürfnisse,
- große Angst, Grenzen zu setzen oder
- Schwierigkeit, Spannungen auszuhalten und stattdessen sofortige Erleichterung durch Konsum, Ablenkungen oder Substanzen suchen.

Eifersucht bewältigen

Nicht alle Menschen erleben Eifersucht gleich. Manche sind für Polyamorie gut gerüstet, weil sie ohnehin wenig Eifersucht oder Selbstwertzweifel verspüren. Für andere ist sie so schmerzhaft, dass sie selbst nach mehreren Versuchen ihr Einverständnis zur Öffnung der Beziehung zurückziehen, um diese Belastung nicht weiter aushalten zu müssen. Viele liegen irgendwo dazwischen: Sie müssen lernen, Eifersucht aktiv zu bewältigen.

Der erste Schritt besteht darin, Eifersucht nicht zu verdrängen oder abzuwerten, sondern sie als Teil der eigenen Geschichte zu verstehen. Dieses Bewusstsein eröffnet die Möglichkeit, neue Wege im Umgang zu finden. Auch eifersüchtige Menschen können lernen, konstruktiv zu reagieren, etwa indem sie eine Balance suchen: die Eifersucht weder zu dramatisieren noch abzuwehren und sich auch nicht vollständig danach zu richten. Eifersucht kann wie eine Fessel wirken, sowohl für die Person, die sie empfindet, als auch für die, auf die sie sich richtet.

Beim *Bewältigen von Eifersucht* hilft es, sich an persönliche Werte zu erinnern, die Orientierung geben. Hierfür empfehlen wir den vorgestellten *Leitstern.* Diese Werte bilden einen inneren Kompass, um alte Reaktionsmuster schrittweise zu verlernen und neue, konstruktive Verhaltensweisen zu entwickeln.

Praxistool

Dein Leitstern im Umgang mit Eifersucht

Dieses Tool hilft Dir, in Momenten von Eifersucht bewusst eine innere Haltung zu wählen, die Dir Stabilität gibt und Deine Werte im Blick behält. So kannst Du aus einem belastenden Gefühl einen Impuls für Wachstum und Verbundenheit machen.

- *Wähle* einen der acht Werte des Leitsterns, der Dich gerade am meisten anspricht (z. B. Augenhöhe, Einzigartigkeit, Fürsorge, Verletzlichkeit, Transzendenz, Vielschichtigkeit, Beweglichkeit, Eigenständigkeit).
- *Beschreibe* eine konkrete Situation, in der Eifersucht bei Dir hochkommt.
- *Überlege,* wie Du diesen Wert in genau dieser Situation leben könntest.
- *Formuliere* daraus einen kurzen Ich-Satz als Erinnerung oder Selbst-Affirmation.

Beispiel:

- *Wert:* Beweglichkeit
- *Situation:* Meine Beziehungsperson erzählt von einem sehr innigen Moment mit jemand Neuem.
- *Haltung:* Ich atme tief durch und erlaube mir, neue Erfahrungen nicht sofort zu bewerten.
- *Ich-Satz: Ich kann heute fühlen, was ich fühle – und morgen neu entscheiden.*

Tipp: Schreibe Deinen Ich-Satz auf einen Zettel oder ins Handy. Lies ihn, wenn Eifersucht auftaucht, um Dich an Deine gewählte Haltung zu erinnern.

Eifersucht zu bewältigen ist oft ein unkonventioneller Weg. Wer ihn einschlägt, schwimmt gegen den Strom gesellschaftlicher Erwartungen. Kritik ist daher häufig *vorprogrammiert.* Die klassische Liebesgeschichte basiert oft auf Besitzdenken und Exklusivität. Wer andere Modelle lebt, löst bei vielen Menschen kognitive Dissonanzen aus. Das Umfeld kann ablehnend reagieren: *Das ist ja wohl nicht Dein Ernst, das zulassen zu wollen!?* Und es können innere Stimmen auftauchen, die Zweifel säen. Madeleine Alizadeh (2022, S. 156–157) beschreibt in *Unlearn Patriarchy,* wie die *leise Stimme des Patriarchats* in ihr Schuld- und Schamgefühle auslöst, wenn sie gegen traditionelle Erwartungen handelt, und sie diese aushalten lernt, weil es der einzige Weg ist, um gesellschaftliche Zwänge zu dekonstruieren.

Dabei übt die Autorin Leitstern-Werte wie *Augenhöhe, Vielschichtigkeit* und *Eigenständigkeit* ein. Indem sie ihrem Wunsch, keine Kinder zu wollen, treu bleibt, wahrt sie ihre *Einzigartigkeit,* auch wenn die *leise Stimme* versucht, sie zu verunsichern. Ihre Klarheit darüber, was und wie sie leben möchte, gibt ihr Halt und ermöglicht es ihr, aufkommenden Emotionen konstruktiv zu begegnen. So entstehen neue Erfahrungen, die ihrem Leben eine andere Richtung geben können – denn wer sein Verhalten verändert, provoziert auch veränderte Reaktionen. Auf diese Weise lernt sie, emotional auf eigenen Beinen zu stehen. Diesen inneren Konflikt trägt sie zwar allein aus, doch sie müsste es nicht. Sie könnte sich auch auf *Fürsorge* aus Poly- oder anderen wertschätzenden Gemeinschaften stützen, indem sie sich dort austauscht und Unterstützung findet.

Jede Situation erfordert eine eigene Antwort. Oft braucht es gezieltes Training, um alte, konditionierte Reaktionen zu *verlernen* und neue Reaktionen zu *erlernen.* Der Leitstern und die dazugehörigen Übungen können genutzt werden, um ein solches persönliches oder gemeinschaftliches Trainingsprogramm zu entwickeln. Damit lassen sich die eigenen Grenzen Schritt für Schritt erweitern und der leisen Stimme der alten Ordnungen etwas Substanzielles entgegenzusetzen – wenn man es möchte.

Kinder sind in der Regel erstaunlich flexibel, wenn es um die Liebe der Eltern geht – sowohl ihnen selbst als auch ihren Geschwistern gegenüber. Zwar lässt sich Eifersucht schon bei sehr kleinen Kindern beobachten, doch größere Konflikte entstehen meist dann, wenn ein Kind den Eindruck hat, zu wenig Aufmerksamkeit oder Zuwendung zu erhalten. Solche Situationen treten oft auf, wenn ein neues Geschwisterkind geboren wird, die Eltern mit eigenen Konflikten verstrickt sind oder ein Elternteil seine Aufmerksamkeit auf eine neue Beziehungsperson richtet. Liebevolle Eltern begegnen dieser Eifersucht mit einer doppelten Haltung: Sie vermitteln Wertschätzung *(Du bleibst immer meine allererste Tochter; Ich habe Euch beide lieb)* und setzen zugleich klare Grenzen, wenn das Verhalten verletzend ist *(Ich bin gleich für Dich da, aber bis dahin musst Du warten und darfst nicht Deinen kleinen Bruder hauen).*

Ein ähnliches Prinzip findet sich bei polyamor lebenden Menschen im Umgang mit Eifersucht. Auch hier geht es um eine bewusste Kombination aus Akzeptanz, offener

Kommunikation und der *Verantwortung jedes Einzelnen, an der eigenen Selbstregulation* zu arbeiten. Ziel ist es, Eifersucht gemeinsam zu verstehen und Verlustängste offen zu besprechen. Die betroffene Person wird ermutigt, ihre Gefühle zu erforschen: Woher kommen diese Gefühle? Welche Ängste oder Unsicherheiten liegen darunter? Die andere Beziehungsperson kann diesen Prozess unterstützen, indem sie – wie Eltern in der Geschwisterdynamik – liebevolle Zuwendung zeigt und Sicherheit vermittelt.

Was passiert, wenn Eifersucht nicht verdrängt, sondern ernst genommen wird? Zwei Frauen erzählen, wie sie gelernt haben, damit umzugehen:

Beziehungswirklichkeiten

Die folgenden Erfahrungen zeigen, wie Menschen mit Eifersucht und emotionalen Spannungen umgehen.

- „Bei Eifersucht ist es für mich immer sinnvoll herauszufinden, woher sie kommt. Meistens steckt bei mir Unsicherheit dahinter – und die Angst, alleine nicht klarzukommen. Genau deshalb bin ich momentan Single: Ich wollte lernen, dass ich auch ohne Beziehung okay bin. In meiner Therapie arbeite ich daran, mit meinen starken Emotionen besser umzugehen. Besonders herausfordernd war es, mich meinen Ängsten zu stellen – Eifersucht, Verlassenheitsangst, aber auch Neid und Scham. Das war nicht leicht, aber letztlich heilsam. Es hat mir geholfen, wieder mehr bei mir selbst anzukommen." (Tanja, 42)
- „Ein Wendepunkt für mich war, Eifersucht als Ausdruck meiner eigenen Unsicherheit zu erkennen – nicht als Schuld der anderen. Diese Unsicherheit anzunehmen, anstatt sie zu verdrängen, war entscheidend. Ich versuche inzwischen, Spannungsgefühle als Einladung zum gemeinsamen Lernen zu sehen. Dafür braucht es einen achtsamen Umgang mit dem gemeinsamen Raum – vor allem in nicht-monogamen Beziehungen. Für mich ist es wichtig, Unsicherheit nicht abzuwerten, sondern zu fragen: Was braucht es gerade? Welche Grenzen wollen geachtet werden? Polyamorie bringt mehr Komplexität mit sich – und ja, die kann überfordern. Aber auch das Ideal ‚Nur du' kann zur Überforderung werden, wenn es zu eng wird." (Ruth, 39)

Viele polyamor lebende Menschen betrachten Eifersucht als handhabbar, solange man bereit ist, sich selbst kritisch zu hinterfragen und im offenen Gespräch gemeinsam nach Lösungen zu suchen. Diese Auseinandersetzung kann anstrengend sein, führt aber oft zu tieferer Selbsterkenntnis und Beziehungsreife. Manchmal entsteht in solchen Gesprächen der Wunsch nach vollständiger Transparenz. Tatsächlich spielt der bewusste Umgang mit Informationen über Begegnungen außerhalb der Kernbeziehung in polyamoren Konstellationen eine wichtige Rolle. Doch totale Offenlegung kann leicht in Kontrolle umschlagen und damit genau jene Freiheit untergraben, die viele polyamore Beziehungsmodelle bewusst schützen wollen. Wie die Philosophin Federica Gregoratto (2021, S. 41) treffend beschreibt: „Schatten und tote Winkel prägen polyamore Beziehungen in unheimlicher und kostbarer Weise.“ Es geht also weniger darum, alles wissen zu müssen, als vielmehr darum, Unsicherheiten – *Ambiguität* – aushalten zu können. Die Basis dafür ist gegenseitiges Vertrauen. Ziel ist nicht, jede – womöglich schmerzliche – Einzelheit offenzulegen, sondern einen respektvollen Umgang zu pflegen, der individuelle Grenzen achtet und dennoch Verbindung ermöglicht.

Beziehungswirklichkeiten

Die folgenden Stimmen zeigen, wie Menschen Offenheit, Grenzen und Ambiguität in ihren Beziehungen aushandeln.

- „Die Bereitschaft zur Offenheit ist uneingeschränkt, aber das hat Grenzen – manchmal in sehr intimen Fragen. Es gibt eine Intim- und Privatsphäre, die ich für mich in Anspruch nehme.“ (Marta, 34)
- „Manchmal komme ich von einem Date zurück und sage: ‚Hey, ich hatte ein tolles Date.‘ Dann sagt die andere Person: ‚Okay, ich kann das gerade nicht hören, erzähl es mir morgen.‘ Wir versuchen, unsere Grenzen jeweils klar zu kommunizieren.“ (Lukas, 37)
- „Wenn sie etwas wissen möchte, beantworte ich alles. Was sie nicht fragt, erzähle ich nicht – aus Respekt, um sie nicht zu überfordern.“ (Derya, 41)

Ambiguität und Privatsphäre gemeinsam auszuhalten, stärkt nicht nur das Vertrauen in die Beziehung, sondern schult auch den Umgang mit unvermeidbaren Unsicherheiten. Wenn Beziehungspersonen bewusst entscheiden, welche Informationen sie miteinander teilen und welche nicht, entsteht ein Raum für gegenseitige Rücksichtnahme und individuelles Wohlbefinden. Doch solche Entscheidungen sind nicht immer einfach und ihre Wirkung ist nicht in jedem Fall hilfreich, wie das folgende Beispiel zeigt:

Beziehungswirklichkeiten

Tanja (41) erzählte ihrer Partnerin Lore (45) möglichst wenig von ihren Dates. Ihre Absicht: Lore zu schonen und ihre Gefühle nicht zu verletzen. Irgendwann brach es aus Lore hervor: „Ich will mehr wissen! Was verheimlichst Du mir eigentlich alles?" Tanja, die sich völlig missverstanden fühlte, begann demonstrativ, ausführlich die aktuellen Gesprächsthemen, Dynamiken und Situationen mit ihren zwei Dating-Partnern zu schildern – Herzschmerz, Missverständnisse und positive Momente inklusive. Zu ihrem Erstaunen fühlte sich Lore abgeholt und endlich einmal umfassend informiert. Schon nach kurzer Zeit waren Tanja und Lore intensiv in einen freundschaftlichen Austausch über diese Geschehnisse eingestiegen und fühlten sich einander nah wie lange nicht mehr. Danach änderte Tanja ihr Verhalten: Sie berichtete mehr Details und fragte Lore vorher, ob sie dafür aufnahmefähig sei. Lore ging es damit deutlich besser, weil sie dann zuordnen konnte, warum Tanja vielleicht gerade schlechte Laune hatte oder mit Traurigkeit kämpfte.

Langfristige Strategien gegen die Eifersucht

Ein starkes Bedürfnis nach Kontrolle entsteht oft dort, wo Unsicherheit herrscht – sei es in uns selbst oder in der Beziehung. Um Eifersucht langfristig regulieren zu können, ist es daher entscheidend, emotionale und persönliche

Sicherheit aufzubauen. Dieses Gefühl von Sicherheit lässt sich in Beziehungen gezielt stärken – ein zentraler Aspekt dessen, was wir in der Beratung als *Beziehungspflege* bezeichnen. Dazu gehört, offen über Wünsche, Ängste, Bedürfnisse und Grenzen zu sprechen und die Grenzen der Beziehungsperson ebenso ernst zu nehmen wie die eigenen Grenzen. Wer verlässlich handelt, Zusagen einhält und transparent bleibt, schafft ein tragfähiges Fundament aus Vertrauen. Gerade in herausfordernden Momenten zeigt sich, wie wertvoll diese Basis ist, um nicht in Kontrollimpulse oder Misstrauen zurückzufallen.

Beziehungswirklichkeiten

„Ich glaube, man ist in polyamoren Beziehungen gut aufgehoben, wenn man einen stabilen Selbstwert hat und Liebe sowie Bestätigung nicht von anderen abhängig macht. Selbstliebe ist für mich die wichtigste Kompetenz in solchen Beziehungsformen. Wenn ich nicht erwarte, dass meine Beziehungsperson meinen Selbstwert ständig aufpoliert, kann ich jede Form von Zuneigung als Geschenk sehen. Das hilft enorm gegen Eifersucht. Wichtig ist für mich auch eine offene und ehrliche Kommunikation – sie schafft Vertrauen und hilft, mit Triggern umzugehen." (Maya, 37)

Ein weiterer Schlüssel liegt in der Stärkung der eigenen *Eigenständigkeit.* Eifersucht entsteht oft dort, wo das eigene Wohlbefinden stark von der Zuwendung oder Bestätigung durch die Beziehungsperson abhängt. Wer dagegen sein Leben aktiv und erfüllt gestaltet, etwa durch Freundschaften, Hobbys oder berufliche Interessen, stärkt das Selbstwertgefühl und entwickelt ein gesundes Gefühl von Unabhängigkeit. Die Liebesbeziehung wird dann als Bereicherung erlebt, nicht als alleinige Quelle von Glück oder Identität. Diese Haltung erleichtert es, anzuerkennen, dass auch die Beziehungsperson eigenständig handelt – ohne dass dies automatisch die Bindung infrage stellt. Besonders wichtig ist dieser Aspekt für Menschen, in einer hierarchischen Mehrpersonenbeziehung die sekundäre Rolle einnehmen. Sie haben oft weniger Zeit mit ihrer Beziehungsperson, etwa weil diese in ein Familienleben eingebunden ist. Für sie wird *Eigenständigkeit* fast überlebenswichtig, vor allem dann, wenn sie als sogenannte *Satelliten* leben und keine weiteren festen Partnerschaften haben. Manche schätzen diese Rolle sogar sehr: Sie erlaubt Nähe und Intimität, ohne auf andere Lebensbereiche zu verzichten, und schafft Raum für berufliche oder persönliche Freiheiten.

Eine bewährte Strategie gegen Eifersucht besteht darin, sich die *Einzigartigkeit der eigenen Beziehung* bewusst zu machen. Gemeinsame Erlebnisse – etwa das Studium, der erste Job, Kinder, Reisen, durchtanzte Nächte oder gegenseitige Unterstützung in schwierigen Lebensphasen – schaffen eine emotionale Tiefe, die über Jahre gewachsen ist. Diese besondere Verbindung lässt sich durch neue Beziehungen nicht ersetzen. Wer den Blick auf diese gemeinsame Geschichte lenkt, kann daraus ein Gefühl von Sicherheit schöpfen. Die über Jahre gewachsene Verbundenheit vermittelt das Vertrauen: Neue Beziehungen bedrohen diese Basis nicht, sie können sie ergänzen. Auch für neuere Beziehungspersonen gibt es eine eigene Form von *Einzigartigkeit:* Sie teilen Erfahrungen oder Facetten von Beziehung, die mit langjährigen Beziehungspersonen so nicht gelebt werden – sei es durch spezielle Interessen, besondere sexuelle Vorlieben oder ein Gefühl von Leichtigkeit, Neugier und Unbekümmertheit.

Der *gezielte Aufbau emotionaler Sicherheit* ist ebenfalls zentral. Regelmäßige Gesten der Zuneigung und das bewusste Bestätigen der gegenseitigen Bedeutung stärken das Gefühl, wichtig und wertvoll füreinander zu sein. Eine Übung, die sich sowohl in der Beratung und auch in unseren Beziehungen bewährt hat, ist der bewusste Austausch darüber, was man an der anderen Beziehungsperson schätzt. Diese Form der Wertschätzung vertieft emotionale Nähe. Hilfreich ist auch das Etablieren gemeinsamer Rituale: feste Abende zu zweit, gemeinsame Hobbys oder liebevoll gepflegte Alltagsmomente. Solche Rituale fördern das Gefühl von Zusammengehörigkeit und tragen zur emotionalen Stabilität bei.

Manchmal kann auch die *Erotisierung einer anderen Beziehung* eine wirksame Strategie gegen Eifersucht sein. Die Vorstellung, dass die Beziehungsperson ein begehrenswertes, autonomes sexuelles Wesen ist, das sich freiwillig für die gemeinsame Verbindung entscheidet, kann Unsicherheiten in Stolz und Freude verwandeln. Statt sich unzulänglich zu fühlen, entsteht ein neues Begehren und oft auch der Impuls, die eigene Sexualität zu bereichern. Für manche Paare entwickelt sich daraus eine Dynamik, die sowohl Vertrauen als auch erotische Anziehung vertieft. Der Gedanke, dass die Beziehungsperson außerhalb der gemeinsamen Verbindung sexuelle Erfüllung erlebt, kann das eigene Begehren intensivieren, besonders, wenn diese Erfahrungen achtsam und respektvoll geteilt werden. Wichtig ist dabei emotionale Sicherheit und klare Kommunikation: Ohne diese Grundlage kann der Versuch, Eifersucht in erotische Energie zu verwandeln, Unsicherheiten eher verstärken. Praktisch lässt sich diese Haltung fördern, indem man die Attraktivität des Gegenübers in anderen Kontexten bewusst wahrnimmt, erotische Fantasien teilt oder offen über sexuelle Wünsche spricht.

Diese *Neuverhandlung* der eigenen Gefühle ist zweifellos herausfordernd. Sie kann Schmerz und Unsicherheit mit sich bringen, eine Phase, die oft unangenehm ist. Doch dieser Preis kann sich lohnen, denn es entsteht ein Mehr an Lebendigkeit, Freiheit und emotionaler Tiefe. Eine Klientin formulierte es treffend: *double pain, double gain* (dt.: doppelter Schmerz, doppelter Gewinn). Federica Gregoratto (2021, S. 40) schreibt dazu: „Der entscheidende Punkt des polyamourösen Projekts ist eine Reaktion auf das, was mit uns und mit denen, die wir lieben, geschieht. Es ist die Wahl, die Verletzlichkeit – die Ungewissheit, die Angst vor Verlust und Veränderung – mutig in Kauf zu nehmen. Es kann gute Gründe dafür geben, diese Wahl nicht treffen zu wollen."

Die beschriebenen Strategien gegen Eifersucht lassen sich im Alltag am besten umsetzen, wenn wir unsere eigenen Bedürfnisse, Werte und Grenzen klar kennen und sie kommunizieren können. Das folgende Praxistool unterstützt dabei, diese Aspekte bewusst zu machen und sie mit der eigenen Beziehungsperson zu teilen.

Praxistool

Erkenne und benenne Deine Signale für Wohlbefinden
Jede Beziehung bringt schöne Momente und Herausforderungen mit sich. Diese Übung hilft Dir, Deine Werte, Bedürfnisse und Grenzen bewusster zu erkennen.

- *Grüne Flaggen:* Was tut Dir in Beziehungen gut? Beispiel: Deine Beziehungsperson fragt, wie Dein Tag war, hört Dir aufmerksam zu und unterstützt Deine Ziele. Ihr könnt über Probleme sprechen, ohne dass es gleich eskaliert.
- *Gelbe Flaggen:* Was ist manchmal schwierig, aber verhandelbar? Beispiel: Deine Beziehungsperson schreibt selten von sich aus, aber wenn Ihr Euch trefft, fühlt Ihr Euch eng verbunden. Oder: Ihr habt unterschiedliche Bedürfnisse nach Nähe – Du möchtest mehr gemeinsame Zeit, Deine Beziehungsperson braucht öfter Zeit für sich.
- *Rote Flaggen* – Was ist für Dich ein absolutes No-Go? Beispiel: Deine Beziehungsperson ignoriert Dich tagelang nach einem Streit. Du wirst für Deine Gefühle herabgesetzt oder unter Druck gesetzt, Dinge zu tun, mit denen Du Dich unwohl fühlst.

So geht's:

- Zeichne eine Flagge mit drei Bereichen (grün, gelb, rot).
- Schreibe in jeden Bereich Deine persönlichen Punkte, was Dir in Beziehungen wichtig ist und was für Dich nicht funktioniert.
- Kläre für Dich: Wo kannst Du Kompromisse eingehen? Wo musst Du klare Grenzen setzen? Was ist Dein Plan, wenn Deine Grenzen nicht respektiert werden?
- Zeigt Euch gegenseitig Eure Flaggen und sprecht darüber. Überlegt, wie Ihr möglichst viel im grünen Bereich bleiben könnt, und gebt Euch Feedback, wenn Ihr merkt, dass Ihr Euch im gelben oder roten Bereich bewegt.

Im Kap. 13 findet sich noch ein weiteres Tool zum Umgang mit Eifersucht oder Neid: der *Dreiklang zum Umgang mit starken Gefühlen*. Dort beschreiben wir außerdem weitere Möglichkeiten der Beziehungspflege – auch mit sich selbst.

10.6 Compersion: Mitfreude über das Glück anderer

„Ich bin überrascht, aber ich bekomme dieses warme, liebevolle Gefühl im Bauch, wenn ich an ihn mit seiner Frau denke." So beschreibt eine polyamor lebende Klientin das, was im Englischen als *Compersion* bezeichnet wird: die Freude über das Glück einer Beziehungsperson – insbesondere dann, wenn diese Zeit mit einer anderen Person verbringt oder eine neue Beziehung eingeht.

Der Begriff *Compersion* stammt vermutlich aus der Kerista-Kommune (vgl. Kap. 2). Seine genaue Herkunft ist unklar; wahrscheinlich flossen Einflüsse aus Begriffen wie *compassion* (dt.: Mitgefühl), *compère* (aus dem Französischen, dt.: Beziehungsperson) und *dispersion* (dt.: Verteilung) ein, eventuell auch weitere.

Obwohl Compersion vor allem im polyamoren Diskurs thematisiert wird, ist die zugrunde liegende Erfahrung keineswegs neu. Sie ist eine Variante der alltäglichen *Mitfreude,* wie wir sie empfinden, wenn ein Freund eine neue Liebe findet oder ein Kind eine Prüfung besteht. In freundschaftlichen und familiären Kontexten gilt diese *Resonanzfreude* als selbstverständlich, in romantischen Beziehungen hingegen endet sie oft abrupt, sobald Sexualität ins Spiel kommt. Das liegt an kulturellen Normen, die romantische Liebe stark mit Exklusivität verknüpfen. Für berufliche Erfolge, neue Hobbys oder bereichernde Freundschaften der Beziehungsperson freuen wir uns meist gerne, für neue romantische oder sexuelle Erfahrungen fällt es vielen schwer. Mitfreude kann jedoch bewusst gefördert werden: durch bewusste Reflexion, ehrlichen Austausch und eine respektvolle, vertrauensvolle Beziehungsführung (Flicker et al., 2022).

Interessanterweise finden sich in verschiedenen religiösen Traditionen Hinweise auf Mitfreude oder vergleichbare Konzepte. Im Christentum steht das Gebot der *Nächstenliebe* im Mittelpunkt, das nicht nur zur Hilfsbereitschaft aufruft, sondern auch die Fähigkeit umfasst, aufrichtige Freude über das Glück anderer zu empfinden. Das berühmte Friedensgebet, das oft dem heiligen Franz von Assisi zugeschrieben wird, bringt diese Haltung zum Ausdruck: *Denn wer sich hingibt, der empfängt.* Ähnliche Ideen finden sich in der buddhistischen Ethik. Dort werden die sogenannten brahmavihāras, die *göttlichen Verweilzustände,* beschrieben: *Mettā* (liebende Güte), *Karuṇā* (Fürsorge), *Muditā* (Mitfreude) und *Upekkhā* (Gleichmut). Zusammen schaffen sie die Grundlage für eine stabile, nicht-egozentrische Haltung gegenüber dem Glück anderer – eine Haltung, die nicht nur spontan entsteht, sondern bewusst entwickelt und gepflegt werden kann (Zörlein et al., 2023):

- *Mettā* (liebende Güte): Eine offene, wohlwollende Einstellung gegenüber allen Beteiligten, auch gegenüber Metamours. Sie ist bedingungslos und unabhängig von der aktuellen Gefühlslage.
- *Karuṇā* (Fürsorge): Die Bereitschaft, der Beziehungsperson besonders in schwierigen Momenten beizustehen, anstelle von Eifersucht oder Schadenfreude.
- *Muditā* (Mitfreude): Das Herzstück von Compersion, die aufrichtige Freude über das Glück der Beziehungsperson in einer anderen Verbindung.
- *Upekkhā* (Gleichmut): Die Fähigkeit, in herausfordernden Situationen die innere Balance zu bewahren. Sie schützt davor, von Eifersucht überwältigt zu werden, und hilft, Unsicherheiten anzunehmen, ohne dass sie das Verhalten dominieren.

Aus psychologischer Sicht lassen sich zwei Arten von Mitfreude unterscheiden: eine emotionale und eine einstellungsbezogene Form (Thouin-Savard & Flicker, 2023). Die *emotionale Compersion* äußert sich in positiven Gefühlen und körperlichen Empfindungen wie Freude, Wärme oder Zufriedenheit, wenn die Beziehungsperson schöne Momente mit einer anderen Person teilt. Im Gegensatz dazu beschreibt die *einstellungsbezogene Compersion* eine bewusste Haltung, die auf positiven Gedanken und Einstellungen beruht. Sie kann als Vorläufer der emotionalen Compersion betrachtet werden. Ein Zustand, in dem der Verstand bereits zustimmt, während das Herz noch Zeit benötigt, um nachzuziehen *(Kopf will es, Herz ist noch nicht so weit).* Beide Formen können unabhängig voneinander auftreten oder sich gegenseitig verstärken. Häufig geht die einstellungsbezogene Mitfreude der emotionalen Mitfreude voraus.

Ein Beispiel für einstellungsbezogene Mitfreude ist das folgende: Trotz innerer Unsicherheit schenke ich meiner Beziehungsperson eine Flasche Sekt für ihr erste Date mit mein Metamour und wünsche ihnen ein schönes gemeinsames Wochenende – auch wenn ich mich innerlich noch *wibbly* fühle, also nervös und angespannt in dieser neuen, ungewohnten Situation. Ich entscheide mich bewusst, das Glück meiner Beziehungsperson zu unterstützen, auch wenn meine eigenen Emotionen noch nicht im Einklang mit dieser Entscheidung sind. Solche Situationen erfordern bewusste, selbst gewählte *Emotionsarbeit,* vergleichbar mit Situationen, in denen Menschen sich bewusst auf Nähe einlassen, obwohl ihre Gefühle noch ambivalent sind (Oschatz et al., 2025). Wichtig ist dabei, aufmerksam zu beobachten, ob daraus langfristig ein stimmiges Erleben entsteht – *Letztlich war es für mich dann sogar auch ganz schön* – oder ob dauerhaft negative Gefühle entstehen – *Ich musste mich selbst immer wieder unterdrücken und habe die Freude an der Begegnung verloren. Achtsamkei*t in der Selbstbeobachtung und *Augenhöhe* beim Festlegen und Wahren eigener Grenzen sind fortlaufende Lernprozesse in der Polyamorie.

Mitfreude, ein Lernfeld

Studien mit polyamor lebenden Menschen zeigen, dass Mitfreude von verschiedenen persönlichen und beziehungsbezogenen Faktoren beeinflusst wird (Flicker et al., 2022; Mazziotta, 2025). Besonders wichtig ist dabei die *emotionale Sicherheit in der Beziehung.* Wer sich in der Beziehung geliebt und wertgeschätzt fühlt, hat seltener Angst, ersetzt oder übersehen zu werden. Ines (47) beschreibt es so: „Ich kann mich für meinen Partner freuen, weil ich weiß, dass ich ihm wichtig bin und unsere Beziehung nicht infrage steht.“ Ebenso bedeutsam ist ein *stabiles Selbstwertgefühl.* Wer den eigenen Wert unabhängig von der Beziehungsperson spürt, kann das Glück leichter genießen. Unsicherheiten oder Selbstzweifel hingegen erschweren Mitfreude. Mo (29) sagt dazu: „Wenn ich mich schlecht über mich selbst fühle, fällt es mir schwer, mich für andere zu freuen. Mein Selbstbild beeinflusst meine Fähigkeit zu Compersion direkt.“ Auch offene *Kommunikation und Transparenz* stärken Mitfreude. Regelmäßige Gespräche über Wünsche, Grenzen und Unsicherheiten schaffen Klarheit und vertiefen das Vertrauen. Besonders hilfreich ist es, wenn Beziehungspersonen positive Erfahrungen miteinander teilen. Laura berichtet (33): „Mein Partner erzählt mir begeistert von seinem Date. Ich sehe sein Glück und das macht mich glücklich.“ Fehlt diese Offenheit, wachsen Unsicherheiten und das Gefühl, ausgeschlossen zu sein, wie Andreas (42) es beschreibt: „Wenn mein Partner mir nichts über seine anderen Beziehungen erzählt, fühle ich mich ausgeschlossen, statt mich mitzufreuen.“

Eigene Bedürfnisse erfüllt wissen ist ein weiterer Schlüssel. Wer ausreichend Zeit, Aufmerksamkeit und emotionale Nähe bekommt, fühlt sich sicherer und kann leichter Compersion empfinden. Jan (42) beschreibt es so: „Ich kann mich für meine Partnerin freuen, wenn ich weiß, dass ich selbst nicht zu kurz komme.“ Herausfordernd kann die NRE sein, die intensive Anfangsverliebtheit in einer neuen Beziehung. Liegt der Fokus stark auf der neuen Person, können bestehende Beziehungspersonen sich vernachlässigt fühlen. Clara (23) erzählt: „Meine Partnerin ist gerade in einer neuen Beziehung und ich fühle mich etwas übersehen. Das macht es mir schwer, mich für sie zu freuen.“ Die *Wahrnehmung des Metamours* spielt ebenfalls eine Rolle. Sympathie oder Respekt gegenüber der Metamour fördern Mitfreude, wie es Maria (37) berichtet: „Ich empfinde mehr Compersion, wenn ich sehe, dass seine neue Partnerin ihn wirklich gut behandelt und er glücklich ist.“ Misstrauen oder Antipathie hingegen können deutlich hemmen. So beschreibt Lu (26): „Ich kann mich nicht für meinen Partner freuen, wenn ich den Eindruck habe, dass sein neuer Partner toxisch oder manipulativ ist."

Flicker und Kolleg*innen (2022) sowie unsere eigenen Erfahrungen zeigen, dass nicht alle polyamor lebenden Menschen Mitfreude erleben – und das ist vollkommen in Ordnung. Manche berichten, unter Druck zu stehen, weil sie als Beweis für eine *gelungene* polyamore Beziehung gilt. Erst wenn dieser Erwartungsdruck nachlässt, entsteht Raum, die eigenen Gefühle so anzunehmen, wie sie sind. Mitfreude kann bereichern, doch ist sie kein Maßstab für Liebensfähigkeit oder Beziehungsqualität. Entscheidend ist, die eigenen Emotionen ernst zu nehmen und die persönliche Art zu lieben frei von äußeren Erwartungen zu gestalten.

Wenn Du herausfinden möchtest, wie Mitfreude für Dich persönlich erlebbar ist, kann eine kurze Selbstreflexion hilfreich sein. Das folgende Praxistool lädt Dich ein, Deine eigenen Empfindungen im Zusammenhang mit der Beziehung Deiner Beziehungsperson zu einer weiteren Person, dem sogenannten Metamour, bewusst wahrzunehmen.

Praxistool

Mitfreude erfassen und verstehen

Das Ziel der Übung ist, Deine eigenen Facetten von Mitfreude zu erkennen und einzuschätzen (in Anlehnung an Flicker et al., 2021). Denke bei jeder Aussage an eine Deiner aktuellen Beziehungspersonen und an eine weitere Person, mit der diese in einer Beziehung ist (Deinen Metamours). Bewerte, wie stark Du die jeweiligen Aussagen empfindest, auf einer Skala von 1 = gar nicht bis 5 = sehr stark.

1. Ich empfinde sexuelle Erregung, wenn ich an intime Momente zwischen meiner Beziehungsperson und dem Metamour denke.
2. Ich schätze die Verbindung zwischen den beiden.

3. Es macht mich glücklich, dass meine Beziehungsperson eine tiefe Beziehung zum Metamour hat.
4. Ich spüre freudige Aufregung, wenn meine Beziehungsperson jemanden neu kennenlernt.
5. Die Vorstellung von Intimität zwischen beiden erregt mich sexuell.
6. Ich bin dankbar, dass meine Beziehungsperson den Metamour als zusätzliche Bezugsperson hat.
7. Die Dynamik zwischen beiden wirkt sexuell anziehend auf mich.
8. Wenn meine Beziehungsperson verliebt ist – und diese Gefühle erwidert werden –, freue ich mich mit.
9. Es erfüllt mich mit Freude, wenn die beiden einander nahe sind.
10. Ich erlebe einen emotionalen Höhenflug, wenn meine Beziehungsperson mir von einem neuen intimen Kontakt erzählt.
11. Es beruhigt mich zu wissen, dass meine Beziehungsperson eine stabile Verbindung mit dem Metamour hat.

Auswertung: Ermittle den Mittelwert der jeweils genannten Aussagen pro Kategorie: Freude über die Beziehung zwischen Beziehungsperson und Metamour (2, 3, 6, 9, 11), Sexuelle Erregung (1, 5, 7), Aufregung über neue Kontakte (4, 8, 10).

Reflektiere: Was fällt Dir auf? Welche Gefühle sind stärker ausgeprägt, welche weniger? Hast Du Lust, Dich darüber mit Deiner Beziehungsperson auszutauschen?

Ist Mitfreude das Gegenteil von Eifersucht?

Mitfreude und Eifersucht werden häufig als Gegensätze dargestellt. In der gelebten Realität treten sie jedoch oft nebeneinander auf – als Teil eines komplexen emotionalen Erlebens. Studien zeigen, dass viele polyamor lebende Menschen solche gemischten Gefühle beschreiben: Freude über das Glück der Beziehungsperson kann mit Unsicherheiten oder Ängsten einhergehen (Balzarini, et al., 2021; Rubinsky, 2018). Mitfreude bedeutet daher nicht, dass Eifersucht vollständig verschwindet. Vielmehr geht es darum, den positiven Aspekten einer Situation bewusst mehr Raum zu geben. Lena (27) beschreibt es so: „Eifersucht fühle ich sehr selten. Viel öfter erlebe ich Mitfreude, wenn einer meiner Partner mit einer anderen Frau glücklich ist." Eine Klientin (26) beschreibt Polyamorie als „großen Kosmos aus Liebe", in dem sie als Metamour viele positive Wechselwirkungen erlebt – auch wenn die Verbindungen zu den Metamours rein platonisch sind: „Wenn doch einmal schwierige Gefühle aufkommen, sehe ich sie eher als Chance denn als Bedrohung." Diese Beispiele zeigen: Mitfreude ist keine Garantie gegen Eifersucht, kann jedoch eine alternative emotionale Antwort auf Unsicherheit sein.

Studien weisen darauf hin, dass Menschen in polyamoren Beziehungen im Durchschnitt weniger Eifersucht und mehr Mitfreude erleben als Menschen in monogamen Partnerschaften (Balzarini et al., 2021). Außerdem wurde ein positiver Zusammenhang zwischen Mitfreude und Beziehungszufriedenheit in einvernehmlich nicht-monogamen Beziehungen gefunden (Balzarini et al., 2021; Flicker et al., 2021). Interessanterweise gibt es keinen direkten Zusammenhang zwischen Eifersucht und Beziehungsunzufriedenheit. Dies deutet darauf hin, dass Mitfreude, und nicht das Fehlen von Eifersucht, ein entscheidender Faktor für das persönliche Wohlbefinden in offenen Beziehungsmodellen sein kann.

Mitfreude entsteht häufiger in polyamoren Netzwerken, in denen sich die Metamours kennen und schätzen. In unseren Befragungen (Mazziotta, 2025) berichten einige von einer positiven Beziehung zu ihren Metamours und einer spürbaren Entlastung im Alltag, wenn Verantwortlichkeiten geteilt werden. Auch hier ist das bewusste Gestalten dieser Dynamik entscheidend. Janine (39) bringt es auf den Punkt: „Nur wenn wir als Polysystem glücklich sind, funktionieren wir." Damit betont sie die Bedeutung von Kooperation und gegenseitigem Wohlwollen in polyamoren Strukturen.

Mitfreude ist keine Fähigkeit, die von allein entsteht. Sie ist eine Haltung, die durch Reflexion und Übung entwickelt werden kann. Ein erster Schritt dabei ist, die eigenen Bedürfnisse in der Beziehung zu reflektieren und sicherzustellen, dass diese ausreichend erfüllt sind. Wer sich in der Partnerschaft sicher und unterstützt fühlt, kann leichter Liebe und Zuneigung teilen und Mitfreude erleben.

Wie lässt sich Mitfreude nun konkret im eigenen Leben fördern? Die folgenden Übungen laden dazu ein, hinderliche Denkmuster zu hinterfragen, eine wohlwollende Haltung zu stärken und neue Perspektiven zu erproben.

Praxistool

Wie kann ich Mitfreude in meinem Leben fördern?

Ziel der folgenden Übungen ist, Mitfreude bewusst zu stärken, indem hinderliche Denkmuster hinterfragt, positive Haltungen eingeübt und eine wohlwollende Perspektive gefördert werden.

Kognitive Umstrukturierung

Hilft Dir, eingefahrene Denkmuster zu erkennen und bewusst durch konstruktivere Gedanken zu ersetzen.

- Notiere negative Gedanken, die aufkommen, wenn Deine Beziehungsperson Zeit mit jemand anderem verbringt (z. B. *Sie verbringt Zeit mit jemand anderem, und ich werde dadurch vernachlässigt*).
- Hinterfrage diesen Gedanken: Entsprechen sie wirklich der Realität? Was spricht dagegen?
- Formuliere bewusst eine neue, positive Version (z. B. *Sie verbringt Zeit mit jemand anderem, und ich bin ihr weiterhin sehr wichtig. Ihr Glück bereichert unsere Beziehung.*).
- Wiederhole diesen neuen Gedanken regelmäßig, bis er sich verankert.

Affirmationen
Kurze, positive Sätze, die Dir helfen, eine neue innere Haltung zu entwickeln und Mitfreude zu verinnerlichen. Wiederhole sie täglich, am besten laut oder schriftlich, um ihre Wirkung zu verstärken.

- *Ich freue mich über das Glück von [Name meiner Beziehungsperson].*
- *Liebe wächst, wenn sie geteilt wird.*
- *Ich bin sicher in meiner Beziehung und lasse Freude zu.*

Wähle ein bis zwei Affirmationen aus, die Dich ansprechen, und integriere sie als tägliches Ritual – z. B. morgens oder vor dem Schlafengehen.

Muditā-Meditation zur Mitfreude
Eine aus der buddhistischen Praxis stammende Meditation, um Mitfreude bewusst zu kultivieren und Konkurrenzdenken zu reduzieren.

- Setze Dich bequem hin, schließe die Augen und konzentriere Dich auf Deinen Atem.
- Beginne mit Dir selbst: Sage Dir innerlich den Satz: *Möge ich Freude empfinden.*
- Richte den Fokus auf Deine Beziehungsperson: *Möge [Name der Beziehungsperson] Freude in unserer Beziehung empfinden.*
- Weite den Fokus auf den Metamour aus: *Möge diese Verbindung Freude für mich, [Name der Beziehungsperson] und [Name Metamour] bringen.*

Beobachte, welche Gefühle entstehen, und wiederhole die Übung regelmäßig.

10.7 Veränderungen und Trennungen in polyamoren Beziehungen

Polyamore Beziehungen durchlaufen – wie monogame Beziehungen – Höhen und Tiefen, Trennungen und Versöhnungen, Streit und Krisen. Die Herausforderungen ähneln sich, sind jedoch manchmal anders gelagert.

Klient*innen berichten beispielsweise davon, wie sich die Dynamik verändert, wenn neue Beziehungspersonen hinzukommen. Die eigene Beziehungsperson wirkt dann plötzlich lebhafter, interessierter und inspirierter – Eigenschaften, die in der bestehenden Beziehung möglicherweise weniger präsent sind. Diese neue Energie kann bereichernd sein, wenn sie sich langfristig positiv auf die Beziehung auswirkt. Manchmal handelt es sich jedoch um NRE, jene Aufregung und Euphorie, die oft mit einer neuen Beziehung einhergeht und ebenso schnell wieder abflauen kann, wenn die Frische nachlässt. Dann kehrt die Beziehungsperson möglicherweise in die gewohnte, wortkarge Routine zurück.

Im Mobile eines polyamoren Beziehungsnetzwerkes ist ständig Bewegung. Beziehungen entwickeln sich, Freundschaften können sich in Liebesbeziehungen verwandeln, und aus diesen entstehen manchmal gemeinsame Wohnarrangements oder sogar *Ko-Elternschaften* (engl.: *co-parenting*). Auch sexuelle Identitäten sind nicht starr: Eine Frau, die sich zuvor als heterosexuell bezeichnet hat, kann später Gefühle für eine andere Frau entwickeln und mit ihr eine Beziehung eingehen. Keine Veränderung bedeutet automatisch ein Ende: Aus einer leidenschaftlichen Liebesbeziehung kann eine ruhige, innige Freundschaft werden, die nichts von ihrer Wertigkeit verliert. Eine Teilnehmerin an unserer Interviewstudie schilderte diesen Wechsel so: „Am Anfang der Beziehung, in dieser frisch-verliebten Phase, war meine engste Bindung eher zu meinem Lebenspartner. Nach der Trennung von der Lebensgefährtin meines Mannes wurde unsere Verbindung zeitweise noch enger, vor allem, weil ich ihm beistehen wollte, als es ihm sehr schlecht ging.“ Solche Veränderungen erfordern eine flexible Beziehungsgestaltung, die sich an den Wandel anpassen kann.

Gleichzeitig kann es hilfreich sein, Phasen der Stabilität bewusst einzuplanen. Viele Menschen in Mehrpersonenbeziehungen entscheiden sich in bestimmten Lebensphasen dafür, *keine* neuen Liebesbeziehungen einzugehen oder bestehende Beziehungen vorübergehend auf eine platonische Ebene zu stellen – etwa nach der Geburt eines Kindes, dem Tod eines nahestehenden Menschen oder in persönlichen Krisenzeiten. In solchen Zeiten, in denen es besondere Empathie, Verbindlichkeit und gegenseitige Rücksichtnahme wichtig sind, wird manchmal eine Phase der Zweier-Exklusivität vereinbart. Wichtig ist, solche Absprachen bewusst, realistisch und gemeinsam zu treffen – nicht aus schlechtem Gewissen oder aus Konfliktscheu. Vereinbarungen, die nicht wirklich mitgetragen werden, halten selten lange an und führen leicht zu Enttäuschungen. Besonders in Phasen intensiver NRE kann es herausfordernd sein, sich an Kontaktbeschränkungen zu halten. Zudem sollten die Auswirkungen solcher Absprachen auf alle Beteiligten bedacht werden, insbesondere auf sekundäre Beziehungspersonen, die von veränderten Dynamiken mitbetroffen sind. Offenheit, Transparenz und das Einstehen für die eigenen Werte und Entscheidungen bilden hier die Grundlage für ein achtsames Miteinander. Wechsel und Wandel sind kein Zeichen von Instabilität, sondern Ausdruck einer realistischen Sicht auf die dynamische Entwicklung von Beziehungen im Laufe der Zeit.

Auch Poly-Trennungen können in ihrer *Vielschichtigkeit* sehr unterschiedlich verlaufen: manchmal diffus und unspektakulär, manchmal dramatisch und schmerzhaft (Kauppi, 2021). Ein Unterschied zu monogamen Trennungen zeigt sich oft dann, wenn polyamore Beziehungen nach außen hin unsichtbar sind und schließlich in eine Trennung oder Distanzierung münden. Für das Umfeld mag dies unbedeutend wirken, während innerlich intensives und oft als *illegitim* empfundenes Leid erlebt wird, da die Bedeutung dieser Beziehungen gesellschaftlich nicht anerkannt war.

Auch die strukturelle Verflechtung in polyamoren Netzwerken spielt eine Rolle. Wie stehen die weiteren Beziehungspersonen zu dieser Trennung? Können sie die Trauer nachvollziehen? Freuen sie sich vielleicht eher darüber? Darf getrauert werden? Für solche emotionale Verfassungen gibt es kaum Vorbilder. Trennungen betreffen selten nur zwei Menschen. In eng verflochtenen Konstellationen bleiben nach einer Trennung häufig weitere Beziehungen bestehen – sei es zu anderen Beziehungspersonen, gemeinsamen Freund*innen oder Metamours. Das kann bedeuten, dass eine Trennung nicht nur die eigene Dynamik verändert, sondern auch das gesamte Beziehungsgeflecht. Eine Triade könnte sich in eine V-Beziehung wandeln, während ein Quad möglicherweise neu ausgehandelt werden muss. Besonders komplex wird es, wenn gemeinsam finanzierte Projekte, geteilte Wohnräume oder gemeinsame Elternschaft im Spiel sind. Es lohnt sich, bewusst zu überlegen, welche Form eine Trennung annehmen soll: Ist ein sanfter Übergang in eine Freundschaft möglich? Braucht es zunächst klare Grenzen und Distanz? Welche Unterstützung könnte hilfreich sein? In der bewussten und respektvollen Gestaltung von Trennungen kann polyamor lebenden Menschen ihr kreatives Potenzial in der Beziehungsgestaltung zugutekommen.

Liebe, Du Gestaltwandlerin: Von Trennung zu Freundschaft

Manchmal gelingt es, das Ende einer engeren Verbindung nicht als Scheitern, sondern als Übergang zu sehen, etwa zu einer wertvollen Freundschaft, einer weniger intensiven romantischen Beziehung oder einer lockeren Vertrautheit innerhalb der Community. Dies fällt leichter, wenn es keine gravierenden Vertrauensbrüche gab und beide ihre Gefühle offen kommunizieren konnten. In monogam geprägten

Kreisen ist eine Freundschaft nach einer Trennung oft schwer vorstellbar. Romantische Beziehungen werden stark idealisiert und mit der eigenen Identität verknüpft. Ihr Ende kann sich wie ein Identitätsbruch anfühlen. Enttäuschung, Verlust und Traurigkeit brauchen Zeit und Raum, um verarbeitet zu werden. Alte Interaktionsmuster müssen sich verändern. Es kann schmerzhaft sein, nicht mehr so zu handeln oder zu fühlen wie zuvor; Erinnerungen und Gefühle entwickeln dabei oft eine eigene Dynamik. Auch sozialer Druck wirkt mit: Freundschaften mit Ex-Beziehungspersonen gelten in vielen Kontexten als ungewöhnlich oder unangemessen.

Wer sich jedoch von idealisierten Vorstellungen löst, realistischere Konzepte von Liebe und Beziehung entwickelt, reduziert die Fallhöhe: Man verliert nicht zwangsläufig alles von einem Menschen, wenn die Liebesbeziehung endet, - manchmal bleibt eine wertvolle Freundschaft zurück. Mit *Beweglichkeit* und Prozessdenken erscheint es auch rückblickend weniger notwendig, die Beziehung mit Kategorien wie Erfolg oder Misserfolg zu bewerten. Stattdessen kann eine Beziehung als wertvolle gemeinsame Zeit betrachtet werden, die in eine neue Phase übergeht. Wer diesen Übergang aktiv mitgestaltet, kann auch in der Veränderung Stabilität und Verbundenheit bewahren.

Der Blick auf *Amatonormativität* – die gesellschaftliche Bevorzugung romantischer Liebe – eröffnet Alternativen. Beziehungsformen wie Freundschaft Plus, reine Sexbeziehungen, Situationships oder Beziehungsanarchie stellen diese Norm infrage. Freundschaftliche oder familiäre Bindungen gelten oft als stabiler, weil sie weniger von den Höhen und Tiefen leidenschaftlicher Verliebtheit abhängig sind. Mit manchen Ex-Beziehungspersonen bleibt kein Kontakt bestehen, während sich andere im Laufe der Zeit zu engen Freund*innen entwickeln, mit denen man weiterhin durch Dick und Dünn geht.

Der Gedanke der Nicht-Hierarchie eröffnet in diesem Zusammenhang spannende Perspektiven: Könnte es vielleicht sinnvoll sein, gemeinsam mit einem engen Freund eine Immobilie zu kaufen oder eine Altersvorsorge aufzubauen – also mit einer Person, deren Nähe nicht durch romantische Unsicherheiten gefährdet ist? Ole Liebl (2024) beschreibt in seinem Buch *Freunde lieben,* wie solche Bindungen an Bedeutung gewinnen.

Besonders in queeren Kreisen ist es verbreitet, Freundschaften mit Ex-Beziehungspersonen aufrechtzuerhalten. Dies liegt nicht zuletzt daran, dass die queere Gemeinschaft vor Ort oft klein ist und soziale Netzwerke stark von Freundschaft und gegenseitiger Unterstützung geprägt sind. Freundschaften übernehmen hier eine zentrale Rolle, da queere Menschen häufig ähnliche Erfahrungen teilen – sei es Diskriminierung oder das Gefühl, nicht vollständig in die gesellschaftliche Norm zu passen. Hier verschwimmen die Grenzen zwischen romantischen, sexuellen und freundschaftlichen Beziehungen oft stärker. Die Idee der *Wahlfamilie* (engl.: *chosen family*), in der enge Freund*innen und frühere Beziehungspersonen die klassische Kernfamilie ersetzen oder ergänzen, ist weit verbreitet.

Gerade auch in Trennungssituationen kann eine unterstützende Community durch *Freundschaft* und *Fürsorge* Halt bieten. Beziehungspersonen oder Freund*innen in polyamoren Netzwerken verstehen oft die besonderen Herausforderungen, die polyamorer Dynamiken mit sich bringen. Gleichzeitig kann genau diese enge Verflechtung auch eine Belastung sein: In einer stark vernetzten Community kann es schwerfallen, Abstand zu gewinnen, insbesondere wenn gemeinsame soziale Kreise bestehen. Für cis-hetero sozialisierte Menschen, die neu in polyamoren Beziehungen sind, fehlt oft zunächst der Zugang zu einer unterstützenden Community. Häufig kennen sie niemanden, der ähnlich lebt, und erleben sich allein mit ihren Fragen. Solange die Beziehung gut funktioniert, wird diese Lücke möglicherweise gar nicht als Problem wahrgenommen, doch spätestens bei Konflikten oder Unsicherheiten kann das Fehlen von Austausch und Vorbildern spürbar werden. Erst dann entsteht häufig der Impuls, über Internetrecherche, Poly-Treffs oder soziale Medien nach Verbindung und Orientierung zu suchen. Vielleicht kann dieses Buch dazu beitragen, dass mehr solcher Netzwerke entstehen – auch jenseits queerer Räume und als Brücken zwischen unterschiedlichen sozialen *Bubbles*.

11

Polyamorie im Alltag

Wie gestalten Menschen in polyamoren Beziehungen ihren Alltag und welche Strukturen lassen sich in Polykülen beobachten? Aus dem deutschsprachigen Raum liegen dazu bislang nur wenige empirische Daten vor. Um einen Einblick in die Vielfalt polyamorer Lebensweisen sichtbar zu geben, habe ich (AM) Menschen aus der Community eingeladen, ihre eigenen Beziehungsmodelle und Alltagsroutinen zu beschreiben (Mazziotta, 2024):

Beziehungswirklichkeiten

- „Ich bin mit zwei Personen in Beziehung. Eine dieser Personen führt ebenfalls eine weitere Beziehung, und diese Beziehungsperson, also mein Metamour, ist wiederum mit jemand anderem verheiratet." (Sam, 31, nicht-binär, pansexuell)
- „Ich bin seit 15 Jahren mit meinem Ehemann zusammen und habe zusätzlich zwei Lebensgefährten – mit einem bin ich seit sieben Jahren, mit dem anderen seit einem

S. Bröning, A. Mazziotta, *Vielfältige Liebe - Polyamorie gestalten*, https://doi.org/10.1007/978-3-658-48372-2_11

Jahr in einer Beziehung. Mein Ehemann sucht aktuell eine zweite Beziehung. Gemeinsam haben wir eine Freundschaft-plus mit einem Mann, mit dem wir gelegentlich zu dritt Sex haben. Einer meiner Lebensgefährten versteht sich eher als monogam und möchte keine weitere Beziehung eingehen. Mein anderer Lebensgefährte hingegen hat eine Freundin, mit der er eine offene Beziehung führt." (Claudia, 50, cis-weiblich, heterosexuell)

- „Ich bin in einer Partnerschaft mit einer Person, die enge Verbindungen zu drei weiteren Menschen hat – wobei der genaue Beziehungsstatus schwer zu definieren ist. Zusätzlich hat sie gelegentlich körperliche oder erotische Begegnungen mit anderen. Ich selbst bin gerade frisch verliebt und dieser Person emotional und körperlich nah. Außerdem habe ich mit weiteren Menschen intime oder sexuelle Kontakte. Der Status all dieser Verbindungen ist nicht leicht in feste Begriffe zu fassen." (Lu, 47, nicht-binär, pansexuell)
- „Ich bin seit über zehn Jahren verheiratet und habe seit drei Jahren eine innige Freundschaft-plus, die sich auch als Beziehung beschreiben lässt. Außerdem befinde ich mich gerade am Anfang einer weiteren Beziehung." (Sabine, 43, cis-weiblich, heterosexuell)
- „Mein Polykül besteht derzeit nur aus mir und meiner Nesting-(oder Live-in-)Partnerin – wir sind der verbliebene Teil einer ehemaligen Dreierkonstellation. Durch den Austausch mit anderen Polyamoren haben wir erkannt, dass wir als zusammenlebende Partner in gewisser Weise eine hierarchische Struktur haben. Das liegt daran, dass uns viele gemeinsame Lebensverpflichtungen und Verbindlichkeiten binden – sei es unser Zuhause, Kinder, Haustiere oder andere gemeinsame Verantwortungen. Diese Verpflichtungen bringen gewisse Ansprüche an unsere Zeit und Versorgung mit sich, sodass wir nicht einfach sagen können: Ach, morgen lasse ich das mal – besonders, wenn neue Partner*innen hinzukommen. Unser Werteverständnis ist jedoch klar egalitär: Gleiches Recht für alle. Neue Partner*innen sollen sofort als vollwertige Beziehungen anerkannt werden – oder, entwicklungsgerechter formuliert, die Möglichkeit haben, sich dorthin zu entwickeln." (Martin, 50, cis-männlich, heterosexuell)

- „Aktuell befinde ich mich in einem nicht-hierarchischen V, in dem ich die verbindende Person in der Mitte bin.[1] Davor war ich in einer Z-Konstellation, in der ich ebenfalls die zentrale Verbindung zwischen den Partnern war. Noch davor war ich in einem V, allerdings mit einer anderen Person in der Mitte." (Clara, 23, cis-weiblich, pansexuell)
- „Ich habe eine feste Beziehung und eine Spielbeziehung."[2] (Flo, 25, cis-männlich, schwul)
- „Meine Beziehungen sind beziehungsanarchisch und nicht-hierarchisch – sie sehen sehr unterschiedlich aus und bestehen unabhängig voneinander. Viele meiner Partner*innen kennen sich zumindest online, aber die Verbindungen sind nicht direkt miteinander verknüpft. Je nachdem, wie man zählt und welche Art von Beziehung man betrachtet, habe ich zwischen 9 und 13 Partner*innen. Jede dieser Personen hat mindestens eine*n weitere*n Partner*in, meistens sogar mehrere, und das setzt sich weiter fort. Mein Polykül ist daher sehr groß, erstreckt sich über mehrere Länder und mindestens zwei Kontinente. Ich selbst kenne nicht alle, die dazugehören – nicht einmal den Großteil. Auch die Beziehungsstrukturen verändern sich ständig, je nachdem, welchen Teil des Polyküls man betrachtet. Ich selbst habe verschiedene Arten von Beziehungen: queerplatonische, rein romantische, rein sexuelle sowie romantisch-sexuelle Verbindungen. Ich lebe mit niemandem zusammen und plane das auch nicht. Finanzen teile ich nicht, ich lebe als

[1] Eine *V-Verbindung* beschreibt eine Konstellation, in der eine Person mit zwei anderen in Beziehung steht, während zwischen diese beiden keine romantische oder sexuelle Verbindung besteht. Die zentrale Person wird als *Scharnier* bezeichnet, da sie die Verbindung zwischen den beiden anderen bildet. Eine *Z-Verbindung* umfasst vier Personen, entsteht aus zwei V-Verbindungen, deren Scharniere wiederum eine Beziehung miteinander führen. Die beiden äußeren Personen vom Z sind dabei nicht direkt in einer romantischen oder sexuellen Beziehung eingebunden.

[2] Der Begriff *Spielbeziehung* bezeichnet meist eine Verbindung, die vor allem auf sexuelle, kink-orientierte oder experimentelle Begegnungen ausgerichtet ist. Sie kann emotional nah oder eher funktional gestaltet sein, ist jedoch in der Regel als nicht romantisch-exklusive Partnerschaft angelegt.

Solo-Poly (aber nicht als Single). In meinem direkten Umfeld sind keine Kinder involviert." (Max, 32, trans*-männlich, demisexuell)

- „Ich bin in einer Beziehung mit Clara. Clara ist zusätzlich mit Marc zusammen. Marc wiederum ist mit Barbara zusammen und mit Mareike verheiratet. Barbara ist außerdem mit Jordan in einer Beziehung. Unsere Beziehungen sind eher nicht-hierarchisch strukturiert." (Lukas, 39, cis-männlich, bisexuell)
- „Die Art, wie ich Beziehungen lebe, nennt sich Solo-Polyamor. Das bedeutet, dass ich zwar in mehreren Beziehungen bin, aber meine Autonomie bewahre und meine Lebensstrukturen nicht mit denen meiner Partner*innen verwebe – also weder zusammenziehe noch Finanzen teile oder ähnliche Abhängigkeiten eingehe. Das heißt jedoch nicht, dass ich nur mit anderen Solo-Polys zusammen bin. Einige meiner Partner*innen leben mit ihren Beziehungspersonen zusammen oder wünschen sich das. Gleichzeitig betrachte ich Beziehungen durch eine beziehungsanarchistische Brille, auch wenn ich mich nicht vollständig als Beziehungsanarchistin bezeichnen würde – es ist eher eine grundlegende Haltung, die beeinflusst, wie ich zwischenmenschliche Verbindungen gestalte. Aktuell führe ich drei Beziehungen mit unterschiedlichen Anteilen an Romantik und Sexualität: Zwei sind Fernbeziehungen (jeweils über 500 km entfernt) mit A und B und eine ist in meiner Stadt mit C. Grundsätzlich sind meine Beziehungen nicht-hierarchisch – keine hat automatisch Vorrang oder ist wichtiger als die anderen. Dennoch beeinflussen Faktoren wie räumliche Distanz und die Dauer der Beziehung, wie intensiv der Kontakt gerade ist und was wir miteinander teilen. Zwei meiner Beziehungen (B und C) bestehen seit über 2,5 Jahren, während die Beziehung mit A noch ganz neu ist. Interessanterweise sind A und C ebenfalls in einer Beziehung. Uns ist jedoch wichtig, dass wir unsere Beziehungen unabhängig voneinander führen und nicht als Triade – was wiederum eigene Herausforderungen mit sich bringt. Mein Polykül ist insgesamt sehr groß, da meine Partner*innen neben mir jeweils

noch eine bis drei weitere Beziehungen haben, und diese wiederum mit mehreren Menschen verbunden sind. Meine nächsten Metamours kenne ich inzwischen alle mehr oder weniger gut, und wir kommen gut miteinander aus. Die Dynamik erinnert daher an eine Mischung aus Kitchen Table und Garden Party Polyamorie – es gibt Austausch und Verbundenheit, aber jede Beziehung bleibt eigenständig." (Jana, 28, cis-weiblich, bisexuell)

Diese Beispiele zeigen, dass Polyamorie nicht ein starres Modell ist, sondern eine ganze Bandbreite möglicher Beziehungsformen umfasst. Die Strukturen reichen von engen *Nestpartnerschaften* mit geteilter Verantwortung bis hin zu beziehungsanarchischen Netzwerken ohne feste Hierarchien. Zugleich sind polyamore Konstellationen oft fluide: Beziehungen entwickeln sich weiter, lösen sich auf oder entstehen neu – sei es durch persönliche Entwicklungen, neue Verbindungen oder veränderte Lebensumstände. Manche Menschen pflegen enge Kontakte zu ihren *Metamours,* andere halten bewusst Distanz und gestalten ihre Partnerschaften unabhängig voneinander.

Auch die Begriffe, mit denen polyamore Menschen ihre Beziehungen beschreiben, sind nicht immer eindeutig. Begriffe wie *Nesting-Partner*in* oder *Spielbeziehung* dienen als Orientierung, doch viele bevorzugen bewusst offene Beschreibungen, weil sich Dynamiken schwer in feste Kategorien pressen lassen. Hinzu kommt, dass Hierarchien nicht immer das Ergebnis einer bewussten Entscheidung sind. Während einige explizit auf Gleichwertigkeit achten, führen gemeinsame Verpflichtungen – etwa Kinder oder ein geteilter Haushalt – im Alltag häufig zu praktischen

Priorisierungen. Viele Polyküle sind zudem weit verzweigt, umfassen mehrere soziale Kreise oder Länder und verbinden Menschen, die sich nicht unbedingt alle persönlich kennen.

Die Vielfalt polyamorer Lebensweisen macht deutlich, wie unterschiedlich Menschen ihre Beziehungen gestalten. Entscheidend ist, wie stabil und zufriedenstellend die persönliche Konstellation über die Zeit hinweg erlebt wird. Eine Schlüsselrolle spielt dabei die *Bindungssicherheit* – also das Gefühl von emotionaler Verlässlichkeit und Verbundenheit innerhalb einer Beziehung. Menschen bleiben insbesondere dann in Beziehungen, wenn sie sich sicher fühlen und erleben, dass ihre Bedürfnisse, Wünsche und Vorlieben ausreichend berücksichtigt werden.

Hierarchische und nicht-hierarchische Beziehungsmodelle können mit Blick auf Bindungssicherheit mit unterschiedlichen Dynamiken verbunden sein (Flicker et al., 2021):

- In *hierarchischen Polykülen,* in denen eine Primärpartnerschaft im Mittelpunkt steht, berichten Menschen in dieser Hauptbeziehung oft von hoher Bindungssicherheit. Sekundäre oder tertiäre Beziehungspersonen erleben dagegen eher Unsicherheiten oder Bindungsangst, da ihre Beziehung innerhalb der Struktur weniger Stabilität und Priorität erfährt. Dies spiegelt sich auch in der Beziehungszufriedenheit wider: Während primäre Beziehungspersonen tendenziell zufriedener sind, berichten sekundäre und tertiäre Beziehungspersonen häufiger von Frustrationen oder dem Gefühl, weniger wichtig zu sein.
- In *nicht-hierarchischen Polykülen,* in denen alle Beziehungen als gleichwertig betrachtet werden, ist die Bindungssicherheit tendenziell gleichmäßiger verteilt. Viele beschreiben hier ein höheres Maß an Zufrieden-

heit, da keine Beziehung automatisch als weniger wichtig gilt.

Interessanterweise gleichen sich diese Unterschiede über die Zeit hinweg an. In polyamoren Beziehungen, die länger als fünf Jahre bestehen, nähern sich Bindungssicherheit und Beziehungszufriedenheit tendenziell an. Das deutet darauf hin, dass nicht die Struktur selbst entscheidend ist, sondern die Art, wie sie gelebt wird und ob sie zu den beteiligten Personen passt. Dies scheint maßgeblich über das langfristige Gelingen einer Beziehung zu entscheiden. Bindungssicherheit kann sowohl mitgebracht als auch im Laufe der Zeit durch persönliche Entwicklung, gemeinsame Reflexion und offene Gespräche entstehen. Viele der in diesem Buch vorgestellten Übungen können dabei helfen, das Gefühl von Bindungssicherheit zu stärken.

11.1 Alltagsorganisation und Entscheidungen

Polyamore Beziehungen erfordern fortlaufende Abstimmungsprozesse – eine Herausforderung, die bereichernd, aber auch anspruchsvoll sein kann. Viele Menschen betonen die Vorteile: Offenheit, Vielfalt, emotionale Fülle und die Möglichkeit, Liebe im Einklang mit den eigenen Bedürfnissen und Wünschen zu leben. Zugleich berichten sie von typischen Herausforderungen: der Koordination mehrerer Beziehungen, dem Austarieren unterschiedlicher Bedürfnisse, dem Umgang mit gesellschaftlicher Stigmatisierung sowie der wiederkehrende Notwendigkeit, die eigene Lebensweise erklären zu müssen (Bröning et al., 2024).

Für Personen in hierarchischen Konstellationen, die eine Sekundärrolle einnehmen, sind die Gestaltungsmöglichkeiten oft begrenzt, was Frustration auslösen kann. Gleichzeitig ist auch die Verantwortung eingeschränkt, das *Pflichtenheft* kürzer und der Alltag weniger belastet. Manche erleben dies als befreiend, weil Freiraum für andere Lebensbereiche bleibt. Die Frage lautet dann: *Wie nutze ich diese Freiheit?*

Ein zentraler Aspekt polyamorer Beziehungen ist die Organisation: Wer ist an Entscheidungen beteiligt? Welche Vereinbarungen gibt es? Wie werden Zeit und Verantwortung verteilt? Diese Strukturen spiegeln Hierarchien und Machtverhältnisse wider. In der Beratung tauchen Fragen auf wie: *Wer sollte an einer Entscheidung beteiligt sein? Wer trägt Verantwortung?* Viele Menschen entscheiden sich bewusst für ein System aus Primär- und Sekundärbeziehungen – entweder weil sie ihre Beziehung aus einer ursprünglich monogamen Beziehung heraus geöffnet haben, weil diese Struktur den Alltag erleichtert oder weil sie am besten zu ihren Bedürfnissen und Lebensumständen passt. *Primärpartner*innen* sind häufig auch *Nestpartner*innen:* Sie wohnen zusammen, teilen Verantwortung und Eigentum oder haben Kinder. Dadurch übernehmen sie oft die Hauptlast langfristiger Planungen und haben dadurch häufig großen Einfluss, etwa bei der Frage, ob gemeinsame Ressourcen wie Geld, Zeit oder Betreuung auf weitere Beziehungen ausgeweitet werden können.

Gerade bei der Organisation mehrerer Beziehungen spielt Zeit eine zentrale Rolle. Wer einen klaren Blick auf die eigenen Zeitbudgets hat, kann bewusster Prioritäten setzen und Überlastungen vermeiden. Das folgende Tool lädt dazu ein, die eigene Wochenstruktur zu reflektieren und mögliche Anpassungen sichtbar zu machen.

Praxistool

Zeitmanagement

Diese Übung unterstützt dabei, einen Überblick über die eigene Zeitverteilung zu gewinnen und zu prüfen, ob sie den persönlichen Bedürfnissen entspricht. Notiere für eine Woche, wie viel Zeit Du täglich für verschiedene Bereiche aufwendest oder schätze die Zeiten grob.

- Zeit für mich selbst (Selbstfürsorge, Ruhe, Hobbys)
- Zeit mit Beziehungsperson A
- Zeit mit Beziehungsperson B (und weitere Beziehungspersonen, falls zutreffend)
- Zeit mit Freund*innen & Familie
- Arbeitszeit & berufliche Verpflichtungen (auch Schule, Studium)
- Sonstige Verpflichtungen (z. B. Haushalt, Ehrenamt, Community-Engagement)

Reflektiere: Welche Kategorien geben mir Energie? Welche kosten Kraft? Wo erlebe ich ein Ungleichgewicht?

Hierarchische Konstellationen werden teilweise kritisch gesehen, weil sie *sekundäre Beziehungen* abwerten oder Abhängigkeiten erzeugen können. Andere sehen darin eine sinnvolle Struktur, um Sicherheit und Stabilität in komplexen Netzwerken zu gewährleisten. Tatsächlich lassen sich diese Dynamiken nicht pauschal bewerten: Während Sekundärpartner*innen oft weniger alltägliche Verpflichtungen tragen, genießen sie zugleich mehr Freiraum und *Quality Time,* da sie nicht mit Alltagslasten wie Haushalt oder Kinderbetreuung belastet sind. Ein Klient (44) brachte es auf den Punkt: „Der Vorteil meiner Nebenbeziehungen ist ganz klar, dass sie ohne Alltag laufen und somit definitiv Premium Time sind."

In polyamoren Netzwerken haben sich unterschiedliche Modelle etabliert, wie Beziehungspersonen und Metamours miteinander umgehen:

- *Parallel-Poly:* Die Beziehungen laufen weitgehend unabhängig voneinander; Berührungspunkte mit Metamours sind selten. Dieses Modell wird gewählt, wenn Metamours keine enge Verbindung wünschen oder ihre individuellen Beziehungen separat gestalten möchten.
- *Gartenparty-Poly:* Hier haben Metamours gelegentlich Kontakt, etwa bei Feiern wie Geburtstagen oder anderen wichtigen Anlässen. Die Beziehung ist höflich und meist freundschaftlich, aber nicht besonders eng oder intensiv.
- *Küchentisch-Poly:* Regelmäßiger, entspannter Austausch zwischen allen Beteiligten, oft mit freundschaftlicher Nähe, wie bei einer geselligen Runde am Küchentisch. Manchmal entwickeln sich daraus auch weitere intime Verbindungen.

Polyamore Beziehungsstrukturen sind selten statisch – sie passen sich an Lebensphasen und Bedürfnissen an. Hierarchien können sich verschieben, neue Vereinbarungen entstehen, bestehende Verbindungen vertiefen oder lockern sich. Manche Beziehungen setzen bewusst auf Eigenständigkeit und lose Verbundenheit, etwa sogenannte *Kometenbeziehungen* (engl.: *comet relationships*). Hier sehen sich die Beteiligten nur selten – manchmal über Monate oder Jahre hinweg nicht – erleben die Verbindung aber dennoch als tief und bedeutsam. Wie ein Komet, der gelegentlich am Himmel erscheint, sind diese Beziehungen nicht durch Alltag geprägt, sondern durch Vertrauen, Eigenständigkeit und Wertschätzung der gemeinsamen Zeit. Für manche Menschen bieten solche Beziehungen genau den passenden Rahmen, um Intimität ohne Verpflichtung und Nähe ohne Alltagsdruck zu erleben.

Unabhängig vom gewählten Modell verändern sich polyamore Beziehungen häufig im Lauf der Zeit: Manche Menschen, die zunächst parallele Beziehungen führen, bauen engere Verbindungen zu ihren Metamours auf, während andere bestehende Strukturen auflösen, wenn sich ihre Lebensumstände ändern.

11.2 Rollen und Dynamiken

Stellen wir uns folgende Situation vor: Nils und Anna sind verheiratet und leben zusammen, ebenso wie Tabea und Philip. Vor einigen Jahren verliebte sich Anna in Leila. Daraufhin stimmte Nils einer Öffnung der Beziehung zu. Leila, die ursprünglich monogam leben wollte, akzeptierte die polyamore Konstellation schweren Herzens, weil sie Anna liebt. Seit einem Jahr ist Nils zusätzlich mit Tabea zusammen, die wiederum bereits mit Philip polyamor lebt. Während Nils Tabea als Sekundärpartnerin betrachtet und Anna Priorität einräumt, verzichten Tabea und Philip auf solche Hierarchien und führen ihre Beziehungen egalitär. Das sorgt für Spannungen: Tabea möchte ihre Zeit gleichmäßig zwischen beiden Partnern aufteilen, doch Nils und Anna haben feste Abmachungen über ihre gemeinsamen Abende, was diesen Wunsch erschwert. Das Polykül ist in Abb. 11.1 dargestellt (vgl. Kauppi, 2021).

Nun stellen sich Fragen: Wie verändert sich die Dynamik, wenn Philip eine neue Partnerin findet und weniger Zeit für Tabea bleibt? Was passiert, wenn Nils krank wird – soll Anna trotzdem ihren Ausgeh-Abend wahrnehmen oder zu Hause bleiben, um die Kinder zu versorgen? Und was geschieht, wenn Leila, die ohnehin mit der polyamoren Lebensweise hadert, zunehmend isoliert wird und eine neue Person kennenlernt, die monogam leben möchte?

Diese Szenarien verdeutlichen, wie komplex polyamore Netzwerke sein können – und wie Veränderungen in einer Beziehung oft Auswirkungen auf andere haben, vergleich-

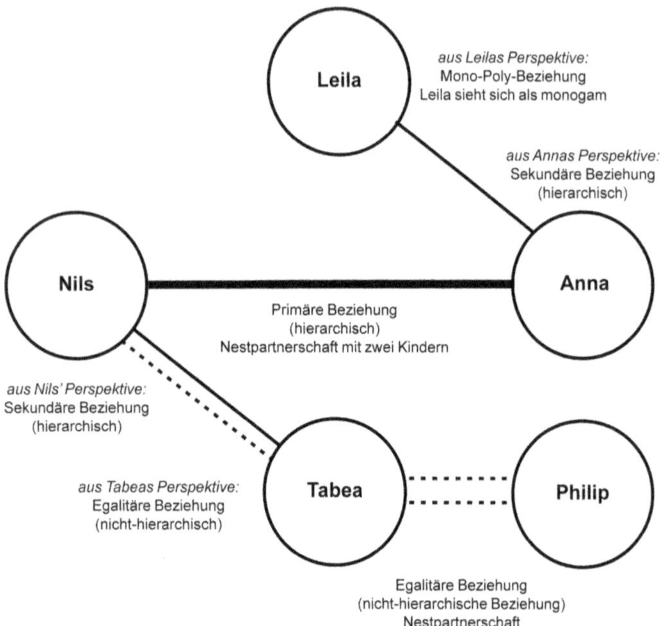

Abb. 11.1 Verflechtungen und Vereinbarungen: Dynamiken in polyamoren Netzwerken (nach Kauppi, 2021)

bar mit einem Mobile: Gerät ein Element in Bewegung, verändert sich das ganze System.

Polyamore Netzwerke bleiben nur stabil, wenn sie zugleich flexibel und klar strukturiert sind: Anpassungsfähigkeit auf der einen Seite, verbindliche Absprachen und eine funktionierende Aushandlungskultur auf der anderen. Meist finden diese Gespräche in Zweier-Konstellationen statt – Nils spricht mit Tabea, Anna mit Leila und Tabea mit Philip. Ein Austausch aller Beteiligten ist eher die Ausnahme. Entscheidungen hängen dabei nicht nur von der formalen Struktur des Polyküls ab, sondern auch von emotionaler Nähe, persönlichem Verhandlungsgeschick und persönlichen Bedürfnissen.

Es gibt aber auch polyamore Konstellationen, in denen mehr als zwei Personen direkt miteinander in Beziehung stehen und gemeinschaftlich Absprachen treffen. In sogenannten Triaden, Quads oder polyfidel gelebten Netzwerken ist kollektive Kommunikation nicht die Ausnahme, sondern Alltag. Hier sitzen alle Beteiligten sprichwörtlich am selben Tisch, wenn es um Entscheidungen, Bedürfnisse, Grenzen, Kindererziehung oder Care-Arbeit geht.

Trotz der Vielfalt polyamorer Beziehungsformen lassen sich bestimmte Rollen und Dynamiken immer wieder beobachten. Sie ergeben sich aus der jeweiligen Position im Beziehungsgeflecht, sind jedoch keineswegs starr – sie können sich mit der Zeit verändern. So können sekundäre Beziehungspersonen zu primären werden, wenn eine andere Verbindung endet und sich dadurch die Gewichtung innerhalb des Netzwerks verschiebt. In einer Z-Beziehung kann es passieren, dass eine primäre Partnerschaft auseinandergeht und die ursprünglich sekundäre Beziehungsperson plötzlich die einzige bleibt – verbunden mit neuen Erwartungen und Herausforderungen.

Im Folgenden werden die zentralen Rollen in einem Polykül beschrieben – mit ihren typischen Dynamiken und Herausforderungen (orientiert an Kauppi, 2021).

Primäre Beziehungspersonen (wie Nils und Anna) führen meist langjährige, verankerte Partnerschaften mit gemeinsamen Verpflichtungen. Typische Merkmale:

- Teilen wesentliche Ressourcen wie Wohnraum, Finanzen und Care-Arbeit.
- Gegenseitige Vertrautheit und Verantwortung geben Sicherheit und Stabilität.
- Haben oft einen herausfordernden Weg hinter sich, bis sie einen gemeinsamen Umgang mit Polyamorie gefunden haben.
- Tragen ein hohes Risiko im Fall einer Trennung (z. B. Eigentum, Kinder, soziale Anerkennung).

- Erleben Polyamorie teils als entlastend, wenn neue Beziehungspersonen emotionale oder praktische Unterstützung bieten. Gleichzeitig kann das Balancieren zwischen persönlicher Freiheit und gemeinsamen Verpflichtungen auch neue Spannungen entstehen lassen.
- Treffen zentrale Entscheidungen, wie *Wer darf unser Zuhause betreten?* oder *Wie viel dürfen Kinder oder Familienangehörige wissen?*
- Profitieren mitunter von gesellschaftlicher Anerkennung als *offizielles Paar* und können auf ein unterstützendes Netzwerk zurückgreifen.

Sekundäre Beziehungspersonen (wie Leila für Anna) treten meist später ins Polykül ein und haben eine andere Stellung als Primärpartner*innen. Chancen und Herausforderungen:

- Empfinden teils Neid aufgrund des *Couple Privilege* primärer Beziehungspersonen – also deren größerer Einflussmöglichkeiten und Definitionsmacht.
- Erleben im besten Fall vor allem die angenehmen Seiten der Beziehung, etwa mehr Intimität und Aktivitäten und weniger Alltagsverpflichtungen.
- Ein erfülltes eigenes Leben (z. B. Beruf, Hobbys, weitere Beziehungen) hilft, sich gewürdigt zu fühlen und nicht ausschließlich auf diese eine Beziehung angewiesen zu sein.
- Können sich als austauschbar oder als *Lückenfüller*in* fühlen, wenn langfristige Verpflichtungen fehlen.
- Erleben mitunter Einsamkeit, wenn sie keine weiteren Beziehungspersonen haben und ihre Bedürfnisse nicht ausreichend erfüllt werden, weil die primären Beziehungspersonen Vorrang haben.
- Fühlen sich häufig machtlos, wenn primäre Beziehungspersonen wichtige Entscheidungen treffen, ohne sie einzubeziehen, und sind oft gezwungen, Entscheidungen oder Veränderungen hinnehmen zu müssen.

Scharniere (engl.: *hinges*) (wie Tabea für Nils und Philip sowie Nils für Tabea und Anna) verbinden zwei oder mehr Beziehungspersonen miteinander und sind zentrale Schnittstellen:

- Wenn die Beziehungen gut laufen: Profitieren von unterschiedlichen Perspektiven, Liebe und Unterstützung mehrerer Seiten.
- Tragen große emotionale Verantwortung und müssen eigene Bedürfnisse mit den Erwartungen anderer ausbalancieren – eine gute Selbstwahrnehmung und Selbstfürsorge sind hierfür unerlässlich.
- Stehen oft in der Zwickmühle, Prioritäten setzen zu müssen, ohne dabei jemanden zu verletzen.
- Werden bei Konflikten leicht zu Vermittler*innen und geraten dabei nicht selten an ihre Grenzen.

Egalitäre Beziehungspersonen (wie Tabea und Philip) verzichten bewusst auf Hierarchien und sehen alle Beziehungen als gleichwertig an. Daraus ergeben sich besondere Anforderungen:

- Zeit, emotionale Energie und materielle Ressourcen müssen kontinuierlich abgestimmt werden; intensive Kommunikation und Verhandlungen sind unverzichtbar. Besonders herausfordernd wird dies, wenn gleichzeitig in verschiedenen Beziehungen akute Unterstützungsbedarfe oder Wünsche bestehen (z. B. durch Unfall, Krankheit, Urlaubsreise, Familienfeiern etc.).
- Da keine festen Prioritäten bestehen, müssen Pläne flexibel und sorgfältig ausgehandelt werden, insbesondere bei langfristigen Entscheidungen wie Zusammenziehen, Familienplanung oder Kindererziehung.

- Ohne die strukturellen Sicherheiten einer Primärpartnerschaft braucht es viel Vertrauen; zugleich kann Gleichwertigkeit ein starkes Gemeinschaftsgefühl fördern.
- Da Bedürfnisse unterschiedlich sind, muss Fairness aktiv definiert werden. Soll jede*r gleich viel Zeit bekommen oder gibt es ein anderes, an individuellen Bedürfnissen orientiertes Verteilungsprinzip?

11.3 Metamours und weitere Beziehungskonstellationen

Neben den beschriebenen Rollen prägen auch Metamour-Beziehungen polyamore Netzwerke maßgeblich. Während monogame Vorstellungen oft von Konkurrenz oder Eifersucht geprägt sind, zeigt sich in polyamoren Netzwerken eine breite Palette möglicher Verbindungen. Manche Metamours bleiben auf Distanz, andere entwickeln enge Freundschaften oder gar familienähnliche Strukturen. Viele dieser Dynamiken erinnern an Erfahrungen aus Patchwork-Familien.

Die Rolle eines Metamours kann herausfordernd sein (Turner, 2019). Meist sind sie nicht direkt in die Entscheidungen der bestehenden Partnerschaften eingebunden und haben wenig Einfluss auf Zeitaufteilung oder Prioritäten. Gleichzeitig kann eine stabile Metamour-Beziehung erheblich zum Wohlbefinden im Polykül beitragen. Eine unterstützende Verbindung zwischen Metamours kann emotionale Entlastung bringen, Konflikte entschärfen und eine Wahlfamilie schaffen. Wo ein wertschätzender Austausch gelingt, entstehen Sicherheit, Vertrauen und Klarheit – selbst bei schwierigen Themen wie Eifersucht oder Unsicherheit.

Beziehungswirklichkeiten

Maria (28) beschreibt es so: „Ich glaube, es liegt großes Potenzial darin, wenn sich das Polykül gelegentlich trifft. Das ist zwar nicht immer einfach – gerade wenn Eifersucht im Spiel ist –, aber es führt zu besserer Kommunikation, weniger Missverständnissen und mehr Empathie."

Typische Metamour-Dynamiken und Herausforderungen sind:

- In der Anfangsphase führt Unklarheit über die eigene Rolle häufig zu Unsicherheiten, Eifersucht und Spannungen.
- Da viele Metamours keine direkte Beziehung zueinander haben, sind sie auf die transparente Kommunikation der gemeinsamen Beziehungsperson (des Scharniers) angewiesen.
- Metamour-Beziehungen sind dynamisch: Sie können sich intensivieren oder lockern, je nach persönlicher Entwicklung und gemeinsamer Geschichte.
- Metamours können sich gegenseitig entlasten, sei es durch emotionale Unterstützung, geteilte Verantwortung oder konkrete Hilfe im Alltag.

Historische Beispiele zeigen, dass Metamours eine bedeutende Rolle in nicht-monogamen Netzwerken spielen können (Watson & Stein Lubrano, 2021). In der polyamoren Familie des Wonder Woman-Schöpfers William Moulton Marston übernahmen Elizabeth Holloway Marston und Olive Byrne gemeinsam Verantwortung für die Kinder und lebten auch nach William Moulton Marstons Tod weiter zusammen. Ihre Verbindung hielt über Jahrzehnte, unabhängig von seiner Präsenz. Auch der Physiker Erwin Schrödinger führte außerhalb seiner Ehe mit Anny Bertel mehrere romantische Beziehungen. Anstatt Konkurrenz oder Distanz entwickelte sich ein Netzwerk gegenseitiger Unterstützung. Als Hilde March, eine seiner Geliebten, nach der Geburt ihrer gemeinsamen Tochter unter postpartaler Depression litt, übernahm Anny Bertel die Betreuung des Kindes. Später kümmerte sie sich auch um ein weiteres Kind Schrödingers aus einer anderen Beziehung.

Diese Beispiele verdeutlichen: Metamour-Dynamiken entwickeln sich im Laufe der Zeit oft weiter. Was mit Unsicherheit oder Distanz beginnt, kann sich zu enger Bindung und gegenseitiger Unterstützung entwickeln – besonders, wenn gemeinsame Verantwortung entsteht oder ähnliche Herausforderungen geteilt werden.

Weitere besondere Konstellationen

In geschlossenen Triaden (drei Menschen in einer Beziehung zu dritt) oder stark integrierten *V-Konstellationen* (zwei Liebesbeziehungen plus eine enge Freundschaft, oft mit gemeinsamer Wohnsituation) entsteht oft besonders eng verbundene polyamore Netzwerke. Diese Konstellationen unterscheiden sich deutlich von offenen Polykülen:

- Alle Beteiligten stehen in enger Beziehung zueinander. Das fördert tiefe Nähe, erfordert aber auch eine hohe Bereitschaft zu Klärung und Kommunikation, da Konflikte alle betreffen.
- Eine bewusste Einigung darüber, wie Entscheidungen über zentrale Lebensbereiche (z. B. Wohnsituation, Zeitaufteilung, Ressourcenverteilung) getroffen werden – etwa per Konsens, Mehrheitsentscheid oder Rotation – ist wichtig. Auch scheinbar kleine Fragen wie *Wer sitzt vorne im Auto?* oder *Wer wird an Silvester zuerst geküsst?* können Spannungen erzeugen, wenn es keine klaren Absprachen gibt.

- Sowohl die dyadischen Beziehungen als auch die Gesamtkonstellation müssen immer wieder reflektiert und ausbalanciert werden. In Konstellationen mit mehreren Personen mit ähnlicher gesellschaftlicher Positionierung kann es zu Rivalitätsgefühlen kommen, insbesondere wenn sich jemand weniger gesehen fühlt – verstärkt durch gesellschaftliche Muster von Vergleich und Konkurrenz.
- Unbewusste Allianzen zwischen zwei Beziehungspersonen können die Balance der Triade stören und zur Isolation der dritten Person führen.
- Da die Beziehung geschlossen ist, kann das Risiko bestehen, externe Kontakte zu vernachlässigen und das eigene soziale Leben stark auf das Polykül zu konzentrieren.
- Gefühle können sich innerhalb einzelner Zweierbeziehungen oder in der gesamten Triade verändern. Was passiert, wenn sich eine Person von einer anderen entfremdet? Löst sich die Triade auf, oder wandelt sie sich zu einer V-Beziehung? Stabilität erfordert die Bereitschaft, solche Veränderungen gemeinsam zu gestalten.

Solo-Poly beschreibt Menschen, die bewusst keine primären oder langfristig verpflichtenden Partnerschaften führen. Stattdessen legen sie Wert auf persönliche Autonomie und gestalten ihr Leben unabhängig von festen Strukturen:

- Sie priorisieren Unabhängigkeit und streben gemeinsames Wohnen oder geteilte Finanzen nicht an.
- Da sie keine formalisierte Primärbeziehung anstreben, leben sie meist ohne hierarchische Beziehungsstruktur. Die Qualität und Intensität der Verbindungen können jedoch variieren – Absprachen und transparente Kommunikation sind umso wichtiger.

- Ohne gemeinsame Lebensgestaltung oder Care-Arbeit entstehen weniger Konflikte über Verantwortung, gleichzeitig fehlen oft bestimmte Formen alltäglicher Verbindlichkeit und Sicherheit.
- Verantwortung für ihre emotionalen Bedürfnisse tragen sie weitgehend selbst, was Selbstverantwortung fördert, aber auch belastend sein kann.
- Das Erleben von Einsamkeit ist möglich, besonders in Krisen, da keine (primäre) Beziehungsperson *automatisch* verfügbar ist.

*Beziehungsanarchist*innen* streben Beziehungen an, die frei von festen Hierarchien und traditionellen Kategorisierungen sind. Beziehungen werden individuell gestaltet – ohne vorgegebene Unterscheidung zwischen Partner*in, Freund*in oder Affäre. Beziehungsanarchie basiert auf dem Prinzip einer *Ordnung ohne Herrschaft,* also dem Versuch, Beziehungen so zu leben, dass keine Person oder Beziehung aufgrund gesellschaftlicher Zuschreibungen über andere gestellt wird:

- Erwartungen und Bedürfnisse werden individuell ausgehandelt und können sich mit den Lebensphasen verändern. Das erfordert Selbstreflexion und kommunikative Kompetenzen.
- Transparenz ist keine Pflicht, aber gegenseitige Achtsamkeit, Konsens und respektvolle Kommunikation gelten als Grundlage.
- Auch langfristige Verantwortung, gemeinsames Elternsein oder Care-Strukturen sind möglich – nicht durch Labels, sondern durch persönliche Vereinbarungen.
- Beziehungsanarchie stellt Grenzen zwischen Beziehungsformen bewusst infrage: Freundschaften, Liebesbeziehungen, familiäre, ökonomische oder sexuelle Beziehungen gelten nicht automatisch als getrennt oder unvereinbar.

Beziehungsanarchie ist nicht zwingend eine Form von Polyamorie, wird aber von vielen im polyamoren Spektrum praktiziert. Sie ermöglicht sowohl einvernehmliche nicht-monogame als auch nicht-sexuelle oder nicht-romantische Lebensformen – und versteht sich oft als gesellschaftskritische Praxis gegen romantische Exklusivität, Beziehungsnormen und Rollenklischees.

Keine dieser Konstellationen ist als Modell für *Einsteiger*innen* oder *Fortgeschrittenen* zu verstehen. Vielmehr orientiert sich die Wahl an den jeweiligen Lebensrealitäten, Bedürfnissen und Werten der Beteiligten.

11.4 Typische Herausforderungen im Alltag

Die Offenheit polyamorer Beziehungen eröffnet große individuelle Freiheit, kann aber auch Unsicherheit und Überforderung auslösen. Gerade weil es für polyamore Beziehungen kaum gesellschaftlich etablierte Vorbilder gibt, stehen viele Menschen vor ungewohnten Aushandlungsprozessen, etwa in Bezug auf Zeit, emotionale Bedürfnisse oder Grenzen.

Beziehungswirklichkeiten

Laura (29) beschreibt eigene Unsicherheit so: „Auch wenn ich es teilweise sehr genieße, auszubrechen aus dem gesellschaftlich vorgesehenen Beziehungskonzept, bedeutet das auch, dass eine Richtlinie fehlt, an der man sich orientieren kann. Man muss sich bewusst sein, was man selbst will in Beziehungen, und das auch kommunizieren können. Prinzipiell ist das sehr positiv, aber manchmal fühle ich mich damit sehr überfordert und wünsche mir, es gäbe einen klaren Weg, dem ich folgen könnte."

Die folgenden Unsicherheiten tauchen besonders häufig in der Beratung auf (orientiert an Kauppi, 2021). Sie spiegeln die *Vielschichtigkeit* polyamorer Beziehungen wider.

- *Ambivalenz bei der Entscheidung, eine Beziehung zu öffnen oder zu schließen:* Häufig sind nicht alle Beteiligten gleichermaßen überzeugt. Daraus entstehen Spannungen, die nur dann bearbeitet werden können, wenn Raum für offene Gespräche und gegenseitiges Verständnis geschaffen wird.
- *Umgang mit Eifersucht und Ängsten:* Eifersucht und Verlustängste bleiben zentrale Themen. Entscheidend ist, Emotionen nicht nur zu verstehen, sondern auch konstruktive Strategien im Umgang damit zu entwickeln.
- *Neue Dynamiken nach der Öffnung:* Neue Beziehungen bringen unerwartete Dynamiken mit sich. Green (2023) beschreibt das Phänomen des *unhappy partner:* Eine Person fühlt sich dauerhaft unzufrieden, obwohl das polyamore Modell für die anderen stimmig erscheint. Ursachen reichen von unrealistischen Erwartungen über unklare Absprachen bis zu tieferen Bindungsmustern. Hilfreich sind Fragen wie: *Welche äußeren Faktoren könnten verändert werden, um die Situation zu verbessern? Wie können tragfähige Absprachen und Grenzen helfen, mehr Stabilität zu schaffen? Oder ist Polyamorie schlicht nicht für alle passend?* Manchmal reichen Anpassungen im Alltag; in anderen Fällen ist eine Rückkehr zur Monogamie, eine Trennung oder eine andere Form nicht-monogamer Beziehung – etwa Swinging – stimmiger.
- *Aushandlung guter Grenzen und Vereinbarungen:* Grenzen dienen nicht dazu, andere einzuschränken, sondern eigene Bedürfnisse zu schützen. Prentis Hemphill (2024, S. 81) formuliert treffend: „Boundaries are the distance at which I can love you and me simultaneously" – „Gren-

zen sind der Abstand, bei dem ich Dich und mich gleichzeitig lieben kann." Aiyana (2022) unterscheidet zwischen *starren Wänden,* die trennen, und *guten Grenzen,* die Schutz bieten und gleichzeitig Nähe ermöglichen. In polyamoren Beziehungen zeigen sich gesunde Grenzen beispielsweise darin, dass Verantwortlichkeiten klar benannt werden (z. B. *Ich brauche feste Absprachen für gemeinsame Zeit*), Individualität Raum bekommt (z. B. *Ich brauche Zeit für mich, aber das bedeutet nicht, dass ich Dich weniger liebe*) und emotionale Bedürfnisse aktiv berücksichtigt werden (z. B. *Ich fühle mich unsicher, wenn Pläne kurzfristig geändert werden – können wir da eine Lösung finden?*). Grenzen und Vereinbarungen sind dynamisch – sie brauchen regelmäßige Reflexion und Zuwendung.

- *Verteilung von Zeit, Ressourcen und Zuwendung:* Wie lässt sich Zeit gerecht verteilen, sodass sich niemand vernachlässigt fühlt? Es gilt, faire Modelle für Zeitmanagement und emotionale Balance zu finden – ohne sich selbst zu überlasten.
- *Kommunikation mit Metamours:* Spannungen zwischen Metamours können das gesamte Polykül belasten. Wichtig ist, respektvolle Kommunikationsstrategien zu entwickeln – sei es, um Missverständnisse zu vermeiden oder um Nähe bewusst zu gestalten.
- *Coming-out gegenüber Kindern, Familie und Freundeskreis:* Nicht alle möchten ihre polyamore Lebensweise öffentlich machen. Hilfreich ist, individuelle Strategien für ein Coming-out zu entwickeln – oder Wege zu finden, wie sich auch ohne Offenlegung ein selbstbestimmtes Leben führen lässt.

Viele Menschen in polyamoren Konstellationen sind erstaunlich geübt darin, auftretende Schwierigkeiten eigenständig zu lösen. Die Erfahrung, immer wieder miteinander zu verhandeln, fördert oft eine hohe Konfliktkompetenz. Dennoch kann es passieren, dass man in eine Sackgasse gerät – sei es durch festgefahrene Muster, starke Emotionen oder äußere Belastungen. In solchen Momenten ist es hilfreich, auch nach vielen Jahren gelebter Polyamorie professionelle Unterstützung in Anspruch zu nehmen. Beratung oder Therapie bieten dann einen geschützten Rahmen, um festgefahrene Dynamiken zu klären und neue Perspektiven zu eröffnen.

Beziehungswirklichkeiten

Ein Beispiel für eine als sehr vielschichtig erlebte polyamore Konstellation, die letztlich wieder zur Schließung der Beziehung führte, stammt von Lena Frings. In einem Artikel in der ZEIT (19.12.2024, S. 54-55)[3] beschreibt sie, wie sie und ihr Freund mit der gemeinsamen Freundin Clara eine Triade eingingen. Sie schildert ihre Überraschung darüber, wie gut sie anfänglich damit klarkam, und auch Stationen im weiteren Verlauf: „Die Nächte zu dritt waren intensiv, wenn man es mag, Schmerz und Lust nicht unterscheiden zu können. Die schlechte Seite: Das waren die Nächte, in denen ich nicht dabei war. Mir kam dadurch plötzlich der Schlaf abhanden. Wenn ich es nicht mehr aushielt, mit aufgerissenen Augen im Bett zu liegen, weil das Herzrasen sich nicht vertreiben ließ, lief ich durch mein Viertel, setzte mich auf einen Spielplatz neben eine Laterne und wartete auf die Müdigkeit. Sie kam aber nicht. Ich konnte keinen einzigen klaren Gedanken mehr fassen, auch tagsüber. Bücher lesen, arbeiten – völlig unmöglich. … Was mich fertigmachte: Wenn ich später mit unserem Freund zusammen war, musste es der zauberhaften Clara, mit der ich mich auf eine beinahe symbiotische Weise verbunden glaubte, ganz ähnlich ergehen, sodass der Stress auch dann nicht von mir abließ. Wenn ich mir nahm, was ich wollte, musste Clara leiden – und umgekehrt. Ich versetzte mich in sie hinein, und dann tat sie mir

[3] Lena Frings: „Zwei sind doch schon so viele." DIE ZEIT, Ausgabe 54, Jahrgang 2024. Nachdruck mit freundlicher Genehmigung des ZEIT-Verlags.

> leid. Keine Emotion war mehr rein, überall lauerte etwas Dunkles in den Ecken.... Auch für unseren Freund war das herausfordernd. Uns traurig machen wollte er ja eigentlich nicht. Wir sprachen viel über die Situation, irgendwann beinahe ausschließlich. ... Besser gleich lassen, denke ich darum heute. Ich kenne diese hippiesken Argumente, dass man eine andere Person nicht besitzen möchte ... Aber mein Freund und ich besitzen einander nicht, nur weil wir nicht mehr mit anderen Personen schlafen. Ich persönlich finde meine gedankliche Freiheit seither sogar größer, weil sich mein Gehirn nicht ständig mit Widersprüchen abmüht. Vielleicht mag sich das für andere Menschen anders anfühlen. ... Ich habe mich eben entschieden und dabei festgestellt, dass Monogamie auch eine schlichte und oft übersehene Form von Freiheit in sich birgt. Die Freiheit, sich auf eine Person ganz einlassen zu können. Und die, nicht dauernd Dilemmata aushandeln zu müssen."

Nachdenklich und schonungslos porträtiert dieser Erfahrungsbericht eindrücklich belastende Seiten polyamorer Beziehungen. Die Schilderungen zu lesen und zu reflektieren, halten wir für wertvoll. Die *Vielschichtigkeit* der Emotionen wird deutlich, wenn ihre vermeintliche Einfachheit verloren geht. Für die Autorin bekam jede Begegnung einen schmerzlichen Beigeschmack, bis sie schließlich zur Klarheit und empfundenen Freiheit der Monogamie zurückkehrte. Besonders eindrücklich wird, wie überwältigend und belastend sich Eifersucht anfühlen kann. In unserer Beratung erleben wir dieses Spektrum sehr unterschiedlich: Manche Menschen entscheiden sich gegen Polyamorie, weil Eifersucht für sie unüberwindbar bleibt. Andere finden Wege, mit ihr konstruktiv umzugehen – bis sie kleiner wird und Mitfreude mehr Raum gewinnt. Interessant ist, dass die Autorin am Ende für sich den Schluss zieht: Man solle es besser gleich lassen. Doch wäre sie ohne die gemachte Erfahrung zu dieser Einsicht gelangt? Oder brauchte es die offene Beziehung als Zwischenstation, um die eigenen Bedürfnisse so klar zu erkennen?

Die Ehrlichkeit des Berichts halten wir für beispielhaft. Eine bewusste Auseinandersetzung mit den eigenen Grenzen, offene Kommunikation zwischen allen Beteiligten und die proaktive Gestaltung der Beziehungsdynamik sind zentrale Faktoren für Zufriedenheit und Stabilität. Conley und Piemonte (2021) zeigen in ihren Studien, dass polyamor lebende Menschen besonders dann zufrieden sind, wenn sie aus einem inneren Wunsch heraus in dieser Beziehungsform leben, ihre Metamours kannten, offen kommunizierten, und weniger an monogamen Idealvorstellungen festhielten. Dies verdeutlicht erneut, dass nicht so sehr die Beziehungsform entscheidend für die Zufriedenheit in Partnerschaften ist, sondern vor allem die Art und Weise, wie sie gelebt wird. Vielleicht wäre auch Lenas Triade möglich gewesen, wenn sie ihre Grenzen *(keine erotischen Treffen mehr ohne mich!)* klarer hätte benennen können. Ihr eigenes Resümee bleibt jedoch, dass sie und Clara einander gegenüber sehr sanft, sich selbst gegenüber aber hart gewesen seien. Genau darin liegt eine wichtige Erkenntnis: *Selbstliebe ist und bleibt eine zentrale Zutat polyamorer Beziehungen.*

Zwischen allen Stühlen – Die Gleichzeitigkeit des Unvereinbaren

Polyamorie bedeutet oft, mehreren Menschen gleichzeitig gerecht werden zu wollen. Dabei entstehen Situationen, in denen sich Bedürfnisse, Rhythmen, Krisen oder Feiern überschneiden. *Die Gleichzeitigkeit des Unvereinbaren* gehört zum Wesen polyamorer Beziehungswelten. Wer sich darin bewegt, erlebt selten klare Grenzen zwischen richtig und falsch – sondern vielmehr Entscheidungen, die widersprüchliche Erfahrungen halten müssen: Nähe und Abwesenheit, Zugehörigkeit und Ausschluss, Sichtbarkeit und Rückzug. Immer wieder steht dabei eine existenzielle Frage im Raum – ausgesprochen oder unausgesprochen: *Wer bin ich für Dich – auch im Vergleich zu anderen?*

Beziehungswirklichkeiten

Stell Dir folgende, real geschehene Situation vor: Zwei Deiner Beziehungspersonen verlieren am selben Tag einen geliebten Menschen. Beide wünschen sich Deine Nähe, Deinen Trost. Doch Du kannst nur an einem Ort sein. Es ist kein Gedankenexperiment polyamorer Ethik, sondern ein Moment tiefer Zerrissenheit. Wen begleitest Du? Wen lässt Du – zumindest an diesem Tag – allein zurück? Nicht, weil jemand weniger wichtig ist. Manchmal erzwingen reale, physische Begrenzungen oder soziale Konventionen eine Entscheidung. Du kannst Dich nicht zerteilen. Und auch unsere Welt ist noch immer nicht darauf ausgelegt, dass mehrere Bindungen gleichzeitig zählen. Oft gibt es nur *einen* Platz in der ersten Reihe – und der ist in der Regel exklusiv vergeben. Nach welchen Kriterien entscheidest Du? Ältere Rechte? Institutionalisierte Beziehung? Verletzlichkeit? Stärkere Gefühle? Keine dieser Kategorien wird der Situation wirklich gerecht. In solchen Momenten geht es selten darum, die perfekte Lösung zu finden. Wichtiger ist, eine Entscheidung zu tragen, die nicht allen gerecht werden *kann* – und sie dennoch aus Liebe zu treffen. Verantwortung zu übernehmen für das Mögliche, ohne Dich für das Unmögliche zu verurteilen. Und eins ist klar: Diese Entscheidung triffst Du letztlich allein, zwischen allen Stühlen.

Manche Entscheidungen hinterlassen schmerzhafte Spuren. *Du hast mich im Stich gelassen. Am schwierigsten Tag meines Lebens warst Du nicht da.* Solche vorwurfsvollen

Sätze sind oft Ausdruck von Schmerz, von der tiefen Hoffnung, im entscheidenden Moment nicht allein zu sein. Um solche Erfahrungen nicht nur ertragen zu müssen, sondern daraus zu lernen, kann es hilfreich sein, die eigenen Muster in Entscheidungsmomenten bewusst zu reflektieren. Das folgende Tool bietet dafür einen Leitfaden.

Praxistool

Wie gehe ich mit Dilemmata um?

Diese Fragen helfen Dir, Deine bisherigen Erfahrungen mit schwierigen Entscheidungsmomenten zu reflektieren:

- Wann hatte ich zuletzt das Gefühl, mich zwischen geliebten Menschen entscheiden zu müssen?
- Was war mir in diesem Moment wichtiger: Harmonie, Sichtbarkeit, Fürsorge, Selbstschutz?
- Welche inneren Stimmen treiben mich an, verfügbar zu sein? Und was kostet mich das?
- Welche Entscheidungen treffe ich aus Klarheit und welche eher aus Angst oder Konfliktvermeidung?
- Was hilft mir, widersprüchliche Gefühle zu halten, ohne mich selbst zu verlieren?

Die Qualität der Beziehung zeigt sich nicht nur in der Entscheidung selbst, sondern auch darin, wie mit ihr umgegangen wird: Ob Schuldgefühle geteilt werden dürfen. Ob eine Absage mit Mitgefühl empfangen wird. Ob alle darauf vertrauen können, dass Liebe bleibt – auch wenn sie sich in einem Moment nicht zeigen konnte.

Beziehungswirklichkeiten

Sybille (45) ist mit Marc (46) verheiratet und seit Jahren auch mit Holger (40) zusammen. Marc hat jedoch zur Bedingung gemacht, dass niemand davon erfährt – vor allem nicht die Kinder. Er fürchtet die Stigmatisierung durch seine konservative Herkunftsfamilie. Sybille stimmte anfangs zu, dankbar, dass Marc Holger akzeptierte. Doch die Last der Heimlichkeit wiegt schwer. Es ist etwas anderes, eine Fünfjährige anzulügen als eine Fünfzehnjährige. Marc beharrt auf Geheimhaltung und argumentiert, die Tochter wäre zur Geheimnisträgerin gegenüber seinen Eltern gezwungen, wenn man sie einweihen würde. Sybille und Marc verhandeln immer wieder darüber. Es hilft, im Gespräch zu bleiben und die Gründe der jeweils anderen Seite zu hören. Mittlerweile darf Sybille engen Freund*innen davon erzählen und Marc hat zugesagt, dass die Tochter eingeweiht wird, sobald sie ausgezogen ist. Sybille vertraut auf den Prozesscharakter der Situation. Marc hat auch angeboten, dass Sybille ihre Schwester und deren Mann einweihen darf. Schweren Herzens hat Sybille darauf verzichtet – nicht, weil Marc es forderte, sondern weil sie spürte, dass er Räume braucht, in denen er *der Einzige* ist.

Es gibt unzählige größere und kleinere Dilemmata in Mehrpersonenbeziehungen:

- Mehrere Beziehungspersonen haben gleichzeitig frei und wünschen sich Exklusivzeit. Jede Entscheidung wirkt wie ein Signal, auch wenn sie pragmatisch ist.
- Du wirst zu einer Veranstaltung eingeladen – mit *einer* Begleitperson. Doch Du hast zwei (oder mehr) enge Beziehungen.
- Zwei Dir nahestehende Menschen brauchen Dich gleichzeitig – in einer Krise, nach einem Streit oder in ihrer Unsicherheit.

- Du hast Kinderwunsch und mehrere Beziehungspersonen. Wer soll das Kind austragen? Wer darf betreuen? Wer wird Oma, Opa, Tante, Onkel?
- Du bist Co-Mama oder Bonusbezugsperson, wirst aber nicht eingeladen oder vorgestellt – sei es bei Familienfeiern, Elternabenden oder beim Kita-Fest.
- Eine Beziehungsperson feiert einen großen Erfolg, während eine andere trauert oder krank ist. Du willst beiden gerecht werden – doch Deine Kapazität ist begrenzt.
- Du liebst zwei Menschen – beide wünschen sich Sicherheit, Nähe, Orientierung. Nähe wird zur Verhandlungssache.
- Du möchtest offen leben. Eine Beziehungsperson fürchtet berufliche oder soziale Folgen. Du musst abwägen: Willst Du Heimlichkeit aushalten – auf Kosten Deiner Authentizität? Was bedeutet hier *Fürsorge,* was *Eigenständigkeit?* Wie kann beides in Balance gebracht werden?

Solche Dilemmata fordern nicht nur individuelle Klarheit, sondern auch ein Beziehungssystem, das Ambivalenz aushalten kann – sei es durch Selbstregulation oder durch freundschaftliche Unterstützung. Ein System, das *Vielschichtigkeit* nicht sofort auflösen muss, sondern tragen kann. Damit Entscheidungen in solchen Momenten nicht lähmen, sondern handhabbar werden, können kleine Orientierungshilfen unterstützen. Das folgende Tool bietet konkrete Impulse.

Praxistool

Impulse für den Umgang mit Dilemmata

In manchen Situationen gibt es keine perfekte Lösung. Du willst für zwei Menschen da sein – kannst aber nur an einem Ort sein. Du willst niemanden verletzen – musst aber eine Entscheidung treffen. In solchen Momenten ist es wichtiger, liebevoll zu handeln als perfekt.

- Mach Dir bewusst: Du entscheidest Dich nicht *gegen* jemanden, sondern *zwischen* zwei gleich wichtigen Möglichkeiten, die sich nicht gleichzeitig leben lassen. Das ist schmerzhaft, aber kein Zeichen von Lieblosigkeit.
- Zeige auf andere Weise, dass Du da bist. Wenn Du nicht anwesend sein kannst: Schreib eine Nachricht, besuche später, sende eine symbolische Geste. So spürt die andere Person trotzdem: *Ich bin Dir wichtig.*
- Sprich über Schuldgefühle. Viele Menschen fühlen sich in solchen Momenten schuldig – auch, wenn sie nichts falsch gemacht haben. Wenn Du diese Gefühle teilst, kann es entlasten.
- Frag Dich nicht: *War das richtig?*, sondern: *War ich liebevoll?* Nicht immer gibt es die richtige Entscheidung – aber es macht einen Unterschied, wie Du mit ihr umgehst. War sie ehrlich, achtsam und Ausdruck von Verbundenheit?

11.5 Poly-Momente: Glück und Verbundenheit

Polyamore Lebensweisen sind nicht nur mit Herausforderungen verbunden, sondern ebenso von besonderen Augenblicken. Häufig entsteht von außen der Eindruck, dass der Alltag polyamorer Beziehungen vor allem von Eifersucht, Unsicherheiten und organisatorischen Fragen dominiert sei. Viele der von uns Befragten (Mazziotta, 2025) beschrieben jedoch das Gegenteil: Ihre schönsten Erfahrungen zeigen Momente von Vertrauen, Mitfreude, Gemeinschaft und Leichtigkeit – oft gerade, weil Befürchtungen aus der Perspektive der Monogamie, wie Eifersucht oder Konkurrenzgefühle, ausblieben.

Auffällig ist die große Vielfalt solcher Glücksmomente. Sie reichen von unscheinbaren Alltagsbegegnungen bis zu emotional intensiven, manchmal überraschenden Erfahrungen, in denen Nähe, Vertrauen und das Gefühl einer Wahlfamilie spürbar wurden. Es sind nicht nur große, dramatische Ereignisse, sondern oft stille, aber bedeutsame Situationen: gemeinsames Lachen, geteilte Verantwortung, liebevolles Gönnen oder das Feiern besonderer Anlässe im erweiterten Beziehungsnetzwerk. Einige Beispiele aus unserer Befragung machen diese besonderen Momente sichtbar (Mazziotta, 2025):

Beziehungswirklichkeiten

- „Weihnachten und Silvester konnte ich mit beiden Partnern und meiner Familie und Freunden verbringen. Große Dankbarkeit und Liebe für all diese Menschen und für ihre Akzeptanz. Vor allem auch für den unkomplizierten Umgang meiner Partner miteinander, die sich häufig viel weniger Sorgen machen als ich." (Nina, 39)
- „Mit meiner Freundin offen über andere Beziehungs- oder Datingpersonen reden zu können, ohne dass Eifersucht oder andere schlechte Gefühle eine Rolle spielen, ist wunderschön." (Alex, 31)
- „Silvester mit dem ganzen Polykül: viel kuscheln, quatschen und in Gemeinschaft aufblühen. Das Gefühl, mit meiner Wahlfamilie zusammen zu sein." (Toni, 34)
- „Ein Happy-Poly-Moment war letztens, als ich einen guten Freund besucht habe, der auch poly ist, und wir haben ganz viel über unsere Bedürfnisse geredet, was wir voneinander erwarten, was wir uns wünschen, was unsere Ängste sind. Der Moment war besonders für mich, weil es sich sehr intim angefühlt hat, ohne dass wir körperlich intim waren. Aber ich hatte das Gefühl, einfach ich zu sein – und dass das gut so ist." (Steffi, 28)

- „Als ich mich bei einem Ausflug mit meinem Partner verletzt habe, hat mich mein Ehemann damals bei der Wohnung meines Partners abgeholt. Sie haben sich dort das erste Mal gesehen und die Hand gegeben. Ihre Sorge um mein Wohlbefinden und ihre Liebe für mich haben sie in dem Moment zusammengebracht, obwohl es vorher gegenseitige Vorbehalte gab." (Julia, 41)
- „Das erste Mal zu erleben, wie es ist, wenn mein Partner seine andere Partnerin küsst, und zu erleben, dass ich mich wirklich für sie freuen kann und keine Verlustangst empfinde, sondern voller Vertrauen bin." (Max, 36)
- „Das erste Mal, mit meinen beiden Partnern an der Hand durch die Stadt zu schlendern und zu merken, dass ich mich für nichts schäme und nichts verstecken muss." *(Kim, 27)*
- „Eine gemeinsame Weihnachtsfeier mit allen Partnern. (Ralf, 43)
- „Als ich mich zum ersten Mal in eine Frau verliebt habe, war ich sehr aufgewühlt, weil das ganz neu für mich war. Meine beiden Partner (beide männlich und pansexuell) haben mich sehr intensiv unterstützt und ermutigt, meine neuen Gefühle anzunehmen und zu erkunden." (Lena, 30)
- „Ein besonders schöner Moment war, als wir zu viert unterwegs waren: meine Verlobte mit ihrem Freund und ich mit meiner anderen Freundin. Zu sehen, wie sich alle gut verstehen, die Harmonie in der Luft zu spüren und zu erleben, dass es keine Eifersucht gibt, sondern Akzeptanz und gemeinsame Freude, das war einfach wunderschön." (Moritz, 35)
- „Bei meinem 50. Geburtstag haben meine Lieben und deren Lieben gemeinsam als Musiker ‚We are family' als Song gespielt." (Caro, 50)
- „Das Gefühl von Verbundenheit zu dritt, gegenseitiger Achtung und Wertschätzung, Freundschaft. Das Gefühl: So könnte es weitergehen, wir schaffen das!" (Jonas, 40)
- „Das Gönnen ist toll und die Abstimmung im Polykül, um für alle das Beste möglich zu machen." (Jule, 29)

Diese Beispiele verdeutlichen, dass Glücksmomente in polyamoren Beziehungen häufig im Kontrast zu verbreiteten Ängsten und gesellschaftliche Erwartungen stehen. Sie machen deutlich, dass Mitfreude real erfahrbar ist und dass Polyamorie nicht nur von Absprachen und Planung lebt, sondern auch von Leichtigkeit, Verbundenheit und besonderen Momenten von Nähe und Verbundenheit.

11.6 Neurodiversität und Polyamorie

Abschließend richten wir den Blick auf ein verbreitetes Phänomen, nämlich vielfältiger Liebe und Beziehungsformen im Kontext von Neurodiversität. Ein zentraler Aspekt neurodivergenter Erfahrungen – also von Erfahrungen, die von der aktuell geltenden neurologischen Norm abweichen – ist die große geschlechtliche und sexuelle Vielfalt. Studien zeigen, dass Menschen mit einer Autismus-Diagnose überdurchschnittlich häufig eine nicht-heterosexuelle Orientierung haben. In einer Umfrage mit über 2000 Befragten im Alter von 16 bis 90 Jahren aus dem Autismus-Spektrum gaben 37 % an, nicht-heterosexuell zu sein – meist nannten sie Bisexualität oder Asexualität. In der neurotypischen Vergleichsgruppe lag der Anteil bei 17 % (Weir et al., 2021). Eine aktuelle Befragung kanadischer Studierender bestätigte diesen Trend: Neurodivergente Personen sind fünfmal häufiger nicht-heterosexuell und leben viermal häufiger in nicht-konventionellen Beziehungsformen als neurotypische Personen (Bayeh & Ryder, 2025).

Neurodivergente Menschen erleben jedoch oft Ablehnung, wenn ihr Beziehungsverhalten von der Norm abweicht. Im englischen Sprachraum beschreibt *Saneism* eine spezifische Form des *Ableismus* – Diskriminierung von Menschen mit Beeinträchtigung oder Behinderung – die sich gegen Menschen mit psychischen oder neurologischen Besonderheiten richtet. Sie führt dazu, dass neurodivergente

Menschen als *beziehungsunfähig* oder *nicht-empathiefähig* abgestempelt werden. Dabei zeigt gerade die Vielfalt neurodivergenter Beziehungserfahrungen, dass die gängigen Normen nicht universell sind. Statt Defizite zu markieren, eröffnen neurodivergente Perspektiven neue Möglichkeiten für Beziehung – jenseits starrer Kategorien, aber mit ebenso tiefen Verbindungen.

Die Neurodiversitätsbewegung stellt die gängigen Vorstellungen von *Normalität* grundlegend infrage. Sie betont, dass neurologische Varianten wie Autismus,[4] ADHS – eine Entwicklungsbesonderheit, die Impulsivität, Hyperaktivität und Aufmerksamkeitsregulation betrifft – oder Dyslexie – eine angeborene Form der Lese- und Rechtschreibverarbeitung – nicht als Störungen zu verstehen sind, sondern natürliche Ausdrucksformen menschlicher Vielfalt sind (Grummt, 2024). Anstatt sie zu pathologisieren, lädt die Bewegung dazu ein, sie als wertvolle Facetten menschlichen Seins zu würdigen. Damit verbindet sich die Forderung nach einem grundlegenden Umdenken: Weg vom Defizitblick, hin zu einem Verständnis, das Unterschiede in Wahrnehmung, Denken und Erleben als Bereicherung begreift (Grummt, 2024). Dieser Perspektivwechsel betrifft nicht nur die individuelle Wahrnehmung, sondern auch die Art, wie Beziehungen gestaltet werden. Alyssa Gonzalez (2024) argumentiert in *Neurodiversität und Nichtmonogamie,* wie eng Neurodiversität und alternative Beziehungsformen wie Polyamorie verbunden sind: Beide hinterfragen gesell-

---

[4] Autismus ist eine neurologische Variante des In-der-Welt-Seins, die mit einer besonderen Art der Wahrnehmung, Informationsverarbeitung und sozialen Interaktion verbunden ist. Autistische Menschen nehmen Reize oft intensiver oder anders wahr, entwickeln leidenschaftliche Interessen und schätzen klare Strukturen sowie Vorhersehbarkeit. Diese Unterschiede können Herausforderungen mit sich bringen, gehen aber auch mit Stärken einher – etwa einer Direktheit in der Kommunikation, analytischem Denken oder einer tiefen Fokussierung, die sowohl im Alltag als auch in Beziehungen bereichernd sein kann.

schaftliche Regeln und eröffnen Räume, in denen individuelle Bedürfnisse Vorrang haben.

Viele neurodivergente Menschen spüren früh, dass sie in einer Welt leben, die nicht für ihre Art des Denkens und Fühlens ausgerichtet ist. Soziale Regeln wirken auf sie oft unlogisch oder nicht intuitiv erfassbar, was Gefühle von Fremdheit hervorrufen kann. Weil neurotypische und neurodivergente Menschen die Welt unterschiedlich wahrnehmen, entstehen leicht Missverständnisse. Besonders deutlich wird dies in der Kommunikation: Autistische Beziehungspersonen sprechen häufig direkt, wörtlich und logisch, während neurotypische Beziehungspersonen eher indirekt, emotional oder metaphorisch kommunizieren. Daraus erwachsen Irritationen, die sich in allen Beziehungsformen zeigen können (Smith et al., 2021). Für neurodivergente Menschen bedeutet das häufig, dass sie neurotypische Kommunikationsweisen erst *übersetzen* müssen – und umgekehrt fällt es neurotypischen Menschen schwer, das neurodivergente Erleben nachzuvollziehen. Solche Unterschiede können aber auch ein Ausgangspunkt sein: Viele neurodivergente Menschen hinterfragen gesellschaftliche Beziehungsnormen und entwickeln eigene Wege des Miteinanders. Sie erleben klassische Kategorien wie *Freundschaft* oder *romantische Partnerschaft* oft als zu starr und bevorzugen stattdessen individuell ausgehandelte, fluidere Verbindungen. Auch Vorstellungen von emotionaler oder sexueller Exklusivität werden mitunter anders interpretiert (Bayeh & Ryder, 2025). Dahinter steckt weniger eine Ablehnung von Monogamie als vielmehr der Wunsch, Beziehungen stärker an persönlichen Bedürfnissen und authentischen Verbindungen auszurichten.

Da polyamore Konstellationen weniger auf kulturell etablierte Beziehungsskripte zurückgreifen können, entsteht oft ein stärkeres Bedürfnis nach expliziten Absprachen – etwas, das insbesondere neurodivergenten Personen entgegenkommt. Klare Kommunikation, wie etwa *Ich brauche gerade Zeit für mich* statt *Mir geht's nicht so gut,* macht Bedürfnisse sichtbarer. In monogamen Beziehungen ist bewusste Kommunikation zwar ebenso wichtig, in polyamoren Konstellationen ist sie jedoch unverzichtbar, weil sonst zu viele Fragen offenbleiben. Besonders hilfreich ist es, wenn Gesprächspartner*innen sich aktiv rückversichern, ob sie einander wirklich verstanden haben. Manche Paare entwickeln dazu Strategien, etwa bestimmte Gesten oder vereinbarte Wörter, um Überforderungen in Konflikten oder sozialen Situationen deutlich zu machen.

Polyamorie kann außerdem den Druck des sogenannten *Masking* – also das bewusste Anpassen oder Unterdrücken eigener Verhaltensweisen, um gesellschaftlichen Erwartungen zu entsprechen – reduzieren. Alternative Beziehungskonzepte lassen oft mehr Raum für individuelles Verhalten. So kann beispielsweise eine autistische Person, die schnell sensorisch überfordert ist, mit ihren Beziehungspersonen Absprachen über soziale Interaktionen treffen, etwa feste Zeiten für Rückzug und Ruhephasen.

In neurodiversen Konstellationen – also Beziehungen zwischen einer oder mehreren neurotypischen und neurodivergenten Person(en) – übernehmen neurotypische Beziehungspersonen manchmal eine Art Übersetzungsrolle, indem sie soziale Situationen deuten oder Missverständnisse einordnen (*Wieso hat die Person mich angesprochen? Wieso hat sie das gesagt?*). Gleichzeitig bringen neurodivergente Menschen besondere Stärken in ihre Beziehungen ein: Viele erleben sich als besonders loyal, direkt in ihrer Kommunikation und verfügen über ein starkes analytisches Denken – Qualitäten, die Beziehungen vertiefen können (Smith et al., 2021). Polyamorie eröffnet die

Möglichkeit, emotionale und soziale Unterstützung individuell zu verteilen und Rollen flexibel zu gestalten, was nicht nur für neurodivergente, sondern für viele Menschen eine Bereicherung sein kann.

Neben den sozialen Dynamiken spielt auch die Sexualität eine wichtige Rolle. Neurodivergente Menschen zeigen oft besondere Muster in ihrer Sexualität (Turner et al., 2021). So berichten autistische Männer über eine intensive Beschäftigung mit Sexualität. Sie denken häufiger an Sex, erleben starke sexuelle Erregung und haben eine höhere Masturbationsfrequenz als neurotypische Männer. Einige entwickeln dabei feste Routinen oder Muster in ihrem sexuellen Verhalten. Masturbation kann beispielsweise zu einem regelmäßigen Ritual werden, das zur Entspannung oder sensorischen Beruhigung dient.

Auch sexuelle Fantasien nehmen oft einen besonderen Stellenwert ein. So berichten autistische Männer häufiger über Fantasien, die gesellschaftlich als weniger normkonform gelten, darunter Sadomasochismus (Lust an Dominanz und Unterwerfung), Voyeurismus (Erregung durch das Beobachten intimer Situationen) oder Frotteurismus (Erregung durch absichtliches Reiben oder Berühren fremder Personen). Solche Fantasien kommen grundsätzlich bei vielen Menschen vor und sind per se nicht problematisch, solange sie im Bereich der Vorstellung bleiben oder einvernehmlich ausgelebt werden. Der Befund verweist vielmehr darauf, dass Sexualität – ähnlich wie andere Lebensbereiche – bei autistischen Menschen oft durch Routinen, intensive Interessen und ein eigenes Verständnis sozialer Regeln geprägt ist.

Vielfältige Liebesformen bieten die Möglichkeit, sexuelle Bedürfnisse und Vorlieben auf unterschiedliche Weise zu leben. Während in monogamen Beziehungen oft erwartet wird, dass eine einzige Person alle emotionalen, sozialen und sexuellen Bedürfnisse erfüllt, erlaubt Polyamorie, diese bewusst auf mehrere Menschen zu verteilen. Gerade für neurodivergente Personen, deren Sexualität oft durch feste Rituale, intensive Interessen oder eine erhöhte Sensibilität für Reize geprägt ist, kann das eine befreiende Alternative sein. So könnte eine autistische Person mit einer Beziehungsperson stabile, beruhigende Routinen pflegen, während sie in einer anderen Beziehungsperson experimentellere Seiten ihrer Sexualität erkundet.

Darüber hinaus bieten polyamore Gemeinschaften wichtige Räume der Zugehörigkeit. Sie sind häufig besonders offen für Vielfalt und schaffen Umfelder, in denen neurodivergente Menschen Akzeptanz und Resonanz erfahren. Viele dieser Communities betonen explizite Konsensregeln, Transparenz und klare Strukturen – Rahmenbedingungen, die neurodivergente Menschen nicht nur schützen, sondern auch empowern können.

Beziehungswirklichkeiten

„Unser Polykül ist wirklich ein Vorzeigemodell und das ist uns auch bewusst. Natürlich haben wir uns gefragt, warum das so ist. Wir sind zu dem Schluss gekommen, dass wir alle in gewissem Maß neurodivers sind. Das heißt: Wir mussten schon immer eigenständig denken und kreative Wege finden, um in dieser Gesellschaft zurechtzukommen. Diese Erfahrung prägt auch unsere Beziehungen. Wir gestalten sie stärker aus unserem Inneren heraus, statt einer gesellschaftlichen 'Normalform' zu folgen. Besonders hilfreich ist für uns das Solo-Poly-Modell: Ich kläre die Herausforderungen meines Alltags erst einmal für mich. Die gemeinsame Zeit mit meinen Beziehungspersonen ist dann echte Quality-Time – und wir nutzen sie auch, um über all die spannenden Themen zu sprechen, die uns bewegen." (Jana, 34)

Trotz vieler Vorteile bringt Polyamorie für neurodivergente Menschen auch Herausforderungen mit sich.

Besonders die emotionale Regulation kann schwierig sein: Gefühle wie Eifersucht oder Unsicherheit wahrzunehmen und zu verarbeiten, erfordert oft gezielte Strategien. Eine besondere Hürde stellt *Alexithymie* dar, also die Schwierigkeit, eigene Emotionen klar zu unterscheiden und mitzuteilen. Manche Menschen spüren zwar, dass sie sich unwohl fühlen, können aber nicht genau sagen, ob es Angst, Wut oder Verunsicherung ist. Ein Freund auf dem Autismusspektrum (AM) beschrieb es einmal so: *Ich kenne nur drei emotionale Zustände – gut, schlecht und neutral.* Für ihn bedeutete das, dass er erst mit Verzögerung versteht, was ihn belastet – was wiederum die Kommunikation mit seinen Beziehungspersonen erschwert. Dadurch bleiben Unsicherheiten oft unausgesprochen, was zu Missverständnissen und Spannungen in Beziehungen führen kann. Auch neurotypische Beziehungspersonen können sich in solchen Situationen emotional allein gelassen fühlen, weil ihnen die emotionale Bestätigung oder Reflexion fehlt oder ihre emotionalen Bedürfnisse nicht erfüllt werden (Smith et al., 2021). Gerade hier können bewusst entwickelte Strategien eine wichtige Brücke sein, um Gefühle gemeinsam zu erforschen und gegenseitiges Verständnis zu fördern.

Regelmäßige Check-ins, bei denen über Gefühle und Bedürfnisse gesprochen wird, helfen, Missverständnisse frühzeitig zu klären und Unsicherheiten zu reduzieren. Einige neurodivergente Menschen profitieren von visuellen oder schriftlichen Hilfsmitteln, etwa indem sie Emotionen auf einer Skala einordnen oder in Notizen festhalten, um sie besser benennen zu können. Für neurotypische Beziehungspersonen ist es hilfreich, sich bewusst zu machen, dass emotionale Verarbeitung bei ihrem Gegenüber mehr Zeit in Anspruch nehmen kann. Geduld und ein nichtwertender Umgang erleichtern das Miteinander. Ebenso förderlich ist es, wenn neurotypische Beziehungspersonen ihre emotionalen Bedürfnisse explizit und konkret kommunizieren, anstatt auf subtile Hinweise oder unausgesprochene Erwartungen zu setzen. Indem beide Seiten aktiv an ihrer Kommunikation arbeiten und individuelle Strategien zur emotionalen Regulation entwickeln, können neurodivergente Beziehungen – ob polyamor oder sexuell exklusiv – stabiler und erfüllender gestaltet werden.

Neben diesen individuellen Herausforderungen erleben neurodivergente Menschen oft eine doppelte Stigmatisierung. Schon ihre neurologische Besonderheit ist von Vorurteilen geprägt – etwa der Annahme, Autismus oder ADHS gingen zwangsläufig mit sozialer Inkompetenz oder Beziehungsunfähigkeit einher. Wenn sie sich für ein offenes Beziehungsmodell entscheiden, verstärkt sich diese gesellschaftliche Ablehnung häufig. Ein verbreitetes Klischee lautet, neurodivergente Menschen seien nur deshalb polyamor, weil sie soziale Normen nicht verstehen. Diese stereotype Sichtweise verkennt jedoch den selbstbestimmten Charakter polyamorer Beziehungen und blendet aus, dass auch viele neurotypische Menschen aus freien Stücken in Mehrpersonenbeziehungen leben. Zugleich gilt: Polyamorie ist nicht automatisch die *bessere* Wahl für neurodivergente Menschen. Während manche die explizite Kommunikation und die strukturierten Absprachen als entlastend erleben, passt für andere eine monogame Beziehung besser zu ihren Bedürfnissen. Entscheidender ist nicht das Modell an sich, sondern die Möglichkeit, eine Beziehungsform zu wählen, die authentisch zu den eigenen Wünschen und Lebensumständen passt.

12 Polyamorie im sozialen Kontext

Polyamorie bedeutet nicht nur, Beziehungen im privaten Raum zu gestalten, sondern findet im sozialen Kontext statt. Viele Menschen in Mehrpersonenbeziehungen stehen dabei vor der Frage: *Wie offen möchte oder kann ich mit meiner Beziehungsform umgehen?* Während manche ihre Lebensweise selbstverständlich und selbstbewusst teilen, entscheiden sich andere dafür, sie nur im engsten Kreis offenzulegen oder ganz privat zu halten. Ein offener Umgang mit der eigenen, nicht-normativen Beziehungsform in der Öffentlichkeit ist oft nicht nur eine persönliche, sondern auch eine strategische Entscheidung – denn gesellschaftliche Reaktionen sind nicht immer wohlwollend.

12.1 Gesellschaftliche Wahrnehmung

Auch wenn alternative Beziehungsformen heute sichtbarer sind als noch vor wenigen Jahrzehnten, begegnen sie weiterhin häufig Skepsis und Vorurteilen. Mehrpersonen-

S. Bröning, A. Mazziotta, *Vielfältige Liebe - Polyamorie gestalten*,
https://doi.org/10.1007/978-3-658-48372-2_12

beziehungen werden häufig *defizitorientiert* betrachtet: Viele Menschen – darunter auch Fachpersonen wie Therapeut*innen, Ärzt*innen oder Pädagog*innen – halten solche Beziehungsmodelle für instabil und lediglich kurzfristig tragfähig. Oft wird angenommen, polyamore Menschen könnten sich nicht wirklich auf eine intime Beziehung einlassen oder ihren bestehenden Beziehungen fehle etwas Wesentliches – sei es wahre Liebe, Leidenschaft, Intimität oder sexuelle Anziehung.

Wie tief diese Bewertung verwurzelt ist, zeigt eine Studie von Conley und Kolleg*innen (2013). Den Teilnehmenden wurden zwei nahezu identische Geschichten über ein Paar vorgelegt – mit dem einzigen Unterschied, dass in einer Version das Paar monogam lebte, in der anderen hatte es eine offene Beziehung. Die monogame Version erhielt durchweg positivere Bewertungen: Das Paar wurde nicht nur als liebevoller, respektvoller, zugeneigter und vertrauenswürdiger wahrgenommen, sondern ihnen wurden auch Eigenschaften zugeschrieben, die mit der Beziehungsform nichts zu tun hatten – etwa sozial engagiert zu sein, konsequenter zu recyceln, mehr Trinkgeld zu geben oder beruflich erfolgreicher zu sein. Dieses Phänomen wurde bekannt als *Halo-Effekt* (*Heiligenschein-Effekt*; Nisbett & Wilson, 1977): eine hervorstechende Eigenschaft beeinflusst die Wahrnehmung weiterer (eigentlich unabhängiger) Eigenschaften. Dieser Befund verdeutlicht, wie stark die gesellschaftliche Idealisierung der Monogamie die Wahrnehmung prägt.

Zahlreiche Studien zeigen, dass einvernehmlich nichtmonogame Menschen keine schlechteren Beziehungen führen als monogame Paare (Moors, 2023). In einer Untersuchung mit über 700 plurisexuellen (z. B. bisexuellen oder pansexuellen) Personen waren Beziehungsqualität, Bindungssicherheit und emotionale Zufriedenheit vergleichbar (Korinth & Bröning, 2026). Unterschiede fanden sich nur in der sexuellen Zufriedenheit: Polyamore Menschen berichteten häufiger, dass ihre sexuellen Bedürfnisse erfüllt werden – vielleicht, weil sie offener über ihre Wünsche sprechen oder mehr Optionen für die Erfüllung ihrer Wünsche haben. Trotz dieser Erkenntnisse hält sich das gesellschaftliche Misstrauen. Wer offen polyamor lebt, begegnet nicht selten abschätzigen Kommentaren, abrupten Themenwechseln oder indiskreten Fragen wie: *Na, wer schläft gerade mit wem?* oder *Habt ihr keine Angst vor Krankheiten?* In unserer Arbeit berichten polyamor lebende Personen immer wieder von Abwertungen und Diskriminierungserfahrungen. Eine Klientin (24) schilderte ihre Erlebnisse so: „Verwandte und monogame Freund*innen wenden sich ab, halten mich für gestört oder sehen Polyamorie als egoistisch." Besonders für Menschen, die bislang vor allem heteronormativen Beziehungsvorstellungen gefolgt sind, kann das Leben eines gesellschaftlich weniger akzeptierten Beziehungsmodells einen tiefgreifenden Perspektivwechsel bedeuten.

Viele polyamor lebende Menschen sind sich der Stigmatisierung bewusst (Valadez et al., 2020). Ein Klient (31) beschrieb seine Erfahrung so: „Wenn ich in der Uni oder auf der Arbeit von meinen Partner*innen erzähle, überlegen die Leute sofort, ob ich wohl sexsüchtig bin oder Beziehungsängste habe. Schon die bloße Erwähnung mehrerer Namen sorgt für unangenehme Annahmen, die mir einfach stinken." Solche Zuschreibungen können Schamgefühle auslösen und das Gefühl verstärken, nicht verstanden oder wertgeschätzt zu werden. Häufig entsteht Angst vor Ausgrenzung und erneuter Konfrontation mit Vorurteilen.

Um derartigen Reaktionen zu entgehen, entscheiden sich viele, ihre Lebensweise teilweise oder ganz zu verbergen. Die Gründe dafür reichen von der Angst vor Ablehnung, Sorge vor beruflichen Nachteilen in konservativen Settings, über den Wunsch nach Privatsphäre bis hin zur Rücksichtnahme auf Kinder. Doch Heimlichkeit bringt erhebliche Belastungen mit sich: Wer zentrale Aspekte seines

Lebens verschweigt, muss auch Teile seiner Identität und prägende Alltagserfahrungen vor Freund*innen, Kolleg*innen und Verwandten verbergen. Bisexuelle Menschen werden dann oft als hetero oder lesbisch/schwul gelesen. Beziehungspersonen in getrenntlebenden (sekundären) polyamoren Beziehungen gelten fälschlicherweise als alleinstehend – werden entsprechend bemitleidet oder gar ermahnt, *endlich jemanden zu suchen,* obwohl sie längst in verbindlichen Beziehungen leben.

Dieses bewusste Verschleiern führt zu inneren Spannungen und dem Gefühl, nahestehende Menschen täuschen zu müssen. Das ständige Kontrollieren der eigenen Worte und das Vermeiden von Widersprüchen erfordert zudem einen hohen mentalen und emotionalen Aufwand. Studien zeigen, dass schon kurze Phasen der Geheimhaltung messbare Erschöpfung auslösen können (Critcher & Ferguson, 2014). Über längere Zeit hinweg kann dieser Zustand zu chronischem Stress und innerer Anspannung führen. Auch mehrere Teilnehmende unserer Befragung beschrieben die damit verbundenen Belastungen eindrücklich. „Da wir nur vor wenigen Menschen geoutet sind, leben wir unsere Beziehungen nicht offen aus, was traurig und oft auch anstrengend ist", berichtet Wolli (45). „Als Poly in einer nicht poly-freundlichen Welt zu leben, bedeutet ständige Zensur. Bei Familienfeiern oder Beerdigungen sind nicht alle Partner*innen willkommen, und wenn wir gemeinsam in der Öffentlichkeit unterwegs sind, überlege ich ständig, wie viel Zuneigung wir zeigen können", beschreibt Mara (39).

Gesellschaftliche Stigmatisierung trifft nicht alle gleichermaßen. Besonders belastend ist sie für Menschen, die zusätzlich von weiteren Diskriminierungsformen betroffen sind, etwa aufgrund rassistischer Zuschreibungen, der Geschlechtsidentität, der sexuellen Orientierung, psychischer Gesundheit oder ökonomischer Lage. In solchen Fällen überlagern sich verschiedene Benachteiligungen, ein

Phänomen, das als *Intersektionalität* bezeichnet wird (Noël, 2006; Mazziotta, im Druck). So begegnen bisexuelle Menschen, die polyamor leben, verstärkt Klischees über Unentschlossenheit oder Untreue. Ähnlich geht es Personen mit Bindungstraumata oder psychischen Belastungen: Ihnen wird oft unterstellt, keine stabilen Beziehungen führen zu können. Polyamorie wird mit Instabilität gleichgesetzt. Auch in Therapie oder im sozialen Umfeld stoßen Menschen in alternativen Beziehungsformen häufig auf Unverständnis (Mazziotta & Bröning, 2024). Polyamorie lässt sich daher nicht losgelöst von gesellschaftlichen Machtverhältnissen betrachten. Während manche ihre Beziehungen vergleichsweise offen und sicher leben können, stoßen andere aufgrund mehrfacher Marginalisierung auf erhebliche Hürden.

12.2 Herkunftsfamilie

Liebesbeziehungen entstehen nie im luftleeren Raum. Jede neue Verbindung bringt nicht nur zwei Menschen zusammen, sondern ganze Systeme: Herkunftsfamilien, Kinder, Freundeskreise, emotionale Erbschaften und implizite Vorstellungen darüber, wie Beziehung *sein sollte.* Besonders die Erfahrungen aus der Herkunftsfamilie hinterlassen Spuren: Sie prägen unser Bindungsverhalten, unser Nähe-Distanz-Erleben und unsere Bilder davon, was in einer Partnerschaft *möglich, wünschenswert* oder *legitim* ist. Für viele bleibt die Herkunftsfamilie emotionale Heimat, normative Orientierung, Projektionsfläche – und nicht selten auch Prüfstein für die eigene Lebensform. Wer sich für polyamore oder andere einvernehmlich nicht-monogame Beziehungskonstellationen öffnet, tut dies selten nur im Privaten. Die Entscheidung berührt oft auch das familiäre Umfeld – ob biologisch, gewählt oder durch soziale Nähe gewachsen – und dessen Vorstellungen davon, wie Liebe zu sein hat.

Mit einer neuen Beziehung entsteht oft ein neues soziales Netzwerk. Man wird zur *Schwiegerperson,* zur *neuen Beziehungsperson von,* zur *Co-Elternfigur* – oder bleibt die *stille Dritte im Schatten.* Manche Familien reagieren offen und neugierig, andere mit Abwehr oder Unsichtbarmachung. Was für die Beteiligten selbstverständliche Realität ist, kann für Außenstehende als irritierend, verunsichernd oder gar bedrohlich erlebt werden: *Wird mein Kind jetzt ersetzt? Was bedeutet das für unsere Familie? Und was ist mit den Enkeln?* Systemisch betrachtet sind solche Irritationen erwartbare Reaktionen: Familiensysteme versuchen, vertraute Strukturen aufrechtzuerhalten. Was nicht ins gewohnte Raster passt, wird leicht als Störung empfunden – obwohl darin zugleich die Möglichkeit von Weiterentwicklung liegen kann.

Unterschiedliche Bedürfnisse, Werte und Loyalitäten treffen im sozialen Kontext aufeinander: innerhalb des Polyküls ebenso wie zwischen dem Polykül und den jeweiligen Herkunftsfamilien. Solche Spannungen sind nicht auf polyamore Lebensformen beschränkt – sie treten auch in sexuell exklusiven Partnerschaften, in Patchwork-Konstellationen oder bei alleinlebenden Menschen auf, sobald individuelle Lebensentwürfe nicht mehr den tradierten Familienbildern entsprechen.

Beziehungswirklichkeiten

Lars (46) und Clara (43) sind ein polyamor lebendes Ehepaar, das kürzlich getrennte Wohnungen bezogen hat, um mehr Privatsphäre für weitere Beziehungen zu schaffen. „Es ist schön, mal wieder alles so gestalten zu können, wie man es möchte", erzählen sie. „Wir verabreden uns jetzt bewusst für gemeinsame Abende, gehen ins Kino und überlegen danach: Zu mir oder zu Dir?", berichten sie lachend. Gleichzeitig erleben sie viel Unverständnis in ihrem Umfeld: „Unsere Familien sind fassungslos. Sie können einfach nicht verstehen, dass wir getrennt leben und trotzdem verheiratet bleiben wollen.

Oft überlagern sich zwei Kräfte: die Sehnsucht nach Zugehörigkeit und Angenommensein – und die Angst vor Ablehnung, Bedeutungsverlust oder Kontrollverlust. Herkunftsfamilien sind Orte tiefer Bindung, aber auch Träger der alten Liebes- und Geschlechterordnung. Damit vermitteln sie kollektive Vorstellungen darüber, wie Leben und Liebe zu sein haben. Wer nicht-monogam lebt, stellt diese Ordnung schon durch die eigene Existenz infrage. Deshalb begegnet man nicht nur individuellen Reaktionen, sondern auch einem systemischen Bedürfnis nach Stabilität. Eine Klientin (28) formulierte es so: „Es ist wie mit vegetarischer oder veganer Ernährung: Du willst eigentlich nur ganz unauffällig leben, aber alle anderen reden plötzlich nur noch über das Essen."

In manchen Familien wird die Entscheidung für eine nicht-traditionelle Lebensweise als tiefer Einschnitt erlebt – weniger, weil neue Beziehungspersonen als Individuen abgelehnt würden, sondern weil sie für etwas stehen: Veränderung, Unvorhersehbarkeit, den Bruch mit vertrauten Normen. In Familien mit starkem Wunsch nach Klarheit, Kontinuität oder Traditionsbindung kann dies als Kontrollverlust erlebt werden – oder als implizite Infragestellung des eigenen Lebensentwurfs. Besonders Eltern, die ein traditionelles Familienmodell hochhalten, fühlen sich durch Entscheidungen für andere Lebenskonzepte oft herausgefordert oder verunsichert.

Spannungen treten nicht immer offen zutage. Häufig zeigen sie sich in Andeutungen oder subtilen Kommentaren: *Willst Du Dich nicht endlich mal entscheiden? So ein Modell hält doch eh nicht lange.* Oder in scheinbar fürsorglichen Gesten: *Wir wollen doch nur, dass Du glücklich wirst.* Dahinter steckt selten bewusste Ablehnung, sondern eher die Suche nach Halt und Orientierung in einer sich wandelnden Welt. Druck entsteht dennoch, etwa wenn Erwartungen unausgesprochen auf das Polykül projiziert oder leise Hoffnungen formuliert werden, dass sich *alles noch zurechtruckeln* möge.

In der Beratung begegnen uns häufig Menschen, die unter diesem familiären Druck leiden: bestimmte Bildungswege, ein sicherer Beruf, eine monogame Partnerschaft, Kinder. Weicht der eigene Lebensentwurf davon ab, entstehen Spannungen, Schuldgefühle oder Loyalitätskonflikte. Wichtig wird dann die Reflexion familiärer Prägungen, die Stärkung der eigenen Position und ein selbstbestimmter Umgang mit tradierten Erwartungen. Wenn innerhalb der Familie nur bestimmte Beziehungspersonen anerkannt, andere jedoch ignoriert oder abgewertet werden, müssen auch im Polykül neue Aushandlungsprozesse stattfinden: über Sichtbarkeit, Gleichwertigkeit und den Schutz vulnerabler Positionen. Selbst wohlmeinende Wünsche, etwa nach Enkelkindern oder einem richtigen Zuhause, können ambivalent wirken, wenn sie an mononormative Vorstellungen geknüpft sind. Treffen mehrere Systeme mit unterschiedlichen Erwartungshorizonten aufeinander, verdichten sich solche Hoffnungen leicht zu impliziten Forderungen. Gerade polyamore Konstellationen laden dazu ein, lineare Narrative zu hinterfragen – und Zugehörigkeit, Verantwortung und Nähe neu zu denken. Inmitten solcher Spannungsfelder kann es entlastend sein, die eigene Position zu klären: *Welche Rolle möchte ich im erweiterten Familiensystem einnehmen? Wo endet meine Verantwortung – und wo beginnt meine Selbstfürsorge?* Zwischen Projektion und Sehnsucht entstehen so neue Räume: für Klarheit, für gegenseitiges Verständnis – und für ein vielfältigeres Verständnis von Familie. Um mit diesen Spannungsfeldern konstruktiv umzugehen, kann es hilfreich sein, sich die eigenen Prägungen und Bedürfnisse bewusst zu machen. Das folgende Tool bietet Leitfragen zur Reflexion.

Praxistool

Zwischen Zugehörigkeit und Abgrenzung – Umgang mit Herkunftsfamilien

Wenn wir lieben, verbinden wir nicht nur Menschen, sondern auch deren Systeme. Jede Beziehungsperson bringt ein eigenes familiäres Feld mit – mitsamt Erwartungen, Verletzungen, Geheimnissen und Ressourcen.

Die folgenden Fragen können helfen, diese Verflechtungen bewusst zu gestalten:

- Welche Vorstellung von Familie trage ich in mir und wie unterscheidet sie sich von der meiner Beziehungsperson?
- Was bedeutet es für mich, Teil einer Familie zu sein – emotional, sozial, praktisch?
- Welche Rolle wird mir (unausgesprochen) zugeschrieben und welche möchte ich selbst einnehmen?
- Wie reagiere ich, wenn ich eine Rolle zugewiesen bekomme, die ich gar nicht gewählt habe (z. B. Schwiegerkind, Erziehungsfigur)?
- Wie könnte mich die Familie meiner Beziehungsperson wahrnehmen? Als Bereicherung, Bedrohung oder Störung?
- Wann spüre ich Zugehörigkeit und wann Fremdheit oder Ausschluss? Was macht das mit mir?
- Wie sprechen wir im Polykül über unsere Herkunftsfamilien, ohne uns anzupassen oder zu verteidigen?
- Was bedeutet es, wenn meine Beziehungsperson sagt: *Ich möchte, dass Du mitkommst* und was heißt es für mich, *Ja* oder *Nein* zu sagen?
- Welche inneren Haltungen oder Ressourcen tragen mich, wenn ich mich fremd, übersehen oder bewertet fühle?
- Wo endet meine Verantwortung und wo beginnt meine Selbstfürsorge?

12.3 Coming-out oder nicht?

Für viele Menschen in Mehrpersonenbeziehungen taucht immer wieder dieselbe Frage auf: *Wie offen möchte oder kann ich mit meiner Beziehungsform umgehen?* Manche entscheiden sich bewusst für Sichtbarkeit – aus dem Wunsch nach Authentizität, aus politischem Engagement oder um zur Entstigmatisierung beizutragen. Andere leben ihre Polyamorie nur im vertrauten Kreis oder ganz privat. Diese Entscheidung ist oft weniger Ausdruck persönlicher Überzeugung als vielmehr eine Strategie, um mögliche Komplikationen zu vermeiden: *Wie wird das Umfeld reagieren? Drohen Nachteile im Beruf, in der Familie oder im sozialen Umfeld?* Für Menschen, die ohnehin von Diskriminierung betroffen sind – etwa aufgrund von Rassismuserfahrungen, Geschlechtsidentität, Intergeschlechtlichkeit, sexuelle Orientierung oder soziale Herkunft – können die Hürden, wie erwähnt, noch höher sein (Noël, 2006).

Das Leben in einer Mehrpersonenbeziehung unterscheidet sich im Hinblick auf Diskriminierung jedoch auch von anderen Formen gesellschaftlicher Marginalisierung, etwa aufgrund von Geschlecht oder Rassismuserfahrungen: Zum einen ist Polyamorie – anders als viele andere marginalisierte Positionierungen – häufig eine selbst gewählte Lebensform. Zum anderen ist die Beziehungsform ein *versteckbarer Aspekt der Identität.* Eine weitere Beziehungsperson geheim zu halten kann sich sicherer anfühlen, bedeutet aber auch, ständig neu abwägen, planen und aufpassen zu müssen. Wer offen lebt, erlebt wiederum andere Belastungen – etwa die ständige Notwendigkeit, zu erklären, warum man *anders liebt.* Gleichzeitig berichten viele, dass Verbergen auf Dauer das Gefühl hinterlässt, einen wichtigen Teil von sich selbst unsichtbar zu machen. Unsere Befragung zeigt, warum sich viele Menschen in Mehrpersonen-Liebesbeziehungen für ein Coming-out entscheiden (Mazziotta, 2025): Authentizität und Sichtbarkeit tragen stark zum Wohlbefinden bei. „Ich möchte einfach ehrlich von meinem Leben erzählen können", erklärt Jette (33). „Ich will nicht, dass meine Partnerinnen wie ein Geheimnis wirken." Auch das Bedürfnis, einen positiven

Teil der eigenen Identität nicht ausklammern zu müssen, bewegt viele. Pia (29) ergänzt: „Poly zu leben, ist eine der schönsten Erfahrungen meines Lebens. Das will ich nicht wegdrücken, nur weil es andere irritieren könnte." Auch praktische Gründe spielen eine Rolle: „Wenn ich ständig überlegen muss, wer was weiß, ist das auf Dauer einfach anstrengend", sagt Timo (38).

Gleichzeitig nannten viele nachvollziehbare Gründe für selektive Offenheit oder Schweigen: die Sorge vor Diskriminierung, Ausgrenzung oder beruflichen Nachteilen. Maria (45) berichtet: „Im Job spreche ich nicht darüber. Ich will nicht, dass mir jemand unterstellt, ich sei unprofessionell." Auch familiäre Bedenken spielen eine Rolle. Sarah (31) erzählt: „Meine Eltern haben mir verboten, mit meiner Tante darüber zu sprechen. Sie haben Angst, dass ich bloßgestellt werde oder Nachteile habe." In ländlichen oder konservativen Kontexten fürchten sich manche um ihre Kinder oder befürchten soziale Isolation. Andere wünschen sich schlicht Privatsphäre oder haben nicht die Energie, immer wieder Aufklärungsarbeit zu leisten. „Ich will nicht ständig die Diskussion lostreten, wenn ich über mein Beziehungsleben rede", sagt Ben (42).

In einer nach wie vor mononormativen Welt bleibt das Coming-out für Menschen in Mehrpersonenbeziehungen ein Balanceakt. Studien zeigen: Wer sich im engen sozialen Umfeld outet, erfährt oft Unterstützung, riskiert aber auch Zurückweisung oder Diskriminierung (Moors, 2023). Auch unsere Befragung macht deutlich, wie unterschiedlich die Reaktionen ausfallen können: von Akzeptanz, Neugier und wohlwollender Toleranz bis zu Irritation, Skepsis oder Ablehnung. Moritz (36) erzählt: „Oft sagen Leute einfach: ‚Okay, spannend, ich könnte das nicht, aber wenn es für Dich passt'…" Häufig kommen Nachfragen, etwa zu Eifersucht oder Praktikabilität. Carla (40) meint: „Manchmal fühlt es sich so an, als müsste ich gleich noch eine

PowerPoint-Präsentation machen, damit es verstanden wird." Doch nicht alle Reaktionen sind harmlos. Freundschaften sind zerbrochen, Familienbeziehungen haben sich distanziert. „Meine Mutter meinte, ich solle doch lieber fremdgehen, als meinem Partner so etwas anzutun", erinnert sich Carla. Gleichzeitig berichten viele auch von berührenden Momenten der Akzeptanz, wie Jonas (39): „Mein Vater war erst skeptisch. Aber irgendwann meinte er nur: ‚Ich sehe ja, dass Du glücklich bist, also alles gut.' Das hat mich echt gerührt."

Innerhalb polyamorer Netzwerke ergeben sich zusätzliche Herausforderungen: Nicht immer möchten alle Beteiligten gleichermaßen offen sein. Claudia (40) erzählt: „Ich habe in meiner Familie gute Erfahrungen gemacht. Aber mein Ehemann traut sich bis heute nicht, sich zu outen." Solche Unterschiede erfordern Aushandlung und Sensibilität, um Konflikte zu vermeiden.

Viele wählen deshalb einen Mittelweg: *selektives Comingout.* Sie sprechen in Freundeskreisen oder in queeren Kontexten offen, bleiben aber im Job oder gegenüber älteren Verwandten diskreter. Manche gehen schrittweise vor – zunächst gegenüber engen Vertrauten, später eventuell auch öffentlich – oder nutzen vorsichtigere Begriffe wie *Beziehungsnetzwerk* oder *offene Beziehung,* um das Gegenüber nicht zu überfordern. Und einige entscheiden sich bewusst für Diskretion – insbesondere dort, wo Anfeindungen oder Vorurteile zu befürchten sind. Wer in einer hierarchischen Konstellation lebt, in der ein*e Nestpartner*in im Vordergrund steht, kann einfacher steuern, wer über weitere Beziehungen Bescheid weiß. Deutlich schwieriger wird es, wenn alle als Polykül zusammenleben – hier kann die Konstellation manchmal nur durch eine *Wohngemeinschaftserzählung* erklärt werden. Türkan (44) und Maik (45) etwa entschieden sich, ihren Kindern erst von ihrer Polyamorie zu erzählen, wenn sie älter sind: „Wir wollten vermeiden, dass sie in der Schule oder bei Verwandten in die Erklärungsrolle geraten." Unabhängig vom gewählten Weg bleibt Coming-out für polyamore Menschen ein Prozess. Es ist kein einmaliger Akt, sondern eine immer wieder neu zu treffende Entscheidung – je nach Situation, Lebensphase und eigener Sicherheit. Chris (35) beschreibt es treffend: „Manchmal genieße ich es, offen zu sein. Manchmal fehlt mir die Energie. Beides ist okay." Welche Strategie passend ist, hängt stark von den individuellen Lebensumständen ab. Wichtig bleibt: *Es gibt kein Richtig oder Falsch – jede*r sollte für sich prüfen, welcher Umgang sich stimmig anfühlt.* Zentral ist, die Autonomie der Betroffenen zu respektieren – niemand sollte gegen seinen Willen geoutet werden. Gerade in polyamoren Netzwerken gilt daher: sensibel mit Informationen umgehen und sich abzusprechen, bevor über andere Personen oder Beziehungen gesprochen wird.

12.4 Institutionelle Barrieren und rechtliche Ungleichbehandlung

Menschen in einvernehmlichen Mehrpersonenbeziehungen stoßen nicht nur im Alltag auf gesellschaftliche Unsichtbarkeit und Stigmatisierung, sondern auch auf strukturelle Hürden. Das deutsche Rechtssystem ist konsequent auf monogame Zweierbeziehungen zugeschnitten und privilegiert diese in fast allen Lebensbereichen – von Elternschaft über Steuerrecht bis hin zur sozialen Absicherung. Polyamore Konstellationen sind darin schlicht nicht vorgesehen, was für die Betroffenen erhebliche Nachteile bedeutet. Zwar stellt das Grundgesetz (Art. 6) Ehe und Familie unter besonderen Schutz, doch diese Privilegien gelten ausschließlich für klassische Zweierbeziehungen. Daraus ergeben sich zahlreiche Benachteiligungen für nicht verheiratete Paare, Eltern und auch für Menschen in Mehrpersonenbeziehungen:

- *Sorgerecht & Elternschaft:* Im Familienrecht (§ 1626a BGB) sind maximal zwei Personen als rechtliche Eltern vorgesehen, selbst wenn weitere Bezugspersonen aktiv in die Erziehung eingebunden sind. Das bedeutet, dass polyamore Beziehungspersonen keine rechtliche Absicherung haben, selbst wenn sie Verantwortung für ein Kind übernehmen.
- *Erbrecht:* Während Ehepartner*innen und Verwandte ein gesetzliches Erbrecht haben (§ 1931 BGB), sind polyamore Beziehungspersonen gesetzlich nicht abgesichert. Sie können nur durch ein Testament oder einen Erbvertrag berücksichtigt werden – was zusätzlichen Aufwand bedeutet und im Streitfall anfechtbar sein kann.
- *Adoptionsrecht:* Die gemeinschaftliche Adoption bleibt Ehepaaren vorbehalten (§ 1741 BGB). Das bedeutet, dass polyamore Beziehungspersonen keine Möglichkeit haben, ein Kind gemeinsam rechtlich zu adoptieren – selbst, wenn sie es gemeinsam erziehen.
- *Staatsangehörigkeitsrecht:* Auch das Staatsangehörigkeitsgesetz (§ 10 StAG) benachteiligt polyamore Menschen. Wer mit mehreren Ehepartner*innen verheiratet ist, bleibt von der Einbürgerung ausgeschlossen – eine Regelung, die laut Gesetzgeber sicherstellen soll, dass die grundlegenden rechtlichen und gesellschaftlichen Werte Deutschlands akzeptiert werden.

Die rechtliche Bevorzugung von ehelicher monogamer Partnerschaften zeigt sich besonders in finanziellen und sozialrechtlichen Fragen:

- *Steuerrecht:* Das Ehegattensplitting (§ 32a EStG) ermöglicht verheirateten Paaren eine steuerliche Entlastung – polyamore Netzwerke haben keine vergleichbare Möglichkeit, auch wenn sie wirtschaftlich füreinander sorgen.

- *Krankenversicherung:* In der gesetzlichen Krankenversicherung (§ 10 SGB V) können nur Eheleute beitragsfrei mitversichert werden. Polyamore Beziehungspersonen müssen sich individuell versichern, was zusätzliche Kosten verursacht.
- *Arbeitsrecht:* Sonderurlaub zur Pflege eines erkrankten Angehörigen oder im Todesfall eines nahen Verwandten (§ 616 BGB) wird nur für gesetzlich anerkannte Familienmitglieder gewährt. Selbst langjährige polyamore Beziehungspersonen haben keinen Anspruch darauf.
- *Mietrecht:* Steht nur eine Person im Mietvertrag, haben die übrigen polyamoren Beziehungspersonen im Falle einer Kündigung keinen Anspruch auf Verbleib in der Wohnung. Während ein gemeinsamer Mietvertrag eine Option wäre, stoßen größere Lebensgemeinschaften oft auf Vorbehalte von Vermieter*innen.
- *Pflegerecht:* Ehepartner*innen gelten als Angehörige erster Ordnung, unverheiratete Beziehungspersonen jedoch nicht. Dadurch haben polyamore Beziehungspersonen keinen Anspruch auf Pflegezeit oder Unterstützung durch die Krankenkassen.

Mit dieser Auflistung erheben wir keinen Anspruch auf Vollständigkeit, sondern wollen veranschaulichen, wie dominant die monogame Zweierbeziehung der Ehe in der deutschen Gesetzgebung ist und dass für Menschen in alternativen Beziehungen daraus strukturelle Diskriminierung resultiert. Während polyamore Menschen rechtlich nicht gleichgestellt sind, gibt es dennoch Möglichkeiten zur individuellen Absicherung.

Vertragliche Vereinbarungen können finanzielle Verantwortlichkeiten regeln – ähnlich wie Eheverträge, jedoch unabhängig vom Familienrecht. Gerade in polyamoren

Netzwerken, in denen wirtschaftliche Abhängigkeiten entstehen oder gemeinsam Care-Arbeit verrichtet wird (z. B. bei der Versorgung von Kindern, erkrankter Personen oder Teilen eines Haushalts), bieten solche Absprachen Sicherheit. Allerdings setzt dies oft auch finanzielle Ressourcen voraus: Wer es sich leisten kann, kann Rechtsberatung in Anspruch nehmen, notarielle Verträge aufsetzen oder im Konfliktfall polyfreundliche Therapieangebote nutzen. Menschen mit geringem Einkommen sind hingegen stärker auf informelle Absprachen innerhalb ihres Netzwerks angewiesen. Welche Regelungen sind möglich?

- *Testament & Erbrecht:* Polyamore Beziehungspersonen sind nicht gesetzliche Erb*innen, wenn sie nicht verheiratet sind. Ohne Testament greift die gesetzliche Erbfolge (§ 1924 ff. BGB), die nur Ehepartner*innen und Verwandte berücksichtigt. Wer Streitfälle vermeiden möchte, kann ein notarielles Testament oder einen Erbvertrag aufsetzen. Letzterer ist bindend und kann nicht einseitig durch ein späteres Testament geändert werden – was ihn in komplexen Konstellationen rechtssicherer macht.
- *Patientenverfügung & Vorsorgevollmacht:* Ohne Ehe oder Verwandtschaftsverhältnis haben Beziehungspersonen kein automatisches Entscheidungsrecht in medizinischen Notfällen. Eine Patientenverfügung legt die eigenen medizinischen Wünsche fest (§ 1901a BGB), während eine Vorsorgevollmacht sicherstellt, dass eine Beziehungsperson rechtsverbindlich Entscheidungen treffen darf. Ohne diese Dokumente entscheiden Familienangehörige, gesetzliche Betreuer*innen oder das Betreuungsgericht.
- *Mietrecht & gemeinsames Wohnen:* Wer nicht im Mietvertrag steht, hat im Falle einer Trennung oder eines Todes-

falls keinen rechtlichen Anspruch, in der Wohnung zu bleiben. Eine Mitmieter*innenschaft oder ein Untermietvertrag kann daher sinnvoll sein. Alternativ können Wohnrechtsvereinbarungen getroffen werden, die im Grundbuch eingetragen werden können (§ 1093 BGB).

- *Absicherung bei Trennung oder Konflikten:* In monogamen Ehen regeln Unterhalts- und Zugewinnausgleichsansprüche finanzielle Folgen einer Trennung (§§ 1361, 1569 ff. BGB). Polyamore Konstellationen können vergleichbare Regelungen in privaten Verträgen festhalten, um faire Lösungen für gemeinsame Investitionen, Kredite oder Unterhaltsfragen zu schaffen.
- *Unterstützung bei Elternschaft & Sorgerechtsfragen:* Rechtlich können maximal zwei Personen das gemeinsame Sorgerecht für ein Kind haben (§ 1626 BGB). Polyamore Eltern können jedoch private Sorgerechtsverfügungen aufsetzen, die festlegen, wer das Kind im Todesfall betreuen soll. Zudem sind Vollmachten für den Alltag (z. B. Kita-Abholungen, Arzt*innenbesuche) sinnvoll, um nicht-sorgeberechtigte Bezugspersonen einzubeziehen.
- *Sozialleistungen & Bedarfsgemeinschaften:* Wer Bürgergeld oder Wohngeld bezieht, sollte beachten, dass polyamore Haushalte häufig nicht als Bedarfsgemeinschaft anerkannt werden, es sei denn, eine wirtschaftliche Unterstützung erfolgt (§ 7 Abs. 3 SGB II). In solchen Fällen kann eine Erklärung zur wirtschaftlichen Unabhängigkeit hilfreich sein, um Anrechnungen zu vermeiden.
- *Altersvorsorge & finanzielle Sicherheit:* Während Ehepartner*innen durch die gesetzliche Rentenversicherung versorgungsberechtigt sind (§ 46 SGB VI), können polyamore Beziehungspersonen einander über private Rentenversicherungen, Lebensversicherungen oder Erbverträge absichern. In Versicherungsverträgen kann eine beliebige Person als Begünstigte*r benannt werden.

Es mag zunächst ungewohnt oder unromantisch erscheinen, vertragliche Regelungen mit den eigenen Beziehungspersonen auszuhandeln – zumal sie auch schwierige Szenarien wie Krankheit, Trennung oder den Todesfall mit einbeziehen. Gerade in stabilen Zeiten lassen sich solche Vereinbarungen jedoch in Ruhe und mit Weitsicht treffen. Sie sind nicht nur eine Frage der rechtlichen Absicherung, sondern auch ein Ausdruck von *Fürsorge* und Verantwortung.

In polyamoren Netzwerken übernehmen Menschen oft wirtschaftliche, emotionale und soziale Verantwortung füreinander – sei es durch gemeinsame Care-Arbeit, finanzielle Unterstützung oder langfristige Lebensplanung. Rechtliche Regelungen können dazu beitragen, diese Verantwortung transparent zu machen und fair zu verteilen. Wer sich frühzeitig mit den eigenen rechtlichen Möglichkeiten auseinandersetzt und gezielt Vorsorge trifft, kann viele Unsicherheiten abfedern. Gleichberechtigung lässt sich jedoch nicht allein durch individuelle Verträge herstellen. Der Gesetzgeber und die Gerichte sollten anerkennen, dass Verantwortung füreinander nicht an die monogame Ehe gebunden ist, sondern auch in anderen Beziehungsformen gelebt wird – eine Forderung, die in feministischen Kreisen bereits seit Langem diskutiert wird (z. B. Brake, 2010, 2012; Clardy, 2025).

Eine aktuelle repräsentative US-Studie zeigt (Morris et al., 2024), dass die gesellschaftliche Unterstützung für die rechtliche Gleichstellung polyamorer Beziehungen bislang gering ist. Vergleichbare Daten für Deutschland fehlen, doch auch hier dominiert das Ideal der romantischen und rechtlichen Zweierbeziehung. Hoffnungsvoll sind jedoch die Ergebnisse: Besonders jüngere Menschen, queere Personen sowie Menschen, die persönlich jemanden in einer polyamoren Beziehung kennen, sprechen sich häufiger für rechtliche Gleichstellung aus. Persönlicher Kontakt erweist sich als entscheidender Faktor, weil er Vorurteile abbauen, Empathie fördern und stereotype Bilder hinterfragen kann. Solange polyamore Konstellationen rechtlich nicht berücksichtigt werden, bleibt es Aufgabe der Betroffenen, eigenverantwortlich für Absicherung zu sorgen – durch individuelle Verträge, testamentarische Regelungen und kreative rechtliche Konstruktionen. Diese privaten Lösungen können Benachteiligungen abmildern, ersetzen jedoch keine strukturelle Gleichstellung.

Die beschriebenen Barrieren machen deutlich, wie stark Menschen in Mehrpersonenbeziehungen im Alltag strukturell benachteiligt sind. Doch die Realität polyamoren Lebens besteht nicht nur aus Gesetzen und Verordnungen, sondern auch aus der Frage, wie Betroffene damit im Alltag umgehen. Neben politischen Veränderungen braucht es individuelle Strategien: Möglichkeiten zur Absicherung, zur Selbstfürsorge und zur Stärkung der eigenen Handlungsfähigkeit. Die folgenden Praxistools laden ein, genau hier anzusetzen – bei der eigenen persönlichen Reflexion und Resilienz.

Praxistool

Minderheitenstress in der Polyamorie

Viele polyamor lebende Menschen erleben Diskriminierung, Unsichtbarmachung und soziale Unsicherheit – nicht nur im öffentlichen Raum, sondern auch im familiären oder beruflichen Umfeld. Diese Übung kann Dir helfen, Deine Situation bewusster wahrzunehmen, persönliche Ressourcen zu erkennen und Mitgefühl für Dich selbst und ggf. auch für Deine Beziehungsperson(en) oder Kinder zu entwickeln. Die Aussagen basieren auf einer adaptierten Fassung der Couple-Level Minority Stress Scale (Neilands et al., 2020), die wir ins Deutsche übertragen und für polyamore Lebensrealitäten angepasst haben.

Kreuze alle Aussagen an, die derzeit auf Dich oder Euch zutreffen. Unterstreiche besonders belastende Aussagen. Achte auch auf Aussagen, die nicht zutreffen – sie können auf persönliche oder soziale Ressourcen hinweisen. Die Liste kann Dir außerdem helfen, mehr Klarheit über Stressquellen oder mögliche Coming-out-Situationen zu gewinnen.

Stigmatisierung im öffentlichen Raum

- Im Krankenhaus werden wir nicht als nahe Bezugspersonen anerkannt.
- Fremde belästigen uns, wenn wir öffentlich als polyamor erkennbar sind.
- Wir vermeiden es, in fremden Umgebungen Zuneigung zu zeigen.
- Wenn wir in der Öffentlichkeit Zuneigung zeigen, riskieren wir Abwertung, Spott oder Übergriffe.
- In sozialen Situationen müssen wir unsere Beziehung(en) öfter erklären, als uns lieb ist.
- Unsere Nachbar*innen behandeln uns feindselig oder abwertend.
- Im Ernstfall wird die Herkunftsfamilie meiner Beziehungsperson(en) mich aus Entscheidungen ausschließen.
- Meine eigene Familie würde meine Beziehungsperson(en) nicht in Entscheidungen einbeziehen, falls mir etwas zustößt.
- Senior*innenwohnen oder Pflegeeinrichtungen würden unsere Konstellation nicht akzeptieren.
- Unsere Beziehungsform hat sich negativ auf Jobchancen oder Arbeitsplatzsicherheit ausgewirkt.
- In Geschäften oder Restaurants haben wir wiederholt schlechteren Service erhalten.
- Ich bin unsicher, ob ich lieber alleine oder gemeinsam mit Beziehungspersonen zu wichtigen Anlässen gehe.

Diskriminierung im engeren Umfeld

- Menschen aus unserem Umfeld bitten uns, in ihrer Gegenwart keine Zuneigung zu zeigen.
- Wir werden gebeten, körperliche Nähe (z. B. Umarmen, Küssen) vor Kindern zu unterlassen.
- Bekannte meiden unseren Kontakt oder setzen sich weg, wenn wir gemeinsam auftreten.

- Uns wurde das Recht verweigert, einander in medizinischen Einrichtungen zu besuchen.
- Unsere Beziehung(en) werden im sozialen Umfeld bewusst totgeschwiegen.
- Menschen, die wir kennen, wünschen sich, dass wir endlich monogam wären.

Sicherheit und Lebensgestaltung

- Wir achten bei Reisen auf die Akzeptanz unserer Beziehungsform vor Ort.
- Wir überlegen, in eine Stadt oder Nachbarschaft zu ziehen, in der unsere Beziehungsform akzeptierter ist.
- Wir vermeiden Reisen in Regionen, die als intolerant gelten.
- Es gibt Orte, an denen wir uns kein gemeinsames Leben vorstellen könnten.
- Wir suchen gezielt Fachpersonen (Therapie, Recht, Medizin), die unsere Lebensform akzeptieren.
- Die Wahl unseres Wohnorts hängt auch von der dortigen Akzeptanz polyamorer Beziehungen ab.
- Wir bevorzugen Läden oder Orte, an denen wir uns offen und sicher zeigen können.

Gleichberechtigung im Alltag

- Wichtige Schritte wie Hauskauf oder Testamentserstellung sind für uns komplizierter.
- Es ist schwer, mit dem rechtlichen Status monogamer Beziehungen Schritt zu halten.
- Unsere Steuererklärung ist komplexer als bei verheirateten Paaren.

Sichtbarkeit und Verstecken

- Wir verstecken unsere Beziehung(en), um andere nicht zu irritieren.
- Auf Reisen in konservative Gegenden geben wir uns als etwas anderes aus.
- Wir verzichten auf Symbole für nicht-normative Lebens- und Liebesformen an Auto oder Haus.
- Wir meiden Gespräche, die Fragen zu unserer Beziehungsform auslösen könnten.

- In Gesprächen sprechen wir unsere Beziehung(en) gar nicht an.
- Wir geben uns als Freund*innen, Mitbewohner*innen oder Verwandte aus.
- Es fällt uns schwer, offen über unsere Beziehung zu sprechen.
- Um Zugang zu bestimmten Rechten oder Angeboten zu erhalten, mussten wir uns als monogames Paar ausgeben.

Fehlende Rollenmodelle und Stereotype

- Wir kennen kaum Vorbilder für unsere Lebensform.
- Wir müssen alle Vereinbarungen in der Beziehung selbst aushandeln – es gibt keine Orientierung.
- Außenstehende gehen davon aus, dass es eine Hauptbeziehung gibt.
- Viele denken, unsere Beziehung dreht sich nur um Sex.
- Manche glauben, wir wollten oder könnten keine Eltern sein.
- Andere nehmen automatisch an, dass wir queer sind.

Herkunftsfamilien

- Wir meiden gemeinsame Besuche bei Familienfeiern.
- Meine Familie erkennt unsere Beziehung(en) nicht als solche an.
- Die Familien meiner Beziehungsperson(en) erkennen mich nicht als Beziehungsperson an.
- Meine Beziehungspersonen werden von meiner Familie nicht zu Feiern eingeladen – oder umgekehrt.
- Unsere Familien sind nur eingeschränkt in unsere Feiern und Rituale integrierbar.

Soziale Unterstützung

- In Krisenzeiten wissen wir nicht, an wen wir uns wenden können.
- Es gibt Menschen in unserem Umfeld, die uns das Gelingen unserer Beziehung(en) nicht gönnen.
- Unsere Bedenken bezüglich Sicherheit und Akzeptanz werden nicht ernst genommen.

*Hinweis: Diese Liste dient nicht der Pathologisierung, sondern der Selbstreflexion, Entlastung und Sichtbarmachung struktureller Benachteiligung. Du kannst sie für Gespräche mit Beziehungspersonen, Berater*innen oder in Peer-Gruppen nutzen. Sie zeigt, dass viele Herausforderungen nicht persönlich verschuldet, sondern gesellschaftlich bedingt sind – und macht deutlich: Du bist nicht allein.*

Praxistool

Gewinne und Wachstumschancen im polyamoren Leben

Nachdem Du Dich zuvor mit potenziellem oder erlebtem Minderheitenstress auseinandergesetzt hast, ist es ebenso wichtig, den Blick auf Deine Stärken, Ressourcen und die positiven Seiten Deines polyamoren Lebens zu richten. Viele Menschen erleben durch ihre polyamore Lebensweise nicht nur gesellschaftliche Herausforderungen, sondern auch tiefgreifende persönliche Entwicklungen, neue Perspektiven und emotionale Zugewinne. Diese Übung – inspiriert von Vaughan & Witherspoon (2022) – lädt Dich ein, Dich mit genau diesen Gewinnen und Entwicklungsmöglichkeiten zu verbinden – jenseits von Stigma und Alltagsstress.

Lies Dir die folgenden Punkte in Ruhe durch. Überlege: Was trifft auf Dich zu? Was hast Du vielleicht neu gelernt oder an Dir gestärkt? Was erfüllt Dich – trotz oder gerade wegen der Herausforderungen? Du kannst die Reflexion schriftlich machen, mit einer vertrauten Person teilen oder sie einfach still für Dich wirken lassen.

- *Positive Emotionen:* Habe ich durch mein polyamores Leben Gefühle von Erleichterung, Freiheit, Freude, Stolz oder Zufriedenheit erlebt?
- *Innere Stärke:* Habe ich mehr Achtsamkeit, Mut oder Aufrichtigkeit gegenüber mir selbst entwickelt? Wo habe ich Integrität bewiesen oder neue Vitalität gespürt?
- *Soziale Fähigkeiten:* Hat sich meine Fähigkeit verbessert, mit anderen empathisch, klar und respektvoll zu kommunizieren? Fühle ich mich stärker eingebunden in eine Gemeinschaft?

- *Horizonterweiterung:* Welche neuen Perspektiven auf Liebe, Identität, Beziehungen oder mich selbst habe ich durch meine Erfahrungen gewonnen?
- *Kreativität und freies Denken:* Habe ich begonnen, alte Beziehungsideale zu hinterfragen? Alternative Lebensweisen zu entdecken? Mehr Leichtigkeit in mein Liebesleben zu bringen?
- *Neue Liebeskonzepte:* Wie gehe ich heute mit Nähe, Eifersucht, Verbindlichkeit oder Freiheit um? Welche Konzepte – wie *New Relationship Energy* oder *Existing Relationship Energy* – helfen mir, meine Beziehungen authentisch zu gestalten?
- *Meine persönlichen Erkenntnisse:* Was habe ich ganz persönlich durch mein polyamores Leben gelernt, gewonnen oder in mir entfaltet?

Gibt es etwas, auf das Du besonders stolz bist? Etwas, das Du Dir öfter ins Bewusstsein holen möchtest? Vielleicht ist es Zeit, Dich selbst für Deine Entwicklung wertzuschätzen – so, wie Du bist und wie Du liebst.

Praxistool

Deine innere *Deklaration von Grundrechten*
Viele Herausforderungen in polyamoren oder anderen nicht-normativen Beziehungen haben strukturelle Ursachen – sie sind kein persönliches Versagen. Dennoch sind es oft genau diese Belastungen, die uns zweifeln lassen: Habe ich das Recht, so zu leben? Darf ich mir Raum nehmen? Die folgende Deklaration von Grundrechten (Pachankis et al., 2022) möchte Dich daran erinnern: Du hast Rechte – unabhängig davon, ob andere sie Dir zugestehen oder nicht. Sie sollen Dich stärken und inspirieren, Deine Integrität zu wahren – ohne andere herabzusetzen.

Ich habe das Recht...

... mich selbst zu respektieren – so, wie ich bin, und in dem, was ich tue.
... meine Gefühle und Meinungen zu haben, sie auszudrücken – und damit ernst genommen zu werden.
... meine eigenen Bedürfnisse zu kennen, auch wenn sie nicht den Erwartungen anderer entsprechen.
... meine Prioritäten selbst zu setzen – und klar zu sagen, was ich brauche.
... Nein zu sagen, ohne mich rechtfertigen oder schuldig fühlen zu müssen.
... keine Gründe oder Erklärungen für meine Entscheidungen geben zu müssen.
... Fehler zu machen, weil niemand perfekt ist.
... mir Zeit zum Nachdenken zu nehmen, wenn ich sie brauche.
... zu sagen: *Ich weiß es nicht* oder *Ich verstehe es (noch) nicht.*
... meine Meinung zu ändern, wenn sich meine Perspektive wandelt.
... meine Erfolge zu feiern – mit mir selbst oder mit anderen.
... mir klarzumachen, dass ich nicht für das Verhalten anderer Erwachsener verantwortlich bin.
... meine eigenen Entscheidungen zu treffen – und für ihre Folgen einzustehen.
... andere Menschen zu respektieren – und anzuerkennen, dass sie die gleichen Rechte haben.
... mich auch bewusst dagegen zu entscheiden, mich zu behaupten, wenn das gerade stimmig für mich ist.

Tipp: Vielleicht möchtest Du Dir die für Dich wichtigsten Rechte markieren oder aufschreiben – als tägliche Erinnerung an Deinen Wert.

12.5 Kinder, Poly-Eltern und Poly-Familien

Wenn Kinder Teil einer polyamoren Konstellation sind, wird die Frage des Coming-out besonders sensibel. Für Poly-Eltern und ihre Kinder stellt sich nicht nur die Frage, *ob,* sondern auch *wie* die Lebensform im sozialen Umfeld thematisiert werden soll. Anders als bei Coming-outs, die ausschließlich die Partnerschaft betreffen, beeinflusst diese Entscheidung direkt das familiäre Gefüge und den Alltag der Kinder. Viele polyamore Familien stehen vor der Herausforderung, einen Weg zwischen Authentizität und Schutzbedürfnis zu finden: Einerseits wollen Eltern ihren Kindern ein offenes und wertschätzendes Familienbild vermitteln. Andererseits sind sie sich bewusst, dass Kinder im Kontakt mit Verwandten, Lehrkräften oder Gleichaltrigen schnell unbeabsichtigt Informationen weitergeben – oft ohne den gesellschaftlichen Kontext oder mögliche Konsequenzen zu verstehen. Sichtbarkeit wird damit nicht nur zu einer individuellen, sondern zu einer gemeinsamen Herausforderung für die gesamte Familie.

Die Forschung zu Kindern in polyamoren Familien steckt noch in den Anfängen, wächst jedoch stetig. Inzwischen liegen rund ein Dutzend Studien vor (Gupta et al., 2024). Sie zeigen: Poly-Familien können sehr unterschiedlich strukturiert sein – von kleinen Triaden bis hin zu weit verzweigten, multifamiliären Netzwerken. Häufig handelt es sich um Konstellationen, in denen eine alleinerziehende Person oder ein offen polyamor lebendes Paar mit Kindern in einer langfristigen Beziehung steht und zusätzlich weitere Beziehungspersonen einbezieht. Zum erweiterten Familiennetzwerk gehören oft auch Metamours oder enge Freund*innen, die aktiv in das Familienleben integriert sind.

Polyamore Familien erweitern traditionelle Vorstellungen von Familie, indem sie soziale Bindungen, emotionale

Beziehungswirklichkeiten

Annette (36) beschreibt ihre Beziehungsstruktur als weitestgehend nicht-hierarchisch. „Meine Nestpartnerschaft besteht mit meinem Ehemann, der zugleich der Vater meiner Kinder ist. Mein Lebensgefährte hat ein eigenes Haus und getrennte Finanzen. Er übernimmt an den Wochenenden gemeinsam mit uns Verantwortung für die Kinder, und unter der Woche verbringe ich einen Teil der Zeit bei ihm. Die beiden Männer haben ein familiär-kameradschaftliches Verhältnis, sind jedoch weder romantisch noch sexuell miteinander verbunden."

Nähe und geteilte Werte über biologische Verwandtschaft oder traditionelle Elternrollen stellen (Gupta et al., 2024; Pallotta-Chiarolli et al., 2020). Trotz dieser Vielfalt bleiben zentrale Elemente erhalten: ein gemeinsamer Haushalt, gegenseitige Unterstützung und die geteilte Verantwortung für die Kinder. Daraus entstehen neue Modelle von Co-Elternschaft, in denen mehrere Erwachsene – auch ohne genetische oder rechtliche Verwandtschaft – dauerhaft Verantwortung für die Erziehung und das Wohlergehen von Kindern übernehmen.

Beziehungswirklichkeiten

Julia (32) erklärt: „Familie kann für mich physische Verwandte sein oder aber auch biologisch fremde Menschen, die in keinerlei Relation stehen müssen, die quasi selbstgewählt worden sind." Carsten (40) ergänzt: „Es zählen ganz besonders Merkmale wie Liebe, Verlässlichkeit und gegenseitige Fürsorge."

Eine kanadische Interviewstudie (Landry et al., 2021) zeigt, dass polyamore Familiengründungen häufig bewusst und gemeinschaftlich geplant werden – ähnlich wie es auch bei Regenbogenfamilien der Fall ist (Mazziotta et al., 2024).

Anders als in vielen traditionellen Familien, in denen Rollen oft implizit übernommen werden, handeln polyamore Familien ihre Rollen und Verantwortlichkeiten aktiv aus. Das betrifft sowohl die Frage, wie biologische Elternschaft definiert wird, als auch die alltägliche Verteilung von Sorge- und Erziehungsaufgaben.

Neben diesen bewusst gestalteten *Poly-Familien* gibt es jedoch zahlreiche Familienkonstellationen, in denen Kinder bereits vor der Entscheidung für eine polyamore Lebensweise vorhanden waren – etwa in Patchwork-Situationen oder offenen Beziehungen. Hier stellt sich die Herausforderung oft erst im Nachhinein: Wie lassen sich bestehende Eltern-Kind-Dynamiken und Routinen mit neuen Beziehungsformen und zusätzlichen Beziehungspersonen vereinbaren?

Beziehungswirklichkeiten

Ein Elternteil (42) beschreibt es so: „Ich glaube, dass Familie generell viele Momente mit sich bringt, in denen man sich tiefgehende Fragen stellt. In herkömmlichen Zweier-Familienkonstellationen passiert das oft weniger, weil vieles vorausgesetzt und vorgelebt wird. Dadurch entsteht ein Familienmodell, das nicht immer an die eigenen Bedürfnisse angepasst werden kann. Stichwort: Wer übernimmt die Care-Arbeit? Wie wird Verantwortung verteilt? Ich glaube, dass Poly und Familie sehr gut zusammenpassen können, wenn die Bereitschaft da ist, sich ehrlich auseinanderzusetzen."

Vorteile und Herausforderungen von Poly-Familien

Die Soziologin Elisabeth Sheff (2015), Autorin des Buches *The Polyamorists Next Door,* hat mit ihrer Forschung zu polyamoren Familien Pionierarbeit geleistet. Ihre Studien zeigen deutlich: Poly-Familien stoßen in einer von Monogamie geprägten Gesellschaft häufig auf Vorurteile und institutionelle Hürden. Ein zentraler Grund dafür liegt in der weitgehenden Unsichtbarkeit nicht-traditioneller Familienformen. Besonders Kinderliteratur, Filme und andere Medien vermitteln fast ausschließlich das Bild von monogamen, meist heterosexuellen Elternpaaren. Diese mediale Einseitigkeit macht es polyamoren Eltern schwer, ihren Kindern positive und altersgerechte Modelle für ihre eigene Lebensform aufzuzeigen. Auch im deutschsprachigen Raum fehlen bislang vielfältige und selbstverständliche Darstellungen solcher Familien, was die soziale Verankerung von Poly-Familien zusätzlich erschwert.

Beziehungswirklichkeiten

Ein Elternteil (37) berichtete in Bezug auf die eigene Tochter: „Sie merkt [das] natürlich in ihren Büchern und in allem, was sie guckt, von Sesamstraße bis hin zu ... YouTube-Videos oder Büchern. Da sind meistens nur Mama und Papa unterwegs, wobei wir gefühlt den ganzen Markt an Kinderliteratur durchforstet haben." Ein weiteres Elternteil (33) schilderte in Bezug auf ihren Sohn: „Er hat zwei [Mamas], und ich glaube, für ihn ist das völlig normal. Für ihn ist das auch überhaupt kein Problem, aber in allen Kinderbüchern gibt es immer nur eine Mama."

Kinder wachsen in einer Welt auf, in der monogame Familienmodelle die Norm darstellen – sei es in Büchern, Filmen oder Alltagsgesprächen. Die bisherigen Zitate und Studien verdeutlichen, wie stark Kinder durch diese Vorstellungen geprägt werden und wie selten ihre eigene Lebensrealität sichtbar ist. Für viele Kinder bedeutet das, ihre Familie als *anders* wahrzunehmen, was es erschweren kann, die eigene Familienform als selbstverständlich und legitim zu erleben. In queeren Communitys zeigt sich teilweise ein anderes Bild: Hier finden sich häufiger sorgende Polyküle und Netzwerke, in denen Kinder eingebettet sind und Kontakt zu anderen polyamoren Familien haben. Ein Großteil der bisherigen Forschung stammt aus solchen

Kontexten, in denen Kinder in offenen, fürsorglichen Strukturen aufwachsen und mehrere Erwachsene Verantwortung übernehmen.

Die Forschung zeigt (Alarie et al., 2024; Goldfeder & Sheff, 2013; Sheff, 2015), dass Kinder in Poly-Familien von vielen Aspekten profitieren können: Sie erleben häufig intensive Zuwendung, dialogische Erziehung und den Zugang zu mehreren Bezugspersonen. Diese Erwachsenen bieten nicht nur praktische Unterstützung, etwa beim Bringen zur Schule oder bei den Hausaufgaben, sondern vermitteln auch unterschiedliche Perspektiven auf das Leben. Kinder lernen so verschiedene Rollenmodelle kennen und profitieren von einer größeren Vielfalt an Lebenserfahrungen.

Studien berichten zudem, dass Poly-Eltern bewusst Autonomie fördern, indem sie ihren Kindern ermöglichen, altersgerechte Entscheidungen selbst zu treffen – etwa bei der Kleidungsauswahl (Pallotta-Chiarolli et al., 2020). Dabei lernen Kinder früh, mit den Konsequenzen eigener Entscheidungen umzugehen. Auch finanziell bieten Poly-Familien Vorteile: Mehrere Erwachsene können Ressourcen bündeln und so gemeinsam mehr beitragen. Durch bewusste und offene Kommunikation entstehen Vertrauen, Bindungssicherheit und eine oft positive Haltung der Kinder gegenüber Vielfalt und unterschiedlichen Lebens- und Liebesmodellen. Ein besonderer Pluspunkt liegt auch in der Verlässlichkeit: Polyamore Familien können im Vergleich zu serieller Monogamie stabilere Netzwerke bieten, da ehemalige Beziehungspersonen auch nach Trennungen häufig Teil des Familienalltags bleiben.

Dennoch zeigen die Studien auch spezifische Herausforderungen (Goldfeder & Sheff, 2013). Kinder können – ähnlich wie in Patchwork-Familien oder nach Trennungen monogamer Eltern – den Verlust wichtiger Bezugspersonen erleben, wenn Beziehungen enden und der Kontakt abbricht. Auch Diskriminierung durch das soziale Umfeld,

Institutionen oder Schulen bleibt eine reale Belastung. Wenn viele Menschen auf engem Raum zusammenleben, kann es zudem an Rückzugsorten fehlen. Und innerfamiliäre Konflikte, etwa durch Eifersucht oder Konkurrenz zwischen Geschwistern, sind möglich – besonders wenn neue Beziehungspersonen oder Kinder hinzukommen. Insgesamt deuten die Befunde darauf hin: Das Wohlbefinden der Kinder hängt nicht primär vom Beziehungsmodell ab, sondern von der Qualität der Gestaltung. Entscheidend ist, wie die Erwachsenen Verantwortung übernehmen, kommunizieren und Konflikte lösen.

Die Forschungslage bleibt jedoch lückenhaft. Es fehlen vor allem Langzeitstudien, die Kinder in Poly-Familien über Jahre hinweg begleiten und Alters- sowie Entwicklungsunterschiede berücksichtigen. Unklar ist auch, welche Auswirkungen es auf Kinder hat, wenn die Eltern ungeoutet polyamor leben – etwa aus Angst vor Stigmatisierung. Manche Kinder wachsen so auf, ohne je von den Beziehungsstrukturen ihrer Eltern zu erfahren, während andere zumindest eingeschränkt Kontakt zu weiteren Beziehungspersonen haben, diese aber nicht als Bezugspersonen benennen können. Wie sich solche Formen der *Teil-Verheimlichung* auswirken, ist bislang kaum erforscht. Trotz aller Forschungslücken gilt: Was Kinder in ihrer Entwicklung unterstützt, unterscheidet sich nicht wesentlich von dem, was auch in anderen Familienformen hilfreich ist. Kinder brauchen Zuwendung, Schutz, verlässliche und altersgerechte Strukturen sowie das Gefühl, gesehen und ernst genommen zu werden. Hingegen wirken sich chronischer Stress, Ressourcenmangel, ungelöste Konflikte oder instabile Beziehungen nachweislich negativ auf die Entwicklung aus – unabhängig davon, ob es sich um eine monogame, patchworkhafte oder polyamore Familie handelt.

12.6 Alltag in Poly-Familien

Eine aktuelle qualitative Studie der Soziologin Cornelia Schadler (2024) zeichnet auf Basis von Interviews mit polyamoren Eltern aus Deutschland und Österreich ein differenziertes Bild davon, wie solche Familien heute leben – jenseits idealisierter Vorstellungen oder vereinfachter Klischees. Schadler unterscheidet drei zentrale Konstellationen, die sich in ihrer Struktur und im gelebten Alltag deutlich voneinander unterscheiden.

Die erste Form ist die *poly-nukleare Elternschaft:* Zwar leben die Erwachsenen in einer polyamoren Beziehung, doch elterliche Verantwortung wird ausschließlich von zwei Personen übernommen. Häufig geschieht dies aus pragmatischen Gründen – etwa, weil rechtliche oder institutionelle Rahmenbedingungen die Einbeziehung weiterer Elternteile erschweren oder weil ein bewusst vereinfachtes Außenbild gepflegt wird, um Konflikte mit Schule, Behörden oder sozialen Erwartungen zu vermeiden.

Die zweite Konstellation beschreibt *hierarchische Poly-Familien,* in denen es ein oder zwei Hauptelternteile gibt, ergänzt durch weitere Bezugspersonen mit weniger elterlicher Verantwortung – sogenannte Co-Eltern. Diese Modelle fordern besonders viel Abstimmung im Alltag, da Rollen, Zuständigkeiten und öffentliche Wahrnehmung kontinuierlich ausgehandelt werden müssen: Wer trifft Entscheidungen? Wer gilt vor Institutionen als offizieller Elternteil – und wer wird emotional mitgedacht, aber strukturell unsichtbar?

Die dritte Form schließlich sind *egalitäre Poly-Familien,* in denen drei oder mehr Erwachsene in gleichberechtigter Weise Verantwortung für ein oder mehrere Kinder übernehmen. Solche Konstellationen basieren auf einem hohen

Maß an Vertrauen, Kommunikation und gemeinsamer Alltagsgestaltung – geraten aber besonders stark in Spannung mit gesellschaftlichen Strukturen, die weiterhin dyadische Elternschaft voraussetzen: Formulare, Schulkontakte, Unterzeichnungsrechte oder rechtliche Absicherung orientieren sich meist am Modell Mutter und Vater.

Unabhängig von der jeweiligen Form zeigt sich: Poly-Elternschaft ist weniger das Ergebnis einer politischen Agenda als das einer gelebten Überzeugung – sie *fühlt sich richtig an.* Gleichzeitig erfordert sie kreative Lösungen im Umgang mit gesellschaftlichen Normen. Hilfreich bei der Einschätzung familiärer Situationen – unabhängig vom Beziehungsmodell – ist auch entwicklungspsychologisches Wissen: *Haben die Kinder ausreichend Zuwendung, Struktur, Kontakt, Dialog und psychische Sicherheit?* Schadlers (2024) Studie macht deutlich, dass Elternschaft nicht nur sozial zugeschrieben, sondern praktisch hervorgebracht wird – durch Räume, Routinen, Verantwortlichkeiten. Elternschaft wird hier nicht als feststehende Identität, sondern als situativ entstehende Praxis verstanden: verhandelbar, dynamisch und vielfältig.

Fairness und Care-Arbeit

Mehrpersonenbeziehungen gehen oft mit dem Anspruch einher, tradierte Geschlechterrollen und Besitzdenken zu hinterfragen (Schippers, 2018). Besonders in queerfeministischen Kontexten gilt es als zentrales Anliegen, dass alle Beteiligten gleiche Freiheiten im Zugang zu Intimität, Sexualität, Zeit und Loyalität erhalten. Auch bei der Care-Arbeit – insbesondere der Kinderbetreuung – streben viele Poly-Eltern an, Aufgaben nicht entlang von Geschlechterrollen, sondern nach Fähigkeiten, Interessen und Kapazitäten zu verteilen. Theoretisch bietet Polyamorie hierfür günstige Bedingungen: Mehrere Erwachsene können Verantwortung übernehmen, Fürsorge solidarisch gestalten und die Belastungen auf mehrere Schultern verteilen. Daraus entstehen Potenziale für mehr Sicherheit, Entlastung und gegenseitige Unterstützung. In der Praxis zeigt sich jedoch, dass diese Ideale nicht immer eingelöst werden (Schippers, 2018). Auch in polyamoren Familien übernehmen Frauen nach wie vor überdurchschnittlich viel Care-Arbeit – vor allem dann, wenn ökonomische oder gesellschaftliche Zwänge wirken (Raab, 2019). Polyamore Menschen sind, wie alle, Teil einer Gesellschaft, die von tief verankerten, heteronormativen Rollenerwartungen geprägt ist. Viele haben solche Vorstellungen unbewusst verinnerlicht und müssen aktiv gegensteuern, wenn sie Care-Arbeit gleichberechtigter gestalten wollen – etwa im Sinne des Ansatzes *Unlearn Patriarchy* (Ryland & Horch, 2022). Gleichzeitig passen sich manche bewusst an bestehende Strukturen an, um gesellschaftliche Akzeptanz oder familiären Frieden zu wahren.

Hinzu kommt: Die hohe Flexibilität polyamorer Beziehungsnetzwerke kann, so Noël (2006), auch unerwünschte Effekte haben. Verantwortlichkeiten können unklar bleiben oder sich zwischen den Beteiligten hin- und herschieben lassen. In solchen Fällen droht die Gefahr, dass einzelne Personen übermäßig belastet werden oder die Verlässlichkeit der Betreuung – gerade aus Sicht der Kinder – leidet. Polyamorie ist damit kein Selbstläufer für gerechtere Sorgearrangements. Wie in allen Familienformen erfordert auch hier die gerechte Verteilung von Care-Arbeit bewusste Aushandlung. Werden bestehende Ungleichheiten nicht reflektiert, besteht die Gefahr, dass sie in polyamoren Familien fortgeschrieben oder verstärkt werden.

Polyamore Konstellation gegenüber Kindern offenlegen? Das Coming-out polyamorer Eltern gegenüber ihren Kindern ist ein sensibler und weitreichender Schritt, der Chancen ebenso wie Herausforderungen birgt. Offenheit kann Vertrauen stärken, Sicherheit vermitteln und eine stabile Eltern-Kind-Bindung fördern. Gleichzeitig können Kinder dadurch aber auch stärker mit gesellschaftlichen Spannungsfeldern konfrontiert werden. Viele Kinder, unabhängig vom Alter, wünschen sich vor allem, sozial akzeptiert zu sein. Während die eigene Beziehungskonstellation für sie vertraut und angenehm sein kann, geraten sie in Konflikte, wenn andere Menschen diese abwerten oder ablehnen.

Besonders herausfordernd ist, dass jüngere Kinder Geheimnisse in der Regel schlecht für sich behalten können. Sheff (2015) zeigt, dass Kinder oft unbewusst Informationen über die Beziehungsform ihrer Eltern preisgeben – etwa im Kindergarten oder gegenüber Verwandten. Auch ältere Kinder und Jugendliche empfinden es teils als Belastung, ein Familiengeheimnis wahren zu müssen. Eltern berichten immer wieder, dass Kinder ganz selbstverständlich von ihren Familien erzählen, ohne sich der damit verbundenen gesellschaftlichen Brisanz bewusst zu sein.

Beziehungswirklichkeiten

Ein Elternteil (31) beschreibt das Verhalten ihrer Tochter so: „… sie erzählt dann wiederum natürlich Dinge im Kindergarten, bei Oma und Opa, das heißt unser Beziehungsmodell wird nach außen getragen durch unsere Tochter auch an Orte, wo wir uns vielleicht noch gar nicht geoutet haben oder wo wir vielleicht auch gar nicht vorhatten, uns zu outen."

Hinzu kommt, dass Kindern polyamorer Eltern oft passende Begriffe fehlen, um ihre Familiensituation zu beschreiben. In einer weiteren kanadischen Studie (Alarie et al., 2024) berichten Kinder, dass es ihnen schwerfällt, die Rollen neuer Beziehungspersonen einzuordnen und ihre Rolle gegenüber Außenstehenden zu erklären – insbesondere in einem Umfeld, das von monogamen Familiennormen ausgeht.

Eine weitere zentrale Frage ist, *wann* und *wie* Kindern neue Beziehungspersonen vorgestellt werden. Bei eher unverbindlichen oder rein sexuellen Beziehungen ist dies meist nicht notwendig. Wird eine Person jedoch langfristig Teil des Familienalltags, sollten Kinder behutsam einbezogen werden. Dabei gilt es, ihre Bedürfnisse im Blick zu behalten – sowohl beim Aufbau neuer Beziehungen als auch im Fall von Trennungen. Kinder benötigen Stabilität, weshalb Beziehungswechsel umsichtig gestaltet werden sollten. Je jünger die Kinder, desto sorgfältiger ist zu überlegen, wie ihre aktuellen und zukünftigen Bedürfnisse berücksichtigt werden können. Aufgrund ihrer entwicklungsbedingten Verletzlichkeit haben ihre Fürsorgebedürfnisse immer Priorität. Erste Studien zeigen (Alarie et al., 2024), dass Kinder neue Beziehungspersonen häufig als bereichernd erleben, besonders dann, wenn sie regelmäßig und positiv im Alltag präsent sind. Jüngere Kinder neigen dazu, enge emotionale Bindungen aufzubauen, während ältere sie eher als Teil des Lebens der Eltern wahrnehmen, ohne selbst immer eine starke Beziehung einzugehen.

Ob und wann ein Coming-out gegenüber Kindern sinnvoll ist, lässt sich insgesamt also nicht pauschal beantworten. Die Entscheidung sollte stets mit Blick auf die Situation und die Bedürfnisse der Kinder abgewogen werden.

Beziehungswirklichkeiten

Sharmila und Amir sind seit zwanzig Jahren ein Paar und Eltern einer achtjährigen Tochter, als Sharmila sich in Antonia verliebt. Alle drei sind neugierig auf Polyamorie, doch bisher hatte niemand von ihnen eine langfristige Beziehung außerhalb der Partnerschaft. Aus der neuen Liebe entsteht zunächst eine dreijährige Fernbeziehung zwischen Sharmila und Antonia. Schließlich wagt Antonia den Schritt und zieht aus dem Ausland in die bestehende Familie. Es entsteht eine V-Konstellation: Sharmila ist romantisch mit Amir und Antonia verbunden, während Amir und Antonia keine Liebesbeziehung miteinander eingehen. Überraschend konfliktarm gestaltet sich das Zusammenleben: Amir und auch Tochter Mira heißen die Familienerweiterung willkommen. Nach einigen Jahren gemeinsamen Ausprobierens fällt die Entscheidung, noch ein Kind zu bekommen. Antonia wird schwanger, Amir ist der biologische Vater. Für Mira, inzwischen 14 Jahre alt, ist die Aussicht auf einen späten Bruder ein freudiges Geschenk. Heute ist Kian sieben Jahre alt. Die größten Herausforderungen liegen nicht im Beziehungsgeflecht selbst, sondern im Alltag: Mira kämpft mit psychischen Belastungen, die viel Fürsorge erfordern, und die Familie muss achtsam mit der Reaktion des sozialen Umfelds umgehen. Zum Schutz der Kinder bleiben die drei Eltern vage in der Beschreibung ihrer Beziehungsform – auch wenn Freund*innen und Verwandte das unkonventionelle Modell weitgehend akzeptiert haben.

Wie sage ich es meinem Kind?

Wie Kinder auf das *Coming-out* ihrer Eltern reagieren, hängt stark von Alter, Persönlichkeit und Situation ab. Entscheiden sich Eltern, das Thema offen anzusprechen, lohnt es sich, vorab altersgerechte Begriffe und Erklärungen zu überlegen. Gerade jüngere Kinder neigen dazu, Ängste oder Schuldgefühle zu entwickeln. In ihrem Weltbild hat alles etwas mit ihnen zu tun. Nicht selten suchen sie nach Gründen, warum sie schuldig sein könnten, wenn jemand unglücklich ist oder geht. Deshalb ist Klarheit besonders wichtig.

Ebenso sollten Eltern bewusst entscheiden, welche Aspekte sie mitteilen und welche nicht. Grundsätzlich gilt: Kinder interessieren sich nicht für Details aus dem Liebesleben ihrer Eltern, sondern für die Auswirkungen auf ihr eigenes Leben. Sie fragen sich: *Müssen wir umziehen? Kommt jemand Neues ins Haus? Muss ich Papa oder Mama zu jemand anderem sagen?* Auf solche Fragen sollten Eltern offen und geduldig eingehen und dabei vermitteln, dass sich ihre Liebe zum Kind nicht verändert. Die wichtigste Botschaft lautet: *Du bist und bleibst unser Schatz.* Je nach Situation kann ergänzt werden: *Und jetzt gibt es sogar mehr Menschen, die Dich liebhaben und für Dich da sind.* So verstehen Kinder, dass sie nicht weniger, sondern mehr Unterstützung und Liebe erhalten.

Manchmal bedeutet eine neue Konstellation auch, dass ein Elternteil weniger Zeit vor Ort verbringt. Für Kinder kann das wie ein Verlust wirken. Hier hilft es, offen zu erklären, dass räumliche Abwesenheit nicht *weniger Liebe* bedeutet und dass bewusst gestaltete Zeiten mit dem Kind einen Ausgleich schaffen können (z. B. exklusive Elternteil-Kind-Nachmittage). Es ist ein gut belegter Befund, dass nicht die Quantität, sondern die Qualität der Beziehungen zu den Eltern für die kindliche Entwicklung entscheidend ist.

Wesentlich ist, dass Kinder sich auch in veränderten Familienstrukturen sicher, geliebt und wertgeschätzt fühlen. Eltern sollten betonen – und gegebenenfalls wiederholen –, dass die Situation nichts mit möglichen Fehlern des Kindes zu tun hat. Denn schnell entwickeln Kinder eigene Erklärungen, etwa *Bestimmt war ich zu frech.* Auch wenn ein Elternteil weniger präsent ist, sollte der Kontakt, etwa über Handy oder feste Treffen, verlässlich bleiben.

Ein einmaliges Gespräch reicht für ein Coming-out meist nicht aus. Kinder brauchen wiederholt Gelegenheiten, ihre Gedanken und Gefühle zur neuen Familiensituation auszudrücken – manchmal direkt, manchmal über Umwege. Manche vermeiden es, negative Gefühle offen auszusprechen, um die Eltern nicht zu verletzen oder als intolerant zu wirken. Hier kann eine vertraute Drittperson hilfreich sein, etwa eine befreundete Bezugsperson, ein*e Trainer*in, Lehrer*in oder nahestehende*r Nachbar*in. Sie kann in einem entlasteten Rahmen nachfragen, wie es dem Kind wirklich geht. Eltern können ihr Kind auch fragen, ob es jemanden gibt, mit dem es lieber sprechen möchte. So vermitteln sie: *Du darfst alles denken und fühlen – das verändert nichts an unserer Beziehung.* Was heute unausgesprochen bleibt, kann morgen Thema werden.

Die Reaktionen von Kindern auf das Coming-out sind vielfältig. Manche reagieren erleichtert oder sogar freudig, weil sie längst spüren, dass *etwas in der Luft liegt.* Andere empfinden Unsicherheit, Scham oder Angst vor Stigmatisierung. Besonders Jugendliche fürchten mitunter, sich vor Gleichaltrigen rechtfertigen zu müssen. Dennoch begegnen viele ältere Kinder der neuen Realität mit Gelassenheit oder Unterstützung – auch wenn sie innerlich noch ringen. Aussagen wie *Hauptsache, Du bist glücklich* sind keine Seltenheit (DiVerniero & Breshears, 2017). Problematisch wird es, wenn Kinder beginnen, die Eltern emotional zu entlasten, statt ihre eigenen Gefühle zu zeigen – ein Phänomen, das als *Parentifizierung* bezeichnet wird. Dem beugen Eltern vor, indem sie klarstellen und sinngemäß vermitteln: *Wir Erwachsenen regeln das. Ihr dürft Fragen stellen oder auch nicht. Ihr dürft alles denken und fühlen, was euch beschäftigt. Wenn ihr etwas mit uns teilen wollt, freuen wir uns.* Kinder reagieren meist positiver, wenn sie spüren, dass ihre Eltern Verantwortung tragen, offen und ehrlich sind und nichts von ihnen erwarten, was über kindliche Loyalität und einigermaßen angemessenes Verhalten hinausgeht.

Offenheit, Geduld und ein am Kind orientierter Dialog schaffen die Grundlage dafür, dass sich Kinder auch in offenen Familienformen sicher und geborgen fühlen.

Umgang mit Vorurteilen und Stigmatisierung

Die eigentliche Herausforderung für Kinder besteht oft nicht in der polyamoren Struktur ihrer Familie, sondern im Umgang mit den Vorurteilen von außen. Diskriminierung kann sie unmittelbar betreffen. In einer kanadischen Studie berichtete eine Mutter, dass Nachbar*innen ihren Kindern verboten, mit Kindern aus einer Poly-Familie zu spielen (Landry et al., 2021). Aus Angst vor solchen Situationen vermeiden es viele polyamore Eltern, ihre Familienform offen zu zeigen – aus dem Wunsch heraus, ihre Kinder zu schützen.

Kinder polyamorer Eltern, die ihr Beziehungsmodell offen leben, benötigen häufig Unterstützung im Umgang mit gesellschaftlichen Reaktionen. Dabei helfen vertrauensvolle Gespräche innerhalb der Familie, der Austausch mit anderen Kindern aus nicht-traditionellen Familien sowie unterstützende Bezugspersonen im Umfeld des Kindes – etwa Freund*innen, Lehrer*innen, Nachbar*innen oder Sporttrainer*innen. Wichtig ist, deutlich zu machen: Nicht die Familie ist das Problem, sondern eine Umwelt, in der bestimmte Beziehungsformen als *anders* markiert und abgewertet werden. Diese Last wird leichter, wenn Kinder zugleich erleben, dass es Menschen gibt, die ihre Familie akzeptieren und bestärken.

Wie Trennungskinder oder Kinder aus Regenbogenfamilien erleben auch Kinder polyamorer Eltern, dass sie mit den Lebensentscheidungen ihrer Eltern konfrontiert werden bzw. damit in Zusammenhang gebracht werden. Das kann belasten und bei Eltern Schuldgefühle auslösen. Einige ziehen sich dann zurück und vermeiden Gespräche. Doch hilfreicher ist es, die Gefühle der Kinder ernst zu nehmen und anzusprechen. Eine mögliche Formulierung – je nach Alter angepasst – könnte lauten: *Es tut mir leid, dass die Lehrerin gesagt hat, wir seien keine normale Familie. Ich finde das auch traurig und werde mit ihr sprechen. Gleichzeitig bin ich froh, dass ich sowohl Deinen Papa als auch Laura liebe und wir alle zusammengehören. Du darfst wütend oder traurig sein, wenn so etwas passiert. Bitte sag mir Bescheid, wenn Du darüber sprechen möchtest.* Wenn solche Botschaften gesendet werden, können Kinder für ihr eigenes Leben etwas über *Verletzlichkeit* und die *Vielschichtigkeit* des menschlichen Zusammenlebens lernen.

Viele Eltern fühlen sich schlecht, wenn ihre Kinder mit Vorurteilen konfrontiert werden. Schnell entsteht der Eindruck, familiäre Schwierigkeiten resultierten aus persönlichem Versagen. Doch in Beratung und Begleitung ist es wichtig zu betonen: Diese Belastungen sind strukturell bedingt. Polyamore Familien sind – wie andere queere Familienformen – mit einem Umfeld konfrontiert, das nicht auf ihre Realität vorbereitet ist. Die Forschung fasst solche Erfahrungen unter dem Begriff *Minderheitenstress.* Dieser Stress ist kein individuelles Problem, sondern gesellschaftlich erzeugt und lässt sich nur verringern, wenn sich auch die Rahmenbedingungen verändern.

Kinder sollten nicht die Verantwortung tragen müssen, sich allein gegen Vorurteile zu behaupten. Ziel ist eine Gesellschaft, die Vielfalt anerkennt und Normalität nicht über eine enge Norm definiert. Solange dies noch nicht erreicht ist, bleibt es wichtig, mit Kindern offen über mögliche Schwierigkeiten zu sprechen. Wie in Regenbogenfamilien kann es hilfreich sein, Kinder frühzeitig auf abwertende Kommentare vorzubereiten. Altersgerechte Argumentationshilfen stärken ihr Selbstbewusstsein und helfen ihnen, gelassener auf kritische Reaktionen zu reagieren:

- *Situation:* Andere Kinder fragen neugierig, warum jemand zwei Mamas und noch einen Papa hat.

Mögliche Reaktion: Nicht alle Familien sehen gleich aus. Manche haben eine Mama und einen Papa, manche nur eine Mama und keinen Papa, manche zwei Mamas oder zwei Papas. In meiner Familie kümmern sich sogar drei Erwachsene um mich. Das ist schön, weil ich viele Menschen habe, die für mich da sind.

- *Situation:* Ein Kind hört den abwertenden Kommentar: *Das ist doch komisch, dass Deine Eltern so viele Partner haben.*
  Mögliche Reaktion: Für mich ist das ganz normal, weil ich es nicht anders kenne. Jeder Mensch sollte seine Familie so leben dürfen, wie es sich für ihn stimmig anfühlt.
- *Situation:* Ein Verwandter, etwa ein Großelternteil, äußert: *Das ist keine richtige Familie.*
  Mögliche Reaktion: Für mich ist das meine richtige Familie, weil alle, die dazugehören, mich liebhaben und unterstützen.

12.7 Strukturelle Hürden

Einige Eltern berichten von Herausforderungen im Umgang mit Gesundheitswesen, Behörden und ihrem sozialen Umfeld. Dabei wird deutlich, wie wenig rechtliche und institutionelle Absicherung polyamore Familien bislang erfahren (Gupta et al., 2024).

Beziehungswirklichkeiten

Nettie (28) schildert eindrücklich ihre Erfahrung während der Schwangerschaft, als sie Unterstützung in einer christlichen Beratungsstelle suchte. Um finanzielle Hilfen zu erhalten, musste sie ihre Beziehungsform verschweigen: „Ich werde dazu gezwungen, immer wieder ein Theater zu spielen und nicht ehrlich zu sein, wer dazugehört und in welcher Konstellation, weil mir sonst nicht nur Beratung, sondern auch finanzielle Möglichkeiten nicht offenstehen. Das finde ich wirklich belastend, also wirklich gezwungen zu sein, lügen zu müssen. Das ist wirklich Shit."

Ein zentrales Problem für Poly-Familien bleibt die fehlende rechtliche Anerkennung. Während Patchworkfamilien mittlerweile stärker anerkannt werden, bleiben polyamore Konstellationen im deutschen Familienrecht weitgehend unsichtbar. Die geltenden Gesetze orientieren sich weiterhin an traditionellen Zwei-Eltern-Modellen und schaffen damit Unsicherheiten bei zentralen Fragen wie *Sorgerecht, Umgangsrecht* und *Aufenthaltsbestimmungsrecht.*

Nach § 1626 BGB steht das *Sorgerecht* grundsätzlich den leiblichen Eltern zu. Es umfasst alle wesentlichen Entscheidungen, etwa zu medizinischen Eingriffen, schulischen Belangen oder dem Wohnort des Kindes. Verheiratete Eltern erhalten das gemeinsame Sorgerecht automatisch. Bei unverheirateten Paaren besitzt zunächst nur die gebärende Person (rechtlich: die Mutter) das Sorgerecht, während der zweite Elternteil dieses durch eine gemeinsame Sorgeerklärung oder eine gerichtliche Entscheidung erlangen kann. Eine Erweiterung auf mehr als zwei Sorgeberechtigte ist aktuell nicht vorgesehen – selbst dann nicht, wenn weitere Beziehungspersonen aktiv und kontinuierlich in der Fürsorge und Erziehung beteiligt sind.

Das sogenannte *kleine Sorgerecht* (§ 1687b BGB) erlaubt es Ehe- oder eingetragenen Lebenspartner*innen, die mit einem Elternteil zusammenleben, bei Alltagsentscheidungen mitzuwirken, etwa bei Arztbesuchen oder der Wahl von Freizeitaktivitäten. Diese Regelung gilt auch in Patchworkfamilien. Für polyamore Beziehungspersonen, die weder Ehe- noch Lebenspartner*innen sind, entfällt diese Möglichkeit. Sie bleiben rechtlich weitgehend außen vor, auch wenn sie im Alltag eine zentrale Rolle im Leben des Kindes spielen.

Polyamore Beziehungspersonen, die rechtlich nicht als Elternteile gelten, haben kein automatisches *Umgangsrecht.* Nach § 1685 Abs. 2 BGB *kann* ein Umgangsrecht jedoch eingeräumt werden, wenn eine enge persönliche Bindung besteht und die Person längere Zeit in häuslicher Gemeinschaft mit dem Kind gelebt hat. In der Praxis bleibt dies allerdings oft ermessensabhängig und ist rechtlich weniger abgesichert als das Umgangsrecht biologischer oder rechtlicher Eltern.

Auch das *Aufenthaltsbestimmungsrecht* – Teil des Sorgerechts – liegt ausschließlich bei den rechtlich anerkannten Eltern. Sie allein entscheiden über den Wohnort des Kindes und können diesen ändern, ohne dass nicht-sorgeberechtigte Beziehungspersonen ein Mitspracherecht hätten. Ein Umzug in eine andere Stadt oder ins Ausland kann den Kontakt zu vertrauten Bezugspersonen drastisch einschränken oder sogar vollständig unterbinden. Solche Einschränkungen erzeugen innerhalb des Polyküls Machtunterschiede und Unsicherheit: Co-Eltern, die im Konfliktfall plötzlich jedes Recht auf Kontakt verlieren können, riskieren in Konfliktsituationen leicht *Eigenständigkeit* und *Augenhöhe.*

Beziehungswirklichkeiten

Wie wirkt sich die aktuelle Rechtslage im Alltag aus? Ein fiktives Beispiel macht die Auswirkungen sichtbar: Anna lebt mit Jens und Claudia in einer geschlossenen Triade. Jens und Claudia sind verheiratet und haben ein gemeinsames Kind. Anna, obwohl rechtlich nicht als Elternteil anerkannt, übernimmt von Beginn an eine zentrale Rolle: Sie bringt das Kind zur Schule, kümmert sich um Hausaufgaben, begleitet es zum Arzt und ist eine wichtige emotionale Bezugsperson. Obwohl sie täglich Verantwortung übernimmt und eine enge Bindung zum Kind hat, ist ihre Beziehung rechtlich nicht abgesichert: Sie darf keine medizinischen Entscheidungen treffen, hat kein Sorgerecht und kein gesetzliches Umgangsrecht wie leibliche oder adoptierte Eltern (§ 1684 BGB). Im Falle einer Trennung können Jens und Claudia den Kontakt zum Kind verweigern. Anna verliert damit nicht nur den Alltag mit dem Kind, sondern oft auch jede rechtliche Möglichkeit, diese Beziehung fortzuführen. § 1685 Abs. 2 BGB ermöglicht zwar auch engen Bezugspersonen, die längere Zeit mit dem Kind in häuslicher Gemeinschaft gelebt haben, einen Antrag auf Umgang, doch dieser ist nicht garantiert – er bleibt eine Ermessensentscheidung des Gerichts und erfordert in der Regel ein aufwendiges Verfahren. Im Gegensatz zu anerkannten Patchwork- oder Pflegekonstellationen fehlt es polyamoren Familien oft an rechtlich verlässlichen Rahmenbedingungen, um zentrale Bezugspersonen wie Anna abzusichern – selbst wenn das Kind sie als gleichwertiges Elternteil erlebt.

Während in Deutschland eine Reform zur rechtlichen Anerkennung polyamorer Familien noch aussteht, gibt es auf europäischer Ebene erste Bewegung. Im Dezember 2022 legte die Europäische Kommission einen Verordnungsentwurf vor, der die gegenseitige Anerkennung von Elternschaft innerhalb der EU gewährleisten soll (European Parlament, 2025). Ziel ist es, dass eine in einem Mitgliedstaat anerkannte Elternschaft auch in allen anderen EU-Ländern gilt, unabhängig von der konkreten Familienform. Von dieser Regelung könnten insbesondere Regenbogen- und möglicherweise auch polyamore Familien profitieren, die über Ländergrenzen hinweg leben.

Beziehungswirklichkeiten

Ein Präzedenzfall aus Kalifornien aus dem Jahr 2017 zeigt, dass rechtliche Reformen zur Anerkennung nicht-traditioneller Familienmodelle möglich sind: Ian Jenkins, Alan Mayfield und Jeremy Hodges, die in einer polyamoren Triade leben, wurden offiziell als gleichberechtigte Väter ihrer Tochter Piper anerkannt. Erstmals wurden damit drei Männer gemeinsam in die Geburtsurkunde eines Kindes eingetragen und konnten von Beginn an rechtlich gesichert Verantwortung übernehmen. Eine befreundete Frau hatte ihre Eizelle gespendet und blieb weiterhin in einer tantenähnlichen Rolle Teil des Familienlebens. Eine weitere Freundin übernahm nach einer In-vitro-Fertilisation die Schwangerschaft als Leihmutter. In seinem Buch *Three Dads and a Baby* schildert Jenkins (2021) eindrücklich den Weg zur Anerkennung dieser Elternschaft und die Herausforderungen im Alltag.

In Deutschland bleibt noch viel zu tun, um polyamore Familien rechtlich abzusichern. Eine Reform, die etwa das kleine Sorgerecht auch auf nicht-verheiratete Beziehungspersonen ausdehnt, wäre ein erster Schritt, um ihre Lebensrealität anzuerkennen und zugleich das Kindeswohl zu schützen. Bislang gibt es keinerlei Hinweise, dass das Aufwachsen in einer polyamoren Familie die kindliche Entwicklung negativ beeinflusst (Bevacqua, 2018). Im Gegenteil: Studien legen nahe, dass gerade die bewusste Beziehungsführung, die Betonung von Respekt und Kommunikation und die Vielfalt in polyamoren Familien Kindern wertvolle Chancen bieten.

Um polyamore Familien besser zu verstehen und ihre Bedürfnisse in Beratung, Gesetzgebung und Gesellschaft angemessen zu berücksichtigen, ist weitere Forschung notwendig. Ergebnisse aus Studien zu Regenbogenfamilien (American Psychological Association, 2020; Zhang et al., 2023) belegen bereits, dass nicht die Beziehungsform der Eltern entscheidend für die kindliche Entwicklung ist, sondern die Qualität der Beziehungen innerhalb der Familie.

Deshalb zum Abschluss noch einmal deutlich: Entscheidend für eine gesunde Entwicklung von Kindern sind eine liebevolle Eltern-Kind-Bindung, ein unterstützender Erziehungsstil und das emotionale Wohlbefinden der Eltern – denn dieses beeinflusst maßgeblich die Verfügbarkeit und Verlässlichkeit von Zuwendung. Kinder können sich meist gut auf Veränderungen einstellen, wenn ihnen gleichzeitig Verlässlichkeit, stabile Bezugspersonen und ein möglichst konfliktarmes, unterstützendes Umfeld geboten werden.

13

(Poly-)Beziehungspflege

Der Philosoph Alain de Botton (2006) schreibt in seinem Roman *On Love*, dass wir die Eigenheiten und Verrücktheiten anderer Menschen oft erst durch echte Nähe entdecken. Nähe und das schrittweise Kennenlernen seien die wirksamsten Mittel, um romantische Illusionen und Projektionen zu durchbrechen, die wir oft auf potenzielle Beziehungspersonen richten. Was heißt das für unser Liebesleben? Manche verabschieden sich von der Idee, dass es *die eine große Liebe* gibt, und entscheiden sich für Realismus oder für ein Leben allein. Andere halten an der Suche nach der idealen Beziehungsperson fest, in der Hoffnung, sie doch noch zu finden. Wieder andere lernen, mit Unzulänglichkeiten zu leben, während sie sie gleichzeitig zumindest teilweise idealisieren. Letzteres ist vielleicht kein schlechter Weg: Eine Studie zeigte, dass Paare am zufriedensten sind, wenn sie *globale Bewunderung* mit einer *realistischen Einschätzung* spezifischer Persönlichkeitsmerkmale der Beziehungsperson verbinden (Neff & Karney, 2005).

S. Bröning, A. Mazziotta, *Vielfältige Liebe - Polyamorie gestalten*, https://doi.org/10.1007/978-3-658-48372-2_13

Wertschätzung und Idealisierung einerseits und ein klarer Blick auf Stärken und Schwächen schließen sich also nicht aus. Im Gegenteil: Gerade die Kombination scheint beziehungsförderlich zu sein.

Menschen in offenen Beziehungskonstellationen gehen oft mehrere dieser Wege gleichzeitig: Sie bleiben und suchen zugleich, erleben sowohl die warme Vertrautheit bestehender Bindungen *(Existing Relationship Energy)* als auch die Aufregung neuer Verliebtheiten *(New Relationship Energy).* Gleichzeitig können sie sich auch einsam fühlen, etwa wenn die eigene Beziehungsperson gerade mit jemand anderem verabredet ist. Polyamorie bedeutet daher häufig, zwischen Nähe und Distanz sowie Entzauberung und Idealisierung zu balancieren.

Polyamorie eröffnet – wie die Monogamie – die Möglichkeit zu tiefen, tragfähigen Verbindungen. Eine von uns interviewte Person (Bröning et al., 2024) formulierte es so: „Die Kombination von Nähe und Freiheit – das eine bedingt das andere. Ich kann mich nur deswegen so gut und so tief auf meine Partner einlassen, weil ich weiß, dass es kein Gefängnis ist. Und wir können alle komplett wir selbst sein, unser eigenes Leben führen, obwohl es eng mit dem der anderen verwoben ist. Und trotzdem können wir diese große Nähe erleben."

Gut gestaltete intime Beziehungen – ob sie romantisch und sexuell exklusiv sind oder nicht – sind ein Schatz und eine Kunst. Sie fördern persönliches Wachstum, gerade in Bereichen, die uns herausfordern. Menschen sind soziale Wesen: Wir brauchen Resonanz, Reibung und Rückhalt. Zwischen Autonomie und Verbundenheit entsteht dabei ein Spannungsfeld, das uns tragen kann.

Mehrere parallele Beziehungen zu führen, erhöht die Komplexität und erfordert sorgsame Beziehungspflege. Im

Folgenden geben wir praxisnahe Anregungen für eine achtsame (Poly-)Beziehungspflege. Dabei zeigt sich, dass viele dieser Anregungen unabhängig von der Beziehungsform gelten: Die wenigsten von uns haben gelernt, wie man Partnerschaften aktiv gestaltet, nährt und heilt.

13.1 Kommunikation, Vertrauen und Treue

Vertrauen ist die Grundlage jeder Liebesbeziehung – für polyamore Konstellationen ist Vertrauen fundamental. Denn hier wird emotionale Sicherheit nicht durch exklusive Bindung oder rechtliche Rahmenbedingungen abgesichert, sondern durch gelebte Integrität. Missverständnisse gehören dennoch dazu. Ein Satz wie *Macht Euch einen schönen Abend* kann je nach Stimmungslage als liebevolle Ermutigung oder als Ausdruck leiser Eifersucht verstanden werden. Vertrauen hilft, solche Unklarheiten aufzufangen. Es ist mehr als ein abstraktes Gefühl: Vertrauen heißt, sich verletzlich zu machen – im Bewusstsein, dass das Gegenüber auch meine Interessen im Blick behält. So lässt sich mit der Unsicherheit umgehen, die in jeder Beziehung existiert, und dennoch Nähe und Verlässlichkeit zulassen. Ohne Vertrauen fehlt die Basis.

Doch Vertrauen entsteht nicht von allein. Es wächst durch bewusste Pflege und Kommunikation. *Offenheit* und *Verletzlichkeit* spielen dabei eine entscheidende Rolle: Wer Gedanken, Ängste und Wünsche teilt, schafft Verbindung. Beziehungsgespräche sind das Werkzeug, mit dem Unsicherheiten und Eifersucht in Verständnis verwandelt werden können.

Beziehungswirklichkeiten

Ein Beispiel für konkret gelebtes Vertrauen gibt Eli (30): „Mein Freund ist eifersüchtig, weil ich mit anderen Menschen coolere Sachen mache als mit ihm. Oder er ist quasi eifersüchtig, weil andere Dinge, die er nicht kann, dann wichtiger erscheinen. Meistens ist das kein ‚Ich bin jetzt grumpy, dass Du irgendwo bist', sondern eher ein ‚Das hätte ich auch gern' oder ‚Warum läuft es bei uns gerade nicht so?'. Und darüber reden wir dann. Ich glaube, ich hatte selten das Gefühl, mit jemandem so gut reden zu können – sonst hätte ich diese Konstellation auch nicht langfristig gemacht."

Ebenso wichtig wie Worte ist *verlässliches Verhalten:* Absprachen einhalten, Versprechen umsetzen, Taten und Worte in Einklang bringen. Vertrauen wächst, wenn Menschen über längere Zeit erleben, dass ihre Beziehungsperson auch in schwierigen Momenten präsent bleibt und *Fürsorge* zeigt.

Auf dieser Grundlage entsteht eine Form von Treue, die sich von der monogamen Erzählung unterscheidet. Treue bedeutet hier nicht sexuelle Exklusivität, sondern die verlässliche Einhaltung gemeinsam getroffener Vereinbarungen. Diese wertebasierte Treue vermittelt Sicherheit und hilft, die Unsicherheiten zu balancieren, die durch parallele Beziehungen entstehen. Wo Integrität, Verlässlichkeit und die Bereitschaft zur Verletzlichkeit zusammentreffen, wird Vertrauen immer wieder neu gefestigt – und damit die Stabilität der Beziehung.

13.2 Verletzung und Heilung

In allen Beziehungen können Fehler geschehen. Entscheidend ist nicht, ob sie passieren, sondern wie die Beteiligten damit umgehen. Der Beziehungsforscher John Gottman

(2014), der tausende Paargespräche analysierte, fand heraus, dass selbst kleine Gesten wie gemeinsames Lachen, ein gutes Wort oder ein kleines Eingeständnis wesentlich zur Beziehungszufriedenheit beitragen.

Offenheit und die Bereitschaft zur Wiedergutmachung sind zentrale Elemente, um Vertrauen auch nach einer Verletzung wiederherzustellen. Vertrauensbrüche sind schmerzhaft – in jeder Beziehungsform. In der traditionellen Liebesordnung führt ein massiver Vertrauensbruch, etwa durch Untreue oder sexuelles Fremdgehen, häufig direkt zur Trennung. Auch unser Rechtssystem spiegelt diese Logik wider: Es folgt meist einer *strafenden Gerechtigkeit,* die Fehlverhalten hart sanktioniert. Das Prinzip einer *wiederherstellenden Gerechtigkeit* – also die Chance, Fehler wiedergutzumachen und Vertrauen neu aufzubauen – findet dagegen im Alltag oft wenig Raum.

Doch Vertrauen *kann* zurückgewonnen werden (Lewicki & Brinsfield, 2017). Dafür braucht es Verantwortungsübernahme sowie Worte und Taten der Wiedergutmachung. Beide Seiten müssen den Mut aufbringen, sich mit dem Schmerz und Schock des Vertrauensbruchs auseinanderzusetzen. Vertrauen wächst nur langsam nach und in dieser Phase stehen Vertrauen und Misstrauen oft nebeneinander. Wer einen Fehler gemacht hat, kann *Verletzlichkeit* zeigen, indem um Entschuldigung gebeten und die eigenen Motive offengelegt werden, ohne das Verhalten zu rechtfertigen oder schönzufärben. Doch das will gelernt sein. Ein Klient (34) schilderte: „Ich muss mir immer wieder sagen, dass das jetzt erlaubt ist. Es ist wie ein Reflex." Er hatte sich über Jahre das Lügen im Zusammenhang mit Affären angewöhnt. Ein Muster, das auch nach dem Wechsel in eine offene Beziehung fortwirkte. Sein Beispiel zeigt, wie tief alte Beziehungserfahrungen und verinnerlichte Scham wirken können.

Mit der Zeit kann ein solches Umlernen gelingen, und damit wird eine wichtige Beziehungsfähigkeit erworben: die Fähigkeit zur Wiedergutmachung und Versöhnung. Verletzungen sind in engen Beziehungen unvermeidlich; entscheidend ist, ob und wie Versöhnungsprozesse möglich werden. Solche Prozesse gelingen eher, wenn die Beteiligten:

- *Klar benennen, was geschehen ist:* Ich gebe zu, ich hab Dich schon wieder angelogen. Ich war nicht bis Mitternacht im Büro, sondern bei Annika.
- *Verantwortung übernehmen:* Und das, obwohl wir explizit vereinbart hatten, dass ich Dir darüber Bescheid gebe. Es tut mir leid.
- *Die Auswirkungen benennen und die andere Seite einbeziehen:* Ich vermute, das macht Dich wütend, und das kann ich gut verstehen. Außerdem befürchte ich, dass Du mich jetzt verlässt. Kannst du mir sagen, was gerade in dir vorgeht?
- *Ergründen, wie es dazu kam:* Ich habe einfach Angst, dass wir uns dann streiten. Du bist so gut in Diskussionen, und ich fühle mich oft überfordert. Deshalb vermeide ich es, aber das hilft uns auch nicht.
- *Überlegen, wie es weitergehen kann:* Willst Du mit mir darüber reden? Wie können wir das künftig besser lösen?

13.3 Schwierige Gefühle bewältigen

Stell Dir folgende Situation vor: Deine Beziehungsperson hat zum ersten Mal ein Date mit einer anderen Person, mit offenem Ausgang. Ihr habt vereinbart, dass sie bis zum nächsten Morgen wegbleiben darf. Jetzt sitzt Du allein auf dem Sofa. Der Zeitpunkt rückt näher. Plötzlich steigt Panik auf, begleitet von Verlustangst. Gedanken schießen durch den Kopf: *Was, wenn sie attraktiver, klüger oder spannender ist als ich?* Alte Bindungserfahrungen melden sich: *Auch mein Vater hat uns für eine andere verlassen.* In solchen Momenten ist es leicht, in der Emotion zu versinken. Hier kann ein strukturierter Dreiklang aus *Regulation, Reflexion* und *Bewältigung* helfen (siehe Abb. 13.1). Er ermöglicht, die aufkommenden Emotionen anzunehmen und konstruktiv mit ihnen umzugehen.

Regulation	*Gefühlserlaubnis*	Nicht abwehren, sondern da sein lassen. Wie fühlt sich das an? Ich erlaube mir, das zu fühlen.
	Selbstmitgefühl	Ich werte mich nicht dafür ab, sondern habe Verständnis.
	Selbstregulation	Ich ergreife erste Maßnahmen, um mich selbst zu beruhigen. Ich treffe keine weitreichenden Entscheidungen.
Reflexion	*Selbsterkenntnis*	Womit hängen die Gefühle zusammen? Woher kommen sie? Gibt es biografische Bezüge?
	Sortieren	Was wünsche ich mir? Was kann ich tun? Was brauchen ich von wem?
Bewältigung	*Selbstfürsorge*	Eigene langfristige Strategien im Umgang mit Eifersucht.
	Selbstoffenbarung	Das Gespräch suchen mit Beziehungsperson(en) und anderen unterstützenden Personen.
	Vereinbarungen	Absprachen zur gemeinsamen Bewältigung.

Abb. 13.1 Dreiklang zum Umgang mit starken Gefühlen

1. Schritt: Regulation – mit starken Gefühlen umgehen
Im ersten Schritt geht es darum, die eigenen Gefühle bewusst wahrzunehmen und einzuordnen:

- *Was fühle ich gerade?*
- *Welche Gefühle stecken hinter dieser Erregung – Verlustangst, Neid, Wut, Traurigkeit?*
- *Vielleicht von allem ein bisschen?*

Wichtig ist, sich in diesem Moment nicht davon zu überzeugen, dass die Gefühle *falsch* sind, sondern sie stattdessen anzunehmen und Mitgefühl mit sich selbst zu haben. Der Körper kann dabei als eine Art Messinstrument dienen. Ähnlich wie bei einem Kind, dessen Stirn man auf Fieber überprüft, hilft es, in sich hineinzuhorchen: *Wo in meinem Körper empfinde ich die Gefühle? Wie intensiv ist mein Stress gerade?* Man kann den eigenen Zustand in drei Bereiche einteilen:

- *Grüner Bereich:* leicht bewegt, aber handlungsfähig
- *Gelber Bereich:* deutlich gestresst, Konzentration fällt schwer
- *Roter Bereich:* völlig außer sich, keine klaren Gedanken mehr möglich

Der erste Schritt zur Regulation ist die *Selbsterlaubnis: Ich darf so fühlen. Es ist gerade so.* Dazu kommt *Selbstmitgefühl: Ich habe es gerade nicht leicht.* Es ist kontraproduktiv, sich selbst dafür abzuwerten, dass man eifersüchtig ist. Viel hilfreicher ist es, sich selbst in schwierigen Momenten liebevoll zu begegnen – wie ein Elternteil, das ein aufgebrachtes Kind tröstet: *Ja, Du bist jetzt wütend, aber ich bin bei Dir und halte das mit Dir aus. Danach machen wir etwas Schönes.*

Das führt uns zur *Selbstregulation.* Der Umgang mit der Eifersucht ähnelt dabei dem Ansatz der *Transmutation von Gefühlen,* der hilfreich sein kann. Hier ein Beispiel zur Anwendung:

Praxistool

Transmutation von Gefühlen – schwierige Emotionen als Ressource nutzen

Statt Gefühle wie Ärger, Traurigkeit, Neid oder Frustration zu unterdrücken, kann es helfen, ihre motivationale Energie zu entdecken und für das eigene Leben zu nutzen. Der Ansatz zur Transmutation von Gefühlen, der aus buddhistischen Denktraditionen stammt und von C. G. Jung (1950) in seiner Schattenarbeit aufgegriffen wurde, beschreibt diesen Prozess.

Ein Beispiel: Eine Person ärgert sich, weil ihre Beziehungsperson später als vereinbart von einem Date zurückkehrt. Eifersucht steigt auf – genauer gesagt ist es Wut. Statt im Ärger stecken zu bleiben, kann sie die dahinterliegenden Wünsche erkennen, etwa mehr Zeit für die eigene berufliche Entwicklung, mehr Fairness in der Partnerschaft oder Unterstützung im häuslichen Alltag. Mit dieser Klarheit lassen sich gezielt Lösungen finden.

Fünf Schritte zur Transmutation von Gefühlen (nach Wilber et al., 2008)

1. *Wahrnehmen:* Spüre in Dich hinein – was fühlst Du genau? Wo im Körper zeigt es sich?
2. *Annehmen:* Widerstehe dem Impuls, das Gefühl zu unterdrücken oder zu bewerten. Lass es einfach da sein.
3. *Loslassen:* Wenn das Gefühl mit einer bestimmten Person oder Situation verknüpft ist, rücke diese gedanklich in den Hintergrund.
4. *Beobachten:* Betrachte das Gefühl als Energie, die in Dir zirkuliert. Atme tief und beobachte, wie das Gefühl sich verändert. Wohin will es?
5. *Verwandeln:* Bleibe dabei, bis Du spürst, wohin diese Energie fließen will. Erlaube ihr, sich positiv auszudrücken, sei es durch Selbstfürsorge, klare Kommunikation oder entschlossenes Handeln.

Der Schlüssel: Gefühle annehmen und ihnen Raum geben. So können sie sich in eine hilfreiche Richtung wandeln. Hinter innerer Anspannung können Traurigkeit, Resignation oder Angst stecken – Gefühle, die in Selbstschutz, Trostsuche oder Fürsorge für eigene Bedürfnisse übergehen können. Bleibt die Wut bestehen, lässt sie sich bewusst nutzen, um entschlossen für sich selbst einzustehen.

In Momenten intensiver Eifersucht, Wut oder Angst können einfache Selbstfürsorge-Methoden helfen, den inneren Stress zu senken und wieder handlungsfähig zu werden:

- *Kognitive Umdeutung:* Belastende Gedanken durch hilfreichere Perspektiven ersetzen.
  Beispiel: Statt *Meine Beziehungsperson interessiert sich für jemand anderen, also verliere ich sie* könnte ein hilfreicher Gedanke lauten: *Meine Beziehungsperson kann andere lieben, ohne dass das unsere Verbindung schmälert.* Ein solcher Gedanke kann auch in ruhigen Momenten entwickelt und später wie ein inneres *Mantra* genutzt werden.
- *Aufmerksamkeitslenkung:* Sich bewusst auf andere Aktivitäten konzentrieren – Musik hören, Sport treiben oder kreativ sein.
- *Körperliche Entspannung:* Atemübungen, Spaziergänge oder Meditation können helfen, den Stresspegel zu senken.
- *Ausdruck:* Gefühle und Gedanken durch Schreiben (z. B. Tagebuch) oder andere kreative Tätigkeiten ausdrücken.
- *Soziale Unterstützung:* Freund*innen kontaktieren, sich mit ihnen austauschen oder einfach ein Gespräch führen, das Halt gibt.
- *Abwarten:* Gefühle verhalten sich oft wie Fieber – sie klingen mit der Zeit ab, wenn Stresshormone abgebaut werden. Manchmal hilft es, diese Phase einfach auszuhalten.

Im roten Bereich – wenn die Emotionen besonders intensiv sind – empfiehlt es sich, zunächst auf körpernahe Strategien zurückzugreifen, wie beispielsweise bewusstes Atmen, Spazierengehen oder Sport. Sobald sich der innere Zustand stabilisiert hat und man im gelben oder grünen

Bereich ist, können weitere Strategien ergänzt werden. Jeder Mensch muss für sich herausfinden, welche Methoden am besten funktionieren.

2. Schritt: Reflexion – verstehen, was in mir passiert
Nachdem *das Fieber gesunken ist,* also die akute emotionale Anspannung abgeklungen und der Kopf wieder klarer geworden ist, folgt der nächste Schritt: *Reflexion.* Es geht dabei nicht nur um eine schnelle Analyse, sondern darum, die Gefühle im Sinne von *Selbsterkenntnis* auf einer tieferen Ebene zu verstehen – bezogen sowohl auf die aktuelle Situation ebenso wie auf persönliche Muster und frühere Erfahrungen. Hilfreich ist in diesem Moment die Frage: *Was mache ich jetzt mit dem, was ich empfinde?* Mit etwas Abstand lässt sich die Eifersucht bewusster und neutraler betrachten – wie ein*e Entdecker*in, die*der ein unbekanntes Terrain erforscht. Dazu gehört, die begleitenden Gedanken wahrzunehmen, wiederkehrende Muster zu erkennen, mögliche alternative Bewertungen zu prüfen, frühere Prägungen zu reflektieren und die dahinterliegenden Bedürfnisse zu identifizieren. Der folgende *Reflexionsleitfaden* kann bei diesem Schritt helfen:

Praxistool

Eifersucht verstehen und verwandeln

Vier Reflexionsbereiche können helfen, Eifersucht besser zu verstehen und konstruktiv damit umzugehen:

(a) Auslöser erkennen:
Führe ein Gefühls- oder Eifersuchtstagebuch und beantworte bei jedem Auftreten der Emotion:

- *In welcher Situation bin ich?*
- *Wie fühlt es sich an?*
- *Was denke ich gerade?*
- *Wie stark ist die Emotion auf einer Skala von 1 bis 10?*

Das Aufschreiben schafft Abstand, macht wiederkehrende Muster sichtbar und erleichtert es, zwischen leichten Irritationen und stark belastenden Momenten zu unterscheiden.

(b) Gedanken hinterfragen

Eifersucht wird häufig durch tief verankerte, unbewusste Überzeugungen genährt – geprägt durch individuelle Prägungen, Erfahrungen und kulturelle Narrative. Frage Dich in Momenten starker Eifersucht: *Welche Gedanken gehen mir gerade durch den Kopf?* Typische Beispiele sind:

- Wenn meine Beziehungsperson sich für andere interessiert, bin ich nicht gut genug.
- Wenn ich verlassen werde, finde ich nie wieder jemanden.
- Liebe muss exklusiv sein, sonst verliere ich meinen Wert.

Nur weil ein Gedanke auftaucht, bedeutet das nicht, dass er wahr oder hilfreich ist. Viele dieser Sätze sind Interpretationen, keine Fakten. Eine hilfreiche Methode, um mit belastenden Gedanken umzugehen, ist die kognitive Umstrukturierung. Nimm Dir einen typischen Satz aus Deinem Gefühls-/Eifersuchtstagebuch und frage Dich:

- *Ist dieser Gedanke faktisch wahr – oder basiert er auf einer Annahme oder Befürchtung?*
- *Gibt es alternative Erklärungen für das, was passiert ist?*
- *Welche Hinweise sprechen gegen den belastenden Gedanken?*
- *Wie würde ich einer nahestehenden Person begegnen, die so denkt?*

Auch neue, realistischere Gedanken kannst Du bewusst formulieren – nicht um Deine Gefühle zu leugnen, sondern um ihnen eine stärkende innere Haltung entgegenzusetzen: *Statt: Wenn ich verlassen werde, finde ich niemand Neues. → Selbst wenn ich verlassen werde, bin ich ein liebenswerter Mensch und werde wieder Nähe erleben.*

(c) Frühere Erfahrungen

Frage Dich: *Gab es in meiner Vergangenheit Situationen, in denen ich mich vernachlässigt, im Stich gelassen oder ersetzt gefühlt habe?* Solche Erlebnisse können dazu führen, dass ähnliche Situationen in der Gegenwart überproportional starke Gefühle auslösen.

(d) Bedürfnisse und Wünsche

Eifersucht ist oft ein Signal für unerfüllte Bedürfnisse, etwa nach Sicherheit, Zuwendung, Nähe oder Bestätigung. Frage Dich: *Welche Bedürfnisse habe ich gerade, die nicht erfüllt werden? Oder: Was wünsche ich mir in dieser Situation?*

Um Klarheit über die eigenen Bedürfnisse zu gewinnen, lohnt es sich, zu reflektieren, inwieweit diese in der aktuellen Beziehung erfüllt sind. Hierfür ist es notwendig, sich selbst die eigenen Beziehungsbedürfnisse bewusst zu machen, etwa mithilfe von Abb. 13.2.

Die folgende Übung hilft, eigene Beziehungsbedürfnisse zu erkennen und zu reflektieren.

Praxistool

Bedürfnisse und Wünsche in Beziehungen reflektieren

Abbildung 13.2 zeigt eine Liste von Bedürfnissen und Wünschen, die in Beziehungen eine Rolle spielen können. Wie wichtig sie sind, ist individuell verschieden – und kann sich im Laufe der Zeit verändern. Lies die Liste aufmerksam durch und ergänze Punkte, die für Dich wichtig sind. Bewerte anschließend intuitiv, wie bedeutsam jedes Bedürfnis bzw. jeder Wunsch für Dich ist: a) sehr wichtig, b) wichtig, c) weniger wichtig, d) zurzeit nicht wichtig.

Im nächsten Schritt erinnere Dich an konkrete Situationen, in denen diese Bedürfnisse bzw. Wünsche erfüllt oder nicht erfüllt wurden. Notiere Beispiele und formuliere Wünsche, wie diese in Zukunft besser berücksichtigt werden könnten. So gewinnst Du mehr Klarheit über Deine eigenen Erwartungen und schaffst zugleich eine wertvolle Grundlage für ein Gespräch mit Deiner Beziehungsperson.

Es geht nicht darum, dass alle Bedürfnisse vollständig erfüllt werden, sondern darum, sie zu erkennen, offen zu kommunizieren und gemeinsam einen Umgang damit zu finden.

Emotionale Intimität • Verstanden und angenommen werden • Gefühle teilen können • Emotionale Unterstützung teilen	**Anerkennung** • Wertschätzung für Beiträge zur Beziehung • Bestätigung der eigenen Identität und Rolle	**Verlässlichkeit** • Vertrauen in die Konstanz des*der Partner*in • Sicherheit, dass Absprachen eingehalten werden
Körperliche Nähe • Zärtlichkeit und Berührung • Sexuelle Erfüllung	**Intellektuelle Anregung** • Stimulierende Gespräche • Gemeinsames Lernen und Entdecken	**Freizeit und gemeinsame Aktivitäten** • Zeit für gemeinsame Interessen • Erlebnisse, die die Beziehung bereichern
Unterstützung bei Zielen und Ambitionen • Ermutigung bei persönlichen Projekten • Partnerschaftliches Wachstum und Erfolg	**Respekt** • Achtung der persönlichen Grenzen • Respektvolle Meinungsverschiedenheiten	**Humor und Spaß** • Leichtigkeit und Lachen teilen • Die Fähigkeit, gemeinsam Spaß zu haben
Unabhängigkeit • Raum für individuelle Freiheit • Anerkennung der Bedeutung persönlicher Unabhängigkeit	**Privatsphäre** • Respektieren der persönlichen und digitalen Räume • Verständnis für die Notwendigkeit von Alleinzeit	**Sicherheit** • Gefühl der Sicherheit innerhalb der Beziehung • Frei von Sorgen um Treue und Loyalität
Kommunikation • Offener und ehrlicher Dialog • Fähigkeit, konstruktiv zu streiten und Konflikte zu lösen	**Gemeinsame Werte und Überzeugungen** • Übereinstimmung in wichtigen Lebensfragen • Ähnliche ethische und moralische Vorstellungen	**Familienleben und Erziehung** • Übereinstimmung in der Familienplanung und Kindererziehung • Harmonie im Umgang mit Familienangehörigen
Weitere Bedürfnisse • •	**Weitere Bedürfnisse** • •	**Weitere Bedürfnisse** • •

Abb. 13.2 Bedürfnisse in Beziehungen

Ein solcher Reflexionsprozess erfordert Mut, Ehrlichkeit und Offenheit gegenüber sich selbst. Er lohnt sich, denn das Ergebnis ist ein klarer, sortierter Geist, der selbstbewusst und sicher in den Dialog treten kann.

Dabei kann auch deutlich werden, dass nicht jede starke Emotion automatisch Eifersucht ist – manchmal steckt dahinter auch Neid. Beide Gefühle können sich ähnlich anfühlen, beruhen jedoch auf unterschiedlichen Bedürfnissen und erfordern daher auch einen unterschiedlichen Umgang. Die folgende Übersicht zeigt die wichtigsten Unterschiede (vgl. Tab. 13.1).

Eifersucht und Neid erfordern einen unterschiedlichen Umgang, weil jeweils andere Bedürfnisse dahinterstehen. Wer Angst hat, die eigene Position zu verlieren, braucht meist Rückversicherung, etwa durch Kontakt während oder den Austausch nach einem Treffen mit einer dritten Person. Im Falle von Neid kann es hilfreicher sein, der betreffenden Person einen Ausgleich zu ermöglichen, also etwas Schönes, was nur für sie bestimmt ist. Das muss nicht zwingend ein identisches Date sein – ein Wellness-Wochenende mit Freund*innen könnte in diesem Falle (anders als häufig bei Eifersucht!) ebenfalls einen positiven Effekt haben.

3. Schritt: Bewältigung und gemeinsame Gestaltung

Nach der Selbstberuhigung, dem Ausbleiben impulsiver Reaktionen und einer gezielten Reflexion ist der Weg für eine konstruktive Bewältigung von Eifersucht bereitet. Jetzt geht es darum, in die Zukunft zu schauen: *Was kann ich selbst tun – und was wünsche ich mir von meinen Beziehungspersonen?*

Bezogen auf die Frage nach der eigenen Verantwortung können mit *Eigenständigkeit* Bewältigungsstrategien entwickelt und eingeübt werden. Diese sind unabhängig davon, wie die Beziehungsperson handelt. Dazu gehören die bereits erwähnten Methoden wie *Transmutation von Gefühlen, kognitive Umstrukturierung und andere Techniken der Selbstregulation.* Die kognitive Umstrukturierung geht davon aus, dass Gedanken, Gefühle und Verhalten miteinander

Tab. 13.1 Eifersucht und Neid im Vergleich

Aspekt	*Eifersucht*	*Neid*
Auslöser	Eine für mich bedeutsame Beziehung oder Position wird durch eine dritte Person bedroht. Es geht häufig um den eigenen Stellenwert innerhalb einer emotionalen Bindung.	Eine andere Person hat etwas, das ich mir wünsche, z. B. Besitz, Anerkennung, Zuwendung. Eine dritte Person ist nicht erforderlich.
Beispiel	Ein*e Freund*in verbringt deutlich mehr Zeit mit einer anderen Person, und ich habe das Gefühl, für sie weniger wichtig zu sein.	Ein*e Freund*in hat häufig spannende Erlebnisse, die ich mir auch wünsche – ich erlebe dagegen weniger davon.
Zentrale Emotionen	Angst vor Verlust, Sorge um Abwertung, Ärger durch das Gefühl, zu kurz zu kommen oder verdrängt zu werden.	Frustration, Bitterkeit, Leere oder Unzufriedenheit durch Vergleich mit anderen. Kein direkter Verlust, sondern Mangelgefühl.
Grundaussage/ innere Logik	Mir wird etwas weggenommen, das mir zusteht.	Andere haben mehr als ich – das ist ungerecht.
Zentrales Bedürfnis	Rückversicherung des eigenen Werts oder Status, Wiederherstellung von Sicherheit, Nähe und/oder Zuwendung in der Beziehung.	Gleichheit, Selbstwirksamkeit, Teilhabe, das Erleben von Fülle oder Anerkennung – kurz: auch etwas Schönes haben dürfen.

(Fortsetzung)

Tab. 13.1 (Fortsetzung)

Aspekt	*Eifersucht*	*Neid*
*Richtung der Emotion/ Adressat*in*	Wut oder Misstrauen richtet sich häufig gegen die dritte Person (Rival*in), manchmal aber auch gegen die eigene Bezugsperson oder die Beziehung als Ganzes.	Muss nicht aggressiv sein – wenn doch, dann oft Frust oder Entwertung der beneideten Person. Häufig auch nach innen gerichtete Gefühle wie Scham, Selbstzweifel oder Minderwertigkeit.
Extremformen	Besitzanspruch, Kontrolle, Gewalt – im Extrem bis hin zu Eifersuchtsmord oder Femizid, wenn der drohende Verlust als Bedrohung für die eigene Identität erlebt wird.	Missgunst, Isolation, Abwertung anderer oder destruktive Versuche, den Ausgleich herzustellen (z. B. Sabotage).

verflochten sind. Unsere Interpretation einer Situation – also unsere Kognitionen – beeinflusst direkt, wie wir fühlen und handeln. Wenn wiederkehrende, selbstabwertende Gedanken auftauchen – *Bestimmt macht er das nur, weil der Sex mit mir so schlecht ist* –, können sie bewusst durch konstruktivere Alternativen ersetzt werden – *Jeder Mensch hat andere Vorlieben. Apfelkuchen wird ja auch nicht mit Schokoladentorte verglichen.* Solche Perspektivwechsel können Denkmuster verändern und damit auch die emotionalen Reaktionen und das eigene Verhalten. Viele Methoden dazu finden sich in Büchern oder Podcasts, z. B. aus der Akzeptanz- und Commitment-Therapie (ACT; Wengenroth, 2025).

Wenn innere Klarheit und Ruhe gewachsen sind, kann das Gespräch mit der Beziehungsperson folgen. Zentral ist dabei *Selbstoffenbarung:* offen über die eigenen Gefühle, Unsicherheiten und *Verletzlichkeit* zu sprechen – mit dem Ziel, gegenseitiges Verständnis und *Fürsorge* zu fördern. Dabei hilft es, konkrete Situationen sachlich zu beschreiben und *Ich-Botschaften* zu verwenden, um Vorwürfe zu vermeiden. Selbst wenn das nicht perfekt gelingt, wird die dahinterliegende Intention sichtbar: die Bereitschaft zur inneren Arbeit und zur gemeinsamen Lösungssuche. Ein wesentlicher Aspekt ist dabei, Verantwortung für die eigenen Emotionen zu übernehmen – statt sie auf die Beziehungsperson zu projizieren. Selbstoffenbarung bedeutet auch, der anderen Person zuzuhören. Sie sollte ebenfalls ihre Sicht teilen können. Durch aktives Nachfragen oder Paraphrasieren – *Habe ich Dich richtig verstanden, dass …?* – kann das gegenseitige Verständnis vertieft werden. Manchmal genügen kleine Absprachen, um Unsicherheiten zu verringern, etwa eine kurze Textnachricht während eines Dates oder ein kurzes Gespräch danach. Wichtig ist zu akzeptieren: Nicht alle Wünsche müssen erfüllt werden. Es geht darum, gemeinsame Wege zu finden, die für alle Beteiligten machbar und stimmig sind.

Um diesen Prozess zu unterstützen, kann es hilfreich sein, einen klaren Gesprächsrahmen zu haben. Das folgende Praxistool bietet eine Schritt-für-Schritt-Anleitung, wie Ihr Eifersucht gemeinsam verstehen und konstruktiv bearbeiten könnt.

Praxistool

Eifersucht gemeinsam verstehen und bewältigen

Eifersucht kann herausfordernd sein, ist aber oft auch ein wertvolles Signal: Sie macht sichtbar, dass Bedürfnisse wie Sicherheit, Zugehörigkeit oder Selbstwirksamkeit Aufmerksamkeit brauchen. Gerade in polyamoren Beziehungen, in denen mehrere Beziehungsdynamiken gleichzeitig wirken, lohnt es sich, Eifersucht nicht als Störfaktor, sondern als Hinweis auf Handlungsbedarf zu betrachten. Die folgende Übung unterstützt Euch dabei, offen über Eifersuchtsgefühle zu sprechen und gemeinsam konstruktive Wege zu finden.

- *Wählt ein passendes Setting:* Überlegt gemeinsam, in welcher Situation sich ein solches Gespräch gut anfühlt. Vielleicht ein ruhiger Moment zu Hause, ein Spaziergang, bei dem Gedanken freier fließen, oder auch ein schriftlicher Austausch in Form von Briefen. Wichtig ist, dass Ihr Euch beide sicher und offen fühlen könnt.
- *Schafft einen sicheren Raum:* Macht Euch bewusst, dass dieses Gespräch wichtig ist. Vereinbart einen Zeitpunkt, an dem Ihr ungestört seid und Euch ungeteilte Aufmerksamkeit schenken könnt. Achtet auf eine Atmosphäre, die von Achtsamkeit, Geduld und Wertschätzung geprägt ist. Das erleichtert es, sich verletzlich zu zeigen.
- *Nutzt Ich-Botschaften und aktives Zuhören:* Formuliert Eure Gefühle in Ich-Botschaften, um Vorwürfen vorzubeugen. Statt: Du bist immer am Handy, könnte es heißen: Ich fühle mich nicht gehört, wenn Du während unseres Gesprächs auf dein Handy schaust. Zeigt echtes Interesse daran, Euch gegenseitig zu verstehen. Rückfragen wie *Habe ich Dich richtig verstanden, dass...?* helfen, Missverständnisse zu vermeiden.
- *Beginnt mit der Ebene der Beobachtung:* Was ist konkret passiert? Was hätte eine Kamera aufgenommen? Benennt das Verhalten, das Eure Eifersucht ausgelöst hat, ohne zu interpretieren. Oft zeigen sich hier bereits Missverständnisse oder unklare Vereinbarungen, die sich gemeinsam klären lassen.
- *Würdigt Eure Gefühle:* Wo im Körper spürst Du die Eifersucht? Welche anderen Gefühle treten auf? Vielleicht Unsicherheit, Verlustangst oder auch Ärger? Welche Gedanken begleiten sie? Wenn Ihr einander zeigt, was wirk-

lich in Euch vorgeht, entsteht Raum für Verständnis, jenseits von Schuldzuweisungen.

- *Benennt Bedürfnisse, Wünsche und Bitten:* Was brauchst Du gerade? Nähe, Sicherheit, Klarheit, Verlässlichkeit? Welche Wünsche hast Du an die Beziehung oder an bestimmte Situationen? Vielleicht zeigt sich das Bedürfnis nach Sicherheit, das sich nicht durch Kontrolle, sondern durch transparente Absprachen erfüllen lässt. Formuliere eine Bitte oder einen Vorschlag und sei offen dafür, dass dein Gegenüber eigene Ideen einbringt.
- *Trefft gemeinsame Vereinbarungen:* Wenn Gefühle, Bedürfnisse und Bitten ausgesprochen wurden, kann es hilfreich sein, gemeinsam konkrete Vereinbarungen zu treffen. Was kannst Du selbst tun, um Dich sicherer zu fühlen? Was kann Dein Gegenüber beitragen? Vielleicht helfen feste Verabredungen, mehr offene Kommunikation oder gemeinsame Reflexionszeiten. Achtet darauf, dass Eure Vereinbarungen realistisch und alltagstauglich bleiben.
- *Nach dem Gespräch:* Manchmal kommen wichtige Gedanken oder Gefühle erst nach dem Gespräch. Nimm Dir Zeit, nachzuspüren, was es noch braucht. Vielleicht ergibt sich ein zweites Gespräch oder einfach ein kurzer Moment, um zu sagen: Danke, das war hilfreich für mich.

Eifersucht verschwindet nicht durch ein einziges Gespräch – aber jedes offene Miteinander kann sie ein Stück verwandeln. Vielleicht entsteht dabei sogar mehr Nähe, als vorher möglich war.

13.4 Einzigartiges würdigen und Positives feiern

Nach vielen Jahren in der Beziehungsberatung sind wir überzeugt davon, dass jede Liebesbeziehung ihre ganz eigene Gestalt hat. Genau wie jedes Individuum, so hat auch jede gewachsene Partnerschaft ihre eigene, *alchemistische* Mischung. Häufig hat dieses Alleinstellungsmerkmal etwas mit dem zu tun, was zu Beginn besonders schön war. Im Laufe der Zeit kann dieses besondere Erleben verloren gehen, z. B. wenn Konflikte, Bindungswunden, oder Belastungen im Alltag in den Vordergrund treten. Diese ureigene Energie lässt sich jedoch wiederentdecken; manchmal kehrt sie in veränderter Form, mit großer Kraft zurück. Polyamorie als Lebensmodell kann manchen Paaren helfen, diese Energie bewusster wahrzunehmen – vielleicht, weil der Vergleich zwischen verschiedenen Beziehungen anregt oder weil das Erleben vielfältiger Bindungen die Wertschätzung vertieft.

Beziehungswirklichkeiten

Corinna (42) beschrieb in einem Gespräch, wie Polyamorie ihr half, ihre Beziehungen klarer zu sehen und bewusster zu schätzen: „Mir wurde viel bewusster, was ich bei wem habe. Dadurch war ich quasi gezwungen, mir darüber klarzuwerden, welchen Stellenwert mein Mann und welche Bedeutung meine Freundin für mich haben. Das hat zu viel mehr Klarheit und Wertschätzung geführt. Ich habe dann viel dankbarer wahrgenommen, was mein Mann mir gibt, und auch, was meine Freundin mir gibt. Alles wurde irgendwie bewusster, weil man sich mehr damit beschäftigen muss – auch mit den eigenen Erwartungen."

Dieses Beispiel zeigt, wie das bewusste Erleben verschiedener Beziehungen den Blick für die eigene Partnerschaft schärfen und ihre besonderen Qualitäten wieder ins Bewusstsein rücken kann.

Eine Partnerschaft, die geöffnet wird, durchläuft oft einen Transformationsprozess. Zu Beginn steht häufig die Frage: *Wenn Exklusivität nicht mehr vorhanden ist – was bleibt dann noch, das nur uns gehört?* Die traditionelle Liebesordnung definiert Partnerschaft stark über Besitzdenken und sexuelle Treue. Ein wirksames Gegenmittel ist das bewusste Nachdenken über die *Einzigartigkeit* jeder Beziehung. Paare können gezielt daran arbeiten, die unverwechselbaren Qualitäten zu erkennen, zu würdigen und zu pflegen. Der *Hochzeitstag* ist nicht in jeder Beziehung existent – aber ein regelmäßiges Ritual zur Würdigung einer Beziehung sollte nicht fehlen. Diese Rituale sind manchmal so einzigartig wie die Beziehung selbst, und Menschen können sehr kreativ werden, um die Einzigartigkeit ihrer Beziehung zu feiern.

Fast jedes Paar in der Beratung hat bereits eine Vorstellung davon, was die eigene Beziehung besonders macht oder kann diese mit etwas Unterstützung entwickeln. Eine Beziehung hat viele Facetten, etwa Zusammenarbeit, Kameradschaft, emotionale Intimität, Spiritualität, und vieles mehr. Ein interaktives Tool unter https://smorgasbord.plusx.black zeigt zahlreiche dieser Facetten und bietet die Möglichkeit, ein individuelles Beziehungsprofil zu erstellen. Diese Übung unterstützt die Selbstreflexion über Bedürfnisse und Wünsche. Die erstellten Profile können als Gesprächsgrundlage dienen, um Erwartungen zu klären, besondere Eigenschaften zu würdigen und Schutzräume zu definieren, etwa gemeinsame Rituale oder exklusive Zeitfenster. So lassen sich wertvolle Aspekte bewusst erhalten und potenziellen Konflikten vorbeugen.

Menschen in polyamoren Beziehungen beschreiben die besonderen Qualitäten ihrer Partnerschaften sehr unterschiedlich und gerade darin liegt die Vielfalt und Schönheit dieser Beziehungsform. Die folgenden Aussagen aus unserer Interviewstudie zeigen, wie einzigartig und facettenreich diese Erfahrungen sind (Bröning et al., 2024):

- *Ankommen und gemeinsame Zukunft:* Das Gefühl, angekommen zu sein – einen Menschen gefunden zu haben, mit dem man zusammen alt werden möchte und eine gemeinsame Zukunft plant.

- *Offenheit und emotionale Verarbeitung:* Diese Offenheit, über alles bedingungslos sprechen zu können, selbst über schwierige Themen wie Eifersucht, ohne Angst vor Verurteilung. Es darf einfach mal da sein.
- *Gemeinsame Energie und Humor:* Er ist so witzig und selbstironisch, und wir haben so viel Energie zusammen. Von Anfang an war das etwas ganz Besonderes. Ich habe mich direkt wohlgefühlt.
- *Nähe und Geborgenheit durch gemeinsame Vorlieben:* Der Fetisch, den wir teilen, bedeutet für mich mehr als das Spiel selbst – es geht um Geborgenheit, Nähe und Vertrauen.
- *Leichtigkeit und Entspannung:* Mit ihr fühle ich mich einfach total wohl, wie in einem kleinen Urlaub. Wir genießen es, beieinander zu sein, locker und entspannt.
- *Persönliche Entwicklung:* Er war sehr introvertiert und konnte Zuneigung kaum zeigen. Im Laufe unserer Beziehung hat er gelernt, sich zu öffnen. Das finde ich schön, weil unsere Beziehung auch ihn weitergebracht hat.

13.5 Bindungsorientierte Beziehungspflege

Ob romantisch, freundschaftlich oder familiär – das Wohl einer Beziehung hängt wesentlich davon ab, ob wir uns emotional angenommen und unterstützt fühlen. In Momenten der *Verletzlichkeit* reagieren wir besonders sensibel, und genau dann wird spürbar, wie tragfähig die Bindung ist. Die Therapeutin Jessica Fern (2023) schlägt in ihrem Buch *Polysecure* einen bindungsorientierten Ansatz zur Beziehungspflege vor. Sie empfiehlt, bewusst zu entscheiden, welche unserer erotischen Beziehungspersonen oder engen Freund*innen auch Bindungspartner*innen sein sollen.

Bindungspartner*innen sind Menschen, zu denen wir eine besonders verlässliche und sichere Verbindung pflegen, getragen von gegenseitiger innerer Verpflichtung. In solchen Beziehungen erfüllen Menschen füreinander zwei wichtige Funktionen: Sie sind füreinander ein *sicherer Hafen,* der emotionale Geborgenheit bietet, wenn Schutz und Unterstützung gebraucht werden, und zugleich *sichere Basis,* von der aus Wachstum und Exploration möglich sind.

Die Funktion des *sicheren Hafens* umfasst:

- Offen über Gefühle, Bedürfnisse und wichtige Themen sprechen
- Gegenseitige emotionale Unterstützung und Parteinahme
- Aufrichtiges Interesse am Leben der anderen Person zeigen, gezielt nachfragen und Wichtiges im Blick behalten
- Praktische Unterstützung leisten, etwa bei Krankheit oder Erschöpfung
- Regelmäßig Wertschätzung ausdrücken

Die Funktion der *sicheren Basis* umfasst:

- Wachstum und persönliche Entwicklung ermutigen
- Unterstützung bei beruflichen oder privaten Projekten bieten
- Hoffnungen, Träume und Visionen der anderen Person kennen
- Gemeinsame Interessen pflegen und vertiefen
- Stärken und Schwächen wahrnehmen und respektvoll darauf eingehen

Ein Vorteil polyamorer Beziehungsmodelle ist, dass diese Funktionen nicht von einer einzigen Person übernommen werden müssen. Unterschiedliche Bindungspartner*innen können verschiedene Bedürfnisse erfüllen. Was einer Beziehungsperson vielleicht schwerfällt, etwa Interesse an einem bestimmten Hobby oder an spirituellen Themen zu zeigen, kann eine andere Beziehungsperson einbringen.

Neben der emotionalen Verbundenheit spielt in polyamoren Beziehungen auch die körperliche Ebene eine besondere Rolle. Körperliche Nähe, Zärtlichkeit, Erotik und Sexualität können Bindung zusätzlich festigen. Ein Klient (54) beschrieb dies einmal treffend als *ganzheitliche Erkundungslust,* die nicht nur das Kennenlernen neuer Menschen umfasst, sondern auch die Gestaltung von Bindungsbeziehungen auf emotionaler, physischer und erotischer Ebene. Mehrere erotische Langzeitbeziehungen bedeuten also auch mehrere Bindungsbeziehungen.

Das Vorhandensein von Bindung allein garantiert jedoch nicht ihre Qualität. Alte Verletzungen oder eingefahrene Bindungsmuster können Beziehungen belasten, sowohl in romantischen Partnerschaften als auch in Eltern-Kind-Beziehungen. Umso wichtiger ist die bewusste Stärkung und Pflege dieser Bindungen. Dabei ist weniger die Dauer der gemeinsam verbrachten Zeit entscheidend, sondern ihre Qualität. Aus der Trennungsforschung wissen wir: Für die Entwicklung von Kindern bei getrennt lebenden Eltern zählt nicht die Quantität, sondern die Qualität der gemeinsamen Zeit. Dieser Vergleich macht deutlich, wie wichtig es ist, in allen Beziehungen auf die Qualität zu achten.

Gegenseitige Bindung stärken

Zur gezielten Stärkung der Qualität von Bindungsbeziehungen hat Jessica Fern (2023) das HEARTS-Konzept entwickelt. Das Konzept kann hier nur kurz skizziert werden – für detaillierte Informationen empfiehlt sich die Lektüre ihres Buches *Polysecure*. HEARTS steht für:

- *Anwesenheit* (engl.: *here*): Wirkliche Präsenz ohne Ablenkungen oder Störungen, z. B. durch das Handy. Dazu gehört auch physische Anwesenheit, wenn es darauf ankommt, emotionale Sicherheit zu vermitteln.
- *Ausgedrückte Freude* (engl.: *expressed delight*): Die Einzigartigkeit der anderen Person aktiv feiern und explizit loben. Erfolge können konkret benannt und vor anderen hervorgehoben werden, um Wertschätzung zu zeigen.
- *Einstimmen auf die andere Person* (engl.: *attunement*): Die Bereitschaft, die andere Person wirklich zu sehen und zu verstehen. Dies schließt auch körperliches Mitschwingen ein, etwa beim gemeinsamen Tanzen, Atmen oder Spazierengehen.
- *Rituale und Routinen* (engl.: *rituals and routines!*): Gemeinsame Rituale und wiederkehrende Routinen schaffen Vertrautheit und Sicherheit. Das können kleine Gesten wie morgendliche Nachrichten, regelmäßige Telefonate oder gemeinsame Rituale zum Feiern von Geburtstagen, Erfolgen und besonderen Anlässen sein. Auch individuelle Kosenamen oder *heilige Orte* zählen dazu – Dinge, die nur das Paar miteinander teilt.
- *Zuwendung nach Konflikten* (engl.: *turning toward after conflict*): Nach einem Konflikt wieder aufeinander zuzugehen und Versöhnung aktiv zu gestalten.
- *Sichere Bindung mit sich selbst* (engl.: *secure attachment with self*): Wer eine sichere Bindung mit sich selbst hat, kann auch stabilere Beziehungen eingehen. Das bedeutet, sich seiner selbst bewusst zu sein und auch unabhängig von Beziehung Sicherheit in sich selbst zu finden.

13.6 Selbstliebe als Anker in Mehrpersonenbeziehungen

Polyamore Beziehungen laden dazu ein, Vielfalt zuzulassen, ohne sich für eine einzige Wahrheit entscheiden zu müssen. Wer polyamor lebt, bleibt beweglich: emotional, relational, biografisch. Diese *Beweglichkeit* zeigt sich auch in der Haltung zu sich selbst. Statt starren Vorstellungen von Beziehung und Glück zu folgen, können wir uns immer wieder fragen: *Was brauche ich jetzt?*

Die Therapeutin Kauppi (2021) schlägt dazu hilfreiche Reflexionsfragen vor:

- Ist es gut genug für heute? Möchte ich genau jetzt die Beziehung verlassen? Falls nein:
- Was könnte mir jetzt guttun oder Freude bereiten?
- Wie kann ich gut für mich sorgen?
- Wie kann ich meine Gedankenkette unterbrechen? Worauf könnte ich meine Aufmerksamkeit lenken?
- Gibt es etwas, das ich jetzt oder in naher Zukunft tun kann, um mich mit der Situation besser zu fühlen?
- Was würde mein Leben reicher, sicherer oder erfüllter machen?

Solche Fragen eröffnen den Zugang zu tieferliegenden Anteilen in unseren Beziehungsdynamiken. Sie helfen, Unsicherheiten, Ängste und automatische Reaktionen wie Rückzug, Kontrolle oder Idealisierung zu erkennen. Wer sich darauf einlässt, begegnet eigenen Lebensthemen wie

Verletzlichkeit, Abhängigkeit, Kompromissen, Verlust, Alter, Sterben oder Bedeutungsverlust, also existenziellen Herausforderungen, mit denen wir alle konfrontiert sind. Dazu gehört auch die Erkenntnis, dass vollkommenes Glück in einer unvollkommenen Welt nie dauerhaft erreichbar ist – egal welche Beziehungsform ich wähle. Sehnsucht, Ambivalenz, Fernweh, Bedauern und Desillusionierung gehören zur Vielschichtigkeit des Lebens. Mascha Kaléko (2015, S. 105)[1] verleiht dieser Wahrheit in ihrem Gedicht *Kompliziertes Innenleben* einen schönen Ausdruck:

Hinter jedem Abschied steht ein Warten.
Wenn dein Schritt verhallt ist, sehn ich mich.
Wenn du kommst, ist jeder Tag ein Garten.
– Aber wenn du fort bist, lieb ich dich …

Manchmal seh ich auf zu Sternmillionen.
Ob das Glück stets hinter Wolken liegt?
Ach, ich möchte in den Nächten wohnen,
wo kein ‚morgen' um die Ecke biegt.

Kommst du, sehn ich mich nach tausend Dingen,
Wächst der Abgrund zwischen dir und mir,
Spür ich altes Fernweh in mir klingen.
– Aber wenn du fort bist, gilt es dir.

Unser Schicksal lauert hinter Bergen.
Schönes Jenseits, das wir nicht verstehn.
Unsre Großen gleichen noch den Zwergen,
Und nichts bleibt uns als emporzusehn.

Gibt es Träume, die noch nicht zerrissen,
Gibt's ein Glück, das hielt, was es versprach?
Ach, wir Dummen werden's niemals wissen.
Und die Klugen forschen nicht danach...

Das kann melancholisch stimmen, aber gleichzeitig den Fokus auf das Hier und Jetzt richten, anstatt von einer idealen Zukunft zu träumen. Es kann dankbar machen, für die schönen Momente und die wichtigen Begegnungen, die mir im Leben geschenkt werden. Und es kann mir zeigen, dass ich weder in einer romantisch und sexuell exklusiven noch in einer offenen Beziehungsform von meinen Beziehungspersonen *alles* erwarten kann.

Jede Liebe ist anders, hat ihre eigenen Stärken und Grenzen. Viele Menschen sehen in ihren Beziehungspersonen die wichtigste Quelle für Zuwendung, Freude, Liebe, Mut, Emotionsregulation und Bestätigung. Doch Liebe ist, wie Ben-Ze'ev und Goussinsky (2008) betonen, begrenzt durch den Kontext, in dem wir leben, durch soziale Normen, knappe Ressourcen und unsere eigene psychologische Struktur. Wer liebt, braucht deshalb auch ein Bewusstsein dafür, wo Liebe ihre Grenzen hat. In diesem Verständnis wird Selbstliebe zu keiner leeren Floskel, sondern zu einer existenziellen Fähigkeit, um im Beziehungsgeflecht zu navigieren.

In polyamoren Beziehungen gilt dies besonders: Wer mehrere Menschen liebt, muss zwischen den Bedürfnissen mehrerer Beziehungspersonen und den eigenen Bedürfnissen abwägen. Das erfordert ein hohes Maß an emotionaler Autonomie. Polyamor lebende Menschen brauchen dafür spezifische Kompetenzen: *Eigenständigkeit* im Kontakt mit Beziehungspersonen, Klarheit über die eigenen Bedürfnisse, das Reflektieren und Kommunizieren von Grenzen. Diese Fähigkeiten sind nicht nur für Polyamorie relevant, sondern auch Teil des Erwachsenwerdens. Sie können durch bewusstes Verhalten eingeübt werden. Fern und Cooley (2023) beschreiben in ihrem Buch *Polywise* Fähigkeiten für gelingende polyamore Beziehungen, die hier leicht modifiziert wiedergegeben werden:

- *Kenne Deine eigene Wahrheit: Gedanken, Gefühle, Werte und Meinungen.*
- *Teile sie respektvoll und ohne Angriffe.*
- *Akzeptiere, dass andere ihre eigene Wahrheit haben können.*
- *Übernimm Verantwortung für Deine Wünsche, Gedanken, Handlungen und Entscheidungen, und erwarte dasselbe von anderen.*
- *Stehe zu den Auswirkungen Deiner Handlungen und erwarte gegenseitige Verantwortlichkeit.*
- *Benenne und wahre Deine Grenzen.*
- *Sei empathisch, höre zu und biete Unterstützung an und lass anderen Raum, ihre eigenen Probleme zu lösen.*
- *Achte auf dein Wohlbefinden und ermutige andere, das Gleiche zu tun.*

Damit Selbstliebe und emotionale Autonomie nicht nur schöne Schlagworte bleiben, sondern im Alltag spürbar werden, braucht es konkrete, umsetzbare Schritte. Das folgende Praxistool zeigt drei einfache, aber wirkungsvolle Übungen, die dabei helfen, sich mit der eigenen inneren Kraft zu verbinden und sich selbst als verlässliche Quelle von Stabilität zu erleben.

Praxistool

Kraftquelle in Dir selbst

Gerade in Mehrpersonenbeziehungen, in denen unterschiedliche Dynamiken, Bedürfnisse und Unsicherheiten gleichzeitig wirken, kann es entlastend sein, sich selbst immer wieder als Anker zu erleben.

Die folgenden drei Übungen helfen, in Momenten von Überforderung oder innerer Unruhe den Kontakt zu sich selbst zu stärken und innere Stabilität aufzubauen (Fern, 2023; Fern & Cooley, 2023).

Zu mir selbst zurückkommen (engl.: *calling myself back*)

Hilft besonders, wenn Du nach einem intensiven Gespräch, Date oder Konflikt innerlich noch *woanders* bist und gedanklich an der Situation hängst: Stell Dir vor, Du bist ein Magnet, der alle verstreuten Anteile Deiner Aufmerksamkeit zu sich zurückholt. Spüre, wie Du dadurch vollständiger, ruhiger und im Hier und Jetzt präsenter wirst.

Den inneren Raum freimachen (engl.: *everything out of the room*)

Hilft besonders, wenn Du das Gefühl hast, von zu vielen Themen, Emotionen oder Personen gleichzeitig beansprucht zu werden: Stell Dir vor, alle diese Dinge sind gerade mit Dir im Raum – und schicke sie innerlich hinaus. Zurück bleibst nur Du. Frage Dich dann: *Wenn all das nicht da wäre – was wäre meine eigene, unverstellte Wahrheit?* Nimm Dir Zeit, um die Antworten auftauchen zu lassen.

Innere Kraftquelle aktivieren (engl.: *becoming my own source*)

Hilft besonders, wenn Du Dich leer, unsicher oder entmutigt fühlst: Erinnere Dich an eine Situation, in der Du Glück, Zuversicht oder Ruhe gespürt hast. Lass die Erinnerung lebendig werden, spüre das Gefühl in Deinem Körper und verankere es bewusst. So erkennst Du: Diese Kraft ist schon in Dir – Du kannst sie jederzeit aktivieren.

Diese Übungen und Hinweise zeigen, dass es in der Polyamorie nicht darum geht – wie Außenstehende manchmal annehmen –, in einer großen Gemeinschaft alles gemeinsam zu entscheiden oder sich völlig von anderen abhängig zu machen. Im Gegenteil! Menschen in Mehrpersonenbeziehungen verfügen oft über ein hohes Maß an emotionaler Autonomie. Sie bewahren ihre Eigenständigkeit, ohne die Bedürfnisse ihrer Beziehungspersonen aus dem Blick zu verlieren, oder entwickeln diese Fähigkeit mit der Zeit.

Sich selbst zur Quelle zu werden, ist ein Weg, der nicht immer leicht ist, aber zu nachhaltigem Wachstum führt. Es bedeutet, die eigenen Bedürfnisse klar zu erkennen, Verantwortung für sie zu übernehmen und sie eigenständig zu erfüllen. Selbstfürsorge spielt dabei eine Schlüsselrolle: Grenzen bewusst setzen, Räume für sich selbst schaffen und regelmäßig die eigenen Gedanken und Gefühle in einer milden, liebevollen, vielleicht sogar verzeihenden Haltung reflektieren. Anfangs mag dies ungewohnt und herausfordernd sein, doch mit der Zeit entsteht eine innere Stärke und Gelassenheit, die unabhängig von äußeren Umständen trägt. Das Buch *Becoming the One* von Sheleana Aiyana (2022) bietet wertvolle Impulse für diesen heilsamen Prozess.

Und was ist mit den romantischen Märchenfantasien vom perfekten Gegenüber, das irgendwo auf uns wartet? Sich davon zu verabschieden, fällt oft schwer. Die Entscheidung für Polyamorie kann immer wieder Traurigkeit auslösen: *Poly-Traurigkeit.* Jede Wahl für etwas bedeutet auch den Verzicht auf etwas anderes. Neben den in Kap. 7 erwähnten möglichen Verlusten, etwa an Exklusivität, kann auch der Verlust von Offenheit gegenüber Familie oder Freunden dazugehören. Es ist wichtig, diese Verluste anzuerkennen und zu betrauern. Wer seine Liebe öffnet, gewinnt oft viel und verliert manchmal ebenso. Hinzu kommt, dass einvernehmliche Mehrpersonenbeziehungen oft noch verborgen bleiben müssen, um Diskriminierung zu vermeiden. Werden diese Gefühle jedoch mit Selbstmitgefühl zugelassen und mit anderen besprochen, statt sie zu unterdrücken, können sie verschmerzt und verarbeitet werden.

Einer der größten Gewinne für jede Beziehung auf Augenhöhe ist es, sich selbst zur Quelle zu machen. Es kann zutiefst erfüllend sein, die eigene *Einzigartigkeit* zu entdecken und ein tieferes Verständnis für sich selbst zu entwickeln. Mit dieser inneren Quelle wird es möglich, unabhängig von äußeren Umständen Liebe zu geben und zu empfangen. Manche erleben diese Quelle als eine spirituelle oder transzendente Verbindung zu Gott oder einem höheren Selbst. Manche sehen sich ihrem wahren Kern näher kommen. Schritt für Schritt wird man zur eigenen Heldin oder zum eigenen Helden, kann sich selbst tragen und beschützen, entfaltet sein innerstes Wesen. Diese Fähigkeit beinhaltet *Transzendenz*, denn sie geht über Egoismus hinaus und richtet sich auch auf andere und eine Welt, die einzigartige und zugleich verbundene Individuen braucht.

14

Chancen vielfältiger Liebe

Die Möglichkeit, bestehende Narrative zu verändern, eröffnet neue Freiheiten: Als Kollektiv können wir unsere Wirklichkeit aktiv neugestalten. Als Doppelwesen aus Natur und Kultur nehmen Menschen die physische Welt nicht nur wahr – sie deuten sie. Diese Deutungen prägen unser Fühlen und Handeln tief: Sie können entmutigen oder Hoffnung wecken. Besonders Narrative und Symbole über die Liebe greifen weit ins menschliche Erleben ein. Werden sie verändert, entstehen neue Türen und Entwicklungsmöglichkeiten – gerade für Menschen, die der alten Liebes- und Geschlechterordnung weniger abgewinnen können. In Gesellschaften wie der deutschen gibt es heute zumindest in gewissem Maße auch für Individuen die Freiheit, mit verschiedenen Beziehungs- und Lebensmodellen zu experimentieren. Wer beginnt, Polyamorie im Alltag zu leben, macht oft die Erfahrung: Die gängigen Vorstellungen von Liebe sind nicht starr – sie lassen sich wandeln.

S. Bröning, A. Mazziotta, *Vielfältige Liebe - Polyamorie gestalten*,
https://doi.org/10.1007/978-3-658-48372-2_14

14.1 Wachstum durch vielfältige Beziehungen

C. G. Jung, der Begründer der analytischen Psychologie – selbst zeitweise in mehreren Parallelbeziehungen lebend (vgl. Bair, 2005) – schrieb 1961 an Bill Wilson, den Mitbegründer der Anonymen Alkoholiker, dass es ein *machtvolles Symbol* brauche, um eine tiefgreifende Wandlung bei einer Person mit Alkoholabhängigkeit zu ermöglichen (Stein & Denzel, 2009). Ähnlich kann auch ein Bild von Liebe eine solche Wandlung anstoßen. Gründe, aus der alten Liebes- und Geschlechterordnung auszubrechen, sind vielfältig: persönliche oder biografische Erfahrungen, die uns zeigen, dass diese Ordnungen nicht mehr passen; gesellschaftliche Motive, wie das Durchbrechen von Besitz- und Herrschaftsstrukturen oder der Wunsch, Solidarität, Gemeinsinn und Inklusivität zu leben. Vielleicht führt die Suche nach Liebe dann weniger zu einem festen Beziehungsmodell als zu dem, was der Philosoph François Jullien (2020) die große Liebe nennt: *L'amour mit großem A* – eine Liebe, die sich nicht nur auf einen Menschen richtet, sondern auch auf Gemeinschaft, die Welt, uns selbst, oder ein höheres, transzendentes Ziel. Manchmal ist es auch die Erfahrung von und das Wissen um Vergänglichkeit, etwa durch Krankheit oder den Verlust nahestehender Menschen, die den Wunsch weckt, ungelebten Anteilen in sich nachzuspüren: Was *will noch gelebt werden?* Eine vielfältigere Liebe kann so zur Möglichkeit werden, bisherige Grenzen zu überschreiten und neue Dimensionen des Lebens zu entdecken.

Die Liebe in ihrer Fülle zu erkunden, ist kein geradliniger Weg, sondern ein fortwährendes Abenteuer. Es geht nicht um das perfekte Ankommen, sondern um einen lebendigen, stimmigen Prozess – in Beziehung zu sich selbst, zu anderen und zur Welt. Die Poetin Dawna Markova beschreibt diese Haltung als gelebte Offenheit:

> *Ich werde kein ungelebtes Leben sterben.*
> *Ich werde nicht in Angst leben vorm Fallen oder Feuer fangen.*
> *Ich wähle, meine Tage zu bewohnen,*
> *und erlaube meiner Lebensweise, mich zu öffnen, um mich weniger ängstlich sein zu lassen, zugänglicher,*
> *um mein Herz zu lösen,*
> *bis es ein Flügel wird,*
> *eine Fackel, ein Versprechen.*
> *Ich wähle, meine Wichtigkeit zu riskieren;*
> *so zu leben, dass das, was zu mir als Same kommt, als Blüte zum Nächsten geht,*
> *und das, was zu mir als Blüte kommt, weiter geht, als eine Frucht.*[1]

14.2 Familie und Gemeinschaft neu denken

Ein wesentlicher Aspekt polyamorer Lebensweisen ist für viele das Gefühl von Familie – verstanden als stabile, sinnstiftende und von *Fürsorge* geprägte Gemeinschaft. Viele Menschen sehnen sich nach einem solchen Zuhause. Doch nicht immer kann die Herkunftsfamilie diese Bedürfnisse erfüllen. So erleben beispielsweise queere Menschen nicht selten Zurückweisung oder gar Brüche in der Beziehung zu ihrer biologischen Familie. Aber auch unabhängig von sexueller Orientierung oder geschlechtlicher Identität spüren manche, dass das familiäre System, in das sie hineingeboren wurden, ihren Bedürfnissen nicht gerecht wird. Ein tiefes

---

[1] Erstveröffentlichung des Originalgedichts in O, The Oprah Magazine (September 2006). Eigene Übersetzung mit freundlicher Genehmigung des Rechteinhabers Mango Publishing.

Gefühl von *Zugehörigkeit* (engl.: *belonging*) entsteht nicht allein durch Blutsverwandtschaft, sondern durch die Qualität von Beziehungen, durch Vertrauen, Fürsorge und gegenseitiges Verständnis. In queeren Kontexten wird daher oft zwischen der *biologischen Familie* und der *Wahlfamilie* unterschieden: der Familie, in die man hineingeboren wurde, und jener, die man sich bewusst aufbaut. Solche Wahlverwandtschaften können ein Gefühl von *Zuhause* schaffen – ob mit oder ohne Kinder. Auch manche polyamore Konstellationen bieten genau das: gemeinschaftliches Leben, geteilte Verantwortung, emotionale Stabilität.

Die Autorin Teresa Bücker beschreibt im Sammelband *Unlearn Patriarchy* (2022, S. 138–139) ein verwandtes Modell: Den *Matri-Clan,* entwickelt von der Matriarchatsforscherin Heide Göttner-Abendroth. Diese wahlverwandten Familien bestehen aus mehreren Frauen, die sich zusammenschließen, um Isolation und Überforderung in der Kleinfamilie zu überwinden. Die gemeinsam getragene Care-Arbeit entlastet Mütter, schafft Freiräume für Selbstverwirklichung und ermöglicht Kindern ein stabiles, liebevolles Umfeld. Auch Frauen ohne eigene Kinder finden darin Platz, etwa als symbolische Bezugspersonen wie Tanten oder Großmütter. Sexuelle Beziehungen finden außerhalb des Clans statt; dadurch bleibt die Gemeinschaft emotional relativ stabil und langfristig angelegt.

Ein reales Beispiel für alternative Familienmodelle findet sich bei den *Mosuo,* einer matrilinearen Ethnie im Südwesten Chinas mit etwa 40.000 Angehörigen. Ihre Beziehungs- und Familienstrukturen unterscheiden sich wesentlich vom westlichen Ideal:

- Partnerschaften sind nicht vertraglich gebunden. Für sexuelle Begegnungen besucht ein von der Frau eingeladener Mann sie nachts; tagsüber lebt er weiterhin in seinem Herkunftshaushalt.

- Frauen bleiben im Haus ihrer Mütter, erben Eigentum und geben es an ihre Töchter weiter.
- Liebesbeziehungen und Elternschaft sind voneinander entkoppelt. Viele Menschen wissen nicht sicher, wer ihr biologischer Vater ist, ohne dass dies als Defizit empfunden wird.
- Männer übernehmen Fürsorge für die Kinder ihrer Schwestern und erfüllen dadurch zentrale Funktionen innerhalb ihrer Herkunftsfamilie.
- Mehrere sexuelle Beziehungen gleichzeitig sind gesellschaftlich akzeptiert, unabhängig vom Geschlecht.

Was wäre, wenn auch hierzulande solche Wahlfamilien gesellschaftlich sichtbarer und rechtlich anerkannt würden? Tatsächlich leben schon heute viele Menschen in vergleichbaren Konstellationen: in Wahlverwandtschaften, polyamoren Netzwerken oder gemeinschaftlichen Wohnformen, in denen Fürsorge, Verantwortung und emotionale Nähe geteilt werden. Zentral ist, dass alle, unabhängig von Geschlecht oder Elternschaft, Zugang zur Rolle der Bezugsperson für Kinder haben können, wenn sie das möchten. Care-Arbeit ist dabei keine bloße Verpflichtung. Sie kann eine zutiefst erfüllende Praxis sein: eine Quelle von Sinn, Nähe, Solidarität und Selbstwirksamkeit.

14.3 Starre Normen hinterfragen

Gesellschaftliche Strukturen zu verändern, ist und bleibt ein wichtiges Ziel vieler Menschen in der Polyamorie. Soziale Normen wirken oft fest und unverrückbar – und doch verändern sie sich ständig. Die Einführung der *Ehe für alle* in Deutschland 2017 zeigt, wie sich eine tief verankerte Vorstellung – dass Ehe ausschließlich heterosexuellen Paaren vorbehalten ist – in kurzer Zeit verändern kann. Die Gesetzesänderung brachte nicht nur eine rechtliche Gleichstellung in Bereichen wie Erb-, Steuer- und Adoptionsrecht, sondern auch eine symbolische Anerkennung von Vielfalt in der Liebe. Noch in den 2000er-Jahren stand die Mehrheit der Bevölkerung einer Definitionserweiterung der Ehe skeptisch gegenüber (Mazziotta et al., 2015a). Doch wachsende Sichtbarkeit queerer Menschen, erste rechtliche Schritte wie die eingetragene Lebenspartnerschaft und zunehmende mediale Repräsentation veränderten Einstellungen. Sobald eine kritische Masse – oft etwa 25 % der Bevölkerung – eine neue Norm unterstützt, kann die öffentliche Meinung kippen (Centola et al., 2018). So wuchs auch hier die gesellschaftliche Akzeptanz, der politische Druck stieg und nach der Gesetzesänderung nahm die Zustimmung weiter zu, weil sich die neue Realität etablierte. In ähnlicher Weise könnten sich zukünftig auch die Bedingungen für alternative Beziehungsmodelle verändern. Schon heute taucht Polyamorie in gesellschaftlichen Debatten auf, der Begriff wird bekannter und immer mehr Menschen interessieren sich für die Vielfalt neuer Lebensformen.

Normwandel vollzieht sich dabei stets auf mehreren Ebenen (Gelfand et al., 2024) – und der Widerstand dagegen ebenso: Auf *individueller Ebene (Mikroebene)* hinterfragen Menschen gesellschaftliche Erwartungen und wählen andere Beziehungsformen. Doch einzelne Entscheidungen reichen nicht aus, um Normen dauerhaft zu verändern. Erst wenn sich neue Einstellungen in *sozialen Netzwerken und Gemeinschaften (Mesoebene)* verbreiten, beginnt gesellschaftlicher Wandel. Freundes- und Bekanntenkreise spielen hier eine entscheidende Rolle: Wer Menschen kennt, die alternative Beziehungsmodelle leben, hat positivere Einstellungen gegenüber Polyamorie und ist eher bereit, sich damit auseinanderzusetzen (Mazziotta et al., 2011; Mazziotta et al., 2015b).

Soziale Medien beschleunigen diesen Prozess, indem sie neue Beziehungsformen sichtbar machen und in den öffentlichen Diskurs einbringen (Hammack & Manago, 2025) – oft mit größerer Reichweite als klassische Medien. Influencer*innen, Aktivist*innen oder virale Beiträge können etablierte Vorstellungen von Liebe und Partnerschaft herausfordern und zugleich alternative Modelle bekannter machen. Bewegungen wie #MeToo haben gezeigt, wie schnell Normen durch digitale Netzwerke ins Wanken geraten können. Plattformen wie Instagram, TikTok oder YouTube tragen dazu bei, einvernehmliche Mehrpersonenbeziehungen bekannter zu machen und Vorurteile abzubauen. Dabei geht es nicht darum, dass die Mehrheit diese Lebensweisen übernimmt – oft genügt es, wenn sie nicht mehr als Bedrohung empfunden werden. Sobald die gesellschaftliche Haltung lautet: *Andere dürfen legitim anders leben,* verschiebt sich der normative Rahmen. Normen müssen nicht verschwinden – sie müssen lernen, nebeneinander zu bestehen.

Auch die wachsende Präsenz in Serien, Filmen und Printmedien verstärkt diesen Effekt: Sie macht Mehrpersonenbeziehungen nicht nur denkbar, sondern zeigt sie als legitime, gelebte Realität. Produktionen wie die SWR-Serie *30 Tage Lust* (2024) oder der Spielfilm *Heute oder morgen* (2019) erzählen polyamore oder offene Beziehungen aus einer deutschsprachigen Lebenswelt – nahbar, ambivalent und jenseits gängiger Klischees. Auch internationale Serien wie *You Me Her* (2016–2020) oder *Trigonometry* (2020) präsentieren alternative Beziehungsmodelle als Teil pluraler Beziehungskulturen, nicht als exotische Ausnahme. Auf diese Weise werden offene Lebensweisen Schritt für Schritt vorstellbar, emotional nachvollziehbar und gesellschaftlich zunehmend normalisiert.

Auf *struktureller Ebene (Makroebene)* schließlich verändern sich Gesetze, Institutionen und politische Rahmenbedingungen. Dabei darf nicht übersehen werden: Sozialer Wandel ist kein linearer Fortschrittsprozess. Entwicklungen verlaufen selten stetig in Richtung größerer Toleranz, sondern bewegen sich in Wellen, geprägt von Aushandlungen, Rückschritten und Gegenbewegungen. Reformen führen zu Gegenreformen, Sichtbarmachung zu neuen Formen der Unsichtbarkeit.

14.4 Gleichberechtigung in Beziehungen fördern

Errungenschaften der Frauen- und queeren Bewegungen – etwa die Abschaffung des § 219a, die Ratifizierung der Istanbul-Konvention zur Bekämpfung von Gewalt gegen Frauen und häusliche Gewalt oder die Einführung der Ehe für alle – sind keine Selbstläufer. Sie können jederzeit zurückgedreht werden. Unter der Regierung Donald Trumps kam es in den USA zu einem gezielten *Diversity-Rollback:* Schutzräume für Frauen, People of Color und queere Menschen wurden abgebaut. In Italien zeigt sich unter der Regierung Giorgia Meloni ein drastisches Beispiel dieser Dynamik: In mehreren Städten wurden queeren Eltern – vor allem lesbischen Müttern – die Elternrechte rückwirkend aberkannt. Ein massiver Eingriff in bestehende Familienstrukturen, der verdeutlicht, wie politische Macht Anerkennung gewähren oder entziehen kann. Parallel dazu werden sexualpädagogische Angebote unter dem Schlagwort *Frühsexualisierung* diffamiert – ein klassisches Element rechter Diskursstrategien, das auch in Deutschland aufgegriffen wird. Auch gewinnen Online-Subkulturen wie die *Incels,* die offen Misogynie und Antifeminismus propagieren, an Einfluss (Hammack & Manago, 2025). Essenzialistische Rückbesinnungen auf traditionelle Rollenbilder von Männlichkeit und Weiblichkeit werden gesellschaftlich und politisch wieder salonfähig gemacht – etwa durch Kampagnen für *natürliche Familien* oder durch die Stärkung binärer Geschlechternormen in Gesetzgebung und Bildungsdiskursen. Diese Entwicklungen zeigen: Fortschritt ist nicht selbstverständlich – er muss verteidigt, gestaltet und immer wieder neu legitimiert werden.

Um belastende Machtstrukturen alter Liebes- und Geschlechterordnungen aufzubrechen, braucht es andere Formen des Liebens, Lebens und Füreinandersorgens. Alternative Beziehungs- und Familienmodelle können dabei hilfreich sein – ebenso wie ein Kulturwandel, der *Verletzlichkeit, Fürsorge* und *Eigenverantwortung* für alle Geschlechter zugänglich macht. Es geht um *Augenhöhe* und *Eigenständigkeit,* aber auch um *Zugehörigkeit* und *gegenseitige Rücksichtnahme.* Menschen sollen unabhängig von Geschlecht oder Herkunft Beziehungen gestalten dürfen, die zu ihnen passen – in Liebe, Leidenschaft, Bindung und Familie. Das verlangt, bestehende Rollenbilder und starre Liebesskripte loszulassen. Vielfalt in unseren Beziehungsoptionen ist deshalb nicht nur eine private Entscheidung, sondern ein Beitrag zu einer gerechteren und lebensfreundlicheren Gesellschaft.

Doch Vielfalt braucht einen rechtlichen Rahmen. Gesetze spiegeln gesellschaftlichen Wandel nicht nur wider – sie gestalten ihn aktiv mit. Beziehungsmodelle, in denen Menschen füreinander sorgen, Verantwortung übernehmen und stabile Bindungen leben, verdienen Schutz, egal wie sie strukturiert sind. Heute können in Deutschland maximal zwei Erwachsene als Eltern anerkannt werden, auch wenn real oft mehr Menschen Verantwortung tragen. Diese Diskrepanz benachteiligt Wahlfamilien, polyamore Netzwerke oder Mehr-Eltern-Konstellationen. Reformen im Familien- und Erbrecht – etwa die Anerkennung von Mehr-Elternschaften oder nicht-monogamen Partnerschaften – könnten hier Gerechtigkeit schaffen.

Andere Länder sind bereits weiter: In Kanada und einzelnen US-Bundesstaaten existieren bereits Modelle, die Mehr-Elternschaften anerkennen. Sie zeigen, dass sich normative Vorstellungen von Familie verändern lassen. Solche Beispiele machen Mut. Gleichzeitig bleibt klar: Gesellschaftlicher Fortschritt ist kein Selbstläufer. Er braucht politische Entschlossenheit, gesellschaftliche Solidarität – und das konsequente Beharren auf der Gleichwertigkeit vielfältiger Lebensformen. Auch wenn Polyamorie und offene Beziehungen derzeit noch als Nischenphänomene gelten, wächst ihre Sichtbarkeit. Menschen, die alternative Beziehungsformen offen leben, tragen dazu bei, gesellschaftliche Normen zu verschieben – erst leise, dann mit zunehmender Dynamik.

14.5 Gesellschaftlichen Wandel mitgestalten

Wer alternative Liebesformen lebt, spürt bald: Die gängigen Deutungen von Liebe sind nicht gottgegeben. In der Beratung erleben wir oft, wie persönliche Konflikte – etwa um Eifersucht oder Rollenverteilungen – in einem neuen Licht erscheinen, wenn sie als Teil größerer gesellschaftlicher Muster verstanden werden. Ein solches *Re-Framing* kann entlasten und empowern: Eifersucht wird dann nicht mehr als individuelles Versagen verstanden, sondern als ein erlerntes, veränderbares Gefühl – vielleicht sogar als Lernchance. Doch neue Narrative entstehen nicht zufällig. Sie brauchen Reflexion, Mut und Resonanz. Wir suchen unbewusst nach Geschichten, die zu uns und unserem sozialen Kontext passen – und glauben leichter jenen, die uns vertraut sind. Narrative deuten nicht nur Wirklichkeit, sie erschaffen sie auch. Sie wirken wie *selbsterfüllende Prophezeiungen.* Deshalb ringen Gesellschaften seit jeher um Deutungshoheit: Regierungen, Konzerne, Bewegungen – alle versuchen, kulturelle Skripte zu prägen.

Geschichten waren schon immer Machtinstrumente – gestern wie heute. Ein historisches Beispiel ist das *Mutterverdienstkreuz* im Nationalsozialismus, das Frauen auf ein ideologisiertes Mutterbild reduzierte. Heute toben andere Kämpfe um Narrative: Debatten um gendergerechte Sprache, Vorwürfe eines angeblichen *Woke-Moralismus,* Aufregung um *Frühsexualisierung.* Begriffe wie *Klimawandel* oder *Klimakrise* zeigen, wie stark Worte unser Denken formen – und wie politisch Sprachwahl ist.

Niemand kontrolliert Erzählungen vollständig. Sie entstehen kollektiv, verändern sich mit der Zeit. Jede Generation schreibt an der *großen Geschichte* weiter – mit neuen Wörtern, neuen Werten, neuen Visionen. Im 21. Jahrhundert haben soziale Medien diesen Prozess beschleunigt und demokratisiert: Heute kann jede Person Informationen verbreiten, Erfahrungen teilen und Narrative mitgestalten – etwas, das früher nur wenigen Expert*innen, Institutionen wie Kirchen, politischen Eliten oder großen Medien vorbehalten war (Hammack & Manago, 2025). Das eröffnet neue Räume für Sichtbarkeit und Selbstdefinition – etwa, wenn Communities Begriffe wie Polyamorie oder ethische Nicht-Monogamie verbreiten, verteidigen oder kritisch umdeuten. Sprache und Narrative sind kein starres Regelwerk, sondern ein lebendiges Aushandeln darüber, wie wir Beziehungen, Identität und Gesellschaft verstehen wollen.

Nicht jede Vision wird sofort Wirklichkeit. Gesellschaftlicher Wandel ist langsam. Neue Narrative stoßen auf Widerstand, gerade wenn sie dominante Vorstellungen herausfordern. Aber der Wandel hat längst begonnen. Die wachsende Sichtbarkeit alternativer Lebensformen, die Vielfalt medialer Repräsentationen und das zunehmende Interesse an offenen Beziehungsmodellen zeigen: *Unsere Vorstellung von Liebe ist in Bewegung.*

Wer dieses Buch liest, kann selbst Teil dieses Wandels werden – durch Gespräche im eigenen Umfeld, durch Reflexion, durch Offenheit. Vielleicht mit Fragen wie diesen: *Warum an überkommenen Vorstellungen festhalten? Wie lange soll Aschenputtel noch auf den Prinzen warten? Müssen wir ewig Sklav*innen des romantischen Ideals bleiben – mit Monogamie, Verschmelzung und Besitzdenken als unhinterfragten Wahrheiten? Was wäre, wenn Treue für uns nicht länger durch sexuelle Exklusivität bewiesen wäre, sondern durch Verlässlichkeit und emotionale Fürsorge? Wenn Eifersucht nicht tabuisiert, sondern besprechbar würde – vielleicht sogar Thema in Selbsthilfegruppen? Was, wenn wir Beziehung nicht mehr als Besitz, sondern als geteilte Verantwortung denken würden?*

Es liegt an uns, welche Geschichten wir glauben, erzählen, schreiben und weitergeben. Kultur entsteht nicht durch Vorgaben, sondern durch Gespräche und gelebte Praxis. Sie ist kein starres Gebilde, sondern ein lebendiger Prozess, den Menschen im Alltag hervorbringen – in Symbolen, Routinen und im Aushandeln von Bedeutungen, aber auch durch die Bereitschaft, neue Wege nicht nur zu denken, sondern gemeinsam zu gehen. Besonders sichtbar wird das in Beziehungen: Wenn Paare oder Netzwerke eigene Rituale erfinden, Grenzen aushandeln, scheitern und neu beginnen. Kultur entsteht nicht im Lehrbuch, sondern am Küchentisch, auf der Gartenparty, im Communitytreffen – überall dort, wo Menschen versuchen, ihr Lieben und Leben mit Sinn zu füllen.

Vielfältige Beziehungskonzepte laden dazu ein, eingefahrene Muster zu hinterfragen. Sie ermutigen zu mehr Komplexität, Flexibilität und Authentizität. So entstehen anstelle starrer Skripte neue Wege für die Liebe im Zeitalter der Lebendigkeit (Pelluchon, 2023) – Wege, die wir selbst gestalten dürfen. Sie sind geprägt von einer Haltung, die Vielfalt nicht nur toleriert, sondern feiert – oder zumindest sagt: Es ist in Ordnung, wenn andere anders lieben, und ich unterstütze sie darin.

Die romantische Exklusiverzählung muss dabei nicht verschwinden – sie kann durch andere ergänzt werden. Dieses Buch hat viele Seiten der Polyamorie beleuchtet: Chancen, aber auch Herausforderungen. Manche Lesende werden sich auch angesichts dieser Herausforderungen nicht der Polyamorie zuwenden, sondern weiterhin lieber in romantisch und sexuell exklusiven Beziehungsmodellen leben. Doch auch sie können am gesellschaftlichen Wandel mitwirken. Ein Gedanke aus der systemischen Arbeit mit Entscheidungssituationen lautet: Statt einer binären *Schwarz-weiß-Sicht* auf Entscheidungen – in diesem Fall: Beziehung öffnen oder nicht? –, könnte man auch Vorteile, Vorzüge und Ressourcen der einen Alternative in die andere einfließen lassen (Anālayo, 2022). Oder anders, etwas spiritueller formuliert: *Die Kraft des Nichtgewählten in das Gewählte einfließen lassen* (Varga von Kibéd & Sparrer, 2020). Vielleicht tut uns allen eine Prise Polyamorie gut: mehr Verletzlichkeit, Transparenz, Kommunikation – und Selbstliebe. Doch was bedeutet das ganz konkret? Wie könnte *mono-flexibel* aussehen? Welche Erfahrungen und Werkzeuge aus polyamoren Beziehungen lassen sich auch in andere Beziehungsformen übertragen? Der folgende Kasten gibt Impulse, die jede Partnerschaft bereichern können.

Praxistool

Impulse aus dem Liebeslabor: Was andere Beziehungsformen von der Polyamorie lernen können

In polyamoren Beziehungen entwickeln Menschen oft besondere Kompetenzen im Umgang mit Nähe und Distanz, Kommunikation, Selbstverantwortung und Veränderung. Diese Fähigkeiten sind nicht exklusiv – auch andere Beziehungsformen können davon profitieren. Hier einige Impulse zum Nachdenken und Ausprobieren:

- *Grenzen bewusst definieren:* Sprecht frühzeitig über äußere und innere Grenzen. Was bedeutet Nähe für Euch, was Distanz? Ist Fremdküssen okay? Wer möchte worüber informiert werden? Geht nicht davon aus, dass Ihr automatisch das Gleiche meint. Regeln entstehen im Dialog und im Konsens – und sollten regelmäßig überprüft werden. Das schafft Vertrauen und stärkt die Verbindung.
- *Treue neu denken:* Was genau meint Ihr mit Treue – sexuelle Exklusivität, emotionale Verlässlichkeit, radikale Ehrlichkeit? Fühlt sich ein offenes Gespräch über Verliebtheit *treuer* an als eine heimliche Affäre? Treue ist keine universelle Kategorie, sie entsteht durch gemeinsame Verständigung. Formuliert Eure eigene Definition.
- *Unterschiede wertschätzen:* Manche Menschen suchen Sicherheit, andere Freiheit. Polyamorie betont Entdeckungsfreude, sexuelle Exklusivität kann Geborgenheit geben. Beides ist legitim. Gute Beziehungen schaffen Raum für Verschiedenheit und fördern gegenseitiges Verständnis – statt Erwartungen zu normieren.
- *Mit starken Gefühlen umgehen lernen:* Eifersucht, Angst, Wut oder Unsicherheit gehören zum Menschsein. Unser Nervensystem reagiert auf Beziehungskonflikte oft wie auf echte Bedrohungen. Achtet auf Körperreaktionen und Gedankenmuster, atmet durch und fragt Euch: Was brauche ich gerade? Welches Bedürfnis wird nicht erfüllt? Diese Selbstwahrnehmung stärkt emotionale Resilienz.
- *Liebe als Prozess begreifen:* In polyamoren Beziehungen ist Veränderung normal. Auch in sexuell und romantisch exklusiven Verbindungen bleibt Liebe nicht immer gleich. Statt Stillstand anzustreben, fragt Euch regelmäßig: Was brauchen wir gerade? Was wünschen wir uns von-

einander? Beziehungen sind lebendig – sie dürfen sich wandeln.

- *Freude am Alleinsein finden:* Zeit für sich selbst ist keine Bedrohung für die Beziehung, sondern eine Bereicherung. Was macht Euch allein Freude? Was bringt Euch in den Flow? Selbstverbindung stärkt die Partnerschaft – und bringt neue Impulse mit.
- *Die besondere Alchemie gereifter Liebe schätzen:* Polyamorie unterscheidet zwischen *New Relationship Energy* – dem Rausch des Neuen – und *Existing Relationship Energy* – der Tiefe gewachsener Verbindungen. Auch in langjährigen Beziehungen lohnt es sich, Vertrautheit, Sicherheit und emotionale Nähe bewusst zu feiern. Verliebtheit in andere Personen muss nicht zwingend ausgelebt werden – vielleicht darf sie dennoch genossen und als schöner Kontrapunkt gespürt werden.
- *Freundschaften und Gemeinschaft als Ressource sehen:* Nicht alle Bedürfnisse müssen in einer einzigen Beziehung erfüllt werden. Freundschaften, Wahlfamilien und Communities bieten wichtige Ergänzungen. Wenn Ihr Eure Beziehungsperson auch als Verbündete*n, Gefährt*in oder enge Freund*in seht, fördert das Leichtigkeit, Vertrauen und gemeinsames Wachstum.
- *Verantwortung teilen:* Polyamore Beziehungen laden oft dazu ein, Aufgaben, Care-Arbeit und emotionale Verantwortung bewusst zu organisieren – statt sie stillschweigend einer Person zuzuschieben. Auch in anderen Beziehungsformen lohnt es sich, die *unsichtbare Arbeit* sichtbar zu machen und gemeinsam zu tragen. Was ist fair, was fühlt sich ausgewogen an? Offenheit und Aushandlung schaffen mehr Gleichgewicht.

Es geht nicht um die ferne Utopie einer polyamoren Zukunft, sondern um eine menschenfreundliche Gegenwart – in der wir Liebe vielfältig leben und bewusst gestalten.

Nachwort

Wir sind gespannt, wie dieses Buch aufgenommen wird. Mag es manchen zu philosophisch erscheinen, mit seinem Blick auf Werte, Ideale und Narrative? Wäre nicht ein reines *Doing Poly* genug gewesen? Der australische Dichter Les Murray nannte den nüchtern-analytischen Zugang zu Themen wie Geld, Status und Interessen einmal *Narrowspeak* – eine Sprache, die eng führt und begrenzt. Seine Poesie, etwa in *Learning Human* (2015), steht hingegen für *Wholespeak*: eine weite, umfassende Perspektive auf das Leben, die Transzendenz und Sinn nicht ausklammert.

Genau das wollten wir mit diesem Buch versuchen: in viele Facetten der Liebe einzutauchen. Kein bloßes Handbuch für Techniken oder Beziehungsmodelle, sondern ein Blick auf die großen Fragen: *Was suchen wir, wenn wir heute lieben?* Was heißt es, sich den Unwägbarkeiten, Widersprüchen und Tiefen der Liebe anzuvertrauen? Wie können wir ihr begegnen – nicht mit fertigen Antworten, sondern als Suchende auf einem Weg?

S. Bröning, A. Mazziotta, *Vielfältige Liebe - Polyamorie gestalten*, https://doi.org/10.1007/978-3-658-48372-2

Rainer Maria Rilke hat es 1903 in einem *Brief an einen jungen Dichter* so formuliert (eigene Hervorhebung):

> „Geduld zu haben gegen alles Ungelöste in Ihrem Herzen und *zu versuchen, die Fragen selbst liebzuhaben* wie verschlossene Stuben und wie Bücher, die in einer sehr fremden Sprache geschrieben sind. Forschen Sie jetzt nicht nach den Antworten, die Ihnen nicht gegeben werden können, weil Sie sie nicht leben könnten. Und es handelt sich darum, alles zu leben. *Leben Sie jetzt die Fragen.* Vielleicht leben Sie dann allmählich, ohne es zu merken, eines fernen Tages in die Antwort hinein."

Unsere Suche nach Liebe geschieht nie im luftleeren Raum. Sie ist immer eingebettet in eine bestimmte Zeit, Kultur und Gesellschaft. Was wir für möglich oder richtig halten, wird geprägt von Normen, Machtverhältnissen und Geschichten, die uns lehren, wie Liebe *sein soll.* Diese Prägungen zu erkennen, ist der erste Schritt, um eigene Wege zu gestalten – jenseits von Beliebigkeit, aber auch jenseits dogmatischer Vorgaben.

Jedes Leben ist ein kleines Liebeslabor. Neue Wege, Irrwege, zarte Versuche und wilde Experimente verweben sich zu einem Rauschen der Sinnerzeugung – oder, wie Michael Warner (2002) es beschreibt, zu *einer poetischen Weltgestaltung*. Polyamorie kann in diesem Sinne als ein zeitgenössisches Streben nach Verbindung in Freiheit verstanden werden: als Beitrag zu einer Beziehungskultur, die Pluralität nicht nur zulässt, sondern lebt. Nicht jede Person wird sich in ein großes polyamores Netzwerk stürzen. Manche bleiben monogam, mono-flexibel, führen liebevolle Situationships oder gestalten Nähe und Verantwortung jenseits aller Labels. Die Wege bleiben individuell. Es gibt keine universelle Lösung – wohl aber viele Einladungen, die eigene Geschichte bewusst zu erzählen. Sie neu zu mischen, mit Zutaten zu experimentieren. Vielleicht konnten wir dafür Denkanstöße geben. Für eine moderne Alchemie der Liebe.

Glossar

Agender Mensch, der sich keiner Geschlechtsidentität zuordnet oder sich als geschlechtslos empfindet.

Amatonormativität Vorherrschaft der Annahme, dass intime, von romantischen Liebesgefühlen getragene (und meist monogame) Paarbeziehungen die wichtigste und wertvollste Form der menschlichen Bindung seien.

Ambiguität Uneindeutigkeit oder Mehrdeutigkeit, z. B. in Bezug auf Gefühle oder Situationen.

Ankerpartner*in Emotionale Bezugsperson, unabhängig von gemeinsamem Wohnen.

Aromantisch Mensch, der wenig bis keine romantische Anziehung verspürt, unabhängig von der sexuellen Orientierung.

Asexuell Mensch, der wenig bis kein sexuelles (partnerschaftliches) Verlangen oder sexuelle Anziehung verspürt, sich aber emotional und romantisch binden kann.

Beziehungsanarchie Beziehungsstil, der auf Selbstbestimmung, Gleichwertigkeit und das Fehlen fester Regeln oder Hierarchien setzt.

S. Bröning, A. Mazziotta, *Vielfältige Liebe - Polyamorie gestalten*,
https://doi.org/10.1007/978-3-658-48372-2

Bisexuell Mensch, der sich emotional und/oder sexuell zu mehr als einem Geschlecht hingezogen fühlt.

Care-Arbeit Tätigkeiten des Sorgens und Sichkümmerns, etwa Kinderbetreuung, Pflege oder emotionale Unterstützungsarbeit.

Cis(geschlechtlich) Bezeichnet Menschen, deren Geschlechtsidentität mit dem bei der Geburt zugewiesenen Geschlecht übereinstimmt. Der Ausdruck *biologisches Geschlecht* wird bewusst vermieden, da Geschlecht nicht immer eindeutig bestimmbar oder zuweisbar ist (vgl. den Eintrag zu inter*). Zudem kann die Formulierung *biologisch* fälschlich nahelegen, es gebe ein *wahres* Geschlecht, was die Selbstdefinition von trans*, inter* oder nichtbinären Menschen entwerten kann.

Coming-out Prozess, in dem ein Mensch seine sexuelle Orientierung, Geschlechtsidentität oder Beziehungsform erkennt und offenlegt. Man unterscheidet zwischen dem *inneren Coming-out,* also dem bewussten Erkennen und Akzeptieren gegenüber sich selbst, und dem *äußeren Coming-out*, der Mitteilung an andere. Im Gegensatz dazu bezeichnet man es als Outing die Offenlegung ohne Zustimmung der betroffenen Person.

Commitment Innere Verpflichtung gegenüber einer Beziehung sowie die bewusste Entscheidung, diese kurz- oder langfristig aufrechtzuerhalten.

Compersion Freude über das Glück der Beziehungsperson in einer anderen Beziehung oder mit einem anderen Menschen.

Co-Mutter Mutter in einer lesbischen Partnerschaft, die das Kind nicht geboren hat, aber elterliche Verantwortung übernimmt und rechtlich nicht automatisch anerkannt ist.

Dating Unverbindliches Kennenlernen, das zu einer Beziehung führen kann.

Demisexuell Mensch, der erst nach Entstehen einer tiefen emotionalen Verbindung körperliche oder sexuelle Anziehung empfindet.

Dispersion Auflösung traditioneller Beziehungs- und Lebensmodelle zugunsten vielfältiger, flexibler oder situativer Formen.

Dissoziation Trennung oder Entkopplung bisher eng verbundener Bereiche, z. B. von Liebe, Sexualität und Geschlecht.

Diversifikation Vervielfältigung sexueller Lebensstile, Identitäten und Beziehungsformen.

Don't ask, don't tell (DADT) Abmachung, Außenkontakte nicht zu thematisieren, um Konflikte zu vermeiden oder Privatsphäre zu wahren.

Emotionsarbeit Bewusster Aufwand, eigene Emotionen oder die Gefühle anderer zu beeinflussen, um soziale Beziehungen zu stabilisieren.

Feminismus Bewegung und Theorie für die Gleichberechtigung und Selbstbestimmung aller Geschlechter.

Fetisch Sexuelle Erregung durch bestimmte Objekte, Materialien oder Körperteile.

Framing Kulturelle und soziale Rahmung von Wahrnehmung, Bedeutung oder Kommunikation.

Freie Liebe Konzept von Beziehung und Sexualität, das sich von romantischer Exklusivität, Ehe und gesellschaftlichen Normen löst; im Zentrum stehen sexuelle Selbstbestimmung und Kritik an patriarchalen Strukturen.

Freundschaft Plus (engl.: *friends with benefits*) Freundschaftliche Beziehung mit gelegentlichem Sex, ohne verbindlichen Beziehungsanspruch.

Fuck Buddy Sexuelle Beziehung ohne romantische Bindung oder langfristige Beziehungsabsicht.

Genderfluid Mensch, dessen Geschlechtsidentität sich über die Zeit verändert oder zwischen verschiedenen Identitäten wechselt.

Geschlecht Umfasst mehrere Dimensionen: Geschlechtsidentität (inneres Wissen um das eigene Geschlecht), Geschlechtsausdruck (sichtbare Darstellung etwa durch Kleidung oder Verhalten) und soziale Geschlechterrolle (gesellschaftliche Erwartungen). Geschlecht wird häufig bei der Geburt zugewiesen, was nicht immer dem späteren Erleben entspricht. Unterschiede zwischen Innenwahrnehmung und äußerer Zuschreibung sind Teil geschlechtlicher Vielfalt.

Geschlechtsidentität Innerpsychisch erlebte Gewissheit, weiblich, männlich, trans*, nicht-binär, weder-noch oder zwischen den Geschlechtern zu sein. Sie ist Teil des Selbstkonzepts und wird durch kulturelle, religiöse oder soziale Faktoren mitgeprägt.

Golden Age of Marriage Ehemodell der 1950er/60er-Jahre: traditionelle Rollenverteilung, starke Familienbindung, hohe Heirats- und niedrige Scheidungsraten – zugleich geprägt von weiblicher Abhängigkeit und eingeschränkter Autonomie.

Heteronormativität Gesellschaftliches System, das Heterosexualität und eine binäre Geschlechterordnung (männlich/weiblich) als Norm setzt und andere Identitäten als Abweichung betrachtet.

Heterozentrisch Perspektive, die heterosexuelle Beziehungen als selbstverständlich oder allein legitim betrachtet.

Hierarchische Polyamorie Polyamores Beziehungsmodell mit einer Hauptpartnerschaft als emotionalem oder organisatorischem Fokus.

Hookup/One-Night-Stand Einmalige oder gelegentliche sexuelle Begegnung ohne feste Beziehungsabsicht.

Inter*(geschlechtlich) Mensch, dessen körperliche Geschlechtsmerkmale (z. B. Genitalien, Chromosomen, Hormone) nicht eindeutig den Kategorien männlich oder weiblich zugeordnet werden können – eine natürliche Form geschlechtlicher Vielfalt.

intersektional, Intersektionalität Konzept, das das Zusammenwirken sozialer Kategorien (z. B. Geschlecht, Herkunft, Klasse, Behinderung) analysiert, die zu mehrfacher Diskriminierung oder Privilegierung führen können.

Kink Sammelbegriff für einvernehmliche sexuelle Praktiken oder Vorlieben außerhalb gesellschaftlicher Normvorstellungen.

Ko-Elternschaft Modell, bei dem mehrere Erwachsene – auch ohne Partnerschaft oder genetische Verbindung – gemeinsam Verantwortung für Kinder übernehmen.

Kognitive Umstrukturierung Psychologische Methode, eingefahrene Denkmuster zu erkennen und in hilfreichere, realistischere Gedanken umzuwandeln.

Kolonialismus Auf Unterwerfung, wirtschaftliche Ausbeutung und kulturelle Dominanz anderer Länder gerichtete Politik.

Komplexe Ehen Beziehungsformen, in denen mehrere Menschen als miteinander verheiratet gelten.

Konkubinat Historische oder kulturelle Form des Zusammenlebens außerhalb der Ehe; teilweise auch offizielle Anerkennung von Nebenfrauen oder Geliebten.

Konsens Freiwillige, bewusste und informierte Zustimmung zu einer Handlung oder Situation.

Lesbisch Mensch, der sich (ganz oder teilweise) als weiblich versteht und sich emotional, romantisch und/oder sexuell zu Frauen hingezogen fühlt.

Living Apart Together (LAT) Beziehung mit bewusst getrennten Wohnorten bei emotionaler oder partnerschaftlicher Verbundenheit.

Lockere Beziehung Beziehung ohne Exklusivität oder langfristige Verpflichtungen.

LSBTIAQ* Abkürzung für Lesbisch, Schwul, Bisexuell, Trans, Intergeschlechtlich, Asexuell und Queer; der Stern (*) steht für weitere Geschlechtsidentitäten und Orientierungen.

Metamour Beziehungsperson der eigenen Beziehungsperson, zu der keine eigene romantische oder sexuelle Beziehung besteht.

Minderheitenstress Stressbelastung durch gesellschaftliche Diskriminierung oder Stigmatisierung, z. B. gegenüber queeren oder polyamoren Menschen.

Monoamorie Form oder Ideal der Zweierbeziehung, in der romantische Liebe exklusiv zwischen zwei Menschen gelebt und als zentrale Grundlage der Partnerschaft verstanden wird.

Monogamie Beziehungsform mit emotionaler und sexueller Exklusivität zwischen zwei Menschen.

Mononormativität Gesellschaftliche Norm, die exklusive Zweierbeziehungen als Standard oder Ideal setzt.

Mono-Poly Beziehung, in der ein Mensch monogam, der andere polyamor lebt.

Monotheismus Glaube an einen einzigen Gott, der die Existenz anderer Götter ausschließt.

Multiple primäre Partnerschaften Polyamore Beziehungsmodelle, in denen mehrere Partnerschaften gleichberechtigt als Hauptbeziehungen geführt werden.

Narrative Sinnstiftende Erzählung, die Erfahrungen ordnet und gesellschaftliche Wirklichkeit mitprägt.

Neoallianzen Beziehungen, die als wandelbar, kontextabhängig und individuell ausgehandelt verstanden werden.

Neogeschlechtlichkeit Konzept, das Geschlecht als wandelbar, kontextabhängig und subjektiv erfahrbar beschreibt; im Gegensatz zur Vorstellung einer festen binären Geschlechterordnung.

Neosexuelle Revolution Kultureller Wandel, in dem Sexualität, Geschlecht und Intimität vielfältiger, individueller und von traditionellen Normen entkoppelt gedacht werden.

Nesting-Partnerschaft/Nestpartnerschaft Beziehung mit gemeinsamer Alltagsgestaltung und meist gemeinsamem Wohnort; oft im Unterschied zu distanzierteren oder nicht häuslichen Partnerschaften.

Nicht-binär/non-binär Geschlechtsidentität, die sich zwischen und/oder außerhalb der Kategorien männlich und weiblich bewegt. Nicht-binäre Menschen können sich als Kombination aus mehreren Geschlechtern, als dazwischen oder jenseits dieser Kategorien verstehen.

Nicht-hierarchische Polyamorie Polyamores Beziehungskonzept, in dem alle Beziehungen gleichwertig behandelt werden und keine feste Priorisierung besteht.

Nicht-Monogamie Oberbegriff für Beziehungsformen, die von der gesellschaftlichen Norm der exklusiven Zweierbeziehung abweichen. Umfasst z. B. Swinging, offene Beziehungen und Polyamorie.

Normen Ungeschriebene soziale Regeln, die das Verhalten in einer Gesellschaft strukturieren und bewerten.

NRE-Chasing Suche nach der intensiven Aufregung und Euphorie einer neuen Beziehung (NRE = New Relationship Energy).

Offene Beziehung Feste Partnerschaft, in der beide Beziehungspersonen einvernehmlich sexuelle Kontakte mit anderen Menschen eingehen können.

On-again-off-again-Beziehung (auch On-Off-Beziehung) Beziehung mit wiederkehrenden Trennungen und Versöhnungen.

Outing Offenlegung persönlicher Informationen über sexuelle Orientierung, Geschlechtsidentität oder Beziehungsform ohne Zustimmung des betroffenen Menschen durch Dritte.

Päderastie Historische Form asymmetrischer Beziehungen zwischen erwachsenen Männern und jüngeren männlichen Menschen, häufig eingebettet in pädagogischen oder sozialen Machtverhältnissen.

Pansexuell Mensch, der sich emotional und/oder sexuell zu Menschen unabhängig von deren Geschlecht hingezogen fühlt.

Parentifizierung Beziehungsdynamik, in der Kinder emotionale Verantwortung für ihre Eltern übernehmen und dabei ihre eigenen kindlichen Bedürfnisse zurückstellen.

Partny Genderneutrale Bezeichnung für eine Beziehungsperson; abgeleitet aus dem englischen *partner*.

Patriarchat Historisch gewachsenes gesellschaftliches System, das Männlichkeit, Kontrolle und Hierarchie besonders aufwertet und Männern strukturell mehr Macht und Privilegien zuschreibt als anderen Geschlechtern.

Pods/Poly-Familie Beziehungsnetzwerke aus mehr als zwei Menschen, die emotionale und/oder sexuelle Intimität teilen; häufig mit gemeinschaftlicher Verantwortung und Fürsorge verbunden.

Polyamorie Beziehungsform, in der alle Beteiligten einvernehmlich mehrere intime und/oder romantische Verbindungen eingehen – mit oder ohne sexuelle Dimension.

Polyamorie-Leitstern Werteorientiertes Reflexionsmodell, das Menschen in polyamoren Beziehungen bei der Klärung von Bedürfnissen, Grenzen und Prioritäten unterstützt.

Polyandrie Ehe- oder Beziehungsform, in der eine Frau gleichzeitig mit mehreren Männern verbunden ist; selten, in bestimmten Regionen (z. B. Himalaya) jedoch kulturell oder ökonomisch begründet.

Poly-Eltern Familienform, in der mehr als zwei erwachsene Bezugspersonen gemeinsam Kinder erziehen und sich die elterliche Verantwortung teilen – unabhängig von rechtlicher Anerkennung.

Polyfidelity Geschlossene polyamore Beziehung mit sexueller und emotionaler Exklusivität innerhalb der Gruppe.

Polygamie Beziehungs- oder Eheform, in der ein Mensch mehrere Beziehungspersonen gleichzeitig hat; umfasst Polyandrie und Polygynie und kann je nach kulturellem Kontext offen, religiös oder gemeinschaftlich gelebt sein.

Polygynie Ehe- oder Beziehungsform, in der ein Mann gleichzeitig mit mehreren Frauen verbunden ist; häufig patriarchalisch oder religiös begründet.

Polykül Netzwerk aus miteinander verbundenen Beziehungspersonen innerhalb eines polyamoren Systems.

Poly-nukleare Elternschaft Elternmodell in polyamoren Beziehungen, bei dem zwei Menschen die elterliche Hauptverantwortung übernehmen – meist aus rechtlichen oder organisatorischen Gründen.

Polys Menschen, die polyamor leben oder sich mit polyamoren Werten identifizieren.

Poly-Saturation Zustand, in dem emotionale, zeitliche oder mentale Ressourcen in polyamoren Beziehungen ausgeschöpft sind und keine weiteren Bindungen mehr tragfähig integriert werden können.

Polysexuell (auch plurisexuell) Mensch, der sich sexuell und/oder romantisch zu mehreren, aber nicht allen Geschlechtern hingezogen fühlt (im Unterschied zu pansexuell).

Poly-Stammtisch Austausch- und Vernetzungsort für polyamor lebende oder interessierte Menschen.

Poly-Treue Polyamores Beziehungsmodell, in dem ein bestehendes Polykül keine neuen Beziehungspersonen mehr aufnimmt; Exklusivität besteht innerhalb der Gruppe.

Primal Panic Tief verankerte Verlustangst, die durch frühe oder ungelöste Bindungsverletzungen ausgelöst wird.

Primärbeziehung/Sekundärbeziehung Beziehungsformen mit unterschiedlicher Priorität: Primärbeziehungen sind meist durch höhere Verbindlichkeit oder Alltagsintegration geprägt, Sekundärbeziehungen durch geringere Verpflichtungen oder weniger gemeinsame Ressourcen.

Quad Zusammenschluss von zwei polyamoren Paaren, die romantisch und/oder sexuell miteinander verbunden sind.

Queer Sammelbegriff für Menschen, deren sexuelle Orientierung und/oder Geschlechtsidentität nicht der gesellschaftlichen Norm von Heterosexualität und Cisgeschlechtlichkeit entspricht. Queer kann auch eine politische Haltung bezeichnen, die gesellschaftliche Vorstellungen von Geschlecht, Sexualität und Beziehungsformen kritisch hinterfragt. Ob Lebensweisen wie Polyamorie, Beziehungsanarchie oder BDSM dazugehört, ist umstritten. Viele queere Menschen verstehen den Begriff als Ausdruck von Offenheit und Vielfalt – mit dem Ziel, starre Identitätskategorien zu irritieren oder aufzulösen.

Questioning (auch fragend) Mensch, der seine sexuelle Orientierung oder Geschlechtsidentität (noch) erkundet und für sich keine feste Bezeichnung gefunden hat.

Romantische Orientierung Beschreibt, zu welchem Geschlecht oder welchen Geschlechtern sich ein Mensch emotional oder romantisch hingezogen fühlt – unabhängig von sexueller Anziehung. Diese kann mit der sexuellen Orientierung übereinstimmen, muss es aber nicht. Besonders für Menschen auf dem asexuellen oder aromantischen Spektrum ist diese Unterscheidung zentral.

Romantisches Ideal Vorstellung von Liebe, die die Beziehungsperson als einzigartig und perfekt idealisiert – oft verbunden mit unrealistischen Erwartungen und dem Glauben an *Liebe auf den ersten Blick.*

Satellitenpartner*in Beziehungsperson außerhalb des zentralen Alltags oder Haushalts, mit geringerer Alltagsintegration, aber emotionaler oder sexueller Nähe.

Scharnier (engl.: *hinge*) Mensch in einer V- oder Y-förmigen Beziehungskonstellation, die zwei Beziehungspersonen miteinander verbindet.

Schwul Mensch, der sich (ganz oder teilweise) als männlich versteht und sich emotional, romantisch und/oder sexuell zu Männern oder männlich gelesenen Menschen hingezogen fühlt.

Selfsex (auch Solosex) Sexuelle Handlungen, die ein Mensch an sich selbst vornimmt, um Erregung oder Befriedigung zu erreichen; kann Selbstliebe, Selbstexploration oder Selbstfürsorge umfassen.

Serielle Monogamie Abfolge mehrerer exklusiver Paarbeziehungen im Laufe des Lebens.

Sex-positiv Haltung, die Sexualität als natürlichen, gesunden und wichtigen Teil menschlicher Erfahrung betrachtet. Im Zentrum stehen Akzeptanz, Selbstbestimmung, sexuelle Freiheit, Einvernehmlichkeit, Respekt und Sicherheit.

Sexuelle Orientierung Beschreibt, zu welchem Geschlecht oder welchen Geschlechtern sich ein Mensch sexuell hingezogen fühlt. Sie umfasst verschiedene Ebenen – sexuelle Anziehung, Verhalten, Selbstbezeichnung und Fantasie – die nicht immer übereinstimmen müssen.

Sexuelle Revolution Gesellschaftlicher Umbruch seit den 1960er-Jahren, in dem traditionelle Vorstellungen von Sexualität, Geschlechterrollen und Moral hinterfragt wurden.

Simultanbeziehungen Mehrfachbeziehungen, die nicht explizit als polyamor bezeichnet werden, aber parallel und einvernehmlich bestehen.

Situationship Unklare oder undefinierte Beziehungsform zwischen Freundschaft und Partnerschaft ohne feste Vereinbarungen oder Erwartungen.

Solo-Poly Lebensstil, bei dem Menschen mehrere Beziehungen führen, jedoch keinen gemeinsamen Haushalt und keine zentrale Partnerschaft anstreben.

Sozialisation Lebenslanger Prozess, in dem Individuen durch soziale Interaktion Normen, Werte, Rollen und Verhaltensweisen einer Gesellschaft erlernen.

Soziosexualität Persönlichkeitsmerkmal, das die Offenheit für sexuelle Kontakte ohne emotionale Bindung beschreibt.

Spielbeziehung Beziehung mit Fokus auf Rollenspiele, Kink oder experimentelle Sexualität; kann emotional nah oder funktional gestaltet sein, ist jedoch meist nicht romantisch-exklusiv.

Stigmatisierung Gesellschaftlicher Prozess, in dem bestimmte Merkmale negativ bewertet werden, was zu sozialer Ausgrenzung und internalisierter Abwertung führen kann.

Straight Bezeichnung für heterosexuelle Menschen; wird häufig als Gegenbegriff zu queer verwendet.

Swinging Einvernehmliche sexuelle Begegnungen mit Dritten im Rahmen einer bestehenden Partnerschaft.

TradWives Frauen, die sich bewusst für traditionelle Geschlechterrollen in Ehe und Familie entscheiden und dies häufig auf sozialen Medien präsentieren oder politisch aufladen.

Trans*(geschlechtlich) Bezeichnet Menschen, deren Geschlechtsidentität nicht oder nicht vollständig mit dem bei der Geburt zugewiesenen Geschlecht übereinstimmt.

Transmutation von Gefühlen Prozess, bei dem schwierige Emotionen nicht unterdrückt, sondern in ihre Energie und Bedeutung übersetzt und in positive, handlungsleitende Kraft transformiert werden.

Triade Polykül aus drei Menschen, die miteinander romantisch und/oder sexuell verbunden sind.

Trigger Reiz oder Ereignis, das eine emotionale oder körperliche Reaktion auslöst, häufig aufgrund vergangener Erfahrungen.

Unlabelled Mensch, der sich keiner festen sexuellen Orientierung oder Geschlechtsidentität zuordnet, da Labels als einschränkend oder unpassend empfunden werden.

V-Verbindung Beziehungsform, in der ein Mensch mit zwei anderen in einer Beziehung ist, während diese beiden keine romantische oder sexuelle Beziehung miteinander haben. Der verbindende Mensch wird als Scharnier bezeichnet.

Wibbly Gefühl von Unsicherheit oder leichten Ängsten in Bezug auf andere Beziehungen der eigenen Beziehungsperson; wird oft als mildere Form von Eifersucht beschrieben.

Z-Verbindung Beziehungsnetz aus vier Menschen, bestehend aus zwei V-Verbindungen, die über die Scharnierpersonen verbunden sind. Die beiden äußeren Menschen stehen dabei nicht in direkter Beziehung zueinander.

Zwangsheterosexualität Gesellschaftliche und kulturelle Erwartung, dass insbesondere Frauen ihr Leben auf eine heterosexuelle Paarbeziehung ausrichten; Konzept aus der feministischen Theorie.

Literatur

Acevedo, B. P., Aron, A., Fisher, H. E., & Brown, L. L. (2012). Neural correlates of long-term intense romantic love. *Social Cognitive and Affective Neuroscience, 7*, 145–159. https://doi.org/10.1093/scan/nsq092

Ainsworth, M. S. (1989). Attachments beyond infancy. *American Psychologist, 44*, 709–716. https://doi.org/10.1037/0003-066x.44.4.709

Aiyana, S. (2022). *Becoming the One – Der wichtigste Mensch in deinem Leben bist du: Wie du Vergangenes heilst und Vertrauen in dich, die Welt und die Liebe findest.* Integral.

Alarie, M., Bosom, M., & Côté, I. (2024). "It's someone who means a lot to me, and who means even more to mom": Children's views on the romantic partners of their polyamorous parents. *Journal of Social and Personal Relationships, 41*, 3525–3546. https://doi.org/10.1177/02654075241268545

Alizadeh, M. (2022). Unlearn Identität. In L. Jaspers, N. Ryland, & S. Horch (Hrsg.), *Unlearn Patriarchy* (S. 143–158). Ullstein.

S. Bröning, A. Mazziotta, *Vielfältige Liebe - Polyamorie gestalten*, https://doi.org/10.1007/978-3-658-48372-2

American Psychological Association. (2020). APA resolution on sexual orientation, gender identity (SOGI), parents and their children. https://www.apa.org/about/policy/resolution-sexual-orientation-parents-children.pdf

Anālayo, B. (2022). Beyond the limitations of binary thinking: Mindfulness and the tetralemma. *Mindfulness, 13,* 1410–1417. https://doi.org/10.1007/s12671-021-01678-6

Anapol, D. (2010). *Polyamory in the 21st century: Love and intimacy with multiple partners.* Rowman & Littlefield.

Anderson, J. R., Hinton, J. D., Bondarchuk-McLaughlin, A., Rosa, S., Tan, K. J., & Moor, L. (2025). Countering the monogamy-superiority myth: A meta-analysis of the differences in relationship satisfaction and sexual satisfaction as a function of relationship orientation. *The Journal of Sex Research, 63,* 130–142. https://doi.org/10.1080/00224499.2025.2462988

Ansari, A. H., & Md. Hassan Ahmed, K. H. W. (2012). Legal and social viability of polygamy: An analysis. *Journal of Islam in Asia, 8,* 397–414. https://doi.org/10.31436/jia.v8i0.273

Aron, A., & Aron, E. N. (1997). Self-expansion motivation and including other in the self. In S. Duck (Hrsg.), *Handbook of personal relationships: Theory, research and interventions* (S. 251–270). John Wiley & Sons, Inc.

Aron, A., Fisher, H., Mashek, D. J., Strong, G., Li, H., & Brown, L. L. (2005). Reward, motivation, and emotion systems associated with early-stage intense romantic love. *Journal of Neurophysiology, 94,* 327–337. https://doi.org/10.1152/jn.00838.2004

Astle, S., Langin, K., Anderson, J. R., & Moors, A. C. (2024). Understanding relationship labels: A content analysis of consensual non-monogamous relationship agreements. *Sexuality & Culture, 28,* 710–732. https://doi.org/10.1007/s12119-023-10141-8

Avtgis, T. A., West, D. V., & Anderson, T. L. (1998). Relationship stages: An inductive analysis identifying cognitive, affective, and behavioral dimensions of Knapp's relational stages model. *Communication Research Reports, 15,* 280–287. https://doi.org/10.1080/08824099809362124

Bair, D. (2005). *C.G. Jung. Eine Biographie.* Knaus.

Balzarini, R. N., Campbell, L., Kohut, T., Holmes, B. M., Lehmiller, J. J., Harman, J. J., & Atkins, N. (2017). Perceptions of primary and secondary relationships in polyamory. *PLoS One, 12*, e0177841. https://doi.org/10.1371/journal.pone.0177841

Balzarini, R. N., Dharma, C., Kohut, T., Campbell, L., Lehmiller, J. J., Harman, J. J., & Holmes, B. M. (2019b). Comparing relationship quality across different types of romantic partners in polyamorous and monogamous relationships. *Archives of Sexual Behavior, 48*, 1749–1767. https://doi.org/10.1007/s10508-019-1416-7

Balzarini, R. N., Dharma, C., Muise, A., & Kohut, T. (2019a). Eroticism versus nurturance: How eroticism and nurturance differs in polyamorous and monogamous relationships. *Social Psychology, 50*, 185–200. https://doi.org/10.1027/1864-9335/a000378

Balzarini, R. N., McDonald, J. N., Kohut, T., Lehmiller, J. J., Holmes, B. M., & Harman, J. J. (2021). Compersion: When jealousy- inducing situations don't (just) induce jealousy. *Archives of Sexual Behavior, 50*, 1311–1324. https://doi.org/10.1007/s10508-020-01853-1

Banaszkiewicz, P. (2024). Personality differences between individuals involved in polyamorous and monogamous relationships. *Sexualities, 28*, 1207–1220. https://doi.org/10.1177/13634607241252985

Banaszkiewicz, P. (2025). Ambiguity tolerance and desire to practice or actual involvement in various types of consensual nonmonogamy. *Psychology & Sexuality, 16*, 739–751. https://doi.org/10.1080/19419899.2024.2430425

Baumann, Z. (2008). *The art of life*. Polity Press.

Baumeister, R. F., Catanese, K. R., & Vohs, K. D. (2001). Is there a gender difference in strength of sex drive? Theoretical views, conceptual distinctions, and a review of relevant evidence. *Personality and Social Psychology Review, 5*, 242–273. https://doi.org/10.1207/S15327957PSPR0503_5

Bayeh, R., & Ryder, A. G. (2025). Neurodiversity, minority status, and mental health: A quantitative study on the experiences of culturally diverse university students in Canada. *Autism in Adulthood, 7*, 447–461. https://doi.org/10.1089/aut.2024.0120

Beck, U., & Beck-Gernsheim, E. (1990). *Das ganz normale Chaos der Liebe*. Suhrkamp.

Ben-Ze'ev, A., & Goussinsky, R. (2008). *In the name of love: Romantic ideology and its victims*. Oxford University Press.

Bevacqua, J. (2018). Adding to the rainbow of diversity: Caring for children of polyamorous families. *Journal of Pediatric Health Care, 32*, 490–493. https://doi.org/10.1016/j.pedhc.2018.04.015

Bitkom. (2023, Februar 7). Wie die Deutschen Social Media nutzen. https://www.bitkom.org/sites/main/files/2023-02/BitkomChartsSocialMedia2023_0.pdf

Bittoni, C., & Kiesner, J. (2022). Sexual desire in women: Paradoxical and nonlinear associations with anxiety and depressed mood. *Archives of Sexual Behavior, 51*, 3807–3822. https://doi.org/10.1007/s10508-022-02400-w

Bogaert, A. F. (2015). Asexuality: What it is and why it matters. *The Journal of Sex Research, 52*, 362–379. https://doi.org/10.1080/00224499.2015.1015713

Bowlby, J. (1979). The Bowlby-Ainsworth attachment theory. *Behavioral and Brain Sciences, 2*, 637–638. https://doi.org/10.1017/S0140525X00064955

Bowling, J., Wright, S., Benson, J. K., McCabe, S., Mennicke, A., Willard, J., Kissler, N., Good, H., Moody, B., Stambaugh, R., & Cramer, R. J. (2022). Disclosing and reporting of consent violations among kink practitioners in the United States. *Violence Against Women, 30*, 1453–1476. https://doi.org/10.1177/10778012221145299

Brady, A., & Baker, L. R. (2022). The changing tides of attractive alternatives in romantic relationships: Recent societal changes compel new directions for future research. *Social and Personality Psychology Compass, 16*, e12650. https://doi.org/10.1111/spc3.12650

Braida, N., Matta, E., & Paccagnella, L. (2023). Loving in consensual non-monogamies: Challenging the validity of Sternberg's triangular love scale. *Sexuality & Culture, 27*, 1828–1847. https://doi.org/10.1007/s12119-023-10092-0

Brake, E. (2010). Minimal marriage: What political liberalism implies for marriage law. *Ethics, 120*, 302–337. https://doi.org/10.1086/651429

Brake, E. (2012). *Minimizing marriage: Marriage, morality and the law*. Oxford University Press.

Brassard, A., Shaver, P. R., & Lussier, Y. (2007). Attachment, sexual experience, and sexual pressure in romantic relationships: A dyadic approach. *Personal Relationships, 14*, 475–493. https://doi.org/10.1111/j.1475-6811.2007.00166.x

Brecht, B. (1993). Band 14: Gedichte 4. Gedichte und Gedichtfragmente 1928–1939. In *Werke. Große kommentierte Berliner und Frankfurter Ausgabe. 30 Bände (in 32 Teilbänden) und ein Registerband*. Suhrkamp.

Breiter, H. C., Gollub, R. L., Weisskoff, R. M., Kennedy, D. N., Makris, N., Berke, J. D., Goodman, J. M., Kantor, H. L., Gastfriend, D. R., Riorden, J. P., Mathew, R. T., Rosen, B. R., & Hyman, S. E. (1997). Acute effects of cocaine on human brain activity and emotion. *Neuron, 19*, 591–611. https://doi.org/10.1016/S0896-6273(00)80374-8

Briken, P., Dekker, A., Cerwenka, S., Pietras, L., Wiessner, C., von Rüden, U., & Matthiesen, S. (2021). Die GeSiD-Studie „Gesundheit und Sexualität in Deutschland" – Eine kurze Einführung. Bundesgesundheitsblatt, Gesundheitsforschung, Gesundheitsschutz, 64, 1334–1338. https://doi.org/10.1007/s00103-021-03433-7

Brody, S. (2010). The relative health benefits of different sexual activities. *The Journal of Sexual Medicine, 7*, 133–141. https://doi.org/10.1111/j.1743-6109.2009.01677.x

Bröning, S., Clüver, A., & Gebhard, K. P. (2024). Facetten von Intimität in konsensuell nicht-monogamen Liebesbeziehungen. Eine qualitative Interviewstudie. *Zeitschrift für Sexualforschung, 37*, 133–141. https://doi.org/10.1055/a-2339-4107

Bröning, S., & Walper, S. (2024). Entwicklungspsychologische Perspektiven auf Paarbeziehungen. In C. Roesler & S. Bröning (Hrsg.), *Paarbeziehung im 21. Jahrhundert: Psychosoziale Entwicklungen und Spannungsfelder* (S. 16–44). Kohlhammer.

Bruch, E. E., & Newman, M. E. J. (2018). Aspirational pursuit of mates in online dating markets. Science Advances, 4, eaap9815. https://doi.org/10.1126/sciadv.aap9815

Buber, M. (1999). *Das dialogische Prinzip*. Gütersloher Verlagshaus.

Bücker, T. (2022). Unlearn Familie. In L. Jaspers, N. Ryland, & S. Horch (Hrsg.), Unlearn Patriarchy (S. 123–142). Ullstein.

Buczel, K. A., & Szyszka, P. D. (2024). Jealousy: Nonmonogamous relationships. In T. K. Shackelford (Hrsg.), *Encyclopedia of sexual psychology and behavior*. Springer. https://doi.org/10.1007/978-3-031-08956-5_1285-1

Bundesinstitut für Öffentliche Gesundheit. (2024). Konversionsbehandlungen und ihr gesetzliches Verbot. https://shop.bioeg.de/factsheet-konversionsbehandlungen-und-ihr-gesetzliches-verbot/

Buss, D. M., Larsen, R. J., Westen, D., & Semmelroth, J. (1992). Sex differences in jealousy: Evolution, physiology, and psychology. *Psychological Science, 3*, 251–256. https://doi.org/10.1111/j.1467-9280.1992.tb00038.x

Centola, D., Becker, J., Brackbill, D., & Baronchelli, A. (2018). Experimental evidence for tipping points in social convention. *Science, 360*, 1116–1119. https://doi.org/10.1126/science.aas8827

Chivers, M. L., & Timmers, A. D. (2012). Effects of gender and relationship context in audio narratives on genital and subjective sexual response in heterosexual women and men. *Archives of Sexual Behavior, 41*, 185–197. https://doi.org/10.1007/s10508-012-9937-3

Chomsky, N. (1988). *Language and problems of knowledge: The Managua lectures* (Bd. 16). MIT Press.

Chonody, J. M., & Gabb, J. (2018). Understanding the role of relationship maintenance in enduring couple partnerships in later adulthood. *Marriage & Family Review, 55*, 216–238. https://doi.org/10.1080/01494929.2018.1458010

Clardy, J. L. (2023). *Why it's ok to not be monogamous*. Routledge.

Clardy, J. L. (2024). Polyamory in black: A companion justification for minimal marriage. *Journal of Applied Philosophy, 42*, 777–794. https://doi.org/10.1111/japp.12749

Clement, U. (2011). *Guter Sex trotz Liebe*. Ullstein.

Conley, T. D., Matsick, J. L., Moors, A. C., & Ziegler, A. (2017). Investigation of consensually nonmonogamous relationships: Theories, methods, and new directions. *Perspectives on Psychological Science, 12*, 205–232. https://doi.org/10.1177/1745691616667925

Conley, T. D., Moors, A. C., Matsick, J. L., & Ziegler, A. (2012a). The fewer the merrier?: Assessing stigma surrounding consensually non-monogamous romantic relationships. *Analyses of Social Issues and Public Policy, 13*, 1–30. https://doi.org/10.1111/j.1530-2415.2012.01286.x

Conley, T. D., Moors, A. C., Ziegler, A., & Karathanasis, C. (2012b). Unfaithful individuals are less likely to practice safer sex than openly nonmonogamous individuals. *The Journal of Sexual Medicine, 9*, 1559–1565. https://doi.org/10.1111/j.1743-6109.2012.02712.x

Conley, T. D., & Piemonte, J. L. (2021). Are there "better" and "worse" ways to be consensually non-monogamous (CNM)?: CNM types and CNM-specific predictors of dyadic adjustment. *Archives of Sexual Behavior, 50*, 1273–1286. https://doi.org/10.1007/s10508-021-02027-3

Cook, R. E., Nielson, M. G., Martin, C. L., & DeLay, D. (2019). Early adolescent gender development: The differential effects of felt pressure from parents, peers, and the self. *Journal of Youth and Adolescence, 48*, 1912–1923. https://doi.org/10.1007/s10964-019-01122-y

Critcher, C. R., & Ferguson, M. J. (2014). The cost of keeping it hidden: Decomposing concealment reveals what makes it depleting. *Journal of Experimental Psychology: General, 143*, 721–735. https://doi.org/10.1037/a0033468

Curran, M. A., McDaniel, B. T., Pollitt, A. M., & Totenhagen, C. J. (2015). Gender, emotion work, and relationship quality: A daily diary study. *Sex Roles, 73*, 157–173. https://doi.org/10.1007/s11199-015-0495-8

Davila, J., Karney, B. R., & Bradbury, T. N. (1999). Attachment change processes in the early years of marriage. *Journal of Personality and Social Psychology, 76*, 783–802. https://doi.org/10.1037/0022-3514.76.5.783

de Botton, A. (2006). *On love: A novel.* Grove Press.

de Botton, A. (2020). On love: Digital season. Talk at the Sydney Opera House. [Video]. YouTube. https://www.youtube.com/watch?v=Ctz6eJ3Pr94

de Vaux, R. (1997). *Ancient Israel: Its life and institutions.* Wm. B. Eerdmans Publishing.

de Visser, R., & McDonald, D. (2007). Swings and roundabouts: Management of jealousy in heterosexual swinging couples. *The British Journal of Social Psychology, 46*, 459–476. https://doi.org/10.1348/014466606X143153

Debrot, A., Meuwly, N., Muise, A., Impett, E. A., & Schoebi, D. (2017). More than just sex: Affection mediates the association between sexual activity and well-being. *Personality and Social Psychology Bulletin, 43*, 287–299. https://doi.org/10.1177/0146167216684124

Degen, J. L. (2024). *Swipe, like, love.* Psychosozial-Verlag.

Degen, J. L., Pistoll, D., Brandmaier, A. M., & Bröning, S. (2025). Where you lead, I will follow: Developing a new measure for studying parasocial involvement with influencers. *Cyberpsychology: Journal of Psychosocial Research on Cyberspace, 19*, Article 2. https://doi.org/10.5817/CP2025-3-2

Deri, J. (2015). *Love's refraction: Jealousy and compersion in queer women's polyamorous relationships.* University of Toronto Press.

Diamond, L. M., & Dickenson, J. A. (2012). The neuroimaging of love and desire: Review and future directions. *Clinical Neuropsychiatry: Journal of Treatment Evaluation, 9*, 39–46.

Diethold, J. M. E., Watzlawik, M., & Rain Hornstein, R. (2022). Die Erfassung von Geschlecht: Bisherige Praxis und Empfehlungen für Neuerungen aus Community-basierter Forschung.

Diagnostica, 69, 86–98. https://doi.org/10.1026/0012-1924/a000305

DiVerniero, R., & Breshears, D. (2017). Verbal and emotional responses among children of lesbian and gay parents' coming out. *Qualitative Research Reports in Communication, 18*, 45–53. https://doi.org/10.1080/17459435.2017.1294616

Easton, D., & Hardy, J. W. (2018). Schlampen mit Moral: Eine praktische Anleitung für Polyamorie, offene Beziehungen und andere Abenteuer. mvg Verlag.

ElitePartner. (2022). ElitePartner Studie 2022: So liebt Deutschland. https://www.elitepartner.de/studien/download/

ElitePartner. (2023). ElitePartner Studie 2023: So liebt Deutschland. https://www.elitepartner.de/studien/download/

ElitePartner. (2024). ElitePartner Studie 2024: So liebt Deutschland. https://www.elitepartner.de/studien/download/

Endenburg, G. (1998). *Sociocracy: The organization of decision-making – "No objection" as the principle of sociocracy.* Eburon.

Engel, A., & Schuster, N. (2007). Die Denaturalisierung von Geschlecht und Sexualität: Queer/feministische Auseinandersetzungen mit Foucault. In R. Anhorn, F. Bettinger, & J. Stehr (Hrsg.), *Foucaults Machtanalytik und Soziale Arbeit* (S. 135–153). VS Verlag.

Epstein, R., Pandit, M., & Thakar, M. (2013). How love emerges in arranged marriages: Two cross-cultural studies. *Journal of Comparative Family Studies, 44*, 341–360. https://doi.org/10.3138/jcfs.44.3.341

European Parliament. (2025, Februar 20). Regulation on the recognition of parenthood between member states. https://www.europarl.europa.eu/legislative-train/carriage/recognition-of-parenthood-between-member-states/report?sid=8901

Fairbrother, N., Hart, T. A., & Fairbrother, M. (2019). Open relationship prevalence, characteristics, and correlates in a nationally representative sample of Canadian adults. *Journal of Sex Research, 56*, 695–704. https://doi.org/10.1080/00224499.2019.1580667

Farrell, R. M. (2022). Polyam affect: Working with emotions in CNM. In M. D. Vaughan & T. R. Burnes (Hrsg.), *Handbook of consensual non-monogamy: Affirming mental health practice* (S. 74–96). Rowman & Littlefield.

Fenske, J. (2015). African polygamy: Past and present. *Journal of Development Economics, 117*, 58–73. https://doi.org/10.1016/j.jdeveco.2015.06.005

Fern, J. (2023). *Polysecure: Bindung, Trauma und konsensuelle Nicht-Monogamie.* divana.

Fern, J., & Cooley, D. (2023). *Polywise: A deeper dive into navigating open relationships.* Scribe.

Fertig, G., & Szołtysek, M. (2016). Fertilität und Familienformen in Europa: Eine historische Perspektive. In Y. Niephaus, M. Kreyenfeld, & R. Sackmann (Hrsg.), *Handbuch Bevölkerungssoziologie* (S. 179–200). Springer VS.

Finkel, E. J., Cheung, E. O., Emery, L. F., Carswell, K. L., & Larson, G. M. (2015). The suffocation model: Why marriage in America is becoming an all-or-nothing institution. *Current Directions in Psychological Science, 24*, 238–244. https://doi.org/10.1177/0963721415569274

Firestone, S. (1970). *The dialectic of sex: The case for feminist revolution.* Morrow.

Fischer, I. (1997). Mütter und Kinder im Alten Testament. *Welt und Umwelt der Bibel, 6*, 5–9.

Fisher, H. E., Aron, A., & Brown, L. L. (2005). Romantic love: An fMRI study of a neural mechanism for mate choice. *Journal of Comparative Neurology, 493*, 58–62. https://doi.org/10.1002/cne.20772

Fisher, H. E., Aron, A., & Brown, L. L. (2006). Romantic love: A mammalian brain system for mate choice. *Philosophical Transactions of the Royal Society B: Biological Sciences, 361*, 2173–2186. https://doi.org/10.1098/rstb.2006.1938

Fisher, R., Ury, W., & Patton, B. (2018). *Das Harvard-Konzept: Der Klassiker der Verhandlungstechnik* (9. Aufl.). Deutsche Verlags-Anstalt.

Flicker, S. M., Sancier-Barbosa, F., Moors, A. C., & Browne, L. (2021a). A closer look at relationship structures: Relationship satisfaction and attachment among people who practice hierarchical and non-hierarchical polyamory. *Archives of Sexual Behavior, 50*, 1401–1417. https://doi.org/10.1007/s10508-020-01875-9

Flicker, S. M., Thouin-Savard, M. I., & Vaughan, M. D. (2022). Factors that facilitate and hinder the experience of compersion among individuals in consensually non-monogamous relationships. *Archives of Sexual Behavior, 51*, 3035–3048. https://doi.org/10.1007/s10508-022-02333-4

Flicker, S. M., Vaughan, M. D., & Meyers, L. S. (2021b). Feeling good about your partners' relationships: Compersion in consensually non-monogamous relationships. *Archives of Sexual Behavior, 50*, 1569–1585. https://doi.org/10.1007/s10508-021-01985-y

Fraley, R. C., & Shaver, P. R. (2000). Adult romantic attachment: Theoretical developments, emerging controversies, and unanswered questions. *Review of General Psychology, 4*, 132–154. https://doi.org/10.1037/1089-2680.4.2.132

Frisch, M. (1976). *Gesammelte Werke in zeitlicher Folge Band I.* Suhrkamp.

Fromm, E. (1956/1999). *Die Kunst des Liebens.* In R. Funk (Hrsg.), Gesamtausgabe (Bd. 9, S. 437–518). Deutsche Verlags-Anstalt.

Funk, R. (im Druck). Erich Fromms sozialpsychologischer Zugang zu einer Philosophie der Liebe. In M. R. Pretzsch & J. Kerkmann (Hrsg.), Philosophie der Liebe: Historische und systematische Perspektiven. De Gruyter.

Garcia, M. (2023). *Das Gespräch der Geschlechter: Eine Philosophie der Zustimmung*. Suhrkamp.

Geher, G. (2000). Perceived and actual characteristics of parents and partners: A test of a Freudian model of mate selection. *Current Psychology, 19*, 194–214. https://doi.org/10.1007/s12144-000-1015-7

Gelfand, M. J., Gavrilets, S., & Nunn, N. (2024). Norm dynamics: Interdisciplinary perspectives on social norm emergence, persistence, and change. *Annual Review of Psychology, 75*, 341–378. https://doi.org/10.1146/annurev-psych-033020-013319

Giles, A. E. (1882). *Marriage, monogamy and polygamy on the basis of divine law: An open letter to the Massachusetts members of congress by one of their constituents, with observations on the opinion of the supreme court in Reynolds vs. United States, 98 US supreme court reports.* James Campbell.

Gibran, K. (1923). The Prophet. New York: Knopf.

Glazebrook, A., & Olson, K. (2013). Greek and roman marriage. In T. K. Hubbard (Hrsg.), *A companion to Greek and Roman sexualities* (S. 69–82). John Wiley & Sons.

Goldfeder, M., & Sheff, E. (2013). Children of polyamorous families: A first empirical look. *LSD Journal, 5*, 150–243.

Gomolla, M. (2017). Direkte und indirekte, institutionelle und strukturelle Diskriminierung. In A. Scherr, A. C. Reinhardt, & A. El-Mafaalani (Hrsg.), *Handbuch Diskriminierung* (S. 133–155). Springer.

Gonzalez, A. (2024). *Neurodiversität und Nichtmonogamie*. divana.

Gottman, J. M. (2014). *Die 7 Geheimnisse der glücklichen Ehe*. Ullstein.

Green, D. K. (2023). Common presenting issues in consensual non-monogamy. In S. Neves & D. Davies (Hrsg.), Relationally queer: A pink therapy guide for practitioners (S. 41–57). Routledge.

Gregoratto, F. (2021). Elf Thesen zur Polyamorie. *Philosophie Magazin, 4*, 38–41.

Groß-Usai, L. (2024). Polyamorie: Was ist eigentlich das Problem? *Zeitschrift für Rechtspolitik, 7*, 215–218.

Grover, S., & Helliwell, J. F. (2019). How's life at home? New evidence on marriage and the set point for happiness. *Journal of Happiness Studies, 20*, 373–390. https://doi.org/10.1007/s10902-017-9941-3

Grummt, M. (2024). Sociocultural perspectives on neurodiversity: An analysis, interpretation and synthesis of the basic terms, discourses and theoretical positions. *Sociology Compass, 18*, e13249. https://doi.org/10.1111/soc4.13249

Gukenbiehl, H. L., Kopp, J., Schäfers, B., Zimmermann, G. E., Peuckert, R., Kandil, F., Eder, K., & Ostner, I. (2003). Ehe und andere Formen partnerschaftlichen Zusammenlebens. In B. Schäfers (Hrsg.), Grundbegriffe der Soziologie (5. Aufl., S. 52–81). VS Verlag.

Guo, Y., Spieker, S. J., & Borelli, J. L. (2021). Emotion co-regulation among mother-preschooler dyads completing the strange situation: Relations to internalizing and externalizing symptoms. *Journal of Child and Family Studies, 30*, 699–710. https://doi.org/10.1007/s10826-020-01812-3

Gupta, S., Tarantino, M., & Sanner, C. (2024). A scoping review of research on polyamory and consensual non-monogamy: Implications for a more inclusive family science. *Journal of Family Theory & Review, 16*, 151–190. https://doi.org/10.1111/jftr.12546

Gyanwali, G. P., & Dhakal, R. H. (2024). Polyandry marriage pattern in highland people of Nepal. *Molung Educational Frontier, 14*, 121–139. https://doi.org/10.3126/mef.v14i01.67897

Hammack, P. L., & Manago, A. M. (2025). The psychology of sexual and gender diversity in the 21st century: Social technologies and stories of authenticity. *American Psychologist, 80*, 375–388. https://doi.org/10.1037/amp0001366

Han, B. C. (2024). *The spirit of hope*. John Wiley & Sons.

Hangen, F., Crasta, D., & Rogge, R. D. (2020). Delineating the boundaries between nonmonogamy and infidelity: Bringing consent back into definitions of consensual nonmonogamy with latent profile analysis. *The Journal of Sex Research, 57*, 438–457. https://doi.org/10.1080/00224499.2019.1669133

Harper, K. (2013). Culture, nature, and history: The case of ancient sexuality. *Comparative Studies in Society and History, 55*, 986–1016. https://doi.org/10.1017/S0010417513000480

Hartmann, N. (1926). *Ethik*. Walter de Gruyter & Co.

Haug, W. (2004). *Die höfische Liebe im Horizont der erotischen Diskurse des Mittelalters und der Frühen Neuzeit*. Walter de Gruyter.

Haupert, M. L., Gesselman, A. N., Moors, A. C., Fisher, H. E., & Garcia, J. R. (2017). Prevalence of experiences with consensual nonmonogamous relationships: Findings from two national samples of single Americans. *Journal of Sex & Marital Therapy, 43*, 424–440. https://doi.org/10.1080/0092623X.2016.1178675

Haversath, J., Gärttner, K. M., Kliem, S., Vasterling, I., Strauss, B., & Kröger, C. (2017). Sexual behavior in Germany. *Deutsches Ärzteblatt, 114,* 545–550. https://doi.org/10.3238/arztebl.2017.0545

Hazan, C., & Shaver, P. (1987). Romantic love conceptualized as an attachment process. *Journal of Personality and Social Psychology, 52,* 511–524. https://doi.org/10.1037/0022-3514.52.3.511

Hecht, M. L., Marston, P. J., & Larkey, L. K. (1994). Love ways and relationship quality in heterosexual relationships. *Journal of Social and Personal Relationships, 11*, 25–43. https://doi.org/10.1177/0265407594111002

Hefner, V., & Kretz, V. E. (2021). Does the glass slipper fit?: Disney princess films and relationship beliefs and attitudes. *Journal of Media Psychology, 33,* 125–133. https://doi.org/10.1027/1864-1105/a000290

Hefner, V., & Wilson, B. J. (2013). From love at first sight to soul mate: The influence of romantic ideals in popular films on young people's beliefs about relationships. *Communication Monographs, 80*, 150–175. https://doi.org/10.1080/03637751.2013.776697

Helwig, P. (1948). Das Wertequadrat. *Psyche, 2*, 121–127.

Hemphill, P. (2024). *What it takes to heal: How transforming ourselves can change the world.* Cornerstone Press.

Henrich, J., Boyd, R., & Richerson, P. J. (2012). The puzzle of monogamous marriage. *Philosophical Transactions of the Royal Society B: Biological Sciences, 367*, 657–669. https://doi.org/10.1098/rstb.2011.0290

Hinkelmann, F. (2022). Marriage and family in different cultures throughout history: A historical overview. *Scientia Moralita – International Journal of Multidisciplinary Research, 7*, 145–167.

Hnatkovičová, D., & Bianchi, G. (2022). Model of motivations for engaging in polyamorous relationships. *Sexologies, 31*, 184–194. https://doi.org/10.1016/j.sexol.2022.03.003

Hochschild, A. R. (2012). *The managed heart: Commercialization of human feeling.* University of California Press.

Hofmann, K., Koch, S., Tschacher, A., & Ulferts, C. (2023). Spannungsfeld Männlichkeit. So ticken junge Männer zwischen 18 und 35 Jahren in Deutschland. https://www.plan.de/presse/umfragen-und-berichte/spannungsfeld-maennlichkeit.html?sc=IDQ25100

Hollander, E. P., & Offermann, L. R. (1990). Power and leadership in organizations: Relationships in transition. *American Psychologist, 45*, 179–189. https://doi.org/10.1037/0003-066X.45.2.179

Hutter, C., & Schwehm, H. (2012). *J. L. Morenos Werk in Schlüsselbegriffen*. Springer.

Jackson, J. C., Caluori, N., Abrams, S., Beckman, E., Gelfand, M., & Gray, K. (2021). Tight cultures and vengeful gods: How culture shapes religious belief. *Journal of Experimental Psychology: General, 150*, 2057–2077. https://doi.org/10.1037/xge0001033

Jaspers, L., Ryland, J. N., & Horch, S. (Hrsg.) (2022). *Unlearn Patriarchy.* Ullstein.

Jenkins, I. (2021). *Three dads and a baby: Adventures in modern parenting*. Cleis Press.

Johnston, S. W. (2022). "You enjoy being a second class citizen": Unicorn dynamics and identity negotiation on subreddit r/polyamory. *Sexualities, 27*, 577–593. https://doi.org/10.1177/13634607221107821

Johnston, S. W. (2024a). Symbiosexual attraction: An integrated mixed-methods study. *Archives of Sexual Behavior, 53*, 1713–1730. https://doi.org/10.1007/s10508-024-02857-x

Johnston, S. W. (2024b). Symbiosexuality: A review of discourses of attraction to the "third force" created by people in relationships. *Sexuality & Culture, 28*, 1858–1879. https://doi.org/10.1007/s12119-023-10182-z

Johnston, S. W. (2025). "My first threesome with them was a religious experience": A mixed-methods study of symbiosexual experiences. *Archives of Sexual Behavior, 54*, 1061–1078. https://doi.org/10.1007/s10508-025-03095-5

Jullien, F. (2020). *Warum man nicht mehr „ich liebe dich" sagen sollte*. Turia + Kant.

Jung, C. G. (1950). *Aion. Beiträge zur Symbolik des Selbst* (Gesammelte Werke, Bd. 9/2). Walter.

Kaléko, M. (2015). Das lyrische Stenogrammheft (4. Auflage). Erstveröffentlichung: 1956 Rowohlt Verlag, Hamburg. München: dtv Verlagsgesellschaft.

Karandashev, V. (2023). *Liebe – Kulturübergreifend betrachtet: Kulturelle Unterschiede und Ähnlichkeiten in der Erfahrung und dem Ausdruck von Liebe*. Springer.

Kasten, A. (2021). Queer_feministische Soziale Arbeit als Arbeit an der Sichtbarkeitsfalle. *Gender, 13*, 122–136. https://doi.org/10.3224/gender.v13i3.09

Kauppi, M. (2021). *Polyamory: A clinical toolkit for therapists*. Rowman & Littlefield.

Keen, I. (2002). Seven aboriginal marriage systems and their correlates. *Anthropological Forum, 12*, 145–157. https://doi.org/10.1080/0066467022000022770

Kelberga, A., & Martinsone, B. (2022). Motivation of non-monogamous adults to engage in sex with their different partners. *Frontiers in Psychology, 13*, 961949. https://doi.org/10.3389/fpsyg.2022.961949

Kermani, N. (2022). *Jeder soll von da, wo er ist, einen Schritt näher kommen: Fragen nach Gott*. Hanser.

Knudson-Martin, C. (2012). Why power matters: Creating a foundation of mutual support in couple relationships. *Family Process, 52*, 5–18. https://doi.org/10.1111/famp.12011

Knudson-Martin, C. (2015). When therapy challenges patriarchy: Undoing gendered power in heterosexual couple relationships. In C. Knudson-Martin, M. A. Wells, & S. K. Samman (Hrsg.), *Socio-emotional relationship therapy: Bridging emotion, societal context, and couple interaction* (S. 15–26). Springer.

Korinth, R., & Bröning, S. (2026). *Bi+Intimate: An exploration of relationship quality in a sample of monogamous and non-monogamous bi+sexual individuals. Unveröffentlichtes Manuskript.*

Korinth, R., Bröning, S., & Martyniuk, U. (2024). Making the invisible visible: Experiences of identity (in)visibility in bi+sexual individuals in Germany. *Journal of Bisexuality, 24*, 508–533. https://doi.org/10.1080/15299716.2024.2364663

Krausz, E. (Hrsg.). (2020). *Sociology of the kibbutz*. Routledge.

Kröger, C. (2010). Sexuelle Außenkontakte und -beziehungen in heterosexuellen Partnerschaften: Ein Überblick über die Auftretenshäufigkeit, assoziierte Merkmale und Auswirkungen auf die Partner bzw. Partnerschaft. *Psychologische Rundschau, 61*, 123–143. https://doi.org/10.1026/0033-3042/a000027

Kuhl, J., & Strehlau, A. (2014). *Handlungspsychologische Grundlagen des Coaching: Anwendung der Theorie der Persönlichkeits-System-Interaktionen (PSI)*. Springer.

Kukla, R. (2018). That's what she said: The language of sexual negotiation. *Ethics, 129*, 70–79. https://doi.org/10.1086/698733

Kumbier, D. (2021). *Das Innere Team in der Psychotherapie: Methoden- und Praxisbuch*. Klett-Cotta.

Kurt, S. (2021). *Radikale Zärtlichkeit: Warum Liebe politisch ist*. HarperCollins.

Labriola, K. (2013). *The jealousy workbook: Exercises and insights for managing open relationships*. Greenery Press.

Landfester, M. (Hrsg.) (2019). *Aristophanes. Lysistrate*. De Gruyter.

Landry, S., Arseneau, E., & Darling, E. K. (2021). "It's a little bit tricky": Results from the polyamorous childbearing and birth experiences study (POLYBABES). *Archives of Sexual Behavior, 50*, 1479–1490. https://doi.org/10.1007/s10508-021-02025-5

Langeslag, S. J. E. (2024). Refuting six misconceptions about romantic love. *Behavioral Sciences, 14*, 383. https://doi.org/10.3390/bs14050383

Langlais, M., Podberesky, A., Toohey, L., & Lee, C. T. (2024). Defining and describing situationships: An exploratory investigation. *Sexuality & Culture, 28*, 1831–1857. https://doi.org/10.1007/s12119-024-10210-6

Laufenberg, M. (2020). Was ist queer? In B. Rendtorff, C. Mahs, & A.-D. Warmuth (Hrsg.), *Geschlechterverwirrungen: Was wir wissen, was wir glauben und was nicht stimmt* (S. 187–194). Campus.

Lawless, B. (2018). Documenting a labor of love: Emotional labor as academic labor. *Review of Communication, 18*, 85–97. https://doi.org/10.1080/15358593.2018.1438644

Lecuona, O., Suero, M., Wingen, T., & Rivas, S. de (2021). Does "open" rhyme with "special"? Comparing personality, sexual satisfaction, dominance and jealousy of monogamous and non-monogamous practitioners. *Archives of Sexual Behavior, 50,* 1537–1549. https://doi.org/10.1007/s10508-020-01865-x

Lee, J. A. (1973). *The colors of love: An exploration of the ways of loving*. New Press.

Lee, J. A. (1988). Love-styles. In R. J. Sternberg & M. L. Barnes (Hrsg.), *The psychology of love* (S. 38–67). Yale University Press.

Lehmiller, J. J. (2015). A comparison of sexual health history and practices among monogamous and consensually nonmonogamous sexual partners. *The Journal of Sexual Medicine, 12*, 2022–2028. https://doi.org/10.1111/jsm.12987

Lehmiller, J. J., & Gormezano, A. M. (2023). Sexual fantasy research: A contemporary review. *Current Opinion in Psychology, 49*, 101496. https://doi.org/10.1016/j.copsyc.2022.101496

Levin, R. J., & van Berlo, W. (2004). Sexual arousal and orgasm in subjects who experience forced or non-consensual sexual stimulation: A review. *Journal of Clinical Forensic Medicine, 11*, 82–88. https://doi.org/10.1016/j.jcfm.2003.10.008

Levine, E. C., Herbenick, D., Martinez, O., Fu, T.-C., & Dodge, B. (2018). Open relationships, nonconsensual nonmonogamy, and monogamy among US adults: Findings from the 2012 national survey of sexual health and behavior. *Archives of Sexual Behavior, 47*, 1349–1450. https://doi.org/10.1007/s10508-018-1178-7

Lewicki, R. J., & Brinsfield, C. (2017). Trust repair. *Annual Review of Organizational Psychology and Organizational Behavior, 4*, 287–313. https://doi.org/10.1146/annurev-orgpsych-032516-113147

Lewis, C. S. (2015). *Das Wunder von Narnia* (Die Chroniken von Narnia Bd. 1, 6. Aufl.). Ueberreuter.

Liebl, O. (2024). *Freunde lieben: Die Revolte in unseren engsten Beziehungen*. HarperCollins.

Luhmann, N. (1994). *Liebe als Passion: Zur Codierung von Intimität*. Suhrkamp.

Lukas, E. (1991). *Die magische Frage wozu: Logotherapeutische Antworten auf existentielle Fragen.* Herder.

MacDonald, G., Park, Y., Hayes, A., Grosdidier, I. V., & Park, S. W. (2021). Quality of alternatives positively associated with interest in opening up a relationship. *Personal Relationships, 28*, 538–566. https://doi.org/10.1111/pere.12377

Mallory, A. B. (2022). Dimensions of couples' sexual communication, relationship satisfaction, and sexual satisfaction: A meta-analysis. *Journal of Family Psychology, 36*, 358–371. https://doi.org/10.1037/fam0000946

Mallory, A. B., Stanton, A. M., & Handy, A. B. (2019). Couples' sexual communication and dimensions of sexual function: A meta-analysis. *The Journal of Sex Research, 56*, 882–898. https://doi.org/10.1080/00224499.2019.1568375

Massey, K., Burns, J., & Franz, A. (2021). Young people, sexuality and the age of pornography. *Sexuality & Culture, 25*, 318–336. https://doi.org/10.1007/s12119-020-09771-z

Matthiesen, S., Pietras, L., Bode, H., Cholmakow-Bodechtel, C., Cerwenka, S., Pfister, M., von Rüden, U., Steinacker, G., Wiessener, C., Briken, P., & Dekker, A. (2021). Methodology of the German national sex survey – GeSiD (German health and sexuality survey). *The Journal of Sex Research, 58*, 1008–1018. https://doi.org/10.1080/00224499.2021.1875188

Mazziotta, A. (2021). Anregungen für die Beratung von Klient*innen, die in einvernehmlich nicht monogamen Beziehungen leben (wollen). *Verhaltenstherapie & Psychosoziale Praxis, 53*, 141–156.

Mazziotta, A. (2024). Beschreiben Sie Ihr Polykül. Unveröffentlichte Rohdaten.

Mazziotta, A. (2025). Erfahrungen polyamor lebender Menschen. Unveröffentlichte Rohdaten.

Mazziotta, A. (2026). Offen lieben? Motive, Einvernehmlichkeit und Macht beim Öffnen von Partnerschaften. *Familiendynamik, 51,* 110-117. https://doi.org/10.21706/fd-51-2-110

Mazziotta, A. (im Druck). Intersektionalität. In R.-C. Amthor, B. Goldberg, P. Hansbauer, B. Landes, & T. Wintergerst (Hrsg.), *Wörterbuch Soziale Arbeit: Aufgaben, Praxisfelder, Be-*

griffe und Methoden der Sozialarbeit und Sozialpädagogik (10., vollständig überarb. und aktualisierte Aufl.). Beltz.

Mazziotta, A., & Bröning, S. (2024). Hilfreich oder schwierig? Erfahrungen queerer Menschen in Beratung und Therapie. Psychotherapeutenjournal, 23, 366–379.

Mazziotta, A., & Hutter, C. (2025). Von Privilegien und Benachteiligungen: Eine psychodramatische Annäherung an Intersektionalität. *Zeitschrift für Psychodrama und Soziometrie, 24*, 221–234. https://doi.org/10.1007/s11620-025-00855-2

Mazziotta, A., Möller-Kallista, B., & McCann, J. P. (2024). LSBTIQ*-Eltern in der Erziehungs-, Beziehungs- und Familienberatung. *Blickpunkt EFL-Beratung, 52*, 44–53.

Mazziotta, A., Mummendey, A., & Wright, S. C. (2011). Vicarious intergroup contact effects: Applying social-cognitive theory to intergroup contact research. *Group Processes and Intergroup Relations, 14*, 255–274. https://doi.org/10.1177/1368430210390533

Mazziotta, A., Rohmann, A., Wright, S. C., De Tezanos-Pinto, P., & Lutterbach, S. (2015b). (How) does positive and negative extended cross-group contact predict direct cross-group contact and intergroup attitudes? *European Journal of Social Psychology, 45*, 653–667. https://doi.org/10.1002/ejsp.2110

Mazziotta, A., Zerr, M., & Rohmann, A. (2015a). The effects of multiple stigmas on discrimination in the German housing market. *Social Psychology, 46*, 325–334. https://doi.org/10.1027/1864-9335/a000249

McArthur, N., & Twist, M. L. C. (2017). The rise of digisexuality: Therapeutic challenges and possibilities. *Sexual and Relationship Therapy, 32*, 334–344. https://doi.org/10.1080/14681994.2017.1397950

McNamara, R. A., & Purzycki, B. G. (2023). Minds of gods and human cognitive constraints: Socio-ecological context shapes belief. In C. Brusse & K. Sterelny (Hrsg.), *Religion and its evolution: Signals, norms and secret histories* (S. 7–22). Routledge. https://doi.org/10.4324/9781032628042-2

Menasse, E. (2023). *Alles und nichts sagen: Vom Zustand der Debatte in der Digitalmoderne*. Kiepenheuer & Witsch.

Minnotte, K. L., Pedersen, D., & Mannon, S. E. (2010). The emotional terrain of parenting and marriage: Emotion work and marital satisfaction. *The Social Science Journal, 47*, 747–761. https://doi.org/10.1016/j.soscij.2010.07.011

Mitchell, V. E., Mogilski, J. K., Donaldson, S. H., Nicolas, S. C. A., & Welling, L. L. M. (2020). Sexual motivation and satisfaction among consensually non-monogamous and monogamous individuals. *The Journal of Sexual Medicine, 17*, 1072–1085. https://doi.org/10.1016/j.jsxm.2020.02.018

Mogilski, J. K., Memering, S. L., Welling, L. L. M., & Shackelford, T. K. (2017). Monogamy versus consensual non-monogamy: Alternative approaches to pursuing a strategically pluralistic mating strategy. *Archives of Sexual Behavior, 46*, 407–417. https://doi.org/10.1007/s10508-015-0658-2

Moors, A. C. (2023). Five misconceptions about consensually nonmonogamous relationships. *Current Directions in Psychological Science, 32*, 355–361. https://doi.org/10.1177/09637214231166853

Moors, A. C., Conley, T. D., Edelstein, R. S., & Chopik, W. J. (2015). Attached to monogamy? Avoidance predicts willingness to engage (but not actual engagement) in consensual non-monogamy. Journal of Social and Personal Relationships, 32, 222–240. https://doi.org/10.1177/0265407514529065

Moors, A. C., Gesselman, A. N., & Garcia, J. R. (2021). Desire, familiarity, and engagement in polyamory: Results from a national sample of single adults in the United States. *Frontiers in Psychology, 12*, 619–640. https://doi.org/10.3389/fpsyg.2021.619640

Morris, G., Chen, L. Y., Kaufman, G., & Compton, D. (2024). Attitudes toward mononormativity and polyamorous legal rights in the US. *Sexuality Research and Social Policy, 21*, 949–959. https://doi.org/10.1007/s13178-024-00980-x

Muise, A., Laughton, A. K., Moors, A., & Impett, E. A. (2018). Sexual need fulfillment and satisfaction in consensually nonmonogamous relationships. *Journal of Social and Personal Relationships, 36*, 1917–1938. https://doi.org/10.1177/0265407518774638

Muise, A., Schimmack, U., & Impett, E. A. (2015). Sexual frequency predicts greater well-being, but more is not always better. *Social Psychological and Personality Science, 7*, 295–302. https://doi.org/10.1177/1948550615616462

Müller-Schneider, T. (2024). Biologisch angelegt und sozial konstruiert. Biokulturelle Grundlagen der spätmodernen Paargesellschaft. In C. Roesler & S. Bröning (Hrsg.), *Paarbeziehung im 21. Jahrhundert: Psychosoziale Entwicklungen und Spannungsfelder* (S. 45–60). Kohlhammer.

Murray, L. (2015). *Learning human: Selected poems*. Farrar, Straus and Giroux.

Nave-Herz, R. (2004). *Ehe-und Familiensoziologie: Eine Einführung in Geschichte, theoretische Ansätze und empirische Befunde.* Juventa.

Nave-Herz, R. (2022). *Die Ehe in Deutschland: Eine soziologische Analyse über Wandel, Kontinuität und Zukunft*. Barbara Budrich.

Neff, L. A., & Karney, B. R. (2005). To know you is to love you: The implications of global adoration and specific accuracy for marital relationships. *Journal of Personality and Social Psychology, 88*, 480–497. https://doi.org/10.1037/0022-3514.88.3.480

Neilands, T. B., LeBlanc, A. J., Frost, D. M., Bowen, K., Sullivan, P. S., Hoff, C. C., & Chang, J. (2020). Measuring a new stress domain: Validation of the couple-level minority stress scale. *Archives of Sexual Behavior, 49*, 249–265. https://doi.org/10.1007/s10508-019-01487-y

Newerla, A. (2023). *Das Ende des Romantikdiktats: Warum wir Nähe, Beziehungen und Liebe neu denken sollten*. John Verlag.

Nicolson, N. (2003). Vita, Virginia und Vanessa. In C. Frick-Gerke (Hrsg.), *Inspiration Bloomsbury: Der Kreis um Virginia Woolf* (S. 165–173). Fischer.

Niki, D. (2023). Loving freedom (beyond monogamy – opening up a dyad). In S. Neves & D. Davies (Hrsg.), Relationally queer: A pink therapy guide for practitioners (S. 24–40). Routledge.

Nisbett, R. E., & Wilson, T. D. (1977). The halo effect: Evidence for unconscious alteration of judgments. *Journal of Personality and Social Psychology, 35*, 250–256. https://doi.org/10.1037/0022-3514.35.4.250

Noël, M. J. (2006). Progressive polyamory: Considering issues of diversity. *Sexualities, 9*, 602–620. https://doi.org/10.1177/1363460706070003

Nordgren, A. (2006). The short instructional manifesto for relationship anarchy. https://theanarchistlibrary.org/library/andie-nordgren-the-short-instructional-manifesto-for-relationship-anarchy

O'Neill, N., & O'Neill, G. (1972). *Die offene Ehe: Konzept für einen neuen Typus der Monogamie.* Rowohlt.

Ortigue, S., Bianchi-Demicheli, F., Patel, N., Frum, C., & Lewis, J. W. (2010). Neuroimaging of love: fMRI meta-analysis evidence toward new perspectives in sexual medicine. *Journal of Sexual Medicine, 7*, 3541–3552. https://doi.org/10.1111/j.1743-6109.2010.01999.x

Oschatz, T., Piemonte, J. L., & Klein, V. (2025). The intimate and sexual costs of emotional labor: The development of the women's sexual emotional labor assessment. *Archives of Sexual Behavior, 54*, 117–138. https://doi.org/10.1007/s10508-024-03061-7

Pachankis, J. E., Jackson, S. D., Harkness, A. R., & Safren, S. A. (2022). *Transdiagnostic LGBTQ-affirmative cognitive-behavioral therapy: Workbook (treatments that work).* Oxford University Press. https://doi.org/10.1093/med-psych/9780197643303.001.0001

Pallotta-Chiarolli, M., Sheff, E., & Mountford, R. (2020). Polyamorous parenting in contemporary research: Development and future directions. In A. E. Goldberg & K. R. Allen (Hrsg.), *LGBTQ-parent families* (S. 171–183). Springer.

Park, H. G., Leonhardt, N. D., Johnson, M. D., Muise, A., Busby, D. M., Hanna-Walker, V. R., Yorgason, J. B., Holmes, E. K., & Impett, E. A. (2023). Sexual satisfaction predicts future changes in relationship satisfaction and sexual frequency:

New insights from within-person associations over time. *Personality Science, 4*. https://doi.org/10.5964/ps.11869

Parship. (2017, Juni). Können Sie sich eine Beziehung mit mehr als einem/r Partner/in gleichzeitig vorstellen? https://de.statista.com/statistik/daten/studie/744920/umfrage/umfrage-zur-beziehung-mit-mehr-als-einem-partner/

Pelluchon, C. (2023). *Die Durchquerung des Unmöglichen: Hoffnung in Zeiten der Klimakatastrophe*. C. H. Beck.

Perel, E. (2006). *Mating in captivity*. HarperCollins.

Perlman, D., & Miller, R. S. (2024). Modern marital satisfaction: Are we expecting too much? In M. Hojjat & A. Moyer (Hrsg.), *Modern relationships: Romance, friendship, and family in the 21st century* (S. 73–89). Oxford University Press.

Peuckert, R. (2019). *Familienformen im sozialen Wandel*. VS Verlag.

Pieper, M., & Bauer, R. (2014). Polyamorie: Mono-Normativität – Dissidente Mikropolitik – Begehren als transformative Kraft? *Journal für Psychologie, 22*, 1–35. https://journal-fuer-psychologie.de/article/view/321

Planned Parenthood. (2024). What is consent? https://www.plannedparenthooddirect.org/article/what-consent

Plant, S. J. (2019). When Karl met Lollo: The origins and consequences of Karl Barth's relationship with Charlotte von Kirschbaum. *Scottish Journal of Theology, 72*, 127–145. https://doi.org/10.1017/S0036930619000012

Playboy. (2024, September 10). Laut Umfrage: Jeder vierte Deutsche geht fremd – aus diesen Gründen. https://www.playboy.de/stories/umfrage-des-monats-treue-in-beziehungen

Pohlkamp, I. (2014). Queer-dekonstruktive Perspektiven auf Sexualität und Geschlecht. In F. Schmidt, A. C. Schondelmayer, & U. B. Schröder (Hrsg.), *Selbstbestimmung und Anerkennung sexueller und geschlechtlicher Vielfalt: Lebenswirklichkeiten, Forschungsergebnisse und Bildungsbausteine* (S. 75–87). VS Verlag.

Raab, M. (2019). *Care in konsensuell-nichtmonogamen Beziehungsnetzwerken: Sorgende Netze jenseits der Norm*. Barbara Budrich.

Rademaker, L. (2017). The importance of marrying 'straight': Aboriginal marriage and mission monogamy in twentieth-century North Australia. *Gender & History, 29*, 641–657. https://doi.org/10.1111/1468-0424.12319

Rambukkana, N. (2015). *Fraught intimacies: Non/monogamy in the public sphere*. UBC Press.

Rehor, J. E. (2015). Sensual, erotic, and sexual behaviors of women from the "kink" community. *Archives of Sexual Behavior, 44*, 825–836. https://doi.org/10.1007/s10508-015-0524-2

Reinhardt, J., & Mazziotta, A. (2022). *Vergeben in Beratung und Therapie: Eine praxisnahe Einführung*. Springer.

Reinhardt-Becker, E. (2019). Erfindung der „wahren" Liebe in der Literatur der deutschen Romantik – Und ihre Folgen. *Psychotherapeut, 64*, 354–360. https://doi.org/10.1007/s00278-019-00369-x

Retzer, A. (2009). *Lob der Vernunftehe: Eine Streitschrift für mehr Realismus in der Liebe*. S. Fischer.

Rich, A. C. (1980). Compulsory heterosexuality and lesbian existence. *Journal of Women in Culture and Society, 5*, 631–660.

Richter, M., Schlegel, K., Thomas, P., & Troche, S. J. (2022). Adult attachment and personality as predictors of jealousy in romantic relationships. *Frontiers in Psychology, 13*, 861481. https://doi.org/10.3389/fpsyg.2022.861481

Richters, J., De Visser, R. O., Rissel, C. E., Grulich, A. E., & Smith, A. M. A. (2008). Demographic and psychosocial features of participants in bondage and discipline, „sadomasochism" or dominance and submission (BDSM): Data from a national survey. *Journal of Sexual Medicine, 5*, 1660–1668. https://doi.org/10.1111/j.1743-6109.2008.00795.x

Rilke, R. M. (1903). An Franz Xaver Kappus. https://www.rilke.de/briefe/160703.htm

Rilke, R. M. (1923). Duineser Elegien, Erste Elegie. https://www.rilke.de/gedichte/die_erste_duineser_elegie.htm

Rinne, P., Lahnakoski, J. M., Saarimäki, H., Tavast, M., Sams, M., & Henriksson, L. (2024). Six types of loves differentially recruit reward and social cognition brain areas. *Cerebral Cortex, 34*, bhae331. https://doi.org/10.1093/cercor/bhae331

Ritchie, A., & Barker, M. (2006). There aren't words for what we do or how we feel so we have to make them up": Constructing polyamorous languages in a culture of compulsory monogamy. *Sexualities, 9*, 584–601. https://doi.org/10.1177/1363460706069987

Rivera, G. N., Christy, A. G., Kim, J., Vess, M., Hicks, J. A., & Schlegel, R. J. (2019). Understanding the relationship between perceived authenticity and well-being. *Review of General Psychology, 23*, 113–126.

Robinson, O. C., & Wright, G. R. T. (2013). The prevalence, types and perceived outcomes of crisis episodes in early adulthood and midlife: A structured retrospective-autobiographical study. *International Journal of Behavioral Development, 37*, 407–416. https://doi.org/10.1177/0165025413492464

Rodrigues, D., Lopes, D., & Pereira, M. (2017). Sociosexuality, commitment, sexual infidelity, and perceptions of infidelity: Data from the second love web site. *The Journal of Sex Research, 54*, 241–253. https://doi.org/10.1080/00224499.2016.1145182

Roesler, C., & Bröning, S. (2024a). Epilog zum Herausgeberband Paarbeziehung im 21. Jahrhundert: Psychosoziale Entwicklungen und Spannungsfelder. In C. Roesler & S. Bröning (Hrsg.), *Paarbeziehung im 21. Jahrhundert: Psychosoziale Entwicklungen und Spannungsfelder* (S. 233–267). Kohlhammer.

Roesler, C., & Bröning, S. (Hrsg.). (2024b). *Paarbeziehung im 21. Jahrhundert: Psychosoziale Entwicklungen und Spannungsfelder*. Kohlhammer.

Rogers, C. R. (1972). *Die klientenzentrierte Gesprächsführung*. Fischer.

Rohr, E. (2021). Das Verschwinden von Empathie in Zeiten gesellschaftlicher Radikalisierung. *Gruppenpsychotherapie und Gruppendynamik, 57*, 126–141. https://doi.org/10.13109/grup.2021.57.2.126

Rohr, R. (2013). *Falling upward: A spirituality for the two halves of life*. SPCK Publishing.

Rohr, R. (2019). *The universal Christ: How a forgotten reality can change everything we see, hope for, and believe*. Convergent Books.

Roig, E. (2023). *Das Ende der Ehe: Für eine Revolution der Liebe*. Ullstein.

Rosa, H. (2016). *Resonanz: Eine Soziologie der Weltbeziehung*. Suhrkamp.

Rosa, H. (2018). *Unverfügbarkeit*. Residenz.

Rubinsky, V. (2018). Bringing up the green-eyed monster: Conceptualizing and communicating jealousy with a partner who has other partners. *The Qualitative Report, 23*, 1441–1455. https://doi.org/10.46743/2160-3715/2018.3297

Rukeyser, M. (1968). *The speed of darkness. Poems*. Random House.

Rupp, H. A., & Wallen, K. (2008). Sex differences in response to visual sexual stimuli: A review. *Archives of Sexual Behavior, 37*, 206–218. https://doi.org/10.1007/s10508-007-9217-9

Salomon, A., & Grathoff, R. (2008). Der Freundschaftskult des 18. Jahrhunderts in Deutschland: Versuch zur Soziologie einer Lebensform. In P. Gostmann & G. Wagner (Hrsg.), *Albert Salomon Werke*. VS Verlag. https://doi.org/10.1007/978-3-531-90836-6_6

Santos, H. C., Varnum, M. E. W., & Grossmann, I. (2017). Global increases in individualism. *Psychological Science, 28*, 1228–1239. https://doi.org/10.1177/0956797617700622

Schacht, R., & Kramer, K. L. (2019). Are we monogamous? A review of the evolution of pair-bonding in humans and its contemporary variation cross-culturally. *Frontiers in Ecology and Evolution, 7*, 230. https://doi.org/10.3389/fevo.2019.00230

Schadler, C. (2021). Ever more parents in polyamorous families: A new materialist typology of parenting practices and division of work. *Sexualities, 27*, 807–823. https://doi.org/10.1177/13634607211037481

Schellenbaum, P. (1993). *Die Wunde der Ungeliebten: Blockierung und Verlebendigung der Liebe*. dtv-Verlag.

Schiller, F. (1785). Ode an die Freude. Friedrich Schiller Archiv. https://www.friedrich-schiller-archiv.de/inhaltsangaben/an-die-freude-schiller-interpretation-inhaltsangabe/

Schippers, M. (2016). *Beyond monogamy: Polyamory and the future of polyqueer sexualities*. New York University Press.

Schippers, M. (2018). The monogamous couple, gender hegemony and polyamory. In J. W. Messerschmidt, P. Y. Martin, M. A. Messner, & R. Connell (Hrsg.), *Gender reckonings: New social theory and research* (S. 314–329). New York University Press.

Schneider, S. (2025). 'Some kind of cheating': Boundary transgressions and open relationships. *Sexualities, 28,* 2343-2362. https://doi.org/10.1177/13634607251330945

Schramm, D. G., Marshall, J. P., Harris, V. W., & Lee, T. R. (2005). After "I do": The newlywed transition. *Marriage & Family Review, 38*, 45–67. https://doi.org/10.1300/J002v38n01_05

Schreiber, D. (2023). *Allein*. Suhrkamp.

Schutzbach, F. (2024). *Revolution der Verbundenheit: Wie weibliche Solidarität die Gesellschaft verändert*. Droemer Knaur.

Seiffge-Krenke, I. (2022). Partnerbeziehungen bei jungen Erwachsenen: Flucht vor der Intimität? *Die Psychotherapie, 67*, 320–329. https://doi.org/10.1007/s00278-022-00571-4

Selterman, D., Garcia, J. R., & Tsapelas, I. (2019). Motivations for extradyadic infidelity revisited. *The Journal of Sex Research, 56*, 273–286. https://doi.org/10.1080/00224499.2017.1393494

Sheff, E. (2014). *The polyamorists next door: Inside multiple-partner relationships and families*. Rowman & Littlefield.

Sheff, E. A. (2019, November 18). Relationship broken, add more people? Psychology Today. https://www.psychologytoday.com/intl/blog/the-polyamorists-next-door/201911/relationship-broken-add-more-people

Sigusch, V. (2008). *Geschichte der Sexualwissenschaft*. Campus.

Sigusch, V. (2011). *Auf der Suche nach der sexuellen Freiheit: Über Sexualforschung und Politik*. Campus.

Sigusch, V. (2013). *Sexualitäten: Eine kritische Theorie in 99 Fragmenten*. Campus.

Sigusch, V. (2017). „Es gibt so viele Geschlechter, wie es Menschen gibt" [Interview von S. Weber]. *Zeit Campus, 1/2017*, 48.

Simon, A. (2021). *Liebe lieber einzigartig: Finde das Beziehungsglück, das zu dir passt*. Goldegg.

Simpson, J. A., & Rholes, W. S. (2012). Adult attachment orientations, stress, and romantic relationships. *Advances in Experimental Social Psychology, 45*, 279–328. https://doi.org/10.1016/B978-0-12-394286-9.00006-8

Simpson, J. A., Wilson, C. L., & Winterheld, H. A. (2004). Sociosexuality and romantic relationships. In J. H. Harvey, A. Wenzel, & S. Sprecher (Hrsg.), *The handbook of sexuality in close relationships* (S. 87–112). Psychology Press.

Smith, R., Netto, J., Gribble, N. C., & Falkmer, M. (2021). 'At the end of the day, it's love': An exploration of relationships in neurodiverse couples. *Journal of Autism and Developmental Disorders, 51*, 3311–3321. https://doi.org/10.1007/s10803-020-04790-z

Sorokowski, P., Groyecka-Bernard, A., Kowal, M., Butovskaya, M., Stefanczyk, M. M., Huanca, T., Kumar, A., Manral, U., Odo, O. M., Onyishi, I. E., & Jędryczka, W. (2025). Love components in free-choice and arranged marriages among five non-western populations from Africa, Amazonia, and Himalayas. *Archives of Sexual Behavior, 54*, 85–94. https://doi.org/10.1007/s10508-024-03040-y

Statistisches Bundesamt. (2026, Juni). Anzahl der Eheschließungen und Ehescheidungen in Deutschland von 1950 bis 2024. https://de.statista.com/statistik/daten/studie/76205/umfrage/eheschliessungen-und-ehescheidungen-von-1960-bis-2008/

Stein, M., & Denzel, S. (2009). *C.G. Jungs Landkarte der Seele: Eine Einführung* (1. Aufl.). Patmos.

Stern, S. C., Robbins, B., Black, J. E., & Barnes, J. L. (2019). What you read and what you believe: Genre exposure and beliefs about relationships. *Psychology of Aesthetics, Creativity, and the Arts, 13*, 450–461. https://doi.org/10.1037/aca0000189

Sternberg, R. J. (1988). Triangulating love. In R. J. Sternberg & M. L. Barnes (Hrsg.), *The psychology of love* (S. 119–138). Yale University Press.

Strazdins, L., & Broom, D. H. (2004). Acts of love (and work) gender imbalance in emotional work and women's psychological distress. *Journal of Family Issues, 25*, 356–378. https://doi.org/10.1177/0192513X03257413

Tatum, A. K., Flicker, S. M., Peralta, I., & Kubicki, R. J. (2023). Initial motivations for engaging in polyamorous relationships. *Archives of Sexual Behavior, 53*, 629–644. https://doi.org/10.1007/s10508-023-02750-z

Thouin-Savard, M. I., & Flicker, S. M. (2023). Compersion. In T. K. Shackelford (Hrsg.), *Encyclopedia of sexual psychology and behavior*. Springer. https://doi.org/10.1007/978-3-031-08956-5_2472-1

Tietz, C. (2017). Karl Barth and Charlotte von Kirschbaum. *Theology Today, 74*, 86–111. https://doi.org/10.1177/0040573617702547

Tinder. (2023, März 16). Beziehungen nehmen viele Formen an – Tinder zeigt, wie Dating im Jahr 2023 neu definiert wird. https://de.tinderpressroom.com/feature_beziehungstypen

Treas, J., & Giesen, D. (2000). Sexual infidelity among married and cohabiting Americans. Journal of Marriage and Family, 62, 48–60. https://doi.org/10.1111/j.1741-3737.2000.00048.x

Triandis, H. C. (2000). Culture and conflict. *International Journal of Psychology, 35*, 145–152. https://doi.org/10.1080/002075900399448

Tucholsky, K. [Theobald Tiger]. (1930, April 1). Danach. *Die Weltbühne, 26*, 517.

Turner, D., Schöttle, D., Briken, P. (2021). Sexualität bei Menschen mit Autismus-Spektrum-Störung und ihre Bedeutung für die forensische Psychiatrie und Psychotherapie. Forensische Psychiatrie, Psychologie, Kriminologie, 15, 54–61. https://doi.org/10.1007/s11757-020-00637-6

Turner, P. (2019). *Dealing with difficult metamours*. Braided Studios, LLC.

Umberson, D., Thomeer, M. B., & Lodge, A. C. (2015). Intimacy and emotion work in lesbian, gay, and heterosexual relationships. *Journal of Marriage and Family, 77*, 542–556. https://doi.org/10.1111/jomf.12178

Valadez, A. M., Rohde, J., Tessler, J., & Beals, K. (2020). Perceived stigmatization and disclosure among individuals in consensually nonmonogamous relationships. *Analyses of Social Is-*

sues and Public Policy, 20, 143–165. https://doi.org/10.1111/asap.12194

Valentine, P., Beckerman, S., & Alès, C. (Hrsg.). (2017). *The anthropology of marriage in lowland South America: Bending and breaking the rules*. University Press of Florida.

van der Kolk, B. (2023). *Das Trauma in dir: Wie der Körper den Schrecken festhält und wie wir heilen können*. Ullstein.

Varga von Kibéd, M., & Sparrer, I. (2020). *Ganz im Gegenteil: Tetralemmaarbeit und andere Grundformen Systemischer Strukturaufstellungen – für Querdenker und solche, die es werden wollen* (11. Aufl.). Carl-Auer.

Venn, M. (2015). Zur Pluralisierung des Swinging in der eventisierten Lebenswelt der Swingerpaare. In S. Lewandowski & C. Koppetsch (Hrsg.), Sexuelle Vielfalt und die UnOrdnung der Geschlechter: Beiträge zur Soziologie der Sexualität (S. 249–274). transcript.

Vilkin, E., & Sprott, R. (2021). Consensual non-monogamy among kink-identified adults: Characteristics, relationship experiences, and unique motivations for polyamory and open relationships. *Archives of Sexual Behavior, 50*, 1521–1536. https://doi.org/10.1007/s10508-021-02004-w

von Thun, F. S. (2015). … und von wem stammt das Werte- und Entwicklungsquadrat. SyStemischer – die Zeitschrift für systemische Strukturaufstellungen, 7, 88–98.

Wade, T. J., & Fisher, M. L. (2024). Attractiveness: Evolutionary influence. In T. K. Shackelford (Hrsg.), *Encyclopedia of sexual psychology and behavior*. Springer. https://doi.org/10.1007/978-3-031-08956-5_176-1

Wallace, D. F. (2009). *This is water: Some thoughts, delivered on a significant occasion about living a compassionate life*. Little, Brown.

Warner, M. (2002). Publics and counterpublics (abbreviated version). *Quarterly Journal of Speech, 88*, 413–425. https://doi.org/10.1080/00335630209384388

Wartberg, L., Spindler, C., Berber, S., Potzel, K., & Kammerl, R. (2023). A four-item questionnaire to measure problematic social media use: The social media disorder test. *Behavioral Sciences, 13*, 980. https://doi.org/10.3390/bs13120980

Watson, B. M., & Stein Lubrano, S. (2021). Storming then performing: Historical non-monogamy and metamour collaboration. *Archives of Sexual Behavior, 50*, 1225–1238. https://doi.org/10.1007/s10508-021-01926-9

Wayland-Smith, E. (2016). *Oneida: From free love utopia to the well-set table*. Picador.

Weir, E., Allison, C., & Baron-Cohen, S. (2021). The sexual health, orientation, and activity of autistic adolescents and adults. *Autism Research, 14*, 2342–2354. https://doi.org/10.1002/aur.2604

Weiser, D. A., Shrout, M. R., Thomas, A. V., Edwards, A. L., & Pickens, J. C. (2022). "I've been cheated, been mistreated, when will I be loved": Two decades of infidelity research through an intersectional lens. *Journal of Social and Personal Relationships, 40*, 856–898. https://doi.org/10.1177/02654075221113032

Wengenroth, M. (2025). *Therapie-Tools: Akzeptanz-und Commitmenttherapie*. Beltz.

Whyte, D. (2014). *Consolations: The solace, nourishment and underlying meaning of everyday words*. Canongate Books.

Wilber, K., Patten, T., Leonard, A., & Morelli, M. (2008). *Integral life practice: A 21st-century blueprint for physical health, emotional balance, mental clarity, and spiritual awakening*. Integral Books.

Willi, J. (1975). *Die Zweierbeziehung: Realität und Phantasie in der Ehe*. Klett-Cotta.

Willi, J. (2002). *Psychologie der Liebe: Persönliche Entwicklung durch Partnerbeziehungen* (5. Aufl.). Klett-Cotta.

Wismeijer, A. A. J., & van Assen, M. A. L. M. (2013). Psychological characteristics of BDSM practitioners. *The Journal of Sexual Medicine, 10*, 1943–1952. https://doi.org/10.1111/jsm.12192

Wolkomir, M. (2019). Swingers and polyamorists: A comparative analysis of gendered power dynamics. *Sexualities, 23*, 1060–1079. https://doi.org/10.1177/1363460719876845

Wood, J., De Santis, C., Desmarais, S., & Milhausen, R. (2021). Motivations for engaging in consensually non-monogamous relationships. *Archives of Sexual Behavior, 50*, 1253–1272. https://doi.org/10.1007/s10508-020-01873-x

Yong, J. C., & Li, N. P. (2022). Elucidating evolutionary principles with the traditional Mosuo: Adaptive benefits and origins of matriliny and "walking marriages". *Culture and Evolution, 19*, 22–40. https://doi.org/10.1556/2055.2022.00017

Yule, M. A., Brotto, L. A., & Gorzalka, B. B. (2017). Sexual fantasy and masturbation among asexual individuals: An in-depth exploration. *Archives of Sexual Behavior, 46*, 311–328. https://doi.org/10.1007/s10508-016-0870-8

Zeitzen, M. K. (2020). *Polygamy: A cross-cultural analysis*. Routledge. https://doi.org/10.4324/9781003086390

Zhang, Y., Huang, H., Wang, M., Zhu, J., Tan, S., Tian, W., Mo, J., Jiang, L., Mo, J., Pan, W., Ning, C. (2023). Family outcome disparities between sexual minority and heterosexual families: A systematic review and meta-analysis. BMJ Global Health, 8, e010556. https://doi.org/10.1136/bmjgh-2022-010556

Zörlein, L., Yuen, H. S., & Walter, S. (2023). Compersion in nicht-monogamen Beziehungen – Eine buddhistische Perspektive. *Zeitschrift für Praktische Philosophie, 10*, 189–216. https://doi.org/10.22613/zfpp/10.2.8

GPSR Compliance
The European Union's (EU) General Product Safety Regulation (GPSR) is a set of rules that requires consumer products to be safe and our obligations to ensure this.

If you have any concerns about our products, you can contact us on

ProductSafety@springernature.com

In case Publisher is established outside the EU, the EU authorized representative is:

Springer Nature Customer Service Center GmbH
Europaplatz 3
69115 Heidelberg, Germany

www.ingramcontent.com/pod-product-compliance
Lightning Source LLC
La Vergne TN
LVHW010533160826
845677LV00013B/2873

* 9 7 8 3 6 5 8 4 8 3 7 1 5 *